ACCESO GRATIS ***a la Lectura en la Nube***

Para visualizar el libro electrónico en la nube de lectura envíe junto a su nombre y apellidos una fotografía del código de barras situado en la contraportada del libro y otra del ticket de compra a la dirección:

ebooktirant@tirant.com

En un máximo de 72 horas laborales le enviaremos el código de acceso con sus instrucciones.

La visualización del libro en **NUBE DE LECTURA** excluye los usos bibliotecarios y públicos que puedan poner el archivo electrónico a disposición de una comunidad de lectores. Se permite tan solo un uso individual y privado

20 AÑOS DE LEGISLACIÓN PROTECTORA INTEGRAL FRENTE A LA VIOLENCIA CONTRA LAS MUJERES: DE LA LEY ORGÁNICA 1/2004 A LA LEY DEL SOLO SÍ ES SÍ

20 AÑOS DE LEGISLACIÓN PROTECTORA INTEGRAL FRENTE A LA VIOLENCIA CONTRA LAS MUJERES:

DE LA LEY ORGÁNICA 1/2004 A LA LEY DEL SOLO SÍ ES SÍ

Directora:

CAROLINA VILLACAMPA ESTIARTE

Catedrática de Derecho Penal

Universitat de Lleida

Coordinadora:

CLÀUDIA TORRES FERRER

Profesora Lectora de Derecho Procesal

Universitat de Lleida

tirant lo blanch

Valencia, 2025

En caso de erratas y actualizaciones, la Editorial Tirant lo Blanch publicará la pertinente corrección en la página web www.tirant.com.

© TIRANT LO BLANCH
EDITA: TIRANT LO BLANCH
C/ Artes Gráficas, 14 - 46010 - Valencia
TELFS.: 96/361 00 48 - 50
FAX: 96/369 41 51
Email: tlb@tirant.com
www.tirant.com
Librería virtual: www.tirant.es
DEPÓSITO LEGAL: V-2553-2025
ISBN: 978-84-1095-958-3

Si tiene alguna queja o sugerencia, envíenos un mail a: *atencioncliente@tirant.com*. En caso de no ser atendida su sugerencia, por favor, lea en *www.tirant.net/index.php/empresa/politicas-de-empresa* nuestro procedimiento de quejas.

Responsabilidad Social Corporativa: http://www.tirant.net/Docs/RSCTirant.pdf

Relación de Autores

María Acale Sánchez
Catedrática de Derecho Penal
Universidad de Cádiz

José R. Agustina Sanllehí
Catedrático de Derecho penal
Universitat Abat Oliba CEU

Christina Binder
Professor for International Law and Human Rights Law
Bundeswehr University Munich

Patricia Faraldo Cabana
Catedrática de Derecho Penal
Universidade da Coruña

Javier Fernández Teruelo
Catedrático de Derecho Penal
Universidad de Oviedo

Regina Helena Fonseca Fortes-Furtado
Profesora Ayudante Doctora de Derecho Penal
Universidad de Oviedo

Micaela Frulli
Professor of International Law
University of Florence

Esther García Valverde
Profesora Ayudante Doctora en Trabajo Social y Servicios Sociales
Universidad de Salamanca

Rosa Maria Gil Iranzo
Profesora de la Escuela Politécnica Superior
Universitat de Lleida

Aurea Grané Chavez
Catedrática de Estadística
Universidad Carlos III de Madrid

Raquel Guzmán Ordaz
Profesora Permanente en Sociología
Universidad de Salamanca

Elena Martínez García
Catedrática de Derecho Procesal
Universitat de València

Julia Méndez Hernández
Investigadora Postdoctoral Contratada
Universitat de Lleida

Ana I. Pérez Machío
Profa. Titular (Catedrática acreditada) de Derecho Penal
Universidad del País Vasco/Euskal Herriko Unibertsitatea

Eva María Picado Valverde
Profesora Permanente en Trabajo Social y Servicios Sociales
Universidad de Salamanca

Andrea Planchadell Gargallo
Catedrática de Derecho Procesal
Universitat Jaume I

Eduardo Ramon Ribas
Catedrático de Derecho Penal
Universitat de les Illes Balears

Nieves Sanz Mulas
Catedrática de Derecho penal
Universidad de Salamanca

Mercedes Serrano Masip
Profesora Titular de Derecho Procesal
Universitat de Lleida

Helena Soleto Muñoz
Catedrática de Derecho Procesal
Universidad Carlos III de Madrid

Núria Torres Rosell
Profesora Agregada Serra Húnter de Derecho Penal
(Catedrática acreditada)
Universitat Rovira i Virgili

Iolanda Tortajada Giménez
Profesora de los Estudios de Comunicación
Universitat Rovira i Virgili

Carolina Villacampa Estiarte
Catedrática de Derecho Penal
Universitat de Lleida

Amaia Yurrebaso Macho
Profesora Permanente en Psicología Social
Universidad de Salamanca

Índice

PARTE III
HACIA LA REFORMA DE LA LO 1/2004

PARTE IV
LA LEY DEL SOLO SÍ ES SÍ

PARTE V
VIOLENCIAS CONTRA LAS MUJERES QUE QUEDAN POR ABORDAR

Capítulo I.

Presentación: breve recorrido por los principales hitos de la política legislativa e institucional española en materia de violencia de género desde 2004

CAROLINA VILLACAMPA ESTIARTE
Catedrática de Derecho Penal
Universitat de Lleida

SUMARIO: I. ORIGEN Y ESTRUCTURA DE LA OBRA; II. SÍNTESIS DE LOS PRINCIPALES HITOS NORMATIVOS E INSTITUCIONALES EN LA LUCHA CONTRA LA VIOLENCIA CONTRA LAS MUJERES EN ESPAÑA DESDE 2004; 1. Requerimientos internacionales; 2. Primer hito: La Ley Orgánica 1/2004; 3. Segundo hito: El Pacto de Estado contra la violencia de género; 4. El punto de inflexión: el primer informe GREVIO sobre España; 5. Tercer hito: La Ley Orgánica 10/2022; 6. Aproximación institucional a la violencia de género; 7. Reflexión final; BIBLIOGRAFÍA.

I. ORIGEN Y ESTRUCTURA DE LA OBRA

El presente volumen tiene como objetivo principal conmemorar el vigésimo aniversario de la aprobación de la Ley Orgánica 1/2004, de 28 de diciembre, de medidas de protección integral contra la violencia de género (LO 1/2004), acaecido justo al fin de 2024. La entrada en vigor de la ley no se produjo hasta el 28 de enero de 2005, difiriéndose incluso hasta junio de 2005 el inicio de la vigencia de las disposiciones contenidas en los títulos relativos a la tutela penal y judicial, quizá los más emblemáticos de esta norma. Con todo, la aprobación de la primera ley que pretendía una aproximación comprensiva para afrontar la violencia ejercida contra las mujeres en un país europeo, que sin duda ha contribuido a visibilizar en España esta realidad y que se ha considerado por las autoridades españolas como una norma pionera en Europa, nos pareció a un conjunto de investigadoras e investigadores españoles integrados en la Red de Investigación "violencia contra las mujeres: nuevos desafíos" (VIOMUJ, RED2022-134101-T) que constituía una efeméride digna de celebración. De ahí que profesores de Derecho penal de las universidades participantes en dicha red, coordinada desde la Universidad del País Vasco por la Dra. Ana I. Pérez Machío, y conformada además por grupos de investigadoras e investigadores integrados en las universidades de Alicante, A Coruña, Cádiz, Complutense, Oviedo, Pública de Navarra, Salamanca y Lleida, decidiésemos realizar un congreso en esta última ciudad, invitando también a intervenir a especialistas en violencia de género externos a la misma.

Dicho congreso, organizado en el seno del Departamento de Derecho de la Universitat de Lleida como XXXI Jornadas Jurídicas de la Facultad de Derecho, Economía y Turismo de dicha universidad, dirigido por quien esto suscribe, tuvo lugar los días 21 y 22 de noviembre de 2024 bajo el título "20 años de legislación protectora integral frente a la violencia contra las mujeres: de la Ley Orgánica 1/2004 a la Ley del Solo Sí es Sí". Siendo impulsado académicamente por la Red VIOMUJ, constituyó una acción integrada de los proyectos "Los Crímenes de Honor como Violencia de Género" HONGEN (PID2022-136879NB-I00), "Análisis retrospectivo de factores concurrentes en los feminicidios de pareja" (PID2022-142009OB-I00), "Agravantes y subtipos agravados. Una propuesta de racionalización del Código Penal desde la economía legislativa" (PID2022-136847NB-I00), "El Derecho penal y la Criminología ante los Nuevos desafíos de la criminalidad climática" (PID2023-147154NB-I00) y "Corrupción, economía sumergida y fraude fiscal con perspectiva de género" (PID2023-151678NB-I00).

Integraron su comité científico internacional un nutrido grupo de investigadoras e investigadores especializados en violencia contra las mujeres. Así, la Dra. Marina Calloni (Catedrática de Filosofía Política, Universidad Milano-Bicocca), Dra. Núria Camps Mirabet (Profesora Titular de Derecho Internacional Público y Relaciones Internacionales, Universitat de Lleida), Dra. Geetanjali Gangoli (Catedrática de Sociología, Universidad de Durham), Dr. Janine Janssen (Profesora de Antropología Jurídica, Open Universiteit, Países Bajos), Sra. Anniina Jokinen (HEUNI, Instituto Europeo para la Prevención y el Control del Delito afiliado a las Naciones Unidas, Helsinki), Dr. Olaf Köndgen (Coordinador del Programa OCEAN, Consejo de Europa), Dra. Adoración Padial Albás (Profesora Titular de Derecho Civil, Universitat de Lleida), Dra. Claudia Pecorella (Catedrática de Derecho Penal, Universidad Milano-Bicocca), Dra. Ana I. Pérez Machío (Prof. Titular de Derecho Penal, Catedrática acr. Universidad del País Vasco), Dra. Mercedes Serrano Masip (Profesora Titular de Derecho Procesal, Universitat de Lleida), Dra. Clara Rigoni (Profesora de Ciencias Criminales, Universidad de Lausanne), Dr. Marc Salat Paisal (Profesor Agregado Serra Húnter de Derecho Penal, Universitat de Lleida).

Constituyeron su comité organizador seis profesoras y profesores del Departamento de Derecho de la Universitat de Lleida procedentes de diversas áreas de conocimiento: la Dra. Eimys Ortíz Hernández (Profa. Lectora de Derecho Internacional Público y Relaciones Internacionales), el Dr. Pol Cuadros Aguilera (Prof. Lector de Filosofía del Derecho), la Dra. Clàudia Torres Ferrer (Prof. Lectora de Derecho Procesal), el Dr. Manuel Cabanas Veiga (investigador contratado Ramón y

Cajal de Derecho Constitucional), Doly Jurado Cerrón y Judith Mínguez López (investigadoras contratadas predoctorales del Departamento de Derecho).

Actuaron como ponentes y moderaron sesiones las siguientes investigadoras e investigadores: Dra. Christina Binder (Catedrática de Derecho Internacional, Universität der Bundeswehr, München), Dra. Micaela Frulli (Catedrática de Derecho International, Università Degli Studi di Firenze, Italia), Dra. Núria Camps Mirabet (Profesora Titular de Derecho Internacional y Relaciones Internacionales, Universitat de Lleida), Dra. María Acale Sánchez (Catedrática de Derecho Penal, Universidad de Cádiz), Dra. Patricia Faraldo Cabana (Catedrática de Derecho Penal, Universidad de A Coruña), Dra. Margarita Valle Mariscal de Gante (Profesora Contratada Doctora de Derecho Penal, Universidad Complutense de Madrid) Dr. Javier Fernández Teruelo (Catedrático de Derecho Penal, Universidad de Oviedo), Dra. Inés Olaizola Nogales (Catedrática de Derecho Penal, Universidad Pública de Navarra), Dra. Elena Martínez García (Catedrática de Derecho procesal, Universidad de Valencia), Dra. Mercedes Serrano Masip (Prof. Titular de Derecho Procesal, Universitat de Lleida), Nieves Sanz Mulas (Catedrática de Derecho penal, Universidad de Salamanca), Dra. Ana I. Pérez Machío (Prof. Titular de Derecho Penal, Catedrática acr., Universidad del País Vasco), Dra. Carmen Juanatey Dorado (Catedrática de Derecho Penal, Universidad de Alicante), Dr. Eduardo Ramon Ribas (Catedrático de Derecho Penal, Universitat de les Illes Balears), Dr. José Ramón Agustina Sanllehí (Catedrático de Derecho Penal, Universitat Abat-Oliva), Dra. Helena Soleto Muñoz (Catedrática de Derecho Procesal, Universidad Carlos III de Madrid), Dra. Adoración Padial Albás (Prof. Titular de Derecho Civil, Universitat de Lleida), Dra. Núria Torres Rosell (Prof. Agregada Serra Húnter de Derecho Penal, Catedrática laboral acr., Universitat Rovira i Virgili), Dra. Andrea Planchadell Gargallo (Catedrática de Derecho Procesal,

Universitat Jaume I), Dr. Marc Salat Paisal (Prof. Agregado Serra Húnter de Derecho Penal, Universitat de Lleida) y Dra. Carolina Villacampa Estiarte (Catedrática de Derecho Penal, Universitat de Lleida). Fueron comunicantes las Dras. Eva Picado Valverde (Universidad de Salamanca), Rosa Gil Iranzo (Universitat de Lleida), Regina Helena Fonseca Fortes-Furtado (Universidad de Oviedo), Julia Méndez Hernández (Universitat de Lleida) y el Dr. Sergio de la Herrán Ruiz-Mateos (Universidad de Cádiz).

El evento contó con la colaboración económica de la Red VIOMUJ, del proyecto HONGEN y del Grupo de Investigación Consolidado de la Universitat de Lleida "Sociedad Sostenible y Derecho" SOIUS. También contribuyeron diversos organismos de la Universitat de Lleida: la Facultad de Derecho, Economía y Turismo, el Vicerrectorado de Compromiso Social, Igualdad y Cooperación, el Vicerrectorado de Cultura y Extensión Universitaria, el Consejo Social y la Unidad de Igualdad y Diversidades. Finalmente, se contó con la participación del Programa OCEAN del Consejo de Europa y del Ayuntamiento de Lleida.

Durante la realización de tales jornadas se debatió acerca de los claroscuros que han rodeado la inclusión de normativa específica para luchar contra la violencia de género en nuestro país desde 2004, analizando la evolución normativa e institucional en esta materia en España desde que se aprobara la LO 1/2004. Esto sin descuidar el análisis precedente de instrumentos normativos procedentes del Consejo de Europa y de la Unión Europea que, no en el momento de introducirse la LO 1/2004, pero sí posteriormente, han marcado las directrices de lo que debe ser la aproximación normativa e institucional a la violencia contra las mujeres en nuestro ordenamiento jurídico y los del resto de países integrados en el ámbito regional europeo. Tal razonamiento explica la estructura de las jornadas, que se traslada a esta obra colectiva mediante la que se publican las contribuciones de la mayor parte de ponentes que participaron en ellas.

Precisamente a analizar los requerimientos internacionales que demanda el afrontamiento de la violencia contra las mujeres procedentes tanto del Consejo de Europa como de la Unión Europea, para conocer, como presupuesto, a qué retos se espera que dé respuesta el abordaje español de esta forma de violencia, se dedica la parte I (marco jurídico internacional) de esta obra. En ella, las Dras. Christina Binder, Micaela Frulli y Mercedes Serrano Masip desgranan el espíritu, el contenido y las demandas de los dos textos regionales europeos que han venido marcando en la última década y previsiblemente van seguir marcando la política legislativa e institucional en la materia en Europa: el Convenio del Consejo de Europa sobre prevención y lucha contra la violencia contra las mujeres y la violencia doméstica de 2011, o Convenio de Estambul, y la Directiva (UE) 2024/1385 del Parlamento Europeo y del Consejo, de 14 de mayo de 2024, sobre la lucha contra la violencia contra las mujeres y la violencia doméstica.

Las siguientes partes en las que se divide la obra analizan, siguiendo una lógica temporal, el devenir de la política legislativa e institucional interna española en materia de violencia de género, prestando especial atención a la LO 1/2004. Conforme a este criterio ordenador, en la parte II (luces y sombras en la concepción, el diseño y la aplicación de la LO 1/2004), las Dras. María Acale Sánchez y Regina Helena Fonseca Fortes-Furtado rinden tributo a esta norma pionera, no sin poner de manifiesto aquellas cuestiones que ya en la concepción de la misma se consideraron inadecuadas o insuficientes y, desde su mismo alumbramiento, fueron objeto de crítica por parte de la academia y de operadores jurídicos, efectuando especial hincapié en el modelo de Derecho penal sexuado que instauró. También en esta parte de la obra, el Dr. Javier Fernández Teruelo analiza jurídico-penal y criminológicamente la manifestación más grave de la violencia contra las mujeres, el feminicidio, mientras que la Dra. Julia Méndez Hernández expone los resultados de una revisión sistemática de literatura sobre un aspecto al que la LO 1/2004 prestó originariamente escasa atención: el de los victimarios y los factores que los conducen a ejercer violencia contra las mujeres. Siguiendo con este devenir temporal, en la parte III (hacia la reforma de la LO 1/2004) del volumen, las Dras. Nieves Sanz Mulas y Ana I. Pérez Machío analizan el proceso de adopción, el contenido y el grado de cumplimiento de la principal reforma de esta norma, operada a través del Pacto de Estado contra la Violencia de Género, no sin antes efectuar una exposición en clave político-criminal de los problemas aplicativos y déficits identificados en su operativa.

En un recorrido por la evolución de la aproximación normativa e institucional española a la violencia contra las mujeres no podía dejar de hacerse referencia y afrontarse el contenido de la otra gran norma aprobada en nuestro país para luchar contra esta realidad: la Ley Orgánica 10/2022, de garantía integral de la libertad sexual, también conocida como Ley del solo sí es sí. A su análisis se dedican las aportaciones de los Dres. Patricia Faraldo Cabana, José R. Agustina Sanllehí, Eduardo Ramón Ribas, Helena Soleto Muñoz y Aurea Grané Chávez. Los tres primeros centran su análisis en una de las cuestiones jurídico-penalmente más controvertidas de las introducidas por dicha ley, su caracterización del consentimiento en materia sexual y el entendimiento de los delitos sexuales que este imprime. Dado que esta es una norma que, como la LO 1/2004, tiene carácter integral y persigue el resarcimiento de las víctimas, las Dras. Helena Soleto y Aurea Grané, por su parte, analizan jurídica y criminológicamente cuestiones relacionadas con la reparación económica a las víctimas que la misma prevé.

Tras el análisis de esta segunda gran norma, la última parte de la obra, la V, se orienta al análisis de las violencias contra las mujeres que quedan por abordar, centrándose en algunas expresiones de la violencia contra las mismas todavía bastante invisibilizadas pese a su posible significativa prevalencia. De la mano de las Dras. Elena Martínez García y Núria Torres Rosell se analiza la respuesta institucional ofrecida frente a la violencia contra las mujeres y el grado de cumplimiento de las obligaciones de diligencia debida que vinculan al Estado español que esta comporta, sin descuidar el abordaje del concepto mismo de la violencia institucional como una manifestación concreta de violencia contra las mujeres. En segundo lugar, las Dras. Carolina Villacampa Estiarte y Andrea Planchadell Gargallo analizan, desde una perspectiva tanto criminológica como jurídico-penal sustantiva y procesal, la violencia por causa de honor. En tercer término, las Dras. Rosa Maria Gil Iranzo y Iolanda Tortajada Giménez se centran en la violencia online contra las mujeres. Finalmente, las Dras. Eva María Picado Valverde, Raquel Guzmán Ordaz, Amaia Yurrebaso Macho y Esther García Valverde, lejos de circunscribir su aportación a una concreta manifestación de la violencia contra las mujeres, la focalizan en las diversas expresiones de violencia a que se ve sometido un colectivo específico de mujeres a menudo silenciado: el de las que carecen de hogar.

A quienes hicieron posible la realización de las jornadas que constituyeron el embrión de esta obra, no puedo más que agradecerles su tiempo, su compromiso y su generosidad. A esto se añade mi gratitud a las autoras y autores de esta obra por haber invertido tiempo en formatear convenientemente y remitir los textos de sus respectivas ponencias, mediante los que expresan valiosísimas aportaciones intelectuales. De justicia es destacar, entre los agradecimientos, el reconocimiento al decidido impulso, al constante apoyo y a la dedicación en la organización de las jornadas de la coordinadora de la Red de Investigación VIOMUJ, la Dra Ana I. Pérez Machío, así como a las tareas de recepción, compilación y maquetación de originales de la coordinadora de esta obra, la Dra. Clàudia Torres Ferrer.

II. SÍNTESIS DE LOS PRINCIPALES HITOS NORMATIVOS E INSTITUCIONALES EN LA LUCHA CONTRA LA VIOLENCIA CONTRA LAS MUJERES EN ESPAÑA DESDE 2004

A modo de introducción a los contenidos que quien se aproxime a esta obra hallará en los capítulos que la integran, con la finalidad de delinear un hilo conductor que contribuya a hilvanarlos, permítaseme efectuar un breve repaso cronológico por los principales hitos normativos e institucionales que han marcado la aproximación a la violencia contra las mujeres en nuestro país. Debo advertir que al realizarlo no evitaré emitir valoraciones críticas, más o menos acertadas, acerca del juico que me merece la evolución de la aproximación político-criminal a esta realidad, que pueden o no ser compartidas por las y los autores de esta empresa colectiva. Con todo, este sucinto recorrido persigue situar a las y los lectores frente a la obra en su conjunto, constituyendo tan solo una introducción que facilite que después puedan adentrarse en el análisis de aquellos aspectos que les resulten de mayor interés mediante la lectura de los correspondientes capítulos.

1. Requerimientos internacionales

Como sucede contemporáneamente con la mayor parte de fenómenos sobre los que incide el ordenamiento jurídico-penal, el de la violencia contra las mujeres constituye un campo en que las iniciativas normativas internacionales, en particular las regionales europeas, a menudo marcan el devenir legislativo interno. De ahí que no pudiese iniciarse un análisis sobre el recorrido normativo interno sin previamente atender a lo que se deduce de instancias internacionales, aun cuando la actividad normadora sobre el particular en España precediese a la emisión normativa en Europa.

En el caso de la violencia contra las mujeres, es el antes mencionado Convenio del Consejo de Europa sobre prevención y lucha contra la violencia contra las mujeres y la violencia doméstica el que, desde su aprobación en 2011 y, sobre todo, su entrada en vigor en 2014, debería marcar la pauta del devenir legislativo en los países que lo firmaron y rarificaron, España entre ellos. Sin ánimo de exhaustividad en esta sede, antes de analizar si la evolución de la normativa española es fiel a los dictados de este convenio, debe comenzarse por señalar que el mismo adopta un enfoque centrado en la víctima para combatir la violencia contra las mujeres. Esta perspectiva se ha adoptado para la violencia de género a partir de enfoques sobre determinadas realidades delictivas ya ensayados por el Consejo de Europa, como la trata de seres humanos a través del Convenio de Varsovia de 2005 o el abuso y explotación sexual de menores a través del Convenio de Lanzarote de 2007 (Villacampa, 2018a). El enfoque victimocéntrico adoptado por este instrumento va más allá del centrado en la mera incriminación de conductas, tratando de salvaguardar los derechos de las víctimas a través de lo que se conoce como "política 3P". Tal y como ponen de manifiesto el preámbulo y el articulado del Convenio de Estambul, según esta política, la erradicación de la violencia de género, que es el principal objetivo de este instrumento jurídico internacional, requiere no sólo perseguir las conductas delictivas, sino sobre todo prevenirlas y proteger los derechos de las víctimas. Este enfoque holístico (De Vido y Frulli, 2023), que sitúa a las víctimas en el centro de la respuesta institucional, hace de su protección la clave para definir la forma en que el sistema responde a la violencia contra las mujeres. La misma se entiende no como una respuesta del sistema de justicia penal para proteger a las mujeres indefensas, sino como un sistema de apoyo integral que refuerza su capacidad para escapar de la violencia y convertirse en supervivientes. Además de la protección, la prevención es una cuestión fundamental. Los programas de prevención deben dirigirse no sólo a la sensibilización de la comunidad, sino también a los grupos de alto riesgo y a evitar la revictimización. Junto a las Ps de prevención, protección y persecución, la política 3P se ha ampliado posteriormente con una cuarta P de partenariado o políticas coordinadas, que alude a que el referido abordaje victimocéntrico que sitúa el bienestar y protección de las víctimas en el centro del sistema debe articularse a través de políticas que conjuguen la coordinación interna de todos los agentes implicados junto a la coordinación internacional. Tales 4 Ps se identifican, en lo que al Convenio de Estambul se refiere, como los cuatro pilares del Convenio de Estambul (Council of Europe, 2024).

No muy diverso al enfoque victimocéntrico adoptado por el Consejo de Europa es el más recientemente adoptado por la Directiva (UE) 2024/1385 del Parlamento Europeo y del Consejo, de 14 de mayo de 2024, sobre la lucha contra la violencia contra las mujeres y la violencia doméstica. Tras ratificar el Convenio de Estambul, la Unión Europea, que hasta el momento carecía de normativa en materia de violencia contra las mujeres, adopta esta norma a imagen y semblanza de lo ya normado por el Consejo de Europa. Ya el propio preámbulo de la Directiva, en expresiones como la incluida en el considerando 5 justificadoras de la necesidad de adoptarla -"En vista de las particularidades relacionadas con los delitos de violencia contra las mujeres y violencia doméstica, es necesario establecer un conjunto integral de normas que aborde de manera concreta el problema persistente de la violencia contra las mujeres y la violencia doméstica y responda a las necesidades especiales de las víctimas de dicha violencia"-, permite entrever el enfoque holístico y centrado en la víctima de esta norma. Tal impresión la confirma una lectura del texto articulado de la Directiva, en el que, junto a disposiciones sobre la necesaria incriminación de conductas delictivas, se prevén medidas de prevención primaria, secundaria y terciaria de este tipo de victimización, así como un amplio abanico de medidas protectoras victimales procesales y asistenciales, sin descuidar previsiones orientadas a posibilitar la coordinación institucional. Con todo, la persecución de conductas gana en esta norma una preeminencia no alcanzada en el Convenio de Estambul, aunque los requerimientos de incriminación se limiten a determinadas formas de explotación sexual -matrimonios forzados y mutilación genital- y a la ciberviolencia de género después de que el Parlamento laminara el contenido de la propuesta de la Comisión, que pretendía incluir también la violación.

Puesto que es todavía pronto para valorar el cumplimiento de una norma que los Estados de la Unión tienen plazo para transponer hasta el 14 de junio de 2027, no procede analizar en esta sede si el ordenamiento interno español observa sus requerimientos. Sin embargo, tras un decenio de entrada en vigor del Convenio de Estambul, precisamente cuando se cumple el vigésimo aniversario de la introducción al ordenamiento interno español de normativa integral protectora de las víctimas de la violencia de género, sí resulta pertinente plantearse si hemos adoptado plenamente las demandas de abordaje victimocéntrico de esta forma de violencia que dicho instrumento normativo internacional preconiza. Y para responder a tal interrogante, resulta preciso describir el devenir de la política legislativa e institucional seguida en nuestro país en materia de violencia contra las mujeres.

En este sentido, cabe avanzar que en los últimos tiempos la política criminal española en esta materia se ha visto claramente influenciada por el primer informe de evaluación sobre España de año 2000 emitido por del Grupo de Expertos para la Acción contra la Violencia sobre la Mujer y la Violencia Doméstica (GREVIO, 2020). Puede considerarse que el primer informe del GREVIO marcó un punto de inflexión en la legislación española sobre violencia de género, que pasó a dejar de estar fundamentalmente centrada en la violencia en la pareja para focalizarse principalmente en la violencia sexual. Sin embargo, desde un punto de vista más institucional, las políticas públicas sobre violencia de género en este país parecen estar aún lejos de adaptarse a las sugerencias de GREVIO.

2. *Primer hito: La Ley Orgánica 1/2004*

Con carácter previo a la emisión de dicho informe del GREVIO en el año 2020, la política pública española en materia de violencia de género se basó en dos hitos esenciales El primero fue la aprobación de la Ley Orgánica 1/2004, que dictó la política criminal española en esta materia durante los casi dos decenios siguientes. A pesar de la feroz oposición de los sectores más conservadores de la judicatura y de otros colectivos de profesionales del Derecho frente a esta norma, fue aprobada por unanimidad en el Parlamento sobre la base de una proposición de ley presentada por el Gobierno socialista del momento. Fue considerada una ley pionera e instrumental que permitió sensibilizar acerca de esta realidad a los profesionales de la justicia penal. Pese a nacer como una ley integral protectora, sin embargo, la Ley Orgánica 1/2004 estableció un sistema de tutela pretendidamente comprensivo que obligaba a las víctimas a acudir a la justicia penal en busca de protección (Laurenzo Copello, 2005, 2010; Maqueda Abreu, 2006, 2010; Rubio, 2010; Martínez García, 2012; Marín de Espinosa Ceballos, 2015; Gisbert y Martínez, 2016).

Desde la aprobación de la ley, una creciente mayoría de la academia consideró que su enfoque preferentemente penal frente a la violencia de género no resultaba operativo para erradicarla. Se argumentó que infantiliza a las víctimas, al negarles la capacidad de decidir y hacerlas esencialmente invisibles (Laurenzo Copello, 2005, 2008, 2015; Acale Sánchez, 2006; Larrauri Pijoan, 2007; Maqueda Abreu, 2008; Villacampa Estiarte, 2008). Sin embargo, esta orientación político-criminal reflejada ya en esta pionera norma se vio, si cabe, reforzada por los informes sucesivamente emitidos por los evaluadores institucionales de esta Ley -en particular, el Observatorio Nacional de Violencia sobre la Mujer y la Delegación del Gobierno contra la Violencia de Género-. De manera que, cuanto más se había ido aplicado la Ley Orgánica 1/2004, más punitivas se habían venido tornando las propuestas de reforma incluidas en dichos documentos.

Tal evolución condujo a parte de la academia española a considerar que, pese a sus indudables bondades en el momento de ser aprobada, la Ley Orgánica 1/2004 podría considerarse obsoleta tras varios años de andadura (Villacampa Estiarte, 2018a, 2018b; Sanz Mulas, 2019). Dicha posición se sustentó sobre cuatro fundamentales haces de razones, que se exponen a continuación (Villacampa, 2018a, 2018b).

El primero de ellos tiene que ver con que la LO 1/2004 adoptó las políticas de arresto obligatorio (*mandatory arrest policies*) y de persecución obligatoria (*no drop policies*) promovidas por el feminismo radical, hegemónico en los años ochenta (Mackinnon, 1987). Las mismas han sido parcialmente superadas por corrientes más contemporáneas dentro de este movimiento, más cercanas al feminismo posmoderno y poscolonial (Butler, 2007, 2010; Mohanty, 2008a, 2008b; Spyvak, 2010), que sitúan la interseccionalidad (Crenshaw, 1989 y 1991), más que el patriarcado, en el centro del sistema y que reclaman la adopción de un programa político criminal diferente al del feminismo radical, de orientación claramente punitiva. Este enfoque diferente da voz a las mujeres marginadas, promueve un activismo que sitúa a las marginadas en el centro mismo y aboga por la formación cultural de los profesionales de apoyo a las víctimas; pretende aplicar estrategias de amplio espectro dirigidas a acabar con todas las desigualdades -no sólo las de género- (Nash, 2004-05; Sokoloff y Dupont, 2005; Merry, 2006; Finigan, 2010; Mir-Hosseini, 2011). Según este enfoque, hay que deconstruir algunos estereotipos sobre las mujeres maltratadas, entre ellos, que siempre son vulnerables e incapaces de tomar decisiones. Estas pensadoras feministas sostienen que es necesario ampliar el enfoque institucional para afrontar la violencia de género, ya que el mero refuerzo de la justicia penal para tratar el problema desvía fondos de otros ámbitos necesarios para que las mujeres más marginadas puedan salir de situaciones violentas, como la asistencia social y los centros de acogida (Sokoloff y Dupont, 2005; Arnold y Ake, 2013).

El segundo grupo de razones en pos de la consideración de que la Ley Orgánica 1/2004 podía ser una norma superada es el relativo a la ausencia de apoyo internacional. Esto porque el enfoque de la violencia de género centrado en el delito que propugnaba no encaja con la perspectiva holística de la lucha contra esta realidad adoptada por los documentos que definen la política institucional internacional en esta materia, especialmente el Convenio de Estambul, como se ha ya indicado.

En tercer lugar, los problemas aplicativos que han afectado a la Ley Orgánica 1/2004 tampoco han contribuido a defender su actualidad. Entre ellos, puede destacarse como un primer problema aplicativo el modelo penal de género que introdujo esta ley, el denominado Derecho penal sexuado, que, castigando más severamente determinadas conductas cuando eran cometidas por hombres contra mujeres con las que tenían o habían tenido una relación sentimental, resultó muy controvertido, cuestionándose desde los inicios su constitucionalidad. A esto se añade que esta técnica de tipificación podría haber devenido superflua incluso en España. Esto porque el sector de la doctrina crítico con la inclusión de las manifestaciones del Derecho penal sexuado en el Derecho interno español ha reclamado sistemáticamente que el mayor daño que tales manifestaciones de violencia podrían suponer se cualificara mediante la adecuada previsión de circunstancias genéricas de responsabilidad penal, en lugar de a través de delitos específicamente agravados, habiendo defendido que tal necesidad podría satisfacerse incluyendo el género entre los motivos de discriminación enumerados en la circunstancia agravante de discriminación contenida en el artículo 22.4 del

Código Penal español (Acale Sánchez, 2006). Y esto fue precisamente lo que se hizo mediante la reforma del Código Penal de 2015 (Maqueda Abreu, 2016). Un segundo problema aplicativo de la Ley Orgánica 1/2004 tiene que ver con su posible ausencia de efectividad. No está claro que la aplicación de las medidas penales introducidas por esta ley haya sido efectiva para reducir la violencia de género en España, al menos no resulta evidente que su inclusión haya supuesto una reducción del número de muertes violentas de mujeres a manos de sus parejas o ex parejas.

Finalmente, un cuarto grupo de razones que evidencian la posible superación de la Ley Orgánica 1/2004 son las vinculadas con los déficits aproximativos que se le atribuyen. Entre ellos, en primer término, se sitúa la desconexión entre la rúbrica de la Ley Orgánica 1/2004 y su alcance real: esta norma fue aprobada con el objetivo de combatir la violencia de género entendida como manifestación de la desigualdad existente entre hombres y mujeres en la sociedad; sin embargo, al establecer su ámbito de aplicación, lo limitó a la violencia de pareja contra las mujeres. Esto en cuanto afirma, en su art. 1.1, que se pretende combatir "la violencia que, como manifestación de la discriminación, de la situación de desigualdad y de las relaciones de poder de los hombres sobre las mujeres, se ejerce sobre éstas por quienes son o han sido sus maridos o están o han estado ligados a ellas por relaciones similares de afectividad, aun en defecto de convivencia". De modo que la Ley Orgánica 1/2004 confunde la violencia de género, a la que pretende hacer frente, con la violencia familiar ejercida contra la mujer por su pareja o ex pareja, que es la que realmente aborda (Laurenzo Copello, 2005; Maqueda Abreu, 2006; Ramón Ribas, 2008; Villacampa Estiarte, 2008; De la Cuesta Aguado, 2012).

Un segundo déficit aproximativo de la Ley Orgánica 1/2004 tiene que ver con la compartimentación de la protección de los derechos de las víctimas que dicha norma representa. Esto porque la misma se aprobó antes de que se aprobara la Ley

4/2015 del Estatuto de la Víctima del Delito, la vigente norma básica que determina la batería de derechos de las víctimas del delito. La Ley 4/2015 establece un estatuto de protección aplicable a toda persona que haya sufrido un delito, con independencia de cuál sea (De Hoyos Sancho, 2017). Define un sistema con distintos grados de protección atribuibles a las víctimas tras ser evaluadas individualmente que incluye un nivel básico, otro reforzado para víctimas con necesidades especiales de protección y, por último, un sistema hiperreforzado para menores o personas con discapacidad necesitadas de especial protección (Tamarit, Villacampa y Serrano, 2015), a las que posteriormente se han añadido las víctimas de violencia sexual. De ahí que, aprobado dicho estatuto protector general, la pervivencia de estatutos protectores sectoriales puede carecer de sentido, sobre todo si se amplía el contenido de dicho estatuto general a derechos victimales más allá de los más directamente vinculados con el proceso penal.

El último déficit aproximativo de la Ley Orgánica 1/2004 tiene que ver con la adopción de un enfoque muy punitivo, que recurría al Derecho penal como *prima ratio*. En una escala gradual de intensidad en la respuesta punitiva a la violencia de género, la inclusión de las reformas jurídico-penales que esta norma comportó convirtió a España en un ejemplo de máxima intensidad por su adopción de un modelo de Derecho penal sexuado. La punitividad de la ley se ha plasmado en reformas penales posteriores a su aprobación. Un ejemplo de ello es el nudo recurso al Derecho penal para luchar contra el *stalking* y los matrimonios forzados propio de la reforma del Código Penal español de 2015, cuando la evidencia empírica en España demuestra lo inadecuado de desatender la previsión de medidas de protección victimales al margen del sistema de justicia penal en supuestos de *stalking* (Villacampa y Pujols, 2017a, 2017b) o de matrimonios forzados (Villacampa y Torres, 2019a, 2019b). La punitividad también se refleja a través de la previsión de preceptivas medidas de alejamiento víctima-ofensor en casos de violencia de género. Esto puede llevar a la separación física obligatoria de la víctima y el agresor en tales casos, incluso contra la voluntad de la víctima (Javato Martín 2009; Faraldo Cabana, 2010). Otros ejemplos de este enfoque punitivo son la necesidad de acudir al sistema de justicia penal para obtener medidas cautelares orientadas a la protección de las víctimas, la resistencia de los profesionales del derecho a permitir que las víctimas de violencia de género se acojan a la dispensa legal del deber de declarar cuando hacerlo las obligue a testificar contra su cónyuge (Castillejo Manzanares y Serrano Masip, 2013) o la prohibición de utilizar mecanismos de justicia restaurativa en estos casos (por todos, Esquinas Valverde, 2008; más recientemente, Villacampa Estiarte, 2020; Alonso Rimo, 2024).

3. Segundo hito: El Pacto de Estado contra la violencia de género

Pese a que se dudaba de la conveniencia de mantener la Ley Orgánica 1/2004, en diciembre de 2017 se aprobó el Pacto de Estado contra la Violencia de Género, que apoya su permanencia. Su adopción puede considerarse un segundo hito en el abordaje legal de la violencia contra las mujeres en España. Supuso el diseño de una hoja de ruta a cinco años vista -entre 2028 y 2022- para cuya implementación se determinaron un total de 234 medidas en el Congreso de los Diputados y 267 en el Senado, aprobadas de forma consensuada con el apoyo de casi todos los grupos parlamentarios de las Cortes Generales (ampliamente sobre su contenido, Villacampa Estiarte, 2018a, 2018b; Sanz Mulas, 2019; Villa Seiro, 2023), que se acabaron refundiendo en 290 medidas comunes distribuidas en 10 ejes. Se adoptó teóricamente para cumplir con las exigencias del Convenio de Estambul, pero pretendía al mismo tiempo actualizar el contenido de la Ley Orgánica 1/2004 y su orientación punitiva. La necesidad de adoptar un concepto jurídico más amplio de la violencia de género, uno de los objetivos más relevantes del Pacto de Estado, derivaba no sólo de las exigencias del Convenio de Estambul y de los reiterados requerimientos de parte de la literatura académica española, sino también de investigaciones victimológicas empíricas realizadas en España sobre ejemplos de violencia de género fuera de la violencia de pareja -como las realizadas sobre *sexting, grooming,* acoso y ciberacoso o matrimonios forzados, algunas de las cuales ya citadas- que han conducido a que aspectos como el acoso se haya medido en la última macroencuesta sobre violencia de género realizada por la Delegación del Gobierno para la Violencia sobre la Mujer en 2019. Con todo, a pesar de declarar la necesidad de ampliar el concepto de violencia de género, las manifestaciones en las que se centran las medidas que incluye el Pacto son la violencia sexual y la trata sexual de mujeres.

Al mismo tiempo, poner el acento en la necesidad de tratar a los agresores, no sólo a las víctimas, diseñando programas de tratamiento especialmente adaptados a ellos, incluyéndose también entre las medidas del Pacto, era algo que la academia española, sobre todo en el ámbito de la psicología, había venido reclamado (Andrés Pueyo y Echeburúa, 2010; Echeburúa y Corral, 2012). La necesidad incluida en el Pacto de proteger a los niños víctimas de violencia doméstica y reconocer sus derechos como víctimas surgió no sólo de las investigaciones llevadas a cabo por académicos españoles (por todos, antes de 2017, Patró y Limiñana, 2005), sino también porque casos muy mediáticos de menores asesinados por sus padres durante procesos de separación matrimonial mostraron la necesidad de abordar la violencia contra los niños como una manifestación de la violencia de género, evidenciando supuestos de la indebidamente denominada "violencia vicaria", cual si los niños fuesen solo víctimas en sustitución de sus madres.

Sin embargo, dado que los enfoques académicos más holísticos y menos punitivos para abordar la violencia contra las mujeres apenas fueron escuchados como voces expertas cuando el Pacto de Estado se estaba debatiendo en la comisión parlamentaria española encargada de hacerlo, las medidas incluidas en el mismo seguían siendo mayoritariamente punitivas. A pesar de ello, su aprobación supuso que la Ley Orgánica 1/2004 fuera modificada en abril de 2019 para asegurar que a las mujeres y menores víctimas de violencia doméstica se les reconociera el derecho a ser protegidos sin necesidad de denunciar la situación a la policía. Esta modificación supuso también favorecer la asistencia letrada y la personación de las víctimas en los procesos penales por violencia de género, ampliar los títulos que permiten acreditar la condición de víctima, compatibilizar las ayudas previstas en la ley con otro tipo de indemnizaciones y garantizar la asistencia psicológica a los menores aunque ambos progenitores no den su consentimiento si uno de ellos está implicado en un proceso penal por violencia de género, entre otras medidas.

El 25 de noviembre de 2021, cumplidos cuatro años de vigencia del Pacto, la mayor parte de los Grupos Parlamentarios en Congreso y Senado aprobaron un acuerdo de renovación del Dictamen del Pacto de Estado. Dicho acuerdo permite dotar de continuidad al mismo. Tal circunstancia explica que, pasados los primeros cinco años de vigencia inicial, actualmente continúen ejecutándose las medidas que contempla. Dichas medidas siguen implementándose no ya solo por haberse alcanzado dicho compromiso político a través del Pacto y por su renovación, sino porque se entiende que la obligatoriedad de dicho mandato deriva directamente del Convenio de Estambul y de los requerimientos relacionados con la diligencia debida que impone a los Estados Parte.

4. El punto de inflexión: el primer informe GREVIO sobre España

Tras casi tres años de la adopción del Pacto de Estado, en octubre de 2020, el GREVIO emitió su primer informe evaluando la aplicación del Convenio de Estambul en España, publicado en noviembre de ese mismo año (GREVIO, 2020). El informe evalúa positivamente algunos aspectos de la aproximación española a la violencia contra las mujeres. Entre estos, destaca la sólida agenda de las autoridades españolas en el establecimiento de políticas para prevenir y combatir la violencia contra las mujeres y su papel pionero en el desarrollo de un marco jurídico progresista en relación con la violencia en la pareja con la adopción de la Ley Orgánica 1/2004. Además, pone en valor los esfuerzos realizados en España para recopilar información estadística relevante sobre la violencia de pareja, en particular a través de la macroencuesta sobre violencia contra las mujeres que se realiza cada cuatro años, desarrollada recientemente para abarcar otras formas de violencia de género contempladas en el Convenio de Estambul, como el acoso, como se ha ya indicado. Valora también de manera positiva el grupo de expertos el reconocimiento del papel que tanto el sector privado como los medios de comunicación pueden desempeñar en la prevención y la lucha contra todas las formas de violencia contra las mujeres. A los aspectos positivos mencionados, añade las medidas específicas relacionadas con el lugar de trabajo adoptadas para las víctimas de la violencia de pareja, que permiten acuerdos laborales flexibles para las mujeres trabajadoras que se liberan de relaciones abusivas.

Sin embargo, el informe también valora negativamente algunos aspectos de la política española en materia de violencia de género. En este sentido, se indica que la mayoría de los esfuerzos para abordar la violencia contra las mujeres en España se han centrado en la violencia de pareja, dejando otras formas de violencia contra las mujeres cubiertas por el Convenio de Estambul sin abordar en la legislación y las políticas españolas. En concreto, no se han abordado suficientemente manifestaciones de la violencia de género como la violencia sexual (incluidas la violación, la agresión sexual y el acoso sexual), el acoso, la mutilación genital femenina, el matrimonio forzado y el aborto o esterilización forzados. Tal déficit se hace evidente cuando se trata de garantizar la interacción entre todos los profesionales concernidos -incluida la prestación de servicios médicos y forenses a las víctimas de violencia sexual-, pero también en la recopilación de datos y en la sensibilización y formación de los profesionales. También destaca el GREVIO que estas otras formas de violencia de género han sido abordadas de forma diferente según el territorio español. A juicio de este organismo monitorizador de la implementación del Convenio de Estambul, en un país caracterizado por ciertos niveles de autonomía regional y local en relación con el apoyo a las víctimas, existen variaciones regionales relevantes en la aplicación del texto, especialmente acusadas en el caso de la violencia no ejercida por la pareja íntima, lo que además se traduce en que muy pocas Comunidades Autónomas ofrecen servicios especializados para las víctimas de estas otras formas de violencia de género.

En relación exclusiva con la política criminal seguida en España, como aspecto negativo del informe, destaca también que, aunque se ha revisado el Código Penal español para adaptarlo a los requisitos de la Convención, se identifican déficits. En concreto, en relación con los procedimientos por agresión sexual y violación, el GREVIO afirma haber identificado varios factores que repercuten negativamente en las experiencias de las mujeres víctimas con el sector de la justicia penal, sin duda haciendo referencia al caso "La Manada". Además, la duración de los procedimientos, la exclusión del uso de pruebas forenses recogidas sin autorización judicial y el elevado umbral de exigencia para probar la violación ante un tribunal se traducen en victimización secundaria y bajos índices de condena. En relación con la protección de las víctimas por el sistema de justicia penal, en particular de los menores, el GREVIO indica que, pese a la existencia de medidas legales para garantizar la seguridad de las mujeres y los niños víctimas de violencia doméstica, existen deficiencias en su aplicación -que también han sido puestas de manifiesto por la academia española mediante análisis sistemáticos jurisprudenciales (Bodelón et al., 2019; Font et al., 2022)-. Esto da lugar a que se conceda la custodia compartida y amplios derechos de visita a los agresores condenados, y a que con frecuencia se ordene o se mantenga el régimen de visitas a pesar de las pruebas de violencia y maltrato aportadas por los propios menores que las sufren o por los profesionales que las han abordado con dichos menores, a lo que añaden que el personal de los puntos de encuentro familiar y los jueces a menudo parecen juzgar mal estas situaciones.

Finalmente, otro motivo de preocupación destacado entre los aspectos negativamente valorados fue que el acceso de las solicitantes de asilo a un procedimiento de asilo sensible a las cuestiones de género se enfrenta a diversos obstáculos. Esto comporta que dicho procedimiento no suele proporcionar la protección necesaria, porque las inadecuadas condiciones de acogida y entrevista no crean un entorno de confianza que conduzca a compartir información sensible y revelar experiencias de violencia. Junto a esto, los elevados umbrales probatorios para los casos de violencia sexual y doméstica son insensibles con la situación en la que a menudo se hallan estas víctimas. A la ineficacia del sistema de asilo para proteger a las mujeres víctimas de violencia de género, se añade que obtener un permiso de residencia y de trabajo tampoco se ha evidenciado como algo fácil de conseguir.

En consecuencia, el GREVIO identificó en su informe una serie de cuestiones prioritarias que requerían mayor atención por parte de las autoridades españolas para cumplir plenamente con las disposiciones del Convenio. Entre tales cuestiones, el GREVIO urge al Estado español para que emprenda acciones conducentes, entre otros efectos, a:

- Reforzar las medidas para prevenir y combatir la violencia que afecta a las mujeres expuestas a la discriminación interseccional, integrando su perspectiva en las políticas y mejorando su concienciación sobre sus derechos y los servicios de apoyo existentes, así como la accesibilidad a los mismos.

- Garantizar una asignación adecuada de los recursos económicos y su utilización por parte de las autoridades regionales y desarrollar sistemas de financiación que permitan a las ONG de mujeres desempeñar un papel activo en la prestación de servicios de apoyo.
- Reforzar los esfuerzos de formación de profesionales como los agentes del orden, los trabajadores sanitarios y los profesores, y evaluar las diferentes formaciones disponibles para la judicatura con vistas a mejorar su impacto.
- Mejorar la prestación de servicios de apoyo, en particular adoptando medidas efectivas para garantizar una oferta suficiente de centros de acogida en todas las Comunidades Autónomas y su accesibilidad para todas las mujeres víctimas de violencia, ampliando el alcance del teléfono nacional de ayuda a todas las formas de violencia contempladas en el convenio y garantizando la prestación de asesoramiento psicológico adecuado a la edad de los niños testigos de violencia.
- Reforzar el marco jurídico de la violencia psicológica, el acoso, la violencia sexual, el acoso sexual y la mutilación genital femenina para adaptarlo a los requisitos del Convenio y garantizar la aplicación y las sanciones adecuadas para estos delitos.
- Garantizar la seguridad de las víctimas velando por que las órdenes de protección sean debidamente dictadas por la justicia y respetadas por los agresores.
- Garantizar una aplicación más amplia de todos los programas para agresores y su evaluación.
- Garantizar el cumplimiento efectivo de la obligación de diligencia debida y la aplicación de medidas civiles y disciplinarias para exigir responsabilidades a los funcionarios del Estado que incumplan esta obligación.

- Velar por que las víctimas reciban la debida indemnización por los daños sufridos como consecuencia de la violencia.
- Adoptar medidas encaminadas al acceso de iure y de facto a la asistencia jurídica para las víctimas de todas las formas de violencia contempladas en el convenio.
- Revisar el umbral probatorio para la concesión del estatuto de refugiado y del permiso de residencia temporal a las mujeres migrantes víctimas de violencia.

La necesidad de adopción de la mayor parte de estas acciones se incluye después en la Recomendación sobre la implementación del Convenio de Estambul que el Comité de los Estados Parte del Consejo de Europa emitió en relación con España [IC-CP/Inf(2020)10] el 15 de Diciembre de 2020, una vez que el Gobierno español había informado al Consejo acerca de las cuestiones que el informe GREVIO indicó que debían reforzarse (Committee of the Parties-Council of Europe, 2020).

5. Tercer hito: La Ley Orgánica 10/2022

Tras la emisión del primer informe GREVIO sobre España, se produce el que puede considerarse el tercer gran hito en el abordaje jurídico español de la violencia de género. Se trata de la aprobación de la Ley Orgánica 10/2022, de 6 de septiembre, de garantía integral de la libertad sexual (Ley Orgánica 10/2022), la indebidamente conocida como "Ley del solo sí es sí".

Se trata de una norma que tiene una estructura muy similar a la de la Ley Orgánica 1/2004 que, con el fin de establecer un estatuto integral de protección de las víctimas de violencia sexual, contempla no sólo medidas de persecución de los delitos sexuales, sino también de prevención de la violencia sexual y, en particular, de protección y asistencia a las víctimas de violencia sexual, así como de formación de profesionales y otro tipo de medidas institucionales relacionadas con la coordinación. Se aprobó no sólo para dar cumplimiento al informe del GREVIO, sino también en ejecución de los compromisos adoptados a través del Pacto de Estado contra la violencia de género y, sobre todo, como reacción normativa a la polémica sentencia del conocido caso de La Manada por la Audiencia Provincial de Navarra en 2018, que puso de manifiesto la falta de sensibilidad de un sector de la judicatura española hacia las víctimas de violencia sexual y sus necesidades (sobre el caso y su contexto, ampliamente Faraldo Cabana y Acale Sánchez, 2018). La ley adopta un concepto amplio de violencia sexual en su art. 3, entendida como cualquier acto de naturaleza sexual no consentido o que condicione el libre desarrollo de la vida sexual en cualquier ámbito público o privado, incluido el digital. Entre las violencias sexuales, se incluyen explícitamente los delitos contra la libertad sexual recogidos en el Código Penal, la mutilación genital femenina, el matrimonio forzado, el acoso con connotaciones sexuales y la trata con fines de explotación sexual. La ley también establece que se prestará especial atención a la violencia sexual cometida en el entorno digital, incluyendo la difusión de actos de violencia sexual, la pornografía no consentida y la pornografía infantil en cualquier caso, y la extorsión sexual a través de medios tecnológicos.

La Ley Orgánica 10/2022 constituye una norma que establece un segundo estándar reforzado de protección para las víctimas de violencia sexual como forma de violencia de género que se suma al ya previsto para las víctimas de violencia de pareja en la Ley Orgánica 1/2004. Sin embargo, al tratarse de una norma más contemporánea, su enfoque centrado en la víctima está desarrollado con mayor precisión que el de la Ley Orgánica 1/2004. Despliega mucho más que esta última los derechos de las víctimas integrados en el estatuto de protección reforzada que establece para las víctimas de violencia sexual. En particular, los derechos a la asistencia -a la que dedica el

Título IV- y a la reparación -a la que dedica el Título VII de la norma-. El mayor desarrollo del estatuto de los derechos de la víctima incluido en esta ley hace que la Ley Orgánica 1/2004 también haya sido modificada a través de esta para regular de forma más completa los derechos de las mujeres víctimas de violencia en la pareja, reconociéndoles también el derecho a la reparación. Sin embargo, el estatus de protección de ambos tipos de víctimas, las protegidas por la Ley Orgánica 1/2004 (víctimas de violencia de género en la pareja) y las protegidas por la Ley Orgánica 10/2022 (víctimas de violencia sexual) sigue siendo diferente, teniendo las víctimas de violencia sexual mejores opciones de obtener reparación que las víctimas de violencia de pareja, incluyendo un derecho a la reparación reforzado que puede llegar hasta el reconocimiento de múltiples fuentes de reparación pública, incluyendo la posibilidad de acceder a un fondo dotado con bienes decomisados a los condenados. Es más, si las víctimas de violencia de género no entran en el ámbito de las Leyes Orgánicas 1/2004 y 10/2022, porque han sufrido alguna expresión de la violencia contra las mujeres no contemplada en estas normas, puede suceder que ni siquiera ostenten los derechos reconocidos en estos dos estatutos de protección reforzada. De ser así, sólo tienen los derechos reconocidos en el estatuto jurídico básico de la víctima, establecido por la Ley 4/2015, en su condición de víctimas del delito, lo que implica un derecho a indemnización menos amplio y menos opciones de obtener la situación de residencia legal que las víctimas protegidas por las Leyes Orgánicas 1/2004 y 10/2022. Esto salvo que se trate de víctimas menores de edad, en cuyo caso podrían beneficiarse también del estatuto sectorial de protección reforzada previsto en la Ley Orgánica 8/2021, de 4 de junio, de protección integral a la infancia y la adolescencia frente a la violencia.

Además de por la amplitud del estatuto de protección establecido por la Ley Orgánica 10/2022, la misma ha sido desgraciadamente más conocida por la polémica generada por las reformas que introdujo en los delitos contra la libertad sexual en el Código Penal español (ampliamente sobre sus contenidos jurídico-penales, Agustina Sanllehí, 2023; González Tascón, 2023), muy en particular en relación con el consentimiento sexual (por todos, Ramos Vázquez, 2023). Como es sabido, esta ley modificó la regulación de los delitos contra la libertad sexual. Suprimió la diferencia entre delitos de agresión sexual -entre ellos la violación- y abuso sexual, establecida en función de la concurrencia o no de violencia o intimidación, e hizo pivotar la tipificación de los atentados contra la libertad sexual sobre la ausencia de consentimiento, ofreciendo más juego a los jueces para determinar la pena. Tal circunstancia dio lugar a que algunos agresores sexuales condenados fueran puestos en libertad por la aplicación retroactiva de esta nueva ley penal, considerada más favorable por algunos tribunales. También, como es sabido, el revuelo mediático y las acusaciones al Gobierno por parte de la oposición sobre el supuesto carácter indulgente de la norma con los agresores sexuales dio lugar a su contrarreforma. Para poner fin a estas excarcelaciones, el Gobierno propuso una nueva modificación de los delitos contra la libertad sexual, reintroduciendo la diferencia de penas entre los cometidos con o sin violencia y/o intimidación, producida mediante Ley Orgánica 4/2023, de 27 de abril, en vigor desde el 29 de abril.

La enésima vuelta de tuerca en la regulación de los delitos contra la libertad sexual que la contrarreforma a la Ley del "solo sí es sí" ha comportado, ha sido de nuevo la que ha ganado más protagonismo en la doctrina jurídica española -como muestra el trabajo de Díaz y García Conlledo y Trapero Barreales (2023)-. Pese a esto, no debe olvidarse que esta es una ley integral, que pretende la aplicación de una política 3P-4P también para abordar las violencias sexuales, como han puesto de manifiesto análisis no tan centrados en el contenido jurídico-penal de la norma (entre ellos, Aguado Correa, 2023), aunque comporta un estatuto protector reforzado que, de nuevo, se aplica solo a víctimas de determinados delitos.

Pese a ello, no cabe duda de que su aprobación ha sido muy positivamente valorada por el Consejo de Europa. Así se refleja en el documento de Conclusiones sobre la implementación de las recomendaciones respecto de España en relación con el Convenio de Estambul emitido en mayo de 2024 por el Comité de los Estados Parte [IC-CP (2024)5] (Committee of the Parties-Council of Europe, 2024). En este, el Comité considera que las cuestiones relacionadas con la ausencia de abordaje normativo de otras formas de violencia contra la mujer fuera de la pareja pueden considerarse superadas gracias precisamente a la aprobación de esta norma.

6. Aproximación institucional a la violencia de género

Además de la adopción de medidas legales, como la aprobación de la Ley Orgánica, 10/2022, el informe del GREVIO sobre la implementación del Convenio de Estambul en España también ha propiciado la adopción de medidas institucionales para abordar de forma más integral la violencia de género en nuestro país. La más relevante es la aprobación en noviembre de 2022 de la Estrategia Estatal de Lucha contra la Violencia de Género 2022-2025, que sustituye a la obsoleta Estrategia Nacional para la Erradicación de la Violencia contra la Mujer 2013-2016, que estuvo en aplicación hasta finales de 2022. Es el instrumento que refleja la estrategia relativa a la planificación y organización de actuaciones integradas en las políticas públicas dirigidas a la prevención, sensibilización, asistencia y reparación integral de todas las víctimas de violencia de género. Indica que contiene medidas sobre las distintas formas de violencia contra las mujeres, no sólo la que se produce contra la pareja o ex pareja, y señala que se basa en el concepto de violencia contra las mujeres contemplado en el Art. 3.a) del Convenio de Estambul. Sus principios rectores consisten en la adopción de un enfoque holístico, basado en los derechos humanos, e interseccional, que se dirige a todas las mujeres y abarca todos los tipos de violencia. El documento prevé la adopción de 267 medidas, que se estructuran en 4 ejes de actuación, con la mayoría de las medidas incluidas en el segundo y tercer eje: 1. Actualización y consolidación de las responsabilidades y obligaciones de los poderes públicos ante las diferentes formas de violencia de género. 2. Sensibilización, prevención y detección de las diferentes formas de violencia de género; 3. Protección, seguridad, atención y reparación integral; 4. Respuesta coordinada y multiinstitucional.

A pesar de la distancia en el tiempo y de los avances normativos, las manifestaciones de la violencia de género más allá de la de pareja a las que presta especial atención este instrumento programático de 2022 son similares a aquellas a las que se ceñían la Estrategia Nacional 2013-2016 y, posteriormente, el Pacto de Estado de 2017. Es decir, sigue otorgando protagonismo a la violencia sexual y a la trata de seres humanos con fines de explotación sexual, a las que añade la violencia digital.

Muestra de que la violencia sexual continúa siendo la manifestación de la violencia en que parecen confluir todos los esfuerzos tras la aprobación de la LO 10/2022 la constituye que uno de los primeros efectos derivados de la Estrategia Estatal de Lucha contra la Violencia de Género 2022-2025 ha sido la aprobación del I Plan Estratégico para la Prevención de las Violencias Sexuales 2023-2027, impulsado por el Ministerio del Interior. Un plan que incluye un diseño de estrategias -entre ellas la previsión de un sistema de registro, seguimiento y prevención de los delitos sexuales (sistema VioSex)- que dotan a las fuerzas de seguridad de instrumentos para prevenir este tipo de violencias. También que se hayan aprobado otros documentos programáticos referidos exclusivamente a este tipo de violencia, como: a) el Plan de acción contra la exploración sexual de niñas, niños y adolescentes del sistema de protección a la infancia 2022-2024; b) el Plan operativo para la protección de los derechos humanos de mujeres y niñas víctimas de trata, explotación sexual y mujeres en contextos de prostitución 2022-2026 o "Plan Camino".

Que en un ámbito aplicativo queda todavía mucho trabajo por hacer, pese a los evidentes avances, lo ponen de manifiesto, además, los últimos informes emitidos por el Consejo de Europa en relación con la implementación del Convenio de Estambul en España. En concreto, el ya mencionado documento de Conclusiones IC-CP (2024)5 sobre la implementación del Convenio de Estambul en España llama la atención acerca de que constituyen tareas pendientes que abordar en nuestro país las siguientes: 1. Fortalecer los esfuerzos para armonizar el apoyo y la protección prestada a las mujeres víctimas de violencia en todo el país y evaluar la implementación de medidas adoptadas para prevenir y combatir esta violencia a nivel regional y local; 2. Intensificar los esfuerzos dirigidos a satisfacer las necesidades de protección de las mujeres expuestas a formas de discriminación en las que interseccionan diversos factores; 3. Aumentar el apoyo, incluido el financiero, a las ONG, en particular organizaciones comunitarias y de base que apoyan a mujeres expuestas a diversas formas de discriminación; 4. Adoptar medidas para garantizar que el proceso de asilo sea sensible al género, además de ofrecer acceso rápido al mismo y a un alojamiento seguro a las mujeres solicitantes que sufren o pueden sufrir violencia. La necesidad de adoptar medidas aplicadas vinculadas a todo tipo de violencias padecidas por las mujeres vuelve a ponerse de manifiesto en el segundo informe GREVIO sobre España -que es el primer informe de evaluación temático emitido por este organismo en relación con este país- más allá de la valoración positiva que expresa en relación con la aprobación de la LO 10/2022 (GREVIO, 2024). Nuevamente, en este documento, se hace hincapié en la necesidad de que se adopten medidas urgentes para concienciar a los profesionales sobre todas las formas de violencia contra las mujeres, armonizar los mecanismos de protección aplicables en todo el territorio del Estado o evitar la victimización secundaria. A esto se añade la necesidad de que las autoridades adopten acciones adicionales para que las mujeres víctimas de todas las formas de violencia incluidas en la Convención de Estambul, en concreto las víctimas de mutilaciones genitales y de matrimonio forzado, tengan acceso a servicios de apoyo cualificados y especializados, entre otras medidas.

Junto a dichos documentos internacionales, también el contenido del informe emitido por la Delegación del Gobierno contra la Violencia de Género (2023) evaluando la implementación del Pacto de Estado, permite entrever el insuficiente abordaje aplicativo de todas las manifestaciones de la violencia contra las mujeres en nuestro país. El contenido del informe refleja cierta autocomplacencia, en el sentido de que las medidas incluidas en la mayor parte de ejes que integran el Pacto que dependían de la Administración General del Estado están en gran medida cumplidas o en proceso de cumplimiento, al 90% (ejes 5, 6, 7, 8 y 9) cuando no al 100% (ejes 1, 2, 3 y 4), a salvo de las correspondientes al eje 10 (seguimiento del Pacto, cumplidas al 77%). Sin embargo, una lectura algo más detenida del documento evidencia que el cumplimento de dichas medidas se fía sobre todo a la aprobación de normativa específica, en particular la LO 10/2022, cuando no a la adopción de programas o planes de acción derivados de la Estrategia estatal 2022-2025, o a la firma de convenios de colaboración entre diversas administraciones o entre la administración y el tercer sector, sin que se enumeren qué concretas acciones o iniciativas ha comportado la aprobación de tales documentos o cuál es su valoración. Por solo poner un ejemplo acerca de la inconcreción e insuficiencia de las explicaciones ofrecidas en el informe: al exponer las medidas adoptadas para cumplir con el eje 8 (visualización y atención a otras formas de violencia contra las mujeres), se menciona la aprobación de la LO 10/2022 y la de los planes y programas antes enunciados, a lo que se suma la ampliación de la recogida de datos sobre violencia contra la mujer a feminicidios producidos fuera de la pareja y la del servicio 016, a todas las formas de violencia contra las mujeres, sin informar más allá de lo indicado acerca de qué concretas actuaciones se están emprendiendo para afrontar esas "otras formas" de violencia contra las mujeres.

7. Reflexión final

En conclusión, en España contamos ya con una dilatada tradición en la adopción de normativa especial protectora de las mujeres víctimas de violencia. El primer gran hito normativo vino constituido por la inaugural Ley Orgánica 1/2004 y su actualización a través del Pacto de Estado, cuya adopción puede considerarse un segundo hito relevante, si bien de naturaleza política. El Estado español sigue abundando en el cierre del círculo consistente en la protección jurídica integral de las víctimas de cualquier manifestación de la violencia contra las mujeres a través de la aprobación de la Ley Orgánica 10/2022. Sin embargo, nos hallamos todavía frente a un proceso inconcluso si de cumplir con las medidas que el primer informe GREVIO indicó a España debía adoptar para desplegar el afrontamiento holístico y victimocéntrico propugnado en el Convenio de Estambul se trata, incluso atendiendo a los últimos informes emitidos por este organismo. Esto porque, de las medidas que España debía adoptar según el informe base emitido por este organismo en 2000, se han incorporado sobre todo hasta el momento las de carácter normativo, principalmente a través de la aprobación de la Ley Orgánica 10/2022. Sin embargo, para responder a las peculiaridades de la realidad judicial española, la respuesta normativa se ha centrado principalmente en las víctimas de violencia sexual, no en otras formas de violencia de género a las que hasta ahora se ha prestado poca atención, como la violencia por causa de honor, la violencia institucional o la violencia obstétrica contra las mujeres, entre otras. Además, la aprobación de la Ley Orgánica 10/2022 no ha puesto fin a la compartimentación de los derechos de las víctimas, sino todo lo contrario, dando lugar a la pervivencia dos estatutos protectores diferentes incluso para proteger a las mismas víctimas de violencia de género, según hayan padecido violencia de pareja o violencia sexual. Tampoco parece que vaya a ponerse fin a dicha compartimentación en el ámbito jurisdiccional mediante la posible inclusión de secciones específicas de Violencia sobre la Mujer y de Violencia contra la Infancia y la Adolescencia en los recién creados Tribunales de Instancia por parte de la Ley Orgánica 1/2025, de medidas en materia de eficiencia del Servicio Público de Justicia.

En cuanto a las medidas más institucionales u operativas que el GREVIO señalaba en su informe que deberían adoptarse en España, apenas han sido abordadas al margen de la violencia sexual. Esperemos que el despliegue de las previstas en la Estrategia Estatal de Lucha contra la Violencia de Género 2022-2025 y en los planes y programas a que ha dado lugar conduzcan a su aplicación efectiva.

BIBLIOGRAFÍA

Acale Sánchez, M. (2006): *La discriminación hacia la mujer por razón de género en el Código penal*, Madrid: Reus.

Aguado Correa, T. (2023): "El derecho a la reparación a las víctimas de violencias sexuales y violencia de género tras la Ley Orgánica de Garantía Integral de la Libertad Sexual", *Revista Penal*, n. 52, pp. 3-22.

Agustina Sanllehí, José R. (Coord.) (2023): *Comentarios a la ley del «solo sí es sí» Luces y sombras ante la reforma de los delitos sexuales introducida en la LO 10/2022, de 6 de septiembre*, Barcelona: Atelier.

Alonso Rimo, A. (2024): "¿No tienen derecho a una reparación integral del daño las víctimas de violencia de género y de delito sexuales? la prohibición de mediación penal en esas infracciones a la luz de los estándares europeos", *Revista General de Derecho Europeo*, n. 63, pp. 1-40.

Andrés-Pueyo, A. y Echeburúa, E. (2010): "Valoración del riesgo de violencia: instrumentos disponibles e indicaciones de aplicación", *Psicothema*, n. 22, pp. 403-409.

Arnold, G. y Ake, J. (2013): "Reframing the Narrative of the Battered Women's Movement", *Violence Against Women*, 19 (5), 2013, p. 557.

Bodelón, E., Barcons, M., Ortiz, L., Pisonero, A., Murillo, E. y Naredo, M. (2019): *Análisis jurídico de las órdenes de protección en Cataluña des de una perspectiva de género*, Barcelona: Observatori Catala de la Justícia en Violència Masclista. Accesible en: https://repositori.justicia.gencat.cat/handle/20.500.14226/389#page=1.

Butler, J. (2010): *Deshacer el género*, Barcelona, Buenos Aires, México: Paídós.

Butler, J. (2007): *El género en disputa: el feminismo y la subversión de la identidad*, Barcelona, Buenos Aires, México: Paidós.

Castillejo Manzanares, R. y Serrano Masip, M. (2013): "Denuncia y dispensa del deber de declarar", en Castillejo Manzanares, R. (Dir.), *Violencia de género y Justicia*, Santiago de Compostela: Servicio de Publicaciones de la Universidad de Santiago de Compostela, pp. 549-580.

Committee of the Parties-Council of Europe (2020): *Recommendation on the implementation of the Council of Europe Convention on Preventing and Combating Violence Against Women and Domestic Violence by Spain [IC-ICP/Inf(2020)10]*. Accesible en: https://www.coe.int/en/web/istanbul-convention/spain.

Committee of the Parties-Council of Europe (2024): *Conclusions on the implementation of recommendations in respect of Spain adopted by the Committee of the Parties to the Istanbul Convention [IC-CP(2004)5]*. Accesible en: https://www.coe.int/en/web/istanbul-convention/spain.

Council of Europe (2024): *The four pillars of the Istanbul Convention*. Accesible en: https://edoc.coe.int/en/violence-against-women/10714-the-four-pillars-of-the-istanbul-convention.html.

Crenshaw, K. (1989): "Demarginalizing the Intersection of Race and Sex: A Black Feminist Critique of Antidiscrimination Doctrine, Feminist Theory and Antiracist Politics", *The University of Chicago Legal Forum*, n. 1, Article 8, p. 140.

Crenshaw, K. (1991): "Mapping the Margins: Intersectionality, Identity Polictics, and Violence Against Women of Color", *Standford Law Review*, n. 43 (6), p. 1241.

De Hoyos Sancho, M. (Dir) (2017): *La víctima del delito y las últimas reformas procesales penales.* Cizur Menor: Thomson Reuters-Aranzadi.

De la Cuesta Aguado, P. M. (2012): "El Concepto de "violencia de género" de la LO 1/2004 en el sistema penal: fundamento, trascendencia y efectos", *Revista de Derecho y Proceso penal,* n. 27, p. 37.

De Vido, S. y Frulli, M. (2023): "Article 1: purposes of the Convention", en De Vido, S y Frulli, M. (Eds.), *Preventing and Combating Violence Against Women and Domestic Violence. A Commentary on the Istanbul Convention,* Edward Elgar Publishing, pp. 84-94.

Delegación del Gobierno contra la Violencia de Género (2023). *Evaluación del Pacto de Estado contra la Violencia de Género. Años 2018-2022. Actuaciones de la Administración General del Estado.* Madrid: Ministerio de Igualdad, Centro de Publicaciones.

Díaz y García Conlledo, M. y Trapero Barreales, M. A. (2023): La nueva reforma de los delitos contra la libertad sexual: ¿la vuelta al Código Penal de la Manada?, *Revista Electrónica de Ciencia Penal y Criminología,* 25-18, pp. 1-51.

Echeburúa, E. y Corral, P. (2012): "¿Hay apoyo empírico para los tratamientos psicológicos de hombres violentos contra la pareja?", en F. J. Labrador, F.J. y Crespo, M. (Eds.), *Psicología Clínica basada en la evidencia,* Madrid: Pirámide, pp. 123-135.

Esquinas Valverde, P. (2008): *Mediación entre víctima y ofensor en la violencia de género,* Valencia: Tirant lo Blanch.

Faraldo Cabana, M. y Acale Sánchez, M. (Dirs) (2018): *La Manada. Un Antes y un Después en la Regulación de los Delitos Sexuales en España,* Valencia: Tirant lo Blanch.

Faraldo Cabana, P. (2010). "Las penas de los delitos relacionados con la violencia de género. Especial referencia a la prohibición de aproximación y su quebrantamiento". en Puente Aba, L. M. (Dir.), *La respuesta penal a la violencia de género. Lecciones de diez años de experiencia de una política criminal punitivista,* Granada: Comares, pp. 153- 212.

Finigan, M. K. (2010): "Intimate Violence, Foreign Solutions: Domestic Violence Policy and Muslim-American Women", *Duke Forum for Law & Social Change,* n. 2, p. 141.

Font Fernández, C., Villacampa Estiarte, C. y Torres Ferrer, C. (2022): "La orden de protección a menores víctimas de violencia machista: regulación y aplicación de las medidas de salvaguarda que incorpora", *Dereito: revista xurídica da Universidade de Santiago de Compostela,* n. 31(1), pp. 1-23.

Gisbert Grifo, S. y Martínez García, E. (2016): *Género y violencia*, Valencia: Tirant lo Blanch.

González Tascón, M. M. (2023): "El delito de agresión sexual en su configuración por la Ley Orgánica 10/2022, de 6 de septiembre, de garantía integral de la libertad sexual: comentario al artículo 178 del Código Penal", *Estudios Penales y Criminológicos*, n. 43, pp. 1-47.

GREVIO (2020). *Baseline Evaluation Report. Spain*, Strasbourg: Council of Europe. Accesible en: https://rm.coe.int/grevio-s-report-on-spain/1680a08a9f

GREVIO (2024). *First thematic evaluation report. Building trust by delivering support, protection and justice. Spain.* Strasbourg: Council of Europe. Accesible en: https://www.coe.int/en/web/istanbul-convention/-/grevio-publishes-its-first-thematic-report-on-spain

Javato Martín, A. M. (2009): "El quebrantamiento de la prohibición de acercamiento a la víctima de violencia doméstica o de género. En especial, el quebrantamiento consentido por la propia víctima. Estudio jurisprudencial", en De Hoyos Sancho, M. (Coord.), *Tutela jurisdiccional frente a la violencia de género: aspectos procesales, civiles, penales y laborales*, Valladolid: Lex Nova, p. 123.

Larrauri Pijoan, E. (2007): *Criminología crítica y violencia de género*, Madrid: Trotta.

Laurenzo Copello, P. (2015): "¿Hacen falta figuras de género específicas para proteger mejor a las mujeres?", *Estudios Penales y Criminológicos*, n. 35, pp. 783-830.

Laurenzo Copello, P. (2010): "Introducción. Violencia de género, ley penal y discriminación. Un balance provisional de los primeros veinte años de legislación penal sobre violencia contra las mujeres", en Laurenzo Copello, P. (Coord.), *La violencia de género en la Ley. Reflexiones sobre veinte años de experiencia en España*, Madrid: Dykinson, p. 15.

Laurenzo Copello, P. (2008): "La violencia de género en Derecho penal: un ejemplo de paternalismo punitivo", en Laurenzo, P, Maqueda, M.L. y Rubio, A. (Coords.), Género, violencia y derecho, Valencia: Tirant lo Blanch, p. 329.

Laurenzo Copello, P. (2005): "La violencia de género en la Ley integral. Valoración político-criminal", *Revista Electrónica de Ciencia Penal y Criminología*, n. 07-08, p. 1.

Mackinnon, C. A. (1987): *Feminism Unmodified. Discourses on Life and Law*, Cambridge/London: Harvard University Press.

Maqueda Abreu, M. L. (2008): "¿Es la estrategia penal una solución a la violencia contra las mujeres? Algunas respuestas desde un discurso feminista crítico", en Laurenzo, P, Maqueda, M. L. y Rubio, A. (Coords.), *Género, violencia y derecho,* Valencia: Tirant lo Blanch, p. 363.

Maqueda Abreu, M. L. (2010): "1989-2009: Veinte años de "desencuentros" entre la ley penal y la realidad de la violencia en la pareja", en Laurenzo Copello, P. (Coord.), *La violencia de género en la Ley. Reflexiones sobre veinte años de experiencia en España,* Madrid: Dykinson, p. 113.

Maqueda Abreu, M. L. (2016): "El hábito de legislar sin ton ni son. Una lectura feminista de la reforma penal de 2015", *Cuadernos de Política Criminal,* n. 118, p. 5.

Maqueda Abreu, M. L. (2006): "La violencia de género. Entre el concepto jurídico y la realidad social", *Revista Electrónica de Ciencia Penal y Criminología,* n. 08-02, p. 1.

Marín de Espinosa Ceballos, E. (2023): "La reforma y contrarreforma del delito de agresión sexual", *Revista Electrónica de Ciencia Penal y Criminología,* n. 25-24, pp. 1-36.

Marín de Espinosa Ceballos, E. (2015): "España. La Ley Orgánica 1/2004, de 28 de diciembre, de medidas de protección integral contra la violencia de género. Balance de los diez años de vigencia de la Ley de medidas de protección integral contra la violencia de género", en Marín de Espinosa Ceballos (Dir.), E., *Régimen Jurídico de la Violencia de Género en Iberoamérica y España. Un estudio de las leyes integrales de segunda generación,* Cizur Menor: Thomson Reuters-Aranzadi, p. 159.

Martínez García, E. (2012): "Reflexiones tras seis años de aplicación de la Ley", en Martínez García, E. (Dir.), *La prevención y la erradicación de la Violencia de Género. Un estudio multidisciplinar y forense,* Cizur Menor: Thomson Reuters-Aranzadi, p. 577.

Merry, S.E. (2006): "Human Rights and Transnational Culture: Regulating Gender Violence Through Global Law", *Osgoode Hall Law Journal,* n. 44, p. 53.

Mir-Hosseini, Z. (2011): "Criminalising Sexuality: Zina Laws as Violence Against Women in Muslim Contexts", *Sur-International Journal on Human Rights,* vol. 8, n. 15, p. 7.

Mohanty, C.T. (2008a): "Bajo los ojos de Occidente: academia feminista y discursos coloniales", en Suárez Navaz, L. y Hernández Castillo, R.A

(Eds.), *Descolonizando el feminismo. Teorías y prácticas desde los márgenes,* Madrid: Cátedra, p. 117.

Mohanty, C.T. (2008b): "De vuelta a "Bajo los ojos de Occidente": la solidaridad feminista a través de las luchas anticapitalistas", en Suárez Navaz, L. y Hernández Castillo, R.A (Eds.), *Descolonizando el feminismo. Teorías y prácticas desde los márgenes,* Madrid: Cátedra, p. 407.

Nash, J. C. (2004-2005): "From Lavender to Purple: Privacy, Black Women, and Feminist Legal Theory", *Cardozo Women's Law Journal,* n. 11, p. 303.

Patró, R. y Limiñana, R.M. (2005): "Víctimas de violencia familiar: Consecuencias psicológicas en hijos de mujeres maltratadas", *Anales de psicología,* n. 21 (1), pp. 11-17.

Ramón Ribas, E. (2008): *Violencia de género y violencia doméstica,* Valencia: Tirant lo Blanch.

Ramos Vázquez, J. A. (2023): "Algunos problemas conceptuales y epistemológicos de la definición del consentimiento sexual en la llamada ley de «solo sí es sí»", *Teoría & Derecho,* n. 34, pp. 282-297.

Rubio, A., (2010): "La Ley integral: entre el desconcierto del género y la eficacia impuesta", en Laurenzo Copello, P. (Coord.), *La violencia de género en la Ley. Reflexiones sobre veinte años de experiencia en España,* Madrid: Dykinson, p. 131.

Sanz Mulas, N. (2019): *Violencia de género y Pacto de Estado: la huida hacia delante de una norma agotada (LO 1/2004),* Valencia: Tirant lo Blanch.

Sokoloff, N. J. y Dupont, I. (2005): "Domestic Violence at the Intersections of Race, Class, and Gender", *Violence Against Women,* vol. 11, n. 1, p. 38.

Spivak, G. (2010): *Crítica a la razón postcolonial,* Madrid: Akal.

Tamarit Sumalla, J. M. (Coord.), Villacampa Estiarte, C. y Serrano Masip, M. (2015): *El estatuto de las víctimas de delitos. Comentarios a la Ley 4/2015,* Valencia: Tirant lo Blanch.

Villa Seiro, S. (Dir). (2023): *Violencia de género, justicia penal y pacto de Estado,* Valencia: Tirant lo Blanch.

Villacampa Estiarte, C. (2008): "La violencia de género: aproximación fenomenológica, conceptual y a los modelos de abordaje normativo", en Villacampa Estiarte, C. (Coord.), *Violencia de género y sistema de justicia penal,* Valencia: Tirant lo Blanch, p. 25.

Villacampa Estiarte, C. (2018a): *Política criminal española en materia de violencia de género. Valoración crítica,*Valencia: Tirant lo Blanch.

Villacampa Estiarte, C. (2018b): "Pacto de estado en materia de violencia de género: ¿más de lo mismo?", *Revista Electrónica de Ciencia Penal y Criminología,* n. 20-04, pp. 1-38.

Villacampa Estiarte, C. (2020): "Justicia restaurativa en supuestos de violencia de género en España: situación actual y propuesta político-criminal", *Política Criminal,* vol. 15, n. 29, pp. 47-75.

Villacampa Estiarte, C. y Pujols Pérez, A. (2017a): "Prevalencia y dinámica de la victimización por stalking en población universitaria", *Revista Española de Investigación Criminológica: REIC,* n. 15, pp. 1-28

Villacampa Estiarte, C. y Pujols Pérez, A. (2017b): "Stalking: efectos en las víctimas, estrategias de afrontamiento y consideraciones legales derivadas", *Indret,* n. 2, pp. 1-32.

Villacampa Estiarte, C. y Torres Rosell, N. (2019a): "El matrimonio forzado en España: aproximación empírica", *Revista Española de Investigación Criminológica: REIC,* n. 17, pp. 1-32.

Villacampa Estiarte, C. y Torres Rosell, N. (2019b): "Matrimonio forzado y su tratamiento institucional: visión profesional y victimal", *Revista General de Derecho Penal,* n. 32, pp. 1-63.

PARTE I
MARCO JURÍDICO INTERNACIONAL

Capítulo II.

The Istanbul Convention: an innovative tool to prevent and combat violence against women and domestic violence

MICAELA FRULLI
Professor of International Law
University of Florence

SUMMARY: I. PRELIMINARY REMARKS; II. PUTTING THE ISTANBUL CONVENTION INTO CONTEXT; III. THE SCOPE AND THE INNOVATIVE CHARACTER OF THE ISTANBUL CONVENTION; IV. THE STRUCTURE OF THE CONVENTION; V. THE ROLE OF THE GROUP OF EXPERTS ON ACTION AGAINST VIOLENCE AGAINST WOMEN AND DOMESTIC VIOLENCE (GREVIO); VI. CONCLUDING REMARKS; BIBLIOGRAPHY.

I. PRELIMINARY REMARKS

UN Women – the UN entity dedicated to gender equality and the empowerment of women – reported that on a global scale something like 736 million women – almost one in three – have been subjected to physical and/or sexual intimate partner violence, non-partner sexual violence, or both at least once in their life (30 % of women aged 15 and older; UN Women 2024) Femicides are regular events in most countries in the world. New forms of violence, such as ICT-facilitated violence, are increasing. In 2020, it was estimated that 1 in 2 young women experienced gender-based cyber violence in Europe (EPRS 2021). Since the COVID-19 pandemic, violence against women has raised: 1 in 4 women say that family conflicts have become more frequent and that they feel unsafe in their home; according to 6 in 10 women sexual harassment in public got worse (UN Women 2021), and domestic violence is still underreported. Sexual harassment and stalking are often downplayed, and in cases of rape and sexual violence, victims/survivors might not be believed because of the permanence and resilience of stereotypes. In general, the – direct or indirect – attacks to women's rights, including reproductive rights, in all continents – by governments, courts, politicians – are of immense concern.

This very quick overview on the incidence of violence against women and domestic violence in our societies reveals that this phenomenon is structural everywhere in the world and in most European countries, and that we should considered it as a real plague to combat by equipping ourselves with all the necessary tools.

A question may naturally arise: what can the law do? What can legal instruments like the Istanbul Convention do? They can set the guidelines to tackle this problem, and they can create monitoring mechanisms, they can fix obligations and push States to respect them. In this regard, the Convention on preventing and combating violence against women and domestic violence, better known as the Istanbul Convention, is an extremely valuable instrument – often labelled as the "gold standard" in this field – because it tackles the issue in a comprehensive manner by placing a very broad and detailed set of requirements and responsibilities on States and by facing violence against women, gender-based violence and domestic violence with a holistic approach (De Vido, Frulli (eds.) 2023).

II. PUTTING THE ISTANBUL CONVENTION INTO CONTEXT

Before taking a closer look at what the Istanbul Convention requires of States, it is appropriate to frame this treaty into a greater picture. The Istanbul Convention is a quite recent instrument, it was adopted in 2011 and entered into force in 2014. It came after a whole series of treaties approved both at the international and at the regional level and has therefore been able to build on previous experience and case law developed by the respective monitoring bodies of other treaties on the elimination of discrimination and violence against women.

The first relevant treaty is the United Nations' (UN) *Convention on the Elimination of All Forms of Discrimination against Women* (CEDAW, adopted in 1979 and entered in to force in 1981 and now ratified by 189 States). At the regional level, it is important to refer to the *Inter-American Convention on the Prevention, Punishment, and Eradication of Violence against Women* (Convention of Belém do Pará of 1994, in force in 1995) and the Protocol to the African Charter on Human and People's Rights (ACHPR) on the Rights of Women in Africa (Maputo Protocol of 2003, in force in 2005).

The fact that the Council of Europe came last in the regulation of this matter means, on the one hand, that the text of the Istanbul Convention could take advantage of previous existing tools and try to move a step forward. However, on the other hand, coming last tells a lot about how much the problem was underestimated at the European level, as if violence against women were something that did not concern European States, as if gender-based violence could only be spoken of in the face of the most egregious and violent cases. Spain, in some ways was ahead of its time because with the Ley Orgánica 1/2004 had partly anticipated many provisions of the Istanbul Convention and Spain has always kept a close eye on violence against women in his various forms, as the Ley Orgánica 10/22 clearly shows; but many other States had no adequate legislation or no legislation at all to deal with the various forms of violence against women. In spite of this, the work carried out for the implementation of preexisting treaties, particularly by their monitoring bodies such as the supervisory body established by the CEDAW Convention (the CEDAW committee) showed that the roots of gender-based violence, violence against women and domestic violence are deeply intertwined with the patriarchal culture that is widespread, albeit with considerable differences, in every part of the world and in Europe as well.

Yet again, the positive aspect of the delay is that the Istanbul Convention could build on previous achievements and consolidate many of the acquisitions made through the implementation of obligations set by older treaties, such as such as the dismantling of the public/private divide in addressing this phenomenon. The public/private divide determined the absence of the "private" dimension from States' obligations in countering discrimination against women, which is at the basis of violence against women (Meyersfeld 2012: 100), and it has been gradually pulled down since the 1990s, thanks to soft law and hard law acts, along with international quasi-jurisprudence and regional jurisprudence that defined in detail many different legal obligations contained in the aforementioned conventions. Hence, for example, General Recommendation No. 19 (1992) of the CEDAW Committee clearly characterized violence against women as a form of gender-based discrimination, used to oppress women and unequivocally brought violence against women outside of the private sphere and into the realm of human rights. CEDAW General Recommendation No. 35 (2017), 25 years later, further elaborated on the gender-based nature of violence against women, building on the work of other international human rights monitoring mechanisms, as well as on the legal developments occurred at the national and regional levels. There is indeed an interactive and multi-level dialogue that creates synergies amongst these bodies with a view to globally address violence against women and gender-based violence.

In practice, the Istanbul Convention has not only been able to lay its foundations on previous treaties and on the case-law of the respective monitoring bodies, but also on the dialogue that has been established amongst these bodies and is now fu-lly participating in this exchange and mutual reinforcement amongst different organs towards the objective to eradicate gender-based violence. Moreover, this interactive dialogue involves not only the *Group of Experts on action against violence against women and domestic violence* (GREVIO), the body that oversees the application of the Istanbul convention, but also the EU (since the European Union ratified the Convention in 2023), the European Court of Justice and indirectly the European Court of human rights (EctHR), which is increasingly using the Istanbul Convention as an interpretative tool of the *European convention of human rights* to deal with cases of violence against women and domestic violence.

III. THE SCOPE AND THE INNOVATIVE CHARACTER OF THE ISTANBUL CONVENTION

A quick step back: the path that led to the adoption of the Istanbul Convention was opened with a series of initiatives undertaken by the Council of Europe (CoE) in the late 1990s to promote the protection of women against violence. These initiatives resulted in the adoption, in 2002, of the Council of Europe Recommendation Rec (2002)5 of the Committee of Ministers to member States on the protection of women against violence, and in the running of a Europe-wide campaign (2006-2008) to fight violence against women, including domestic violence. This campaign showed a large variation in Europe of national responses to violence against women and domestic violence and highlighted the need for harmonized legal standards to ensure that victims benefit from the same level of protection everywhere in Europe. In December 2008, the Council of Europe set up an expert committee, the *Ad Hoc Committee for preventing and combating violence against women and domestic violence* (CAHVIO) composed of governmental representatives of Council of Europe member states. The first CAHVIO meeting was held in April 2009 and initiated a process of discussion and negotiation amongst the national delegations. A first draft of the future Convention was issued in October 2009 and after nine meetings the draft text of the Convention was finalized and later adopted by the Committee of Ministers and opened for signature in Istanbul on 11 May 2011. Following its 10th ratification by Andorra on 22 April 2014, it entered into force on 1 August 2014. It is important to mention that the Convention is open for ratification to any State and not only to the members of the CoE. To date, 39 European countries have ratified the Convention. In 2021, Turkey withdrew from the Convention. The European Union acceded the Convention in May 2023.

The Convention is a very innovative instrument, it adopts what has been called a holistic approach. It combines different layers of action in countering gender-based violence against women and domestic violence: it provides for criminal and civil law remedies, for prosecution and protection measures, it involves public and the private actors.

An innovative feature is also the combination of human rights and criminal law provisions; in fact, it includes classical human rights provisions – i.e. negative and positive obligations incumbent on States to implement individual rights – and criminal law requirements since it obliges States to criminalize certain acts of violence, to foster their prosecution and to impose adequate sanctions on those found guilty. As regards human rights law, the Convention draws a lot on previous legal instruments and builds on the principle of non-discrimination in a very broad way, including disability, sexual orientation, migrant status and state of health as grounds of discrimination and thus opening to intersectionality, that is to say to multiple intersecting layers of discrimination. It also offers very broad definitions that describe violence against women as including acts resulting in physical, sexual, psychological and economic harm whether occurring in public or in private life. In addition, it explicitly defines gender-based violence against women as violence directed against women because they are women or as violence affecting women disproportionately. Christine Chinkin, a leading international law scholar, said that it is not "simply a classic human rights treaty, but rather a treaty that incorporates the advances in human rights conceptualization that have taken place since the early 1990s" (Chinkin 2016: 2).

It is interesting to note that the Convention, although keeping the focus on gender-based violence against women and girls, encourages States to apply the Convention to all victims of domestic violence, including men and boys (Art 2, par. 2). Some authors said that the Istanbul Convention is thus both gender-specific, directed at combating violence against women and girls, but it is also gender-neutral in recognizing the need to take account of other victims of domestic violence (Chinkin 2016). Gender-neutrality may be considered a positive development, since women are not only represented as victims. However, a word of caution must also be spoken about the hidden risk of endorsing gender-neutrality and as a result end up overlooking the structural dimension of violence against women (Chinkin, Nousiane 2016), including its epidemic character in the private sphere. In fact, according to the *Explanatory Report* accompanying the Convention, State parties are encouraged to apply its provisions also to domestic violence against men and children, considering their specific national situation, but always keeping the focus on the various forms of gender-based violence committed against women, to which they shall pay particular attention when implementing the Convention. "This means that gender-based violence against women, in its various manifestations, one of which is domestic violence, must lie at the heart of all measures taken in implementation of the Convention" (Explanatory Report 2011: 37).

As a criminal law treaty, the Istanbul Convention provides for the criminalization of specific behaviors that fall within the concept of violence against women. The Convention criminalizes physical and psychological violence (Artt 33-35); sexual violence including rape (Art 36); stalking (art 34); sexual harassment (art 40); forced marriage (Art 37); female genital mutilation (Art 38); forced abortion and forced sterilization (Art 39). In addition, it provides that "Parties shall take the necessary legislative or other measures to ensure that, in criminal proceedings initiated following the commission of any of the acts of violence covered by the scope of this Convention, culture, custom, religion, tradition or so-called 'honour' shall not be regarded as justification for such acts. This covers, in particular, claims that the victim has transgressed cultural, religious, social or traditional norms or customs of appropriate behaviour" (Art 42, par. 1).

Gender-neutrality is also reflected in most provisions criminalizing certain conducts, except for female genitals' mutilation (Niemi, Peroni, Stoyanova 2020). While men are explicitly acknowledged in the Preamble as potential victims of domestic violence, they are not expressly mentioned as possible perpetrators (Niemi, Verdu Sanmartin 2020). Once more, this invisibility of men as perpetrators shall not portray a misleading idea about the real proportions of violence against women (Frulli 2023), and it is most appropriate that the Preamble helps to contextualize the gender-neutral character of these provision with this paragraphs: "Recognizing that violence against women is a manifestation of historically unequal power relations between women and men, which have led to domination over, and discrimination against, women by men and to the prevention of the full advancement of women; Recognizing the structural nature of violence against women as gender-based violence, and that violence against women is one of the crucial social mechanisms by which women are forced into a subordinate position compared with men".

In terms of State obligations, the Convention explicitly includes due diligence and refers to the action of both States' agents and non-State actors, reinforcing the dismantling of the public/private divide when addressing these phenomena. Compared to other human rights treaties, the Istanbul Convention endorses a gender-sensitive approach and a child-sensitive approach, which means that gender must be mainstreamed in all measures adopted to counter gender-based violence against women and domestic violence, considering the specific risks and the differentiated impact on women and girls. In fact, gender-based violence is both the cause and the result of unequal power relations between women and men that lead to women's subordinate status in the public and private spheres which contributes to making violence against women acceptable.

IV. THE STRUCTURE OF THE CONVENTION

In order to protect women, to promote substantive equality, and to design a comprehensive framework, policies and measures for the protection of and assistance to all victims of violence against women and domestic violence, the Istanbul Convention is structured around four pillars (4 Ps), so it includes an additional pillar with respect to other CoE conventions, traditionally built on 3 pillars (Villacampa 2021). State Parties to the Convention are required to take a wide range of measures around the following issues: Prevention, Protection, Prosecution, Comprehensive and Coordinated Policies. Here below, I will give a short overview of the structure of the Convention with specific reference to a few selected issues and examples of crucial importance, but there are many others to be considered since the Istanbul Convention is a very complex and comprehensive treaty (De Vido, Frulli (eds.) 2023).

The ultimate goal of the Istanbul Convention is the Prevention (the first P) of all forms of violence covered by its scope. To reach this objective, it is essential to eliminate the root causes of violence against women and gender-based violence, that are deeply embedded in all our societies and entrenched in the largely prevailing patriarchal culture. Article 4, which is entitled "Fundamental rights, equality and non-discrimination" is one of the far-reaching provisions demanding States to tackle the root causes and it is to be read in connection with obligations stemming from Chapter III of the Convention (Artt 12-17), specifically Art.12, par. 1 that requires States to combat the gender stereotypes and prejudices that have historically sustained women's subordinate position in society. The connection between achieving equality and preventing violence against women is clearly stated in the *Explanatory Report* accompanying the Convention where it is affirmed that "only substantive equality will prevent such violence in the future" (Explanatory Report 2011par. 49).

State parties must thus invest at all levels in educational programs that explain the endemic and structural nature of violence against women and gender-based violence, promote non-violence and gender equality. Investments in educational programs shall go hand in hand with measures to challenge gender stereotypes and with awareness-raising campaigns on different forms of violence (including psychological and digital violence). It is also imperative to invest in training of professionals in all fields (teachers, police officers, judges and lawyers, medical personnel, journalists and so on) as well as in programs for perpetrators.

The Prevention pillar brings a very important responsibility for lawyers and jurists to help the authorities to develop appropriate educational programs, including specific training for the law practitioners. Just to make a telling example: Italy has been condemned by the ECtHR for sexist stereotypes contained in sentences relating to cases of violence against women (JL v. Italy, n. 5671/16, 27 May 2021). Italy was accused of reproducing sexist stereotypes because judges (in a case of gang rape) made considerations about the red underwear worn by the victim on that evening, as well as about her bisexuality, relationships and casual sexual intercourses prior to the alleged events. In the judgment, the ECtHR criticized the Italian judges for using a language that "*conveyed prejudices existing in Italian society regarding the role of women that were likely to be an obstacle to providing effective protection for the rights of victims of gender-based violence, in spite of a satisfactory legislative framework*". In addition, the ECtHR pointed out that criminal proceedings play a vital role in combating gender-based violence and gender inequality and for this reason it is *essential that the judicial authorities avoid "reproducing sexist stereotypes in court decisions, playing down gender-based violence and exposing women to secondary victimization by making guilt-inducing and judgmental comments that were capable of undermining victims' trust in the justice system"*. As a matter of fact, secondary victimization may be defined as a situation that occurs *not as a direct result of the criminal act but through the response of institutions and/or individuals to the victim.* The consequences of secondary victimization may be very serious, such negative judicial precedents may represent a strong disincentive for the offended person to file a complaint to avoid being victimized twice. It is thus essential to develop educational and training programs also specifically dedicated to judges and lawyers.

The second pillar is Protection, and it covers the social aspects of the fight against gender-based violence: ensuring that victims are informed of their rights, that they have access both to general services such as legal advice and psychological assistance, financial aid, housing, healthcare, social services and assistance in finding employment, and to specialized women's support services. States must also set up easily accessible shelters for women and children, rape and sexual violence centers, as well as free 24-hour telephone helplines. Special attention must also be paid to children who witnessed this type of violence inside their families and to the issue of child contact with abusers, keeping the focus on the best interest of the child.

In terms of protection, States are indeed obliged to take both legislative and practical measures to protect the victims from violence and to ensure an effective inter-agency cooperation, given that many different public and private actors are relevant when dealing with protection/assistance to the victims. Besides practical assistance at all levels – for which, it must be reiterated, a significant economic investment is required – it is crucial that victims are duly informed of their rights and of all potential remedies; they must be informed that they have access to regional and international complaints mechanisms. As anticipated above, the Convention not only adopts a holistic approach from the point of view of a variety of measures and approaches, but it also aims to create a synergy with other international and regional treaties devoted to the protection of human rights and women's rights, in order to ensure that victims of gender-based violence can have recourse to all possible means to escape from a situation of violence and to access to all available remedies at the supranational level in case their State does not fulfil its obligations.

The third P stands for Prosecution, and it covers the criminal aspects of violence. As a criminal law treaty, the Istanbul Convention requires State parties to penalize various forms of violence including physical, psychological and sexual violence, sexual harassment, stalking, female genital mutilation, forced marriage, forced abortion and forced sterilization. States must also consider aggravating circumstances such as the presence of a child or an intimate relation with the victim. In addition, culture, custom, religion, tradition or so-called "honour" shall not be regarded as a valid justification for any act of gender-based violence, in particulars claims that the victim has transgressed cultural, religious, social or traditional norms or customs of appropriate behaviour are unacceptable.

With regard to the latter point, the cultural defenses and specifically the honour-related ones, some scholars highlighted a certain weakness or bias in the perspective adopted and highlighted that the Convention fails to include a discussion of offences that are not thought to be committed in the name of culture but that could actually be paralleled to them (Kalantry; Moti 2023). These scholars stress that the provision dealing with cultural justifications seems intended to be applied to the behaviour of people who lived in one country with certain traditions and culture, and then emigrated to another country, but is less adequate to cover behaviour by non-immigrant persons in similar situations. In fact, is some European countries, when one man kills the wife or partner for having an affair, a "crimes of passion" argument emerges. In some cases, sentences have been reduced from murder to manslaughter because of the "loss of control" due to the partner's sexual infidelity and the Convention fails to specifically prohibit the perpetrator from using these defenses to his criminal act. However, in comparing "honour crimes" in Arab countries with "crimes of passion" in the United States, one researcher showed that in Arab countries men kill daughters and sisters whereas in the US men kill wives and girlfriends concluding that "honour is based on ideas of kin, status, honour, and collectivity, while passion is based on ideas of individualism, romantic fusion, and sexual jealousy" (Labu 1997: 293-4). If truth be told, the situations are not so different, and they should both be prohibited as defenses, since they result in extreme violence against women to preserve some kind of men's "honour" (Kalantry; Moti 2023: 512).

Besides the obligation to criminalize a whole set of conducts, State parties are also obliged to investigate any allegation of violence against women, always considering that women are disproportionately affected by violence, that women may not report violence or may even withdraw previously submitted complaints because of threats and fear for their life. In terms of victim's rights, investigations and judicial proceedings shall respect victims and refrain from any behaviors which blame victims and cause them additional distress. The right to privacy of victims must be ensured and special measures to protect the victims must be adopted at all stages of investigation and proceedings, with specific regard to child victims of abuse.

The last pillar is comprehensive and coordinated Policies, the additional one with respect to other CoE conventions. In the Explanatory Report accompanying the Convention it is clearly stated that an effective response to all forms of violence covered by the scope of the Convention requires more than measures provided for in the other 3 pillars and it is thus necessary to include an additional 'P' (integrated Policies), that become the cornerstone for the implementation of the Convention (Calloni; Belliti 2023: 157). The Convention is based on the assumption that no single agency or institution can deal with violence against women and gender-based violence alone. An effective response to such types of violence requires joint and collaborative action by many different actors. State parties are asked to implement comprehensive and coordinated policies involving governmental agencies, NGOs as well as national, regional and local parliaments and authorities. The objective is to ensure that policies to prevent and combat violence against women and gender-based violence are carried out at all levels of government and by all relevant agencies and institutions. States must develop national strategies and plans of action to ensure an effectively coordinated multi-agency response. Reports and collected data show that results in terms of fighting gender-based violence, violence against women and domestic violence are improved when law enforcement agencies, the judiciary, NGOs, child protection agencies and other relevant partners work together according to consistent guidelines and protocols, supported by adequate training of all professionals and volunteers involved.

V. THE ROLE OF THE GROUP OF EXPERTS ON ACTION AGAINST VIOLENCE AGAINST WOMEN AND DOMESTIC VIOLENCE (GREVIO)

GREVIO is the independent expert body responsible for monitoring the implementation of the Convention and it draws up and publishes reports evaluating legislative and all other measures taken by the States parties to give effects to the provisions of the Convention. One interesting thing to note is that GREVIO, unlike other monitoring bodies, has a competence on reservations as it may request a State to provide an explanation of the grounds behind the decision to renew a reservation; indeed, even without the request from GREVIO, Parties are obliged to provide these reasons when renewing reservations. However, GREVIO does not play a role when a State initially decides to formulate a reservation (Borek 2023). According to Art 78 reservations are allowed only to a set of listed provisions (not the core ones) and cannot be appended to provisions concerning the functioning of GREVIO. In addition, Art 79 establishes that reservations formulated under Art 78 are valid for 5 years, with a possibility for further renewals for the same period.

GREVIO already completed the first baseline evaluation for all member States focusing on measures taken by States parties in relation to "all forms of violence against women, including domestic violence, which affects women disproportionately". In these general reports, it also frequently asked States to lift reservations. Now a second round of evaluation called "Building trust by delivering support, protection and justice" has started and the first reports were already published.

While the first round aimed to get a general overview of what States are doing to implement the Convention, this second round is devoted to monitoring the implementation of some specific articles. The newly developed questionnaire addressed to States as the initial step for this thematic evaluation round covers a total of 19 provisions emanating from across various chapters of the Convention.

These evaluations are carried out as a process of confidential dialogue with the aim of offering country-specific proposals, but they include not only a dialogue with State authorities but also the collection of information from various other sources, including non-governmental organizations (NGOs), other members of civil society, national human rights institutions and Council of Europe bodies (Parliamentary Assembly, Human Rights Commissioner and other pertinent bodies), as well as other international treaty bodies. Interesting also that the State report and the written contributions submitted by civil society are made public on the official website of the Istanbul Convention.

Although is a rather young supervisory body, GREVIO has already emerged as an authoritative voice in the international community and has engaged in an interactive dialogue with other monitoring mechanisms and judicial bodies. In fact, according to Art 68, para 6, GREVIO can take into consideration information available from other international and regional monitoring mechanisms in areas falling within the scope of the Convention, and it may receive information on the implementation of the Convention from the Council of Europe Commissioner for Human Rights, the Parliamentary Assembly as well as from other bodies established under international instruments, including information regarding complaints presented and their outcomes.

In its reporting activities, GREVIO also systematically point at the increasing variety of thematic areas within the wider field of violence against women that are covered in the case-law of the ECtHR, since the Istanbul Convention has provided new international law standards that can serve also as guidance to the Court when issuing judgments related to member States' legal obligations to prevent and prosecute violence against women, including domestic violence, and to protect victims. The Court's jurisprudence remains an important source for GREVIO's work, and its baseline evaluation reports contain numerous references thereto. In the other direction, in several judgments concerning violence against women and domestic violence delivered in 2023, for instance, the Court addressed the issue of domestic violence and child custody decisions, frequently referring to the Istanbul Convention and/or to GREVIO baseline evaluation reports. As highlighted already in previous paragraphs, cross-fertilization and interactive dialogue is happening among these (and other) bodies. A dialogue recently joined and enriched by the European Court of Justice.

One last thing on another very important development: the first GREVIO general recommendation.

GREVIO may also adopt, where appropriate, general recommendations on themes and concepts of the Convention, as other monitoring bodies can do. The first general recommendation was devoted to the digital dimension of VAW, and it tackled the problem of gender-based violence against women committed online. From body shaming (mocking someone's bodily shape, size, or appearance) *and cyber-flashing* (sending unsolicited sexual images online) to doxing (sharing online a target's personal information without consent), the rapid development of information and communication technologies also facilitates new avenues for violence against women and girls, exposing them to more risks of being abused.

The recommendation also tackles technology-enabled attacks against women, such as legally obtainable tracking devices that enable perpetrators to stalk their victims. Indeed, internet security companies identify "stalkerware" or "spouseware", for example, that can follow someone's private life without their knowledge or consent, by accessing personal information such as contacts, call logs, photos, videos, SMS messages and even physical location.

GREVIO has identified major gaps in domestic laws regarding violence against women through such technologies and online. Its recommendation establishes a clear definition of the digital dimension of violence against women and proposes specific actions to take, based on the four pillars of the Istanbul Convention. To date, a universal typology/definition of behaviours or action considered to group together all forms of violence against women perpetrated online or through technology is lacking. The recommendation coins the term "the digital dimension of violence against women" as comprehensive enough to comprise both online acts of violence and those perpetrated through technology, including technology yet to be developed."

VI. CONCLUDING REMARKS

To conclude, it is essential to emphasize that regulatory development, however, although essential, cannot solve the phenomenon alone, if not supported by a cultural transformation that changes the perception of gender-based violence and respect for women's rights. Laws are tools that often intervene when the damage has already been done, of course they also aim to prevent future acts of violence, but only a change in daily practices, interpersonal relationships and social values can prevent violence before it occurs, which is why both the Istanbul Convention and General Recommendation No. 1

give so much space to the pillar of Prevention. Education for respect and the promotion of equal models are key elements in building a culture that rejects all forms of abuse, and only then can legislation have a lasting transformative effect.

And we all bear responsibility for making this change.

BIBLIOGRAPHY

Abu-Odeh, L. (1997): "Comparatively Speaking: The 'Honor' of the 'East' and the 'Passion' of the 'West', *Utah Law Review*, pp. 287-307.

Borek, W. (2023): "Articles 78-79" in De Vido, S. and Frulli, M. (eds) *Preventing and Combating Violence Against Women and Domestic Violence. A Commentary on the Istanbul Convention*, Cheltenham, Elgar, pp. 830-845.

Calloni, M. and Belliti, D. (2023): "Article 7" in De Vido, S. and Frulli, M. (eds) *Preventing and Combating Violence Against Women and Domestic Violence. A Commentary on the Istanbul Convention*, Cheltenham, Elgar, pp. 154-163.

CEDAW Committee (1992): *General Recommendation No. 19: Violence against women. UN Doc. A/47/38. https://www.right-to-education.org/sites/right-to-education.org/files/resource-attachments/CEDAW_C_GC_35_8267_E.pdf*

CEDAW Committee (2017): *General recommendation No. 35 on gender-based violence against women, updating general recommendation No 19. UN Doc. CEDAW/C/GC/35.* https://documents.un.org/doc/undoc/gen/n17/231/54/pdf/n1723154.pdf

Celorio, R. (2023): "The Istanbul Convention through the Lens of the Americas and Africa", in De Vido, S. and Frulli, M. (eds) *Preventing and Combating Violence Against Women and Domestic Violence. A Commentary on the Istanbul Convention*, Cheltenham, Elgar, pp. 34-49.

Chinkin, C. (2022): "Regional Approaches to Combating Violence against Women: the Istanbul Convention", *Notes for a talk delivered at the Centre for Women, Peace and Security workshop 'Tackling Violence Against Women: International and Regional Approaches' LSE*, London, UK (4 February 2016)

Chinkin, C. and Nousiainen. K. (2016): "Legal Implications of EU accession to the Istanbul Convention", European network of legal experts in gender equality and non-discrimination, https://

op.europa.eu/it/publication-detail/-/publication/4e3568b9-013b-11e6-b713-01aa75ed71a1

Council of Europe (2011): *Explanatory Report to the Council of Europe Convention on preventing and combating violence against women and domestic violence.* https://www.coe.int/en/web/conventions/full-list?module=treaty-detail&treatynum=210

De Vido, S. and Frulli, M. (eds) (2023): *Preventing and Combating Violence Against Women and Domestic Violence. A Commentary on the Istanbul Convention,* Cheltenham, Elgar.

European Parliamentary Research Service (EPRS) (2021): *Combating gender-based violence: Cyberviolence, European added value assessment.* https://www.europarl.europa.eu/RegData/etudes/STUD/2021/662621/EPRS_STU(2021)662621_EN.pdf

Kalantry, S. and Moti, S. (2023): "Unacceptable justifications for crimes, including crimes committed in the name of so-called 'honour'", in De Vido, S. and Frulli, M. (eds). *Preventing and Combating Violence Against Women and Domestic Violence. A Commentary on the Istanbul Convention,* Cheltenham, Elgar, pp. 504-512.

Meyersfeld, B. (2012): *Domestic Violence and International Law,* Oxford: Hart.

Niemi, J., Peroni, L., Stoyanova, V.(eds.) (2020): *International Law and Violence Against Women. Europe and the Istanbul Convention,* London: Routledge.

Niemi, J. and Verdu Sanmartin, A. (2020): "The concept of gender and violence in the Istanbul Convention", in Niemi, J., Peroni, L. and Stoyanova, V. (eds.) (2020), *International Law and Violence Against Women. Europe and the Istanbul Convention,* London: Routledge, pp.77-94.

UN Women (2021): *Measuring the shadow pandemic: Violence against women during COVID_19.* https://data.unwomen.org/sites/default/files/documents/Publications/Measuring-shadow-pandemic.pdf

UN Women (2024): *Facts and figures: Ending violence against women.* https://www.unwomen.org/en/what-we-do/ending-violence-against-women/facts-and-figures

Villacampa, C. (2021): Spanish criminal policy and the state pact on gender violence: a critical assessment, SN Soc Sci 1, 129. https://doi.org/10.1007/s43545-021-00141-6

Capítulo III.

The EU Directive 2024/1385 of 14 May 2024 on Combating Violence against Women and Domestic Violence[1]

CHRISTINA BINDER

Professor for International Law and Human Rights Law

Bundeswehr University Munich

I. INTRODUCTION

Violence against women (VAW) and domestic violence are a major concern globally, as well as in the EU. According to the WHO, violence against women is a significant global health problem with around one third of women worldwide having

1 The author wishes to thank Haris Huremagic for extensive research support in the preparation of this contribution and Jane Hofbauer for valuable comments on a first draft.

been subjected to physical or sexual violence in their lifetime.[2] In the EU, numbers are not less concerning. One third of women have suffered physical or sexual violence, and every second woman has experienced sexual harassment since the age of 15 (European Union Agency for Fundamental Rights, 2014). And these figures cover only part of the phenomenon. In fact, VAW and domestic violence, in terms of the definition of the Istanbul Convention on preventing and combating violence against women and domestic violence (Istanbul Convention), would have an even wider scope: they span also to psychological and economic harm. The Convention's Article 3 reads as follows:

> "a) 'violence against women' is understood as a violation of human rights and a form of discrimination against women and shall mean all acts of gender-based violence that result in, or are likely to result in, physical, sexual, psychological or economic harm or suffering to women, including threats of such acts, coercion or arbitrary deprivation of liberty, whether occurring in public or in private life;
>
> (b) 'domestic violence' shall mean all acts of physical, sexual, psychological or economic violence that occur within the family or domestic unit or between former or current spouses or partners, whether or not the perpetrator shares or has shared the same residence with the victim."

In practice, the most common form of violence against women happens in the context of relationships. Such intimate-partner violence comprises domestic violence, sexual coercion, psychological abuse and controlling behaviours. Moreover, there are forms of sexual violence, such as sexual harassment and rape; femicide, the intentional gender-motivated killing of

---

2 https://www.who.int/news-room/fact-sheets/detail/violence-against-women

women; human trafficking; female genital mutilation; forced marriage and online or technology-facilitated violence.[3]

Therefore, the violence women face is diverse and appears in many circumstances. It ranges from violence in the domestic sphere to socio-culturally motivated violence (FGM), violence linked to religious interpretations (honorary killing, forced marriage), violence which is related to new information technologies/social media or Artificial Intelligence tools, to violence with a transborder dimension as human trafficking. The complexity of the phenomenon also shows in the long-lasting lack of a comprehensive framework to address it, specifically in the EU. In fact, the legal framework in the EU has been fragmented and various legal regimes apply to different sets of circumstances in the areas of criminal justice, victims' rights, gender equality and asylum. For instance (within the EU competences), the respective legal acts include the Directive 2010/41/EU of the European Parliament and of the Council of 7 July 2010 on the application of the principle of equal treatment between men and women engaged in an activity in a self-employed capacity; the Victims' Rights Directive (Directive 2012/29/EU of the European Parliament and the Council of 25 October 2012 on establishing minimum standards on the rights, support and protection of victims of crime); the Directive against the sexual abuse of minors (Directive 2011/93/EU of the European Parliament and of the Council of 13 December 2011 on combating the sexual abuse and the sexual exploitation of children and child pornography); the Anti-trafficking in human beings directive (Directive 2011/36/EU of the European Parliament and the Council of 5 April 2011 on preventing and combating trafficking in human beings and protecting its victims).

---

3 https://www.unwomen.org/en/what-we-do/ending-violence-against-women/faqs/types-of-violence

In light of this mosaic of regulations, the EU Commission made it a priority to tackle gender-based violence more coherently. On the one hand, this shows in a Gender Equality Strategy 2020-2025 which was adopted with the ambition to make significant progress towards a gender-equal Europe by 2025, by, inter alia, ending gender-based violence.[4] In fulfilment of this Strategy, the EU joined the Istanbul Convention in 2023 (signed on behalf of the EU on 13 June 2017, ratified on 28 June 2023, entry into force for the EU on 1 October 2023).[5]

Additionally, on 8 March 2022, the EU Commission launched its proposal for the Directive on combating violence against women and domestic violence to fill gaps in EU law in order to specifically address all aspects of violence against women and to also effectively combat this phenomenon throughout the EU. In this regard, the Directive lays down minimum rules on the definition of relevant criminal offences and penalties, as well as proposing measures relating to access to justice, victim support and prevention (see Article 1 of the Directive). After lengthy and difficult negotiations, particularly within the Council, the EU Parliament adopted the final text on 24 April 2024 and the Council on 7 May 2024.[6] Finally, the act was signed on 14 May 2024.

In the following, this chapter will first explore the international legal/normative background (Section II) to then turn to the EU Directive as regards its drafting history, content and scope, as well as in relation to its implementation and enforcement.

---

4 https://ec.europa.eu/newsroom/just/items/682425/en

5 https://eur-lex.europa.eu/EN/legal-content/summary/eu-accession-to-the-istanbul-convention.html. Notably, an Opinion by the European Court of Justice (Grand Chamber) on October 6, 2021 (Opinion 1/19), paved the way for swift ratification of the Convention, allowing the Council to adopt it through a qualified majority vote.

6 See for more details on the drafting history, Section III.1.

(Section III). On this basis, the potential of the Directive but also some shortcomings will be analysed (Section IV). Then, the chapter will discuss the Directive in light of the Istanbul Convention (Section V). A final appreciation concludes (Section VI).

II. INTERNATIONAL LEGAL NORMATIVE ENVIRONMENT ON VIOLENCE AGAINST WOMEN

Both at the universal and regional level, there have been a number of developments to fight VAW, and more generally gender-based violence. To start with the *universal level:* Gender-based violence is not mentioned explicitly in the Convention on the Elimination of Discrimination against Women (CEDAW). However, the CEDAW Committee adopted General Recommendation No 19 on violence against women in 1992[7] which was updated by General Recommendation No 35 on gender based violence against women in July 2017.[8] The latter recognizes, *inter alia,* the prohibition of gender-based violence as norm of international customary law; expands the understanding of violence to include violations of sexual and reproductive health rights; and stresses the need to change social norms and stereotypes that support violence.[9] The CEDAW

---

7 CEDAW General Recommendation No. 19 "Violence against Women" establishes that VAW is "violence that is directed against a woman because she is a woman or that affects women disproportionately" (para. 6) and that it "is a form of discrimination that seriously inhibits women's ability to enjoy rights and freedoms on a basis of equality with men" (para. 1).

8 CEDAW Committee, General Recommendation No. 35 on gender-based violence against women, 14 July 2017.

9 See https://www.ohchr.org/en/treaty-bodies/cedaw/launch-cedaw-general-recommendation-no-35-gender-based-violence-against-women-updating-general.

Committee has also addressed the issue of violence against women in individual communications; most notoriously femicide in the context of intimate-partner relationships. Sadly exemplary are the cases of *Goeckce (deceased) v Austria* (2007) and *Yildirim (deceased) v Austria* (2007) where both victims were killed by their husbands after years of brutal abuse and despite having reported the violence to the police (Simonovic 2022: para 12). Likewise the Beijing Declaration and Platform for Action of 1995 refers to violence against women. Moreover, a "Special Rapporteur on Violence against Women including its Causes and Consequences" was established already in 1994 by the then Human Rights Commission (1994/45) with an extension of the mandate in 2003 (Human Rights Commission Resolution 2003/45). The mandate today is termed "Special Rapporteur on Violence against Women and Girls" and part of the Human Rights Council's special procedures, with the mandate most recently renewed in 2022 (Human Rights Council Resolution 50/7). The current mandate holder (since 2021) is Reem Alsalem from Jordan. There is no treaty at universal level which is specifically dedicated to VAW.

Conversely, *at the regional level*, binding treaties specifically address the problem of violence against women. They include the Inter-American Convention on the Prevention, Punishment, and Eradication of Violence against Women, also known as "Convention of Belém do Pará", whose text was adopted in 1994 by the Organization of American States (OAS), and which has recently been the subject of detailed and innovative interpretations by the Inter-American Commission on Human Rights (see eg *Maria da Penha v Brazil* of 2001)[10] and the Inter-American Court of Human Rights (see eg *Vicky Hernández*

---

10 IAComHR, *Maria da Penha Maia Fernandes v Brazil*, 16 April 2001, Report No 54/01.

v Honduras (2021)).[11] In the framework of the African Union (AU), the Protocol to the African Charter on Human and People's Rights on the Rights of Women in Africa (Maputo Protocol) was adopted by the AU General Assembly in 2003. Finally, the text of the comprehensive Istanbul Convention was approved by the Council of Europe in 2011.[12] While the Istanbul Convention is chronologically the last instrument adopted, it was able to build on the experience of the other regional Conventions in terms of drafting.

Moreover, *general human rights guarantees* may be relied upon to address the phenomenon of VAW. Indeed, VAW and domestic violence may affect a range of rights. They touch upon the right to human dignity (Article 1 of the EU Charter of Fundamental Rights (CFR)), the right to life when there is loss of life (Article 2 CFR, Article 2 ECHR), the prohibition of torture and inhuman or degrading treatment (Article 4 CFR, Article 3 ECHR), the right to freedom from discrimination, including on the grounds of sex (Article 21 CFR, Article 14 ECHR), the right to private life (Article 8 ECHR), and the right to access justice (Article 47 CFR; Articles 6 and 13 ECHR).[13] So, depending on the type and degree of violence (mental/psychological or physical violence, death, discriminatory practices, lack of access to justice etc.), the near entirety of rights can be at stake.

---

11 IACtHR, *Vicky Hernandez v Honduras,* judgment of 26 March 2021, Ser C No 422; see generally Rodriguez, 2022.

12 See generally Micaela Frulli, in this contribution Chapter II. See also ECtHR, *Opus v Turkey,* Appl. No 33401/02 Judgment, 9 June 2009, where the ECtHR ruled that Turkey's failure to act with due diligence in case of domestic violence perpetrated by a man against his wife and mother-in-law was a violation of the ECHR.

13 Note that comparable provisions are incorporated in human rights treaties at universal level and in the other regional systems as well. Still, since the focus of this contribution is Europe, they are not detailed here.

In sum, the EU Directive is in very good legal "company"; and backed up by a comprehensive set of human rights guarantees.

III. THE EU DIRECTIVE

1. Drafting history

The drafting history of the EU Directive points, already, to the issues raised by the Directive as to how the phenomenon of violence against women is dealt with. Indeed, the positions between the European Parliament and the Council illustrate the obstacles on the way. On the one hand, the Parliament envisioned to strengthen the proposition of the Commission, eg adding new offences/crimes; improving measures to protect victims and regulations on the access to sexual and reproductive health care of victims of sexual violence; and aiming to enhance support for victims of sexual harassment at the workplace. On the other hand, the Council weakened the Commission proposal considerably. It introduced a minimum threshold for the offences in relation to cyber-crime and generally broadened the flexibility of Member States as regards the Directive's implementation. The terms "gender" and/or "sex "were deleted when both were mentioned together which meant a weakening/dilution of the terminology.[14] Also other changes were made. Among the most problematic (and controversial) was the (failed) incorporation of an EU wide definition of rape, due to diverging positions of Member States.[15] While, in the

14 See for further reference below, Section IV.2 -Shortcomings.

15 Note that some countries as Belgium, Greece, Ireland, Portugal and Sweden were in favour of a consent-based definition (only a yes is a yes). – Several other countries, including Germany and France conversely, opposed it: Germany because the legal basis would not

end, a definition of rape could not be included in the Directive, at least a provision on the *prevention* of rape could be negotiated into the treaty text (Art 35 of the Directive), with the aim to at a minimum sharpen awareness as regards the consent requirement in relation to rape.[16] Moreover, in the course of an envisaged evaluation and possible revision of the Directive in 2032 (see Art 45 of the Directive), the discussion on an incorporation of rape could be reopened.

The Directive is the first binding EU-legal act which deals with violence against women and domestic violence. This invites to consider its content, general strategies, implementation and enforcement.

2. Content

The EU Directive generally follows a holistic approach to VAW and domestic violence, covering *four key pillars*: prevention and early intervention (including preventive measures, training and information for professionals); protection of victims and access to justice (eg addressing the reporting of violence, investigation and prosecution, individual assessment of protection needs, referral to support services); victim support (eg specialist support of victims, 24/7 helplines, shelters, focus on children etc); as well as coordination and cooperation (including coordinated policies, national action plans) (Kasim 2024). In doing so, it is

---

be sufficient; France, as other countries, because its domestic definition would focus on violence (and not consent). Note, however, that this "traditional approach" does not take into account that rape victims often display a reaction known as "frozen fright" or "tonic immobility", and do not engage in active physical resistance. See Gordana 2024.

16 See also the possibility of a revision which could present a new opportunity to negotiate rape into the directive. See below, Section IV.1.

hoped that the phenomenon of VAW and gender based violence can be tackled comprehensively with an important focus on attention to the victims and prevention.

As regards the *offences* incorporated, Articles 3-8 constitute the core of the EU Directive. They contain the definitions of six forms of VAW with the aim to harmonise these definitions in the EU. Member States are obliged to criminalise the following forms of violence: female genital mutilation (Article 3); forced marriage (Article 4); non-consensual sharing of intimate or manipulated material (Article 5); cyber stalking (Article 6); cyber harassment (Article 7); and cyber incitement to violence or hatred (Article 8).

The *criminal modes of liability* for these crimes are stipulated in Article 9, namely inciting, aiding and abetting and attempt. The EU Directive likewise sets minimum standards with regard to penalties in Article 10; this, on the one hand, by establishing that criminal *penalties* be effective, proportionate and dissuasive (para 1); as well as by detailing that FGM be punishable by a maximum term of imprisonment of at least 5 years; forced marriage of at least 3 years respectively (paras. 2 and 3). Article 11 outlines a list of aggravating circumstances, which include "common" forms such as repeated commission, specific vulnerability of the victim, or extreme violence; but also aggravating circumstances which are more specific to violence against women, as offences driven by motives related to the victim's sexual orientation, gender, colour, religion, social origin, or political beliefs, as well as actions intended to uphold or restore "honour". Moreover, instances where the offence was committed against a person because that person was a public representative, a journalist or a human rights defender constitute aggravating circumstances. Article 13 includes set limitation periods, and foresees, for instance, that where the victim is a child, the limitation period for criminal offences shall commence at the earliest once the victim has reached 18 years of age.

3. General supportive strategies and prevention

Another set of obligations pertains to rules for the protection and assistance of victims. In this regard, the Directive mandates, for instance, provisions guaranteeing victims' access to comprehensive medical care and sexual and reproductive health services. This marks the first instance where EU law imposes explicit obligations on Member States to ensure access to essential medical care for victims of sexual violence (see Kasim 2024). The Directive sets standards for specialised support services, such as 24/7 helplines and shelters that should be accessible to all women victims and their children, including women with disabilities and third-country nationals. It also obliges Member States to set up rape crisis centres to provide counselling and medical, psychological and trauma care, and also specialist support for victims of female genital mutilation and sexual harassment at work (Articles 25-33). So, the victim focus is very marked.

Additionally, the Directive ensures that victims have access to justice. For instance, the Directive mandates that victims shall have, when reporting acts of violence against women or domestic violence to the competent authorities, accessible, easy-to-use, safe and readily available channels available (Article 14). The Directive also emphasises the need for the individual assessment of protection and support needs of victims (Articles 16 and 17).

Prevention and early intervention are addressed in a specific Chapter (5). Article 34 deals with preventive measures in general. Article 35 of the EU Directive stipulates a number of measures aimed more specifically at the prevention of rape, such as awareness-raising campaigns. These measures have the ultimate aim of tackling harmful gender stereotypes, to promote equality between women and men and to encourage everyone, including men and boys, to serve as positive role models to facilitate behavioural change throughout society (Picchi 2022: 404).

Furthermore, Member States are required to provide training for professionals who are likely to interact with victims, including law enforcement, prosecutors, and the judiciary. Moreover, the prosecution of perpetrators must be consistently ensured across all Member States. The training provided should be based on human rights, centred around the victim, and be sensitive to gender, disability, and children (Article 36).

The Directive's positively broad approach is further emphasized by the measures requested from Member States. They are asked to adopt comprehensive and coordinated policies (Art 38) and introduce national action plans for preventing and combating violence against women and domestic violence (Art 39), that should involve relevant stakeholders at domestic level ("multi-agency cooperation and coordination") (Art 40), be implemented with union level cooperation (Art 43) and bolstered with collaboration with NGOs (Art 41). – The expertise of women's organisations and women's specialist services should be considered accordingly.

What is required, in addition, is data collection and research (Art 44), with specific statistics envisaged. This seems crucial since disaggregated data and according statistics are important for the development of consistent and targeted strategies to counter gender-based violence. The data collected will be most relevant for the envisaged evaluation (and possible revision) of the EU Directive from 2032 onwards, as mentioned before.

In sum, the approach pursued in the Directive has considerable potential to harmonize legislation in EU Member States; in as far as the respective offences are duly implemented at domestic level. This leads to the next point, the Directive's implementation and enforcement.

4. Implementation and Enforcement

Member States have three years in order to transpose the Directive into domestic law, thus until 14 June 2027, and need to communicate the text of the measures of national law adopted with regard to the Directive to the Commission (Article 49). Additionally, by 14 June 2032, Member States are obliged to communicate to the Commission all relevant information concerning the functioning of the Directive necessary for the Commission to write a report on the evaluation of the Directive, eg, whether the objective of preventing and combating violence against women and domestic violence across the EU has been achieved. This report shall be accompanied by a legislative proposal, if necessary (Article 45).

If Member States fail to implement Directives or only partially comply, they could face infringement proceedings before the Court of Justice of the European Union (CJEU), initiated, for instance, by the Commission (Articles 258-260 TFEU). Member States must take the necessary measures to comply with any judgment of the CJEU in this regard. If the Member State does not comply with the Court's judgment within a reasonable timeframe, the Commission can refer the case back to the CJEU and request financial penalties, such as lump sum fines for past non-compliance and daily penalties for continued non-compliance (Article 260 TFEU).

Thus, implementation and enforcement of the Directive should be effective which is doubtless a strength. This most clearly shows when analyzing the Directive's potential (as well as its shortcomings).

IV. EVALUATION: POTENTIAL AND SHORTCOMING OF THE EU DIRECTIVE

1. Potential

The "programme" to address VAW and domestic violence, as put forward in the Directive is multilayered, contains considerable progress and numerous good steps.

First, the Directive brings *coherence in the EU's approach to VAW and domestic violence.* This should have positive repercussions on EU Member States as regards the criminalisation of the included offences and also enhance the institutional approaches to deal with the phenomenon of VAW and domestic violence.

This applies first to the *list of offences*, ie the acts which are criminalised in the Directive. Especially certain offences stand out. Particularly important seems the obligation to criminalise female genital mutilation (Article 3) and forced marriage (Article 4), as this emphasises that these phenomena "are not merely products of cultural distinctions but are rather gender-related crimes." (Kasim 2024: 4). Moreover, the EU Directive also places a significant focus on *cyber-related violence*, such as the non-consensual sharing of intimate or manipulated material (Article 5), or cyber stalking (Article 6). These definitions criminalise phenomena which have increasingly and disproportionately affected women, such as issues often referred to as "revenge-porn", where ex-partners share intimate material without consent on the internet often as revenge for a break-up, as well as other behaviours such as threats to share without consent and the sharing of hacked images (see Rigotti/McGlynn 2022: 4). Moreover, the phenomenon of "deep fakes", which has attracted much attention, is covered by Article 5. This encompasses the "non-consensual creation of intimate images or videos using technology and artificial intelligence to alter material to make it sexual or pornographic." (Rigotti/McGlynn 2022: 5).

These issues, including cyber stalking, have previously not been adequately covered in EU legal regulations. Hence, in this regard the *EU Directive fills a legal gap* and for the first time criminalises forms of cyber violence that predominantly target and impact women due to their gender (Rigotti/McGlynn 2022: 5).[17]

---

[17] The Istanbul Convention, as will be shown below, does not include a reference to forms of cyber violence. The phenomenon is however

So, substance wise, there are progressive points put forward in the Directive. Moreover, the Directive's clear framework should provide guidance to EU Member States with the welcome potential to harmonize their legislative approaches to the phenomenon of VAW and domestic violence.

Most positive is also that the Directive benefits from the EU's generally close-knit *implementation regime* as compared to general human rights bodies. As was shown, the transposition of the Directive is required in set (and rather tight) time frames. The effective enforcement machinery of the EU/CJEU with costly proceedings in case of non-compliance should push EU Member States towards implementation. Thus, an effective transposition of the Directive should be ensured.

Finally, the envisaged *evaluation of the Directive and its implementation* is welcome. Indeed, five years after the deadline of transposition in Member States' legislation, on 14 June 2032, Member States have to communicate to the European Commission all relevant information concerning the functioning of the Directive – as necessary for the Commission to write a report on the Directive's evaluation and envisage, if necessary, an amendment or additional legislative steps.[18] (For instance, whether the objective of preventing and combating violence against women and domestic violence across the EU has been achieved, as mentioned in Article 45(2) of the Directive.) Positively, there is thus a data based and driven approach to further legislative acts envisaged; in reliance (inter alia) on the reports submitted by the EU Member States to the Commission.[19]

---

addressed in GREVIO General Recommendation No. 1 on the digital dimension of violence against women, 20 October 2021.

18 See the reference to a possible legislative proposal in Art 45 of the Directive.

19 Indeed, some of the deficiencies noted below – eg as regards the omission of rape and other offences–may be remedied in the context of this review/the reopened negotiations.

2. *Shortcomings*

At the same time, there are some significant shortcomings with the Directive. This, on the one hand, in terms of substance. Indeed, the Directive adopts a rather fragmented, a "piecemeal" approach.[20]

First, the *missing (explicit) human rights perspective* in the Directive has been criticized. Neither in the Preamble nor anywhere else does the Directive acknowledge that gender-based violence is a human rights violation (see Kasim 2024). While the Directive refers to VAW and domestic violence as a violation of *fundamental* rights, it therewith weakens its connection to the most significant human rights document on VAW and domestic violence in Europe, the Istanbul Convention.

Second, the *list of criminalised acts fails to cover* some very pertinent forms of violence, such as *domestic violence, femicide and rape.* Especially the failure to include rape was criticized by NGOs, such as Human Rights Watch and Amnesty International and by the UN Special Rapporteur on violence against women and girls, its causes and consequences, Reem Alsalem (OHCHR 2024).

Some have likewise deplored that the Directive uses the *term "violence against women"* as an umbrella term *instead of "gender-based violence"* which excludes individuals who do not fit into the category of "women", such as sexual minorities and non-binary people (Kasim 2024). In fact, the Directive has an ambiguous relationship with the concept of gender. It does not provide a definition of gender, lacks a clear a distinction between "gender" and "sex", and rather uses the terms

---

20 This turns evident most clearly, as will be shown below, in comparison with the Istanbul Convention. See Section V.

interchangeably in most cases.[21] Additionally, other forms of violence, such as intersex genital mutilation and forced sterilisation, affecting intersex individuals were ultimately not criminalised in the Directive (Kasim 2024).

A third shortcoming refers to the fact that the Directive does *not contain specific provisions* for especially *vulnerable groups,* such as *undocumented migrant women,* whose absence of an independent resident status particularly exposes them to exploitation or abuse (OHCHR 2024). In light of their specific vulnerability, these women are indeed less likely to report violence and abuse, limiting their access to justice and ability to escape abusive situations (Kasim 2024: 7-8). This was criticized, for instance, by the UN Special Rapporteur on Violence against Women and Girls, Reem Alsalem (OHCHR 2024). In this regard, while the initial Directive proposal included provisions stipulating that no personal data about victims of abuse, including residence status, would be shared by police with immigration authorities (Article 16(5) of the Draft Directive), the Directive's final text omits such safeguards.[22]

In sum, when considering the Directive's substance, most criticisable is probably the Directive's somehow fragmented approach. It lacks the comprehensive tackling of the phenomenon of VAW and gender-based violence as evidenced especially in the incomplete list of offences, i.e. the omission of domestic violence, femicide and rape. To a certain extent, this may be explained by the *specificities of EU law and legislation*; as the requirement of a legal basis in the EU Treaties for possible legal

---

21 Significantly, during drafting, when both terms (gender and sex) were used, one of them was deleted. (Kasim, 2024).

22 In fact, this discrepancy with the Istanbul Convention contradicts the Convention's requirement that all women be treated equally, irrespective of their residence status. See Kasım, 2024: 6. See also below Section V.

action by the EU. In fact, the omission of domestic violence and femicide seems owed to these jurisdictional constraints and the fact that the main legal basis for the EU Directive is Article 83 of the Treaty on the Functioning of the European Union (TFEU). It gives the competence to the EU to adopt directives in order to establish minimum rules concerning the definition of criminal offences and sanctions in the areas of particularly serious crimes with a cross-border dimension, such as the sexual exploitation of women and children. In this regard, domestic violence and femicide could not be brought within the terms of "sexual exploitation of woman and children", and hence any references to these two issues were omitted in the Directive (De Vido 2022).

Other problems for EU legislation relate to the frequently diverging Member States' positions in the EU Council. The omission of rape in the final text of the Directive indeed seems primarily due to the different opinions of Member States on definition.[23] The definition of rape in the draft Directive was modelled after the Spanish "only a yes means yes" [not identical with the German "no means no"] approach,[24] making the absence of consent the constituent element rape. However, this was opposed by several Member States which preferred the definition of rape contained in most national legislations in

23 Other objections included France's and Germany's opinion that rape was not within the terms of "sexual exploitation" pursuant to Art 83 TFEU. See Celebi, Dilken et al., 2024.

24 To exemplify the difference between both approaches, an instructive comparison was made during the discussions at the Lleida Conference on 22 November 2024: In the "a no is a no approach", a traffic light is generally green but turns to red in case of a women's "no". In the "only a yes is a yes" approach, conversely, a traffic light is generally red and only turns to green in case of a yes.

the EU, based on the assumption of violence or threats.[25] So, in the end, rape could not be included in the list of offences.

Thus, the deficiencies of the Convention are a sign of the specificities of EU law. This calls for a comparison with the Istanbul Convention.

V. THE EU DIRECTIVE AND THE ISTANBUL CONVENTION

Any comparison with the Istanbul Convention needs to start with a reference to the *background of adoption/the general framework of both, the EU Directive as the Istanbul Convention.* The EU Directive is subject to the specificities of EU law mentioned before; i.e. it requires a basis in the EU Treaties for EU legal action to be possible and all 27 EU Member States need to agree in the Council since, once adopted, they have to transpose the Directive into their domestic legislation. This renders EU legislation effective but also puts inherent limits to broad/ comprehensive approaches.

The 2011 Istanbul Convention, conversely, is a "normal" multilateral treaty. Adopted in the framework of the Council of Europe, it is open to non-Member States as well as to the EU. In the process of ratification, states may even make reservations to treaty provisions they cannot accept.[26] By now, the Istanbul Convention has been ratified by 39 states, out of which 22 EU Member States.[27] Also the EU ratified the Istanbul Convention

---

25 See above Section III.1.

26 See list of reservations and declarations, https://www.coe.int/en/web/conventions/full-list?module=declarations-by-treaty&numSte=210&codeNature=0

27 Bulgaria, Czech Republic, Hungary, Lithuania and Slovakia have not ratified the Istanbul Convention. For ratifications of the Is-

in 2023 as a party in its own right.[28] In light of the more open framework (and more limited direct effect), the Istanbul Convention therewith can pursue a more comprehensive substantive approach, eg as regards the list of offences (see below).

In light of the above, the relationships between the EU Directive and the Istanbul Convention are multiple. First, there is *considerable overlap in the approaches.* For example, the EU Directive generally mirrors the Istanbul Convention's four pillars, i.e. prevention, protection, prosecution and coordinated policies. Likewise more generally, the Directive aims to give effect to the objectives and provisions of the Istanbul Convention. This is illustrated in the Explanatory Memorandum of the Proposal for the Directive, where the Commission explained that the Directive "will constitute an implementation of the [Istanbul] Convention."[29]

Therewith, the Directive should constitute an essential tool to *comprehensively address violence against women* especially for those *Member States, which have not ratified the Istanbul Convention* (Bulgaria, Czech Republic, Hungary, Lithuania and Slovakia). Hopefully, it will also increase internal political pressure to ratify the Convention in these countries. Even in those *states* which have *ratified the Istanbul Convention,* the Directive will contribute to *address gaps in Member States' legislation.* Overall, the Directive furthers the harmonization of legislation in the EU Member States (see Bergamini 2023).

Moreover, in some areas, the EU Directive incorporates higher standards than the Istanbul Convention. This holds

---

tanbul Convention see www.coe.int/en/web/conventions/full-list?module=signatures-by-treaty&treatynum=210.

28 See above and also https://eur-lex.europa.eu/EN/legal-content/summary/eu-accession-to-the-istanbul-convention.html.

29 COM(2022) 105 final (8 March 2022), available at https://eur-lex.europa.eu/legal-content/EN/TXT/?uri=CELEX%3A52022PC0105

true specifically as regards *cyber-crime where the EU Directive* goes beyond the protection offered in the Convention: the extensive criminalization of *cyber-related violence* in Directive is missing in the Istanbul Convention.[30]

At the same time, in other areas, the *EU Directive* is *less comprehensive in the list of offences.* As explained, it was criticized especially that domestic violence, femicide and rape could not be included into the final text of the Convention. Moreover, as stated, the EU Directive *does not recognize explicitly that gender-based violence is a human rights violation* which is a core element of the Istanbul Convention (Kasim 2024: 5). Likewise critical is the Directive's omission of specific protection for migrant women, in discrepancy with the Istanbul Convention which offers specific protection in light of migrant women's particular vulnerability.[31] The EU Directive's limited approach to migrant women likewise contradicts the Convention's requirement that all women be treated equally, irrespective of their residence status (Article 4(3) of the Istanbul Convention) (Kasim 2024: 6). So, as regards content/standards and scope of protection, the Directive lacks behind the Istanbul Convention in several respects. EU Member States are however obliged to uphold a possibly higher standard already achieved: in light of the non-regression clause of the Directive (Article 48), Member States cannot use the Directive as a ground to reduce the level of protection to victims. Consequently, in realisation of the well-recognized *pro homine* (*pro mujer*) principle in human rights law, the mentioned differences between both instruments should not negatively affect the victims.

---

30 See however the GREVIO General Recommendation No 1 on the digital dimension of violence against women (2021) on the issue.

31 See the comprehensive protection offered by the Istanbul Convention in Chapter VII – Migration and asylum (Articles 59-61).

Conversely, a real difference to the positive is made by the Directive as *regards implementation and enforcement* in light of the general effectiveness of EU law respectively. Through the Directive, as stated, and insofar the areas/offences covered are overlapping, the *Istanbul Convention may benefit from the effective enforcement machinery of EU law;* eg from possible infringement proceedings launched the European Commission in case of implementation failures concerning the Directive by EU Member States. This is perhaps the most beneficial effect of the Directive as regards the fight against VAW and domestic violence.

VI. APPRECIATION

In conclusion, the EU Directive constitutes a significant progress in promoting gender equality within the European Union and in combatting violence against women. It takes a holistic approach especially through its four pillars;[32] providing detailed regulations and guidelines spanning from prevention and early intervention to protection, access to justice, victim support, and coordination and cooperation. Moreover, the Directive for the first time sets out to establish, with the abovementioned drawbacks, a comprehensive legal framework for combatting violence against women and domestic violence. It complements and enhances the protection offered by the Istanbul Convention and introduces harmonised rules in criminalising new forms of cyber related violence against women. Also, implementation and enforcement should be promoted.

While the Directive is a positive step forward, it falls short of the ambition and protection offered by the initial Proposal

---

32 See above, Section III.2.

of the Commission in certain respects.[33] Despite these deficiencies, the Directive has the potential to bring about considerable changes in the legal framework and culture of Member States. It should thus significantly contribute to achieve gender equality in the EU. And the "journey" continues. Future options to additionally raise the standard of protection and remedy some of the problems raised in this chapter will be offered in the course of the possible revision of the Directive 2032 onwards.

BIBLIOGRAPHY

Bergamini, E. (2023): "Combating Violence against Women and Domestic Violence from the Istanbul Convention to the EU Framework: The Proposal for an EU Directive", *2 Freedom, Security & Justice: European Legal Studies*, pp. 21-41.

Celebi, D. et al. (2024): "Germany Blocks Europe-Wide Protection of Women Against Violence" (Verfassungsblog, 17 January 2024). https://verfassungsblog.de/germany-blocks-europe-wide-protection-of-women-against-violence/.

De Vido, S. (2022): "A first sight insight into the EU proposal for a Directive on countering violence against women and domestic violence" (EJIL:Talk!, 7 April 2022), available at https://www.ejiltalk.org/a-first-insight-into-the-eu-proposal-for-a-directive-on-countering-violence-against-women-and-domestic-violence/.

Gasmi, G. (2024): "EU Approach towards Violence against Women and Domestic Violence – New EU Directive", *Pregledni naucni rad*, pp. 79-95.

Kasım, C. (2024): "Advancing Gender Equality, "The EU's Landmark Directive 2024/1385 on Violence Against Women", *EU Law Analysis*. https://eulawanalysis.blogspot.com/2024/06/advancing-gender-equality-euslandmark.html?m=1.

---

33 Most importantly, as shown, the final Directive provides only a less comprehensive list of offences, contains no provision and definition on rape, lacks a clear gender perspective and omits specific regulations for especially vulnerable groups, such as undocumented women.

OHCHR (2024): "European Directive on combatting violence against women and domestic violence welcome but falls short of full potential, says UN expert", Press Release (13 May 2024). https://www.ohchr.org/en/press-releases/2024/05/european-directive-combating-violence-against-women-and-domestic-violence.

Picchi, M. (2022): "Violence against Women and Domestic Violence: The European Commission's Draft Directive Proposal", *8 Athens Journal of Law*, pp. 395-408.

Rigotti, C. and McGlynn, C. (2022): "Towards an EU criminal law on violence against women: The ambitions and limitation of the Commission's proposal to criminalise image-based sexual abuse", *New Journal of European Criminal Law*, pp. 1-26.

Rodriguez, S. (2022): "Violence against Women: Landmark Cases and Legal Standards in the Inter-American System", 29 March 2022. https://studentbriefs.law.gwu.edu/ilpb/2022/03/29/violence-against-women-landmark-cases-and-legal-standards-in-the-inter-american-system/

Simonovic, D. (2022): "Violence Against Women and Domestic Violence", in Binder, C.; Nowak, M.; Hofbauer, J. and Janig, P. (eds), *Elgar Encyclopedia of Human Rights Law*, London: Edward Elgar Publishing, pp. 539-543.

Capítulo IV.

Posición de la UE ante la violencia de género: Directiva sobre la lucha contra la violencia contra las mujeres y la violencia doméstica[*]

MERCEDES SERRANO MASIP
Profesora Titular de Derecho Procesal
Universidad de Lleida

SUMARIO: I. RAZÓN DE SER DE UN NUEVO INSTRUMENTO NORMATIVO SOBRE VÍCTIMAS DE DELITOS; II. FINALIDAD. ÁMBITOS SUBJETIVO Y OBJETIVO; III. CONTENIDO; 1. Delitos definidos en la Directiva; 2. Acceso a la justicia y protección de las víctimas; 3. Apoyo especializado; 4. Prevención e intervención; 5. Coordinación y cooperación; IV. RELACIÓN CON OTROS INSTRUMENTOS NORMATIVOS DE LA UNIÓN EUROPEA; BIBLIOGRAFÍA.

[*] Este trabajo ha sido realizado en el marco del Proyecto de Investigación "Los crímenes de honor como violencia de género: delineamiento de un estatuto jurídico-asistencial protector en España", financiado por el Ministerio de Ciencia e Innovación (Ref. PID2022-136879NB-I00).

I. RAZÓN DE SER DE UN NUEVO INSTRUMENTO NORMATIVO SOBRE VÍCTIMAS DE DELITOS

Cuando en 2022 la Comisión difunde la Propuesta de Directiva del Parlamento Europeo y del Consejo sobre la lucha contra la violencia contra las mujeres y la violencia doméstica[1], de su lectura cabe extraer tres ideas clave que la inspiran: situar a la Unión Europea a la altura del Consejo de Europa en cuanto a la previsión de normas sustantivas y procesales que aborden la violencia contra las mujeres; desarrollar el contenido de los derechos fundamentales consagrados en la CDFUE, garantizando con ello su respeto[2] y aumentar la confianza mutua entre los Estados miembros a los efectos de avanzar en la cooperación en materia penal, civil y policial.

Son tres ideas que si bien responden a una visión técnica de la Propuesta se hallan también impregnadas de su espíritu: la violencia contras las mujeres y la violencia doméstica son materias de derecho penal, son violaciones de derechos humanos, son formas de discriminación.

Debe reconocerse, empero, que la formulación de esas tres ideas inspiradoras, aun cuando expresan lo esencial, puede verse como una excesiva simplificación de un proceso, cuya complejidad ya se advierte, al reparar en la gran cantidad de información vertida en la contextualización de la Propuesta de Directiva. Son aportados, entre otros, datos obtenidos: por

---

1 Documento COM(2022) 105 final, de 8 de marzo de 2022.

2 Concretamente, de todos los derechos reconocidos en la CDFUE, en la Propuesta se alude al derecho a la dignidad humana (art. 1), al derecho a la vida (art. 2), a la prohibición de la tortura y los tratos inhumanos o degradantes (art. 4), al derecho a no ser discriminado por razón de sexo (art. 21) y al derecho a acceder a la justicia (art. 47).

la Agencia de los Derechos Fundamentales de la UE[3]; en estudios del Parlamento Europeo[4]; en documentos en los que se exponen las políticas diseñadas por la Comisión, incluyendo objetivos estratégicos y acciones clave, en el terreno de la promoción de la plena igualdad entre mujeres y hombres[5]; así como en los ámbitos de la violencia de género y doméstica para hacer frente a las necesidades específicas de las víctimas de estas formas de violencia[6]; y en informes, destacando el elaborado por la Comisión destinado al Parlamento Europeo y al Consejo, relativo a la aplicación de la Directiva 2012/29/UE por la que se establecen normas mínimas sobre los derechos, el apoyo y la protección de las víctimas de delitos[7].

El Convenio del Consejo de Europa sobre prevención y lucha contra la violencia contra la mujer y la violencia doméstica de 2011, Convenio que ya está en vigor para la UE[8], es el

---

3 Agencia de los Derechos fundamentales de la Unión Europea (FRA), *Violencia de género contra las mujeres: una encuesta a escala de la UE*, 2014.

4 Servicio de Estudios del Parlamento Europeo (EPRS), *Lucha contra la violencia de género: ciberviolencia, evaluación del valor añadido europeo*, 2021.

5 *Una Unión de la igualdad: Estrategia para la Igualdad de Género 2020-2025*, COM(2020) 152 final, de 5 de marzo de 2020.

6 *Estrategia de la UE sobre los derechos de las víctimas (2020-2025)*, COM(2020) 258 final, de 24 de junio de 2020. que se basa en un planteamiento doble: dotar de recursos a las víctimas de delitos y trabajar coordinadamente todos los actores relevantes por los derechos de las víctimas.

7 Documento COM(2020) 188 final, de 11 de mayo de 2020.

8 De conformidad con las Decisiones (UE) 2017/865 y 2017/866 del Consejo, el Convenio de Estambul se firmó en nombre de la UE el 13 de junio de 2017, completándose el procedimiento de adhesión y ratificación con el depósito de dos instrumentos, Decisiones (UE) 2023/1075 y 2023/1076 del Consejo, lo que supuso la entrada en vigor para la UE el 1 de octubre de 2023.

sólido punto de referencia de la Propuesta de Directiva al que sigue estrechamente, desde la noción de violencia contra las mujeres y violencia doméstica a la tipificación de los delitos de mutilación genital femenina y matrimonios forzosos[9], pasando por las normas relativas a la protección y el apoyo a las víctimas (Ruiz López, 2024).

Por lo que se refiere a los derechos y libertades fundamentales, el vasto ámbito de aplicación de la Propuesta comporta que sean muchos los que pueden ser vulnerados tanto por las conductas delictivas como por la intervención de las autoridades competentes.

Y, finalmente, la aproximación de las legislaciones de los Estados miembros, fruto de la transposición de las normas mínimas que propician una convergencia ascendente, puede llegar a reducir el número de denegaciones de solicitudes de reconocimiento de resoluciones judiciales (Borges Blázquez, 2024; García Rodríguez, 2022: 252-258)

II. FINALIDAD. ÁMBITOS SUBJETIVO Y OBJETIVO

Acabado el procedimiento legislativo ordinario con la aprobación por el Parlamento Europeo (24.4.2024) y el Consejo (7.5.2024), la Directiva sobre la lucha contra la violencia contra las mujeres y la violencia doméstica (en adelante, la Directiva) es publicada en el Diario Oficial de la UE[10].

---

9 La tipificación va a conllevar la armonización de delitos de violencia de género y el consiguiente aumento de los "eurodelitos" (art. 83.1 TFUE).

10 Directiva (UE) 2024/1385 del Parlamento Europeo y del Consejo, de 14 de mayo de 2024, sobre la lucha contra la violencia contra las mujeres y la violencia doméstica (DOUE, Serie L, 24.5.2024, pp. 1-36).

Su propósito, al que alude de manera reiterada tanto en sus considerandos como en el texto articulado, estriba en proporcionar un marco integral para prevenir y combatir eficazmente la violencia contra las mujeres y la violencia doméstica. Aunque como se comprobará las acciones diseñadas con vistas a alcanzarlo son de muy diversa naturaleza, sus elementos centrales revelan que, al menos, el combate ha de librarse en la esfera penal y procesal penal[11].

Tomando como claro punto de referencia el Convenio de Estambul, la Directiva define la "violencia contra las mujeres" como "todo acto de violencia de género dirigido contra una mujer o una niña por el hecho de ser mujer o niña, o que afecten de manera desproporcionada a mujeres y niñas, que causen o sea probable que causen daños o sufrimientos de naturaleza física, sexual, psicológica o económica, incluidas las

---

11 De la opción de la Directiva por el Derecho penal y procesal penal no debe inferirse, a nuestro entender, un total rechazo a que en la decisión adoptada en el proceso de declaración o en su ejecución se manifiesten las actuaciones practicadas en un procedimiento de justicia restaurativa. Es cierto que la Directiva no ha previsto ninguna norma específica sobre mediación o justicia reparadora. Pero también lo es que no excluye de su ámbito de aplicación las disposiciones referentes a las garantías que han de procurarse a las víctimas en el contexto de los servicios de justicia reparadora previstas en el art. 12, de la que puede denominarse Directiva general sobre los derechos de las víctimas de delitos, esto es, la Directiva 2012/29/UE. No obstante, una puntualización acerca de este tema es necesaria al venir determinada por la interpretación y aplicación del Convenio de Estambul. Y es que aun cuando lo que prohíbe art. 48.1 a las Partes es que impongan mediante ley la obligación de acudir a modos alternativos de resolución de conflictos, incluidas la mediación y conciliación, respecto a todas las formas de violencia incluidas en el ámbito de aplicación del Convenio, GREVIO en sus informes está ampliando dicha prohibición *de jure* a una prohibición *de facto* mostrándose favorable a la interdicción de cualquier mediación en situaciones de violencia (Pichard, 2023: 571-573).

amenazas de realizar tales actos, la coacción o la privación arbitraria de libertad, tanto si se producen en la vida pública como en la privada" (art. 2 a). En consecuencia, para la Directiva la violencia contra la mujer ha de ser comprendida, analizada y abordada desde una perspectiva de género.

Y por "violencia doméstica" entiende "todo acto de violencia de naturaleza física, sexual, psicológica o económica que se produzca dentro de la unidad familiar sean cuales sean los vínculos familiares biológicos o jurídicos, o entre cónyuges o excónyuges o parejas o exparejas, independientemente de que el autor del delito comparta o haya compartido el mismo domicilio con la víctima" (art. 2 b).

Uno de los contextos en el que se han llevado a cabo estudios con el propósito de identificar, dentro del amplio espectro de las conductas abusivas, las que pueden ser calificadas de abuso económico es el de la violencia en la pareja, en particular la ejercida por el hombre sobre la mujer. Se trata de acciones que se caracterizan, al igual que la violencia psicológica y emocional, por no ser físicas y conseguir que la víctima se someta de manera sostenida en el tiempo a las exigencias del agresor, aunque presentan unos rasgos propios que les dotan de autonomía frente a esos dos tipos de violencia. Su singularidad estriba en controlar de manera coercitiva la capacidad de la pareja de adquirir, disponer, gestionar y mantener sus propios recursos económicos o financieros, mediante amenazas que disminuyen su seguridad económica y su potencial para la autosuficiencia. Incluso se han llegado a desglosar aquel control en tres tácticas: restricción económica, explotación económica y sabotaje (Sharp-Jeffs, 2021). Los concretos actos que se ejercen sobre la pareja y que se citan como ejemplos de violencia económica son diversos y de diferente gravedad, p. ej., impedir que acceda al trabajo fuera del hogar o de la comunidad, hostigarla e inquietarla en el lugar de trabajo, limitar su nivel de educación, prohibirle el acceso a los depósitos bancarios, evitar que adquiera información financiera, privarle del dinero necesario para ropa y comida, apropiarse de los regalos de boda y de la dote, deteriorar su reputación económica o cargarla con deudas (Adams et al., 2020: 268-270; Alkan et al., 2021:1-3). Pero no solamente se ha logrado caracterizar y definir la violencia económica, sino que también ha sido medida poniendo de manifiesto que causa efectos negativos muy severos en las vidas de las mujeres. Tal medición ha sido posible gracias a un instrumento denominado *Scale of Economic Abuse* (SEA), progresivamente desarrollado y actualizado, que consiste en una lista de conductas que permite identificar la prevalencia del abuso económico y sus consecuencias en las víctimas (Adams et al., 2020; Postmus et al., 2018).

Las definiciones referidas sirven para fijar, además de las conductas que pueden subsumirse en ambos tipos de violencia, los sujetos pasivos que las padecen y que son los titulares de la protección, los derechos procesales y el apoyo regulados por la Directiva. No obstante, este régimen jurídico protector no solo es aplicable a las víctimas que califica de "directas", esto es, las que independientemente de su género han sufrido un daño, ya que su eficacia también alcanza a "los menores que hayan sufrido algún daño porque hayan sido testigos de violencia doméstica" (art. 2 c), así como, a las personas "a cargo" concepto que engloba a "todo hijo menor de la víctima o toda persona, que no sea el autor o sospechoso del delito, que viva en el mismo hogar que la víctima y a la que esta presta cuidados y apoyo" (art. 2 g). Es importante no perder de vista este ámbito subjetivo pues es más amplio que el que podría estimarse configurado a través de los concretos delitos definidos por la Directiva (art. 1.2)[12].

---

12 Se trata de una advertencia que la propia Directiva efectúa en su art. 1.2 ("Los capítulos 3 a 7 son aplicables a todas las víctimas de delitos de violencia contra las mujeres y violencia doméstica independientemente de su género. Dichas víctimas son todas las víctimas de los

En cuanto a su ámbito material, la Directiva dicta normas sobre algunos delitos que agrupa bajo el título común de conductas relacionadas "con la explotación sexual de mujeres y menores y con la delincuencia informática", así como, sobre la protección de las víctimas y su acceso a la justicia, el apoyo que debe prestarse a las víctimas, la prevención y la intervención, finalizando con disposiciones destinadas a la coordinación y la cooperación (art.1.1).

Las normas que establece la Directiva son mínimas de modo que, en lo atinente a las penales, los Estados miembros pueden mantener la definición de los delitos y la gravedad de las sanciones previstas en sus respectivos sistemas de justicia penal antes de la entrada en vigor de aquella, siempre que observen los niveles mínimos o los superen o, bien, pueden adoptar normas más estrictas cuando acometan su transposición[13]. De igual manera pueden proceder respecto de las normas reguladoras de los derechos de las víctimas; esto es, pueden mantener las disposiciones ya existentes en sus ordenamientos jurídicos cuando proporcionen un mayor nivel de protección y apoyo a las víctimas o, bien, introducir normas más garantistas. Estas son las aclaraciones que figuran en el considerando 91 de la Directiva que han de ser una guía para los Estados miembros. Sin embargo, la prudencia aconseja esperar a las interpretaciones que estos hagan de la cláusula de no regresión, en virtud de la cual a pesar de que la aplicación de la Directiva no debe cons-

actos tipificados como delito en el capítulo 2, así como las víctimas de cualquier otro acto de violencia contra las mujeres o de violencia doméstica, tipificado como delito en otros actos jurídicos de la Unión o en el Derecho nacional"). Y que reitera, entre otros, en los considerandos 9 y 12.

13 El 14 de junio de 2027 los Estados miembros ya han de haber dictado las disposiciones legales, reglamentarias y administrativas necesarias para incorporar a sus ordenamientos jurídicos las normas de la Directiva (art. 49.1).

tituir un motivo para justificar la reducción del nivel de protección de las víctimas, dicha prohibición ha de ser entendida "sin perjuicio del derecho de los Estados miembros a establecer, ante un cambio de circunstancias, disposiciones legislativas o reglamentarias distintas a las vigentes a 13 de junio de 2024[14], siempre que cumplan los requisitos mínimos establecidos en la presente Directiva" (art. 48).

III. CONTENIDO

1. Delitos definidos en la Directiva

Los delitos tipificados en la Directiva se agrupan en el Capítulo 2 que lleva por título "Delitos relacionados con la explotación sexual de mujeres y menores y con la delincuencia informática"[15]. Se trata de conductas que, intencionadamente, agreden bienes jurídicos diversos y pueden constituir actos de violencia contra las mujeres o de violencia doméstica. En concreto, son la mutilación genital femenina, el matrimonio forzoso[16], la difusión no consentida de material íntimo o ma-

---

14 El 13 de junio de 2024 es la fecha de entrada en vigor de la Directiva (art. 50).

15 Mediante dicho título se aclara que una de las bases jurídicas de la Directiva es el art. 83.1 TFUE, según el cual la UE tiene competencia para dictar normas mínimas relativas a la definición de infracciones penales y sanciones en ámbitos penales de especial gravedad y tengan dimensión transfronteriza. Dos de esos ámbitos son la explotación sexual de mujeres y niños y la delincuencia informática.

16 Al traducir al español la expresión "forced marriage" podría haberse optado por que no solo en el considerando 16º, sino también en el título dado al art. 4 de la Directiva se hubiera mantenido la que figura en el art. 172 bis de nuestro Código Penal, esto es, "matrimonio forzado".

nipulado, el ciberacecho, el ciberacoso y la incitación a la violencia o al odio por medios cibernéticos[17]. A través de esta armonización sustantiva, la Directiva va a aumentar el número de *eurodelitos* (Arangüena Fanego, 2025). Número que podría ser superior si se hubiera logrado la armonización de más delitos que cabe estimar relacionados con la explotación de mujeres (Ruiz López, 2024).

Si hay dos delitos que revelan la convicción de la UE de que la violencia contra las mujeres es materia penal, estos son la mutilación genital femenina y el matrimonio forzoso. La intensidad con la que vulneran los derechos fundamentales de las mujeres y niñas ha supuesto que constituyan un ejemplo de salvedad a lo dispuesto en el art. 288 TFUE, de conformidad con el cual, si bien las directivas obligan a los Estados miembros a obtener el resultado que indican, tienen plena libertad en la elección de la forma y los medios. Y es que la naturaleza de ambos delitos, y la necesidad de garantizar el grado de protección a las víctimas que los padecen, genera en los Estados miembros la obligación de tipificar como delitos las conductas descritas en los arts. 3 y 4 (considerando 15).

Desde esa perspectiva, y respetando el criterio de que las sanciones que merecen han de consistir en penas efectivas, proporcionadas y disuasorias, la Directiva les señala las más ele-

---

[17] En la Propuesta de Directiva se contemplaba además el delito de violación de mujeres fundada en la ausencia de consentimiento. Sin embargo, en la tramitación de la Propuesta en el Consejo este delito resulta excluido a causa de la oposición de diversos Estados miembros. Vid. documento COPEN 158, 17 de mayo de 2023, 9305/23. Por otro lado, fruto de las negociaciones entre el Parlamento Europeo y el Consejo, el 6 de febrero de 2024 se alcanza el acuerdo de añadir a la lista de delitos a armonizar el matrimonio forzoso; cfr. https://www.europarl.europa.eu/legislative-train/theme-a-new-push-for-european-democracy/file-legislative-proposal-on-gender-based-violence.

vadas de todas las conductas delictivas que prevé. Así, el nivel mínimo de la pena máxima para la mutilación genital femenina ha de ser de cinco años y para el matrimonio forzoso de cuatro años (art. 10). En cambio, al igual que para los restantes delitos que define, la Directiva no armoniza las penas mínimas.

Por último, la confianza en la pertinencia de la respuesta penal se constata en la inclusión en la Directiva de una norma específica reguladora de la prescripción de la mutilación genital femenina. Ello supone que además de tener en cuenta la regla general para todos los delitos cuya armonización lleva a cabo, según la cual la prescripción ha de ser proporcional a la gravedad del delito y ha de permitir su investigación y enjuiciamiento durante un período de tiempo suficiente tras la perpetración del mismo (art. 13.1), la Directiva añade que, cuando la víctima sea menor de edad, el plazo de prescripción del delito de mutilación genital no puede iniciar su cómputo antes de que aquella haya cumplido los 18 años (art. 13.2)[18].

Junto a los dos delitos referidos, son armonizadas ciertas formas de ciberviolencia que logran propagar sus efectos dañinos gracias al uso de las tecnologías de la información y la comunicación (TIC). La delimitación de esas formas se ha efectuado formulando normas mínimas solamente para los supuestos que el legislador europeo ha entendido son los más graves de ciberviolencia (considerando 18). Ello significa que, junto al riesgo común de amplificación fácil, rápida y generalizada de los perjuicios generado por el medio utilizado, se ha tenido en

---

18 Respecto del matrimonio forzado, aunque no se ha estimado necesario dictar una norma especial para los supuestos en los que las víctimas sean menores, en el considerando 16º se advierte que, a los efectos de perseguir dicha modalidad de comisión del delito, los plazos de prescripción han de permitir que el proceso penal se inicie una vez la víctima haya cumplido 18 años.

cuenta la afección real de un bien jurídico en la configuración del injusto.

Así, la gravedad se plasma en aquellas conductas que, probablemente, puedan causar severos daños a la privacidad de las víctimas por la difusión no consentida de material íntimo o manipulado (art. 5) y a su integridad moral mediante el ciberacecho (art. 6). En lo atinente al ciberacoso, que supone un atentado a la libertad de obrar, la gravedad se circunscribe al hecho de que de las conductas amenazantes se derive la probabilidad de generar en las víctimas un profundo temor por su propia seguridad o la de las personas a su cargo, así como, les produzca daños psicológicos (art. 7). Otro componente importante de la gravedad es la accesibilidad al público de las conductas que se incriminan debido a su capacidad de intensificar y prolongar en el tiempo los perjuicios provocados a las víctimas. Su relevancia se constata, por ejemplo, en la tipificación especifica de la figura delictiva consistente en la incitación a la violencia o al odio, conducta vulneradora de la dignidad humana, por medios cibernéticos (art. 8), pues para que se estime consumada la acción, el material que encierre esa pretensión ha de ser fácilmente accesible a los usuarios en general.

En la actualidad, no solo las relaciones interpersonales se traban y fortalecen a través de las redes sociales, sino que Internet se ha convertido en una de las principales vías para transmitir información. De ahí que sean unos entornos en los que conviven manifestaciones derivadas del ejercicio de derechos y libertades fundamentales. La frecuente tensión entre ellos se advierte en los límites a la incriminación de la difusión pública de imágenes, vídeos u otros materiales similares que representen actividades sexualmente explícitas o las partes íntimas de una persona, sin su consentimiento, a través de las TIC. De modo que cuando, de conformidad con el Derecho de la UE o de los Estados miembros, deba otorgarse prioridad a bienes jurídicos como la libertad de expresión y de información o de las artes y las ciencias, aquella difusión no debe ser objeto de tipificación penal (art. 5.2). Una ponderación similar, entre los distintos valores que concurren en unos hechos concretos, debe ser efectuada respecto de conductas que puedan ser constitutivas de un delito de incitación a la violencia y al odio por medios cibernéticos. Así lo ha reconocido el legislador de la UE al estimar adecuado que los Estados miembros castiguen únicamente las conductas que bien sean amenazantes, abusivas o insultantes bien puedan perturbar el orden público (art. 8.2).

A las normas que tipifican los delitos referidos, la Directiva suma otras relativas de un lado, a la participación en un hecho ajeno (inducción y complicidad) y al grado de desarrollo del delito (tentativa) (art. 9) y, de otro, a determinadas circunstancias susceptibles de agravar la responsabilidad penal, siempre y cuando no se hallen integradas en las conductas típicas (art. 11). El catálogo de estas circunstancias es largo lo que puede llevar a concluir que la Directiva ha integrado la violencia de género y la violencia doméstica, además de en algún tipo básico, en las agravantes; por ejemplo, en las dos siguientes: "que el delito se haya cometido contra un cónyuge o excónyuge o contra una pareja o expareja" (art. 11 k) o "que el delito haya sido cometido por un miembro de la familia de la víctima o por una persona que conviva con la víctima" (art. 11 l).

Un último precepto ubicado en el Capítulo 2 es de naturaleza procesal ya que recoge los criterios para fijar la jurisdicción de los tribunales de los Estados miembros respecto de los delitos que armoniza. En supuestos de extraterritorialidad, el art. 12 establece que aquellos deben adoptar las medidas necesarias para poder conocer de las causas por los delitos mencionados cuando el autor sea uno de sus nacionales. Debiendo además garantizar que su competencia, para investigar y enjuiciar los delitos de mutilación genital femenina y de matrimonios forzosos, no se supedite a su incriminación en el Estado en que se perpetraron ni a que la tramitación del proceso penal se subordine a la interposición de denuncia por la víctima en el lugar donde se hayan cometido los hechos delictivos o por el Estado de dicho lugar.

Profundizando en la extraterritorialidad, el art. 12.2 promueve que los Estados miembros amplíen su jurisdicción para juzgar los delitos armonizados añadiendo dos puntos de conexión más: la nacionalidad o residencia habitual de la víctima y la residencia habitual del autor del delito.

Finalmente, la tipificación de ciberdelitos ha obligado a la Directiva a determinar la conexión suficiente con el concreto Estado miembro a los efectos de atribuirle jurisdicción y ha optado por que sea el acceso desde su territorio, aun cuando del prestador de servicios intermediarios esté establecido en otro Estado (art. 12.3).

2. *Acceso a la justicia y protección de las víctimas*

La vertiente victimocéntrica de la Directiva se percibe, singularmente, en el Capítulo 3, de cuyas normas también se infiere la convicción del legislador de la UE de que proteger a las víctimas constituye una misión del proceso penal y de las autoridades competentes que en el intervienen. Si es así, entramos en un campo en el que ha de extremarse el control a las decisiones, legislativas y de otra naturaleza, adoptadas por los Estados miembros en orden a comprobar que están cumpliendo con su deber de actuar con la debida diligencia respecto de la persecución de los delitos y la salvaguarda de los derechos de las víctimas de violencia de género y doméstica (Ollino, 2023: 140-145; Martínez García, 2024).

Para que el proceso penal pueda llevar a cabo esa misión, se facilita el acceso al mismo dictando normas mínimas relativas, entre otros extremos, a la denuncia como medio de incoarlo y la gratuidad de la asistencia jurídica. Una vez las víctimas entran en contacto con el sistema de justicia penal, deben determinarse sus necesidades especiales de protección mediante una evaluación individual lo que ha de agilizar la adopción de decisiones encaminadas a hacer frente a las situaciones de riesgo o de peligro inmediato en las que se hallen inmersas. Al no ser la Directiva el primer instrumento aprobado por la UE con el objetivo de reconocer y hacer efectivos derechos procesales de las víctimas en el proceso penal, en la mayoría de los artículos del Capítulo 3 se advierte que se parte del acervo ya consagrado, particularmente, en la Directiva 2012/29/UE. De ahí que el propósito actual estribe en colmar las lagunas que este último instrumento presenta en relación con las víctimas de violencia sexual y doméstica, así como, en lo atinente a la ciberviolencia.

Con respecto a la denuncia, la Directiva parece incrementar los derechos reconocidos a las víctimas por el art. 5 la Directiva 2012/29/UE con otro derecho, que va a contribuir a reducir la victimización secundaria (Arangüena Fanego, 2025) que radica en poder interponerla a través de canales accesibles, seguros, fáciles de usar y de disponibilidad inmediata, poniendo como ejemplo, la posibilidad de denunciar en línea o a través de las TIC (art. 14.1)[19]. Tratándose de los ciberdelitos regulados en la Directiva, la denuncia online viene exigida por la naturaleza de aquellos. Asimismo, dicha naturaleza comporta que las plataformas deban configurarse de manera que al formulario matriz puedan adjuntarse fuentes de prueba electrónicas. Un aspecto en el que también debe repararse es el órgano receptor de la denuncia. La Directiva parece admitir el establecimiento de canales de denuncia no policiales sino creados por agencias especializadas, empresas, entidades financieras y otras organizaciones que la vehicularán al punto de contacto especializado (considerando 29), asumiendo lo que se ha publicado en estudios sobre ciberdelitos: los ciudadanos "no creen que la policía

---

[19] Ofrecer la posibilidad a las víctimas de presentar las denuncias online ya estaba, no obstante, recogida en el considerando 63 de la Directiva 2012/29/UE.

sea la vía adecuada para resolver los problemas derivados de la ciberdelincuencia" (Tamarit Sumalla, 2020).

Si son menores quienes denuncian, los procedimientos han de estar diseñados en un lenguaje adecuado a su edad y madurez de comprensión. Asimismo, en los supuestos en los que el titular de la patria potestad esté implicado en el acto de violencia investigado, no debe exigirse su consentimiento para admitir y tramitar la denuncia presentada por un menor. Es más, una vez admitida, las autoridades competentes no darán traslado de la denuncia al titular de la patria potestad hasta que no se hayan adoptado las medidas necesarias para proteger la seguridad del menor (art. 14.6).

Sin tener en cuenta la naturaleza de los hechos delictivos cometidos, se ordena a los Estados miembros a que animen a "toda persona" que simplemente sospeche "de buena fe" que se han podido perpetrar actos de violencia contra las mujeres o de violencia doméstica, o que sean previsibles, a que lo denuncie "ante las autoridades competentes sin temor a consecuencias negativas" (art. 14.3). De manera más rotunda, se impone la obligación de denunciar a los profesionales de la salud, pese a estar sujetos al deber deontológico de confidencialidad, cuando "tengan motivos razonables para pensar que existe un riesgo inminente de que se causen lesiones físicas graves a una persona como resultado de violencia contra las mujeres o violencia doméstica" (art. 14.4). Es más cuando la víctima sea menor, el deber de denunciar corresponde también a otros profesionales, con obligaciones de confidencialidad en virtud del Derecho nacional (por ejemplo, de la educación), cuando tengan motivos razonables para pensar que las lesiones físicas graves causadas al menor "como resultado de violencia contras las mujeres o de violencia doméstica" (art. 14.5)[20].

---

20 Quedan excluidos del deber de denunciar los abogados a causa del secreto profesional que rige su relación con los clientes y las perso-

Reafirmándose en la importancia de la denuncia, la Directiva no olvida a las víctimas nacionales de terceros países en situación irregular y recuerda a los Estados miembros que, en orden a evitar que aquellas desistan de poner en conocimiento de las autoridades competentes los actos de violencia reiterada que han sufrido, pueden concederles una autorización de estancia por motivos humanitarios (considerando 35)[21].

Un último aspecto que subrayar, revelador de la intención de facilitar el acceso a la justicia a las víctimas a través de la denuncia, es la manera cómo la Directiva lo enlaza con el derecho a la asistencia jurídica gratuita. Sobre la base común de garantizar ese derecho a las víctimas que sean parte en el proceso penal, (art. 13 Directiva 2012/29/UE), los Estados miembros podrán ampliar su ámbito subjetivo reconociéndolo a las víctimas de violencia contra las mujeres o violencia doméstica que denuncien los delitos que han padecido o están padeciendo (art. 14.2). En consecuencia, el legislador europeo mantiene su confianza en los nacionales a la hora de fijar las condiciones y las normas procesales en virtud de las cuales las víctimas pueden gozar de la asistencia jurídica gratuita.

Tras acceder a la justicia, la Directiva vela por que no se produzcan retrasos indebidos en la investigación y el enjuiciamiento de los actos de violencia. De ahí que dedique normas que resaltan la necesidad de que las unidades, los servicios y

---

nas que se deban al sigilo sacramental o principios equivalentes de acuerdo con el Derecho nacional (art. 14.5).

21 La concesión de un derecho de estancia por motivos humanitarios o de otro tipo al nacional de un tercer país, que se halle en situación irregular en el territorio de un Estado miembro, está regulada en la Directiva 2008/115/CE del Parlamento Europeo y del Consejo, de 16 de diciembre de 2008, relativa a normas y procedimientos comunes en los Estados miembros para el retorno de los nacionales de terceros países en situación irregular

las autoridades competentes dispongan de conocimientos especializados, directrices de actuación y herramientas eficaces para la recogida, el análisis y el aseguramiento de fuentes de prueba (arts. 15.1 y 21 b). Asegurar el material obtenido durante la investigación tiene especial trascendencia en la ciberdelincuencia, de manera que, si bien la protección de la intimidad y seguridad de las víctimas justifica que sean eliminados datos, declaraciones, imágenes o vídeos alojados en línea y públicamente accesibles, las autoridades competentes han de poder obtener y conservar, sin demora, las pruebas necesarias para la investigación y el enjuiciamiento de los hechos delictivos (art. 23.6).

En este contexto de fomentar el éxito de la persecución de la violencia contra las mujeres y la violencia doméstica, se mantiene un precepto relativo al delito de violación el cual, en cierto modo, impone a los Estados miembros que le atribuyan la naturaleza de delito público o semipúblico puesto que deben velar por que su investigación o enjuiciamiento no dependan de la interposición de denuncia o querella por parte de la víctima o su representante, así como, por que la causa no sea sobreseída como consecuencia de la retirada de la denuncia o la querella (art. 15.5).

Uno de los planteamientos más celebrados de la Directiva 2012/29/UE ha sido el consistente en establecer una vinculación entre el ejercicio de los derechos reconocidos a las víctimas y la detección de sus necesidades especiales. Ello ha comportado que el estatuto diseñado con carácter general sea sensible a la diversidad de las víctimas gracias a la implementación de una evaluación puntual e individual, que ha permitido determinar las medidas procesales mediante las que se protege a las víctimas. La Directiva analizada parte de este principio de individualización, así como, del elenco de medidas contemplado en los arts. 23 y 24 Directiva 2012/29/UE. Las novedades que introduce en su ámbito específico de aplicación recaen, de un lado, en los extremos que son evaluados y, de otro, en las esferas en las que va a impactar los resultados de la evaluación. Así, por lo que se refiere a la valoración del riesgo para la salud o la integridad de las víctimas y personas a su cargo, la Directiva establece, por una parte, un catálogo de elementos relativos al autor o sospechoso de haber cometido un delito de violencia contra las mujeres o violencia doméstica (art. 16.3)[22] y, de otra, determinadas circunstancias individuales de la víctima (art. 16.4[23]). Y en lo atinente al impacto de la evaluación, este va a reflejarse tanto en la adopción de órdenes urgentes de alejamiento, prohibición o protección (art. 19), como la participación del autor o sospechoso en programas de intervención que manejen su comportamiento (art. 16.5).

No obstante, evaluar individualmente a cada una de las víctimas es una actividad que consume tiempo y que, en ocasiones, puede poner en peligro su seguridad. Así lo entiende la Directiva al establecer con toda claridad que la adopción de órdenes urgentes de alejamiento, prohibición o protección no debe depender del inicio de una evaluación individual ni de que la víctima denuncie el delito (art. 19.1).

Hay que reconocer el acierto de la Directiva en la regulación de esta materia, esto es, en pues, pese a asumir la autonomía procesal de los Estados miembros[24], las normas mí-

---

22 Estos elementos son: el riesgo de violencia reiterada y de lesiones físicas o psicológicas, el posible uso de armas y el acceso a las mismas, la convivencia con la víctima, el abuso de drogas o alcohol, el abuso de menores, problemas de salud mental y comportamientos de acecho.

23 Las circunstancias específicamente mencionadas por la Directiva son el sufrimiento por la víctima de una discriminación interseccional, su propio relato de los hechos y su valoración de la situación.

24 Las normas del art. 19 que alientan a los Estados miembros a que faculten a las autoridades competentes para dictar, sin demora, órdenes dirigidas al sospechoso de un acto de violencia para que abandone el domicilio de la víctima o no entre en el mismo, o no entre en el lugar de trabajo de la víctima, o no se acerque o comu-

nimas que prevé van a fomentar la adopción de las órdenes europeas de protección reguladas en la Directiva 2011/99/UE y en el Reglamento (UE) 606/2013, activando su reconocimiento mutuo (Fernández Avello, 2024). Junto al contenido de las órdenes de protección, la Directiva pretende armonizar cuestiones tan importantes como: no acotar procesalmente su adopción, pudiendo las autoridades competentes dictarlas durante todo el tiempo que sea necesario para proteger a las víctimas; prever que se acuerden a petición de la víctima si esta es una persona adulta con independencia del tipo de delito y de su gravedad; imponer sanciones bien penales bien de otra naturaleza, efectivas, proporcionadas y disuasorias en supuestos de incumplimiento de las órdenes y ofrecer a las víctimas la oportunidad de ser notificadas, sin demora indebida, del aquel incumplimiento.

En el marco de la Directiva, las órdenes urgentes de alejamiento y prohibición previstas en el art. 19 constituyen un ejemplo de medidas cautelares. Pero no solo ellas, sino también otras órdenes comparten tal naturaleza, cuya idoneidad viene dada por el tipo de delito. Nos referimos, obviamente, a los ciberdelitos de los arts. 5, 7 y 8 (García Rodríguez, 2024). De modo que, aun cuando las órdenes de eliminar el material en línea accesible públicamente, o de inhabilitar el acceso al mismo, estén ubicadas en otro precepto, el art. 23, de su régimen se infiere su naturaleza cautelar quedando perfectamente claro, no solo su carácter protector, sino su jurisdiccionalidad, instrumentalidad y provisionalidad (art. 23.3).

La evaluación individual de los riesgos es una herramienta a la que la Directiva confía otras funciones distintas y complementarias a la consistente en proteger a las víctimas. Lograr

---

nique con ella, no les obligan a modificar sus sistemas nacionales de clasificación según atribuyan a tales órdenes naturaleza penal, civil o administrativa.

un apoyo y prevención especializados son también prestaciones que dependen del acierto a la hora de evaluar. Por esta razón, en la evaluación han de intervenir todas las autoridades competentes y los organismos pertinentes con probabilidad de entrar en contacto con las víctimas. A ellas les corresponde revisarla periódicamente para incorporar al análisis las nuevas necesidades de protección, apoyo y prevención que requiera la víctima (art. 16.6 y 7; art. 17).

El Capítulo 3 finaliza con un precepto dedicado a la reparación económica de las víctimas (art. 24). No incorpora novedades sustanciales respecto a lo que dispone el art. 16 de la Directiva 2012/29/UE, pero sí conviene destacar tres extremos de la indemnización que corresponde a las víctimas: ha de correr a cargo del autor, ha de ser íntegra por los daños y perjuicios derivados del delito y la decisión sobre la misma ha de poder obtenerse dentro del proceso penal. Pese a ello no puede dejar de advertirse la parquedad del precepto, especialmente si se compara con la regulación prevista en la Propuesta de Directiva, cuyo art. 26 preveía que la indemnización además de ser completa, no debía estar restringida mediante la fijación de un límite máximo, no debía limitarse a daños fácilmente cuantificables (p. ej., físicos, costes de servicios sanitarios, de apoyo y rehabilitación o pérdida de ingresos) sino que incluía expresamente los morales e incluso la sometía a un régimen de prescripción muy detallado. En cambio, nada se decía en la mencionada Propuesta acerca de la posibilidad de las víctimas contra la violencia contras las mujeres y la violencia doméstica de solicitar ayudas públicas. Este vacío legal puede ser colmado gracias a la Propuesta de modificación de la Directiva 2012/29/UE que pretende reformar el art. 16 introduciendo la obligación de los Estados miembros de pagar por adelantado a la víctima la indemnización impuesta al agresor en la sentencia, subrogándose en el derecho de la víctima respecto al agresor por el importe total de dicha indemnización (Arangüena Fanego, 2025). Si finalmente se aprueba dicha obligación se reforzará el derecho de las víctimas a una indemnización al superarse el sistema de indemnización subsidiaria a cargo del Estado prevista en la Directiva 2004/80/CE (Vidal Fernández, 2015) y en el art. 30 del Convenio de Estambul (De Vido, 2023: 378-381; Soleto Muñoz, 2019: 324).

3. Apoyo especializado

El punto de partida en la esfera del apoyo que ha de prestarse a las víctimas de la violencia contra las mujeres y la violencia doméstica vuelve a ser la Directiva 2012/29/UE que distingue entre servicios generales de apoyo a las víctimas y servicios de apoyo especializados (arts. 8 y 9). Estos últimos, que van destinados a víctimas con necesidades específicas, así como a sus familiares según el grado de daño sufrido a consecuencia de la infracción penal contra la víctima, pueden formar parte de los generales o ser adicionales a ellos, en cuyo caso deberán coordinarse. Ambas Directivas no subordinan el acceso a dichos servicios a la formalización de una denuncia y les ordenan que actúen en interés de las víctimas antes de que se incoe el proceso penal, durante su tramitación y por un período suficiente después de su conclusión. La particularidad de la Directiva de 2024 radica en desglosar el contenido del apoyo especializado que necesitan las víctimas a las que se aplican sus normas para ofrecerles una atención integral.

En primer lugar, cabe que el apoyo especializado se centre en la asistencia sanitaria. En segundo término, dicho apoyo ha de consistir en proporcionar a las víctimas información sobre el acceso a la vivienda, la educación, la formación, la ayuda para encontrar un empleo o la atención a la infancia; el acceso al asesoramiento jurídico y psicosocial o, sobre cómo documentar el ciberdelito y cuáles son los recursos judiciales para eliminar el material en línea. Y, en tercer lugar, también está prevista la derivación a servicios, como puede ser el de rehabilitación e integración socioeconómica tras la explotación sexual (art. 25).

Afianzar la especialización es una idea constante de la Directiva como se demuestra en las normas que destina a asegurar una atención y un asesoramiento específicos a las víctimas menores (art. 31), de agresiones sexuales (art. 26), de la mutilación genital femenina (art. 27), de acoso sexual en el trabajo (art. 28) y las víctimas con necesidades interseccionales como pueden ser las mujeres con discapacidad o la migrantes indocumentadas (art. 33).

Otros ejemplos de mujeres que experimentan múltiples formas de discriminación, que intensifican la violencia de género que sufren, son las que viven en áreas rurales, las pertenecientes a minorías étnicas y las infectadas por el VIH. GREVIO en sus informes de evaluación identifica las barreras a las que se enfrentan dichas mujeres (p. ej. socioculturales, de idioma, geográficas, físicas, legales) y pide a las autoridades competentes que les presten especial atención mejorando, singularmente, su acceso a la protección y a los servicios de apoyo (Peroni, 2023: 131-134).

Algunos de los servicios pueden ser prestados a través de líneas telefónicas de ayuda, así como mediante las TIC seguras y accesibles (arts. 25.2 y 29). Debe ponerse énfasis en la seguridad, sobre todo desde la perspectiva del diseño de mecanismos que dificulten el control por el agresor de los dispositivos que utiliza la víctima cuando solicita ayuda e información (Romero Seseña y Tamarit Sumalla, 2024: 277 y 278). Si bien los anteriores medios pueden favorecer la accesibilidad a los servicios, la prestación ha de ser, mayoritariamente, en persona. Como no podía ser de otro modo, la Directiva impone a los Estados miembros que garanticen recursos humanos y económicos suficientes, por ejemplo, a los centros de apoyos a las mujeres, a los refugios y alojamientos provisionales y a los centros de emergencia a las víctimas de violación. En los supuestos de que tales servicios sean ofrecidos por organizaciones no gubernamentales, los Estados miembros deben concederles financiación adecuada (art. 25.3).

4. Prevención e intervención

Otro de los aciertos de la Directiva es su apuesta por la educación con el fin de aumentar el conocimiento y la comprensión de las variadas causas y manifestaciones de la violencia contra las mujeres y la violencia doméstica. La pedagogía y la formación, que se diseña en el Capítulo 5, es desdoblada en medidas preventivas y de intervención.

Las medidas preventivas consisten en la realización de programas y campañas de concienciación dirigidos al público en general, pero también a determinados colectivos intentando modificar algunos patrones de comportamiento o roles estereotipados para mujeres y hombres. Desde un enfoque integral y multidimensional, aquellas medidas han de abordar como mínimo los extremos referidos en la Directiva. Así, por ejemplo, han de rebatir los estereotipos de género perjudiciales; han de promover la igualdad de género; han de fomentar el respeto mutuo y el derecho a la integridad personal; han de centrarse en grupos de víctimas de mayor riesgo; han de explicar las consecuencias nocivas de la mutilación genital femenina y del matrimonio forzado; han de fomentar el desarrollo de capacidades de alfabetización digital; han de abordar el acoso sexual en el trabajo; han de prevenir la violación promoviendo el papel fundamental del consentimiento en las relaciones sexuales y han de garantizar que la religión, las tradiciones o el honor no justifiquen la comisión de delitos de violencia contra las mujeres (art. 34.5). Como se ha puesto de relieve, las mutilaciones genitales femeninas son formas de violencia por causa de honor articuladas, frecuentemente, como una reacción frente a la vergüenza causada a la familia y la comunidad (Villacampa Estiarte, 2023).

El liderazgo de los mencionados programas y campañas ha de corresponder a las autoridades de los Estados miembros, pero podrán ser desarrollados en cooperación con organizaciones de la sociedad civil, interlocutores sociales y otras partes interesadas (art. 34.2).

Centrada especialmente en el agresor, la intervención parte de la premisa de que han de elaborarse programas que, teniendo en cuenta sus circunstancias y derechos, lo incluyan como sujeto que tiene un rol a desempeñar en la prevención, así como en la minimización del riesgo de reincidencia (art. 37).

Aun cuando se le hubiera podido dedicar un capítulo propio, en Capítulo 5 se contienen las normas que más se preocupan por la formación de los diferentes profesionales que han de intervenir en el campo de la violencia contras las mujeres y la violencia doméstica. Con un estimable grado de detalle, el art. 36 se dirige a cada uno de los colectivos con el fin de poner énfasis en los ámbitos que demandan un conocimiento y entrenamiento específicos. Por referir algunos ejemplos, la formación de jueces y fiscales ha de abarcar los derechos humanos centrándose en el género, así como, la discapacidad y minoría de edad de las víctimas; y, la formación de los profesionales sanitarios les ha de habilitar para detectar y tratar las consecuencias provocadas por la mutilación genital femenina.

5. Coordinación y cooperación

En comparación con los anteriores, el Capítulo 6 se caracteriza por la concisión de sus normas que afrontan la compleja cuestión del modo de relacionarse los Estados miembros entre sí y, dentro de cada uno de ellos, los distintos entes, organismos, agencias, autoridades y servicios a la hora de proteger y apoyar a las víctimas de la violencia contra las mujeres y la violencia doméstica (García Rodríguez, 2024). Obviamente, aquel carácter responde a la discrecionalidad, así como a la autonomía institucional y procesal de los Estados miembros, en orden a coordinar, ejecutar, supervisar y evaluar las políticas que aprueben y las medidas que adopten.

La coordinación ha de tener en cuenta la organización territorial de los Estados miembros y se refiere, principalmente, a que las políticas de ámbito estatal para prevenir y combatir todas las formas de violencia contra las mujeres, y los planes de acción que las ejecuten, han de desarrollarse a nivel central, regional y local (arts. 38 y 39).

Además de dirigirse a las autoridades y los organismos públicos, la coordinación se proyecta hacia los necesarios contactos que los Estados miembros han de entablar con organizaciones no gubernamentales que trabajen con víctimas y con los prestadores de servicios intermediarios (arts. 41 y 42). Respecto de estos últimos, la Directiva aboga por la autorregulación mediante el establecimiento de códigos de conducta.

A nivel de la UE, la cooperación entre los Estados miembros ha de consistir, como mínimo, en intercambiar buenas prácticas entre sí y en mantener consultas a través, por ejemplo, de Eurojust y la Red Judicial Europea en materia penal (art. 43).

Reconociendo que las políticas que se emprendan solo pueden ser efectivas si se dispone de datos desagregados exhaustivos y comparables, a partir de los cuales cabe elaborar estadísticas que reflejen de manera objetiva y actual las tendencias que experimenta la violencia contra las mujeres y la violencia doméstica, la Directiva encarga a los Estados miembros su recogida y su transmisión a Eurostat y al Instituto Europeo de la Igualdad de Género.

IV. RELACIÓN CON OTROS INSTRUMENTOS NORMATIVOS DE LA UNIÓN EUROPEA

Las instituciones de la UE que integran el poder legislativo están ejerciendo con perseverancia su competencia en materia de la cooperación policial y judicial penal. Su rendimiento se percibe, singularmente, en dos de los campos sobre los que dicta normas la Directiva 2024/1385: la definición de las infracciones penales, junto a las sanciones que llevan aparejadas, en ámbitos delictivos de especial gravedad y con dimensión transfronteriza derivada de su carácter, sus repercusiones o de una necesidad particular de combatirlas según criterios comunes (art. 83.1 TFUE); y la construcción de un sistema jurídico sobre los derechos de las víctimas (art. 82.2 TFUE).

En los dos campos mencionados, actualmente están en vigor diversos instrumentos normativos de la UE bien de alcance general bien sectorial. Por consiguiente, uno de los retos que va a plantear la Directiva a la que hemos dedicado este breve estudio, además de los relativos a su correcta transposición y a la observancia de la cláusula de no regresión, va a ser su aplicación coordinada con esos otros instrumentos.

Se trata de un desafío cuyo planteamiento no ha podido ser evitado. En efecto, pese a que en uno de los documentos publicados sobre del informe de la evaluación de impacto de la Propuesta de Directiva se afirma que una de las posibles causas de las dificultades en el seguimiento y cumplimiento de aquellos instrumentos es su dispersión[25], el legislador europeo ha optado por dictar una nueva Directiva de índole sectorial. Esta elección conlleva que haya sido imprescindible dictar un precepto que aborde su relación con los instrumentos ya vigentes.

Dicho precepto es el art. 46 el cual, centrándonos en instrumentos principalmente destinados a la aproximación de normas penales y procesales penales, asume, en primer término, que habrá de procederse a una aplicación conjunta de la Directiva con los instrumentos jurídicos que relaciona, entre ellos, la Directiva 2011/36/UE relativa a la prevención y lucha contra la trata de seres humanos y a la protección de las víctimas, que ha sido modificada por la Directiva (UE) 2024/1712[26], la Di-

---

25 Documento SWD(2022) 63 final, de 8.3.2022.

26 Directiva (UE) 2024/1712 del Parlamento Europeo y del Consejo, de 13 de junio de 2024 (DOUE Serie L, de 24.6.2024, pp. 1-13).

rectiva 2011/93/UE sobre abusos sexuales a menores, objeto actualmente de un procedimiento legislativo para sustituirla por un nuevo instrumento[27] y la Directiva 2012/29/UE sobre los derechos, el apoyo y la protección de las víctimas de delitos, respecto de la que también ya se ha iniciado el íter legislativo para su reforma.

Y, en segundo lugar, el citado artículo puntualiza que las medidas de prevención, protección y apoyo establecidas en la Directiva no son específicas para las víctimas de los delitos que tipifica, ya que se también aplicarán, por ejemplo, a las víctimas de la trata. De modo que con el fin de saber cuál es el su régimen jurídico protector deberán conjugarse al menos tres Directivas.

BIBLIOGRAFÍA

Adams, A.E., Greeson, M.R., Littwin, A.K. y Javorka, M. (2020): "The revised Scale of Economic Abuse (SEA2): Development and initial psychometric testing of an updated measure of economic abuse in intimate relationships", *Psychology of Violence*, vol. 10, n. 3, pp. 268-278.

Aguilera Morales, M. (2024): "El nuevo marco europeo contra el abuso sexual de menores y su «incidencia» procesal", *Revista Española de Derecho Europeo*, n. 90, pp. 65-87.

Alkan, Ö., Özar, Ş. y Ünver, Ş. (2021): "Economic violence against women: A case in Turkey", *Plos One*, n. 15, pp. 1-23.

[27] Propuesta de Directiva, del Parlamento Europeo y del Consejo, relativa a la lucha contra los abusos sexuales y la explotación sexual de los menores y el material de abuso sexual de menores, COM(2024) 60 final, de 6.2.2024. Junto a esta Propuesta de Directiva, la Propuesta de Reglamento, del Parlamento Europeo y del Consejo, que establece normas para prevenir y combatir el abuso sexual a menores, COM(2022) 209 final, de 11.5.2022, van a formar el nuevo marco legal europeo contra el abuso sexual de menores (Aguilera Morales, 2024).

Arangüena Fanego, C. (2025): "Últimos pasos en la Unión Europea para la protección de los derechos de las víctimas: la Directiva (UE) del Parlamento Europeo y del Consejo sobre la lucha contra la violencia sobre las mujeres y la violencia doméstica", *Revista de Estudios Europeos*, n. 85, pp. 1-44.

Borges Blázquez, R. (2024): "Lucha contra la violencia contra las mujeres y la violencia doméstica", *La Ley Unión Europea*, n. 126, pp. 1-12.9

De Vido, S. "Article 30. Compensation", en De Vido, S. y Frulli, M. (edits.), *Preventing and combating violence against women and domestic violence. A commentary on the Istanbul Convention*, Cheltenham/Northampton, Edward Elgar Publishing, pp. 374-384.

Fernández Avello, N. (2024): "El reconocimiento transfronterizo de medidas civiles de protección de las víctimas tras la Directiva (UE) 2024/1385 sobre la lucha contra la violencia contra las mujeres y la violencia doméstica", *La Ley Unión Europea*, n. 127, pp. 1-18.

García Rodríguez, M. J. (2022): "La orden europea de protección y su incidencia estadística en la justicia penal española para garantizar una tutela más eficaz a las víctimas de la violencia de género", *Revista General de Derecho Europeo*, n. 58, pp. 247-291.

García Rodríguez, M. J. (2024): "La nueva Directiva para combatir la violencia contra las mujeres y la violencia doméstica en el espacio común de libertad, seguridad y justicia de la Unión Europea", *La Ley Unión Europea*, n. 126, pp. 1-22.

Martínez García, E. (2024): "La nueva Directiva en materia de violencia de género y doméstica y la diligencia debida del Estado", *La Ley Unión Europea*, n. 126, pp. 1-13.

Ollino, A. (2023): "Article 5. State obligations and due diligence", en De Vido, S. y Frulli, M. (edits.), *Preventing and combating violence against women and domestic violence. A commentary on the Istanbul Convention*, Cheltenham/Northampton, Edward Elgar Publishing, pp. 136-146.

Peroni, L. (2023): "Article 4. Fundamental rights, equality and non-discrimination", en De Vido, S. y Frulli, M. (edits.), *Preventing and combating violence against women and domestic violence. A commentary on the Istanbul Convention*, Cheltenham/Northampton, Edward Elgar Publishing, pp. 123-135.

Pichard, M. (2023): "Article 48. Prohibition of mandatory alternative dispute resolution processes or sentencing", en De Vido, S. y Frulli, M. (edits.), *Preventing and combating violence against women and do-*

mestic violence. A commentary on the Istanbul Convention, Cheltenham/ Northampton, Edward Elgar Publishing, pp. 568-575.

Postmus, J.L., Hoge, G.L., Breckenridge, J., Sharp-Jeffs, N. y Chung, D. (2018): "Economic abuse as an invisible form of domestic violence: a multicountry review", *Traume, Violence, & Abuse*, XX, pp. 1-23.

Romero-Seseña, P. y Tamarit Sumalla, J. M. (2024): "Servicios de apoyo online a víctimas: a propósito del artículo 25.2 de la Directiva (UE) 2024/1385 del Parlamento Europeo", *Revista de Victimología*, n. 18, pp. 265-286.

Ruiz López, C. (2024): "Una Directiva tardía y necesaria: la Directiva (UE) 2024/1385 del Parlamento Europeo y del Consejo, de 14 de mayo de 2024, sobre la lucha contra las mujeres y la violencia doméstica", *La Ley Unión Europea*, n. 126, pp. 1-17.

Sharp-Jeffs, N. (2021): "Understanding the economics of abuse: an assessment of the economic abuse definition within the Domestic Abuse Bill", *Journal of Gender-Based Violence*, n. 5 (1), pp. 163-173.

Soleto Muñoz, H. (2019): "La ineficacia del sistema español para reparar económicamente a las víctimas de violencia sexual", *TEORDER*, n. 26, pp. 320-340.

Tamarit Sumalla, J. M. (2020): "Ciberdelincuencia: facilitar la denuncia y el apoyo a las víctimas", *Revista General de Derecho Penal*, n. 34, pp. 1-23.

Vidal Fernández, B. (2015): "Reparación de las víctimas del delito en la Unión Europea: tutela por el Tribunal de Justicia de la UE del derecho a la indemnización", *Revista de Estudios Europeos*, n. 66, pp. 1-24.

Villacampa Estiarte, C. (2023): "La violencia contra las mujeres por honor y su tratamiento jurídico en España", *Estudios Penales y Criminológicos*, n. 43, pp. 1-42.

PARTE II
LUCES Y SOMBRAS EN LA CONCEPCIÓN, EL DISEÑO Y LA APLICACIÓN DE LA LO 1/2004

Capítulo V.

Lectura restrospectiva de la reforma penal operada por la LO 1/2004: ¿de aquellos lodos, otros barros?[1]

MARÍA ACALE SÁNCHEZ
Catedrática de Derecho Penal
Universidad de Cádiz

I. ANTECEDENTES

La aprobación en 1995 del Código penal precipitó una serie de cambios considerables sobre la percepción de la crimi-

[1] Proyecto I+D PID2020-113262GB-I00 "Muerte y delito: estudio integral e interdisciplinar de los asesinatos y homicidios cometidos y enjuiciados en España".

nalidad por parte de la sociedad española impulsados por la función preventivo general que sin duda alguna cumplió el propio proceso democrático de aprobación de un *nuevo código penal*. Desde la mera lectura de su Exposición de motivos se desprenden las líneas político-criminales de inspiración que venían a resaltar la necesidad de actualizar el elenco de bienes jurídicos protegidos. Entre líneas son varias las referencias que allí se hacían a lo que hoy conocemos como *violencia de género* al declarar que "se ha procurado avanzar en el camino de la igualdad real y efectiva". El ambicioso objetivo marcado no impidió que su abordaje se llevara a cabo con humildad y realismo reconociendo que "no es el Código Penal el instrumento más importante para llevar a cabo esa tarea", invitando a otras ramas del ordenamiento jurídico a abanderar la lucha contra un grave problema social basado en la existencia de situaciones de dominio y de subordinación.

La realidad quiso que recién aprobado el Código, el país fuera testigo del asesinato en 1997 de Ana Orantes, desencadenado por su participación en un programa de televisión en el que hizo públicas las violencias físicas, psíquicas y sexuales a las que la sometía su marido. Hasta entonces rara vez una historia de maltrato de una mujer a manos de su pareja sentimental se había convertido en noticia, porque se entendía que se trataba de un asunto que pertenecía al mundo privado (Acale Sánchez, 2000, p. 47). Costó todavía que pasaran unos años para que el Gobierno identificara el fenómeno de los homicidios y asesinatos de mujeres de forma singularizada y comenzara su cómputo en la estadística oficial: gracias a esos datos sabemos que desde el 1 de enero de 2003[2], han sido asesinadas 1.289 mujeres a manos de hombres que son o han sido sus maridos o compañeros sentimentales, (con o sin con-

---

2 Años después del asesinato de Ana Orantes.

vivencia)[3]. Ese primer año de 2003 se saldó con la vida de 71 mujeres, cifra que 20 años después solo se ha visto superada en 2004, 2008 y 2009.

Muy ilustrativo de las aristas del fenómeno violento examinado fue también el asesinato el 1 de abril de 2004 de Encarnación Rubio a manos de su marido del que se encontraba en ese momento en vías de separación, por ser la primera víctima -asesinada tras unas amenazas previas de muerte- con una orden de protección acordada de acuerdo con la recién entonces estrenada Ley 27/2003, de 31 de julio, reguladora de la Orden de protección de las víctimas de la violencia doméstica[4]: pronto se pudo comprobar pues que las medidas de naturaleza procesal enderezadas a salvaguardar la integridad de la víctima se podían quedar fácilmente en papel mojado e incluso en papel manchado de sangre.

Tras las elecciones generales de 14 de marzo de 2004, y con el cambio de signo político del Gobierno de la Nación, muy pronto comenzaron los trabajos de elaboración de la Ley Orgánica 1/2004, de 28 de diciembre, de protección integral frente a la violencia de género (en adelante, LO 1/2004): al modelo de intervención en materia penal que incorporó se prestará atención a continuación, así como a las posteriores reformas que ha experimentado el Código a través de las cuales se constata primero un cambio de orientación (2015) y después una

---

3 Solo a partir de 2013 se empezaron a computar los menores víctimas mortales de violencia doméstica y a partir de 2022 se analizan y computan individualizadamente otras muertes feminicidas que se denominan feminicidios "sexuales", "sociales", "vicarios" y "familiares". La cifra de 1.289 mujeres asesinadas se toma a 15 de diciembre de 2024.

4 Se da la fatal coincidencia de que tanto Ana Orantes como Encarnación Rubio fueron asesinadas en el mismo pueblo granadino de Cúllar Vega.

vuelta a la senda marcada por aquella (2022)[5]. Se trata de un estudio relevante en sí mismo que cobra sin embargo mayor valor cuando se advierten las primeras señales que identifican hoy la voz *feminicidio* como *nomen iuris proprio* dentro del ordenamiento jurídico español, y que permiten plantearse si se asiste en 2024 al nacimiento de una nueva figura delictiva.

Con todo, las dos leyes integrales con las que cuenta nuestro ordenamiento para hacer frente a la violencia que sufren las mujeres por el hecho de serlo vienen a dotar de significación a aquellas palabras contenidas en la Exposición de motivos del Código penal cuando en 1995 reconocía, humildemente, que no es solo el Código penal el instrumento que demandaba la sociedad española para luchar contra esa forma de criminalidad.

---

5 Se omitirá pues un estudio de las modificaciones incorporadas al ordenamiento jurídico por la LO 3/2007, de 22 de marzo, para la igualdad efectiva de mujeres y hombres, que tanto luchó por la igualdad en el ámbito de las relaciones laborales, si bien no incorporó ninguna reforma al Código penal. También se obviará hacer referencia al Pacto de Estado contra la violencia de género de 2017 que sin duda alguna está en el origen de la LO 10/2022, pero que como tal "pacto", más allá de incidir en la prevención general, se limitó a planificar reformas futuras. Al margen quedar también la LO 8/2021, de 4 de junio, de protección integral a la infancia y la adolescencia frente a la violencia que sin embargo paría en su Preámbulo de que "las niñas, por su edad y sexo, muchas veces son doblemente discriminadas o agredidas". Ni finalmente, se atenderá a la Ley 15/2022, de 12 de julio, integral para la igualdad de trato y la no discriminación que en su Preámbulo se declara como "una ley general, frente a las leyes sectoriales, que opera a modo de legislación general de protección ante cualquier discriminación".

II. EL MODELO INSTAURADO POR LA LO 1/2004, DE PROTECCIÓN INTEGRAL FRENTE ALA VIOLENCIA DE GÉNERO

1. Las reformas del Código penal

Tras varias reformas puntuales del Código penal desde su aprobación en 1995[6], la LO 1/2004 aprobada por el voto unánime del parlamento, procedió a modificar el conjunto del ordenamiento jurídico con la finalidad condensada en su art. 1.1 de "actuar contra la violencia que, como manifestación de la discriminación, la situación de desigualdad y las relaciones de poder de los hombres sobre las mujeres, se ejerce sobre éstas por parte de quienes sean o hayan sido sus cónyuges o de quienes estén o hayan estado ligados a ellas por relaciones similares de afectividad, aun sin convivencia". Las sucesivas reformas que ha experimentado su texto han venido a visibilizar como colectivos protegidos y amparados por su letra junto a las mujeres, a los hijos menores de las mujeres víctimas y a los menores sujetos a su tutela, guarda o custodia (LO 8/2015) hasta llegar finalmente tras la reforma operada por la LO 8/2021 a incorporar al art. 1 un nuevo número 4 en el que se considera la violencia vicaria como una modalidad más de violencia de género.

Con todo, se trató de una definición parcelada, en la medida en que solo consideraba tal, la llevada a cabo por un hombre sobre una mujer en el ámbito de las relaciones de pareja

---

6 Llevadas a cabo en 1999 y 2003, que modificaron parcelas muy significativas del Código, pero que en lo que aquí interesa tuvieron como objetivo fundamental el alejamiento, la expulsión del extranjero, así como la incorporación del periodo de seguridad en el art. 36. Por todos *vid.* Acale Sánchez, 2010, 89 y ss.

o expareja. Esta decisión llevaba aparejada una consecuencia práctica directa y es que solo las víctimas de esa concreta violencia descrita en el art. 1 iban a ser las titulares del conjunto de derechos reconocidos en la ley con los que se pretendía favorecer la ruptura de los nidos/nichos de convivencia en los que se sucedían actos de violencia para evitar su reiteración, así como el aumento de su aflictividad en una cadena cíclica que viene a explicar este fenómeno criminal que se caracteriza criminológicamente porque se trata de una clase de violencia que se reitera en el tiempo y que tiende a ir aumentando la intensidad de los sucesivos actos que cada vez se producen más pronto.

La LO 1/2004 también sometió a reformas el Código penal con la finalidad de ofrecer una mejor protección a las mujeres que sufrían determinados actos violentos a manos de los hombres que son o han sido sus maridos o compañeros sentimentales (haya existido o no convivencia en ambos). Durante la tramitación de la ley se optó por incluir junto a esa víctima originaria, un segundo grupo formado por las "personas especialmente vulnerables que convivan con el autor"[7]. Ello fue fruto de una enmienda transaccional del PSOE aceptada por todos los Grupos políticos, que perseguía literalmente limar "incluso intelectualmente, una serie de aristas que había desde el punto de vista de quienes sostenían la posible inconstitucionalidad de este proyecto, y aunque en ningún caso existía, quitamos ese debate y no por razones de constitucionalidad sino por razones de oportunidad política"[8]. Este fue el motivo

---

7 Critica la inclusión de este segundo grupo de personas Laurenzo Copello (2005). Sobre el concepto de persona especialmente vulnerable véase: Alastuey Dobón (2006, p. 63).

8 *Diario de Sesiones del Congreso de los Diputados. Pleno y Diputación permanente.* Año 2004. VIII Legislatura, núm. 39, Sesión Plenaria núm. 35, 7.10.2004, p. 1.722.

por el que llegaron al interior de las reformas relativas al Código penal las personas especialmente vulnerables que convivan con el autor, extrañas a una ley contra la violencia de género que sufren las mujeres, pero operativas a los fines de conseguir el mantenimiento de la propia ley. Ahora bien, no debe llevar a engaño: a las personas especialmente vulnerables que conviven con el autor nunca se las ha reconocido como titulares de los derechos previstos para las mujeres víctimas de la "violencia de género".

Como es sabido, esos cambios del Código penal dieron lugar a la presentación de un elevado número de cuestiones de inconstitucionalidad. Hoy, 20 años después, se constata que algunos de los aspectos que entonces fueron considerados de especial trascendencia, han sido modificados, pero no porque se hayan querido corregir en la ley algunas de las críticas cosechadas entonces, sino como efecto indirecto de otras decisiones político-criminales (como la eliminación del contenido del Libro III de las faltas o la incorporación de nuevos criterios de agravación de la pena). De todas ellas, sin desmerecer la importancia que tuvieron los mecanismos de suspensión y sustitución[9] o la reforma del delito de quebrantamiento de condena[10], se pres-

---

9 Que vinieron a exigir como condición de la suspensión sustitución que el penado cumpliera la condición principal de no delinquir, así como las prohibiciones de acudir a determinados lugares, de aproximarse a la víctima o a aquellos de sus familiares u otras personas que determine, así como la obligación de participar en programas formativos, laborales, culturales, de educación vial, sexual y otros similares. Idéntica finalidad limitadora de la discrecionalidad judicial perseguía la reforma de la sustitución, al establecer entonces el art. 88 limitando el catálogo de penas sustituyentes en estos casos a los trabajos en beneficio de la comunidad, evitando así la imposición de penas de multa que en supuestos de dependencia económica de la víctima del agresor, termina recayendo sobre ella.

10 En virtud de la cual, cuando el quebrantamiento de una pena de alejamiento del art. 48 o una medida de cautelar o de seguridad de

tará atención a las -entonces- nuevas figuras delictivas de lesiones agravadas (art. 148), maltrato singular (art. 153), amenazas (art. 171) y coacciones también leves (art. 172).

Así, el art. 148 agravó la pena del delito de lesiones "si la víctima fuere o hubiere sido esposa, o mujer que estuviere o hubiere estado ligada al autor por una análoga relación de afectividad, aun sin convivencia" (n. 4º), y "si la víctima fuera una persona especialmente vulnerable que conviva con el autor" (n. 5º). Si se observa, ambos criterios se relacionan con las características del autor y de la víctima, por lo que parece que *a priori*, no guardan relación con "el resultado causado", o con "el riesgo producido", que son los que determinan la aplicación de las circunstancias de agravación de la pena incluidas en el art. 148[11]. En cualquier caso, como han venido a decir las SSTC 52/2010, de 4 de octubre, 41/2010, de 22 de julio y 45/2010, de 28 de julio, el juez no está obligado a aplicar estas agravaciones, pues tal como señala el literal del precepto, puede hacerlo discrecionalmente, a diferencia del resto de delitos modificados por la misma LO 1/2004.

También se modificaban los delitos de mal trato singular (art. 153), amenazas (art. 171) y coacciones (art. 172), imponiendo la pena de prisión de 6 meses a 1 año o de trabajos en beneficio de la comunidad de 31 a 80 días y, en todo caso, privación del derecho a la tenencia y porte de armas de 1 año

---

la misma naturaleza en procesos criminales "en los que el ofendido sea alguna de las personas a que se refiere el art. 173.2", sin distinguir pues dentro del ámbito familiar, a ninguna víctima en particular, se impondrá en todo caso pena de prisión, lo que permitía recurrirse a las medidas cautelares de prisión provisional en estos casos en los que el riesgo de reincidencia es elevado.

11 Que señala que "las lesiones previstas en el apartado 1 del artículo anterior *podrán* ser castigadas con la pena de prisión de 2 a 5 años, atendiendo al *resultado causado* o *riesgo producido*...".

y 1 día a 3 años, así como, cuando el Juez o Tribunal lo estime adecuado al interés del menor o incapaz, inhabilitación para el ejercicio de la patria potestad, tutela, curatela, guarda o acogimiento hasta 5 años, al hombre que "por cualquier medio o procedimiento causare… menoscabo psíquico o una lesión no definidos como delito en este Código, o golpeare o maltratare de obra… sin causarle lesión", al que "de modo leve amenace" y al que "de modo leve coaccione", respectivamente, cuando la víctima sea o haya sido su esposa o compañera sentimental, aún sin convivencia, así como a quien realice dichos actos sobre persona especialmente vulnerable que conviva con el autor. Nótese como la pena de prisión agravada de 6 meses a 1 año se iba a imponer automáticamente con independencia de las características concretas de la víctima (una levantadora de pesos pesados o una agente de un cuerpo de seguridad, militar o bombera), porque se presume que todas las mujeres desde el momento en el que entablan relaciones de pareja con un hombre son especialmente vulnerables. Mientras que la especial vulnerabilidad del hombre se rechaza de plano y todo lo más es posible probarla en el caso concreto si además convive con la autora.

En paralelo, en estos tres supuestos se establecía una pena específica para quien sometiera a *parecidos* actos de violencia "a alguna de las personas a las que se refiere el artículo 173.2, exceptuadas las contempladas en el apartado anterior de este artículo", entre otros, al hombre víctima de dichos actos a manos de su esposa o compañera sentimental cuando no se pueda probar su especial vulnerabilidad o la convivencia entre ambos, y a la mujer víctima de violencia a manos de algún miembro de su familia que no sea quien es o ha sido su marido o compañero sentimental aún sin convivencia. No obstante en estos casos, el tratamiento no era uniforme, pues en el ámbito de las coacciones, cuando la coacción fuera dirigida a alguna de las personas a las que se refería el art. 173.2 con la excepción de la mujer pareja o la persona especialmente vulnerable que conviviera con el autor, la conducta ya no era constitutiva de delito, sino entonces de mera falta, recogida en el art. 620[12]. La elevación en 2015 a delito de estas conductas (arts. 172.3 y 173.4) vino a resolver algunas de las críticas recibidas por la LO 1/2004[13].

La jurisprudencia que durante estos años ha venido a aplicar estos preceptos ha incidido en el hecho de que solo es necesario que el autor lesione, maltrate, amenace o coaccione sin ninguna finalidad discriminatoria específica, bastando con que concurran los supuestos de hechos establecidos por la ley de manera que se presume que en esas circunstancias el comportamiento del autor es una manifestación de la discriminación, la situación de desigualdad y las relaciones de poder de los hombres sobre las mujeres: a los ojos del Código, parece

---

12 Que también fue objeto de reformas por parte de la LO 1/2004, aunque en este caso, la misma se limitó a aclarar que lo allí dispuesto sólo sería de aplicación, cuando el hecho no fuera constitutivo de delito. Esta falta, como se verá posteriormente, ha sido eliminada del Código por la LO 1/2015.

13 Si se centra la atención por un momento en la regulación de las coacciones, se observan no ya sólo las diferencias existentes en cuanto a la pena a imponer, sino que el hecho de que alguna de ellas seguían siendo faltas y otras se habían elevado al ámbito de los delitos, provocaba un conglomerado de efectos; así, como señala el Auto del Juzgado de lo Penal núm. 1 de Murcia 547/2005, de 3 de agosto la calificación como meras faltas, impedía la inscripción del "antecedente" en el Registro de Penados y Rebeldes, su comisión no provocaba la suspensión previamente concedida por otro delito, no daba lugar en el futuro a la apreciación de la agravante de reincidencia, la determinación de la pena no se sometía a las pautas establecidas en los artículos 66 y siguientes (art. 638 hoy derogado), el plazo de suspensión de la pena en caso de concederse era inferior a si se califica como delito, las penas accesorias del art. 57 eran potestativas y no eran imponibles penas accesorias del art. 56, mientras que finalmente, el régimen de medidas cautelares era muy distinto pues no cabía adoptar la prisión provisional.

que se trata de las razones primarias de discriminación que no requieren de mayor especificación. En efecto, el hecho de que no se haya aplicado a ninguno de ellos la agravante de discriminación refleja que se trata de una idea que está latente en el trasfondo de la situación (STS 4353/2018, de 20 de diciembre) y presente en el comportamiento objetivado por la norma (STS 887/2022, de 10 de noviembre)[14].

2. Las sentencias del Tribunal Constitucional

La inclusión del segundo grupo de personas especialmente protegidas que se incorporaron a las distintas figuras delictivas resultó determinante de la constitucionalidad de la reforma penal, a la vista del uso que de ellas hizo el propio Tribunal Constitucional. Los motivos de inconstitucionalidad invocados vinieron a coincidir en una apriorística vulneración de los principios de igualdad ante la ley, de culpabilidad, dignidad de la persona y presunción de inocencia y al hilo del estudio de cada uno de ellos, se analizaba también la proporcionalidad de la pena[15].

Afirma la STC 59/2008, de 14 de mayo que para evitar la violación del principio de igualdad es preciso demostrar que la situación de desigualdad legal obedece a un "fin discernible y legítimo"; que además articule la respuesta "en términos no inconsistentes con tal finalidad" y que no se incurra en "despro-

---

14 La automaticidad en la aplicación de estos preceptos se resume en el tratamiento de las agresiones mutua por parte de la STS 677/2018, de 20 de diciembre.

15 En la línea de interpretación de la STC 55/1996, de 28 de marzo en virtud de la cual, "el principio de proporcionalidad no constituye en nuestro ordenamiento constitucional un canon de constitucionalidad autónomo cuya alegación pueda producirse de forma aislada respecto de otros preceptos constitucionales".

porción manifiesta" [16]. En este punto, lo que interesa es resaltar la identificación del bien jurídico que lleva a cabo el legislador: el "fin discernible y legítimo" no es otro que hacer frente a la violencia de género en el ámbito de las relaciones de pareja. En este sentido afirma que "no constituye el sexo de los sujetos activos y pasivos un factor exclusivo o determinante de los tratamientos diferenciados... La diferencia normativa la sustenta el legislador en su voluntad de sancionar más unas agresiones que entiende que son más graves y más reprochables socialmente a partir del contexto relacional en el que se producen y a partir también de que tales conductas no son otra cosa, como a continuación se razonará, que el trasunto de una desigualdad en el ámbito de las relaciones de pareja de gravísimas consecuencias para quien de un modo constitucionalmente intolerable ostenta una posición subordinada". La construcción del bien jurídico se completa con las siguientes afirmaciones: "cabe considerar que esta inserción supone una mayor lesividad para la víctima: de un lado, para su seguridad, con la disminución de las expectativas futuras de indemnidad, con el temor a ser de nuevo agredida; de otro, para su libertad, para la libre conformación de su voluntad, porque la consolidación de la discriminación agresiva del varón hacia la mujer en el ámbito de la pareja añade un efecto intimidatorio a la conducta, que restringe las posibilidades de actuación libre de la víctima; y además para su dignidad,

---

16 A ella le siguieron otras: Sentencias sobre el delito de mal trato singular art. 153: 59/2008, de 14 de mayo, 76/2008, de 3 de julio; 81, 82 y 83/2008, de 17 de julio; 95, 96, 97, 98, 99 y 100/2008, de 24 de julio. Sentencias sobre el delito de amenazas leves art. 171.4: 45/2009, de 19 de febrero; 213/2009, de 26 de noviembre. Sentencias sobre el delito de coacciones leves (art. 172.2): 127/2009, de 26 de mayo; "pertenencia al género femenino históricamente discriminado a manos del género masculino" Sentencia 59/2008, de 14 de mayo; presunción iuris et de iure de especial necesidad de protección de la mujer por el hecho de serlo. Sentencia sobre delito de lesiones agravadas: 52/2010, de 4 de octubre, 41/2010, de 22 de julio y 45/2010 de 28 de julio.

en cuanto negadora de igual condición de persona y en tanto que hace más perceptible ante la sociedad un menosprecio que la identifica con el grupo menospreciado... En la opción legislativa ahora cuestionada, esta inserción de la conducta agresiva le dota de una violencia peculiar y es, correlativamente, peculiarmente lesiva para la víctima. Y esta gravedad mayor exige una mayor sanción que redunde en una mayor protección de las potenciales víctimas" (Laurenzo Copello, 2005, 4 y ss; Faraldo Cabana, 2006, 90 y ss).

Con esto, no puede desconocerse la importancia que tiene el contexto social en el que se han producido en el pasado y se producen en la actualidad este tipo de agresiones, así como tampoco puede desconocerse que autor y víctima, se encuentran incluidos en unos concretos colectivos: el de quienes históricamente discriminan a las mujeres, y el de quienes históricamente sufren las agresiones de aquéllos. En esta línea parece no ser descabellada la siguiente afirmación: el plus de pena se justificaría por la "pertenencia al género femenino históricamente discriminado a manos del masculino" (Acale Sánchez, 2006, 151), que es un bien jurídico de exclusiva titularidad femenina. Este es el "grupo menospreciado" al que se refiere la STC 59/2007, de 14 de mayo desde donde habría que deducir quién es el grupo menospreciante: el formado por los hombres, o lo que parece ser lo mismo, el género masculino, que es el "culpable" de la situación en la que se encuentra aquél (Laurenzo Copello, 2005, 4).

Como es sabido, la LO 1/2004 no modificó la pena del delito de homicidio ni de asesinato, a pesar de que los atentados contra la vida de la mujer por razón de género son los más graves por ser irreversibles. Tampoco modificó la pena de las agresiones sexuales, aunque basta leer la jurisprudencia para comprender que muchas víctimas de la violencia de género doméstica soportan indistintamente bofetadas y vejaciones de contenido sexual con violencia, intimidación o prestan su consentimiento para evitar "males mayores", ni del delito de detenciones ilegales, aunque si una figura delictiva ofrece las coordenadas esenciales de la violencia de género esa es la detención ilegal, pues el agresor pretende cometiendo estos actos, aislar a la mujer de todos sus resortes. Sobre estas exclusiones, la STC 57/2009 afirmó que "al tratarse de delitos de un significado mayor desvalor" tienen asignada una "pena significativamente mayor"; añadiendo que "lo que la argumentación más bien sugiere es o un déficit de protección en los preceptos comparados —lo que supone una especie de desproporción inversa sin, en principio, relevancia constitucional— o una desigualdad por indiferenciación en dichos preceptos merecedora de similar juicio de irrelevancia". Con la referencia a que estas figuras delictivas están ya "suficientemente penadas" se dejaba ver que, en el fondo, la pretensión del legislador no era otra que castigar más duramente a los hombres que maltrataban a sus mujeres, aunque desde esa premisa, en sí misma considerada, no pudiera deducirse ya una mayor o mejor protección de las víctimas, a pesar de que se trató de una ley que se denominaba "de protección integral frente a la violencia de género".

Piénsese en la complejidad que planteaba la consideración o no de la violación como un caso de violencia de género (Cuerda Arnau, 2010, 144). Si se atendía a la definición del art. 1 de la LO 1/2004, si era llevada a cabo por el hombre con el que la mujer estaba o había estado unida aún sin convivencia, sí era un acto de violencia de género, al que por otra parte de forma expresa se hacía mención en el núm. 3 de dicho artículo, cuando se mencionaban los delitos contra la libertad sexual. A pesar de ello, la misma ley que había considerado a estos delitos como un claro ejemplo de violencia de género, posteriormente no procedió a modificar la pena de ninguno de ellos, por lo que se renunciaba por parte del legislador a nivelar las penas de todos los delitos que se produjeran en la situación descrita en el art. 1.1 de la LO 1/2004. Todas estas cuestiones han sido ampliamente modificadas por la LO 10/2022, de garantía integral de la libertad sexual (en adelante, LO 10/2022) y a ellas se hará referencia posteriormente.

El balance general positivo que merece la LO 1/2004 no puede pasar por alto las críticas que las reformas del Código penal se hicieron merecedoras. De todas ellas, cabe resaltar la imagen de la mujer que se desprendía del conjunto de reforma, como un ser débil, necesitado de una especial protección, que estaba lanzando una clara invitación a repensar ese modelo punitivo a favor de otro menos revictimizantes que igualmente respetara los principios de igualdad, proporcionalidad, ofensividad y lesividad (Acale Sánchez, 2007, 327 y ss). Ese modelo menos revictimizante podía ser el de valorar cada uno de los hechos constitutivos de violencia de género a la luz de las reglas generales del Código penal dando juego a las circunstancias modificativas de la responsabilidad criminal: en particular, a la circunstancia agravante de discriminación a la que abiertamente se refería la Exposición de motivos del Código penal de 1995 (Comas D'Argemir i Centra, 2004, 5; Acale Sánchez, 2006, 400) así como a la mixta de parentesco. O, vistas las preferencias legislativas expresadas por el legislador, diferenciando la pena a imponer en los casos en los que objetivamente el autor sometiera a actos de violencia a la víctima que dadas sus concretas circunstancias fuera más vulnerable (menores o personas de edad avanzada) o más fácil de vulnerabilizar (como las mujeres a manos de los hombres que son o han sido sus maridos o compañeros sentimentales).

III. LAS REFORMAS OPERADAS POR LA LO 1/2015: ESPECIAL REFERENCIA AL DELITO DE ASESINATO AGRAVADO PRECEDIDO DE UN ATENTADO CONTRA LA LIBERTAD SEXUAL (¿DELITO DE FEMINICIDIO SEXUAL?)

La entrada dentro del Código penal del modelo sexualizado de intervención en materia de violencia de género no se vio consolidado en las reformas que posteriormente se llevaron a cabo a través de la LO 1/2015 que incorporó nuevas figuras delictivas que sin duda alguna venían a hacer frente a modalidades relacionadas con la violencia de género que sufren las mujeres: se trata de los delitos de matrimonios forzados (art. 172 bis)[17]; el delito de *stalking* (art. 72 ter); el entonces nuevo delito contra la intimidad (art. 197.7 (*revenge porn*); el delito de quebrantamiento de condena (art. 468.3) y el nuevo delito de "rapto", tipificado en el art. 166.2.b.

También la LO 1/2015 también vino a incorporar una modalidad de delito de asesinato agravado que está relacionado con el feminicidio sexual[18], castigando desde entonces con la pena de prisión permanente revisable el asesinato cuando la muerte fuera "subsiguiente a un delito contra la libertad sexual que el autor hubiera cometido sobre la víctima". Por "delito contra la libertad sexual" parece que hay que entender cualquiera de las conductas del Título VIII. El empleo del adverbio "subsiguiente", esto es, "inmediata" (Muñoz Conde, 2023, 27), no debe hacer dudar de que también será de aplicación esta modalidad agravada de delito de asesinato cuando el agresor

---

17 Que debe relacionarse con una de las nuevas modalidades del delito de trata de seres humanos (art. 177.e) cuando la trata se lleve a cabo con la finalidad de "la celebración de matrimonios forzados". Del delito de trata también es necesario resaltar la agravación de la pena por el "estado de gestación" de la víctima.

18 *Vid.* los hechos enjuiciados en la STS 1142/2009, de 24 de noviembre, donde se castiga a tres sujetos como autores directo de un delito de asesinato, como autor directo de un delito de violación y como cooperador necesario de dos delitos de violación. De haber estado en vigor la actual regulación hubieran sido castigados a la pena de prisión permanente revisable. Sin embargo, al no existir dicha pena, fueron condenados a la pena de 34 años, suma de las penas correspondientes a cada una de las infracciones, que entraron entre sí en concurso real con el tope máximo de cumplimiento de 20 años, al estar condenado el delito de asesinato con la pena de 15 a 20 años. Críticamente: Maqueda Abreu, 2016, p. 20.

mate a la víctima por medio de la violencia que está empleando para realizar el acto de contenido sexual. De esta forma, fuera del ámbito típico quedaría el asesinato de la víctima y la posterior realización con el cadáver de actos de contenido sexual (necrofilia). Una lectura limitadora de la letra de la ley parece que lleva a concluir que dentro de los delitos contra la libertad sexual solo son típicos a los efectos del art. 140.2 los que se lleven a cabo con violencia, que es la que propiamente causa a continuación la muerte de la víctima.

Por lo demás, si se tienen en cuenta los datos que arrojan las estadísticas sobre la sexualización de las agresiones sexuales y las cifras de mujeres asesinadas por hombres, podrá entenderse que la -dificultosa- figura delictiva será de aplicación fundamentalmente en supuestos de violencia de género: es más, se está en presencia de la modalidad más grave de violencia de género que existe a los ojos de la LO 1/2004 y del Convenio de Estambul: el feminicidio íntimo sexual, si bien nada impide que simultáneamente sea aplicable a aquellos otros feminicidios sexuales en los que no exista ninguna relación previa entre los sujetos activo y pasivo.

Como ha podido verse, las reformas llevadas a cabo por la LO 1/2015 no podían, por otra parte, ser consideradas actos de violencia de género a los efectos del art. 1 LO 1/2004 si autor y víctima no estaban unidos por los vínculos de pareja allí delimitados, lo que no impedía que fuese posible considerarlas formas de violencia contra la mujer a los efectos de lo dispuesto en el Convenio del Consejo de Europa sobre prevención y lucha contra la violencia contra la mujer y la violencia doméstica de 11 de mayo de 2011, ratificado por España en 2014 que define la violencia sobre la mujer "una violación de los derechos humanos y una forma de discriminación contra las mujeres, y se designarán todos los actos de violencia basados en el género que implican o pueden implicar para las mujeres daños o sufrimientos de naturaleza física, sexual, psicológica o económica, incluidas las amenazas de realizar dichos actos, la coacción o la privación arbitraria de libertad, en la vida pública o privada", con la notable diferencia de que solo las víctimas de la violencia de género doméstica de pareja definida en el art. 1 LO 1/2004 pudieran recibir las ayudas previstas en el interior de la ley.

Si a estos delitos no sexuados pero dirigidos a proteger formas claras y comunes de violencia de género, se le unen los delitos de mutilación genital o incluso los relativos a la prostitución, se constata que hay más delitos no sexuados que sexuados para hacer frente a la violencia de género. Y la duda en torno al modelo que se suscitaba entonces es que no se entienden los motivos por los que no se procede a regular las distintas modalidades de un mismo fenómeno criminal de manera coherente. La cuestión no es baladí si se tiene en consideración estos dos argumentos: primero porque fueron las primeras reformas desde 2004 en las que se vuelven a llevar al Código conductas que entran dentro del concepto de violencia de género del art. 1 LO 1/2004 sin que se procediera a sexualizar su letra, como se hizo entonces; pero además, porque a los efectos de la suspensión de la ejecución de la pena se prevé un régimen especial para los casos de "violencia de género": y no lo son si no están sexuados.

El hecho de que el legislador no siguiese la técnica de visibilización en el ámbito de la tipicidad del sexo femenino del sujeto pasivo no significa que no modulase la pena recurriendo al régimen de las circunstancias modificativas de la responsabilidad criminal genéricas: en particular, a la circunstancia agravante de discriminación (art. 22.4) y a la mixta de parentesco (art. 23): siempre que se pruebe que las mismas aportan al delito cometido el plus de desvalor de acción y/o de resultado que las sostiene.

Ya por entonces comenzaba la jurisprudencia a recurrir como criterio de interpretación judicial a la perspectiva de género (STSJ de Palmas de Gran Canaria -Sala de lo Social-

1/2017, de 7 de marzo) que exige la contextualización y la actuación conforme al principio *pro persona*, configurados en este ámbito como un criterio hermenéutico que obliga a los tribunales "a adoptar interpretaciones jurídicas que garanticen la mayor protección de los derechos humanos, en especial los de las víctimas". Se adelantaba de esta forma la sentencia analizada a la LO 5/2018, de 28 de diciembre, de reforma de la LO 6/1985, de 1 de julio, del Poder Judicial, sobre medidas urgentes en aplicación del Pacto de Estado en materia de violencia de género (Acale Sánchez, 2018).

IV. LAS REFORMAS LLEVADAS A CABO POR LA LO 10/2022

La última gran reforma que ha sufrido el ordenamiento jurídico español en materia de violencia de género ha sido la operada por la LO 10/2022 que ha dado un nuevo impulso político a la protección y garantía de la libertad sexual[19]. Se trata de una regulación ambiciosa que incide en la prevención, sensibilización, detección y formación en materia de libertad sexual, ofreciendo a la ciudadanía un modelo educativo que incide en concienciar a toda la sociedad sobre la capacidad de las mujeres para determinarse en materia sexual a fin de evitar que se identifique el sexo con el sexo violento, o la visión de las relaciones sexuales con las imágenes que se desprenden del material pornográfico[20]. El hecho de que

---

19 Ley que después ha sido modificada por la LO 4/2023, de 27 de abril, para la modificación de la LO 10/1995, de 23 de noviembre, del Código Penal, en los delitos contra la libertad sexual, la Ley de Enjuiciamiento Criminal y la LO 5/2000, reguladora de la responsabilidad penal de los menores.

20 Pueden verse en este sentido las afirmaciones que realiza Ramírez Ortiz (2021, 37) cuando en su crítica sobre la regulación de los deli-

su Preámbulo comience situando el examen de la libertad sexual en el ámbito de los derechos humanos de "la ciudadanía" no impide en forma alguna pasar a continuación a reconocer que las violencias sexuales constituyen un fenómeno criminal que tiene como víctimas principales a "mujeres, niñas y niños" (art. 3), convertidos en meros objetos de placer por parte de los agresores. Del conjunto de sus disposiciones, las de naturaleza penal han sido las que más atención y más críticas han suscitado por parte de un sector de la doctrina (que lo tachó de populista y punitivista) (Díez-Ripollés -2018 y 2019-; Quintero Olivares -2020-; Gimbernat Ordeig -2020-) y de los órganos jurisdiccionales (inseguros de sus capacidades para afrontar la nueva regulación).

No es este el momento de someter a examen la envergadura de la reforma (Acale Sánchez, 2022). Y sí, sin embargo, de resaltar el hecho de que dentro de las circunstancias agravantes de los delitos de agresiones sexuales -de los arts. 178 y 179- del art. 180 se haya incluido en el número 4 una nueva que tiene en cuenta el hecho de que "la víctima sea o haya sido esposa o mujer que esté o haya estado ligada por análoga relación de afectividad, aun sin convivencia". La inclusión en el ámbito de los delitos sexuales de esta agravante entronca directamente con el núcleo esencial de la LO 1/2004, pues se repite la técnica de tipificación sexualizada que parece venir a corregir el tenor literal de la reforma operada por la LO 1/2004 de manera que aquel déficit de protección inversa que detectaba el Tribunal Constitucional en aquellos momentos como un aspecto carente de valor a los efectos de sostener una declaración de inconstitucionalidad, también ha quedado corregido en esta concreta parcela de la criminalidad. El hecho de que se guarde silencio en cuanto al sexo del sujeto activo y que ahora ya no

---

tos sexuales contenida en el Anteproyecto, en el sentido de afirmar que "crea más problemas que soluciones".

se pueda recurrir al argumento holístico en virtud del cual se entendía que al haber sido incluidos dichos cambios a través de la LO 1/2004 que definía claramente al sujeto activo de esta violencia como un "hombre" deja abierta la posibilidad de que sujeto activo de la nueva modalidad agravada de delito contra la libertad sexual en el ámbito de las relaciones de pareja sea un hombre o una mujer. La misma finalidad persigue la circunstancia incluida en el art. 181.5. d) que agrava la pena "cuando la víctima sea o haya sido pareja del autor, aun sin convivencia". Se trata no obstante de una redacción muy distinta, en la medida en que ya no se hace referencia al sexo del sujeto pasivo, limitándose a señalar que la "víctima" sea o haya sido anteriormente "pareja del autor". Nótese que con ella se quiere abarcar las situaciones de parejas menores de 16 años en las que es difícil encontrar una analogía a las relaciones de pareja. El silencio sobre el sexo del sujeto pasivo es resaltable, como así lo es el hecho de que no exista andamiaje alguno del que poder deducir que sujeto pasivo es un hombre. En cualquier caso, no puede olvidarse que se trata de una circunstancia de agravación de la pena, que deja inmaculado el tipo básico en términos parecidos a la reforma que se llevó a cabo en 2004 del delito de lesiones agravadas del art. 148.

Nótese no obstante la diferencia que existe entre una y otra reforma, en la medida en que en 2004 se incorporaron en las correspondientes figuras delictivas junto al supuesto en el que sujeto pasivo fuera la mujer que está o ha estado casada o unida sentimentalmente al autor, con o sin convivencia, el supuesto de la "persona especialmente vulnerable que conviva con el autor". Sin embargo, ya antes de la reforma operada por la LO 10/2022, el art. 180 contenía como supuestos de agravación de la pena en las agresiones sexuales "cuando los hechos se cometan contra una persona que se halle en una situación de especial vulnerabilidad por razón de su edad, enfermedad, discapacidad o por cualquier otra circunstancia, salvo lo dispuesto en el artículo 181" o "cuando para la ejecución del delito, la persona responsable se hubiera prevalido de una situación o relación de convivencia o de parentesco o de una relación de superioridad con respecto a la víctima". Como se observa, los dos criterios que en la LO 1/2004 han de ser tenidos en cuenta para la agravación, en el ámbito de las figuras agravadas de agresiones sexuales se independizan y pueden dar lugar a su apreciación conjunta.

La cronología permite preguntarse si se consolidará la línea de intervención que incluye en el ámbito de la tipicidad el sexo del sujeto pasivo, seguida por las reformas llevadas a cabo de las dos leyes integrales (LO 1/2004 y LO 10/2022) o si se seguirá manteniendo en el este caso la tipificación neutra recurriendo a las circunstancias modificativas de la responsabilidad criminal como hizo la LO 1/2015. El debate, lejos de proyectarse en un tiempo futuro, está cada vez más cerca y se resume en el tratamiento legal de las muertes violentas de mujeres con la incorporación del delito de feminicidio. Su llegada al Código se produciría sin estridencia alguna pues ya desde la entrada en vigor de la LO 1/2004 se entiende que la causación de la muerte de la mujer es la forma más extrema de violencia física.

V. EL TRATAMIENTO JURISPRUDENCIAL DEL FEMINICIDIO ÍNTIMO (PRIMARIO)

1. Acercamiento

La causación de la muerte de mujeres es hoy un problema de alcance planetario y en su visibilización como fenómeno criminal han tenido una gran incidencia los trabajos de la Marcela Lagarde y de los Ríos. A ella debe atribuirse la propia autoría del término *feminicidio* que utiliza por primera vez al traducir del inglés la obra de Russel y Radford *Femicide: The politics of woman killing*[21]. Tras su lectura concluye que el *femicidio* es sinónimo del homicidio de mujeres, si bien de todas esas muertes, la autora construye una categoría de análisis en la que tienen una relevancia decisiva el sujeto activo (sexo, relación con la víctima –a través de vínculos familiares o de otro tipo), el contexto en el que se produce (que puede ser público o privado pero que sin duda incide en el proceso de victimización) y las motivaciones concretas que impulsan a su comisión (venganza, desprecio, odio, pasión). Se trata, en resumen, de un proceso criminal en virtud del cual se causa la muerte de las mujeres por el *simple hecho de serlo.*

Pues bien, poco a poco ha empezado a naturalizarse el uso del término en España. Así el primer paso lo dio a efectos estadísticos el Ministerio de Igualdad a través de la *Nota* publicada del 20 de diciembre de 2022, cuyo objetivo ha sido la creación del Observatorio sobre feminicidios en España, en cumplimiento de las indicaciones del Convenio de Estambul y del Primer Informe realizado por el GREVIO[22]. Se trata de un documento que no tiene otra finalidad que la de determinar las muertes violentas que van a engrosar las cifras oficiales en España sobre violencia de género. En efecto, desde que en 2003 empezaron a computarse las muertes de mujeres como delito, se incluyeron solo las mujeres victimizadas a manos de un hombre que es o ha sido su marido o su compañero sentimental, llegaran o no a convivir, dejando fuera la causación de la muerte de mujeres a manos de hombres desconocidos que no se han visto especialmente protegidos por el ordenamiento

21 Publicado por la editorial Twayne Publishers, en Nueva York en 1992. En 2006 este trabajo es traducido por Lagarde y de los Ríos, Marcela, *Feminicidio. La política de las mujeres,* CEIICH-UNAM, CED-SIFRMPJV, Cámara de Diputados, LIX, Legislatura, México, 2006.

22 https://violenciagenero.igualdad.gob.es/marcoInternacional/informesGREVIO/docs/InformeGrevioEspana.pdf (fecha de la última consulta: 4 de abril 2022).

jurídico más allá de las previsiones genéricas contenidas en el Estatuto de la Víctima (Villacampa Estiarte, 2015, pp. 168 y ss), pero sin recibir el apoyo especificado en la LO 1/2004. A partir de la Nota del Ministerio, en su página web se ofrecen las cifras de siempre sobre mujeres asesinadas a manos de hombres que son o han sido sus maridos o compañeros sentimentales con o sin convivencia y en página aparte se computan otras muertes a las que se refiere directamente como muertes feminicidas incluyendo datos sobre "hijos e hijas menores de edad víctimas mortales por violencia en la pareja o expareja contra su madre", esto es la violencia feminicida vicaria y "otros feminicidios" dentro de los cuales se incluyen los feminicidios sociales, los feminicidios vicarios/familiares y los feminicidios sexuales.

Pero la vía por la que el término feminicidio ha entrado en el ordenamiento español ha sido la LO 10/2022 en cuyo Preámbulo y en su art. 3 se refiere al "feminicidio sexual" al que considera "incluido en el ámbito de aplicación, a efectos estadísticos y de reparación, el feminicidio sexual, entendido como homicidio o asesinato de mujeres y niñas vinculado a conductas definidas en el siguiente párrafo como violencias sexuales". La falta de un respaldo legal más intenso del término es lo que determina que existan escasas referencias al mismo en la jurisprudencia[23]. El hecho, por otra parte, de

23 Una consulta a las bases de datos de jurisprudencia pone de manifiesto el elevado número de mujeres demandantes de asilo que alegan los índices de feminicidio en sus países de origen como causa para obtener la condición de asilada y con ella la garantía de no ser devuelta (deben verse ya los nuevos criterios incluidos en el RD 1155/2024, de 19 de noviembre, por el que se aprueba el Reglamento de la LO 4/2000, de 11 de enero, sobre derechos y libertades de los extranjeros en España y su integración social) y como sistemáticamente es rechazada por la Audiencia Nacional. *Vid.* por todas la SAN (Sala de lo Contencioso-Administrativo) de 26 octubre 2023. Esto es lo que justifica la escasez de jurisprudencia que se hace

que la Directiva 2024/1385 de 14 de mayo, sobre la lucha contra la violencia contra las mujeres y la violencia doméstica en el punto 9 de su Preámbulo incluya dentro de la violencia contra las mujeres o violencia doméstica "el feminicidio", puede servir de acicate para la llegada finalmente a los Códigos penales de los países miembros de la Unión de la voz "feminicidio" hasta ahora limitada al marco geográfico y político de América latina.

Con todo, es oportuno plantearse los motivos por los cuales el delito de feminicidio no existe en España, sobre todo cuando se constata que a la vista de la jurisprudencia del Tribunal Constitucional en torno a los tipos sexuados incorporados al Código penal por la LO 1/2004, su tipificación no conllevaría riesgo alguno de violación de los principios de culpabilidad, igualdad ni ofensividad. Es más: nada hubiera impedido que en aquel momento, con 72 mujeres asesinadas a manos de sus maridos o compañeros sentimentales, se hubiera tipificado también el delito de feminicidio. ¿Por qué no se hizo? Pues sencillamente porque no lo decidió el legislador añadiendo el TC que la supuesta desproporcionalidad inversa que pudiera apreciarse entre los tipos especialmente sexuados y el resto (como homicidio/asesinatos, violaciones, detenciones ilegales) no existía puesto que se trataba en estos casos de delitos ya suficientemente penados.

La resolución de estos casos se hace por parte de los tribunales teniendo en consideración los delitos contra la vida, así como el juego de las agravantes de discriminación y de parentesco que se aplican simultáneamente dado que no se produce ningún solapamiento en cuanto a su fundamentación que viole el principio *non bis in idem*. Así lo viene entendiendo el

---

eco del mismo. Así, la STS 523/2023, de 29 de junio "feminicidio sexual" y la SAP de Vizcaya 90276/2019, de 26 de junio refiere el concepto de "feminicidio intentado".

TS entre otras en su Sentencias 10279/2018, de 19 de noviembre, (entre otras la STS 565/2018, SSTS 257/2020, de 28 de mayo; o 351/2021, de 28 de abril) en que ha declarado que la agravante de género debe aplicarse en todos los casos en que se actúe contra la mujer por el hecho de ser tal mujer, aunque entre el autor del delito y la víctima no exista relación alguna, motivo por el cual la considera compatible con la circunstancia mixta de parentesco, distinguiendo una fundamentación subjetiva en el caso de la discriminación y una objetiva en el del parentesco. De esta manera, se hacen ambas compatibles pues la discriminación aborda el contexto discriminatorio y el parentesco el elemento subjetivo el conocimiento por parte del autor de la existencia de tales lazos.

Esta es la vía por la que puede decirse que si bien en España no existe un delito de feminicidio, es muy interesante detenerse en el análisis jurisprudencial del fenómeno criminológico del feminicidio íntimo o de pareja[24].

2. *La incidencia de la circunstancia agravante de discriminación en el homicidio/asesinato de mujeres*

El art. 22.4 regula la circunstancia agravante de discriminación que tras la reforma que de la misma operó la LO 1/2015, en lo que aquí interesa, pone su atención en el hecho de que el autor actúe movido por razones de "sexo", "orientación o identidad sexual o de género, razones de género", y ello "con independencia de que tales condiciones o circunstancias concurran efectivamente en la persona sobre la que recaiga la conducta"[25].

---

24 Es elevado número de casos en los que la muerte se queda en fase de tentativa lo que permite al contar con el testimonio de la víctima hacer una reconstrucción de los hechos más precisas y rica en matices.

25 En muchas ocasiones las situaciones que sufren las mujeres son procesos de multidiscriminación o de discriminación interseccio-

El fundamento de la misma ha sufrido un proceso evolutivo en sede jurisprudencial y doctrinal distinguiendo un primer momento en el que se prestaba atención al desvalor de acción inherente a la misma, hasta llegar a otro segundo que ha dejado a un lado esa interpretación subjetiva y ha puesto su atención en los contextos situacionales en los que se producen los hechos. En todo caso, se trata de una circunstancia cuya esencia ha sido interpretada de forma similar a los delitos de odio discriminatorio, acercándose en este caso al machismo o a la misoginia.

El plus de desvalor que sostiene la agravación de la pena cuando concurra la circunstancia agravante de discriminación por las razones aquí examinadas guarda relación con el contexto objetivo en el que se actúa. Se trata de situaciones tan clásicas y de motivos tan manidos de superioridad y de subordinación de las mujeres a los hombres con los que tienen establecida una relación de pareja, que hay hombres que ni si quiera se plantean su licitud, limitándose a reproducir comportamientos correctores o meramente punitivistas en relación con la forma de comportarse de sus mujeres amparándose en los precedentes sentados por el patriarcado: basta con que lleve a cabo sus acciones porque entiende que es lo que le corresponde hacer en esas concretas circunstancias.

En este sentido, no es posible desconocer que si se atiende a las motivaciones que lleva al autor a cometer los delitos relacionados con la violencia de género, la posibilidad de distinguir una violencia de género punitivista -se somete a violencia como castigo a la víctima por un acto que ha cometido o que

---

nal porque acumulan varios factores que vienen a independizarlos de otros fenómenos discriminatorios. De esta manera, la discriminación que sufre la mujer pobre es distinta de los procesos discriminatorios dirigidos con carácter general hacia mujeres o hacia personas pobres.

sospecha que ha cometido-, gratuita -la violencia obedece al antojo del autor- y preventiva -su finalidad no es otra que la de aleccionar a la víctima para así condicionar su comportamiento futuro-: los tres supuestos son entendibles solo desde el machismo imperante en la sociedad, construido a partir de una misoginia que termina por convertir a todas las mujeres en una sola: su víctima. Pero la circunstancia también permite una construcción desde el punto de vista objetivo en virtud del cual se debe tener en consideración que el autor repite esos comportamientos históricamente realizados por muchos hombres sobre las mujeres con las que mantienen o han mantenido relaciones sentimentales sin plantearse mucho más que eso. Es tal su afán de someter a las mujeres a control que no conciben impedimento alguno y mucho menos la determinación, la voluntad o el consentimiento de las mujeres.

La concurrencia o no de un especial elemento subjetivo que dirija la actuación del autor en el momento de comisión de los hechos permite distinguir una violencia sincrónica de otra asincrónica. Es sincrónica aquella violencia que el autor ejerce con la finalidad de discriminar a su víctima, de castigarla por un hecho que ha cometido o que sospecha que ha cometido, o simplemente porque quiere hacerlo. En muchas ocasiones esa finalidad se verbaliza en el mismo momento en el que se ejerce la violencia con expresiones coetáneas del tenor "si no eres para mí, no eres para nadie"; "tú harás lo que yo te diga"; "esta relación se acabará cuando yo lo diga"; "puta"; "no vales para nada"..., expresiones que se convierten en elementos periféricos de verificación de la finalidad del autor de una enorme trascendencia. Por el contrario, es asincrónica la violencia que se ejerce sin que en ese preciso momento, el autor se plantee ninguna finalidad especifica más allá que la de realizar esos actos de violencia. Se trata de supuestos en los que el autor actúa de forma mecánica, sin plantearse nada más, porque históricamente los hombres han reaccionado de esa manera cuando se han encontrado en ese tipo de relaciones: obliga a una mujer a mantener un acto sexual atendiendo a sus deseos personales; abofetea a su esposa porque llega tarde a casa o porque sospecha que le es infiel. Se trata de circunstancias la vista del comportamiento de muchos hombres parece que les legitima para ejercer violencia sobre la mujer, sin plantearse si quiera que ella esté ejerciendo su derecho a la libertad -libertad sexual- ni la existencia de soluciones pacíficas en el ámbito civil como la separación o el divorcio. También en estos casos el autor puede proferir expresiones del tipo señalado anteriormente que permitirán corroborar los móviles de su actuación. Son en definitiva, los síntomas más claros del machismo imperante en la sociedad que permite a esos hombres actuar de esa manera por su propia voluntad, al ritmo de un desprecio primario hacia las mujeres por el hecho de serlo que se basa en la concepción machista de la sociedad. Pero la circunstancia también permite una construcción desde el punto de vista objetivo en virtud del cual se debe tener en consideración que el autor repite esos comportamientos históricamente realizados por muchos hombres sobre las mujeres con las que mantienen o han mantenido relaciones sentimentales sin plantearse mucho más que eso. Es tal su afán de someter a las mujeres a control que no conciben impedimento alguno y mucho menos la determinación, la voluntad o el consentimiento de las mujeres.

Esto es lo que determina que según la jurisprudencia más reciente la agravación de la pena en atención a la circunstancia del art. 22.4 no requiere "de un elemento subjetivo específico entendido como ánimo dirigido a subordinar, humillar o dominar a la mujer, pero sí que objetivamente, prescindiendo de las razones específicas del autor, los hechos sean expresión de ese desigual reparto de papeles al que es consustancial la superioridad del varón, que adquiere así efecto motivador" (STS 14/2022, de 13 de enero, así como la 2904/2020, de 14 de septiembre, 99/2019 o en la 444/2020, de 14 de septiembre). Con esta aseveración, gana importancia la tarea de dotar de contenido a aquellas razones de "sexo", "orientación o identidad sexual o de género, razones de género" apoyados en los resquicios jurisprudenciales, legales y doctrinales posibles.

En este sentido, como señala la STS 4134/2022, de 10 de noviembre "la agravante de género... hace referencia a las características biológicas y fisiológicas que diferencian a los hombres de las mujeres, mientras que el género se refiere a aspectos culturales relacionados con los papeles, comportamientos, actividades y atributos construidos socialmente que una sociedad concreta considera propio de hombres y mujeres". Esta aparente clara separación se complica desde el momento en el que, si bien es posible visibilizar actos de violencia contra la mujer en razón de su sexo, por ejemplo, cuando se le causa la muerte por negarse a mantener relaciones sexuales, porque se queda o porque no se queda embarazada o porque ha abortado o para hacerla abortar, en los supuestos en los que la discriminación guarda relación con las razones de género estas última no pueden desvincularse del hecho de la discriminación primaria que es la sexual[26]: es lo que ocurre con el frecuente recurso a las expresiones "puta" y "zorra" emitidas con la finalidad de insultar a las mujeres (entre otras, la STSJ Madrid de 13 de octubre de 2021) pues no se sabría distinguir cuánto de sexual u cuánto de género encierran.

En particular llama la atención los hechos juzgados en la STS 4471/2022, de 30 de noviembre en la que tras matar la mujer la descuartiza y mete los restos en un congelador. Se aplican

---

26 Un caso claro de violencia contra la mujer por razón de sexo sería el relatado por Jiménez de Asúa (1994, p. 209); durante 1923 lleva a cabo una visita a la Penitenciaria Nacional de Buenos Aires: "tratábase de un criollo viejo, de pequeña estatura y de aspecto ensimismado, acaso por los años que ya llevaba de encierro. Su crimen fue éste: había cazado a lazo una mujer en la pampa; la había violado primero, muerto después, y extraído su útero por fin. El corolario fue de franca antropofagia: asó la matriz y se la comió. Poco tiempo más tarde repitió puntualmente estos hechos con otra infeliz víctima".

las agravantes de género y parentesco: "añadiendo que supone un hecho muy significativo el colocar los órganos genitales de la mujer, una vez fallecida, en un lugar preeminente, nada más abrir el congelador, utilizado a modo de macabro sarcófago, de manera que constituye un claro acto de machismo (recuérdese la agravante de género aplicada en este caso), la posición que ostentan tales órganos, lo que confiere al acto un grado más de un encubrimiento, para adentrarse, además, en un episodio de clara profanación del cadáver de su pareja".

Las razones de género identificadas por la jurisprudencia española están relacionadas sin duda alguna con el control sobre la libertad sexual de la mujer, sus movimientos y su vida (Acale Sánchez, 2019) y obedecen a la etiqueta de la violencia sexual de género contra las mujeres adultas, que es una modalidad de violencia que tiene como finalidad someter a control y pautar la vida de las mujeres sobre las cuales se cree que tiene la capacidad de organizarlas. Y es que, en efecto, las modalidades de discriminación en razón de género van mucho más allá de aspectos biológicos y están referidos a la concepción social de los roles que han de desempeñar las mujeres: así, los actos de violencia que se ejercen sobre la mujer por la ropa con la que viste o con la que no se viste, las personas con las que establece amistades, las actividades fuera de la vida familiar que lleva a cabo.

Las razones de género también se visibilizan con claridad en los casos en los que previamente han existido episodios de violencia doméstica (STSJ Galicia 6602/2021, de 29 de noviembre) o actos de acoso (STS 4143/2022, de 10 de noviembre de 2022). Y es claramente elemento a valorar en los supuestos en los que por *la voluntad de la víctima* se ha roto una relación y es la *voluntad del autor* la que intenta imponer la vuelta a esa misma relación. También detalla con acierto la STS 2625/2022, de 22 de junio los motivos de género que sostienen la agravación en la negativa a soportar que la víctima pudiera romper con él. La sentencia añade "la insistencia reiterada del acusado en reiniciar una relación que la víctima había dado por finalizada, sin respetar la voluntad", reseñando en el hecho las comunicaciones por vía de mensajería telefónica, incluido a un pariente para que intercediera en la reanudación. Esa insistencia y falta de aceptación de una voluntad exteriorizada lleva al acusado a actuar en la forma expresada anunciando que haría lo que él quisiera, manifestación similar a la fórmula estereotipada del "conmigo o con nadie", típico de este tipo de situaciones y a las que se refieren las sentencias para evidenciar las razones de género que son el presupuesto de la agravación declarada concurrente y con las que se pretende evaluar si el desvalor del delito aumenta cuando la víctima…"[27].

La inclusión progresiva junto al sexo y al género de la "orientación o identidad sexual o de género" viene a abrir el ámbito de aplicación de la agravante a los casos en los que una persona con independencia de su aparataje genital se identifica con un género distinto al que tradicionalmente tendría asignado en virtud de su sexo, o con ninguno de ellos específicamente (intersexuales) de manera que se abre la agravación a todas las personas LGTBI+[28]. Así, matar a una mujer lesbiana por el hecho de serlo o un hombre gay por el mismo motivo: de tratarse de un hombre gay que se identifica con el rol que en las relaciones heterosexuales juegan las mujeres, estaríamos

---

[27] *Vid.* también la STS 14/2022, de 13 de enero. En la misma línea la STS 3046/2022, que después de decirle a la víctima "estás con ese moro" observa "una actitud de desprecio, rencor y tono amenazante por parte del condenado hacia la víctima, al no aceptar la decisión de ésta de haber roto una relación anterior y encontrar nueva pareja, como, por lo demás, lo evidencia que le fuera apreciada la agravante de género".

[28] Es interesante la lectura de la STSJ de Madrid 677/2022 de 1 de febrero aborda la tentativa de asesinato precedida de violación de un miembro de una pareja de dos hombres en las que el autor ordena a la víctima que "hiciera de mujer".

también ante un caso que con el tiempo debería de acercarse progresivamente a los incluidos dentro del grupo de violencia contra las mujeres por el hecho de serlo[29]. Claras son las razones de género manifestadas en la STSJ de Castilla La Mancha 76/2024, de 26 de septiembre: "El Tribunal confirma la condena a un matrimonio condenado por un delito de odio por razón de orientación sexual que humilló a una joven que se encontraba en un proceso de cambio de género. Se considera probado que con la finalidad de menospreciar, humillar y atentar contra la dignidad personal de la menor de edad, la que se encontraba en tales fechas protagonizando un proceso de transformación de su identidad sexual hacia el sexo femenino, vinieron en la vía pública desde la puerta de su domicilio o ventana, de manera constante y habitual, a proferir contra dicha menor frases tales como "maricón, tonto, gilipollas, hijo de puta, que eres un tío con peluca y no vas a ser nunca una mujer, loco ve al psiquiatra, te voy a inflar a hostias, te quiero ver muerto y enterrado, os voy a meter en la cárcel por transexuales, me dais asco, eres un tío que tienes huevos".

Problema especial se produce en aquellos casos frecuentes en los que el autor en vez de matar a su pareja o expareja mata a quien es o sospecha que es la nueva pareja de la mujer que fue su pareja, uno de los casos más frecuentes de violencia de género y que sirve para expresar el machismo como control de las relaciones de pareja que empiezan cuando el hombre quiere (la pedida de la mano) y terminan también cuando él lo estime oportuno, no perdonando a las mujeres que toman la iniciativa. Pues bien, en estos supuestos, cuando se mata o se lesiona a la nueva pareja, la jurisprudencia no aplica la agra-

---

29 Esos motivos de género quedan bien evidenciados en el testimonio de las victimas supervivientes. Así, la STSJ de Valencia 8161/2021, de 8 de octubre recoge una conversación de WhatsApp de la víctima con su agresor en las que ella le reitera su decisión de dejarle.

vante de discriminación pues se entiende que tiene que ser sujeto pasivo directo de la violencia del autor la mujer. Nótese que se trata de un supuesto oblicuo en el que la discriminación que es la causa de la muerte de ese hombre se debe a un acto realizado por la mujer que el autor quiere seguir manteniendo en su redil. Así, la STS 247/2022, de 27 de enero 2022 anula la aplicación que había hecho la Audiencia de la agravante de discriminación en el caso de la causación de la muerte de un hombre que acompañaba a su ex pareja: "el motivo único y exclusivo de la agresión fue el que Fulgencio se relacionase con la ex pareja sentimental del agresor momentos antes de ser agredido, independientemente de que dicho contacto entre Fulgencio y Martina derivara o no de una relación previa que ya se había iniciado entre ambos". La finalidad machista con la que se lleva a cabo la muerte de ese hombre se repite a lo largo de toda la sentencia cuando se afirma que el autor le había expresado "repetidamente" (amenazándola) a la víctima de que "si salía con otro chico le iba a atacar al mismo, no permitiendo que entablase una relación sentimental con otra pareja". En este caso el autor le había hecho a la víctima saber por WhatsApp que no aceptaba la ruptura. Y se consideraba dueño del destino de la víctima "comportándose con ella de forma posesiva, controladora, y extremadamente celosa, aún después de que ésta había decidido de manera irreversible el cese de la relación con aquel. Con el ataque perpetrado contra Fulgencio cumplió su previo aviso a Martina, convirtiéndole a ésta en responsable de la muerte de aquel, al no haberse plegado a su voluntad y deseo posesivo respecto de ella": no pueden negarse las razones de género que acompañaron a la muerte de la víctima"[30].

[30] Similares son los hechos enjuiciados en la STSJ de Madrid 7655/2921, de 7 de julio, en la que se dispara a un hombre contra otro por los celos que le despertaba que su exnovia estuviera con él.

Los esfuerzos realizados para identificar las razones de género inherentes a la agravación por parte de la jurisprudencia española son dignos de ser resaltados: en efecto, desde una perspectiva de género, se ha procedido a desbrozar las muertes de estas mujeres dejando a la vista las razones últimas que motivan al autor. Nótese como se trata de un elenco de razones que no difieren de las que expresamente están recogidas en los ordenamientos jurídicos latinoamericanos que castigan el feminicidio/femicidio íntimo o de pareja (por negarse a mantener con el autor una relación íntima, por estar embarazada, o cuando exista violencia de género -incluida la sexual- o doméstica previa al momento de la causación de la muerte). Todo apunta a que consolidada esta línea de interpretación, queda abierto el camino para reflexionar sobre otras razones de género que esgrimen otros hombres sobre mujeres con las que están unidos por vínculos laborales, docentes, de amistad o de prestación de servicios que coloque a la mujer en una posición de subordinación respecto al hombre que ejercita su poder de género masculino sobre ella, o porque se trate de una víctima especialmente vulnerable por estar sometida a condiciones de trata de seres humanos, privada de libertad por el autor, porque ejerce la prostitución o cuando se lleve a cabo la muerte ensañándose con el cuerpo de la víctima.

3. La incidencia de la circunstancia mixta de parentesco en la causación de la muerte de las mujeres

El análisis de la jurisprudencia pone de manifiesto como en un elevado número de casos de muertes violentas de mujeres a manos de hombres, entre ambos existía o había existido una relación "sentimental" que les llevó a compartir domicilio si bien este requisito va modulándose en la medida en que no siempre existe en el momento en el que se produce la muerte aunque de darse esta circunstancia, el autor ha visto favorecida la consumación de su delito por el hecho de compartir el domicilio, en el que le causa la muerte, o bien se hace valer de instrumentos o armas (blancas o de fuego) existentes en el mismo, o se utiliza el domicilio para hacer desaparecer el cadáver. En este sentido, los datos que ofrece el Ministerio de Igualdad sobre mujeres asesinadas a manos de sus maridos, 26 casos (el 66%) eran cónyuges y convivían, mientras que en 14 casos (el 36%) era expareja o pareja en fase de ruptura de las cuales en 10 casos (el 25%) ya no convivían mientras no consta el dato en un 10%. Para visibilizar el número de feminicidios fuera de la pareja deben analizarse los datos ofrecidos por el Ministerio de Igualdad desde 2022 sobre "feminicidios fuera de la pareja o expareja en España", entre los cuales se incluyen 9 casos en 2023 y 6 en el primer semestre de 2024. Estos daños ponen de manifiesto que en España la modalidad de feminicidio más común es la que tiene lugar en el ámbito de la pareja, esto es, se trata de feminicidios íntimos. De ahí la importancia que adquiere el estudio de la incidencia del parentesco en la ejecución de esas muertes.

En este sentido, el parentesco es una circunstancia mixta modificativa de la responsabilidad criminal que agrava o atenúa la pena en lo que a las relaciones de pareja se refiere según la naturaleza, los motivos y los efectos del delito, "ser o haber sido el agraviado cónyuge o persona que esté o haya estado ligada de forma estable por análoga relación de afectividad" (Acale Sánchez, 2000, p. 158).

Cónyuge es un elemento normativo singular que ha de ser interpretado en el sentido legal del arts. 66 y siguientes del Código civil de manera que se adquiere dicha condición a través del matrimonio. A las personas casadas el Código civil les impone distintas obligaciones entre las que se encuentra la de compartir domicilio (art. 68). De ahí que las personas que están o han estado ligadas de forma estable por análoga relación de afectividad al matrimonio se sobreentiende que comparten o han compartido domicilio. Por tanto, hay que integrar dentro de las relaciones análogas en afectividad las uniones de hecho, que se definen como "aquellas relaciones de convivencia relativamente estables y con cierto fondo afectivo que autoriza su equiparación al matrimonio ", y a efectos penales, con independencia de que se trate de parejas inscritas en los registros abiertos en distintas Comunidades Autónomas, o no.

Tras la reforma que de la circunstancia de parentesco operó la LO 11/2003, se incluyeron dentro de su ámbito de aplicación las personas divorciadas a pesar de que civilmente entre ambos haya desaparecido el vínculo matrimonial, por lo que desaparece el parentesco[31]. Su incorporación sin embargo no se produjo por sorpresa en la medida en que ya la LO 14/1999 los había incluido en el viejo art. 153 en el que entonces se castigaba el delito de malos tratos habituales en el ámbito familiar.

Con la inclusión de estos supuestos se plantea un grave problema: ¿es posible admitir que en ellos se da el fundamento del parentesco como circunstancia modificativa de la responsabilidad criminal? Si se analiza desde un punto de vista dogmático la conformación del injusto típico de la circunstancia puede decirse que en la parte objetiva se requiere la existencia del vínculo parental –que en los supuestos de divorcio *ya* no existe- y en la parte subjetiva el dolo, esto es, el conocimiento de dicha relación; pero además se exigía como elemento subjetivo especial distinto al dolo la existencia de aquella serie de "deberes morales y jurídicos que la relación familiar entre parientes determina" (STS 1574/2001, de 14 de noviembre), que con el divorcio y entre los ex cónyuges, dejan de existir. Lo cierto es que hoy es posible construir el desvalor de acción propio de la circunstancia en atención también a los efectos propios de la separación de las personas que anteriormente estuvieron unidas y que han manifestado su voluntad de comenzar una vida separada. De esta forma, puede justificarse la inclusión en

---

[31] En este sentido antes de dicha reforma afirmaba la STS de 4 de octubre de 1988 que "la separación entre los cónyuges no elimina el parentesco, solo la nulidad, divorcio o la muerte".

el art. 23 de estas personas es entender que el legislador penal admite la existencia de parentesco entre personas que se relacionaron familiarmente "con anterioridad"[32], sobrepasándose el concepto civil de relación familiar, en la medida en que lo construye retroactivamente. De esta forma, puede decirse que penalmente forman parte de la familia las personas con las que en la actualidad se mantiene los lazos definidos por el Código civil, así como cuantos excónyuges se haya tenido en un pasado. De esta forma, a efectos penales se seguirá siendo familia hasta que la muerte los separe definitivamente.

VI. LOS AJUSTES NECESARIOS DE UN CÓDIGO PENAL CARENTE DE MODELO EN EL TRATAMIENTO DE LA VIOLENCIA DE GÉNERO

En análisis del conjunto del Código penal en relación con el tratamiento de la violencia de género pone de manifiesto que se trata de un código que carece de un modelo de intervención homogéneo, en el sentido de que según se trate de algunos delitos en los que la víctima queda con vida se incorpora el sexo de la víctima en el ámbito de la tipicidad de la correspondiente figura delictiva, impidiéndose el juego en estos casos de la circunstancia agravante de discriminación y de parentesco, en su caso, sin necesidad de probar ninguna finalidad específica (*vid.* Acale Sánchez y Faraldo Cabana 2023, 1182); o se trate de delitos en los que la víctima termina muerta, en cuyo caso es necesario el recurso a las figuras genéricas del homicidio o del asesinato, aplicándole, en su caso, las circunstancias modificativas de la responsabilidad criminal de discriminación y de

---

[32] Entiende Olmedo Cardenete (2005, p. 665) que desde la inclusión de los excónyuges en el art. 23 ya no se puede hablar de un mismo fundamento en todos los casos.

parentesco en las que se exige la prueba de la concurrencia de los elementos objetivos y subjetivos que conforman el tipo de injusto de la singular circunstancia. Esta disparidad de trato debería corregirse en uno o en otro sentido, pero el mantenimiento de la doble vía dificulta ver las razones que lo sostienen. Se trata, simplemente, de reclamar coherencia y seguridad jurídica. Y probablemente, ahora que se empieza a visibilizar que la llegada al Código penal del delito de feminicidio no es algo tan lejano, sea el momento propicio para de tomar decisiones que permitan unificar criterios.

En este sentido, veinte años después, nuestro legislador debería replantearse si la reformas de los arts. 148, 153, 171 y 172,2 que en cierta medida minimizan la lucha contra un fenómeno bastante más grave que lo que a la luz de la lectura de los mismos se sugiere, llevada a cabo por la LO 1/2004, no debería darse ya por amortizada y permitir el juego general de las circunstancias modificativas de la responsabilidad criminal que con carácter general podrían ser aplicables a todos los delitos en los que concurran. En puridad de principios, bastaría que modificar la redacción de los arts. 148, 153, 171, 172 y 180.4 de manera que se imponga una pena distinta en los casos en los que el autor sitúe en una posición de especial vulnerabilidad a la víctima. En cualquier, caso, la reforma operada por la LO 1/2015 de la circunstancia agravante de discriminación, incluyendo el género de forma expresa, hace necesario replantearse las reformas operadas en 2004.

Al mismo tiempo que se deja entrar en juego las reglas generales del Código sobre la aplicabilidad de las circunstancias, es cierto que también se deja libertad a la discrecionalidad judicial que no puede confundirse con la arbitrariedad y puede estar determinando que hoy no se tengan en consideración todos los matices descritos en los hechos probados a la hora de su desvaloración jurídico penal. Así, si bien parece mayoritaria la apreciación de las razones de género ex art. 22.4, sin embargo, en otras ocasiones similares no se aprecia. Es lo que ocurre con la STS 842/2022, de 9 de marzo en la que a pesar del mismo machismo que destilan los hechos, se castiga por tentativa de asesinato con la agravante de parentesco, pero no con la de discriminación al sujeto que actúa movido con la finalidad de "retomar la relación", preguntando con insistencia a la víctima "si le había engañado o sido infiel", poniendo de manifiesto una relación posesiva e invasiva de la mujer ex pareja.

La vía más idónea para alcanzar una interpretación homogénea de los hechos y del derecho y para llevar a cabo una correcta subsunción de los primeros dentro del segundo es la incorporación junto a los tradicionales criterios de interpretación, de la perspectiva de género, que permita ponderar en el tipo, en la antijuricidad, en la culpabilidad y en la punibilidad los matices que caracterizan al supuesto concreto.

BIBLIOGRAFÍA

Acale Sánchez, M. (2000): *El delito de malos tratos físicos y psíquicos en el ámbito familiar*, Valencia: Tirant lo Blanch.

Acale Sánchez, M. (2007): "Sobre el fundamento de las reformas operadas por la Ley Orgánica 1/2004, de 28 de diciembre, de protección integral frente a la violencia de género", *Revista General de Legislación y Jurisprudencia*, n. 3, 2007, pp. 327-358.

Acale Sánchez, M. (2006): *La discriminación hacia la mujer por razón de género en el Código penal*, Madrid, Reus.

Acale Sánchez, M. (2010): *Medición de la respuesta punitiva y Estado de Derecho*, Pamplona, Aranzadi.

Acale Sánchez, M. (2018): "Interpretación judicial del derecho penal desde la perspectiva del género", Jueces para la democracia, n. 92, pp. 26-43.

Acale Sánchez, M, (2019): *Violencia sexual de género contra las mujeres*, Madrid, Reus.

Acale Sánchez, M., y Faraldo Cabana, P. (2023): "Circunstancias agravantes de los delitos contra la libertad sexual: actuación en grupo y condición de pareja o expareja", en Muñoz Sánchez, J. (y otros) (dir.), *Estudios político criminales, jurídico penales y criminológicos. LH al Prof. Diez Ripollés,* Valencia, Tirant lo Blanch, pp. 1201-1216.

Alastuey Dobón, C. (2006): "Desarrollo parlamentario de la Ley Integral contra la violencia de género", en Boldova Pasamar, M.A. y Rueda Martín, M.A. (coords.): *La reforma penal en torno a la violencia doméstica y de género,* Madrid, Atelier, pp. 57-68.

Cuerda Arnau, M.L. (2010): "Los delitos contra la libertad sexual de la mujer como tipos de violencia de género. Consideraciones críticas", *Revista General de Derecho penal de Iustel,* n. 13.

Díez Ripollés, J.L. (2018): "El 'no es no'", *El País,* de 10 de mayo.

Díez Ripollés, J.L. (2019): "Alegato contra un derecho penal sexual identitario". *Revista Electrónica de Ciencia Penal y Criminología* RECPC 21-10.

Faraldo Cabana, P. (2006): "Razones para la introducción de la perspectiva de género en Derecho penal a través de la Ley Orgánica 1/2004, de 28 de diciembre, sobre medidas de protección integral contra la violencia de género", *Revista Penal,* n. 17, pp. 72-94.

García Arán, M. (2009): "Injusto individual e injusto social en la violencia machista (a propósito de la STC 59/2008 sobre el maltrato masculino a la mujer pareja", en VVAA, *Constitución, derechos fundamentales y sistema penal. Semblanzas y estudios con motivo del setenta aniversario del Prof. Tomas Salvador Vives Antón,* Tomo I, Valencia, Tirant lo Blanch, pp. 649-670.

Gimbernat Ordeig, E. (2020): "Sólo sí es sí", https://www.iustel.com/diario_del_derecho/noticia.asp?ref_iustel=1197551.

Jiménez de Asúa, L. (1994): "Criminales alienados y enajenados delincuentes", en el mismo, *Crónica del crimen,* Buenos Aires, ed. Depalma, 6ª edición.

Laurenzo Copello, P. (2005): "La violencia de género en la Ley Integral. Valoración político-criminal", *Revista Electrónica de Ciencia Penal y criminología* (RECPC 07- 08/2005) http://criminet.ugr.es/recpc.1.

Maqueda Abreu, M.L. (2016): "El hábito de legislar sin ton ni son. Una lectura feminista de la reforma penal de 2015", *Cuadernos de Política Criminal,* nº 188, pp. 5-42.

Muñoz Conde, F. (2023): *Derecho penal. Parte especial,* Valencia, Tirant lo Blanch, 21ª edición.

Olmedo Cardenete, M. (2005): "Hacia un nuevo fundamento de la circunstancia mixta de parentesco tras la reforma del art. 23 del Código penal operada por la LO 11/2003, de 29 de septiembre", en Carbonell Mateu, J.C. y otros (coords.), *Estudios penales en Homenaje al Profesor Cobo del Rosal,* Madrid, Dykinson, pp. 657-670.

Pérez Manzano, M. (2019): "Odio y discriminación en el feminicidio de la pareja o ex pareja", en Cancio Meliá, M. (y otros). *LH al Prof. Dr. Agustín Jorge Barreiro,* Madrid, Universidad Autónoma de Madrid, pp. 1175-1190.

Quintero Olivares, G. (2020): "La garantía de la libertad sexual y el pensamiento jurídico de Podemos", *elconfidencial.com,* 4 de marzo.

Ramírez Ortiz, J.L. (2021): "¿Cambio de paradigma o juego de espejos?", *Boletín de la Comisión penal de Juezas y Jueces para la Democracia,* n. 12, vol I, marzo, pp.29-43.

Russel, R. y Radford, R. (1992). *Femicide: The politics of woman killing* editorial Twayne Publishers, Nueva York. En 2006 este trabajo es traducido por Lagarde y de los Ríos, Marcela, *Feminicidio. La política de las mujeres,* CEIICH-UNAM, CEDSIFRMPJV, Cámara de Diputados, LIX, Legislatura, México, 2006.

Villacampa Estiarte, C. (2015): "La protección de las víctimas en el proceso penal: consideraciones generales e instrumentos de protección", en Tamarit Sumalla, J.M. (coord.), *El Estatuto de las víctimas de delito, Comentarios a la Ley 4/2015,* Valencia, Tirant lo Blanch.

Capítulo VI.

Los dos subsistemas penales de la violencia por razón de género contra la mujer: ¿convivencia pacífica o déficit de protección?[1]

REGINA HELENA FONSECA FORTES-FURTADO

Profesora Ayudante Doctora de Derecho Penal

Universidad de Oviedo

---

1 El presente trabajo se enmarca en la ejecución del Proyecto de Investigación PREVENFEM–"Análisis retrospectivo de factores concurrentes en los feminicidios de pareja y su evolución en el tiempo para el diseño de mecanismos de prevención, con referencia PID2022-142009OB-I00, financiado por el Ministerio de Ciencia e Innovación, cuyo investigador principal es el profesor Javier Gustavo Fernández Teruelo, de la Universidad de Oviedo.

I. INTRODUCCIÓN

Empieza la Exposición de motivos de la Ley Orgánica 1/2004, de 28 de diciembre, de Medidas de Protección Integral contra la Violencia de Género (en adelante, LOPIVG) afirmando que "la violencia de género no es un problema que afecte al ámbito privado. Al contrario, se manifiesta como el símbolo más brutal de la desigualdad existente en nuestra sociedad. Se trata de una violencia que se dirige sobre las mujeres por el hecho mismo de serlo, por ser consideradas, por sus agresores, carentes de los derechos mínimos de libertad, respeto y capacidad de decisión". En el año en que celebramos el veinte aniversario de vigencia de este hito en la lucha contra la violencia de género nos gustaría dedicar este estudio al análisis de los subsistemas de protección penal de la mujer que tuvieron en la LOPIVG un gran impulso. El objetivo específico lo constituyen las siguientes preguntas: si en la actualidad existen subsistemas penales de la violencia por razón de género contra la mujer, cómo se articulan y qué problemas derivados de sinergias o quiebras sistemáticas se pueden detectar de cara a promover mejoras en el futuro.

He de señalar, no obstante, que no se trata de una lectura feminista del sistema penal o de partes de él (Maqueda Abreu, 2009; Abadía Cubillos, 2018; Acale Sánchez, en Monge Fernández y Parrilla Vergara et al., 2019; Curatolo et al., 2024), sino de un abordaje sistemático y de "lex lata", con vistas a identificar y agrupar los tipos penales que incorporan, en mayor o menor medida, la perspectiva de género. Desafortunadamente, en su misión de proteger bienes jurídicos, el Derecho Penal no es un escudo protector, pues no puede blindar a las personas que quiere proteger, aunque dicha limitación no debería llevarnos a la conclusión de que se puede prescindir de él. Nos alineamos con las posiciones que entienden legítima la intervención punitiva penal con relación a la violencia contra la mujer, pero como un dispositivo que ha contribuido a la contención y también a la concienciación respecto de las violencias relacionadas con la discriminación de género como "manifestación de una grave y arraigada desigualdad" entre hombres y mujeres (como lo refleja la STC 58/2008, de 14 de mayo, Pleno, TOL1.315.314).

A partir de las muchas reformas a las que fue sometido el Código Penal se puede identificar un primer subsistema de protección penal de la mujer que denominaremos subsistema de la tipificación penal en el que se refleja una expansión, no como exclusiva de la violencia de género, sino como un fenómeno constatable del propio sistema penal, consistente en un endurecimiento de las penas, la ampliación de los tipos penales existentes y la introducción de nuevos tipos.

Algunas causas de la expansión del Derecho Penal derivan de la existencia de nuevas realidades, por ejemplo, el impulso que ha tenido el uso de la inteligencia artificial, o de un deterioro de las realidades tradicionalmente abundantes (el medio ambiente es paradigmático en este sentido) y, en tercer lugar, el incremento esencial de valor que experimenta un determinado bien jurídico como consecuencia de un cambio social y cultural (Silva Sánchez, 2011:11-12); en este caso, la discriminación por razón de género contra la mujer.

Por otro lado, desde una perspectiva anclada en el principio constitucional de no discriminación, entra en escena un segundo subsistema penal al que denominaremos subsistema de la agravante de género, que tiene suficiente autonomía para caracterizar un subsistema específico, pues se aplica de manera residual a todos los delitos que no incorporan la perspectiva de género característica del primer subsistema.

Así las cosas, analizaremos esos dos subsistemas y las eventuales interferencias operadas por las reformas más recientes del Código Penal, como la efectuada por la L.O. 10/2022, de 6 de septiembre, de garantía integral de la libertad sexual.

Empezaremos, por consiguiente, por delimitar los subsistemas (a), para posteriormente analizar posibles interferencias, sinergias o quiebras sistemáticas (b), con vistas a llegar a algunas conclusiones con relación al estado actual de la cuestión (c) y de cara al futuro poder ampliar el análisis en lo que se refiere a qué tipo de subsistema de la violencia por razón de género contra la mujer queremos.

II. LOS SISTEMAS DENTRO DE SISTEMAS: LOS SUBSISTEMAS DE LA TIPIFICACIÓN PENAL Y DE LA AGRAVANTE DE GÉNERO

1. Sistemas, subsistemas y modelos

Con carácter preliminar hay que dejar sentado que la Teoría General de los Sistemas (TGS) se fundamenta en tres premisas: los sistemas existen dentro de sistemas, cada sistema existe dentro de otros más grandes; los sistemas son abiertos y pueden interactuar con el entorno, que también es un sistema (Von Bertalanffy, 1971; Luhmann, 1983, 1996). En este estudio nos centraremos tan solamente en algunos aspectos de la normativa penal como un subsistema dentro del sistema penal, que es más amplio, (vid. Código electrónico de violencia de género y doméstica, BOE, Dirección General de la Policía, 2024), pues incluye normas procedimentales, penológicas, de reparación del daño a las víctimas, etc. Tampoco entraremos en modelos como el ecológico feminista de Brofenbrenner, que ha sido utilizado en algunos informes y estudios realizados por las entidades del sistema de las Naciones Unidas y de la OEA, tales como el "Modelo de Protocolo latinoamericano de investigación de las muertes violentas de mujeres por razones de género (feminicidio/feminicidio)" (ONU Mujeres, OACNUDH, 2014: 38-40) como instrumento de aplicación al sistema penal. Nuestro objetivo es más modesto, como veremos a continuación.

2. El subsistema de la tipificación penal

El Código Penal de la democracia contiene delitos que incorporan una perspectiva de género. Cierto es que, incluso con anterioridad al CP 1995, una de las primeras incorporaciones del género se llevó a efecto con la Ley Orgánica 3/1989, de 21 de junio, de reforma del Código Penal, con el tipo de injusto de *violencia domestica habitual* del art. 425 CP, que ubicado en el capítulo de las lesiones planteaba no pocos problemas interpretativos relacionados con la definición de habitualidad. Se sancionaba el que habitualmente y con cualquier fin ejerciera violencia física sobre su cónyuge o persona a la que estuviese unido por análoga relación de efectividad y otros miembros del núcleo familiar. Una breve línea de tiempo nos allanará el camino a la delimitación del subsistema de la tipificación penal, como se puede ver en la siguiente tabla.

Tabla 1. Cronología del tratamiento jurídico y jurídico-penal de la violencia de género en España

AÑO	EVENTOS
1978	Constitución Española: proclama la igualdad entre hombres y mujeres (artículo 14), sentando las bases legales para combatir la discriminación.
1983	Creación del Instituto de la Mujer: se funda para promover la igualdad y combatir problemas específicos, incluyendo la violencia de género.
1989 (L.O. 3/1989)	Primera reforma penal: se tipifican los malos tratos en el ámbito familiar como delito de violencia doméstica habitual.

1997	Asesinato de Ana Orantes: después de denunciar en televisión los abusos de su expareja, Ana Orantes fue asesinada. Este caso conmocionó a la sociedad y marcó un punto de inflexión en la percepción de la violencia de género.
1999–2004 (L.O. 11/1999 y L.O. 14/1999)	Primer Plan de Acción contra la Violencia Doméstica (1998-2000): el Gobierno adoptó medidas para prevenir y proteger a las víctimas; y II Plan Integral contra la Violencia Doméstica (2001-2004). Reformas del CP. Creación del Observatorio de Violencia Doméstica (2002)
2003 (L.O. 11/2003 y L.O. 15/2003)	Endurecimiento de las penas del delito de malos tratos, con preferente atención al fenómeno de la violencia doméstica contra la mujer. Reforma de la circunstancia mixta de parentesco (art. 23 CP) con ampliación de la finalidad de aplicación a los supuestos de separación, divorcio o abandono de la relación de hecho anterior.
2004 (L.O. 1/2004)	Ley Orgánica 1/2004, de 28 de diciembre, de Medidas de Protección Integral contra la Violencia de Género: se aprueba una normativa pionera que incluye prevención, sensibilización, educación, protección y sanción. Se crean los Juzgados de Violencia sobre la Mujer y un sistema de protección específico para las víctimas.
2007 (L.O. 3/2007)	Ley de Igualdad: refuerza los derechos de las mujeres y pone énfasis en la educación como herramienta para prevenir la violencia de género.
2014 – 2016	Ratificación por España del Convenio de Estambul. Estrategia para la erradicación de la violencia contra la mujer (2013-2016).
2015 (L.O. 1/2015)	Reforma del Código Penal. Introducción de la agravante genérica de discriminación por motivo de género en el art. 22.4 CP.
2017	Pacto de Estado contra la Violencia de Género (2017-2022): los partidos políticos adoptan más de 200 medidas para reforzar la lucha contra la violencia de género, con un presupuesto de 1,000 millones de euros en 5 años.

2021 (L. 1/2021, L.O. 8/2021)	Ampliación de derechos: se incluye a mujeres víctimas de otras formas de violencia, como la económica, la trata y la mutilación genital femenina. Protección Integral de la infancia y adolescencia contra la violencia.
2022 (LO 10/2022)	Ley del "solo sí es sí": se establece el consentimiento explícito como requisito en las relaciones sexuales y se modifican los delitos contra la libertad sexual, incorporando la perspectiva de género como agravante específica.
2023 (LO 2/2023 y LO 4/2023)	Maltrato vicario contra animales y reforma de la Ley del solo sí es sí.
2024	Directiva (UE) 2024/1385 del parlamento europeo y del consejo de 14 de mayo de 2024 sobre la lucha contra la violencia contra las mujeres y la violencia doméstica.

Fuente: Elaboración propia

En esta tabla esquemática se pueden identificar tres momentos de la tipificación de delitos relacionados a la violencia de género: a) un momento inicial con la tipificación de delitos leves de género; b) la expansión de la tipificación penal de la violencia de género a nuevos ámbitos, y c) la europeización de la violencia de género; a los que se suma un cuarto componente, autónomo e innovador, que bajo el prisma de la discriminación por razón de género introduce en el Código Penal una agravante genérica en el art. 22.4 CP, con la creación de subsistema penal distinto al de la tipificación penal. Sea como fuere, inicialmente nos gustaría profundizar en estos componentes para entender mejor esos subsistemas penales y sus relaciones.

2.1. La primera fase del subsistema de tipificación penal: el núcleo duro de la violencia de género

En la primera fase de la tipificación penal de los delitos de género, el legislador tenía la mirada puesta en el delito de maltrato físico en el ámbito familiar: el objetivo no era otro que mejorar la protección de la unidad familiar, es decir, de todas las personas que, con independencia de su sexo y de su concreta relación, formaran parte de ella.

No fue hasta la reforma del año 2003 y las modificaciones introducidas por la LOPIVG en el 2004, que la perspectiva de género ingresa en el subsistema de la tipificación penal, con la diferenciación de los supuestos en los que es sujeto pasivo la *mujer o esposa*, como se puede ver en la siguiente tabla.

Tabla 2. Tipos penales y perspectiva de género

Inclusión de la perspectiva de género (fórmulas)	**Delitos**
Cuando la ofendida sea o haya sido esposa, o mujer que esté o haya estado ligada a él por una análoga relación de afectividad aun sin convivencia → Sujeto pasivo/con perspectiva de género	Arts. 153.1 (maltrato ocasional), 171.4 (amenazas leves), 172.2 (coacciones leves), art. 148.4º (lesiones) Art. 180.1.4ª (agresiones sexuales a mayores de 16 años)
Cuando el ofendido fuere alguna de las personas a las que se refiere el apartado 2 del artículo 173 CP (cónyuge o sobre persona)→ Sujeto pasivo/sin perspectiva de género	Art. 172.ter 2 (acoso o stalking) Art. 156 quater (medida de libertad vigilada) Art. 468.2 CP (quebrantamiento de medida cautelar y condena)
Sobre quien sea o haya sido su cónyuge o sobre persona que esté o haya estado ligada a él por una análoga relación de afectividad aun sin convivencia → Sujeto pasivo/sin perspectiva de género	Art. 173.2 CP (maltrato habitual)
Cuando los hechos hubieran sido cometidos por el cónyuge o por persona que esté o haya estado unida a él por análoga relación de afectividad, aun sin convivencia → Sujeto pasivo/sin perspectiva de género	Art. 197.7 CP (divulgación de imágenes íntimas o sexting)

Cuando la víctima sea o haya sido pareja del autor, aun sin convivencia → Sujeto pasivo/sin perspectiva de género	Art. 181.5 d) (agresiones sexuales a menores de 16 años)

Fuente: Elaboración propia

Como puede observarse en esta tabla, la perspectiva de género se incorpora de forma muy restrictiva a lo que podríamos llamar *núcleo duro* de la violencia de género: art. 153.1 (maltrato ocasional), art. 171.4 (amenazas leves), art. 172.2 (coacciones leves), art. 148.4º (lesiones) y, más recientemente, se prevé una modalidad agravada del delito de agresiones sexuales a víctimas mayores de 16 años cuando la ofendida sea o haya sido esposa, o mujer que esté o haya estado ligada a él por una análoga relación de afectividad aun sin convivencia (art. 180.1.4ª CP), con lo cual se rompe con la característica inicial del subsistema de tipificación penal que era el adelantamiento de la barrera de protección penal contra la violencia de género a través de la criminalización de la delincuencia de género leve para evitar una escalada a delitos más graves. Volveremos sobre este tema más adelante.

En otro orden de cosas, con la incorporación de la perspectiva de género a algunos tipos penales, se señala la existencia de un Derecho penal de la doble velocidad (Acale Sánchez, 2006:14): la primera, consistente en la violencia de género cometida por el esposo o compañero sentimental -aún sin convivencia[2]- contra la mujer esposa o compañera sentimental, con penas más elevadas; la segunda, la violencia doméstica o fami-

[2] La protección diferenciada se extiende en el tiempo, pues se aplica incluso si ha finalizado la convivencia o el matrimonio, pero exige que se cometa en virtud del vínculo afectivo-emocional y contempla relaciones de afectividad sin convivencia, es decir, relaciones sentimentales de cierta duración y estabilidad como las de noviazgo o similares, y las parejas de hecho.

liar cuyas víctimas son los demás miembros del núcleo familiar (abuelas, abuelos, tías, tíos, hijas, hijos, etc.), sancionada con penas inferiores, lo que en la práctica generaba un tratamiento penal distinto a supuestos de hecho idénticos dependiendo del género del sujeto pasivo. La crítica no tardó en venir, aunque bajo la influencia de la jurisprudencia feminista se van despejando las dudas con relación a la constitucionalidad de dicho tratamiento diferenciado, que se zanja de forma definitiva a través de la jurisprudencia del Tribunal Constitucional (entre otras, la STC 59/2008, de 14 de mayo[3], TOL1.315.315).

---

3 Reproducimos aquí los motivos esgrimidos por el Tribunal Constitucional: "En el marco de la argumentación del cuestionamiento de la norma ex art. 14 CE, se encuentran dos alegaciones que se expresan como de contrariedad de la misma al principio de culpabilidad penal. La primera se sustenta en la existencia de una presunción legislativa de que en las agresiones del hombre hacia quién es o ha sido su mujer o su pareja femenina afectiva concurre una intención discriminatoria, o un abuso de superioridad, o una situación de vulnerabilidad de la víctima. La segunda objeción relativa al principio de culpabilidad, de índole bien diferente, se pregunta si no se está atribuyendo al varón "una responsabilidad colectiva, como representante o heredero del grupo opresor". No puede acogerse la primera de las objeciones. El legislador no presume un mayor desvalor en la conducta descrita de los varones -los potenciales sujetos activos del delito en la interpretación del Auto de cuestionamiento- a través de la presunción de algún rasgo que aumente la antijuridicidad de la conducta o la culpabilidad del agente. Lo que hace el legislador, y lo justifica razonablemente, es apreciar el mayor desvalor y mayor gravedad propios de las conductas descritas en relación con la que tipifica el apartado siguiente. No se trata de una presunción normativa de lesividad, sino de la constatación razonable de tal lesividad a partir de las características de la conducta descrita y, entre ellas, la de su significado objetivo como reproducción de un arraigado modelo agresivo de conducta contra la mujer por parte del varón en el ámbito de la pareja. Tampoco puede estimarse la segunda objeción: Que en los casos cuestionados que tipifica el art. 153.1 CP el legislador haya apreciado razonablemente un desvalor añadido,

Así las cosas, el *plus* punitivo de género pasa a integrar algunas modalidades delictivas que se sancionan más severamente si se cometen en el ámbito de la violencia de género entendida como violencia contra la pareja o expareja mujer o esposa con la que el agresor tenga o haya tenido una relación matrimonial o análoga.

También se abandona la interpretación restrictiva que exigía la comprobación de un elemento de dominación machista como parte del tipo delictivo y que debería ser probado por la acusación, que convertía la *ratio legislatoris* en un elemento del tipo, cuando en efecto el legislador había expresado su decisión político-criminal de desvalorar más intensamente la discriminación contra la mujer pareja o *ex* pareja *femenina* (Felip i Saborit, 2023:89-90).

La STS 677/2018, Pleno, de 20 de diciembre, TOL7.658.849, con un voto particular firmado por cuatro magistrados, zanjó la cuestión afirmando que acreditada la relación entre autor y víctima y que las agresiones se enmarcan en el seno de una discusión surgida en el contexto de esta relación no hay que probar el

---

porque el autor inserta su conducta en una pauta cultural generadora de gravísimos daños a sus víctimas y porque dota así a su acción de una violencia mucho mayor que la que su acto objetivamente expresa, no comporta que se esté sancionando al sujeto activo de la conducta por las agresiones cometidas por otros cónyuges varones, sino por el especial desvalor de su propis y personal conducta: por la consciente inserción de aquélla en una concreta estructura social a la que, además, él mismo, y solo él, coadyuva con su violenta acción. Se concluye, pues, la constitucionalidad del art. 153.1 y 2 CP y se da validez al diferente trato penológico, pero poniendo el acento en el aspecto objetivo del ataque del hombre sobre la mujer cuando concurran entre ellos las relaciones a las que se refiere el precepto, pero sin ahondar o exigir para que la conducta sea típica en un específico elemento intencional que no cita el precepto y que no puede extraerse sin más de la Exposición de Motivos de la Ley 11/2003".

ánimo de dominación machista, que no es un elemento del tipo, sino un elemento contextual que puede ser rechazado cuando el contexto sea totalmente ajeno a la relación afectiva. No se vislumbra dicho contexto en el supuesto de agresiones motivadas por una discusión sobre la propiedad de un objeto entre dos personas cuya relación de noviazgo había finalizado dos años antes (STS 902/2021, de 19 de noviembre, TOL8.661.825).

Un último aspecto a señalar es el endurecimiento de las penas, en la medida en que se pasa de sancionar exclusivamente con penas no privativas de libertad de multa o localización permanente, a la previsión de penas privativas de libertad, además de incluir la pena de trabajos en beneficio de la comunidad, la pena de privación del derecho a la tenencia y porte de armas, y la inhabilitación para el ejercicio de patria potestad, tutela, curatela guarda o acogimiento en algunos delitos, además de la previsión de penas más elevadas para los delitos cometidos contra las mujeres.

2.2. La expansión del subsistema de la tipificación penal: ¿Descaracterización?

Lo anterior no debería conducir a la conclusión de que la tipificación penal con perspectiva de género es reducida. Los aspectos comentados hasta aquí sufren un espectacular impulso con las siguientes reformas penales, que incorporan nuevos delitos, principalmente relacionados con las tecnologías de la información y comunicación (TIC), como el art. 172 ter 1 y 2 y el art. 197.7 CP, respectivamente, el delito de acoso o *stalking* y el delito de divulgación no consentida de imágenes íntimas o *sexting*.

En efecto, la globalización y el uso de Internet ganan protagonismo acuñando nuevas formas de violencia de género digital (Lloria García, 2022), pero que a la vez no incorporan directamente una perspectiva de género, sino que utilizan la fórmula neutra, con lo cual, los sujetos activos y pasivos de los delitos pueden ser cualquier persona, sin importar la orientación o identidad sexual o el género, aunque en algunos supuestos puede haber una clara prevalencia de víctimas mujeres, principalmente en ámbitos de discriminación por la desigual relación de poder y control que se establece a favor del hombre y que afecta a mujeres en edades cada vez más tempranas (Memoria de la Fiscalía General del Estado, 2024).

En última instancia, hay que señalar que el subsistema de la tipificación penal va en franca expansión, incorporando delitos de un amplio espectro o una perspectiva de género en delitos ya existentes: la violencia vicaria contra animales, el quebrantamiento de medida cautelar o condena, los matrimonios forzados, la trata con fines de explotación, la mutilación genital femenina, delitos de genocidio y lesa humanidad contra la mujer, etc.

Ahora bien, incluso en ámbitos que parecían ya cubiertos por las elevadas penas previstas en abstracto, se opta por la introducción de la perspectiva de género, sexualizando parte de los delitos contra la libertad sexual, como es el caso de la agravante específica del art. 180.1.4ª CP, que se aplica a las agresiones sexuales contra mujeres mayores de 16 años. Lo cierto es que también la pena para estos delitos se vio alterada con la fusión de las violencias sexuales en el delito de agresiones sexuales y la eliminación de los abusos sexuales, pero, al fin y al cabo, las penas máximas, con la reforma del 2024, no se modificaron de forma tan sustancial y siguen siendo bastante elevadas. Volveremos sobre este tema al analizar el subsistema penal de la agravante de género.

2.3. Tendencias actuales de crecimiento del subsistema de la tipificación pena y la europeización de la violencia de género

Llegados a este punto, cabe observar que la ola expansionista no toco techo y hay posibles modalidades de violencia de género que aún no encuentran eco en la ley penal. Eso se debe, principalmente, a dos factores: la europeización de la violencia de género y los nuevos riesgos tecnológicos asociados a la inteligencia artificial.

Nuevas formas de violencia de género, como el *deepfake* y la pornografía técnica vienen a confirmar la tendencia de ampliación de los tipos penales. Y eso queda claro con la nueva normativa europea de los eurodelitos, la Directiva (UE) 2024/1385 del Parlamento Europeo y del Consejo, de 14 de mayo de 2024), sobre la lucha contra la violencia contra las mujeres y la violencia doméstica, cuya subsunción penal en los tipos penales existentes no es fácil. Un buen ejemplo de eso son las imágenes y videos creados con inteligencia artificial, los desnudos falsos o pornografía tecnológica, con la respectiva divulgación de imágenes íntimas que afectan principalmente a la mujer. De "lege ferenda" se piensa en la creación de un título específico en el Código Penal para la protección de la imagen como un atentado contra la intimidad que afecta a los menores de edad y, de forma desproporcionada, también a las mujeres.

Por otro lado, debe mencionarse otro importante ámbito de crecimiento: la violencia vicaria, visibilizada a través de la L.O. 8/2015, de 22 de julio, de modificación del sistema de protección a la infancia y a la adolescencia, que operó una reforma del apartado 2º del art. 1 de la LOPIVG para incluir como víctimas de la violencia de género a los hijos menores y a los menores sujetos a la tutela, o guarda o custodia de la mujer, como víctimas de esta violencia, ampliando el ámbito subjetivo. También se habla de la violencia sexual de género vicaria "cuyo tratamiento no ha sido todavía afrontado con éxito por parte de los tribunales penales (Acale Sánchez, 2022: 128). No puede olvidarse la agravante del maltrato vicario contra animales domésticos, domesticados o que vivan temporal o permanentemente bajo el control humano del art. 340 bis 2 CP, que sanciona con la pena en su mitad superior cuando el autor cometa el hecho para coaccionar, intimidar, acosar o producir menoscabo psíquico a quien sea o haya sido cónyuge o a persona que esté o haya estado ligada al autor por una análoga relación de afectividad, aun sin convivencia.

Otros ámbitos que se pueden mencionar son los de la violencia económica contra la mujer, los llamados delitos de honor, algunas modalidades de la violencia de género digital que tienen un difícil encaje típico (sextorsión, *revengeporn*, *doxing*, etc.), el control coercitivo, etc. No podemos extendernos en este tema, pero seguramente vendrán nuevas reformas penales como expresión de este fenómeno expansionista al que se suma el influjo de la normativa europea.

3. El subsistema de la agravante de género: ¿convivencia pacífica?

En lo anteriormente dicho ha quedado reflejado que se pueden observar distintos momentos en la tipificación penal de los delitos de género que no ocurren de forma simultánea, sino que se solapan parcialmente en el tiempo. Hay entre ellos una cierta dinámica temporal en la que, además de la expansión de los tipos penales, también se amplía el paraguas penal con la promulgación de la L.O. 1/2015, de 30 de marzo, que promueve la inclusión de la discriminación por el género en la agravante genérica del art. 22.4 CP. Dicho precepto hace frente a los clásicos fenómenos de criminalidad racista y xenófoba contra grupos, partes de él o personas a él ligadas, y la reforma del 2015 cobija tres nuevos motivos de discriminación de índole sexista: por razón del sexo de la víctima, por su orientación o identidad sexual y por razones de género.

Mas genéricamente, el Código penal ya contaba con la cobertura que le confería la circunstancia mixta de parentesco del art. 23 CP: "es circunstancia que puede atenuar o agravar la responsabilidad, según la naturaleza, los motivos y los efectos del delito, ser o haber sido el agraviado cónyuge o persona que esté o haya estado ligada de forma estable por análoga relación de afectividad, o ser ascendiente, descendiente o hermano por naturaleza o adopción del ofensor o de su cónyuge o conviviente".

Por otro lado, la discriminación por razón de género puede solaparse con la de sexo o la de edad (con relación a la violencia contra las niñas por la razón de serlo, por ejemplo). Para diferenciar la agravante de sexo y género, se entiende que en la primera puede ser víctima un hombre frente a una mujer o un grupo de mujeres, mientras que en la última son conductas de varones frente a mujeres con la intención de expresar su dominio y su trato hacia ellas "como seres humanos inferiores" (Borja-Jiménez, 2015:122).

La discriminación de género también está presente en la violencia doméstica de género (delitos practicados contra la mujer o esposa en las relaciones afectivo-emocionales) y en los delitos neutros que pueden cometerse contra la mujer siempre y cuando exista una motivación o contexto de dominación machista del hombre sobre la mujer.

Diagrama 1. Discriminación de género en la violencia contra la mujer

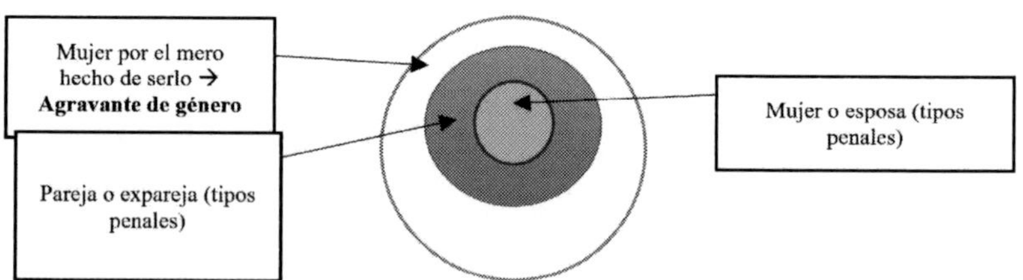

En teoría, la agravante de género podría aplicarse a todos los delitos de la Parte Especial del Código Penal; sin embargo, ¿a qué delitos se aplica efectivamente? La cuestión no es baladí, la jurisprudencia viene entendiendo que se aplica la agravante de género a los delitos que *no incorporan la perspectiva*

de género en su redacción típica, pues eso comportaría un *bis in idem.* Tradicionalmente, la jurisprudencia viene entendiendo que la agravante de género es compatible con la circunstancia mixta de parentesco (que puede agravar o atenuar la responsabilidad por el delito), o sea, que pueden aplicarse concomitantemente, con lo cual es importante saber si está vedada su aplicación tan solo al grupo de delitos del núcleo duro de la violencia de género -que realmente incorporan la perspectiva de género-, o si la prohibición alcanza también a los que utilizan la fórmula neutra consistente en que "hubieran sido cometidos por el cónyuge o por persona que esté o haya estado unida a él por análoga relación de afectividad, aun sin convivencia".

El paradigma de la violencia contra las mujeres, como hemos visto, se desplaza de los vínculos familiares a la discriminación estructural como un derecho desigual igualitario entre hombres y mujeres (Laurenzo Copello, 2005), bien como que "por esta vía se confirma, por tanto, la superación del concepto restrictivo de violencia de género que se recoge en la LO 1/2004, doblemente limitado por referirse solo a unos pocos delitos y aplicarse solo en el contexto de las relaciones de pareja, para pasar a agravar todos los delitos relacionados con la violencia contra las mujeres por razón de género en el sentido del Convenio de Estambul" (Faraldo Cabana, 2022:34). En efecto, la Exposición de motivos de la L.O. 1/2015, de 30 de marzo, fundamenta la introducción del motivo de discriminación por género entendida ésta con base en el Convenio de Estambul, como "los papeles, comportamientos o actividades y atribuciones socialmente construidos que una sociedad concreta considera propios de mujeres o de hombres, que puede constituir un fundamento de acciones discriminatorias diferente del que abarca la referencia al sexo", refiriéndose a los roles sociales y los perjuicios suportados por las mujeres.

Es evidente que el fundamento de la agravante de discriminación por razón de género se encuentra en el "mayor reproche penal que supone que el autor cometa los hechos, motivado por sentirse superior a uno de los colectivos que en el mismo se citan y como medio para demostrar además a la víctima que la considera inferior. Se lleva a cabo una situación de subyugación del sujeto activo sobre el pasivo, pero sin concretarse de forma exclusiva el ámbito de aplicación de la agravante sólo a las relaciones de pareja o expareja, sino en cualquier ataque a la mujer con efectos de dominación, por el hecho de ser mujer. Esta es la verdadera significación de la agravante de género" (Magro Servet, 2024: 248).

Aunque un sector de la doctrina era contrario a su adopción por entender que se trata del foro íntimo del autor y que tal circunstancia se relacionaba con los móviles de la conducta (Muñoz Conde/García Arán, 2015: 524; Bernal del Castillo, 1998:68, Aguilar Cárceles, 2015:63), prevaleció el entendimiento de que se aumenta el injusto del hecho y junto al bien jurídico-penal protegido se tutela el principio de la igualdad y no discriminación (Quintero Olivares, 2011:302, Mir Puig, 2016: 656), con lo cual el móvil discriminador en sí pasa a ser un desvalor adicional de resultado, más bien conectado con el efecto que se produce en el sujeto pasivo del delito y en la perpetuación de una situación de desigualdad (Marín de Espinosa, 2018:14). En definitiva, se afectaría a valores esenciales como los de la dignidad de la persona y el de igualdad, o lo que es lo mismo, la prohibición del trato discriminatorio, por lo que se lesiona el bien jurídico protegido por el delito concreto y, además, el principio constitucional de igualdad (arts. 9.2, 10, 13.1 y 14 de la Constitución Española). En que pese el atractivo de esta vía, "que se ajustaría mejor a los principios rectores de nuestro Derecho penal, se encuentra, sin embargo, demasiado alejada del tenor de la norma, haciendo peligrar el principio de legalidad y distante de lo que parece ser la voluntad legislativa" (González Tascón, 2021: 137), según esta autora, mayormente se explica como un incremento del desvalor del resultado del delito, sin necesidad de comprobación de un elemento de dominación, al ser suficiente el dolo, con lo cual, debido a su carácter prevalentemente objetivo es comunicable a los partícipes según la regla del art. 65.2 CP.

Por todo ello, se puede proyectar la idea equivocada de que con el protagonismo de la agravante de discriminación por motivo de género ya no tendría sentido sostener un subsistema de la tipificación penal, que se torna obsoleto. Sin embargo, tal opción conlleva varios inconvenientes: a) las agravantes genéricas de la Parte General del Código Penal son de aplicación discrecional por parte de los jueces; b) se pueden compensar agravantes y atenuantes, lo que tornaría fácil su no aplicación a través de la mera confesión del delito o de la reparación del daño por parte de su autor, por tratarse de circunstancias atenuantes, c) en consecuencia, se desplegarían menos efectos de prevención general y más inseguridad en la ciudadanía y, por último, d) en términos comunicativos, es importante "llamar las cosas por su nombre", lo que sería difícil con la remisión a una agravante genérica de discriminación.

Entonces, ¿cuál de los dos subsistemas es el más adecuado a las finalidades de protección? Queda claro que contar con tipos penales específicos es la opción más segura y ventajosa en términos de aplicación práctica y de prevención general; sin embargo, en este marco, en función de la distinta racionalidad y los distintos ámbitos de aplicación, una conclusión provisional es la de que puede haber una convivencia pacífica entre ellos, con lo cual no sería necesario prescindir de ninguno.

La clave radica, pues, en delimitar el ámbito de aplicación de la agravante de discriminación por razón de género del art. 22.4 CP. La sistematización de los criterios se encuentra desarrollada de forma detallada por la doctrina jurisprudencial del Tribunal Supremo, como se puede ver de la STS 88/2022, de 10 de noviembre. Se trata de un supuesto de asesinato con alevosía sorpresiva, en la modalidad tentada, contra la vida de la mujer con la que el autor había mantenido una relación análoga a la de pareja, sin convivencia, y que había finalizado pocos meses antes. Más precisamente, en el FD 3º en orden a fijar las características de la agravante de género del art. 23.4 CP la Sala especifica que:

"1.- La agravante de género del art. 22.4 CP pueda aplicarse también aisladamente si el ataque se hace a una mujer con la que el sujeto activo no tiene ninguna relación de pareja o expareja, pero se pueda desprender de la prueba practicada que se ha realizado el ilícito penal con actos que implican dominación del hombre hacia una mujer por el hecho de ser mujer. (Tribunal Supremo, Sala Segunda, de lo Penal, Sentencia 351/2021 de 28 Abr. 2021, Rec. 10643/2020).

2.- Como ya dijimos en nuestra STS 1177/2009, de 24 de noviembre, interpretando preceptos penales específicos de género, se comete esta acción cuando la conducta del varón trata de establecer o mantener una situación de dominación sobre la mujer colocando a ésta en un rol de inferioridad y subordinación en la relación, con grave quebranto de su derecho a la igualdad, a la libertad y al respeto debido como ser humano en sus relaciones sentimentales.

3.- El fundamento de la agravante se ubica en la mayor reprochabilidad que supone que el autor cometa los hechos contra una mujer por el mero hecho de serlo y en actos que implican, o llevan consigo, actos que evidencian un objetivo y fin de sentirse superior a la misma entendemos que no puede existir una exclusión por la circunstancia de que entre el sujeto activo y pasivo del delito no exista una previa relación sentimental, tanto actual o pasada. Porque el ilícito penal que se cometa se asienta sobre la consideración de un trato desigual, precisamente por su diferente sexo, y en este supuesto, diferencia por razón de ser la víctima mujer, pero sin el aditamento de que sea pareja del agresor, o su ex pareja, sino esencial y únicamente por ser mujer, y en el entendimiento para el agresor de la necesidad de sumisión y obediencia, que lleva a sentir a la víctima ser una pertenencia o posesión en ese momento del agresor, llegando a desconocerse las condiciones de igualdad que entre todos los seres humanos debe darse y presidir las acciones de los unos para con los otros. Con ello, a los elementos ya expuestos de dominación y machismo en el acto ilícito penal añadimos el de la desigualdad en los actos que lleva consigo el sujeto activo del delito sobre su víctima.

4.- Con la inclusión de esta agravante, se amplía la protección de los derechos de las mujeres frente a la criminalidad basada en razones de género. Esto es, delitos que se agravan por constituir una manifestación específicamente lesiva de violencia y de desigualdad y dominación del hombre sobre la mujer.

5.- El fundamento de las agravaciones recogidas en este apartado 4º reside en el mayor reproche penal que supone que el autor cometa los hechos motivado por sentirse superior a uno de los colectivos que en el mismo se citan y como medio para demostrar además a la víctima que la considera inferior. Se lleva a cabo una situación de subyugación del sujeto activo sobre el pasivo, pero sin concretarse de forma exclusiva el ámbito de aplicación de la agravante sólo a las relaciones de pareja o expareja, sino en cualquier ataque a la mujer con efectos de dominación, por el hecho de ser mujer. Esta es la verdadera significación de la agravante de género (Tribunal Supremo, Sala Segunda, de lo Penal, Sentencia 136/2020 de 8 May. 2020, Rec. 10621/2019).

6.- Recordemos que el Convenio de Estambul, que es el germen de la introducción de esta agravante, señala en su art. 2º que "El presente Convenio se aplicará a todas las formas de violencia contra las mujeres, incluida la violencia doméstica, que afecta a las mujeres de manera desproporcionada: a.- Violencia contra las mujeres: Debe destacarse que el art. 3, a) del Convenio de Estambul señala que "Por "violencia contra las mujeres" se deberá entender una violación de los derechos humanos y una forma de discriminación contra las mujeres, y designará todos los actos de violencia basados en el género que implican o pueden implicar para las mujeres daños o sufrimientos de naturaleza física, sexual, psicológica o económica, incluidas las amenazas de realizar dichos actos, la coacción o la privación arbitraria de libertad, en la vida pública o privada"; b.- Violencia contra la mujer por razón de género. En el art. 3 c) se recoge que por "violencia contra la mujer por razones de género" se entenderá toda violencia contra una mujer porque es una mujer o que afecte a las mujeres de manera desproporcionada. c.- Sanción de los tipos penales. Construido el citado Convenio en razón a la violencia que se ejerce sobre las mujeres debemos destacar, y es clave para ello, el art. 43 del Convenio que señala que los delitos previstos en el presente Convenio se sancionarán con independencia de la relación existente entre la víctima y el autor del delito.

7.- No puede aplicarse la agravante de género ni la circunstancia mixta de parentesco como agravante respecto de aquellos tipos penales que ya prevén entre sus elementos que necesariamente exista o haya existido entre víctima y autor esta relación, como ocurre con los delitos recogidos en los artículos 148.4º, 153.1, 171.4, 172.2, pues en otro caso estaríamos vulnerando la prohibición *non bis in idem*. El ámbito de aplicación de la agravante de dominación por razones de género extravasa las relaciones conyugales o de pareja. En cuanto a los delitos sobre los que puede operar, siempre que su configuración lo permita, en principio no habrá que establecer más exclusiones que la de aquellos que incluyan en su descripción típica factores de género. (Tribunal Supremo, Sala Segunda, de lo Penal, Sentencia 571/2020 de 3 Nov. 2020, Rec. 10427/2020).

8.- La agravante de género debe aplicarse en todos aquellos casos en que haya quedado acreditado que el autor ha cometido los hechos contra la víctima mujer por el mero hecho de serlo y con intención de dejar patente su sentimiento de superioridad frente a la misma; es decir, en aquellos casos en que se cometió el hecho por esa motivación, que atenta contra el principio constitucional de igualdad.

9.- La concurrencia de una circunstancia de agravación exige de un aditamento, que en el caso de la de dominación por razones de género se concreta en una base fáctica que permita deducir que el comportamiento de quien agrede cuenta con el plus de antijuridicidad que conlleva el que sea manifestación de la grave y arraigada desigualdad que perpetúa los roles asignados tradicionalmente a los hombres y las mujeres, conformados sobre el dominio y la superioridad de aquellos y la supeditación de éstas.

10.- Cuando la agravante de género se introduce en una relación de pareja, generalmente se refiere a actos de control o de humillación. Por los primeros, el sujeto activo del delito controla la forma de vestir de la mujer, sus relaciones sociales, sus gustos y preferencias, incluso su autonomía económica, habiendo casos de retirada de su documentación como modo de controlar sus movimientos, y cuando nos estamos refiriendo a actos de humillación, el maltratador desprecia a la mujer por el hecho de serlo, le dice que no sirve para nada, y otras expresiones similares. Pero que concurra con una relación de pareja, no quiere decir que no sea compatible con la agravante de parentesco, como ha pronunciado ya esta Sala Casacional de manera reiterada. En los delitos fuera de la relación de pareja, que habitualmente son los de índole sexual, perpetrados entre desconocidos, la agravante de género se configura en la actuación del agente cosificando a la mujer, de tal forma que se cometen actos de humillación de naturaleza sexual. (Tribunal Supremo, Sala Segunda, de lo Penal, Sentencia 571/2020 de 3 Nov. 2020, Rec. 10427/2020).

11.- La agravante de género, ya lo hemos dicho y repetimos en palabras que ahora tomamos de la STS 420/2018, de 25 de septiembre, hace referencia a las características biológicas y fisiológicas que diferencian a los hombres de las mujeres, mientras que el género se refiere a aspectos culturales relacionados con los papeles, comportamientos, actividades y atributos construidos socialmente que una sociedad concreta considera propios de mujeres o de hombres (Convenio de Estambul, art. 3.c). (Tribunal Supremo, Sala Segunda, de lo Penal, Sentencia 23/2022 de 13 Ene. 2022, Rec. 10303/2021).

12.- El fundamento de la agravación de género radica en la situación de discriminación hacia la mujer basada en la intención de dominación del hombre sobre la mujer, al considerarlo el autor como un ser inferior, sin derechos, y sin legitimidad para un comportamiento propio y desconectado del hombre. (Tribunal Supremo, Sala Segunda, de lo Penal, Sentencia 666/2021 de 8 Sep. 2021, Rec. 10277/2021).

13.- La concurrencia de una circunstancia de agravación exige de un aditamento, que en el caso de la de dominación por razones de género se concreta en una base fáctica que permita deducir que el comportamiento de quien agrede cuenta con el plus de antijuridicidad que conlleva el que sea manifestación de la grave y arraigada desigualdad que perpetúa los roles asignados tradicionalmente a los hombres y las mujeres, conformados sobre el dominio y la superioridad de aquellos y la supeditación de éstas. (Tribunal Supremo, Sala Segunda, de lo Penal, Sentencia 509/2021 de 10 Jun. 2021, Rec. 10756/2020).

14.- Su fundamento trae causa del mayor reproche que resulta respecto a quien comete cualquier delito por "razones de género", como plasmación de un entendimiento que se sustenta en la existencia de prejuicios relativos a la superioridad del género masculino respecto al femenino y, en consecuencia, al papel de subordinación que se reserva a las mujeres respecto de los hombres, hasta llegar a entendimientos meramente "despersonalizadores" o "cosificadores" de aquéllas, relación de desequilibrio o sometimiento que el autor procura con su conducta delictiva afianzar o mantener, llanamente incompatible con nuestra Constitución y los principios que la identifican. (Tribunal Supremo, Sala Segunda, de lo Penal, Sentencia 325/2022 de 30 Mar. 2022, Rec. 5849/2021)".

Hasta ahora lo que permitía la coexistencia de los dos subsistemas era el requisito séptimo que prohíbe la aplicación de la agravante de género *como agravante respecto de aquellos tipos penales que ya prevén entre sus elementos que necesariamente exista o haya existido entre víctima y autor esta relación, como ocurre con los delitos recogidos en los artículos 148.4º, 153.1, 171.4, 172.2,* pues de hacerlo se estaría vulnerando el principio de *non bis in idem.*

Aparentemente, tan detallada interpretación jurisprudencial debería colmar todas las eventuales lagunas y reducir los problemas interpretativos; con todo, la posterior inclusión de la perspectiva de género en los delitos de agresiones sexuales perpetradas contra víctimas mayores de 16 años ha significado un guiño interpretativo importante en términos de una quiebra sistemática, como veremos.

III. DÉFICITS DE PROTECCIÓN E INTERFERENCIAS SISTEMÁTICAS

La Ley Orgánica 10/2022 de garantía de la libertad sexual, de 6 de septiembre (BOE nº 215, de 7 de septiembre de 2022), que entró en vigor el 7 de octubre de 2022, además de haber operado uno de los cambios más profundos e importantes de nuestro Código Penal, también supuso un giro copernicano en la política criminal de la violencia de género. La reestructuración sistemática operada en la rúbrica del Título VIII, con la exclusión de la indemnidad sexual, con evidentes consecuencias interpretativas en relación con el bien jurídico penal protegido (González Tascón, 2023) -que ahora gravita en torno a la protección penal de la libertad sexual-, además de la opción técnico-legislativa de tipificación de los delitos contra la libertad sexual fusionados en la amplitud del injusto penal de las agresiones sexuales.

Por otro lado, también la relevancia, protagonismo y centralidad del consentimiento, se une a estas importantes modificaciones. Nuestro interés se encuentra en la inclusión de la agravante en los delitos sexuales del art. 180.1.4ª CP (agravante de género), que prevé penas más elevadas para las agresiones sexuales con o sin penetración en las respectivas modalidades agravadas o no de los arts. 178.1 y 2 CP y art. 179.1 y 2, y los arts. 178.3 y 179.2 CP y que también se aplica al apartado segundo del art. 178 CP, que trata de las agresiones sexuales con determinados medios comisivos que afectan al consentimiento, siempre y cuando la víctima sea o haya sido *esposa* o *mujer* que esté o haya estado ligada por análoga relación de afectividad, aun sin convivencia, con el agresor y mayor de 16 años de edad (edad del consentimiento sexual a efectos penales).

La cláusula homóloga del art. 181.5 d) CP para los delitos de agresiones sexuales contra menores de 16 años de edad, aunque no incorpore una perspectiva de género, prevé el aumento de pena cuando la víctima sea o haya sido pareja del autor, aun sin convivencia. Hay diferencias importantes, también, en lo que se refiere a la modalidad atenuada-agravada, una vez que la aplicación de la agravante específica de género del art. 181.1.4º CP no se aplica a la modalidad atenuada del art. 178.4 CP, pero sí se aplica al subtipo atenuado cuando se trate de agresión sexual a menores de 16 años de edad.

Es relevante para la correcta compresión del tema, verificar como se posicionará la jurisprudencia con relación a la aplicación práctica de la agravante específica de género del art. 22.4 CP y la circunstancia mixta de parentesco del art. 23 CP a referidos delitos.

En fin, nos enfrentamos con la cuestión de qué implicaciones tiene la introducción de la agravante específica de género en los delitos sexuales en términos de los subsistemas penales que hemos analizado y qué consecuencias se pueden extraer de dicho cambio de paradigma.

Pues bien, el Tribunal Supremo en su reciente sentencia 258/2023, de 19 de abril, TOL9.556.548, ha decidido que con motivo de la reforma de la L.O. 10/2022, de 6 de septiembre, se entiende que, aunque la exposición de motivos de la ley haga mención a que se introduce la agravante de género como subtipo agravado, hay un error, pues no puede considerarse como agravante de género, "sino de parentesco, como siempre se ha aplicado a esta relación entre autor y víctima, que siempre es un dato objetivo cuando concurra esa relación, y no como un dato subjetivo, como es la agravante de género" (Magro Servet, 2024: 251).

Se trata de la resolución de un hecho relacionado con la nueva redacción de los tipos penales y la retroactividad de la ley penal más beneficiosa en la que el Tribunal Supremo entiende que los hechos deberían tipificarse como un delito de agresión sexual de los artículos 178, 179 y 180.1.4ª CP concurriendo la circunstancia de parentesco, al tener la víctima y agresor una relación sentimental estable, por lo que la pena aplicable oscilaría entre los 7 y 15 años de prisión y concurriendo la agravante de género, la pena a imponer tendría una extensión de entre los 11 años y 1 día a 15 años, conforme a lo establecido en el artículo 66.1 3ª CP.

En el caso concreto se había aplicado, antes de la reforma de la Ley del solo sí es sí, la agravante de género. Al trasladar la pena a la reforma del 2023, el tribunal Supremo acepta que la relación entre autor y víctima es la agravante de parentesco (que ahora es el subtipo agravado). De este modo, por compatibles, se aplican las dos, tanto la de género como la de parentesco, que es lo que es ahora el subtipo agravado del art 180.1.4ª CP, compatible si, además, existe la agravante de género (ya que se trata de la de parentesco).

Lo cierto es que aún es muy temprano para saber si dicha interpretación será la que va a prevalecer, una vez que la doctrina se había manifestado en sentido contrario (Lascuraín Sánchez, 2023: 59-60; Gómez Navajas, 2023: 174-175), pero de ser así, se aplicaría la agravante de género a un delito que incorpora en su tipificación la perspectiva de género, por entender que esta última se trata de una relación de parentesco y que hay compatibilidad.

El problema es que a los delitos leves que incorporan la misma fórmula (vid. Tabla 2 supra), de no aplicarse la agravante de género, como venía siendo la regla, se generaría un tratamiento desproporcional e injustificado en comparación con la aplicación reciente a los delitos sexuales, es decir, por cuestiones de coherencia interna debería aplicarse también a todos los delitos, incluso a los que incorporen en su redacción típica una perspectiva de género, que ahora se interpreta como parentesco y permite la ampliación punitiva si se da también un motivo de dominación machista en el caso concreto.

Se puede opinar que lo correcto sería que el Tribunal Supremo cumpliera con los requisitos establecidos respecto de la agravante de género del art. 22.4 CP, principalmente el dispuesto en el número 7, como hemos visto más arriba, para evitar una quiebra sistemática evidente. De no hacerlo, en términos sistemáticos se abre una tercera vía que no deja de ser muy atractiva: ya no estaríamos delante de dos subsistemas penales, sino de una fusión entre ellos, considerándose que la violencia doméstica o familiar entre parientes no excluye la configuración, en el caso concreto, por totalmente compatible, con la agravante de género, que dependería de un análisis caso a caso, pero que no excluye la aplicación a todos los delitos del Código Penal. Además, la compatibilidad entre parentesco y discriminación por género se encuentra totalmente asentada en la jurisprudencia.

En conclusión, se trataría de una simbiosis benéfica, pues abriría la posibilidad de aplicar la agravante de género donde se verifique una situación de discriminación de género que deberán probarse a través de una serie de hechos circunstanciales e imputarse por las acusaciones (Marín de Espinosa, 2018: 16) y se unificaría la protección penal de la mujer a un único subsistema penal antidiscriminatorio que se aplicaría a toda Parte Especial del Código Penal, incluso a tipos penales que prevén y valoran el parentesco (mujer, pareja o expareja) que no la discriminación.

En definitiva, de persistir la interpretación más reciente del Tribunal Supremo, lo que sí se detectaría en virtud del actual subsistema de la tipificación penal, es un déficit de protección relacionado con la delincuencia violenta grave contra la mujer, como las lesiones agravadas de los delitos 149 y 150 CP y los delitos contra la vida de homicidio y asesinato de los arts. 138, 139 y siguientes, que inexplicablemente no incorporan una agravación cuando el delito se cometa contra la pareja o expareja mujer.

IV. BREVES REFLEXIONES FINALES

Para finalizar estas páginas podríamos concluir que en el sistema del Derecho Penal hasta la fecha convivían pacíficamente dos subsistemas relacionados con la violencia de género: el subsistema de la tipificación penal y el subsistema de la agravante de género, cuyas características hemos desarrollado en este texto.

Más recientemente, con la promulgación de la llamada "Ley del solo sí es sí" y la reforma de los delitos sexuales que operó una sexualización de los delitos de agresiones sexuales contra las víctimas mayores de dieciséis años, los dos subsistemas que convivían pacíficamente pasan a mezclarse en una simbiosis promovida por la reciente jurisprudencia del Tribunal Supremo y su interpretación en el sentido de que dicha sexualización de los delitos sexuales tiene como base el parentesco y no la discriminación de género, abriendo la puerta para la aplicación de la agravante de género del art. 22.4 CP a estos delitos.

Como es sabido, el Código Penal español no tipifica un delito de feminicidio pero, aunque no lo haga, habría que preguntarse si con la entrada de la perspectiva de género en los delitos de agresiones sexuales sigue existiendo un motivo serio para no incluirla también en los delitos contra la vida humana independiente cuando el sujeto pasivo sea la mujer. Lo cierto es que un sector doctrinal defiende que "en caso de existir una relación de parentesco entre el autor y el sujeto pasivo en el sentido del art. 23 CP, habrá de apreciarse esta circunstancia como agravante, generalmente. Si la víctima fuera mujer pareja o ex pareja estable del homicida varón (por matrimonio o por relación de hecho análoga), y siempre y cuando se apreciara en éste un ánimo machista, misógino, discriminatorio y expresado de la desigualdad y el dominio tradicional masculino sobre la mujer (vid. Art. 1.1 LO 2/2004, de protección contra la violencia de género), a dicha circunstancia de parentesco (por uxoricidio) habría de añadirse la agravante prevista en el art. 22.4ª (cometer el hecho por razones de género), dándose por tanto un *feminicidio* (Esquinas Valverde, 2023: 56-56).

La conclusión a la que se llega es que ese debería ser el próximo paso del legislador, pues con la introducción de la perspectiva de género en los delitos contra la vida y en los delitos violentos graves contra la mujer (arts. 149 y 150 CP), que son el culmen de la violencia "basada en el total dominio y control del varón sobre la mujer" (Fernández Teruelo, 2024:9), se completaría con éxito la migración a un subsistema antidiscriminatorio y a un Derecho Penal de protección de la mujeres y niñas más acorde con el espíritu del Convenio de Estambul. Aunque no nos atrevemos a realizar en estas breves reflexiones finales un pronóstico de futuro, ojalá podamos estructurar un Derecho Penal antidiscriminatorio para poder dotarlo de una mayor coherencia lógico-interpretativa y sistemática.

BIBLIOGRAFÍA

Abadía Cubillos, M. (2018): *Feminismos y sistema penal. Retos contemporáneos para una legitimación del sistema penal,* Colombia: Universidad de Los Andes.

Acale Sánchez, M. (2022): "Acercamiento a la violencia vicaria", en Fernández Teruelo, J.G., García Amez, J. y Fernández-Rivera González, P., *Nuevas formas de prevención y respuesta jurídico-social frente a la violencia de género,* Navarra: Thomson Reuters

Acale Sánchez, M. en Monge Fernández, A. y Parrilla Vergara, J. et al. (2019): *Mujer y Derecho Penal ¿necesidad de una reforma desde una perspectiva de género?,* Barcelona: Bosch Editor.

Acale Sánchez, M. (2006): *La discriminación hacia la mujer por razón de género en el Código Penal,* Madrid: Reus.

Aguilar Cárceles, M.M. (2015): "Circunstancias agravantes genéricas", en Morillas Cueva, L. (Dir.), *Estudios sobre el Código Penal reformado,* Madrid: Dykinson.

Agustina, J.R. et al. (2023): *Comentarios a la ley del "solo sí es sí". Luces y sombras ante la reforma de los delitos sexuales introducida en la LO 10/2022, de 6 de septiembre,* Barcelona: Atelier.

Bernal del Castillo, J. (1998): *La discriminación en el Derecho,* Granada: Comares.

Borja Jiménez, E. (2015): en González Cussac, J.L., Matallín Evangelio, A. y Górriz Royo, E. et al., *Comentarios a la reforma del Código Penal de 2015,* Valencia: Tirant lo Blanch.

Curatolo,S.A. *et al.* (2024): *Teoría del delito. Parte Especial y Criminología latinoamericana y feminista,* Argentina: Llanes.

Diez Ripollés, J.L. (2019): "Alegato contra un derecho penal sexual identitario", *Revista Electrónica de Ciencia Penal y Criminología,* n. 21, pp. 1-29.

Esquinas Valverde, P. (2023) en Marín de Espinosa Ceballo, E. y Esquinas Valverde, P. et al., *Lecciones de Derecho Penal. Parte Especial, 4ª edición,* Valencia: Tirant lo Blanch.

Faraldo Cabana, P. (2022): "Odio discriminatorio y discriminación por razón de género: ¿Mundos opuestos o caras de la misma moneda?", en Fernández Teruelo, J.G., García Amez, J. y Fernández-Rivera González, P., *Nuevas formas de prevención y respuesta jurídico-social frente a la violencia de género,* Navarra: Thomson Reuters.

Felip i Saborit, D. (2023) en Silva Sánchez, J.M. y Ragúes i Vallès et al., *Lecciones de Derecho Penal. Parte Especial*, Barcelona: Atelier.

Fernández Teruelo, J. G. y Fonseca Fortes-Furtado, R.H. *et al.* (2021), *Violencia de género: retos pendientes y nuevos desafíos*, Navarra: Thomson Reuters Aranzadi.

Fiscalía General del Estado (2024), *Memoria de la FGE 2024, Sala de violencia de género.*https://www.fiscal.es/memorias/memoria2024/FISCALIA_SITE/index.html (19 de diciembre de 2024)

García Álvarez, P., Caruso Fontán, V. y Rodríguez Ramos, M. et al. (2023): *La perspectiva de género en la ley del "solo sí es sí". Claves de la polémica*, A Coruña: Colex.

Gómez-Jara Díez, C. et al. (2005): *Teoría de Sistemas y Derecho Penal. Fundamentos y posibilidades de aplicación*, Granada: Comares.

Gómez Navajas, J. (2023): "Agresión sexual por parte del cónyuge, pareja o expareja de la víctima", en García Álvarez, P. y Caruso Fontán, V. (Dirs.), Rodríguez Ramos, M. (Coord.), *La perspectiva de género en la Ley del solo sí es sí*, A Coruña: Colex.

González Tascón, M.M. (2023): "Una vuelta alrededor del bien jurídico protegido en el Título VIII del Libro II del Código Penal rubricado "Delitos contra la libertad sexual", en García Álvarez, P. y Caruso Fontán, V. (Dirs.), Rodríguez Ramos, M. (Coord.), *La perspectiva de género en la Ley del solo sí es sí*, A Coruña: Colex.

González Tascón, M.M. (2021): "La circunstancia agravante de discriminación por razones de género: problemas de interpretación", en Fernández Teruelo, J. G. y Fonseca Fortes-Furtado, R.H. et al., *Violencia de género: retos pendientes y nuevos desafíos*, Navarra: Thomson Reuters Aranzadi.

LLoria García, P. (2022): "La difusión tecnológica de imágenes íntimas sin consentimiento como manifestación de violencia de género", en Fernández Teruelo, J.G., García Amez, J. y Fernández-Rivera González, P., *Nuevas formas de prevención y respuesta jurídico-social frente a la violencia de género*, Navarra: Thomson Reuters.

Lascuraín Sánchez, J.A. (2023); "Los nuevos delitos sexuales: indiferenciación y consentimiento", en Agustina, J. R. et al., *Comentarios a la Ley del solo sí es sí. Luces y sombres ante la reforma de los delitos sexuales introducida en la LO 10/2022, de 6 de septiembre*, Barcelona: Atelier.

Laurenzo Copello, P. (2005): "La violencia de género en la Ley integral", *Revista Electrónica de Ciencia Penal y Criminología*, núm. 07-08, pp. 2-23.

Luhmann, N. (1996): *Introducción a la teoría de sistemas, Lecciones publicadas por Javier Torres Nafarrete,* México: Anthropos.

Luhmann, N. (1983): *Sistema jurídico y dogmática jurídica, traducción de Ignacio de Otto Pardo,* Madrid: Centro de Estudios Constitucionales.

Maqueda Abreu, M.L. (2009): *Prostitución, feminismos y Derecho Penal,* Granada: Comares.

Marín de Espinosa Ceballos (2018): "La agravante genérica de discriminación por razones de género (art. 22.4 CP)", *Revista electrónica de Ciencia Penal y Criminología, RECPC,* 20-27.

Mir Puig, A. (2016): *Derecho Penal. Parte General,* 10ª edición, Barcelona: Reppertor.

Monge Fernández, A. y Parrilla Vergara, J. el al. (2019), *Mujer y Derecho Penal ¿necesidad de una reforma desde una perspectiva de género?,* Barcelona: Bosch Editor.

Muñoz Conde, F. y García Arán, M. (2015): *Derecho Penal. Parte General, Tomo I,* Valencia: Tirant lo Blanch.

Quintero Olivares, G. (2011): *Comentarios al Código Penal español,* Tomo I, Navarra: Thomson Reuters.

Silva Sánchez, J.M. (2011): *La Expansión del Derecho Penal,* 3ª edición ampliada y con recensiones, Madrid, Buenos Aires, Montevideo: BdF.

Von Bertalanffy, L. (1971): *General System Theory: foundations, development, applications,* Londres: Allen Lane/Penguin books.

Capítulo VII.

Estrategias preventivas y propuestas de intervención derivadas del análisis de factores concurrentes en feminicidios de pareja y expareja[1]

JAVIER FERNÁNDEZ TERUELO
Catedrático de Derecho Penal
Universidad de Oviedo

---

1 Este trabajo se ha llevado a cabo en el marco del Proyecto de investigación Nacional del Ministerio de Ciencia e Innovación, titulado "Análisis retrospectivo de factores concurrentes en los feminicidios de pareja y su evolución en el tiempo para el diseño de mecanismos de prevención (PREVENFEM)" (PID2022-142009OB-I00), del que el autor del presente trabajo es IP.

I. EL IMPACTO DE LA MUERTE VIOLENTA DE MUJERES A MANOS DE SU PAREJA (O EXPAREJA), DIFICULTADES DE ACCESO A LA INFORMACIÓN Y ESTADO DEL CONOCIMIENTO

La violencia de género, definida por las Naciones Unidas como cualquier acto que cause o pueda causar daño físico, sexual o psicológico a la mujer, incluidas las amenazas, la coacción o la privación arbitraria de libertad, tanto en el ámbito público como privado (Convención sobre la eliminación de todas las formas de discriminación contra la mujer, 1979), constituye un problema estructural de graves dimensiones. Se trata, además, de una violación sistemática de los derechos humanos y un desafío de salud pública que impacta a nivel global.

En este contexto, el feminicidio, entendido como el asesinato de una mujer por razones de género, y particularmente en el ámbito de las relaciones de pareja o expareja, representa una de las principales causas de mortalidad prematura en mujeres a escala mundial (Corradi y Stöckl, 2016). Diversos estudios recientes (Vives-Cases et al., 2016) han estimado que entre el 38% y el 70% de los homicidios de mujeres son cometidos por su pareja actual o anterior. El Informe Mundial de la ONU sobre Drogas de 2014 aporta datos específicos que reflejan la magnitud del problema: de los 93.000 feminicidios registrados en 2012, 43.600 (casi el 50%) fueron perpetrados por parejas o exparejas, en contraste con apenas un 6% de homicidios de hombres cometidos en circunstancias similares (UNODC, 2014: 53).

No obstante, uno de los mayores desafíos para el análisis exhaustivo del fenómeno radica en la dificultad de acceso a información precisa y homogénea. La ausencia de datos desglosados sobre las características de los feminicidios, así como del perfil del agresor y la víctima, dificulta la realización de estudios comparativos, especialmente a nivel europeo. Incluso en aquellos países donde existe un mayor registro estadístico, persisten diferencias metodológicas en la recopilación de información, lo que limita la comprensión global del problema y obstaculiza la implementación de estrategias preventivas coordinadas y efectivas.

A pesar de su alta prevalencia, la existencia de registros específicos sobre feminicidios sigue siendo una realidad limitada a unos pocos países. Además, incluso en aquellos Estados que sí recopilan datos, los criterios utilizados suelen ser heterogéneos, lo que dificulta cualquier intento de comparación rigurosa a nivel internacional (Vives-Cases et al., 2016). La obtención coordinada y sistemática de información resulta, por tanto, un requisito imprescindible para realizar un análisis comparativo exhaustivo entre países, algo que actualmente no es factible (Kouta et al., 2017; Schröttle y Meshkova, 2018). Esta falta de uniformidad en los datos hace que extrapolar parte del análisis realizado en el presente trabajo al contexto europeo sea una tarea extremadamente compleja, lo que limita el estudio cuantitativo al caso español.

El grado de compromiso en la lucha contra este fenómeno, reflejado en parte en la calidad y el cuidado en la recopilación de datos, varía considerablemente entre los países europeos. Tan solo unos pocos cuentan con observatorios específicos de feminicidios (Italia, Reino Unido, España y Portugal, según Weil, 2018), organismos que cumplen, entre otras funciones, la misión de registrar y organizar esta información. Por ejemplo, Bermúdez y Meléndez-Domínguez (2020) advierten que en diez países de la UE no se dispone de datos sobre la incidencia de feminicidios por cada 1.000.000 de mujeres, mientras que en otros dos (Chipre y Malta), sorprendentemente, se reportaron 0 casos en 2017. En el extremo opuesto, países como Finlandia (6,1), Hungría (5,3), Irlanda del Norte (5,3) y Letonia (4,7) presentan las tasas más elevadas, mientras que Grecia (1,3), Eslovaquia (1,4) e Italia (1,8) registran las cifras más bajas, seguidos por España, Holanda y Lituania.

De acuerdo con estas cifras, España se posiciona como uno de los países con menor prevalencia de feminicidios en la UE-28, tanto en lo referente a la violencia de género en general como específicamente a los asesinatos de mujeres por razones de género.

En el caso de España, la llegada del siglo XXI marcó un punto de inflexión en la respuesta social y política frente a la violencia de género, situándola como una prioridad en la agenda pública. En este contexto, se ha realizado un notable esfuerzo por recopilar información estadística rigurosa que permita abordar científicamente el fenómeno. Ejemplo de ello son las bases de datos proporcionadas por el Instituto Nacional de Estadística (INE), el portal estadístico de la Delegación del Gobierno contra la Violencia de Género, las fichas estadísticas mensuales sobre feminicidios, así como el boletín estadístico correspondiente. Además, España cuenta con un Equipo de Revisión Pormenorizada de Homicidios de Mujeres en las Relaciones de Pareja (González et al., 2018), un recurso valioso para profundizar en el análisis de estos casos y mejorar la prevención.

Este compromiso sistemático ha permitido que España destaque no solo en la baja incidencia de feminicidios, sino también en la calidad de sus registros, sentando las bases para el desarrollo de políticas preventivas más eficaces.

II. MÉTODO

Desde un punto metodológico, este trabajo se apoya en datos estadísticos extraídos de fuentes oficiales españolas. Todos los gráficos y tablas, salvo cuando se indica una fuente específica, son de elaboración propia y han sido desarrollados en colaboración con la Unidad de Consultoría Estadística de los Servicios Científico-Técnicos de la Universidad de Oviedo (España), utilizando información extraída del Portal Estadístico de la Delegación del Gobierno contra la Violencia de Género, entre otras.

En particular, en el estudio se realiza un análisis descriptivo de cada variable recogida, proporcionando distribuciones de frecuencias absolutas y relativas. Las relaciones entre variables cualitativas se valoraron con el test Chi Cuadrado de Pearson o con el test de Fisher, según se verificase o no la hipótesis sobre frecuencias esperadas. En todo caso los resultados de los análisis bivariados no se han incorporado al presente texto, a la espera de un análisis futuro más profundo. El nivel de significación empleado fue 0.05. El análisis estadístico se efectuó mediante R Development Core Team, versión 3.6.3. R Core Team (2020). R: A language and environment for statistical computing. R Foundation for Statistical Computing, Vienna, Austria (8).

Al análisis desarrollado fundamentalmente mediante el tratamiento estadístico de datos y su valoración, se une la información obtenida a través de entrevistas con las abogadas responsables de los Centros Asesores de la Mujer (CAM) de Asturias (España) (9). Además, se ha procedido al análisis de la bibliografía científica nacional e internacional más relevante existente en la materia, utilizando criterios de selección relacionados con el Factor de Impacto (FI). Finalmente, los perfiles del fenómeno se han podido conocer con detalle acudiendo a las resoluciones judiciales, en particular a la descripción de los hechos que se consideran probados, en las sentencias condenatorias de los autores de feminicidios, utilizando para ello la base de datos Aranzadi Instituciones, sistema de acceso electrónico que proporciona acceso a jurisprudencia con el texto completo.

III. OBJETIVOS E HIPÓTESIS

A través del presente trabajo se pretende ofrecer una visión bastante completa relativa a la evolución en España del número y características de las muertes violentas de mujeres a manos de su pareja o expareja (feminicidios íntimos) a lo largo de las dos últimas décadas, partiendo de la existencia de un elevado consenso respecto a que los feminicidios constituyen un subtipo delictivo distinto, que debe ser tratado de manera diferente a otras tipologías análogas (López-Ossorio JJ, et. al., 2020), al constatar que las comparaciones de los feminicidas con los maltratadores no feminicidas arrojan muchas diferencias (Pineda et al.2024).

En particular se trata de profundizar acerca de las razones por las que, pese a los continuos esfuerzos gubernamentales y la indiscutible evolución social en el modo de construcción de las relaciones de pareja, la reducción del número de feminicidios está siendo limitada. En ese contexto y en atención al perfil de los autores, se pretende formular una posible explicación de la sobre-representación de ciudadanos extranjeros en este tipo de comportamientos delictivos, apuntando como hipótesis principal a la posible pertenencia de los ciudadanos extranjeros implicados en esos comportamientos a Estados, en cuyas sociedades se mantienen elevadas tasas de desigualdad entre hombres y mujeres y consiguientemente violencia de género.

Igualmente, junto a la lenta y progresiva reducción en el número de casos, se pretende poner de manifiesto un cambio en los perfiles de edad, de tal modo que las personas más jóvenes cada vez se implicarían menos en este tipo de comportamientos, teniendo sin embargo dicha reducción un carácter limitado, al estar siendo sustituidos los patrones clásicos que posibilitan las relaciones de dominio (germen de la violencia de género) por otras nuevas culturas digitales que, de un modo distinto, introducen nuevos elementos determinantes de relaciones de dependencia y control.

A continuación el trabajo pretende profundizar en los factores que son característicos o definitorios del fenómeno feminicida, y en buena medida distintos de los del resto de la criminalidad violenta, con el objeto de comprobar si constituyen un límite sustancial para la consecución de una reducción mayor en el número de comportamientos delictivos, a través de la menor eficacia de una serie de instrumentos de política criminal que, frente a otros fenómenos criminales, sí tienen aceptables tasas de éxito.

- Así, en primer lugar, punto común y característico en este tipo de comportamientos es -según lo ya apuntado- el establecimiento de relaciones de pareja basadas en el total dominio y control del varón sobre la mujer (conclusión que se obtiene de la revisión pormenorizada de los hechos probados de más de 500 sentencias condenatorias por homicidio/asesinato de pareja o expareja) que, como se apuntó, estarían en fase de progresiva reducción entre las personas más jóvenes. En ese contexto se acredita la conveniencia de reflexionar ante el conflicto que supone la necesidad de estimular la *ruptura* de la relación de maltrato de la mujer, siendo conscientes de que dicha acción supone a la vez un notable incremento de riesgo, ya que estamos ante el factor, con mucha diferencia, más relevante como desencadenante de la decisión feminicida en este tipo de relaciones. Tratamos de acreditar la existencia de un margen importante de mejora para la adecuada gestión de los procesos de ruptura.
- Igualmente se pretende poner de manifiesto el nulo avance (y sus causas) a lo largo de las dos últimas décadas en el porcentaje de denuncias de mujeres que posteriormente fueron asesinadas y del riesgo que supone el necesario fomento de la denuncia (pues ésta también implica ruptura) si no va acompañada de medidas de protección física de la víctima sometida a maltrato en contextos de potencial feminicidio.
- Del mismo modo, tratamos de poner de manifiesto el nulo impacto preventivo de las reformas que han determinado un endurecimiento del castigo penal frente

a este tipo de comportamientos (en lo que denominaremos *teoría de la inasequibilidad normativa*). Se pretende acreditar cómo la amenaza penal no juega un papel relevante desde el punto de vista preventivo, poniendo de manifiesto la necesidad de profundizar en otro tipo de estrategias preventivas complementarias.

A partir del conocimiento detallado de los factores descritos, se pretende sugerir parámetros útiles en la construcción de políticas de prevención.

En definitiva, la aportación pionera de este trabajo es mostrar de un modo global, gracias a los datos detallados recogidos en España y tratados estadísticamente, la evolución y caracteres de los feminicidios de pareja para, a partir de ahí, sentar las bases para trazar estrategias preventivas eficaces y simultáneamente proponer el abandono de algunas de las fórmulas seguidas desde hace años, a la vista de su escasa eficacia. Se trata de un planteamiento inédito, pues -como se apuntó- los trabajos existentes en la materia estudian aspectos específicos del fenómeno por separado, careciendo de un análisis de la evolución en base a datos estadísticos recopilados a lo largo de 21 años (1240 casos).

IV. MODERADA Y PROGRESIVA REDUCCIÓN DEL NÚMERO DE FEMINICIDIOS EN ESPAÑA

Con datos oficiales contenidos en la web del Ministerio del Interior español (Sistema Estadístico de Criminalidad, SEC (10)) sabemos que se ha producido en este contexto la muerte violenta de 1.240 mujeres en veintiún años (2003-2023), lo que implica una media de 59,04 mujeres asesinadas al año, que a la vez supone aproximadamente el 17% del total de muertes violentas que se producen anualmente en España (11). En el último año del que se dispone de información completa de la serie histórica (2023), 58 mujeres fueron asesinadas por sus parejas o exparejas (12).

Sin embargo, con una perspectiva temporalmente amplia, se aprecia que en la última década (2014-2023) en ningún año se han superado los 60 feminicidios, mientras que en el periodo inmediatamente anterior estadísticamente analizado (2003-2013) hasta en cinco ocasiones (2003, 2004, 2007, 2008 y 2010) se superaron los 70 casos y sólo en cuatro años los feminicidios bajaron de 60 (2005, 2009, 2012 y 2013).

FIGURA 01

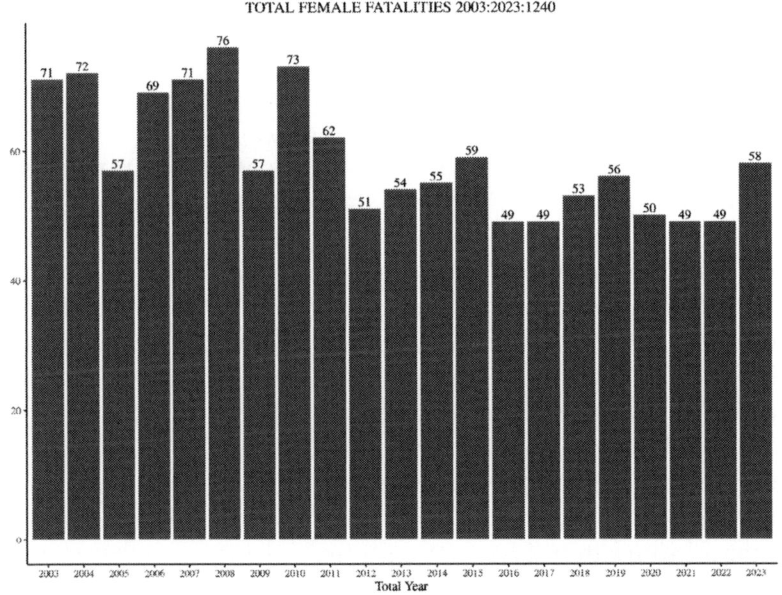

Más en concreto, si calculamos la media de los once primeros años (2003-2013) resulta una media anual de 64,8 casos (713), mientras que la media de los diez últimos (2014-2023) es de 52,7 casos (527), lo que supone una reducción del 18,67%, proceso que se acentúa ligeramente si comparamos ese periodo inicial con los últimos cinco años (2019-2023) -52,4%-.

Nos encontramos por lo tanto ante un progresivo, pero demasiado lento, proceso de reducción del número de mujeres asesinadas a mano de su pareja o expareja.

Desde el punto de vista del análisis se hace preciso indagar en las razones por las que se ha producido dicha reducción, pero a la vez también, debemos preguntarnos por qué resulta extremadamente lenta, pese a los esfuerzos y medios empleados.

V. SOBRERREPRESENTACIÓN DE CIUDADANOS EXTRANJEROS

El porcentaje de extranjeros autores de feminicidios en España es elevado. En concreto, en último año analizado (2023), el 38,78% de los feminicidios fueron cometidos por extranjeros, pese a que en ese mismo periodo sólo representaba el 11,94% de la población. La ratio expuesta 1/3 (triple tasa de feminicidios respecto al porcentaje de población que representan) se mantiene en buena medida en todo el periodo examinado. Debe tenerse en cuenta que, en dicho periodo, salvo los años 2003 y 2006 en los que se produjo un aumento significativo de extranjeros en nuestro país (2003 (6,2%), 2004 (7,0), 2005 (8,5%) y 2006 (9,3%) y 2007 (10,0%), el porcentaje de extranjeros sobre la población total se ha mantenido más o menos estable y así desde 2008 (11,4%) hasta 2022 (11,7%) las fluctuaciones han sido poco significativas.

La media de los feminicidios cometidos por españoles en los últimos 10 años es de 34,4 feminicidios/año, mientras que en los 11 años anteriores es de 43,54. Porcentualmente en los últimos 10 años de la serie (2013-2022) el porcentaje cometido por extranjeros es del 34,28% y del 31,09% en los 10 anteriores (2003-2012).

FIGURA 02

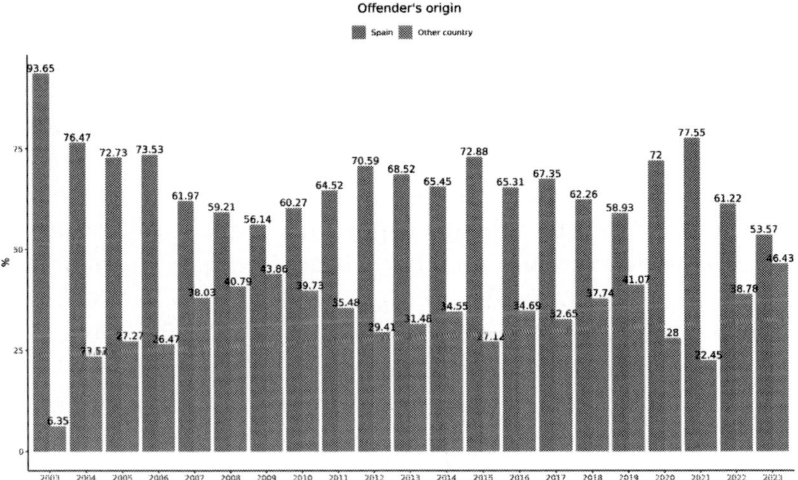

FIGURA 03

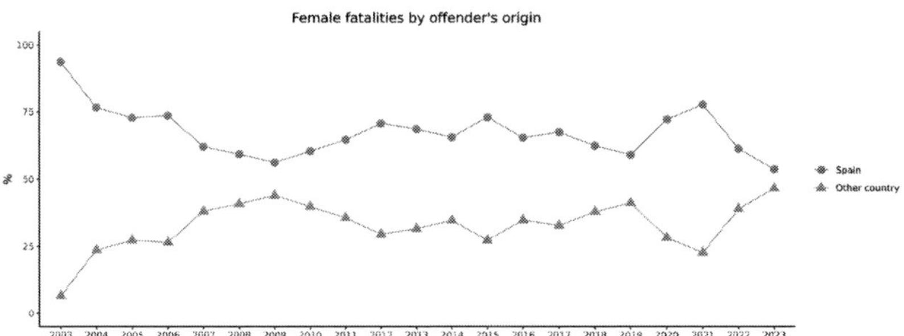

year	2003	2004	2005	2006	2007	2008	2009	2010	2011	2012	2013	2014	2015	2016	2017	2018	2019	2020	2021	2022	2023
Spain	93.65	76.47	72.73	73.53	61.97	59.21	56.14	60.28	64.5	70.59	68.52	65.45	72.88	65.31	67.34	62.26	58.93	72	77.55	61.22	53.57
Other country	6.35	23.53	27.27	26.47	38.03	40.79	43.86	39.73	35.48	29.41	31.48	34.54	27.12	34.69	32.65	37.74	41.07	28	22.45	38.78	46.43

VI. REDUCCIÓN DE LA MEDIA DE EDAD DEL AGRESOR

Es fundamental examinar la evolución de la edad promedio del agresor, ya que, si la existencia de un modelo social determinado que estructura ciertas relaciones de pareja constituye un factor clave en el desenlace violento, resulta pertinente cuestionarse si los cambios sociales recientes —impulsados, entre otros factores, por los significativos esfuerzos colectivos de carácter social y político— están propiciando que las generaciones de hombres formadas en un contexto parcialmente desprovisto de factores como la desigualdad y el control masculino en las relaciones de pareja muestren una menor implicación en este tipo de conductas violentas. En otras palabras, es necesario comprobar si los feminicidios "evolucionan con la edad", de modo que la edad promedio de los autores aumentaría progresivamente, al disminuir la participación de las generaciones más jóvenes en este tipo de violencia extrema.

En nuestro análisis (FIGURA 04) podemos comprobar la evolución, utilizando todo el periodo en el que disponemos de datos fiables a estos efectos [2006-2023] (Portal Estadístico de la Delegación del Gobierno contra la Violencia de Género). Se han separado los nueve primeros años (2006-2014) de los nueve últimos (2015-2023), calculando después la media del porcentaje de los años que forman cada periodo, apreciándose que en efecto se estaría produciendo una evolución en el perfil de edad de los feminicidas, de tal forma que los hombres más jóvenes tendrían una implicación cada vez menor en este tipo de comportamientos violentos.

FIGURA 04

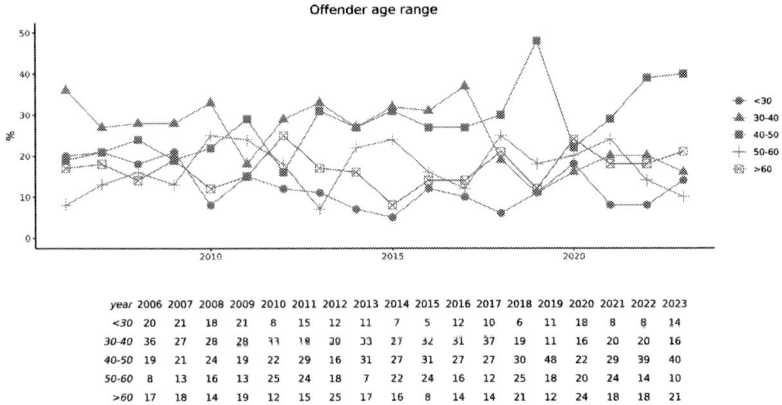

year	2006	2007	2008	2009	2010	2011	2012	2013	2014	2015	2016	2017	2018	2019	2020	2021	2022	2023
<30	20	21	18	21	8	15	12	11	7	5	12	10	6	11	18	8	8	14
30-40	36	27	28	28	33	18	30	33	27	32	31	37	19	11	16	20	20	16
40-50	19	21	24	19	22	29	16	31	27	31	27	27	30	48	22	29	39	40
50-60	8	13	16	13	25	24	18	7	22	24	16	12	25	18	20	24	14	10
>60	17	18	14	19	12	15	25	17	16	8	14	14	21	12	24	18	18	21

Así observamos (FIGURA 05) que los feminicidas menores de 30 años (grupo de personas más jóvenes) en el primer caso (periodo 2006-2014) serían el 20% del total, mientras que en el segundo (periodo 2015-2023) únicamente el 5% del total. Dicho de otra manera, entre los años 2006 y 2014 el 20% de los feminicidas tenían entre 18 y 30 años, mientras que entre el año 2015 y 2023 sólo el 5% de ellos estaban en ese rango de edad. Esa reducción es por tanto muy significativa, un 75% menos. Y lo mismo ocurre con el siguiente tramo de edad: en el periodo 2006-2014 los feminicidas que tenían entre 30 y 40 años en el momento de cometer el hecho suponían el 36% del total frente al 32% en el periodo 2015-2023 (con una reducción del 11,1%). Por el contrario, y siguiendo la misma línea lógica, se produce un incremento (+63%) en el rango de edad entre 40 y 50 años y de un +200% en el que va de 50 a 60 años.

FIGURA 05

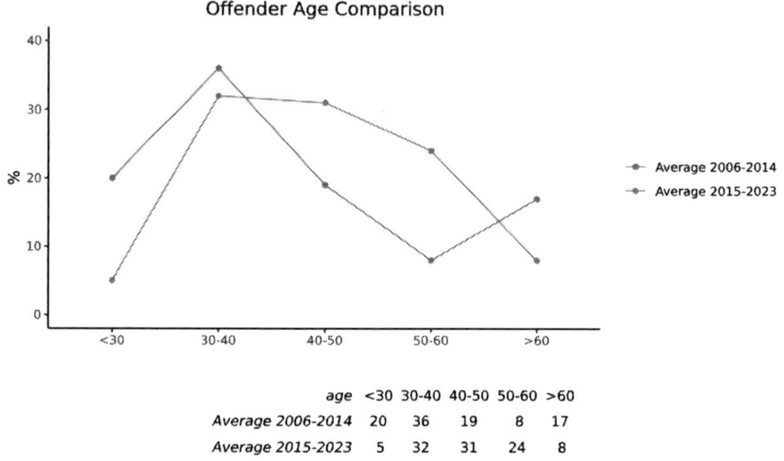

age	<30	30-40	40-50	50-60	>60
Average 2006-2014	20	36	19	8	17
Average 2015-2023	5	32	31	24	8

VII. ELEMENTOS CARACTERÍSTICOS DEL FEMINICIDIO DE PAREJA QUE DIFICULTAN SU PREVENCIÓN

Una parte considerable de los factores que definen los feminicidios en contextos de pareja o expareja podrían constituir, en la práctica, obstáculos significativos para su prevención. Entre estos factores, destacan los siguientes: primero, las dinámicas de control y dominio ejercidas por el varón sobre la mujer, presentes de manera casi constante en estos casos, donde la decisión de la mujer de poner fin a la relación suele actuar como detonante del acto de violencia extrema, generando un escenario del que resulta muy difícil escapar; segundo, las bajas tasas de denuncia previa por parte de las mujeres que finalmente son asesinadas, lo que limita la capacidad de intervención de las autoridades policiales y judiciales para brindarles protección efectiva; y tercero, la escasa capacidad disuasoria de la amenaza de sanción penal sobre el potencial agresor, lo que reduce la eficacia de este instrumento como mecanismo preventivo contra el delito.

No existe, en todo caso, una causa única que determine un fenómeno tan complejo. Hace ya más de dos décadas que la Organización Mundial de la Salud adoptó una perspectiva multicausal en su enfoque para explicar la violencia contra las mujeres (OMS, 2002). El enfoque multidimensional es mayoritario también entre los investigadores en la materia. Este enfoque ecológico permite extender la explicación de los feminicidios más allá de las circunstancias individuales de las víctimas y de los autores, identificando factores relevantes de carácter biológico, social, cultural y económico, que interactúan entre sí de manera dinámica. Según Baldry and Magalhães, (2018) dicho enfoque multicausal permite además obtener mayores tasas de éxito a la hora de implementar políticas públicas.

1. *El establecimiento de relaciones de dominio y control y la decisión de ruptura como factor estimulante del feminicidio*

Existe alto grado de consenso en la literatura científica en que el factor más relevante entre las causas de la violencia de género y, de un modo especial, de la violencia de género extrema (feminicidios) radica en aspectos propios del pensamiento colectivo, profundamente arraigados en amplios sectores sociales. Esto es, en las relaciones de pareja construidas sobre la desigualdad (Chon, 2016) y, dentro de ellas, el intenso control y dominio del varón sobre la mujer (Dobash et al., 2015), unido a un perfil criminológico y psicosocial determinado en el agresor, que incluye su convencimiento interno de superioridad sobre la mujer (González-Álvarez et al., 2018). Las relaciones de pareja así constituidas serían el sustrato de las manifestaciones más graves de violencia física extrema que, en ocasiones, terminan con la muerte violenta de la mujer. Aunque existen diversas perspectivas sobre el fenómeno, son muchos los investigadores que se centran en la cultura patriarcal generalizada como base material y cultural de estos delitos (Kouta et al., 2017).

Sin embargo, desde el ámbito de la psicología se han formulado enfoques, que centran la etiología del fenómeno en el autor, aislando rasgos psicopáticos o trastornos psicopatológicos, que actúan como predictores de la comisión de violencia de género y, en particular de feminicidios, (Fernández-Suárez et al., 2018). En la ordenación que hace Aguilar-Ruiz, (2018), derivada de una sistematización del análisis de distintos trabajos científicos, distingue cuatro tipologías: a) enfermos mentales-no responsables: serían hombres sin rasgos de peligrosidad criminal, pero que padecen algún trastorno mental con sintomatología psicótica como la esquizofrenia, los trastornos delirantes o el trastorno bipolar; b) antisociales-coactivos-responsabilidad atenuada: recurren a la violencia tanto dentro como fuera del ámbito familiar, poseen un amplio historial delictivo y consumen alcohol y drogas, consumo que determina su trastorno mental; c) normalizados-temerosos-responsables: esta sería la categoría mayoritaria (38.4%). Se trata de personas sin adicciones, con una significativa sintomatología ansiosa y depresiva, que experimentan ante el abandono o el anuncio de la mujer de finalizar la relación de pareja; d) antisocial moderado-celoso-responsabilidad atenuada: comparten características del segundo y tercer tipo, pero con una menor intensidad y lo que provoca su reacción feminicida, no sería tanto la decisión de ruptura de la mujer, sino el hecho de que dicha ruptura se debe al inicio de una relación de ésta con otro hombre, pues son personas extremadamente celosas. Otros estudios en este ámbito terminan por concluir, sin embargo, que hay un grupo grande de feminicidas que se parecen más al hombre convencional que al delincuente violento (Dobash et al., 2004; Dutton and Kerry, 1999).

Sin discutir la concurrencia de rasgos psicopáticos en el autor, el análisis de los feminicidios de pareja (o expareja) que han tenido lugar en España en los últimos 20 años permite confirmar, en primer lugar, que la inmensa mayoría de ellos se producen en el contexto de un modelo de relación o esquema vital construido sobre el dominio y control absolutos del varón sobre la mujer. En segundo lugar, el análisis estadístico realizado permite detectar un factor que sobresale por encima de los demás: el elevado número de supuestos en los que constata que víctima y agresor estaban *"en trámites de separación"*.

En concreto, la extraordinaria relevancia del factor ruptura (de la relación de pareja) como desencadenante del feminicidio podemos visualizarla en el siguiente análisis descriptivo de elaboración propia (mujeres asesinadas en contexto de pareja 2003-2023)· Así, respecto a la variable Relación, se dispone de 1.240 casos registrados y se obtiene la siguiente distribución de frecuencias: Pareja (61%), Expareja (22%) y Pareja en fase de separación (16%). En consecuencia, el porcentaje de supuestos en que consta que víctima y agresor se encontraban en fase de ruptura o ésta ya se había producido es de casi un 40% -38% (22+16)-.

FIGURA 06

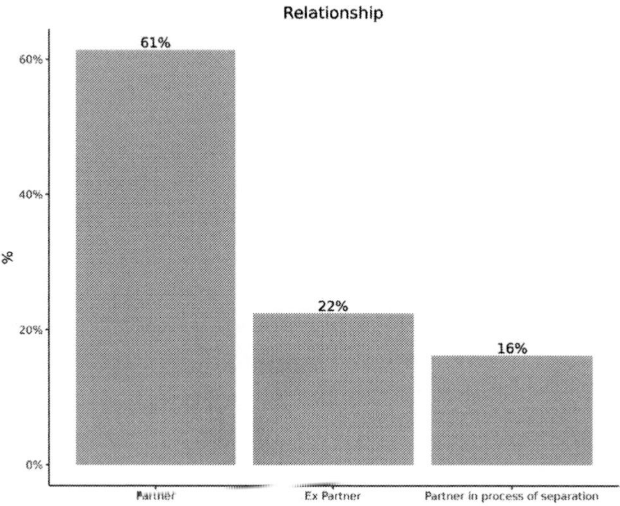

Si examinamos el dato por año, podemos concluir además que el factor analizado ha permanecido más o menos estable a lo largo de todo el periodo estudiado (FIGURA 07).

FIGURA 07

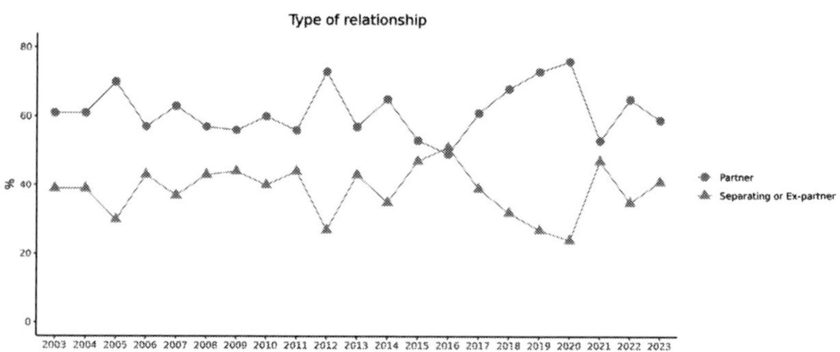

year	2003	2004	2005	2006	2007	2008	2009	2010	2011	2012	2013	2014	2015	2016	2017	2018	2019	2020	2021	2022	2023
Partner	61	61	70	57	63	57	56	60	56	73	57	65	53	49	61	68	73	76	53	65	59
Separating or Ex-partner	39	39	30	43	37	43	44	40	44	27	43	35	47	51	39	32	27	24	47	35	41

Ese dato debe ser además significativamente corregido al alza, pues hay que tener en cuenta, en primer lugar, que cuando los datos estadísticos indican "en trámites de separación" o "fase de separación" sólo se está aludiendo a aquellos casos en los que existía un vínculo matrimonial previo, estando por lo tanto excluidas del cómputo las relaciones de pareja sin ese vínculo legal. En segundo lugar, las estadísticas no son capaces de captar aquellos casos en los que la decisión de ruptura existe, pero aún no se ha exteriorizado (no es conocida). Por ello, reconociendo como debilidad que no contamos con suficientes instrumentos efectivos de acreditación, con toda probabilidad, el porcentaje real de supuestos en los que la ruptura juega un papel desencadenante del feminicidio es significativamente superior al indicado.

2. *Las reducidas tasas de denuncia previa de las mujeres víctimas de feminicidio y su consiguiente desprotección*

La puesta en marcha del sistema de protección a las víctimas de violencia de género dependerá normalmente de la previa presentación de denuncia por parte de la víctima. En ese contexto, las tasas de denuncia por violencia de género *no feminicida* están en constante aumento desde hace muchos años, especialmente desde el año 2013. Según los datos anuales del Observatorio contra la Violencia Doméstica y de Género correspondientes a 2023, los órganos judiciales recibieron ese año, 199.282 denuncias por violencia de género, un 9,46 % más que en 2022, año en el que se registraron 182.065 (13). Esas cifras contrastan con las 13.198 denuncias del año 1996, identificadas en un informe del Defensor del Pueblo titulado "La violencia doméstica contra las mujeres" del año 1998 (14), lo que supone un aumento de nada menos que el 1.279,49 %.

En todo caso existe cierto consenso científico y social en que el incremento en el número de denuncias obedece principalmente a las mayores posibilidades y recursos que cada vez tienen las víctimas para denunciar y no a un aumento de la violencia. En el informe de la Delegación de Gobierno para la violencia de género sobre "Percepción Social de la Violencia de Género" realizado en el año 2021 (15) se pone de manifiesto como para la gran mayoría de la población los cambios registrados en las relaciones de género en los últimos años, con el consiguiente empoderamiento de las mujeres, no han comportado un aumento de la violencia de género, sino que el cambio en los roles de género y las políticas de sensibilización y promoción de la denuncia han hecho aflorar situaciones de maltrato que se encontraban invisibilizadas.

Sin embargo, en el caso de los feminicidios la situación es completamente distinta, pues son muy pocos los casos en que las víctimas, que posteriormente perdieron su vida a manos de su pareja o expareja, habían denunciado previamente a su agresor.

En concreto, en el análisis efectuado en el periodo 2003-2023, respecto a la variable denuncia, se dispone de 1.240 casos registrados y se obtiene la siguiente distribución de frecuencias (FIGURA 08): No había-No consta (78%), Había denuncia (22%). Por lo tanto, la denuncia al agresor por parte de la víctima, sólo se ha producido en el 22% de los casos en los que posteriormente el agresor acabó con la vida de la mujer.

FIGURA 08

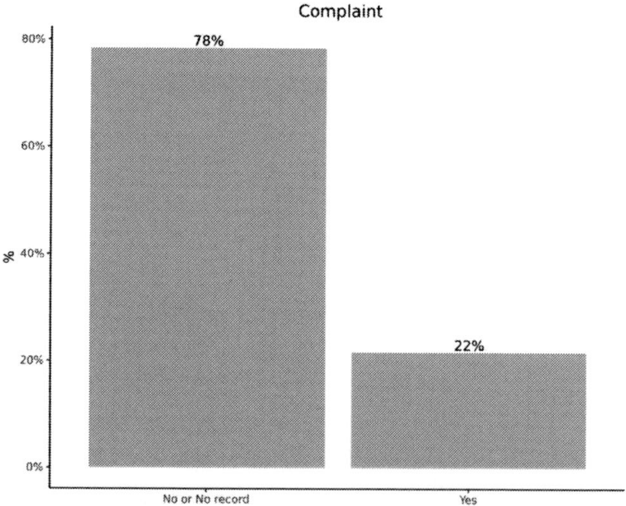

Esto significa que casi 8 de cada 10 mujeres asesinadas no habían denunciado, apreciándose además una ligera tendencia al incremento porcentual anual de casos en los que no había denuncia previa (FIGURA 09).

FIGURA 09

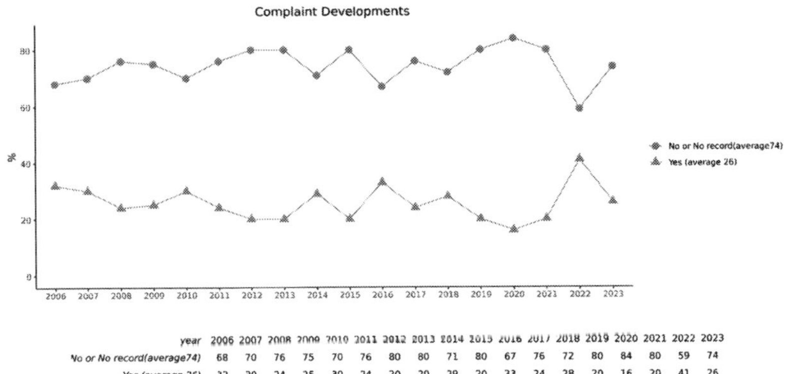

year	2006	2007	2008	2009	2010	2011	2012	2013	2014	2015	2016	2017	2018	2019	2020	2021	2022	2023
No or No record(average74)	68	70	76	75	70	76	80	80	71	80	67	76	72	80	84	80	59	74
Yes (average 26)	32	30	24	25	30	24	20	20	29	20	33	24	28	20	16	20	41	26

Para obtener más información, hemos comparado el comportamiento previo de las víctimas españolas mortales frente a las extranjeras (teniendo en cuenta que una parte importante de quienes ostentan dicha condición son inmigrantes), resultando que las víctimas españolas (que posteriormente fueron asesinadas) habían denunciado menos que las extranjeras -18,18% frente a 29,5%-.

FIGURA 10

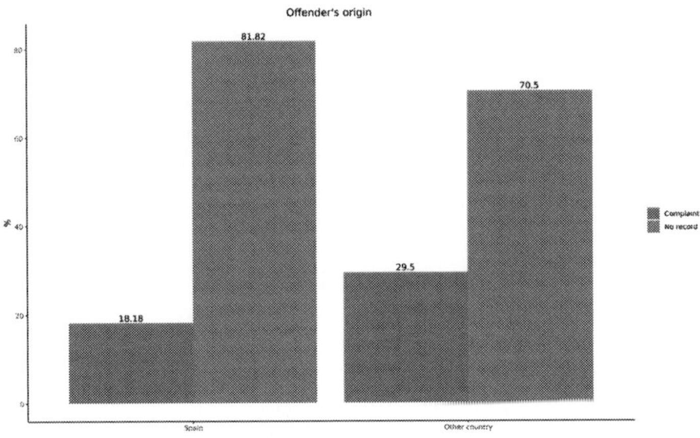

3. El potencial feminicida como sujeto apenas motivable por la amenaza penal. Análisis de la relevancia de la muerte diádica

El análisis estadístico realizado revela que una proporción significativa de feminicidas manifiesta conductas suicidas de manera inmediata tras perpetrar el crimen. En el contexto español, los datos obtenidos a partir del Portal Estadístico del Ministerio de Sanidad, Servicios Sociales e Igualdad, y representados en una tabla de elaboración propia, muestran que, durante los últimos 16 años completos (2008-2023) (FIGURA 11), aproximadamente un tercio de los feminicidas se suicida o intenta hacerlo. Además, esta tendencia presenta una notable estabilidad a lo largo del tiempo (FIGURA 12).

FIGURA 11

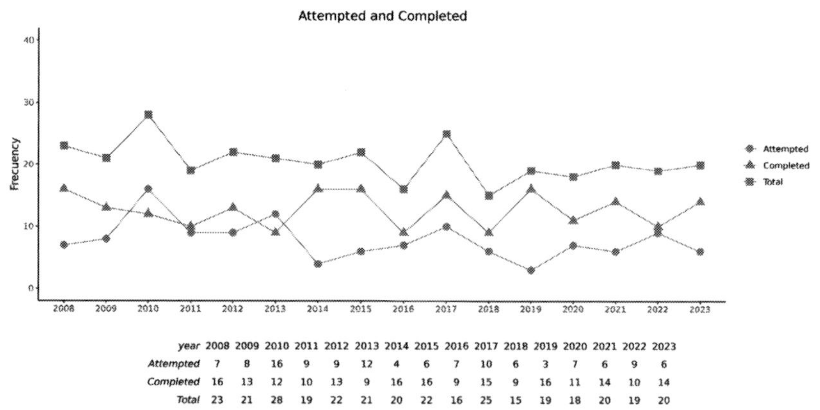

year	2008	2009	2010	2011	2012	2013	2014	2015	2016	2017	2018	2019	2020	2021	2022	2023
Attempted	7	8	16	9	9	12	4	6	7	10	6	3	7	6	9	6
Completed	16	13	12	10	13	9	16	16	9	15	9	16	11	14	10	14
Total	23	21	28	19	22	21	20	22	16	25	15	19	18	20	19	20

FIGURA 12

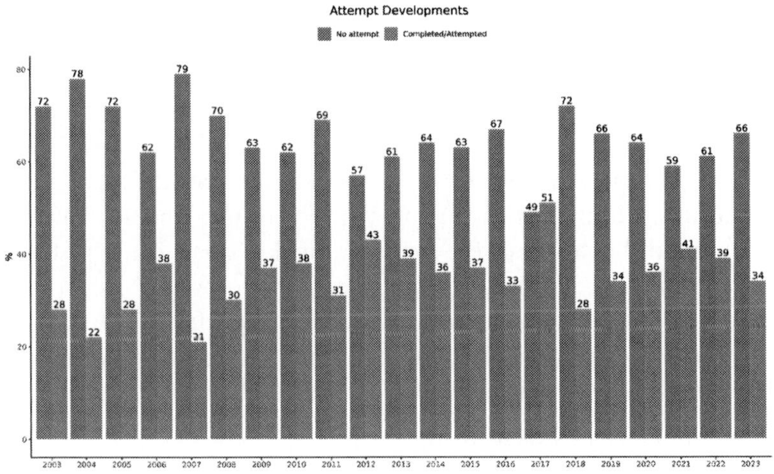

VIII. RESULTADOS

El análisis realizado permite concluir que estamos ante un proceso de reducción progresiva, aunque lenta, del número de mujeres asesinadas por su pareja o expareja. Esta disminución en la tasa de feminicidios resulta, no obstante, considerablemente inferior a lo que cabría esperar, dado los importantes esfuerzos gubernamentales llevados a cabo en las últimas dos décadas, especialmente en los últimos años. Asimismo, esta evolución se enmarca en un cambio evidente del modelo social, que, si bien aún presenta un amplio margen de mejora, ha logrado distanciarse de aquel sistema histórico basado en relaciones profundamente desiguales, que ha sido la base estructural de la violencia de género en el ámbito de la pareja.

Las limitaciones en los logros alcanzados en la prevención de estos comportamientos podrían deberse, entre otras razones, a la propia complejidad del fenómeno que, como hemos visto, se aleja en gran medida de los parámetros que son propios del resto de la criminalidad violenta.

En todo caso, constatamos que el cambio social es solo parcial, existiendo una parte de la sociedad atrincherada (17) en pretendidos valores basados en un modelo de relación de pareja sustentada sobre un determinado reparto de roles y sobre la desigualdad que tiende a favorecer determinados comportamientos violentos del varón sobre la mujer. En ese contexto también debe tenerse en cuenta que las decisiones políticas orientadas a la igualdad, cuando son adoptadas sin consenso social, no determinan a corto plazo cambios en la actitud social e incluso a veces activan comportamientos contrarios a lo pretendido como forma de reacción o rebeldía.

Además, como se apuntó, una de las estrategias de protección a la mujer que sufre violencia es el fomento de la denuncia del maltrato, lo que, paradójicamente, incrementa el riesgo de feminicidio en este tipo de relaciones de dominio, en la medida en que la denuncia es interpretada por el agresor como una forma de ruptura (principal elemento desencadenante de la reacción violenta extrema). El maltrato permanente y continuado, puede no alcanzar formas extremas de violencia (feminicidio) si la víctima permanece sumisa a su agresor.

La sobrerrepresentación de extranjeros en las estadísticas de feminicidios en ocasiones ha tratado de ser utilizada por determinados actores políticos para justificar determinadas políticas contrarias a la inmigración. Sin embargo, debe advertirse que desconocemos (pues, con carácter general, no se hace pública en las estadísticas, más allá de algunos datos incluidos en informes del Observatorio estatal de violencia contra la mujer) la concreta nacionalidad de los agresores, lo que implica una evidente debilidad de cualquier conclusión al respecto. Igualmente desconocemos qué porcentaje de feminicidios es cometido por inmigrantes económicos (personas que han salido de su país en busca de oportunidades laborales por razones de necesidad -ACNUR-), y que constituyen sólo una parte de la población extranjera presente en España.

En todo caso, si examinamos la población extranjera por nacionalidad constatamos como las nacionalidades con mayor presencia en España son en buena medida de países con bajos índices de igualdad y elevadas tasas de violencia de género (Bermúdez-Meléndez, 2020). Así los principales colectivos de inmigrantes con datos de 2021 (Statista (18)) son Marruecos (883.243 personas), país que tiene un ICG o Índice ClosinGap, indicador que cuantifica anualmente la evolución de la brecha de género de 06210 (puesto 136 mundial), Rumanía (627.478), con un ICG de 0697.0 (puesto 88) y Colombia (07510), puesto 42, frente al ICG 07910 de España (puesto 10).

Estos datos, si bien con las limitaciones indicadas, no vienen más que a reforzar que son precisamente los modelos sociales más desiguales en términos de género donde más violencia de género y más violencia de género extrema se produce. Ello explicaría en buena medida la significativa sobrerrepresentación de extranjeros en las muertes violentas de la mujer.

El análisis efectuado también ha permitido constatar que los feminicidios "se mueven con la edad", de tal forma que la edad media del agresor está aumentando con el paso del tiempo, al participar cada vez menos en este tipo de comportamientos de violencia extrema los hombres más jóvenes. Se constata en definitiva que hay un cambio en la distribución en la edad del agresor, teniendo cada vez menos peso los tramos de edad más jóvenes, en favor de los de más edad, lo que, en el contexto negativo de todo el fenómeno, no deja de ser un factor a valorar positivamente, pues de confirmarse dicha tendencia y si no irrumpen otros factores en el proceso, cuanto más tiempo pase, menos feminicidios habrá.

Comprobamos sin embargo que esta tendencia *es cuantitativamente limitada* y seguramente menor de lo que cabría esperar. Dicha limitación es seguramente reflejo de que la transformación de los patrones sociales que favorecen este tipo de comportamientos también ha sido limitada y, con toda probabilidad, un reflejo más de que algunas de las estructuras en que perviven los modelos de relación de pareja citados son sólo parcialmente permeables a la evolución.

A la vez, parecen haberse instaurado entre las generaciones más jóvenes nuevos patrones culturales favorecedores de comportamientos de control y dependencia en las relaciones de pareja, muy mediatizados además por nuevas subculturas digitales, en las que se sitúa en un lugar central la necesidad de complacencia de la mujer hacia el varón (Galarza-Fernández et al. 2022). Es probable, como ya apuntaba DeKeseredy (2011) hace más de una década, que los modelos de masculinidad hegemónica todavía hoy son reproducidos por distintos actores sociales y en determinados escenarios institucionales. Añade que, muchos hombres jóvenes aprenden a cosificar a las mujeres sexualmente a través de la socialización con sus compañeros, a través de la pornografía y otras actividades de grupo que pueden ser violentas, modelos culturales que determinan que, pese al paso del tiempo, las formas que sostienen el control y la violencia sobre las mujeres permanezcan. Es este, en todo caso, un fenómeno que requiere procesos de análisis más profundos y detallados.

En otra parte de este trabajo hemos visto cómo este tipo de crímenes presentan una serie de características, buena parte de las cuales son precisamente factores que han venido dificultando de forma significativa la eficacia de las distintas políticas dirigidas a su prevención.

Si bien la atribución a la desigualdad de género y a la discriminación la condición de causa esencial de la violencia extrema es aceptada mayoritariamente, su consideración como causa casi única no deja de plantear seria dificultades, pues -como apuntan Bermúdez y Meléndez-Domínguez (2020)-, en tal caso no encontraría explicación la llamada *Paradoja Nórdica,* que pone de manifiesto como países con una puntuación muy alta en el Índice de Igualdad (EIGE, 2022) como Suecia (83,9 puntos), Finlandia (75,4 puntos) y Dinamarca (77,8 puntos) tienen sin embargo niveles de violencia de género y tasas de feminicidios de pareja significativamente más altos que otros países de la Unión Europea (media 68,6), con un índice de igualdad menor, entre ellos España (74,6). Se hace necesario promover nuevas investigaciones que ayuden a comprender en profundidad esta paradoja (Gracia y Merlo, 2016).

Tampoco debe desconocerse que la obtención de la igualdad en las relaciones hombre/mujer, en ocasiones se articula a través de decisiones políticas, que no implican sin embargo un consenso social suficiente, en la medida en que una parte de dicha sociedad sostiene ideales y comportamientos contrarios a las políticas de igualdad. Recientes investigaciones han demostrado la relación entre estas actitudes sexistas hostiles y violencia de género (Juarros-Basterretxea et al., 2019).

En esa misma línea expositiva, algunos autores (Baldry and Magalhães, 2018) afirman que el aumento de estatus de algunas mujeres no es sinónimo de erradicación de las representaciones sociales imperantes sobre las mujeres y sus cuerpos, ni del derecho a usar la fuerza por parte del hombre para mantener el control sobre ellas. Incluso han aportado pruebas de que la reducción de los privilegios del hombre blanco puede tener resultados letales y por ello, en algunos países, el avance de la condición de la mujer en realidad ha sido concomitante con un aumento de la violencia letal. En mi opinión, un claro ejemplo de lo expuesto, como se verá más adelante, son las políticas estatales de fomento de la denuncia por parte de la víctima.

Igualmente hemos comprobado con un volumen de datos muy relevante desde el punto de vista cuantitativo (dos décadas) y cualitativo (fuentes oficiales), que el porcentaje de supuestos en que víctima y agresor se encontraban en *fase de ruptura* (conocida) o ésta ya se había producido era de casi un 40%, porcentaje que en la práctica es necesariamente muy superior, al carecer de esa información (anuncio de ruptura al agresor) tanto cuando se trata de parejas sin vínculo matrimonial, como en aquellos casos en los que existiendo dicho vínculo no se ha oficializado ni exteriorizado la decisión de ruptura.

Dicho modelo de relaciones (de dominio), termina configurando un escenario del que resulta muy difícil huir, por las propias características del contexto asfixiante de control y porque la huida (ruptura) será precisamente el escenario de máximo riesgo para la víctima. Las características que conforman este escenario tan complejo (ausente en la mayor parte de muertes violentas, ajenas a la pareja) dificulta de manera significativa las posibilidades de prevención del comportamiento violento y, con ello, la reducción del número de feminicidios.

Pero, ¿por qué la ruptura determina la violencia extrema? En el contexto de la relación de dominio y maltrato psicológico y a veces físico, es precisamente cuando se discute la autoridad del varón cuando éste con frecuencia recurre a la violencia "para restablecer el orden familiar cuestionado". Es entonces cuando la violencia psicológica, la violencia latente, da paso a una violencia de mayor intensidad, dirigida a reconducir o recuperar el dominio y control que han sido cuestionados. En consecuencia, si la víctima se plantea y exterioriza la decisión de ruptura o la lleva a cabo, el riesgo de violencia extrema aumenta exponencialmente. Este riesgo se incrementa si la ruptura va acompañada del éxito, la autonomía, la independencia o el establecimiento de nuevas relaciones de pareja por parte de la mujer, especialmente (según la clasificación de Echeburúa y Fernández-Montalvo, 2007), cuando nos encontramos ante el perfil de autor extremadamente celoso. El paso a la violencia extrema, a veces, va precedida en alguna de sus fases de un aparente arrepentimiento, como mera estrategia de recuperación del control.

El feminicida es un sujeto que abusa de una relación de dominio sobre la que tiene construida su propia existencia y la pérdida brusca de ese modelo vital (que consideraba blindado) produce una grave alteración y absoluta descompensación, que en ocasiones termina con la eliminación física de la mujer, proceso que en base al grado de arraigo del modelo y otros factores concurrentes, puede implicar la ampliación a la propia muerte del agresor (suicidio o muerte diádica), o incluso de los hijos comunes o de la mujer (violencia vicaria).

Este modelo de dominio o control y las consecuencias derivadas del mismo se intensifican en los contextos más cerrados, en los que las personas de un entorno más próximo (incluso familiares) suelen reprochar al agresor su incapacidad para controlar a su pareja (que se separa o denuncia). Esa idea colectiva de incapacidad del varón para mantener controlada la situación familiar aumenta su sentimiento de fracaso vital, incrementando, a la vez, el nivel de cólera contra su pareja que ha decidido romper la relación (Liem and Koenraadt, 2007 hablan, en una terminología que no comparto, de "celos patológicos"). Estaríamos, en definitiva, ante un "reproche social", a lo que Antúnez (2016) denomina "déficit de masculinidad".

Por todo ello las políticas oficiales de prevención de feminicidios se encuentran ante el reto actual de coordinar la necesidad de fomentar el fin de la relación en la que se produce el maltrato, con el hecho cierto de que ello dispara el riesgo de reacción violenta extrema del varón, estando por tanto los operadores públicos obligados a adoptar, a la vez, estrategias eficientes de protección a la víctima.

La segunda característica de este fenómeno con significativa capacidad para influir en su prevención son las *bajas tasas de denuncia previa al feminicidio*, lo que contrasta con el aumento exponencial en el número de denuncias frente a la violencia de género en general. Pero, lo que resulta más sorprendente y hemos podido acreditar, gracias a la existencia de datos tratables estadísticamente, es que ese factor (reducido número de denuncias en mujeres que posteriormente fueron asesinadas) ha permanecido prácticamente inalterable a lo largo del tiempo, incluso con una ligera tendencia al incremento porcentual (cada vez menos denuncias). El enorme despliegue de medios y reformas legales llevados a cabo en España, dirigidos a facilitar los procesos de denuncia y proteger a la mujer no parece haber sido capaz de contrarrestar los factores que dificultan de forma tan significativa que la víctima en riesgo extremo dé el paso de denunciar.

Sobre las causas del fenómeno indicado (reducidas tasas de denuncia en contextos feminicidas), existen algunas suficientemente identificadas. Sabemos, por ejemplo, que las posibilidades de reacción de la mujer sometida a este tipo de maltrato prolongado son limitadas. Junto al miedo, incertidumbre (especialmente cuando hay hijos menores) se produce con frecuencia la anulación de la capacidad para identificar su condición de víctima y reaccionar frente a la situación. Según el informe titulado "Percepción Social de la Violencia de Género", publicado en 2021, el miedo al agresor (80%), los hijos/as (33%), el sentimiento de vergüenza y el querer ocultar la agresión al entorno cercano (28%), y la dependencia económica del agresor (20%), son las principales razones por las que, según las personas entrevistadas, hay mujeres víctimas de violencia de género que no denuncian su situación.

Muchas mujeres ni siquiera reconocen el maltrato, como parte del llamado "síndrome de la mujer maltratada", carecen de sentimientos negativos hacia el agresor o desconfían del sistema de protección. También puede verse un elenco de causas, clasificadas por su importancia, en la Macroencuesta de Violencia contra la Mujer, elaborada en el año 2015 por el Ministerio de Sanidad Servicios Sociales e Igualdad (16). Un factor importante a tener en cuenta es que la violencia previa al feminicidio en muchas ocasiones es meramente latente o de control y no se detecta escalada de progresión de violencia física previa al feminicidio (Mateo-Fernández y Brea-Montilla, 2018; González-Álvarez et al., 2018 y Bosch-Ferrer, 2019).

En el modelo español, no sólo víctima y familiares pueden denunciar por violencia de género, sino cualquier persona que haya presenciado un episodio de malos tratos, pudiendo además hacerlo de forma anónima. Sin embargo, en la práctica, se constata que la denuncia presentada por terceros no suele prosperar cuando no existe un compromiso de sostener la acusación en el tiempo por parte de la propia víctima. Tras la denuncia, el proceso penal entra en una serie de fases que requieren el impulso de la denunciante, impulso que en la práctica suele estar ausente, si no está concienciada y, sobre todo, preparada psicológicamente para llevar el proceso penal hasta el final.

La ausencia de denuncia, sin embargo, en ningún caso puede entenderse como una renuncia a recibir ayuda. Fruto del análisis de sentencias condenatorias por feminicidio en España (Fernández-Teruelo, 2015) se puede constatar que, en un porcentaje elevado de supuestos, la víctima de maltrato, que después perdió la vida a manos de su pareja o expareja y que nunca denunció, sí había hecho a saber a diferentes agentes sociales, familiares o personas de su entorno la situación de violencia que estaba padeciendo.

Es necesario reconocer en todo caso un punto débil en esta parte del análisis, en la medida en que desconocemos cuántas mujeres de las que sí denunciaron no fueron finalmente asesinadas gracias precisamente a la denuncia.

La dificultad del proceso de denuncia derivada del tipo de relación y de la presión del entorno social también queda especialmente puesta de manifiesto cuando comparamos las tasas de denuncia previa de víctimas de feminicidios de mujeres españolas frente a las mujeres (también víctimas de feminicidios) extranjeras residentes en nuestro país. Así, en el análisis estadístico realizado, hemos podido comprobar que sí existe asociación -test Chi Cuadrado de Pearson, p-valor<0.001-. En concreto, las víctimas españolas de feminicidios habían denunciado menos que las extranjeras. Dicho resultado resulta muy llamativo, en la medida en que -por lo general- el conocimiento de las posibilidades y de los mecanismos de reacción frente al maltrato (policiales, sociales, judiciales...) por parte de ciudadanos extranjeros (gran parte de ellos inmigrantes) es menor.

No debe en todo caso desconocerse que, si bien la ausencia de denuncia impide la activación de la mayor parte de los mecanismos o instrumentos dirigidos a la protección de la mujer que sufre violencia, a la vez suele ser entendida por el autor como un mensaje claro de cuestionamiento de la relación, lo que, en la misma línea indicada respecto a la decisión creíble para el autor de divorcio o separación, incrementará el riesgo de feminicidio (salvo que dicha denuncia vaya acompañada de una efectiva y compleja protección física de la mujer denunciante).

Igualmente, hemos podido comprobar también como prácticamente un tercio de los feminicidas, tras cometer su crimen, se suicidan o lo intentan y además esta elevada tasa de suicidios se mantiene más o menos estable en el tiempo (en el análisis estadístico realizado para estudiar la relación entre Año y Suicidio, constatamos que *no existe asociación*). Pero además, la inmensa mayoría de los restantes feminicidas (no suicidas) se entregan inmediatamente a las autoridades policiales o esperan a ser detenidos sin oposición (constatado en el análisis jurisprudencial efectuado), lo que además, con mucha frecuencia, da lugar, desde un punto de vista penal, a la apreciación de la circunstancia atenuante de confesión del autor, recogida en el art. 21.4 del Código penal (Fernández-Teruelo 2015).

El comportamiento del agresor tras cometer su crimen (ausencia de enfrentamiento al sistema) es seguramente el factor que más aleja este tipo de criminalidad del resto de la criminalidad violenta (Dawson 2005), en la que -incluso en los delitos más graves- el suicidio del autor es un comportamiento absolutamente residual, pues los autores del crimen con carácter general tratan de no ser descubiertos y, en su caso, huir.

Sabemos que, por lo general, el feminicidio y el propio suicidio *se planifican por el autor como un solo acto* (López-Ossorio et al., 2022) y por eso se utiliza el concepto homicidio-suicidio o feminicidio-suicidio (H-S o F-S) para definir estos comportamientos. No comparto por ello los conceptos utilizados por parte de la doctrina: "suicidio extendido" o "suicidio ampliado" (Dubugras y Guevara, 2007), pues en mi opinión no se trata –salvo excepciones– de una decisión de homicidio que da lugar a una (posterior) de suicidio, como dos hechos diferenciados; por contra, ambas conductas, homicidio y posterior suicidio, generalmente, obedecen, según lo apuntado, a un plan común y así el homicidio-suicidio es un fenómeno independiente y no una variación del homicidio o del suicidio (Liem, 2010) y en su ejecución apenas se aprecian rasgos de improvisación (Juodis et al., 2014). Los feminicidas que no se suicidaron después del feminicidio tenían casi tres veces más probabilidades de haber planeado el hecho que los feminicidas que no se suicidaron (Dawson, 2005).

Con el doble acto se pone fin de forma cruenta a la situación derivada del modelo de relación descrita (posesividad patológica), que alcanza su plenitud cuando se extiende a los hijos de la mujer -muerte vicaria-. Según los estudios realizados, los hombres que cometen homicidio-suicidio son extraordinariamente controladores y dependientes respecto a su pareja íntima y a la vez consideran dicha relación como algo inherente e indisociable a su propia existencia (Liem, 2010). A mayor arraigo y consolidación de la relación de dominio (y con el resto de condicionantes), mayor es su dependencia de ella y mayores son también las posibilidades de que el feminicida, además de matar, acabe con su propia vida o lo intente.

IX. CONCLUSIONES Y PROPUESTAS DE INTERVENCIÓN

El análisis realizado confirma que nos encontramos en un proceso de mejora, lenta pero sostenida, en la prevención de feminicidios. Las generaciones más jóvenes crecen en contextos sociales que dificultan la aparición de este tipo de comportamientos. No obstante, no es posible contrastar esta conclusión preliminar con datos de otros países, ya que, en general, no existe una recopilación de información tan detallada y prolongada en el tiempo (más de 21 años). Además, es importante señalar que los estudios científicos en este ámbito tienden a centrarse en aspectos específicos, como el suicidio del agresor o la ruptura de la relación como detonante del crimen, sin que se disponga de un análisis global del fenómeno similar al que aquí se presenta. Precisamente, la inclusión de diversas variables en un mismo estudio ha permitido integrar diferentes debates a lo largo del trabajo.

A la vista del elevado porcentaje de comisión de este tipo de comportamientos por determinados colectivos de extranjeros que triplican la tasa de feminicidios de los nacionales, parece necesario el desarrollo de políticas específicas sectorizadas, capaces de desterrar concepciones de relaciones de pareja basadas en el control y dependencia de la mujer respecto al varón. Aunque no se hace pública, la nacionalidad de los autores está plenamente identificada en el sistema VioGén, lo que posibilita dicha actuación.

El análisis efectuado ha permitido igualmente constatar la importancia del factor ruptura en relaciones de dominio, como factor de máximo riesgo de reacciones de extrema violencia en el varón. En ese contexto, se ratifica idea de que la violencia, incluida la extrema, se justificaría como estrategia del autor para restablecer la posición de dominio del patriarcado que se ve amenazada (Connell, 1997) y de este modo, se describe la figura del feminicida como "justiciero", obligado al restablecimiento del orden patriarcal cuestionado (Fridman, 2021). Se confirma el "factor ruptura" como principal desencadenante de las manifestaciones extremas de violencia de género en relaciones de control y dependencia. Ello se corresponde con los estudios que desde hace tiempo vienen apuntando como los feminicidios de pareja suelen ocurrir cuando el hombre llega a la conclusión de que está perdiendo su poder para dominar o controlar a su pareja (Messerschmidt, 2017) y que, a menudo, la voluntad de separación en las relaciones íntimas es el catalizador del feminicidio -y, en ocasiones, del posterior suicidio del autor (Ellis et al., 2015).

La identificación de este factor y su pervivencia en el tiempo no parece haber dado lugar en nuestro país a actuaciones específicas de intervención más allá de la constatación del hecho. Sin embargo, se hace necesaria una profunda reflexión dirigida al diseño de políticas que permitan una correcta gestión de dicha situación, a partir del conocimiento de que la decisión de romper la relación de pareja, construidas bajo el modelo expuesto, dispara exponencialmente el riesgo de feminicidio. Es preciso que los sistemas de protección sean capaces de trasladar esta información a las potenciales víctimas y a la sociedad en general, algo que generalmente no sucede. Todo ello con el objeto de diseñar medidas de autoprotección y favorecer la solicitud por parte de víctimas de maltrato de apoyo externo a los servicios de atención a la mujer que sufre violencia. En este contexto, y a la vista de las reducidas tasas de denuncia, también debería explorarse la posibilidad de integrar sistemas forenses de valoración de riesgo de violencia extrema en procesos civiles de separación o divorcio, lo que -en atención a su volumen- requeriría en todo caso un proceso de selección previa de casos.

Igualmente, se constata que el porcentaje de denuncias previas de las mujeres (o de su entorno) que posteriormente fueron asesinadas sigue siendo singularmente bajo. Las causas están en gran medida identificadas y no han determinado una específica atención doctrinal, más allá de la literatura que analiza el "síndrome de la mujer maltratada" (Walker, 2012), determinante de que muchas mujeres maltratadas ni siquiera reconocen su condición.

Pero quizá lo más sorprendente es que no se han conseguido mejoras relevantes en el porcentaje de denuncias (a lo largo de las dos décadas de las que disponemos de datos), pese a los grandes esfuerzos realizados. Debe en todo caso advertirse de un punto débil del análisis en la medida en que los expuestos son datos de un análisis retrospectivo (la mujer ya ha sido asesinada), y desconocemos cuántas mujeres no fueron asesinadas precisamente gracias a la presentación de denuncia.

El hecho de que la tasa de denuncia de las víctimas españolas de feminicidios sea menor que la de las extranjeras, además de manera sustancial (más de diez puntos porcentuales), pone de manifiesto que muy probablemente la presión del entorno social, a la cual antes nos referimos, es significativamente menor en el caso de las víctimas extranjeras, precisamente por su menor integración social. También parece que puede explicarse por la mayor duración y estabilidad de los procesos de control del maltratador en el caso de nacionales españoles, en la medida en que, a mayor duración de la relación de dominio y maltrato y control prolongados, son menos las posibilidades de reacción de la víctima, fruto precisamente del proceso de desactivación de tales capacidades de respuesta. Son en todo caso, estas últimas, conclusiones provisionales que deben ser contrastadas en futuros trabajos.

En todo caso, la constatación indiscutible de que un porcentaje de las mujeres situadas en un contexto de riesgo feminicida no va a denunciar a su agresor hace conveniente seguir profundizando en la construcción de fórmulas complementarias de "protección sin denuncia" en los supuestos de riesgo extremo, como forma de asistencia a las víctimas, cuando (o mientras) no quieran (no estén en condiciones de) denunciar a su agresor.

En ausencia de denuncia no serían admisibles medidas restrictivas para el presunto agresor, (precisamente porque no ha sido denunciado) pero sí puede diseñarse un sistema de carácter extrajudicial de protección física personal, y, en su caso, preparación para la denuncia, y, si fuese preciso, acompañamiento en todo el proceso. Debe advertirse en todo caso que para que un mecanismo de este tipo funcione resulta imprescindible un sistema eficaz de detección de riesgo y su valoración, con tasas aceptables de predicción que actualmente no existe (sobre los déficits de la valoración policial del riesgo de violencia contra la mujer pareja en España del sistema VioGén, ver Fernández-Teruelo, 2023).

Hemos finalmente constatado como aproximadamente un tercio de los feminicidas se suicida o lo intenta, siendo además una cifra que se ha mantenido prácticamente invariable en el tiempo. Se trata de un guarismo superior al obtenido por Campbel et al., (2003), hace dos décadas y en un contexto social y geográfico distinto, en el que, según su análisis, el 25% de los autores de homicidios a sus parejas intentaron o consiguieron suicidarse. El trabajo de Dayan (2021) pone de manifiesto que estas tasas fluctúan de manera muy significativa, según los patrones sociodemográficos y criminológicos, especialmente entre grupos sociales no occidentales.

Se constata que la tasa de suicidios se incrementa progresivamente según aumenta la edad del agresor, hasta duplicarse (mayores de 60 frente a menores de 30), dato que coincide con estudios previos, según los cuales los feminicidas suicidas presentan una edad promedio de 53 años; alrededor de 10 años más que los feminicidas no suicidas y hasta veinte años más que los agresores de pareja no feminicidas (López-Ossorio et al., 2022), cuestión que será desarrollada en otro trabajo.

Junto a la edad se han aislado en un contexto distinto otros factores que favorecen el comportamiento suicida, como es la pertenencia a las fuerzas del orden y la disponibilidad de armas de fuego (Sorrentino et al., 2022), a los que Soilina-Saunders, (2024) añaden la difícil situación personal del agresor, en particular el desempleo o la presencia de trastornos mentales -especialmente trastornos depresivos y abuso de sustancias-, además de sufrir situaciones estresantes -separación- (Santos Hermoso, 2022).

La principal consecuencia del comportamiento postdelictivo del autor es que frente a los potenciales feminicidas no se activa el mecanismo motivador derivado de la amenaza penal. En efecto, una de las grandes peculiaridades y particularidades del fenómeno es que la intimidación que es propia de la amenaza penal apenas juega como factor inhibidor del feminicidio, en lo que podríamos denominar "teoría de la inasequibilidad normativa del feminicida". Estamos ante un sujeto escasa o nulamente motivable por la amenaza penal, independientemente de lo grave que esta sea. Son sujetos que aceptan la consecuencia penal que prevea el sistema para ellos, porque la resolución traumática de su conflicto está muy por encima de cualquier castigo con el que se les conmine.

La principal consecuencia es que, sin prescindir lógicamente de la pena, pero, ante su escasa capacidad de motivación frente a estos perfiles, es preciso profundizar en otro tipo de estrategias complementarias. En particular, resulta imprescindible –en la línea ya apuntada– seguir trabajando para desarrollar sistemas capaces de identificar y valorar las situaciones de riesgo con estrechos márgenes de error, y, a partir de ahí, cuando se detecten perfiles de máximo riesgo, recurrir a medios específicos de control, entre ellos la protección física directa de la víctima, al menos de manera temporal.

BIBLIOGRAFÍA

Aguilar Ruiz R. (2018): "Tipologías de feminicidas con trastorno mental en España", *Anuario de Psicología Jurídica*, n. 28, pp. 39-48.

Antúnez, J. (2016): "El feminicidio/suicidio. Una forma extrema de violencia de género", *Revista de Psicoterapia Psicoanalítica*, IX, n. 3, pp. 115-126.

Baldry AC and Magalhaes, MJ (2018): "Prevention of femicide". In S. Weil C, Corradi C and Naudi M. (Eds.): *Femicide across Europe: Theory, research and prevention*, Bristol: Policy Press, pp. 71-92.

Becker G. (1969): "Crime and Punishment: an Economic Approach", *Journal of Political Economy*, 76, n. 2, pp. 169-176.

Bermúdez MP y Meléndez-Domínguez M (2020): "Análisis epidemiológico de la violencia de género en la Unión Europea", *Anales de psicología/annals of psychology* 36(3), pp. 380-385.

Bosch-Fiol, E., y Ferrer-Perez, V. A. (2019): "Femicide, intimate partner violence and legal complaints in Spain". *Journal of Gender Studies*, 29(2), pp. 187–201.

Campbell JC, Webster D, Koziol-Mclain, J, Block C, Campbell D, Curry MA and Laughon K (2003): "Risk factors for femicide in abusive relationships: results from a multisite case control study", *American Journal Public Health* n.93, pp. 1089-1099.

Chon DS (2016): "A spurious Relationship of Gender Equality With Female Homicide Victimization: A Cross-National Analysis". *Crime & Delinquency*. 62, pp. 397-419.

Connel RW (2003): "¿Todos los hombres son iguales?: identidades masculinas y cambios sociales", *La organización social de la masculinidad*, coord. Carlos Lomas, pp. 31-54.

Corradi C and Stöckl H (2016): "The lessons of history: the role of the nation states and the EU in fighting violence against women in 10 European countries", *Current Sociology*, 64(4), pp. 671–88.

Dawson, M. (2005): "Intimate Femicide Followed by Suicide: Examining the Role of Premeditation", *Suicide and Life-Threatening Behavior*, *35*(1), pp. 76-85.

Dayan, H. (2021): "Sociocultural Aspects of Femicide-Suicide: The Case of Israel", *Journal of Interpersonal Violence*, 36 (9-10), NP5148-NP5166.

DeKeseredy WS (2011): *Violence against women: Myths, facts, controversies*, Toronto: University of Toronto Press.

Dobash RE, Dobash RP, Cavanagh K and Lewis R (2004): "Not an Ordinary Killer – Just an Ordinary Guy: When Men Murder an Intimate Woman Partner", *Violence Against Women,* 10, pp. 577-605.

Dobash RE and Dobash RP (2015): *When Men Murder Women.* New York: Oxford University Press.

Dubugras S y Guevara BS (2007): "Homicidio seguido de Suicidio". *Universitas Psychologica,* 6 (51), pp. 23-32.

Ehrlich I (1996): "Crime, Punishment, and the Market for Offenses", *Journal of Economic Perspectives,* vol. 10, N. 1, winter, pp. 43-67.

Echeburúa E y Fernández-Montalvo J (2007): *Celos en la pareja: una emoción destructiva,* Barcelona, Ariel.

Ellis D, Stuckless N and Smith C (2015): *Marital Separation and Lethal Domestic Violence: Theory* New York, Routledge.

Felthous AR and Hempel AG (1995): "Combined Homicide-Suicides: A Review", *Journal of Forensic Sciences.* pp. 40, 846 ss.

Fernández-Teruelo JG (2015): *Análisis de feminicidios de género en España en el periodo 2000-2015,* Thomson Reuters.

Fernández-Teruelo JG (2023): "Los métodos utilizados por el sistema de protección para identificar las situaciones de riesgo de violencia de género", In S. Villa Seiro (dir) *Violencia de género, justicia penal y pacto de Estado,* Tirant lo Blanch, pp. 159-175.

Fridman P. (2021): "Hombres que matan a las mujeres (aspectos psiquiátricos y psicoanalíticos", In Laurenzo/Daunis (coords), *Odio, prejuicios y derechos humanos,* Granada, pp. 145-155.

Galarza Fernández E, Sosa Valcarcel A, Cantillo Valero C y López Ramírez B. (2022): *La juventud ante la violencia de género en redes sociales: el caso andaluz,* Aula Magna.

Gracia, E. y Merlo, J. (2016), "Intimate partner violence against women and the Nordic paradox". *Social Science & Medicine, 157,* pp. 27-30.

González-Álvarez JL, López-Ossorio JJ, Pozuelo F, Sánchez J, Santos-Hermoso J y Soler C (2019): "Preview of the results of the national study of the review of femicides in Spain: Profile of the femicide in prison", In JM Bermudo (Eds.), *X Jornadas de ATIP,* Almagro 2018, pp. 43-83.

González J, Garrido M, López-Ossorio J, Muñoz Vicente J, Arribas A, Carbajosa P y Ballano E (2018): "Revisión Pormenorizada de Homicidios de Mujeres en las Relaciones de Pareja en España". *Anuario de Psicología Jurídica,* 28, pp. 28-38.

Heron CA (2017): "Exploring the Differences between Domestic Homicide and Homicide-Suicide: Implications for Risk Assessment and Safety Planning". *Electronic Thesis and Dissertation Repository. 4473, Western Libraries.*

Jill TM, Campbell J and others (2014): *Police Departments, Use of the Lethality Assessment Program: A Quasi-Experimental Evaluation,* U.S. Department of Justice.

Juarros-Basterretxea J, Overall N, Herrero J. y Rodríguez-Díaz FJ (2019): "Considering the effect of sexism on psychological intimate partner violence: A study with imprisoned men", *European Journal of Psychology Applied to Legal Context,* 11(2), pp. 61-69.

Juodis M, Starzomski A, Porter S and Woodworth M (2014): "A Comparison of Domestic and Non-Domestic Homicides: Further Evidence for Distinct Dynamics and Heterogeneity of Domestic Homicide Perpetrators, *Journal of Family Violence,* 29, pp. 299-326.

Kouta C, Rousou E, Freysteinsdóttir FJ, Boira S and Naudi M (2017): Gender and Socio-Cultural Perspectives through Femicide Case Studies, *Journal of Community Medicine & Health Care,* 2, 2, pp. 1013.

Liem M and Koenraadt F (2007): Homicide-suicide in the Netherlands: A study of newspaper reports, 1992 – 2005. *The Journal of Forensic Psychiatry y Psychology* 18 (December), pp. 482-494.

López-Ossorio JJ, González-Álvarez JL y Pueyo A (2016): Eficacia predictiva de la valoración policial del riesgo de la violencia de género, *Psychosocial Intervention* 25, Vol. 25 N.1, pp. 1-7.

López-Ossorio JJ, González-Álvarez JL, Loinaz I, Martínez-Martínez A y Pineda D (2020): Intimate partner homicide risk assessment by police in Spain: The dual protocol VPR5.0-H. *Psychosocial Intervention,* 30(1), pp. 47-55.

López-Ossorio JJ, Muñoz Vicente J, Santos-Hermoso J, García-Collantes A, Soria-Verde M A (2022): Feminicidio de pareja seguido de suicidio: un estudio descriptivo en España, *Revista de Victimología,* núm. 13, 2022, pp. 65-90.

Mateo-Fernández PV y Brea-Montilla L (2018): Perfil criminológico en un caso de feminicidio sin escalada de violencia previa, *Psicopatología Clínica, Legal y Forense,* Vol. 18, 2018, pp. 41-59.

Messerschmidt JW (2017): "Masculinities and Femicide", *Qualitative Sociology Review* 13(3), pp. 70-79.

Pineda D, Galán M, Martínez-Martínez, A, José Antonio P y González-Álvarez JL (2024): "La Violencia de Género y el Feminicidio. Comparación del Perfil de los Agresores", *Anuario de Psicología Jurídica*, 34, pp. 47-56.

Rosenbaum, M (1990): "The role of depression in couples involved in murder-suicide and homicide", *American Journal of Psychiatry*, 147, pp. 1036-1058.

Santos Hermoso, J (2022): *Homicidio y feminicidio en España*, tesis doctoral Universidad Autónoma de Madrid, disponible en https://repositorio.uam.es/handle/10486/705096

Schröttle M and Meshkova K (2018): "Data collection: challenges and opportunities", In S. Weil C, Corradi and Naudi M (Eds.), *Femicide across Europe: Theory, research and prevention*. Bristol: Policy Press, pp. 71-92.

Solinas-Saunders, M. (2024): "Intimate Femicide-Suicide in Italy Between 2015 and 2019: A Comparison to Intimate Femicide Without Suicide", *Homicide Studies*, 28(2), pp. 171-195.

Sorrentino, A.; Cinquegrana, V.; Guida, C. "Risk Factors for Intimate Partner Femicide–Suicide in Italy: An Ecological Approach", *Int. J. Environ. Res., Public Health* 2022, 19, pp. 10431.

Standish, K., & Weil, S. (2021): "Gendered pandemics: *suicide, femicide and COVID-19", Journal of Gender Studies, 30*(7), pp. 807-818.

Vives-Cases C Goicolea I, Hernández A, Sanz-Barbero B, Gill AK, Baldry AC and others (2016): *Expert Opinions on Improving Femicide Data Collection across Europe: A Concept Mapping Study*. PLoS ONE 11(2): e0148364.

Walker L (2012): *El Síndrome de la Mujer Maltratada*, Desclée de Brouwer Editor.

Weil S (2018): "Research and prevention of femicide across Europe", In S. Weil C, Corradi and Naudi M (Eds.), *Femicide across Europe: Theory, research and prevention*. Bristol: Policy Press, pp. 1-16.

Weil S (2020): "Two Global Pandemics: Femicide and COVID-19", *Trauma and Memory*, 2020, Volume 8, no. 2, pp. 111-112.

Capítulo VIII.

Factores etiológicos en los victimarios de violencia de género. Una revisión sistemática

JULIA MÉNDEZ HERNÁNDEZ
Investigadora Postdoctoral Contratada
Universitat de Lleida

SUMARIO: I. INTRODUCCIÓN; II. MÉTODO; 1. Estrategia de búsqueda; 2. Criterios de elegibilidad; 3. Procedimiento de selección; 4. Extracción, análisis y síntesis de los datos; III. ANÁLISIS Y RESULTADOS; 1. Principales análisis bibliométricos; 2. Clasificación y síntesis de las publicaciones incluidas; IV. CONCLUSIONES Y DISCUSIÓN; BIBLIOGRAFÍA.

I. INTRODUCCIÓN

La violencia de género es una problemática grave, los datos disponibles lo evidencian. Dada la envergadura de esta violencia, desde hace unas décadas, organismos e instituciones a nivel global y nacional han tomado conciencia de la misma y trabajan en su prevención y erradicación. Aunque lo cierto es que antes de esta toma de conciencia, alcanzada gracias al trabajo de tantas mujeres especialmente, era una realidad normalizada e invisibilizada. La ciencia, como es obvio, también ha sido cómplice de esta normalización, al igual que desde hace unos años ha invertido esfuerzos en conocer el fenómeno, estudiarlo, tratar de prevenirlo, concienciar sobre él o visibilizarlo.

Seguimos en esa senda, la de la consciencia sobre la necesidad de crear conocimiento en torno a esta problemática que afecta a la vida y la salud de millones de mujeres en el mundo. Y es que hablamos de una lacra de una magnitud y gravedad desmedida, la Organización Mundial de la Salud (OMS) cifra en un 30% las mujeres que han sufrido violencia física y/o sexual por su pareja o violencia sexual por alguien que no era su pareja o ambas (World Health Organization, 2021). Y en España se estima que el 11% de las mujeres han sufrido violencia física por parte de la pareja actual u otra anterior y el 27% violencia psicológica de control (Delegación del Gobierno contra la Violencia de Género, 2019). Disponemos de multitud de datos que demuestran la gravedad de esta violencia y sus nefastas consecuencias. Así, es un imperativo que desde la ciencia se aporte conocimiento para la prevención e intervención sobre esta problemática.

Organizaciones como la ONU, las legislaciones europeas y españolas o numerosas teorías y estudios señalan que la desigualdad histórica entre los sexos, el patriarcado, es la raíz última de la violencia de género. Esta compresión es de suma importancia, pues la define como un problema estructural, histórico y sistémico y no como una violencia propia del ámbito privado causada por factores individuales y aislada. Es cierto que existen numerosas teorías, variadas y heterogéneas, para describirla: algunas más centradas en cuestiones fisiológicas o psicológicas, otras más centradas en factores sociales y culturales, unas que contemplan el patriarcado como causa principal y otras que no lo tienen en cuenta. Pero la más aceptada sin duda es el marco ecológico de Heise, recomendada por la OMS o la ONU (OMS, 2002) (ONU-UNIFEM, 2003). Este modelo tiene la ventaja de que agrupa múltiples factores etiológicos y les confiere gran capacidad de interacción entre ellos. Conceptualiza esta violencia como una problemática multifacética que se basa en la interacción de factores personales, situacionales y socioculturales clasificándolos en distintos niveles (individual, microsistema, exosistema y macrosistema). Su autora señala que hay cierto margen en cuanto a situar en uno u otro nivel los diversos factores porque lo más importante es la interacción dinámica entre ellos. Hay que destacar también que el marco ecológico no se plantea como una teoría completa y definitiva, sino como una herramienta heurística en la que apoyarse para conceptualizar la investigación.

Este modelo plantea los distintos niveles citados de la siguiente manera: en el nivel individual o historia personal agrupa las características de la personalidad o la experiencia del individuo y su desarrollo, incluye en el ser testigo o víctima de violencia en la infancia o tener un padre ausente o ser rechazado, por ejemplo. Por otra parte, el microsistema se configura como el nivel en que se agrupan los factores relacionados con las interacciones de la persona al relacionarse directamente con iguales y los significados subjetivos que atribuye; en él se incluye la dominación por parte del varón en el entorno familiar, el control masculino del patrimonio económico o el conflicto verbal en la pareja. El nivel del exosistema está constituido por las estructuras sociales formales e informales, contempla el estatus socioeconómico bajo, el desempleo o el aislamiento de la mujer. Por último, el macrosistema integra los valores y creencias que impregnan e influencian al resto de capas de la ecología social, por ejemplo, incluye la creencia de propiedad del hombre sobre la mujer, la masculinidad dominante, los roles de género tradicionales y rígidos o la aceptación o normalización de la violencia y el castigo físico.

A este modelo planteado por Heise, varias teorías o instituciones como la ONU incorporan más factores. Así, en el nivel individual se introducen características biológicas, cognitivas, conductuales y emocionales, las creencias asumidas o heredadas de la familia de origen, los eventos estresores y la capacidad para su gestión, psicopatologías y el abuso de drogas o alcohol. En el microsistema se incluyen cuestiones como la división del trabajo, la falta de comunicación para la gestión de conflictos o la disparidad de educación y edad entre los cónyuges. En el exosistema, conformado por contextos comunitarios y estructuras sociales se introduce el vecindario, el trabajo, las amistades o las asociaciones. En este nivel también se contempla la ineficacia de las instituciones o la normalización de la problemática por parte de los medios. Por último, en el nivel del macrosistema se incluye la ideología, la sociedad y la cultura y los valores que normalizan y legitiman la violencia de género; así contempla la socialización en los roles tradicionales de género, los discursos culpabilizadores de las víctimas, los que legitiman el uso de la violencia o los mitos que invisibilizan o justifican la problemática (de Alencar-Rodrigues y Cantera, 2012).

Partiendo del marco ecológico expuesto y del grave problema de salud pública que constituye la violencia de género se desarrolla esta revisión sistemática. Para abordar desde la ciencia este fenómeno tenemos que conocer qué se ha investigado, al menos en los últimos años, por esta razón se realiza este trabajo, para de forma sistemática analizar y sintetizar el conocimiento que se ha creado en torno a él. De esta forma, el objetivo de dicha revisión es analizar qué y cómo se ha investigado sobre la etiología de la violencia en los victimarios entre los años 2011 y 2020 (ambos incluidos). La búsqueda y la revisión de la literatura se ha realizado siguiendo la estrategia PICoS, mediante la que se incluyeron 102 publicaciones una vez eliminadas las que no cumplían los criterios establecidos (originalmente 688). Las publicaciones que se incluyeron siguiendo la metodología han sido clasificadas según el marco ecológico expuesto y los datos se analizaron usando Tableau, VOSviewer y Bliblioshiny. Además, los estudios se han sintetizado y se ha hecho un análisis de contenido para responder a la pregunta de qué se ha investigado sobre la etiología en los agresores y cómo.

II. MÉTODO

La revisión sistemática de la literatura sobre los factores etiológicos presentes en los victimarios de violencia de género se realizó basándose en la declaración PRISMA (Page et al., 2021). La pregunta de investigación planteada es: ¿Cómo y qué se ha estudiado sobre los factores etiológicos presentes en los victimarios de violencia de género en la última década (2011-2020)? Partiendo de ésta se pretende conocer en qué factores o elementos se han centrado las investigaciones sobre la etiología presente en estos agresores, qué áreas de conocimiento son las que se han encargado principalmente de abordar esta cuestión, con qué metodología lo han hecho y cuáles han sido los resultados obtenidos.

1. Estrategia de búsqueda

Para construir la ecuación de búsqueda se seleccionaron en los tesauros (listas de vocabulario controlado) UNESCO, Eric, UNBIS y DeCS los siguientes términos: "gender-based violence", "gender based violence", "violence against women", "gender discrimination", "conjugal violence", "intimate partner violence", "violencia de género", "violencia contra las mujeres", "offender", "offenders", "criminal", "criminals", "criminales", "delincuentes", "male", "males", "men", "hombre", "hombres".

A partir de estos términos se diseñó la siguiente ecuación de búsqueda:

(("gender-based violence" OR "gender based violence" OR "violence against women" OR "gender discrimination" OR "conjugal violence" OR "intimate partner violence" OR "violencia de género" OR "violencia contra las mujeres") AND (("male*" OR "men" OR "hombre*") ■ ("offender*" OR "criminal*" OR "delincuente*")))

■ Operador diferente en cada base de datos: en Web of Science: WITH; en Scopus: W/10; en el resto de bases: N/10. El uso de un operador diferente es debido a que las bases de datos no disponen de los mismos operadores. Así se ha utilizado el más similar que ofrece cada una.

Las bases de datos seleccionadas fueron Scopus, Web of Science, Sociology Collection, Social Science Database y Criminology Collection. En Scopus se aplicó la ecuación de búsqueda a los campos de título, resumen, y palabras clave (TITLE-ABS-KEY) y se seleccionaron los artículos y capítulos de libro teniendo un resultado de 141 publicaciones. En Web of Science se aplicó la ecuación al campo "Tema" (titulo, abstract, palabras clave del autor y Keywords Plus) y se seleccionaron los artículos y capítulos de libro teniendo un resultado de 350 publicaciones. En Sociology Collection, Social Science Database y Criminology Collection se aplicó la ecuación al campo "Cualquier campo excepto texto completo (NOFT)" y se seleccionaron los artículos evaluados por expertos resultando en el caso de la primera base de datos 93 publicaciones, en la segunda 42 y en la tercera 62. En total, la aplicación de la estrategia de búsqueda arrojó 688 publicaciones, una vez eliminados los duplicados resultaron 401. En la siguiente tabla (Tabla 1) se sintetiza el procedimiento aplicado.

Tabla 1. Procedimiento de búsqueda en las bases de datos seleccionadas

Base de datos	Campos a los que se aplica la ecuación	Tipo de documento	Resultado
Scopus	Título, resumen, y palabras clave (TITLE-ABS-KEY)	Artículos y capítulos de libro	141
Web of Science (colección principal WOS)	Tema (titulo, abstract, palabras clave del autor y Keywords Plus	Artículos y capítulos de libro	350
Sociology Collection	Cualquier campo excepto texto completo (NOFT)	Artículos evaluados por expertos	93
Social Science Database	Cualquier campo excepto texto completo (NOFT)	Artículos evaluados por expertos	42
Criminology Collection	Cualquier campo excepto texto completo (NOFT)	Artículos evaluados por expertos	62

2. Criterios de elegibilidad

Los criterios de elegibilidad se definieron a partir de la estrategia PICoS (población, fenómeno de interés, contexto y diseño del estudio):

- Población: se incluyeron todas las investigaciones que contaban con población de agresores de violencia de género. También se incluyeron publicaciones que además contaban con hombres o mujeres no agresores, por ejemplo como grupo de control, estudios con una población amplia y variada entre la que se incluía este tipo de victimarios, investigaciones con población general con el objetivo de extraer información sobre estos agresores o estudios que sin contar con una muestra de estos victimarios han extraído información sobre ellos partiendo de informes policiales, informes forenses, sentencias o cualquier tipo de documentación oficial. Se excluyeron publicaciones que tenían como población a agresores/as de violencia doméstica en general y cualquier otro que no contara con población de victimarios de violencia de género (Entendiendo esta violencia según lo especificado en la introducción).
- Fenómeno de interés: se incluyeron las publicaciones que abordaban la etiología (y/o factores de riesgo, predictores, factores fisiológicos, psicológicos, sociales, situacionales, económicos, culturales, ideológicos, etc.) de la violencia de género. Se excluyeron las investigaciones que se centraban en otro tipo de violencia y estudios que centrándose en los victimarios de violencia de género no abordan la etiología sino cuestiones como el tratamiento o intervención, como por ejemplo la efectividad o la adhesión a los mismos, en este tipo de agresores. Se han incluido investigaciones que, aunque estén centradas en el tratamiento arrojan conocimiento sobre la etiología, factores de riesgo o predictores de esta violencia.

- Contexto: se incluyeron las publicaciones que entre 2011 y 2020 (ambos años incluidos) se ajustan a los criterios anteriormente descritos, siendo indistinto el país o región de publicación o realización de la investigación.
- Diseño: se incluyeron investigaciones que aplicaron tanto un método cuantitativo, cualitativo o mixto, que habían sido revisadas por pares, indiferentemente del idioma. Se excluyeron los libros y capítulos de libro, las editoriales, las comunicaciones en congresos o las tesis, en definitiva, cualquier publicación que no se ajustara a los criterios fijados.

3. Procedimiento de selección

Gráfico 1: Procedimiento de selección de las publicaciones para la

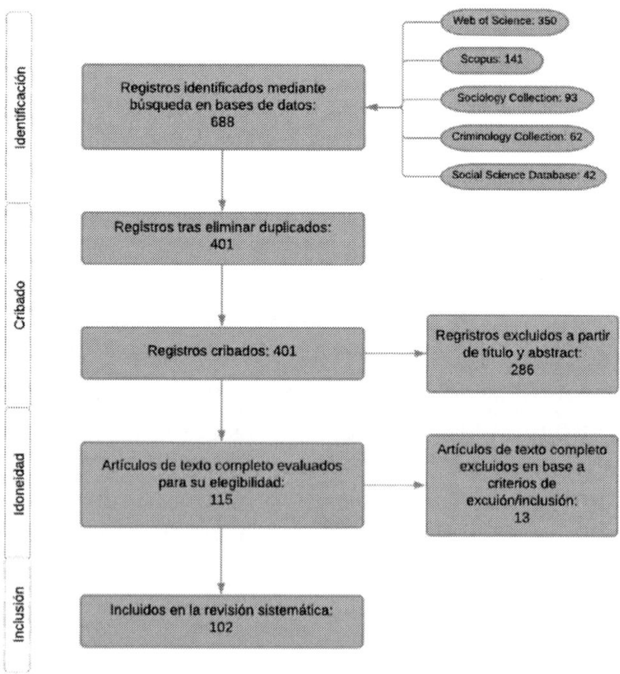

Respecto al proceso de selección de las publicaciones incluidas en la revisión sistemática, se comenzó con la identificación y exclusión de duplicados. Para ello, las publicaciones que arrojó la estrategia de búsqueda se gestionaron con RefWork que facilita esta labor; se excluyeron 287, quedando 401. Una vez eliminadas las publicaciones duplicadas la selección se realizó atendiendo a los criterios fijados de inclusión-exclusión. En primer lugar, se decidió sobre la inclusión o no de los estudios tras revisar el título, el abstract y las palabras clave de los estudios; tras este proceso se excluyeron 286 y quedaron 115. Posteriormente, se revisaron los textos completos de las publicaciones hasta el momento seleccionadas quedando excluidas 13 que no cumplían los criterios estipulados. El resultado de este procedimiento fue la inclusión de 102 publicaciones.

En la siguiente tabla (tabla 2) se muestran las publicaciones seleccionadas ordenadas cronológicamente —en la bibliografía se pueden encontrar completas— (también pueden consultarse en el siguiente enlace): https://drive.google.com/file/d/1dpPD3TyvXrBQxmKetvrAnnnQhx_YG9Ix/view o escaneando el código QR.

Tabla 1: Publicaciones incluidas en la revisión sistemática

1.	(Boira y Tomás-Aragonés, 2011)	2.	(Fowler y Westen, 2011)
3.	(Harris et al., 2011)	4.	(Henning y Connor-Smith, 2011)
5.	(Lipsky et al., 2011)	6.	(Loinaz et al., 2011)
7.	(Aaltonen et al., 2012)	8.	(Easton, 2012)
9.	(Eckhardt et al., 2012)	10.	(Hoyt et al., 2012)
11.	(Lila et al., 2012)	12.	(Loinaz et al., 2012)

13. (Swogger et al., 2012)	14. (Theobald y Farrington, 2012)
15. (Whiting et al., 2012)	16. (Crane, Hawes, et al., 2013)
17. (Crane, Oberleitner, et al., 2013)	18. (Millett et al., 2013)
19. (Pereira et al., 2013)	20. (Smith Stover y Kahn, 2013)
21. (Swopes et al., 2013)	22. (Crane et al., 2014)
23. (Eckhardt y Crane, 2014)	24. (Hoyt et al., 2014)
25. (Lila et al., 2014)	26. (Loinaz, 2014)
27. (Piquero et al., 2014)	28. (Sygel et al., 2014)
29. (Cantos et al., 2015)	30. (Colins et al., 2015)
31. (Crane et al., 2015)	32. (Gracia et al., 2015)
33. (Henrichs et al., 2015)	34. (Jaffe et al., 2015)
35. (Ruiz-Hernández et al., 2015)	36. (Trabold et al., 2015)
37. (Bueso-Izquierdo et al., 2016)	38. (Catalá-Miñana et al., 2016)
39. (Crane et al., 2016)	40. (Hilton y Eke, 2016)
41. (Kim y Sung, 2016)	42. (Marzana et al., 2016)
43. (Paat y Markham, 2016)	44. (Romero-Martínez, Lila, Martínez, et al., 2016)
45. (Romero-Martínez, Lila, y Moya-Albiol, 2016)	46. (Theobald et al., 2016a)
47. (Theobald et al., 2016b)	48. (Vecina y Chacón, 2016)
49. (Walsh et al., 2016)	50. (Carbajosa et al., 2017)
51. (Crane y Easton, 2017)	52. (Di Piazza et al., 2017)
53. (Farzan-Kashani y Murphy, 2017)	54. (Ferreira et al., 2017)
55. (Gilchrist et al., 2017)	56. (Romero-Martínez et al., 2017)
57. (Song et al., 2017)	58. (Strickland et al., 2017)
59. (Aguilar-Ruiz, 2018)	60. (Berbary et al., 2018)
61. (Boonzaier y van Niekerk, 2018)	62. (do Nascimento Paixão et al., 2018)
63. (Elklit et al., 2018)	64. (Fernandes et al., 2018)
65. (Gonçalves dos Santos Lírio et al., 2018)	66. (Hilton y Radatz, 2018)
67. (Juarros-Basterretxea et al., 2018)	68. (Kaplenko et al., 2018)
69. (Krienert y Walsh, 2018)	70. (Loinaz et al., 2018)

71. (Martín-Fernández, Gracia, y Lila, 2018)	72. (Martín-Fernández, Gracia, Marco, et al., 2018)
73. (Sjödin et al., 2018)	74. (Thiessen et al., 2018)
75. (Babcock y Michonski, 2019)	76. (Brem et al., 2019)
77. (Cheng y Jaffe, 2019)	78. (Gonçalves dos Santos Lírio et al., 2019)
79. (Gonzalez-Mendez et al., 2019)	80. (Hilton et al., 2019)
81. (Jeffrey y Barata, 2019)	82. (Juarros-Basterretxea et al., 2019)
83. (Romero-Martínez, Lila, Gracia, et al., 2019)	84. (Romero-Martínez, Lila, y Moya-Albiol, 2019)
85. (Soares Cunha y Abrunhosa Gonçalves, 2019)	86. (Soria-Verde et al., 2019)
87. (Verdejo-Román et al., 2019)	88. (Zapata-Calvente et al., 2019)
89. (Abrunhosa et al., 2020)	90. (Aguilar Ruiz y González-Calderón, 2020)
91. (Castro et al., 2020)	92. (Di Piazza et al., 2020)
93. (Duff et al., 2020)	94. (Fernández⊠Montalvo et al., 2020)
95. (Ferreira da Silva et al., 2020)	96. (Gracia et al., 2020)
97. (Guerrero-Molina et al., 2020)	98. (Hernán Di Marco y Evans, 2020)
99. (Radojevic et al., 2020)	100. (Sáez et al., 2020)
101. (Verbruggen et al., 2020)	102. (Walters, 2020)

4. Extracción, análisis y síntesis de los datos

Teniendo como punto de referencia el modelo ecológico de Heise, al que se hace referencia en la introducción, se elaboró una tabla con el fin de extraer los datos de las publicaciones seleccionadas (referencia, metodología, muestra y principales resultados). A su vez se clasificaron los estudios incluidos según los niveles del citado modelo. Debido a que hubo niveles y subniveles del marco ecológico a los que no se les asignó ninguna publicación, estos quedaron fuera de la tabla, quedando por tanto esta clasificación:

1. Factores individuales

1.1. Consumo/abuso de alcohol y drogas

1.2. Características psicológicas, trastornos psiquiátricos, psicopatía, factores fisiológicos

1.3. Presenciar o sufrir violencia en la infancia

1.4. Dos o más factores individuales combinados

2. Exosistema

2.1. Bajo estatus socioeconómico, desempleo, falta de oportunidades económicas

3. Macrosistema

3.1. Aprobación de la violencia y del castigo físico; aceptabilidad, justificación o minimización de la violencia de género o culpabilización de las víctimas

3.2. Masculinidad agresiva o relacionada con la dominación o el honor; roles de género rígidos; derecho o propiedad del hombre sobre la mujer; sexismo

4. Combinación de varios factores de distintos niveles

5. Otros. No encajan en la clasificación

Los datos sintetizados de todas las publicaciones incluidas (referencia, metodología, muestra y principales resultados). pueden consultarse en el siguiente enlace: https://drive.google.com/file/d/108ADlQV9SxDjNUlURJbLPB-DoX0WOjia/view o escaneando el código QR.

III. ANÁLISIS Y RESULTADOS

1. Principales análisis bibliométricos

Realizados los procesos anteriormente descritos se hicieron los correspondientes análisis bibliométricos. En primer lugar, se analizó la distribución de las publicaciones incluidas por año de publicación. Como se aprecia en la gráfica (gráfico 2), pese a parecer que el reparto no es homogéneo, la línea de tendencia muestra un crecimiento claro. Este aumento de estudios a lo largo de los años se corresponde y es coherente con la creciente visibilización e interés social e institucional por la problemática de la violencia de género.

Gráfico 2: Número de publicaciones por año

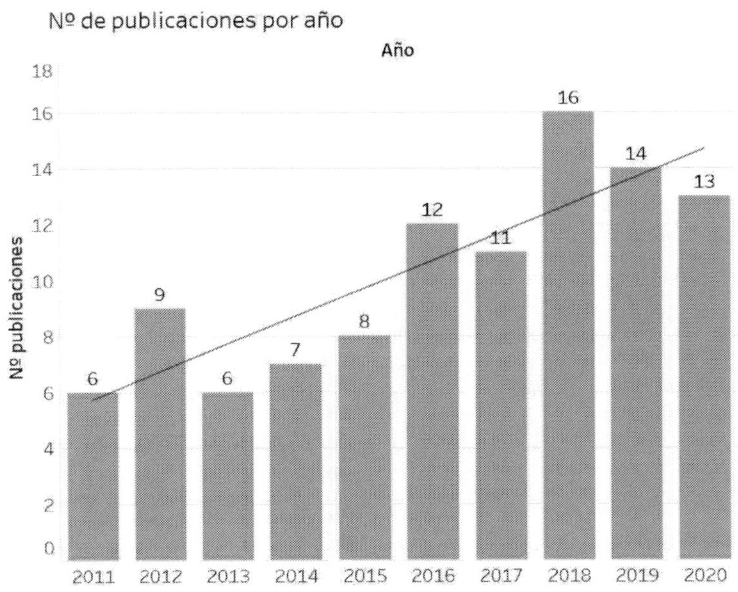

También se analizó la distribución de las publicaciones por países. Como se puede ver en las burbujas agrupadas (gráfico 3), principalmente son Estados Unidos, con 49 publicaciones, y España, con 33, los países que acumulan más. Canadá e Inglaterra, a pesar de ser el tercer y cuarto país respectivamente que más estudios han publicado, están a bastante distancia de los dos primeros. El resto de países no se han representado en la figura son: Bélgica (3 publicaciones), Brasil (3), Países Bajos (3), Portugal (3), Sudáfrica (3), Suecia (3), Chile (2), Gales (2), Argentina (1), Australia (1), Colombia (1), Dinamarca (1), Finlandia (1), Alemania (1), Italia (1), Montenegro (1), Nueva Zelanda (1), Escocia (1) y Corea del Sur (1).

El puesto destacado que ocupa España es coherente tanto por la sensibilización social respecto a la violencia de género, que obviamente se ve reflejada en la investigación científica, como por un grupo de referencia que en las próximas páginas será citado.

Gráfico 3: Burbujas agrupadas sobre la distribución de publicaciones por países

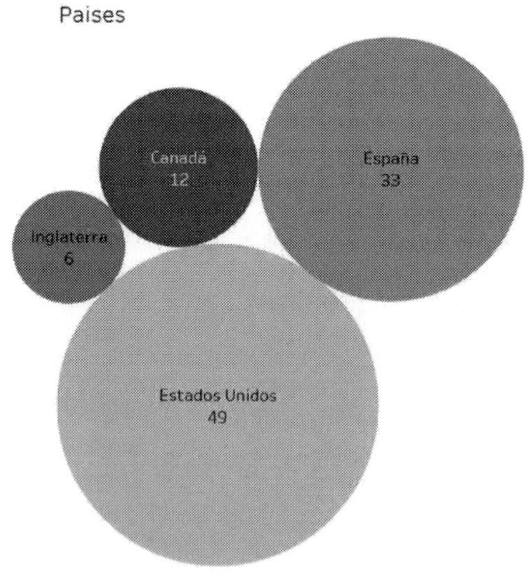

Mientras que en otros países se sigue haciendo referencia a esta problemática como "violencia doméstica", en España el término utilizado (violencia de género -en la pareja-) es más específico y comprende lo estructural y sistémico del fenómeno. Aunque podemos traer a colación el problema que supone la diversidad terminológica entorno a esta cuestión que implica dificultades a todos los niveles, también en esta revisión sistemática que puede haberse visto sesgada por ello.

El siguiente análisis bibliométrico que se llevó a cabo fue observar la acumulación de publicaciones según las áreas de investigación. La mayoría de estudios seleccionados pertenecen al área de la psicología (70 publicaciones) y en segundo lugar, la criminología acumula 46. Esta hegemonía de la psicología respecto a las investigaciones sobre la etiología de la violencia de género nos puede hacer sospechar que esta problemática se aborda especialmente desde los factores individuales o que no hay un equilibrio entre las disciplinas para abordarla de forma más integral o multidisciplinar. El resto de disciplinas que han publicado al respecto, aunque en mucha menor medida que la psicología y la criminología son: farmacología (4 publicaciones), trabajo social (4), ciencias ambientales (3), medicina legal (3), neurociencias (3), enfermería (3), salud pública ambiental ocupacional (3), abuso de sustancias (3), ciencia tecnología (1), asuntos sociales (1) y estudios de las mujeres (1).

También se observó la distribución de las publicaciones según las universidades u organizaciones. La Universidad de Valencia (13 publicaciones) es la institución que más ha publicado sobre la problemática que nos ocupa. Esto sugiere que en esta universidad reside un grupo de investigación de referencia, como se comprobará en las siguientes páginas. Con poco más de la mitad de estudios que la Universidad de Valencia está Rochester Institute Technology (7 publicaciones) y Yale University (7), por detrás de estas University of Texas System (6) y State University of New York Sunt Sistem (5). Con menos publicaciones que estas universidades u organizaciones están:

State University of New York Suny Buffalo (4 publicaciones), State University Syste of Florida (4), University of Alabama Birmingham (4), University Alabama System (4), University of British Columbia (4), University of Cambrige (4), University of Texas Dallas (4), Kings College London (3), Purdue University (3), Purdue University System (3), Universidade Federal Da Bahia (3), Univrsidad del País Vasco (3), Universidad de Granada (3), University of London (3), Universidad de Oviedo (3), University of Rochester (3), University of Toronto (3) (+141 universidades o instituciones). La multitud de instituciones que han publicado investigaciones al respecto sugiere que hablamos de una problemática global.

Gráfico 4: Clasificación de las publicaciones seleccionadas según metodología

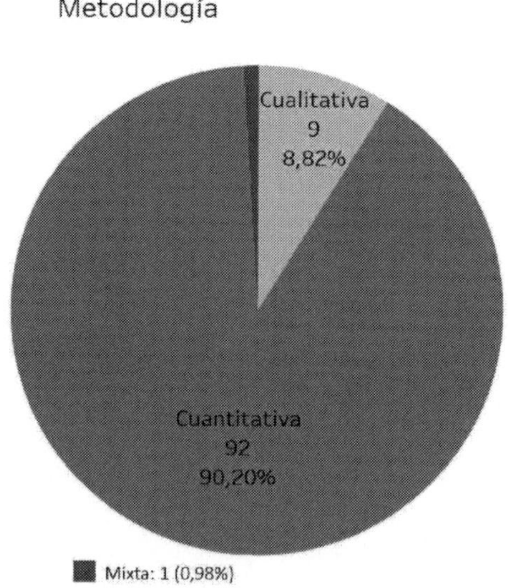

Respecto a la metodología, como se aprecia en la anterior gráfica (gráfico 4), predomina de forma más que evidente la

cuantitativa, que supera el 90% del total de las publicaciones incluidas. La metodología cualitativa es prácticamente anecdótica, no llegando a alcanzar el 9% y sólo una publicación combina ambas.

Esta marcada asimetría tiene relación con la hegemonía de la psicología como área de estudio. Así, podemos hablar con los datos que contamos que la investigación sobre los factores etiológicos en los victimarios de violencia de género tiene desequilibrios si lo observamos desde el modelo ecológico, pues predomina de forma muy marcada el uso de la metodología cuantitativa, predomina la psicología como área de conocimiento y como veremos más adelante predomina el estudio de los factores individuales.

Las muestras de los estudios seleccionados para esta revisión sistemática son muy variadas. En muchas de las investigaciones está conformada por participantes ingresados en centros penitenciarios o que están inmersos en programas de tratamiento. Además, algunos de estos estudios incluyen también como grupo de control participantes que no son victimarios de violencia de género y otros que incluyen participantes que han cometido otro tipo de delitos para observar las similitudes o diferencias entre los distintos grupos. Que la mayoría de estudios seleccione este tipo de muestra puede estar motivado porque es la más accesible y la que menos costes supone, a pesar de que en ella no se represente a los victimarios que no han sido procesados o condenados. De hecho, son muchas menos las investigaciones que de una muestra de población general selecciona a los participantes victimarios (algunos de los estudios incluidos lo hacen mediante encuestas, muestras de estudiantes universitarios o personas en tratamiento por abuso de alcohol o drogas). Además, algunas de las publicaciones seleccionadas en vez de contar con una muestra de victimarios, seleccionados de una u otra forma, extraen u observan la información sobre ellos contenida en informes policiales, informes forenses, sentencias o cualquier otro documento oficial que brinde datos al respecto.

El resto de análisis bibliométricos que se han realizado pueden consultarse en el siguiente enlace:

https://drive.google.com/file/d/16-q-7bHESF193o02b4wTn91xaACRh-mr/view o escaneando el código QR.

2. *Clasificación y síntesis de las publicaciones incluidas*

Hechos los análisis bibliométricos de las publicaciones incluidas en la revisión se clasificaron siguiendo el marco ecológico, recomendado por la Organización Mundial de la Salud o Naciones Unidas (OMS, 2002; ONU-UNIFEM, 2003). Concretamente se realizó a partir del esquema especificado en el subapartado "extracción, análisis y síntesis de los datos".

En el gráfico de la siguiente página (gráfico 5) se observa dicha clasificación y el porcentaje de las publicaciones asignadas a cada grupo. Lo que más llama la atención es que la mitad de las investigaciones son sobre factores individuales. Como se ha mencionado antes este es uno de los problemas de la investigación sobre la cuestión que nos ocupa, junto con la preminencia de la metodología cuantitativa y el dominio de la psicología como área de estudio.

El segundo grupo más poblado es el que combina factores de distintos niveles del marco ecológico que representa casi un estudio de cada cuatro (23,52%); cabe destacar que muchas de estas combinaciones contienen factores individuales. En torno al 15% de las investigaciones seleccionadas abordan cuestiones propias del macrosistema, un 11% no encaja en la investigación y sólo un estudio se ha centrado en el exosistema. Como se puede apreciar, el reparto atendiendo a los niveles del macrosistema es bastante desequilibrado, más aún cuando han quedado niveles fuera de la gráfica porque ningún estudio los ha abordado. Lo ideal, si bien no se espera una homogeneidad plena, entendiendo este modelo como un marco integral desde el que abordar la etiología de la violencia de género, sería que los distintos niveles estuvieran más compensados. Incluso, dada la relevancia del macrosistema por su importancia e influencia sobre el resto de capas de la ecología social y porque desde las teorías feministas podemos entender que en él reside la raíz última de esta violencia, sería comprensible cierto desequilibrio a favor del estudio de estos factores. Sin embargo, resulta paradójico que los estudios centrados en los factores individuales sean los más numerosos cuando la perspectiva asentada en las últimas décadas a nivel institucional, científico o social señala los factores de corte más sociocultural, como la masculinidad hegemónica o la socialización en roles de género rígido, como los más determinantes.

Gráfico 4: Clasificación de los artículos incluidos según nivel y factores del marco ecológico

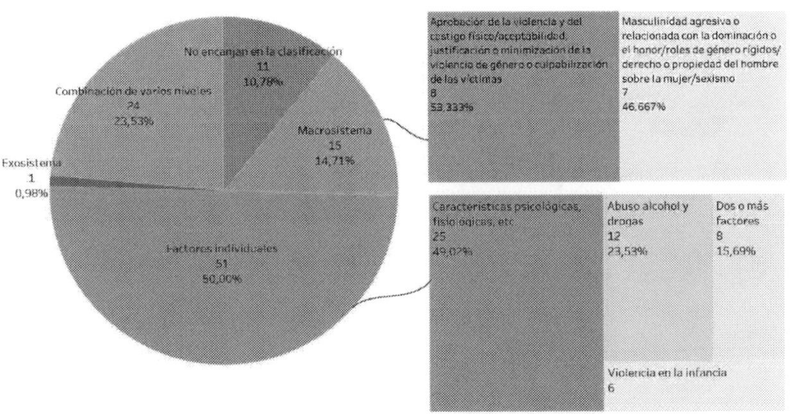

A continuación, se incluye el mapa con las publicaciones seleccionadas para esta revisión sistemática. Debido a que es imposible en este formato insertar el mapa completo con la

síntesis de los resultados dicho mapa y una tabla que facilita su lectura puede consultarse en el siguiente enlace:

https://drive.google.com/file/d/1K1Cdl0BAK9x5UQKCumOhe4V_M_uZEULS/view?usp=sharing o escaneando el código QR.

Gráfico 5: Mapa de las publicaciones seleccionados y síntesis de los resultados

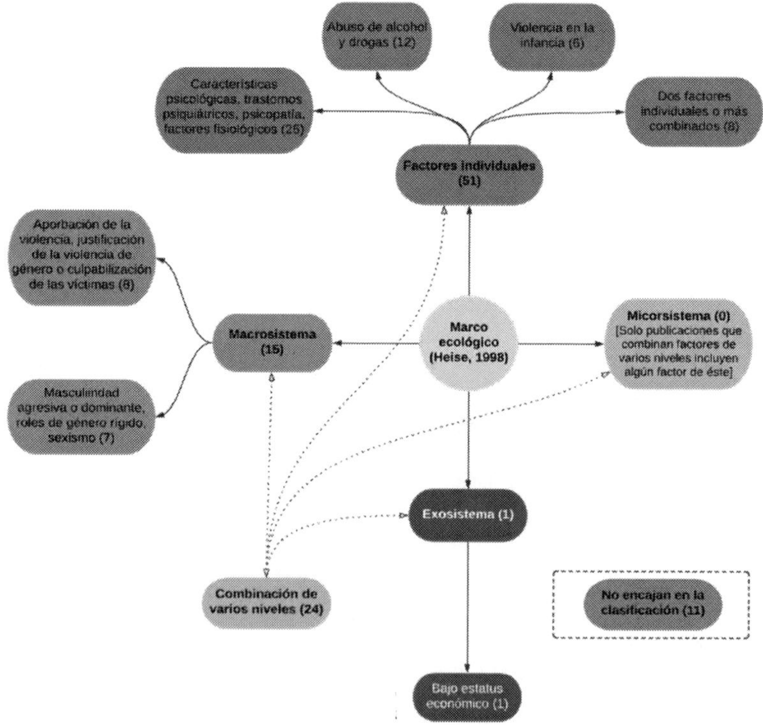

IV. CONCLUSIONES Y DISCUSIÓN

Realizadas las observaciones y análisis pertinentes cabe decir que si bien en el tiempo que ha abarcado esta revisión sistemática la investigación sobre la etiología en los victimarios de violencia de género ha sido numerosa, aunque desequilibrada, como se ha afirmado con anterioridad. Este desequilibrio se debe, como se ha visto en los diferentes análisis, al predominio de la metodología cuantitativa, al dominio del área de estudio de la psicología sobre el resto y a que gran parte de los estudios se centran en los factores individuales.

De la síntesis de los estudios incluidos podemos extraer evidencias relevantes sobre la etiología o factores que facilitan la violencia de género. En cuanto al grupo "características psicológicas, trastornos psiquiátricos, psicopatía y factores fisiológicos" perteneciente al nivel de los factores individuales del marco ecológico cabe destacar que se ha constatado que la mayoría de agresores de violencia de género no presentan psicopatologías (Boira y Tomás-Aragonés, 2011) —aunque diversos estudios se centran en clasificarlos según la psicopatología o facetas de la personalidad (Aguilar-Ruiz, 2018; Carbajosa et al., 2017; Fowler y Westen, 2011; Loinaz et al., 2011, 2012)—. Sin embargo, sí se relacionan algunas características psicológicas o fisiológicas con la perpetración de dicha violencia, como es la alexitimia, la depresión o la exposición al trauma (Di Piazza et al., 2017, 2020; Hoyt et al., 2012 y Strickland et al., 2017). Por el contrario, la autorregulación emocional y la empatía se relacionan negativamente (Jaffe et al., 2015). También se ha evidenciado que los victimarios tienen peor reconocimiento emocional y mayor coste en el cambio de atención, déficits de control inflexibilidad, problemas de ira y déficits cognitivos (Bueso-Izquierdo et al., 2016; Castro et al., 2020; Farzan-Kashani y Murphy, 2017; Romero-Martínez, Lila, Gracia, et al., 2019 y Romero-Martínez, Lila y Moya-Albiol, 2016). Además, se ha comprobado que las facetas de la personalidad no se relacionan consistentemente con el comportamiento violento y los rasgos de personalidad antisocial y narcisista no condicionan las estrategias de atribución de responsabilidad de los victimarios (Lila et al., 2012 y Loinaz et al., 2012).

Respecto a las características fisiológicas cabe destacar que se ha demostrado que estos agresores tienen cortezas significativamente más delgadas en prefrontal (orbitofrontal), regiones cerebrales de la línea media (cingulado anterior y posterior) y límbico (ínsula, parahipocampal) (Verdejo-Román et al., 2019). También que la proporción 2D: 4D (marcador periférico de la exposición prenatal a la testosterona) más masculinizada, sobre todo en la mano derecha, en estos victimarios, se ha podido relacionar con alta expresión de ira y mayor riesgo de reincidencia (Romero-Martínez et al., 2017).

En cuanto al grupo "consumo/abuso de alcohol y drogas" del nivel "factores individuales", asignado al nivel de los factores individuales, es destacable la asociación del consumo abusivo de alcohol y drogas con la perpetración del tipo de violencia que tratamos. Varios estudios asocian de forma significativa el alcohol con la violencia, a una agresión verbal mayor y a la no aceptación de la relación que el agresor tiene con la víctima Crane, Hawes, et al., 2013; Crane et al., 2014; Gilchrist et al., 2017). Además, en cuanto al abuso del alcohol se han encontrado evidencias de que está relacionado con un déficit en la capacidad de decodificar las señales faciales emocionales y entender la perspectiva de un tercero, provocando también inflexibilidad cognitiva (Romero-Martínez, Lila, Martínez, et al., 2016).

Respecto a otro tipo de drogas, se ha demostrado la relación de la cocaína con la perpetración de violencia de género y con conductas de riesgo de VIH (Crane et al., 2014; Crane et al., 2016 y Fernandes et al., 2018). Las benzodiazepinas, el cannabis y la heroína también se ha evidenciado que están asociadas a este tipo de violencia (Crane et al., 2016; Romero-Martínez,

Lila y Moya-Albiol, 2019). Aunque hay que decir que hay estudios que en el caso de los opioides y el cannabis no relacionan estas drogas de forma directa con la agresión (Crane et al., 2014). Parece que por regla general la investigación científica ha relacionado de forma positiva el abuso de drogas con la perpetración de violencia de género excepto en el caso de los alucinógenos o psicodélicos. Son la excepción a la regla, se ha constatado que favorecen la mejor regulación de las emociones y reducen la probabilidad de que su consumidor perpetre violencia de género (Thiessen et al., 2018; Walsh et al., 2016).

En cuanto a las publicaciones del grupo "presenciar o sufrir violencia en la infancia" del nivel de los factores individuales, podemos afirmar que establecen una clara relación entre la perpetración de violencia de género y haber sido víctima o testigo de violencia en la infancia. Las investigaciones constatan esta relación, lo califican como un predictor notable e incluso afirman que diferentes aspectos del abuso infantil pueden ser capaces de predecir tanto la frecuencia como el inicio de la violencia en la edad adulta (Gonçalves dos Santos Lírio et al., 2018; Millett et al., 2013; Song et al., 2017). Además, estos estudios evidencian que la violencia en la infancia puede ser causante de un nivel educativo más bajo, más síntomas psicopatológicos y tasas más elevadas de antecedentes psiquiátricos (Fernández-Montalvo et al., 2020).

Por otra parte, de las investigaciones incluidas en el grupo "dos o más factores individuales combinados", propio de los factores individuales, hay que mencionar los estudios que abordan combinados tanto trastornos mentales y el abuso de drogas (Lipsky et al., 2011; Easton, 2012; Crane, Oberleitner, et al., 2013), como los que combinan los trastornos o rasgos de personalidad con el abuso infantil (Swogger et al., 2012; Swopes et al., 2013; Elklit et al., 2018), considerando estos factores etiológicos, desencadenantes o precipitantes de la violencia de género.

En el nivel del exosistema sólo contamos con un estudio que está centrado en el estatus socioeconómico. Esta investigación constata que si bien la violencia de género no está fuertemente determinada por un bajo nivel socioeconómico sí puede considerarse un factor con efectos considerables (Aaltonen et al., 2012).

Respecto a las publicaciones incluidas en el grupo "aprobación de la violencia y del castigo físico; aceptabilidad, justificación o minimización de la violencia de género o culpabilización de las víctimas" del nivel del macrosistema cabe destacar que evidencian que las actitudes positivas o de aceptación de la violencia en general y de la violencia de género son notablemente más elevadas en estos victimarios (Eckhardt et al., 2012; Eckhardt y Crane, 2014; Gracia et al., 2015; Martín-Fernández, Gracia, Marco, et al., 2018; Gracia et al., 2020). Además, señalan las distorsiones que usan los perpetradores (negación, minimización, racionalización —atribución a causas externas como el abuso de alcohol o drogas o problemas económicos o laborales—) y constatan que éstos tienden a percibir la violencia perpetrada como un comportamiento masculino normal que por lo tanto recibe una condena injusta por culpa de leyes injustas (Whiting et al., 2012; Lila et al., 2014; Martín-Fernández, Gracia y Lila, 2018).

Por su parte, las publicaciones incluidas en el grupo "masculinidad agresiva o relacionada con la dominación o el honor; roles de género rígidos; derecho de propiedad del hombre sobre la mujer; sexismo" del nivel del macrosistema señalan la disimetría de género como un constructo social determinante en esta problemática. Varios estudios sugirieron que diversos elementos de la masculinidad hegemónica como el dominio sobre las mujeres, el rol de jefe de familia y provisor del hogar, una sexualidad exacerbada, actitudes sexistas, estrés del rol de género masculino, orientación al apareamiento al corto plazo o la objetivación de las mujeres son predictores de la violencia de género (do Nascimento

Paixão et al., 2018; Ferreira da Silva et al., 2020; Jeffrey y Barata, 2019; Juarros-Basterretxea et al., 2019; Zapata-Calvente et al., 2019; Sáez et al., 2020).

Respecto al grupo "combinación de varios factores de distintos niveles" cabe destacar que la mayoría de estudios abordan factores individuales, sobre todo rasgos de personalidad y abuso de drogas combinándolos con otros factores de un nivel distinto del macrosistema. Hay que decir que en este grupo están presentes factores propios del microsistema, nivel que no estaba representado en la clasificación por falta de investigaciones centradas exclusivamente en él. Lo cierto es que en este grupo se aglutinan factores muy diversos como rasgos antisociales, valores o creencias del victimario, consumo o abuso de alcohol o drogas o características del vecindario que son precipitadores o factores etiológicos de la violencia que nos ocupa (Harris et al., 2011; Theobald y Farrington, 2012; Ruiz-Hernández et al., 2015; Boonzaier y van Niekerk, 2018; Gonçalves dos Santos Lírio et al., 2019).

En conclusión, realizadas las observaciones y síntesis de las publicaciones seleccionadas para esta revisión sistemática podemos decir que:

- La mayoría de los victimarios de violencia de género no presentan psicopatologías.
- Los rasgos de personalidad no se relacionan de forma consistente con la perpetración de la violencia.
- Los síntomas depresivos, la alexitimia, la exposición al trauma, los problemas de autorregulación emocional, la baja empatía, los déficits de control, la ira y los déficits cognitivos se relacionan positivamente con la perpetración de violencia de género.
- Los victimarios tienen cortezas notablemente más delgadas en prefrontal, regiones cerebrales de la línea media y límbico.

- La proporción 2D:4D más pequeña o masculinizada está ligada a una alta expresión de ira y riesgo de reincidencia en agresores de violencia de género.
- El abuso de alcohol o drogas, a excepción de los alucinógenos o psicodélicos, son predictores o precipitadores de esta violencia.
- Ser testigo o víctima de violencia en la infancia tiene una relación positiva con la perpetración de violencia de género.
- El estatus socioeconómico bajo no es un factor determinante en esta problemática, pero sí tiene un efecto considerable.
- Entre los victimarios son comunes las actitudes de aceptación de la violencia en general y de la violencia de género en particular.
- Los victimarios son proclives a minimizar la violencia perpetrada, negarla, atribuirla a causas externas, a culpabilizar a la víctima y a percibir su agresión como un comportamiento masculino normal.
- El sexismo, el estrés del rol de género masculino y elementos propios de la masculinidad hegemónica como la pretensión de dominio sobre las mujeres, el rol de jefe de familia y proveedor del hogar o la sexualidad exacerbada son predictores de la violencia de género.

Antes de cerrar estas conclusiones hay que incidir en que, si bien las publicaciones incluidas cubren casi todos los niveles del modelo ecológico que se ha tomado como marco, es significativo y evidente el desequilibrio que ha existido en los diez años de investigación que abarca la revisión sistemática. Ya se ha comentado en páginas anteriores, pero valga insistir en esa predominancia de la investigación centrada en factores individuales (la mitad de las publicaciones incluidas), la asimetría en la aplicación de la metodología (la mayoría de las investigaciones —90,20%— usan métodos cuantitativos) y el dominio de la psicología como área de estudio (70 investigaciones pertenecen a esta área sobre un total de 102). La insistencia en señalar este desequilibrio como un problema se justifica en que según estos datos la investigación sobre los factores etiológicos de la violencia de género no se está realizando desde un marco integral y multidisciplinar.

El concepto de esta violencia asumido desde hace décadas por instituciones internacionales o nacionales y la legislación (ONU, 1993; ONU, 1995; LO 1/2004) está íntimamente ligado a la desigualdad histórica entre hombres y mujeres que tiene como consecuencia la discriminación y subyugación de la mujer. Se alejan así del concepto de que se trata de una violencia aislada, que se da en el ámbito privado y está causada por factores individuales. Es decir, asumen que esta problemática tiene una etiología más sociocultura, dando suma importancia a las relaciones de poder basadas en el género. La sociedad, los medios o la academia, en términos generales, también han asumido ese concepto de violencia de género. De hecho, gracias al trabajo de investigadoras y teóricas feministas durante años, el patriarcado, entendido como ese dominio histórico que asigna unos roles específicos y jerárquicos según el sexo, se ha situado como raíz última de la discriminación y violencia contra las mujeres. Contamos con teorías como el modelo piramidal de Bosch y Ferrer (Bosch Fiol y Ferrer Pérez, 2013) que sitúan como base de la violencia de género la sociedad y la cultura patriarcal, mientras que factores como el abuso de alcohol lo consideran más como un desencadenante o precipitador.

Dicho esto, pareciera que en general está asumida esa raíz última de esta problemática, algo que choca con la tendencia en la investigación científica que se ha abordado en esta revisión sistemática. Decimos que la academia ha desarrollado teorías y argumentos que consideran que la violencia de género un problema con una etiología fundamentalmente sociocultural, en concreto el patriarcado. Son premisas bastante asumidas también por la sociedad y las instituciones, sin embargo, es paradójico que la investigación científica (al menos las publicaciones incluidas en esta revisión) se centre en factores individuales.

Además, ya no hablamos de que esa raíz sociocultural que es el patriarcado es un planteamiento teórico únicamente, hay estudios que validan esa premisa. Por ejemplo, la publicación "Violence against women in intimate relations: A contrast of five theories" de Rodríguez-Menés y Safranoff (2012) analiza la validez de distintos modelos explicativos de la violencia de género a partir de una macroencuesta de victimización. Concluyeron que las teorías que sitúan el patriarcado como raíz última de esta problemática encontraron apoyo, mientras teorías centradas en factores más individuales encontraron poco apoyo.

Partiendo de estos razonamientos, para que desde la ciencia se contribuya a prevenir y tratar la violencia de género, es necesario que la tendencia cambie y se realicen estudios de corte más socioculturales que contemplen la raíz del patriarcado, en vez de que gran parte de las investigaciones se centren en factores individuales. O al menos que no se den los desequilibrios que se han evidenciado. Debe quedar claro que no es ni mucho menos perjudicial el estudio de los factores individuales, de hecho, es valioso, el problema es la falta de estudios sobre factores de otros niveles. Si dicho desequilibrio no se subsana el conocimiento que se está afianzando está basado principalmente en factores individuales, algo contraproducente después de lo que ha costado desvincular la violencia de género a estas cuestiones y que se perciba como estructural.

Íntimamente ligado a este problema está el del desequilibrio en la metodología y en las áreas de estudio. La violencia de género es una cuestión compleja, necesitamos abordarla de forma interdisciplinar, que más áreas de estudio estén implicadas, y hacerlo también desde una metodología cualitativa que nos ayude a profundizar más allá de lo que lo hace la cuantitativa.

Como es obvio esta revisión sistemática tiene limitaciones. En primer lugar, hay que tener en cuenta un riesgo de sesgo en el diseño de la ecuación de búsqueda. Esto ha podido dejar fuera de la revisión investigaciones centradas en la cuestión que nos ocupa. Esto también ha estado condicionado por la selección de las bases de datos o los filtros aplicados. Por ejemplo, podemos hacer referencia a los estudios de Cruz Márquez y Martín Ríos (2016, 2017) y de Guerrero-Molina y compañeras (2015, 2016) que por estas cuestiones no han sido incluidos cuando encajan en el nivel del macrosistema (justificación de la violencia de género y culpabilización de la víctima).

Otra de las limitaciones a tener en cuenta es que la diversidad terminológica entorno a la problemática que tratamos fácilmente haya condicionado la inclusión/ exclusión de las investigaciones que abordan el tema. También la distinta percepción o concepto que se maneja en los distintos países sobre este tipo de violencia es una cuestión a tener en cuenta.

Por supuesto también hay que contemplar como una limitación el posible fallo humano. Desde el planteamiento de la revisión, el diseño de la ecuación, el proceso de selección, hasta la síntesis y conclusiones han podido estar condicionadas por la mano humana.

BIBLIOGRAFÍA

Aaltonen, Mikko, Kivivuori, Janne, Martikainen, Pekka, y Salmi, Venla (2012): "Socio-Economic Status and Criminality as Predictors of Male Violence: Does Victim's Gender or Place of Occurrence Matter?". *British Journal of Criminology, 52*(6), 1192-1211. https://doi.org/10.1093/bjc/azs045

Abrunhosa, C., de Castro Rodrigues, A., Cruz, AR., Gonçalves, RA, y Cunha, O. (2020): "Crimes Against Women: From Violence to Homicide". *Journal of Interpersonal Violence*, 088626052090554. https://doi.org/10.1177/0886260520905547

Aguilar Ruiz, R. y González-Calderón, MJ. (2020): "Predictors of Severe Intimate Partner Violence Among Antisocial and Family-Only Perpetrators: Victims' and Offenders' Characteristics". *Journal of Interpersonal Violence*, 088626052094371. https://doi.org/10.1177/0886260520943714

Aguilar-Ruiz, R. (2018): "Tipologías de Feminicidas con Trastorno Mental en España". *Anuario de Psicología Jurídica*, *28*(1), 39-48. https://doi.org/10.5093/apj2018a4

Babcock, J. y Michonski, J. (2019): "Sensitivity to facial affect in partner-violent men: The role of psychopathic and borderline traits". *Journal of Aggression, Conflict and Peace Research*, *11*(3), 213-224. https://doi.org/10.1108/JACPR-12-2018-0396

Berbary, Cassandra M, Crane, Cory A, y Easton, Caroline J. (2018): "Typology of substance using offenders of IPV: violence and substance use outcomes". *Advances in Dual Diagnosis*, *11*(4), 157-168. https://doi.org/10.1108/ADD-01-2018-0001

Boira, S, y Tomás-Aragonés, L. (2011): "Características psicológicas y motivación para el cambio en hombres condenados por violencia contra la pareja". *International Journal of Psychological Research*, *4*(2), 48-56.

Boonzaier, Floretta A, y van Niekerk, Taryn J. (2018): "I'm here for abusing my wife": South African men constructing intersectional subjectivities through narratives of their violence". *African Safety Promotion: A Journal of Injury and Violence Prevention*, *16*(1), 2-19.

Bosch Fiol, E. y Ferrer Pérez, V.A. (2013): "Nuevo modelo explicativo para la violencia contra las mujeres en la pareja: El modelo piramidal y el proceso de filtraje". *Asparkía*, *24*, 54-67.

Brem, Meagan J., Florimbio, Autumn Rae, Grigorian, Hannah, Wolford-Clevenger, Caitlin, Elmquist, JoAnna, Shorey, Ryan C., Rothman, Emily F., Temple, Jeff R., y Stuart, Gregory L. (2019): "Cyber abuse among men arrested for domestic violence: Cyber monitoring moderates the relationship between alcohol problems and intimate partner violence". *Psychology of Violence*, *9*(4), 410-418. https://doi.org/10.1037/vio0000130

Bueso-Izquierdo, Natalia, Hidalgo-Ruzzante, Natalia, Daugherty, Julia C., Burneo-Garcés, C. y Pérez-García, M. (2016): "Differences in Executive Function Between Batterers and Other Criminals". *Journal of Forensic Psychology Practice*, *16*(5), 321-335. https://doi.org/10.1080/15228932.2016.1219216

Cantos, Arthur L, Goldstein, Daniel A, Brenner, Lauren, O'Leary, K Daniel, y Verborg, Robert. (2015): "Correlates and program completion of family only and generally violent perpetrators of intimate partner violence". *Behavioral Psychology/Psicologia Conductual, 23*(3), 549-569.

Carbajosa, Pablo, Catalá-Miñana, Alba, Lila, Marisol, y Gracia, Enrique. (2017): "Differences in treatment adherence, program completion, and recidivism among batterer subtypes". *The European Journal of Psychology Applied to Legal Context, 9*(2), 93-101. https://doi.org/10.1016/j.ejpal.2017.04.001

Castro, Erin D, Nobles, Matt R., y Zavala, Egbert. (2020): "Assessing Intimate Partner Violence in a Control Balance Theory Framework". *Journal of Interpersonal Violence, 35*(3-4), 600-622. https://doi.org/10.1177/0886260516689776

Catalá-Miñana, Alba, Lila, Marisol, Oliver, Amparo, Vivo, Juana-María, Galiana, Laura, y Gracia, Enrique. (2016): "Contextual Factors Related to Alcohol Abuse Among Intimate Partner Violence Offenders". *Substance Use & Misuse, 52*(3), 294-302. https://doi.org/10.1080/10826084.2016.1225097

Cheng, Polly, y Jaffe, Peter. (2019): "Examining Depression Among Perpetrators of Intimate Partner Homicide". *Journal of Interpersonal Violence.* https://doi.org/10.1177/0886260519867151

Colins, Olivier F., Andershed, Henrik, y Pardini, Dustin A. (2015): "Psychopathic traits as predictors of future criminality, intimate partner aggression, and substance use in young adult men". *Law and Human Behavior, 39*(6), 547-558. https://doi.org/10.1037/lhb0000148

Crane, Cory A, y Easton, Caroline J. (2017): "Physical Health Conditions and Intimate Partner Violence Perpetration among Offenders with Alcohol Use Diagnoses". *Journal of Interpersonal Violence, 32*(11), 1678-1691. https://doi.org/10.1177/0886260515590124.

Crane, Cory A, Hawes, Samuel W, Oberleitner, Lindsay M S, Mandel, Dolores, y Easton, Caroline J. (2013): "Relationship Status Acceptance, Alcohol Use and the Perpetration of Verbal Aggression Among Males Mandated to Treatment for Intimate Partner Violence". *Journal of Interpersonal Violence, 28*(13), 2731-2748. https://doi.org/10.1177/0886260513487991

Crane, Cory A, Oberleitner, Lindsay M S, Devine, Susan, y Easton, Caroline J. (2014). Substance Use Disorders and Intimate Partner Violence Perpetration among Male and Female Offenders. *Psychol Violence, 4*(3), 322-333. https://doi.org/10.1037/a0034338.

Crane, Cory A., Oberleitner, Lindsay M.S., y Easton, Caroline J. (2013). Sub-clinical trauma in the treatment of partner violent offenders with substance dependence. *Advances in Dual Diagnosis, 6*(1), 5-13. https://doi.org/10.1108/17570971311308980

Crane, Cory A, Schlauch, Robert C, Devine, Susan, y Easton, Caroline J. (2016). Comorbid Substance Use Diagnoses and Partner Violence among Offenders Receiving Pharmacotherapy for Opioid Dependence. *Journal of Addictive Diseases, 35*(3), 205-211. https://doi.org/10.1080/10550887.2016.1154400.

Crane, Cory A., Schlauch, Robert C., y Eckhardt, Christopher I. (2015). Dyadic violence and readiness to change among male intimate partner violence offenders: Readiness to change partner violence. *Criminal Behaviour and Mental Health, 25*(4), 287-298. https://doi.org/10.1002/cbm.1977

Cruz Márquez, Beatriz, y Martín Ríos, Blanca. (2015). Factores influyentes en la percepción de la responsabilidad por parte del agresor de género en prisión. *Boletín criminológico,* 21(160).

Cruz Márquez, Beatriz, y Martín Ríos, Blanca. (2016). Asunción de responsabilidad del agresor de género en prisión y sus posibles implicaciones en la ejecución penitenciaria. *Indret: Revista para el Análisis del Derecho,* 4.

De Alencar-Rodrigues, Roberta, y Cantera, Leonor. (2012). Violencia de Género en la Pareja: Una Revisión Teórica. *Psico, 43*(1), 116-126.

Delegación del Gobierno contra la Violencia de Género. (2019). *Macroencuesta de Violencia contra la Mujer 2019.* Ministerio de Igualdad.

Di Piazza, Laetitia, Kowal, Cécile, Hodiaumont, Fabienne, Léveilleé, Suzanne, Touchette, Lysianne, Ayotte, Robert, y Blavier, Adélaïde. (2017). Étude sur les caractéristiques psychologiques des hommes auteurs de violences conjugales: Quel type de fragilité psychique le passage à l'acte violent dissimule-t-il ? *Annales Médico-Psychologiques, 175,* 698-704.

Di Piazza, Laetitia, Kowal, Cécile, Hodiaumont, Fabienne, Léveilleé, Suzanne, Vignola-Lévesque, Carolanne, Ayotte, Robert, y Blavier, Adélaïde. (2020). Le changement psychologique d'hommes auteurs de violences conjugales après leur thérapie en groupe de responsabilisation. *Annales Médico-Psychologiques, 178,* 404-411.

Do Nascimento Paixão, Gilvânia Patrícia do Nascimento, Pereira, Alvaro, Pereira Gomes, Nadirlene, Reis de Sousa, Anderson, Matheus Estrela, Fernanda, Ramos Pereira da Silva Filho, Ubirajara, y Brasil de Araújo, Igor. (2018). Naturalization, reciprocity and marks of marital violence: Male defendants' perceptions. *Revista Brasileira de Enfermagem, 71*(1), 178-184. https://doi.org/10.1590/0034-7167-2016-0475

Duff, Simon, Nampweya, Mirjam, y Tree, Jeremy. (2020). Men's Accounts of Passion Killings in the Namibian Context. *Journal of Interpersonal Violence, 35*(21-22), 4940-4959. https://doi.org/10.1177/0886260517718829

Easton, Caroline J. (2012). Co-occurring mental health problems among substance dependent offenders of intimate partner violence. *Advances in Dual Diagnosis, 5*(2), 86-93. https://doi.org/10.1108/17570971211241921

Eckhardt, Christopher I., y Crane, Cory A. (2014). Male Perpetrators of Intimate Partner Violence and Implicit Attitudes Toward Violence: Associations with Treatment Outcomes. *Cognitive Therapy and Research, 38*(3), 291-301. https://doi.org/10.1007/s10608-013-9593-5

Eckhardt, Christopher I., Samper, Rita, Suhr, Laura, y Holtzworth-Munroe, Amy. (2012). Implicit Attitudes Toward Violence Among Male Perpetrators of Intimate Partner Violence: A Preliminary Investigation. *Journal of Interpersonal Violence, 27*(3), 471-491. https://doi.org/10.1177/0886260511421677

Elklit, Ask, Murphy, Siobhan, Jacobsen, Christine, y Jensen, Morgan Kezia. (2018). Clinical and Personality Disorders in a Danish Treatment-Seeking Sample of Intimate Partner Violence Perpetrators. *International Journal of Offender Therapy and Comparative Criminology, 62*(11), 3322-3336. https://doi.org/10.1177/0306624X17741603

Farzan-Kashani, Julian, y Murphy, Christopher M. (2017). Anger Problems Predict Long-Term Criminal Recidivism in Partner Violent Men. *Journal of Interpersonal Violence, 32*(23), 3541-3555. https://doi.org/10.1177/0886260515600164

Fernandes, Camila, Berbary, Cassandra, Crane, Cory A., y Easton, Caroline J. (2018). Prevalence of HIV risk behavior among male substance abusing offenders of intimate partner violence. *Advances in Dual Diagnosis, 11*(4), 169-178. https://doi.org/10.1108/ADD-09-2018-0011

Fernández-Montalvo, Javier, Echauri, José A., Siria, Sandra, López-Goñi, José J., Azcárate, Juana M., y Martínez, María. (2020). Is psychological treatment equally effective for intimate partner violence perpetrators with and without childhood family violence? *Legal and Criminological Psychology*, lcrp.12187. https://doi.org/10.1111/lcrp.12187

Ferreira da Silva, Andrey, Pereira Gomes, Nadirlene, Pereira, Álvaro, Fernandes de Magalhães, Júlia Renata, Matheus Estrela, Fernanda, Reis de Sousa, Anderson, y Brock Carneiro, Jordana. (2020). Social attributes of the male that incite the violence by intimate partner. *Revista Brasileira de Enfermagem, 73*(6), e20190470. https://doi.org/10.1590/0034-7167-2019-0470

Ferreira, Regardt J., Lauve-Moon, Katie, y Cannon, Clare. (2017). Male Batterer Parenting Attitudes: Investigating Differences Between African American and Caucasian Men. *Research on Social Work Practice, 27*(5), 572-581. https://doi.org/10.1177/1049731515592382

Fowler, Katherine A., y Westen, Drew. (2011). Subtyping Male Perpetrators of Intimate Partner Violence. *Journal of Interpersonal Violence, 26*(4), 607-639. https://doi.org/10.1177/0886260510365853

Gilchrist, Elizabeth Allison, Ireland, Lana, Forsyth, Alasdair, Godwin, Jon, y Laxton, Tim. (2017). Alcohol use, alcohol-related aggression and intimate partner abuse: A cross-sectional survey of convicted versus general population men in Scotland. *Drug and Alcohol Review, 36*, 20-23. https://doi.org/10.1111/dar.12505

Gonçalves dos Santos Lírio, Josinete, Pereira, Álvaro, Pereira Gomes, Nadirlene, do Nascimento Paixão, Gilvânia Patricia, Menezes Couto, Telmara, y da Silva Ferreira, Andrey. (2019). Elements which precipitate conjugal violence: The discourse of men in criminal prosecution. *Revista Da Escola de Enfermagem Da USP, 53*. https://doi.org/10.1590/s1980-220x2017036203428

Gonçalves dos Santos Lírio, Josinete, Pereira Gomes, Nadirlene, do Nascimento Paixão, Gilvânia Patrícia, Pereira, Álvaro, FernandesnMagalhães, Júlia Renata, Araújo da Cruz, Moniky, y Reis de Sousa, Anderson. (2018). Intrafamilial abuse in the childhood of men criminally prosecuted for domestic violence. *Acta Paulista de Enfermagem, 31*(4), 423-429. https://doi.org/10.1590/1982-0194201800059

Gonzalez-Mendez, Rosaura, Jiménez-Ardila, Orlando, y Ramírez-Santana, Gustavo. (2019). Ideal and actual partner assessments in male batterers with different attachment styles. *PLOS ONE, 14*(3), e0214388. https://doi.org/10.1371/journal.pone.0214388

Gracia, Enrique, Rodriguez, Christina M., y Lila, Marisol. (2015). Preliminary evaluation of an analog procedure to assess acceptability of intimate partner violence against women: The Partner Violence Acceptability Movie Task. *Frontiers in Psychology, 6*, 1567. https://doi.org/10.3389/fpsyg.2015.01567

Gracia, Enrique, Rodriguez, Christina M., Martín-Fernández, Manuel, y Lila, Marisol. (2020). Acceptability of Family Violence: Underlying Ties Between Intimate Partner Violence and Child Abuse. *Journal of Interpersonal Violence, 35*(17-18), 3217-3236. https://doi.org/10.1177/0886260517707310

Guerrero-Molina, Mónica, Moreno-Manso, Juan Manuel, Guerrero-Barona, Eloísa, y Cruz-Márquez, Beatriz. (2016). Pensamientos distorsionados y atribución de responsabilidad en condenados por violencia de género. *Behavioral Psychology/Psicología Conductual*, 24, 207-220.

Guerrero-Molina, Mónica, Moreno-Manso, Juan Manuel, Guerrero-Barona, Eloísa, y Cruz-Márquez, Beatriz. (2017). Actitudes sexistas y asunción de responsabilidad en agresores condenados por violencia de género. *Universitas Psychologica*, 16(3), 1. https://doi.org/10.11144/Javeriana.upsy16-3.asar

Guerrero-Molina, Mónica, Moreno-Manso, Juan Manuel, Guerrero-Barona, Eloísa, y García-Baamonde, Mª Elena. (2020). Agresores condenados por violencia de género reincidentes y no reincidentes: Dimensiones cognitivas y sociales. *Psicología Conductual, 28*(2), 327-341.

Harris, Grant T., Hilton, N. Zoe, y Rice, Marnie E. (2011). Explaining the Frequency of Intimate Partner Violence By Male Perpetrators: Do Attitude, Relationship, and Neighborhood Variables Add to Antisociality? *Criminal Justice and Behavior, 38*(4), 309-331. https://doi.org/10.1177/0093854810397449

Heise, Lori L. (1998). Violence Against Women: An Integrated Ecological Framework. *Violence Against Women, 4*(3), 262-290.

Henning, Kris, y Connor-Smith, Jennifer. (2011). Why Doesn't He Leave? Relationship Continuity and Satisfaction Among Male Domestic Violence Offenders. *Journal of Interpersonal Violence, 26*(7), 1366-1387. https://doi.org/10.1177/0886260510369132

Henrichs, Jens, Bogaerts, Stefan, Sijtsema, Jelle, y Klerx-van Mierlo, Fanny. (2015). Intimate Partner Violence Perpetrators in a Forensic Psychiatric Outpatient Setting: Criminal History, Psychopathology, and Victimization. *Journal of Interpersonal Violence, 30*(12), 2109-2128. https://doi.org/10.1177/0886260514552272

Hernán Di Marco, Martín, y Evans, Dabney P. (2020). Society, Her or Me? An Explanatory Model of Intimate Femicide Among Male Perpetrators in Buenos Aires, Argentina. *Feminist Criminology*, 155708512096457. https://doi.org/10.1177/1557085120964572

Hilton, N. Zoe, y Eke, Angela Wyatt. (2016). Non-Specialization of Criminal Careers Among Intimate Partner Violence Offenders. *Criminal Justice and Behavior, 43*(10), 1347-1363. https://doi.org/10.1177/0093854816637886

Hilton, N. Zoe, Ham, Elke, y Green, Michelle M. (2019). Adverse Childhood Experiences and Criminal Propensity Among Intimate Partner Violence Offenders. *Journal of Interpersonal Violence, 34*(19), 4137-4161. https://doi.org/10.1177/0886260516674943

Hilton, N. Zoe, y Radatz, Dana L. (2018). The Criminogenic and Noncriminogenic Treatment Needs of Intimate Partner Violence Offenders. *International Journal of Offender Therapy and Comparative Criminology, 62*(11), 3247-3259. https://doi.org/10.1177/0306624X17740015

Hoyt, Tim, Wray, Alisha M., y Klosterman Rielage, Jennifer. (2014). Preliminary Investigation of the Roles of Military Background and Posttraumatic Stress Symptoms in Frequency and Recidivism of Intimate Partner Violence Perpetration Among Court-Referred Men. *Journal of Interpersonal Violence, 29*(6), 1094-1110. https://doi.org/10.1177/0886260513506058

Hoyt, Tim, Wray, Alisha M., Wiggins, Kathryn T., Gerstle, Melissa, y Maclean, Peggy C. (2012). Personality Profiles of Intimate Partner Violence Offenders With and Without PTSD. *Journal of Offender Rehabilitation, 51*(4), 239-256. https://doi.org/10.1080/10509674.2011.650349

Jaffe, Anna E, Simonet, Daniel V, Tett, Robert P, Swopes, Rachael M, y Davis, Joanne L. (2015). Multidimensional Trait Emotional Intelligence and Aggressive Tendencies in Male Offenders of Domestic Violence. *Journal of Family Violence, 30*(6), 769-781.

Jeffrey, Nicole K., y Barata, Paula C. (2019). "She didn't want to…and I'd obviously insist": Canadian University Men's Normalization of their Sexual Violence Against Intimate Partners. *Journal of Aggression, Maltreatment & Trauma, 28*(1), 85-105. https://doi.org/10.1080/10926771.2018.1500406

Juarros-Basterretxea, Joel, Herrero, Juan, Fernández-Suárez, Asunción, Pérez, Beatriz, y Rodríguez-Díaz, Francisco Javier. (2018). Are Generalist Batterers Different from Generally Extra-Family Violent Men? A Study among Imprisoned Male Violent Offenders. *The European Journal of Psychology Applied to Legal Context, 10*(1), 8-14. https://doi.org/10.5093/ejpalc2018v10n1a1

Juarros-Basterretxea, Joel, Overall, Nickola, Herrero, Juan, y Rodríguez-Díaz, Francisco J. (2019). Considering the Effect of Sexism on Psychological Intimate Partner Violence: A Study with Imprisoned Men. *The European Journal of Psychology Applied to Legal Context, 11*(2), 61-69. https://doi.org/10.5093/ejpalc2019a1

Kaplenko, Hannah, Loveland, Jennifer E., y Raghavan, Chitra. (2018). Relationships Between Shame, Restrictiveness, Authoritativeness, and Coercive Control in Men Mandated to a Domestic Violence Offenders Program. *Violence and Victims, 33*(2), 296-309. https://doi.org/10.1891/0886-6708.v33.i2.123

Kim, C., y Sung, H. E. (2016). The Effects of Acculturation on Intimate Partner Violence Among Chinese Immigrants in New York City. *Journal of Family Violence, 31*(3), 325-336. https://doi.org/10.1007/s10896-015-9761-3

Krienert, Jessie L., y Walsh, Jeffrey A. (2018). An Examination of Intimate Partner Sexual Violence: Comparing Marital and Nonmarital Incidents Employing NIBRS Data, 2008–2012. *Partner Abuse, 9*(1), 41-57. https://doi.org/10.1891/1946-6560.9.1.41

Ley Orgánica 1/2004, de 28 de diciembre, de Medidas de Protección Integral contra la Violencia de Género. BOE de 29 de diciembre de 2004.

Lila, Marisol, Gracia, Enrique, y Herrero, Juan. (2012). Asunción de responsabilidad en hombres maltratadores: Influencia de la autoestima, la personalidad narcisista y la personalidad antisocial. *Revista Latinoamericana de Psicología, 44*(2), 99-108.

Lila, Marisol, Oliver, Amparo, Catalá-Miñana, Alba, Galiana, Laura, y Gracia, Enrique. (2014). The Intimate Partner Violence Responsibility Attribution Scale (IPVRAS). *The European Journal of Psychology Applied to Legal Context, 6*(1), 29-36. https://doi.org/10.5093/ejpalc2014a4

Lipsky, Sherry, Caetano, Raul, y Roy-Byrne, Peter. (2011). Triple jeopardy: Impact of partner violence perpetration, mental health and substance use on perceived unmet need for mental health care among men. *Social Psychiatry and Psychiatric Epidemiology, 46*(9), 843-852. https://doi.org/10.1007/s00127-010-0258-3

Loinaz, Ismael. (2014). Typologies, risk and recidivism in partner-violent men with the B-SAFER: A pilot study. *Psychology, Crime & Law, 20*(2), 183-198. https://doi.org/10.1080/1068316X.2013.770854

Loinaz, Ismael, Marzabal, Isabel, y Andrés-Pueyo, Antonio. (2018). Risk Factors of Female Intimate Partner and Non-Intimate Partner Homicides. *The European Journal of Psychology Applied to Legal Context, 10*(2), 49-55. https://doi.org/10.5093/ejpalc2018a4

Loinaz, Ismael, Ortiz-Tallo, Margarita, y Ferragut, Marta. (2012). MCMI-III Grossman personality facets among partner-violent men in prison. *International Journal of Clinical and Health Psychology, 12*(3), 389-404.

Loinaz, Ismael, Ortiz-Tallo, Margarita, Sánchez, Luis Miguel, y Ferragut, Marta. (2011). Clasificación multiaxial de agresores de pareja en centros penitenciarios. *International Journal of Clinical and Health Psychology, 11*(2), 249-268.

Martín-Fernández, Manuel, Gracia, Enrique, y Lila, Marisol. (2018). Assessing Victim-Blaming Attitudes in Cases of Intimate Partner Violence against Women: Development and Validation of the VB-IPVAW Scale. *Psychosocial Intervention, 27*(3), 133-143. https://doi.org/10.5093/pi2018a18

Martín-Fernández, Manuel, Gracia, Enrique, Marco, Miriam, Vargas, Viviana, Santirso, Faraj A., y Lila, Marisol. (2018). Measuring Acceptability of Intimate Partner Violence Against Women: Development and Validation of the A-IPVAW Scale. *The European Journal of Psychology Applied to Legal Context, 10*(1), 26-34. https://doi.org/10.5093/ejpalc2018a3

Marzana, Daniela, Vecina, María L., y Alfieri, Sara. (2016). The Morality of Men Convicted of Domestic Violence: How It Supports the Maintenance of the Moral Self-Concept. *Violence and Victims, 31*(6), 1155-1170. https://doi.org/10.1891/0886-6708.VV-D-15-00143

Millett, Lina S., Kohl, Patricia L., Jonson-Reid, Melissa, Drake, Brett, y Petra, Megan. (2013): Child Maltreatment Victimization and Subsequent Perpetration of Young Adult Intimate Partner Violence: An Exploration of Mediating Factors. *Child Maltreatment, 18*(2), 71-84. https://doi.org/10.1177/1077559513484821

Moher, David, Liberati, Alessandro, Tetzlaff, Jennifer, Altman, Douglas G., y The PRISMA Group. (2009): Preferred Reporting Items for Systematic Reviews and Meta-Analyses: The PRISMA Statement. *PLoS Medicine, 6*(7), e1000097. https://doi.org/10.1371/journal.pmed.1000097

Organización de las Naciones Unidas (ONU). (1993): *Declaración sobre la eliminación de la violencia contra la mujer* (Resolución de la Asamblea General 48/104 del 20 de diciembre de 1993).

Organización de las Naciones Unidas (ONU). (1995): *Cuarta Conferencia Mundial sobre la Mujer* (Beijing).

Organización Mundial de la Salud (OMS). (2002): *Informe mundial sobre la violencia y salud.*

Paat, Yok-Fong, y Markham, Christine. (2016): A Gendered Approach to Understanding the Roles of Social Bonding, Personal Control, and Strain on College Dating Violence in Emerging Adulthood. *Journal of Aggression, Maltreatment & Trauma, 25*(8), 793-811. https://doi.org/10.1080/10926771.2016.1194938

Page, Matthew J et al. (2021). The PRISMA 2020 statement: An updated guideline for reporting systematic reviews. BMJ, n71. https://doi.org/10.1136/bmj.n71

Pereira, Ana Rita, Vieira, Duarte Nuno, y Magalhães, Teresa. (2013): Fatal intimate partner violence against women in Portugal: A forensic medical national study. *Journal of Forensic and Legal Medicine, 20*(8), 1099-1107. https://doi.org/10.1016/j.jflm.2013.09.015

Piquero, Alex R., Theobald, Delphine, y Farrington, David P. (2014): The Overlap Between Offending Trajectories, Criminal Violence, and Intimate Partner Violence. *International Journal of Offender Therapy and Comparative Criminology, 58*(3), 286-302. https://doi.org/10.1177/0306624X12472655

Radojevic, N., Vukcevic, B., Begic, S., Stankovic, D. Vuksanovic, y Subramanian, S. V. (2020): A new tool for identifying risk of repeated intimate partner violence adjusted for the population of Montenegro: A cohort study. *International Journal of Legal Medicine, 134*(4), 1511-1518. https://doi.org/10.1007/s00414-019-02244-5

Rodríguez-Menés, Jorge, y Safranoff, Ana. (2012): Violence against women in intimate relations: A contrast of five theories. *European Journal of Criminology, 9*(6), 584-602. https://doi.org/10.1177/1477370812453410

Romero-Martínez, Ángel, Lila, Marisol, Gracia, Enrique, Rodriguez, Christina M., y Moya-Albiol, Luis. (2019): Acceptability of Intimate Partner Violence among Male Offenders: The Role of Set-Shifting and Emotion Decoding Dysfunctions as Cognitive Risk Factors. *International Journal of Environmental Research and Public Health, 16*(9), 1537. https://doi.org/10.3390/ijerph16091537

Romero-Martínez, Ángel, Lila, Marisol, Martínez, Manuela, Pedrón-Rico, Vicente, y Moya-Albiol, Luis. (2016): Improvements in Empathy and Cognitive Flexibility after Court-Mandated Intervention Program in Intimate Partner Violence Perpetrators: The Role of Alcohol Abuse.

International Journal of Environmental Research and Public Health, 13(4), 394. https://doi.org/doi:10.3390/ijerph13040394

Romero-Martínez, Ángel, Lila, Marisol, y Moya-Albiol, Luis. (2016): Testosterone and attention deficits as possible mechanisms underlying impaired emotion recognition in intimate partner violence perpetrators. *The European Journal of Psychology Applied to Legal Context, 8*(2), 57-62. https://doi.org/10.1016/j.ejpal.2016.01.001

Romero-Martínez, Angel, Lila, Marisol, y Moya-Albiol, Luis. (2017): The 2D:4D Ratio as a Predictor of the Risk of Recidivism after Court-mandated Intervention Program for Intimate Partner Violence Perpetrators. *Journal of Forensic Sciences, 62*(3), 705-709. https://doi.org/10.1111/1556-4029.13315

Romero-Martínez, Ángel, Lila, Marisol, y Moya-Albiol, Luis. (2019): Long-Term Drug Misuse Increases the Risk of Cognitive Dysfunctions in Intimate Partner Violence Perpetrators: Key Intervention Targets for Reducing Dropout and Reoffending. *International Journal of Environmental Research and Public Health, 16*(20), 3792. https://doi.org/doi:10.3390/ijerph16203792

Ruiz-Hernández, José Antonio, García-Jiménez, Jesús J., Llor-Esteban, Bartolomé, y Godoy-Fernández, Carmen. (2015): Risk factors for intimate partner violence in prison inmates. *The European Journal of Psychology Applied to Legal Context, 7*(1), 41-49. https://doi.org/10.1016/j.ejpal.2014.11.003

Sáez, Gemma, Riemer, Abigail R., Brock, Rebecca L., y Gervais, Sarah J. (2020): The Role of Interpersonal Sexual Objectification in Heterosexual Intimate Partner Violence From Perspectives of Perceivers and Targets. *Journal of Interpersonal Violence*, 088626052092234. https://doi.org/10.1177/0886260520922348

Sjödin, Anna-Kari, Wallinius, Märta, Billstedt, Eva, Hofvander, Björn, y Nilsson, Thomas. (2018): Evidence for Two Levels of Intimate Partner Violence and Aggression Among Incarcerated Young Male Violent Offenders. *International Journal of Offender Therapy and Comparative Criminology, 62*(10), 3097-3116. https://doi.org/10.1177/0306624X17739180

Smith Stover, Carla, y Kahn, Marissa. (2013): Family of origin influences on the parenting of men with co-occurring substance abuse and intimate partner violence. *Advances in Dual Diagnosis, 6*(2), 84-94. https://doi.org/10.1108/ADD-03-2013-0006

Soares Cunha, Olga, y Abrunhosa Gonçalves, Rui. (2019): Predictors of Intimate Partner Homicide in a Sample of Portuguese Male Domestic Offenders. *Journal of Interpersonal Violence, 34*(12), 2573-2598. https://doi.org/10.1177/0886260516662304

Song, Ahyoung, Wenzel, Suzanne L., Kim, Jae Yop, y Nam, Boyoung. (2017): Experience of Domestic Violence During Childhood, Intimate Partner Violence, and the Deterrent Effect of Awareness of Legal Consequences. *Journal of Interpersonal Violence, 32*(3), 357-372. https://doi.org/10.1177/0886260515586359

Soria-Verde, Miguel Ángel, Pufulete, Elena M., y Álvarez-Llaberia, Francesc Xavier. (2019): Homicidios en la Pareja: Explorando las Diferencias entre Agresores Inmigrantes y Españoles. *Anuario de Psicología Jurídica, 29*(1), 31-39. https://doi.org/10.5093/apj2018a14

Strickland, James, Parry, Cate L., Allan, Maria M., y Allan, Alfred. (2017): Alexithymia among Perpetrators of Violent Offences in Australia: Implications for Rehabilitation. *Australian Psychologist, 52*(3), 230-237. https://doi.org/10.1111/ap.12187

Swogger, Marc T., Walsh, Zach, Kosson, David S., Cashman-Brown, Sarah, y Caine, Eric D. (2012): Self-Reported Childhood Physical Abuse and Perpetration of Intimate Partner Violence: The Moderating Role of Psychopathic Traits. *Criminal Justice and Behavior, 39*(7), 910-922. https://doi.org/10.1177/0093854812438160

Swopes, Rachael M., Simonet, Daniel V., Jaffe, Anna E., Tett, Robert P., y Davis, Joanne L. (2013): Adverse Childhood Experiences, Posttraumatic Stress Disorder Symptoms, and Emotional Intelligence in Partner Aggression. *Violence and Victims, 28*(3), 513-530. https://doi.org/10.1891/0886-6708.VV-D-12-00026

Sygel, Kristina, Kristiansson, Marianne, Furberg, Roberto, y Fors, Uno. (2014): Reactions on Display/Intimate Partner Violence (RoD/IPV)—A Study of a New Interactive Computer Simulation Program for the Treatment of Men Convicted of Intimate Partner Violence. *International Journal of Forensic Mental Health, 13*(4), 369-380. https://doi.org/10.1080/14999013.2014.951104

Theobald, Delphine, y Farrington, David P. (2012): Child and adolescent predictors of male intimate partner violence: Early predictors of male IPV. *Journal of Child Psychology and Psychiatry, 53*(12), 1242-1249. https://doi.org/10.1111/j.1469-7610.2012.02577.x

Theobald, Delphine, Farrington, David P, Coid, Jeremy W, y Piquero, Alex R. (2016a): A longitudinal analysis of the criminal careers of intimate partner violence offender subtypes: Results from a prospective survey of males. *Violence and Victims, 31*(6), 999-1020. https://doi.org/10.1891/0886-6708.VV-D-14-00194

Theobald, Delphine, Farrington, David P, Coid, Jeremy W, y Piquero, Alex R. (2016b): Are Male Perpetrators of Intimate Partner Violence Different From Convicted Violent Offenders? Examination of Psychopathic Traits and Life Success in Males From a Community Survey. *Journal of Interpersonal Violence, 31*(9), 1687-1718. https://doi.org/10.1177/0886260515569061

Thiessen, Michelle S, Walsh, Zach, Bird, Brian M, y Lafrance, Adele. (2018): Psychedelic use and intimate partner violence: The role of emotion regulation. *Journal of Psychopharmacology, 32*(7), 749-755. https://doi.org/10.1177/0269881118771782

Trabold, Nicole, Swogger, Marc T., Walsh, Zach, y Cerulli, Catherine. (2015): Childhood Sexual Abuse and the Perpetration of Violence: The Moderating Role of Gender. *Journal of Aggression, Maltreatment & Trauma, 24*(4), 381-399. https://doi.org/10.1080/10926771.2015.1022288

United Nations Development Fund for Women (ONU-UNIFEM). (2003): *Not a minute more. Ending Violence Against Women.*

United Nations Office on Drugs and Crime. (2018): *Global study on homicide: Gender-related killing of women and* girls. (Vienna).

Vecina, María L., y Chacón, José C. (2016): Morality and Intimate Partner Violence: Do Men in Court-Mandated Psychological Treatment Hold a Sacred Moral Vision of the World and Themselves? *Violence and Victims, 31*(3), 510-522. https://doi.org/10.1891/0886-6708.VV-D-14-00153

Verbruggen, Janna, Blokland, Arjan, Robinson, Amanda L, y Maxwell, Christopher D. (2020): The relationship between criminal behaviour over the life-course and intimate partner violence perpetration in later life. *European Journal of Criminology, 17*(6), 784-805. https://doi.org/10.1177/1477370818825344

Verdejo-Román, Juan, Bueso-Izquierdo, Natalia, Daugherty, Julia C., Pérez-García, Miguel, y Hidalgo-Ruzzante, Natalia. (2019): Structural brain differences in emotional processing and regulation areas between male batterers and other criminals: A preliminary study. *Social Neuroscience, 14*(4), 390-397. https://doi.org/10.1080/17470919.2018.1481882

Walsh, Zach, Hendricks, Peter S, Smith, Stephanie, Kosson, David S, Thiessen, Michelle S, Lucas, Philippe, y Swogger, Marc T. (2016): Hallucinogen use and intimate partner violence: Prospective evidence consistent with protective effects among men with histories of problematic substance use. *Journal of Psychopharmacology, 30*(7), 601-607. https://doi.org/10.1177/0269881116642538

Walters, Glenn D. (2020): Predicting Future Intimate Partner Violence with Past Intimate Partner Violence: The Moderating Role of Proactive and Reactive Criminal Thinking. *Criminal Justice and Behavior, 47*(8), 943-955. https://doi.org/10.1177/0093854820921549

Whiting, Jason B., Oka, Megan, y Fife, Stephen T. (2012): Appraisal Distortions And Intimate Partner Violence: Gender, Power, And Interaction. *Journal of Marital and Family Therapy, 38*(1), 133-149. https://doi.org/10.1111/j.1752-0606.2011.00285.x

World Health Organization (WHO). (2021): *Violence against women prevalence estimates, 2018: Global, regional and national prevalence estimates for intimate partner violence against women and global and regional prevalence estimates for non-partner sexual violence against women.*

Zapata-Calvente, Antonella L., Moya, Miguel, Bohner, Gerd, y Megías, Jesús L. (2019): Automatic Associations and Conscious Attitudes Predict Different Aspects of Men's Intimate Partner Violence and Sexual Harassment Proclivities. *Sex Roles, 81*, 439-455. https://doi.org/10.1007/s11199-019-1006-0

PARTE III

HACIA LA REFORMA DE LA LO 1/2004

Capítulo IX.

Conflictos irresueltos en la política criminal contra la violencia de género[*]

NIEVES SANZ MULAS

Catedrática de Derecho penal

Universidad de Salamanca

---

[*] Este trabajo realizado en el seno del Grupo de Investigación *Diversitas* de la Universidad de Salamanca es resultado del Proyecto I+D+i "Protocolo de detención, atención e intervención para mujeres en situación de riesgo de exclusión social y sinhogarismo desde una perspectiva integral e interseccional". Ref. 44-9-id23 (2023-2024), Ministerio de Igualdad. Instituto de las Mujeres. IP: Eva María Picado Valverde y del Proyecto "Agenda 2030 y acceso igualitario a la justicia de personas vulnerables desde una perspectiva de género" (2023-2024), Universidad de Salamanca. IP: Adán Carrizo González-Castell.

violencia de género como expresión de la interpretación machista del mundo; 2. La igualdad efectiva entre mujeres y hombres como inmutable punto de partida; 2.1. Cambios estructurales encaminados a empoderar a las mujeres; 2.2. Educación en igualdad y la gran baza de la sororidad; BIBLIOGRAFÍA.

I. NUEVOS TIEMPOS EN ARCAICOS ESQUEMAS, ¿PUEDE EL DERECHO PENAL COLMAR ESE VACÍO?

Hace apenas unos días nos sobrecogía un nuevo caso de violencia de género especialmente punzante, porque doloroso lo son todos. En esta ocasión una joven de 15 años, apenas una niña, era asesinada por su expareja de tan solo 17, lo que rezuma al mismo machismo cavernícola de siempre. Al eres para mí o no serás para nadie, que nos muestra lo poco que ha mutado la mentalidad pese a lo mucho que nos hemos esforzado en cambiar las leyes[1]. Sin menospreciar en absoluto las fortalezas del fuerte y constante impulso político criminal en materia de violencia de género, desgraciadamente son aún muchos los desafíos. Para empezar, ¿es el Derecho penal el lugar más apropiado para luchar contra un problema de evidente sustrato sociocultural?

En el nuestro, como en tantos otros países, parte de nuestra cultura ha sido, y todavía sigue siendo, la subordinación de la

---

1 El incremento de la violencia de género llevada a cabo por menores es especialmente preocupante. El número de 151 menores enjuiciados en 2013 se ha duplicado con creces en apenas 10 años. En 2023 el número de diligencias preliminares incoadas por la Fiscalía de Menores por violencia de género fue de 807, lo que supone un incremento del 9,91% respecto del año anterior (2022). Los menores enjuiciados fueron 342 (290 españoles y 52 extranjeros) siendo condenados en el 92,11% de los casos (Fiscalía General del Estado, 2024).

mujer al hombre[2]. Mujer educada en la resignación, el sacrificio, la dulzura y la obediencia, a cambio de ostentar "la potestad de las llaves" y la posición de garante de la vida familiar (Martínez González, 2009). Porque quizás el modelo de perfecta esposa y madre, que es feliz sacrificándose por su grupo, dejando de lado sus propios anhelos, podría implicar algo de reconocimiento a la tarea anónima de tantas mujeres durante generaciones enteras ("ella es la jefa de la casa"). Pero también servía —y sirve— para idealizar unas virtudes de abnegación y ética de cuidados, que aún hoy en día explican la dependencia económica y la falta de autonomía femeninas (Moure, 2014), y con ello el que pareciera indestructible techo de cristal.

Es aún común la comprensión de la mujer como propiedad del hombre, dedicada a su servicio y a la crianza de la prole. Percepción que lleva a que difícilmente pase una semana sin que un hombre acabe con la vida de su pareja o expareja[3], res-

---

2 Baste con recordar que la *Ley de 24 de abril de 1958* reguló la capacidad de obrar de las mujeres casadas y en su Exposición de Motivos explicaba que "por exigencias de la unidad matrimonial, existe una potestad de dirección que la naturaleza, la Religión y la Historia atribuyen al marido". Una potestad paterna que también se extendía a las hijas menores de 25 años, quienes necesitaban su autorización para salir de casa. No fue hasta la *Ley de 2 de mayo de 1975* que se modificó la capacidad de la mujer casada, que hasta entonces precisaba licencia marital para vender sus propios bienes o abrir un comercio y debía obedecer al marido, único administrador del patrimonio familiar.

3 Durante 2023 el número de denuncias y el de mujeres víctimas de la violencia de género volvió a aumentar con respecto al año anterior, lo que ocurre de forma continuada desde 2013 (salvo la obvia excepción de 2020 por la crisis sanitaria de la Covid-19). A lo largo del 2023, se registraron un total de 194.658 víctimas, 533 mujeres cada día, lo que supone un aumento del 10% con respecto al año anterior. La tasa de víctimas de violencia de género por cada 100.000 mujeres fue de 79,1 en toda España, seis puntos y medio más alta que

pondiendo a tan trasnochado modelo de dominación (Gómez Rivero, 2009). Casos a los que se les da una enorme repercusión mediática, lo que genera entre los ciudadanos una gran sensación de impotencia y la visión de que la Justicia no funciona. De que el Estado es incapaz de garantizar nuestra seguridad y el Derecho penal no es lo suficientemente contundente.

Se revelan, por tanto, serias dudas respecto a lo acertado del tratamiento penal de una materia donde la resistencia de las mujeres víctimas a colaborar sigue siendo notable y sus consecuencias a menudo perversas. Algo falla en el sistema para que los casos de violencia de género sigan siendo una constante en la vida cotidiana. Pero ¿dónde está el fallo? ¿Por qué sigue sucediendo dos décadas después de la entrada en vigor de la Ley de Violencia de Género en la que tantas expectativas se pusieron? ¿El Pacto de Estado contra la violencia de género de 2017 ha servido para traer algo de esperanza en la lucha contra lo que la ONU, ya en 1980, calificaba como el crimen encubierto más frecuente del mundo?

II. LOS CONFLICTOS IRRESUELTOS EN LA LUCHA PENAL CONTRA LA VIOLENCIA DE GÉNERO

Sin olvidar las "luces" del fuerte impulso político criminal dado a la materia en las dos últimas décadas, que no sólo ha puesto en el punto de mira un problema que nos afecta a todos, sino que también ha originado una conciencia social absolutamente necesaria, son aún muchas las "sombras" y desaciertos que debemos revelar y enfrentar.

---

en 2022. Dos de cada tres mujeres víctimas (65,22%) eran españolas (Observatorio contra la violencia doméstica y de género, 2024).

1. La apuesta por un Derecho penal sexuado sin perspectiva de género

1.1. La violencia de género como sinónimo de violencia doméstica

Para comenzar, la *LO 1/2004, de 28 de diciembre, de Medidas de Protección integral contra la Violencia de Género* (en adelante, LOMPIVG) se limita a considerar violencia de género sólo las conductas producidas en el ámbito de la pareja o expareja. Peor aún, asimila esas conductas a las cometidas sobre "personas especialmente vulnerables", con lo que al final se desvirtúa el objetivo de la ley, que no es sino la protección de la mujer. Esto es, y pese al sinfín de modificaciones llevadas a cabo, siguen sin abarcarse todos los delitos que podrían encuadrarse en la violencia de género.

Se reserva la capacidad disuasoria de la ley casi exclusivamente para los actos leves de maltrato físico y psíquico o contra la libertad en el ámbito de las relaciones afectivo-sexuales. Y es que no han resultado afectados por las sucesivas reformas penales, aparte de las agresiones a mujeres producidas por el mero hecho de serlo (violaciones, acoso sexual, acoso laboral, etc.), los delitos de asesinato, homicidio, aborto, lesiones graves (arts. 149 y 150), violación, amenazas y coacciones graves, detención ilegal, etc. Delitos que, si bien cabrían también ser calificados como violencia de género[4], siguen conservando la pena prevista en los tipos comunes, sin que su calificación

---

4 Por poner solo algunos ejemplos, así lo hace la jurisprudencia respecto del homicidio las SSTS 60/2011, de 28 de enero (TOL2.051.218); 9/2011, de 31 de enero (TOL2.042.415); 111/2011, de 22 de febrero (TOL2.075.448); 809/2011, de 18 de julio (TOL2.195.417) y 765/2011, de 19 de julio (TOL2.198.783). De su parte, en relación con el asesinato, ATS 1087/2008, 30 octubre (TOL4.930.826); con las lesiones, SSTS 111/2011, 22 febrero (TOL2.075.448) y

como violencia de género entrañe consecuencias punitivas para el autor, más allá de la agravante de parentesco (y desde la reforma por LO 1/15 la de discriminación).

Una posible explicación es que la selección del legislador no se hizo tanto en función de su gravedad como de su frecuencia comisiva (Laurenzo, 2015). Pero, en completo con acuerdo Roig, "a poco que se reflexione, se advierte la incongruencia que supondría atribuir los beneficios de la ley a las víctimas de una leve amenaza, coacción o lesión, y privar de ellos a las mujeres que han sufrido acciones más graves, pensemos en unas lesiones con mutilación, una agresión sexual, un intento de homicidio o asesinato, o unos malos tratos habituales" (2012: 267-268).

En definitiva, con la excusa de prevenir hechos graves, lo único que realmente se ha hecho es justificar un desmesurado avance punitivo que arrastra en su camino un cúmulo de conductas que, o son totalmente ajenas al fenómeno de la violencia de género, o que en el peor de los casos sólo representan una primera manifestación, pero que por su escasa gravedad intrínseca no justifica más sanción penal que la prevista, en general, para las faltas (ahora delitos leves). Esto es, no pasan de ser agresiones ocasionales que en su mayoría no llegan a superar el umbral de la violencia, limitándose a ser meros indicadores de una estructura social sexista como la existente (Maqueda, 2010). Supuestos nimios (y siempre indeseables) que acaparan el interés y los recursos, de modo que los casos graves de violencia de género no llegan a ser tratados con el rigor y la seriedad necesarios.

En nuestro estado actual de cosas, por tanto, la violencia de género se considera un subtipo de violencia doméstica, de modo que, si bien la LOMPIVG es integral en el abordaje de la proble-

---

809/2011, 18 de julio (TOL2.195.417) y con la detención ilegal, 61/2009, 20 enero (TOL1.441.109).

mática, no lo es en cuanto a los supuestos de violencia de género que al final acoge en su seno (Guardiola, 2014). De hecho, y no deja de ser irónico, ni tan siquiera los acontecimientos que provocaron que el Día Internacional contra la violencia machista se celebre el 25 de noviembre serían calificados como violencia de género conforme a ella. La elección de ese día por la ONU se hace en recuerdo a las hermanas Mirabal (Minerva, Patria y María Teresa), unas jóvenes dominicanas que fueron asesinadas por orden del dictador Trujillo el 25 de noviembre de 1960 por no comulgar con las políticas del dictador. Con la legislación española en la mano, estos hechos no podrían calificarse como "violencia de género", al no existir relación sentimental, ni presente ni pasada, entre las víctimas y el autor.

1.2. El Pacto de Estado y la redundancia

Tampoco el Pacto de Estado solventa esta situación. Ciertamente, en ambos informes apuesta por una extensión del ámbito de aplicación de la LOMPVG, buscando su adaptación al Convenio de Estambul. Con ese objetivo, opta por ampliar el concepto de violencia de género y considerar también otras formas de violencia contra las mujeres, así como extenderlo a otros ámbitos distintos de la pareja o ex-pareja. Para ello, propone que el art. 1 recoja una definición que incorpore todas las formas de violencia machista (física, psicológica, sexual y económica), y todos los ámbitos donde se manifiesta: en el ámbito de la pareja o ex-pareja, el familiar, el laboral (acoso por razón de sexo y acoso sexual), el social o comunitario (agresiones sexuales, acoso sexual, la trata con fines de explotación sexual, la mutilación genital femenina, los matrimonios forzados, aborto forzado, esterilización forzada, etc.) y en cualquier otro ámbito que lesione la dignidad, la integridad o la libertad de las mujeres. Ahora bien, a renglón seguido, sendos informes aclaran que9 la LOMPIVG, y por tanto los correspondientes recursos y servicios, solo son de aplicación sobre las violencias que se ejercen sobre la mujer por parte de quienes sean o hayan sido sus cónyuges o de quienes estén o hayan estado ligadas a ellas por relaciones similares de afectividad, aún sin convivencia[5].

De este modo, y en relación a los atentados contra la libertad sexual, cuya cifra negra en el ámbito doméstico es especialmente elevada (Navarro, 2015)[6], por *LO 10/2022, de 6 de septiembre, de garantía integral de la libertad sexual* (popularmente conocida como "Ley del solo sí es sí")[7] se incluye como agravante que "la víctima sea o haya sido esposa o mujer que esté o haya estado ligada por análoga relación de afectividad, aun sin convivencia" (art. 180.1. 4º CP). Un paso adelante que, por supuesto, no debemos despreciar, porque no es sino imponiendo su sexualidad que el hombre evidencia su superiorida9d sobre la mujer, la consideración de objeto de satisfacción al que ésta ha de someterse, bien "consintiendo", bien por la fuerza física o psíquica (Sanjenjo, 2014).

---

5 De hecho, las únicas modificaciones llevadas a cabo sobre su art. 1 (Objeto de la ley) son relativas a los menores del ámbito familiar víctimas de violencia de género, buscando ampliar la protección a éstos (art. 1.2 reformado por *LO 8/2015, de 22 de julio de modificación del sistema de protección a la infancia y a la adolescencia*) y considerando también violencia de género la terrible e inexplicable violencia vicaria (art. 1.4 reformado por *LO 8/2021, de 4 de junio, de protección integral a la infancia y a la adolescencia frente a la violencia*).

6 Según este autor más del 40% de las mujeres que son agredidas físicamente son, además, objeto de violación. De hecho, el propio Pacto de Estado de 2017 se hace eco de que en nuestro país más de mil mujeres son violadas cada año, habiéndose registrado desde 2009 cerca de 10.000 agresiones sexuales con penetración, tres al día, una cada ocho horas.

7 Posteriormente "retocada" por desafortunados avatares políticos (y jurisprudenciales) que prefiero no rememorar, por la *LO 4/2023, de 27 de abril, para la reforma del CP en los delitos contra la libertad sexual.*

En definitiva, pese a que tanto el Pacto de Estado como la LO 10/2022 toman conciencia de la discordancia entre la rúbrica de la LOMPIVG y su real ámbito de aplicación, se sigue apostando por mantener las cosas igual. Sin embargo, debemos insistir en que la violencia de género no puede equipararse a violencia doméstica ni a violencia familiar. El reduccionismo a que conduce esta equiparación es necesariamente negativo, porque enmascara la realidad de un maltrato que victimiza a la mujer por el hecho de serlo. Es más, esta confusión de etiquetas, a veces interesada, solo contribuye a perpetuar la probada resistencia social a reconocer que el maltrato a la mujer no es una forma más de violencia, sino una violencia instrumental y útil en aras a mantener un determinado orden de valores estructuralmente discriminatorio para la mujer (Maqueda, 2006). Esto es, supone el combustible perfecto para aquellas posiciones políticas que en su "negacionismo múltiple" (cambio climático, democracia, igualdad) también invocan acabar con todas las leyes, recursos y ayudas contra la violencia de género por negar su existencia diferenciada de la violencia familiar.

2. *Todos los huevos en la cesta de la violencia machista leve*

2.1. La función residual del delito de violencia habitual del art. 173.2 CP

Hablando en todo caso de funcionalidad y efectividad de la legislación penal en materia de violencia de género, debemos empezar por desenmascarar una triste realidad: el apremio por castigar este tipo de actos leves, considerados el preludio de peligrosos comportamientos futuros (generalmente a través del art. 153 CP), desalienta muchas veces a los tribunales a investigar las situaciones graves de violencia. El resultado (indeseado) es que se acaban canalizando la inmensa mayoría de las denuncias a través de los delitos que requieren menor prueba, de modo que la violencia habitual acaba quedando oculta detrás de muchas condenas por delitos leves. Y las cifras no pueden ser más elocuentes: la mitad de los casos que llegan a los tribunales se califican como violencia leve (la mayoría son instruidos por el art. 153), suponiendo apenas un 14 % de los delitos instruidos por violencia habitual en la pareja[8]. En definitiva, la obsesión por encauzarlo todo a través del Derecho penal, ha dado lugar a una gran contradicción, pues mientras los juzgados están colapsados con casos de mínima entidad, se arrinconan y ocultan las situaciones auténticamente graves de violencia instrumental (Laurenzo, 2011). Esto es, se ha condenado a una función casi residual al delito de violencia habitual, que cede todo el terreno a la antigua falta de malos tratos, reconvertida ahora en delito, y, lo más preocupante, que consume la gran mayoría de los recursos (materiales y humanos) destinados a hacer frente a esta "pandemia machista" eterna.

Una realidad que tampoco varía con el Pacto de Estado, cuyo filosofía no es precisamente cambiar la situación, dado que propone como medidas, pendientes aún de desarrollar: suprimir las atenuantes de confesión y reparación del daño para estos delitos; la de no considerar las injurias y calumnias a través de las redes sociales en el ámbito de la violencia de género como únicamente un delito leve; extender la pena accesoria de privación de tenencia y porte de armas a todos

---

8 En el año 2023, el porcentaje de sentencias condenatorias aumentó en tres puntos respecto a 2022 y se situó en el 80,64% del total. El número de sentencias dictadas fue de 60.172 y, de ellas, 48.525 fueron condenatorias y 11.647 (el 19,36%) absolutorias. El 49% de los delitos instruidos (108.383) fueron por maltrato no habitual (art. 153), suponiendo el delito de violencia habitual (art. 173) sólo el 13,7%, (Observatorio contra la Violencia doméstica y de Género, 2024)

los delitos de lesiones, alcanzando también a las coacciones o amenazas; extender la medida de libertad vigilada a los restantes delitos en el ámbito de la violencia de género, incluidos todos los delitos de amenazas y de coacciones y a todos los momentos en que la víctima se encuentra más desprotegida, como cuando se dicta sentencia y aún no se ha ejecutado, y el agresor ya ha cumplido la pena de alejamiento durante el proceso. Nuevamente, más de lo mismo, y ello pese a lo contraproducente de esta opción, tal y como la experiencia se obceca en demostrarnos.

2.2. El favorecimiento punitivo del verdadero maltratador: la impunidad del maltrato psicológico

De igual modo, urge denunciar la demagogia existente en este ámbito desde el momento en que, alegando falta de regulación legal, se califican unos hechos de forma mucho más benevolente de la que resultaría si aplicásemos directamente los delitos realmente cometidos (detenciones ilegales, amenazas, allanamiento de morada, agresiones sexuales, lesiones, aborto, homicidio, asesinato, etc.,). Esto es, y, por ejemplo, aplicando en los casos en que así se pueda (ej. allanamiento de morada) solamente el tipo cualificado (ej. agresión en el domicilio de la víctima) paradójicamente se dará lugar a una atenuación del castigo. Algo especialmente perceptible en relación con la violencia psíquica, gravísimos daños que suelen quedar impunes o, como mucho, enmascarados en las conductas de maltrato[9].

---

9 En el Informe del Observatorio contra la violencia doméstica y de género (2024) sólo se hace alusión a que, de los delitos instruidos, apenas un 3,8% son por lesiones y malos tratos de los arts. 148 y ss., sin determinar si se tratan de lesiones físicas o psíquicas.

Un maltrato psicológico que suele comenzar de forma sutil y que aumenta gradualmente, de modo que favorece el que la víctima lo normalice mientras incrementa su intensidad. Una violencia, sea como fuere, tan terrible, que más del 70% de las víctimas la considera aún peor que la violencia física (Arias, 2015). Según Lorente (2001), aproximadamente el 60% de las víctimas de violencia de género desarrollan problemas psicológicos moderados o graves. Daños a nivel psicológico con efectos especialmente terribles: destrucción de la confianza en una misma, pérdida de autoestima, apatía que impide afrontar el problema y buscar una solución para escapar de esa situación, sensación de desamparo e impotencia, sentimientos de culpabilidad, depresión, abuso de alcohol y psicofármacos, intentos de suicidio, trastornos por somatización, crisis de ansiedad. Cuadro psicosomático estremecedor, que se incrementa cuando se intercalan períodos de violencia con otros de arrepentimiento y ternura, que generan una situación de alerta y sobresalto permanentes, además de una serie de síntomas abarcados por el denominado "síndrome de la mujer maltratada".

Y es que el interés legislativo por configurar tipos específicos de violencia de género a partir de tipos comunes de delito, solo se produce en relación con agresiones de baja gravedad, mientras que, para los delitos graves, como veíamos, no se contempla especialidad alguna, por mucho que se cometan también con expresión de violencia de género. Las conductas más graves quedan escondidas tras la primera denuncia de malos tratos, consolidando una inercia judicial perversa y peligrosa para la seguridad de muchas víctimas de violencia de género. Porque la realidad demuestra que las agresiones se hacen más graves tras la denuncia presentada por la víctima (De la Cuesta, 2008), por no mencionar que sus agresores probablemente quedarán libres, obligados como mucho a pagar una multa o a acudir a algún curso de formación y con una orden de alejamiento que seguramente incumplirán.

3. La presentación de la mujer como un ser débil a proteger incluso de sí misma

3.1. Promover la denuncia y no volver a preguntar: la imposición obligatoria de la orden de alejamiento

Pero esto no es todo, con el fin de luchar contra la falta de intervención del Derecho penal, en un asunto considerado como privado, en su día se requirió que la detención del agresor fuera la regla y no la excepción, y que la retirada de la denuncia por parte de la mujer no implicara el fin de las actuaciones procesales. Es el punto de arranque de las llamadas "*no drop policies*" (Larrauri, 2003), basadas en obviar la voluntad de la víctima en lo que se refiere al inicio, la continuación o la finalización del procedimiento penal, así como sobre las medidas cautelares y penas a imponer.

Esto es, se obliga por ley a la separación de la pareja en caso de violencia de género, mediante la imposición de medidas dirigidas a tutelar a la víctima, incluso en contra de su propia voluntad. Porque no es sino esa perenne visión de vulnerabilidad de la mujer, la que lleva a imponer y mantener la orden de alejamiento en contra de la propia opinión de la víctima. Trasnochada presunción de debilidad femenina, de no saber lo que quiere, (o peor aún, "lo que le conviene"), que está generando innumerables problemas en la práctica, siendo también uno de los principales motivos del fracaso de la política criminal adoptada.

No hay por supuesto dudas sobre que la regulación y aplicación efectiva de las medidas cautelares (orden de alejamiento y prisión provisional) son absolutamente necesarias para que la intervención penal en estos ámbitos sea eficaz y no produzca perjuicios aún mayores. Ahora bien, el problema más grave surge de la redacción dada al art. 57.2 CP, que obliga a la imposición "en todo caso" de la medida de alejamiento prevista en el art. 48.2 CP. La imposición obligatoria de esta prohibición presupone siempre una peligrosidad del autor del delito que infringe el principio de culpabilidad y se compadece poco o nada con el respeto a la dignidad de la persona (López Peregrín, 2009), siendo motivo de innumerables recursos de inconstitucionalidad por abarcar supuestos de muy diferente gravedad. Y ello pese a tratarse de una medida de gran lesividad, pues puede llegar a suponer una verdadera pena de destierro; pena en su día suprimida del catálogo de sanciones del CP por ser inconstitucional. Una medida cuyo cumplimiento, además, es difícil de asegurar, dado que es inviable poner un guardaespaldas a cada víctima (y aun así tampoco cabría asegurar su absoluta protección).

3.2. Acercamiento consentido y delito de quebrantamiento de condena

En definitiva, se prevé una adopción casi-automática[10], que va unida a un no menos automático quebrantamiento de la misma[11], tanto cuando es impuesta como medida cautelar (orden de protección), como cuando es fijada como pena (arts. 48 y 57 del CP), o cuando se impone como deber inherente a la concesión del beneficio de suspensión condicional de la pena (art. 83.1. 1º CP). Por no hablar de que, tras la LO 1/15,

---

10 En el año 2023 se solicitaron un total de 42.478 órdenes de protección, concediéndose el 68,7% (29.177) y suponiendo orden de alejamiento el 67,37% y prohibición de comunicación el 65,25% (Observatorio contra la violencia doméstica y de género, 2024).

11 A lo largo del año 2023, fueron instruidos 25.302 delitos por quebrantamiento de medidas cautelares (11,4%) y 18.860 por quebrantamiento de condenas (8,5%), por lo que suponen un total del casi el 20% de los delitos instruidos por los juzgados de violencia sobre la mujer (Observatorio contra la violencia doméstica y de género, 2024).

se considera quebrantamiento la mera inutilización o perturbación de los dispositivos técnicos correspondientes, que no los lleven consigo u omitan las medidas necesarias para su correcto funcionamiento (art. 468.3 CP). Conductas que podrían ser calificadas como delito de desobediencia, motivo por el que se trata de una incorporación innecesaria por no suplir laguna de punibilidad alguna, y que solo cabe tacharse de una nueva instrumentalización electoral y política del Derecho penal (Alonso de Escamilla, 2015).

Quebrantamientos, sea como fuere, muchas veces consecuencia de la voluntad de ambas partes, lo que plantea enormes problemas. Porque, ¿qué ocurre si es la propia víctima la que se acerca o posibilita el acercamiento quebrantándose así la medida de alejamiento? La práctica muestra que esta situación no es infrecuente, y que incluso ha provocado situaciones sorprendentemente bien conocidas. Escenarios como los de aquellas víctimas que solicitan poder visitar a su presunto agresor en prisión para mantener una comunicación ordinaria, o incluso íntima (el conocido *vis a vis*). Ciertamente las decisiones judiciales se dictan para ser cumplidas, pero a pesar de ello se cuestiona si puede resultar contrario al espíritu y finalidad de la norma protectora, que una medida cautelar se imponga o mantenga contra la voluntad de la persona a la que se intenta proteger (Magro Servet, 2009).

Para comenzar, es evidente que la orden de alejamiento concierne exclusivamente al penado o sometido a medida cautelar, no a la víctima. La cuestión se contrae pues a la eventual responsabilidad criminal de aquél. Siendo esto así, cabría deducirse que no tiene sentido una exigencia de responsabilidad para el autor cuando la propia víctima ha inducido o cooperado necesariamente con el quebrantamiento de una pena impuesta justamente en su interés. Pero sucede que dicho interés, en nuestro marco penal actual, se objetiva en el proceso, expropiando a la víctima de competencia para definirlo. Así las cosas, no existe posibilidad alguna, parece ser, de eximir al penado de la responsabilidad en que pueda incurrir por quebrantamiento y siempre y cuando concurran los requisitos típicos. Y así lo dejó establecido el TS con el Acuerdo no jurisdiccional de la Sala 2ª del TS de 25 noviembre de 2008 (TOL2.090.089): *"tanto se trate de un caso de medida cautelar como de pena, la víctima no tiene la disposición de la pena o medida de alejamiento... el consentimiento de la mujer no excluye la punibilidad a efectos del art. 468.2 del CP"*[12]. Cuestión finalmente zanjada a partir de la STC 60/2010, de 7 de octubre de 2010 (TOL678.284), que declara

[12] Acatada literalmente en sentencias posteriores (entre otras, SSTS 95/10, de 12 de febrero (TOL1.798.203); 39/2009, de 19 de enero (TOL1.454.060); 172/2009, de 24 de febrero (TOL1.463.018); 654/2009, de 8 de junio (TOL1.577.905) y 14/2010, de 28 de enero (TOL1.788.426); 1065/2010, de 26 de noviembre (TOL2.021.648); 126/2011, de 31 de enero (TOL2.066.357); 1010/2012, de 21 de diciembre (TOL2.729.571); 539/2014, de 2 de julio (TOL4.430.558); 803/2015, de 9 de diciembre (TOL5.639.572); o 748/2018, de 14 de febrero de 2019 (TOL7.065.034). Si bien en otras el propio TS "suaviza" la interpretación a llevar a cabo sobre dicho acuerdo, considerando que en el mismo no está implícita la idea de una exclusión incondicional, siempre y en todo caso, de la relevancia del consentimiento, con lo que la conclusión alcanzada en el Pleno no deba ser entendida en absoluta desconexión con las circunstancias de cada caso concreto. En base a ello insta a que, "en el momento de la valoración de la pretendida eficacia excluyente de ese consentimiento exteriorizado *a posteriori*, el órgano jurisdiccional ha de ponderar de forma ineludible si ese consentimiento ha sido prestado en condiciones que permitan afirmar su validez". Ahora bien, al final termina por considerar que "los efectos psicológicos asociados a la victimización de la mujer maltratada hacen aconsejable negar a ésta su capacidad para disponer de una medida cautelar de protección que no se otorga, desde luego, con vocación de intermitencia, afirmando o negando su validez y eficacia en función de unos vaivenes afectivos que, en la mayoría de los casos, forman parte de los síntomas de su propio padecimiento". Por lo que la única opción posible operaría sobre la óptica de un error de tipo invencible, que tampoco considera que exista (STS 61/10, de 28 de enero

que con la pena de alejamiento no se afecta a la proporcionalidad, ni tampoco al derecho a la unificación familiar, ni a la relación matrimonial, y que, además, es una medida correcta que ni se puede aplicar discrecionalmente, "ni pueden ser dejadas en su cumplimiento *al albur de lo que la mujer decida*"[13].

3.3. La dispensa del deber de declarar del art. 416 LECrim: el atajo para evitar el alejamiento no deseado

En resumen, el convencimiento de que nos encontramos ante un asunto público se ha llevado hasta el punto de privar a las mujeres de su propia autonomía. De tratarles como seres infantiles y débiles, incapaces de tomar una decisión racional. Seres necesitados de protección y tutela, incluso contra su propia voluntad, y sin importar si estamos ante un hecho puntual de escasa gravedad o ante un supuesto reiterado de violencia. Todo el sistema se ha construido desde un planteamiento victimista, considerando que las mujeres que sufren o han sufrido un maltrato, por muy leve que sea, son siempre personas altamente vulnerables, necesitadas de la tutela permanente de las instituciones públicas (Laurenzo, 2011). Y ello, pese a que la práctica judicial ha demostrado que la imposición obligatoria de la orden de alejamiento es el motivo por el que un elevado

---

(TOL1.792.994). En sentido similar, STS 268/10, de 26 de febrero (TOL1.816.188).

13 En cualquier caso, no deja de ser curioso que el delito de quebrantamiento de condena del art. 468 CP no conlleve también como pena el alejamiento, "a fin de ampliar el rango temporal que ya tuviere por el delito preferente, dado que ha justificado el peligro que representa de que aun con orden de alejamiento frente a la víctima la quebranta" (Magro Servet, 2022). El quebrantamiento de condena tampoco está citado en el art. 57.1 CP, por lo que no cabría aplicar la obligatoriedad del art. 57.2 CP. Una contradicción del legislador cuanto menos llamativa.

porcentaje de mujeres no denuncia, o habiéndolo hecho no declaran después contra el agresor.

Pese a los continuos "vaivenes" sobre cómo interpretar (o, mejor dicho, limitar) la aplicación de la dispensa del deber de declarar del art. 416.1 LECrim en estos supuestos[14], lo cierto

---

14 El Acuerdo del Pleno del TS de 24 de abril de 2013 (TOL3.904.717) había establecido que podía acogerse a esta dispensa quién tenía o había tenido uno de los vínculos que recoge el precepto, pero que no regía cuando se tuviera que declarar por hechos ocurridos posteriormente a la disolución del mencionado vínculo (ej. separación o divorcio) o cuando el testigo estuviera comparecido en la causa como acusación particular. El Acuerdo del Pleno del TS de 23 de enero de 2018 (TOL6.531.449), sin embargo, matizó el del 2013 estableciendo que, si el testigo se acogía a la dispensa en el momento de juicio oral, no se podían rescatar o valorar declaraciones realizadas en anteriores fases procesales. También dejaba claro que podía acogerse igualmente a la dispensa quien hubiera sido constituido como acusación particular, pero hubiera cesado en dicha condición. Se trata, por tanto, de una jurisprudencia cambiante en la que cabe destacar la Sentencia del Pleno de la Sala 2ª del TS 389/2020, de 10 de julio (TOL8.030.719), la cual cuenta con un voto particular que corrige el Acuerdo del Pleno de 2018. Al respecto establece que la dispensa del art. 416 LECrim es un derecho del testigo, no del acusado, que dimana de las garantías del art. 24 de la CE y tiene su razón de ser en la voluntad de proteger los vínculos de solidaridad entre testigo y acusado y las relaciones familiares proclamas en el art. 39 CE, protegiendo así la intimidad en el ámbito familiar. No obstante, en los casos en que este testigo es también la víctima del delito y ésta haya formulado denuncia, no regirá tal dispensa, especialmente cuando el testigo esté personado como acusación particular. De hecho, incluso si abandona esta posición, seguirá sin recobrar este derecho a no declarar. En cualquier caso, con la idea de aclarar esta cuestión, mediante LO 8/2021, de 4 de junio, se reforma el art. 416 LECrim, de modo que ahora se incluye 5 excepciones en las que no habrá dispensa de la obligación de declarar. Concretamente la jurisprudencia previa del TS en este asunto se materializa en las circunstancias 4ª "Cuando el testigo

es que aún son muchas las mujeres que se acogen a este derecho para no declarar o se retractan en juicio, motivando con ello sentencias absolutorias (cerca del 20%)[15], que en muchas ocasiones no deberían producirse. Porque, aunque es verdad que la retirada de la denuncia no afecta a la continuación del proceso, siempre que se sostenga la acusación por alguna parte acusadora (ej., Ministerio Fiscal), lo cierto es que, en la práctica, el que la víctima retire la denuncia o se niegue a declarar ante el órgano judicial, plantea infinidad de problemas. Para empezar, suele implicar la voluntad de la víctima de no continuar con el proceso y, por tanto, de no colaborar. Y cuando su declaración es la única prueba contra el acusado (lo que es fre-

---

esté o haya estado personado en el procedimiento como acusación particular" y 5ª "Cuando el testigo haya aceptado declarar durante el procedimiento después de haber sido debidamente informado de su derecho a no hacerlo". En este sentido la STS 656/2022, de 29 de junio (TOL9.124.137), ha mantenido que en los casos de víctima constituida como acusación particular es indiferente que en el momento de declarar se mantenga el vínculo matrimonial. Incluso la STS 927/2022, de 30 de noviembre (TOL9.314.619), ha establecido que cuando es el testigo quien por iniciativa propia se dirige a la policía o al juzgado con el propósito de interponer una denuncia, el testigo no deberá ser informado sobre esta dispensa, pues según el TS este testigo ya ha resuelto imponer la denuncia. Diferentes son los supuestos en que sea el juez el que requiera al testigo para que comparezca a declarar, casos en los que el testigo sí debe ser advertido.

15 En el año 2023 fueron 19.500 las mujeres que se acogieron a la dispensa de no declarar del art. 416 LEcrim, lo que supone un aumento significativo (15,38%) respecto de las que se acogieron en 2022 (16.900), siendo el número más alto desde 2011. Pese a la clara restricción de la eficacia de este derecho tras las interpretaciones y reformas aludidas, las sentencias absolutorias siguen suponiendo un 19,36% (7,44% en los Juzgados de Violencia sobre la Mujer, 30,92% en los Juzgados de lo penal y 18,98% en las Audiencias provinciales) (Observatorio contra la violencia doméstica y de género, 2024).

cuente puesto que estos delitos generalmente se producen en la intimidad del hogar, sin testigos directos más allá del propio entorno y muchas veces sin dejar huellas visibles por terceros), al no existir prueba de cargo, se pronuncia sentencia absolutoria (Catalina, 2010).

Está claro, por tanto, que algo falla cuando, de una parte, los efectos del art. 416 LECrim convierten el proceso penal en esta materia en algo netamente kafkiano y, por otra, facilita un arma a las víctimas para servir a una finalidad en absoluto pensada por el legislador (Chirinos, 2010). Luego, y sin por supuesto negar la efectividad de estas medidas a la hora de centrar la atención en este terrible asunto, más discutible es que realmente sirvan para una mejor y mayor protección de la mujer. Son frecuentes las ocasiones en que las mujeres con su denuncia solo buscan el cese de la violencia, no necesariamente una separación forzosa, motivo por el que, una vez conocidas las posibles consecuencias de su denuncia, deciden retirarla o se niegan a declarar llegado el momento del juicio, para así evitar la obligada separación del agresor.

Porque entre las posibles razones por las que una mujer retira la denuncia (la falta de apoyo económico, el temor a represalias, la tradicional desconsideración de la víctima, la desconfianza a las declaraciones de la mujer, los hijos) está también el que se trate de un proceso "público" con la imposibilidad de retirar la acusación, pues eso implica desproveer a las víctimas de un mecanismo que ellas pueden usar. Y ello porque "las víctimas acuden al sistema penal no siempre en demanda de castigo, sino en múltiples ocasiones por una variedad de razones instrumentales, pues el recurso al sistema penal es un elemento más de las múltiples estrategias que usa la víctima para negociar con el agresor y conseguir determinadas mejoras en su situación" (Larrauri, 2003: 273).

Esto es, el proceso penal no es un objetivo en sí mismo, sino que la mujer lo usa como un medio más para cambiar su situación. En ocasiones eso se consigue con la sola amenaza del proceso, lo que de por sí ya constituye una mejora. No hay porqué sentirse frustrados, pues el objetivo siempre ha sido (o debería ser) que cese la violencia y las víctimas se sientan protegidas y seguras. En definitiva, si bien las políticas penales basadas en ignorar la voluntad de la víctima han garantizado a los movimientos feministas un cierto control sobre la respuesta estatal a la conducta violenta, ello ha sido a costa de limitar el control ejercido por la mujer como individuo, pasando a ser controlada por el Estado. Una imagen de fragilidad y debilidad del género femenino que se acomoda perfectamente al modelo patriarcal del que precisamente queríamos (y se quiere) huir.

3.4. Seguimos sin ser dueñas de nuestros derechos: la sensación de déjà vu

Como bien señala Medina (2002), existe cierta paradoja en la pretensión de combatir el control al que están sometidas estas mujeres por parte de sus maridos, precisamente, mediante su sometimiento y control al discurso superior del sistema de justicia penal. Porque lo único cierto es que, al final, la mujer sigue sin ser la exclusiva propietaria de sus derechos. En el pasado los compartía con padres y esposos y hoy convergen sus derechos y los del género. Cierto es que son temas diferentes, pero coinciden en un punto: la mujer no consigue ser la única dueña y administradora de sus derechos (Quintero, 2014).

Adoptar medidas de protección en contra de la voluntad expresa de la mujer, cuando es una persona adulta y con plena capacidad de autodeterminación, de acuerdo con López Peregrín, "es absolutamente improcedente, es tratarlas como seres sin capacidad de autodeterminación y necesitadas de tutela por encima de su opinión, como menores o incapaces, y contrario a la dignidad de la víctima que se pretende proteger" (2009: 270). Es más, la imposición de este tipo de "soluciones" en contra de su voluntad, lo único que hace es aumentar la desconfianza hacia el sistema penal, en vez de todo lo contrario que sería lo deseable.

Las consecuencias del Derecho penal simbólico no siempre son controlables, sobre todo si lo que se persigue es un cambio radical de ciertos valores y pautas fuertemente arraigados en nuestra sociedad. Y uno de los grandes obstáculos con los que se tropieza en estos casos, es la propia lógica argumentativa del Derecho penal, difícilmente compatible con grandes reivindicaciones revolucionarias. Gran muestra de ello es el cambio de perspectiva que se produjo en el discurso feminista, cuando se confió en el sistema punitivo para cristalizar el derecho a una vida libre de violencia. Sea o no de manera consciente, lo cierto es que el reivindicativo discurso de la opresión femenina fue sustituido por el lastimero discurso de la victimización, pasando las mujeres de ser personas oprimidas por un sistema social radicalmente injusto, a ser víctimas desvalidas de los hombres perversos. Esa fue la imagen que acogió el Derecho penal y la que, en consecuencia, transmite a la sociedad (Laurenzo, 2015).

4. *Denuncias falsas y silencio: más gasolina para los "negacionistas profesionales"*

Para terminar, no debemos dejar en el tintero el tratamiento de un tema que personalmente me ha puesto en tesituras complejas "tanto con los hunos como con los hotros", como diría Miguel de Unamuno. Un asunto que nadie quiere ver, pero que se repite con insistente firmeza en la práctica diaria de los Juzgados de Violencia sobre la Mujer. Una materia sobre lo que no hay ni habrá nunca estadísticas objetivas[16], pero que se da con más frecuencia de la que nos gustaría reconocer.

---

16 Mientras el Informe del Observatorio contra la violencia doméstica y de género (2024) no hace alusión alguna a este asunto, la Memo-

Como ya sabemos, la Ley 27/2003 *sobre Protección de Víctimas de Violencia Doméstica* introdujo en el art. 544 ter LECrim la "Orden de protección", posibilitando con ello que los Juzgados de Violencia sobre la Mujer acuerden, junto a las medidas cautelares de naturaleza penal, otras de carácter civil en relación al uso y disfrute de la vivienda familiar, la guardia y custodia de los hijos, el régimen de visitas de éstos, la pensión de alimentos, etc. Esto es, se permite al juez penal la adopción de las medidas cautelares que estime oportunas para apartar a los hijos menores de cualquier peligro o para evitarles perjuicios derivados de la relación de filiación. Un "cierre de círculo" en la protección de la mujer víctima de violencia de género y sus hijos e hijas, que aplaudimos. Ahora bien, lo que, por supuesto, no celebramos, son los abusos producidos al utilizar el proceso penal para "facilitar" un convenio de separación o divorcio. Pues ni que decir tiene la mezcla explosiva a que puede dar lugar, una ley abusiva con una utilización no menos abusiva de la misma.

Esta realidad, que cabría definir como la perversa utilización, por algunas mujeres, y/o algunos de los abogados que las asesoran, de los derechos y garantías de las víctimas con otros fines que nada tienen que ver con la violencia de género, supone, sin embargo, un gravísimo atentado a la presunción de inocencia, a los derechos del denunciado y la desviación de unos recursos siempre escasos. Peor aún, se trata de un insulto a las verdaderas víctimas y un grave retroceso en la credibilidad de

---

ria de la FGE (2024) se limita a decir que desde el 2009 registra y hace un seguimiento de los procedimientos incoados por denuncia falsa, comunicando 12 asuntos en los que se ha deducido testimonio por denuncia falsa. De ellos, en 4 no consta incoación; 4 se encuentran en trámite habiéndose formulado dos escritos de conclusiones provisionales; 2 han sido sobreseídos provisionalmente y en 2 han recaído sentencia condenatoria. Solo una de ellas acordó suprimir el atestado que dio lugar a las Diligencias Urgentes 316/2020, del JVM nº 2 de Granada.

todo el sistema político criminal de lucha contra la violencia de género (Borja, 2011). Un tema tabú que se ha convertido en la "fisura" perfecta para esa vertiente retrógrada y antifeminista que, con su discurso victimizador de "hombres perseguidos y acosados" por las leyes contra una violencia machista que niegan, cual gota malaya, va sin embargo permeando y acercando al precipicio los logros hasta ahora alcanzados.

Estoy segura de que no son muchas, pero en todo caso son siempre demasiadas[17] las mujeres (y sus poco profesionales abogad@s) que, de acuerdo con Sanahuja, "sin ningún escrúpulo ni respeto por las que están padeciendo situaciones terribles sin atreverse a denunciar, han abusado de lo que se les ofrecía, poniendo en marcha el aparato policial y judicial con fines espurios, en algunos casos inventándose directamente hechos que ni tan siquiera han ocurrido, pero con escaso riesgo de que ello pueda demostrarse y se les exijan responsabilidades" (2008). Ahora bien, lo realmente tremendo es dar lugar a un sistema legal y una aplicación de la norma que permita a los perversos utilizar la organización colectiva para conseguir sus objetivos, causando daños a muchos otros (niños, abuelos, padres...), y se mantenga durante años a pesar de la evidencia de que no ha dado resultado.

17 Según el minucioso (y dadas las circunstancias, también valiente) análisis jurisprudencial llevado a cabo por Ramos Vásquez (2021), mientras los delitos más denunciados falsamente por los hombres son contra el patrimonio y el orden socioeconómico y las falsedades documentales y las personas a las que denuncian son variadas, las mujeres en su mayoría denuncian falsamente delitos contra las personas (en particular, lesiones), y lo hacen sobre todo contra sus parejas o exparejas masculinas. Evidentemente, estos datos por sí mismos no arrojan ninguna conclusión, pero sí nos permiten sospechar que seguimos sin querer enfrentar con objetividad este grave asunto de las denuncias falsas en la violencia de género.

Se debe por tanto comenzar por hablar abiertamente de ello, y con una mirada objetiva establecer los filtros necesarios a efectos de evitar cualquier utilización fraudulenta de la ley y sus recursos (ej., inicio de actuaciones por acusación falsa, responsabilidad disciplinaria de los abogados, etc.). En este sentido, también sería oportuno informar a la víctima sobre la obligación de reembolso establecida en el art. 35 del Estatuto de la Víctima del delito. Según este precepto, la persona que se hubiera beneficiado de subvenciones o ayudas percibidas por su condición de víctima estará obligada al reembolso de las cantidades recibidas en un incremento del interés legal del dinero aumentado en un 50%, si fuera condenada por denuncia falsa o simulación de delito (Hernández Moura, 2015). Con ello no se trata, ni mucho menos, de desalentar a la denuncia, sino de hacer justicia. Queremos evitar que las mujeres que sufren violencia extrema siguen padeciéndola en silencio, viendo como su causa se desprestigia por la acción, ya no solo de quienes la utilizan para sus propios fines y aspiraciones, sino también de aquellos que quieren hacer de la causa antifeminista su programa político.

En cualquier caso, nada de todo esto servirá sino acabamos también con la persecución mediática de las juezas y jueces que, haciendo acopio de valentía, objetividad y sentido estricto de justicia, imponen condenas por este tipo de acciones. Profesionales que, junto a quienes nos atrevemos a hablar de este asunto, se han convertido en el centro de todas las miradas, siendo objeto de acusaciones encarnizadas, simplemente por no responder con sus sentencias a la única visión que parece posible en todo este asunto: la de la mujer buena y el hombre malo. Las denuncias falsas son, ante todo, un obstáculo para el conjunto de las mujeres sobre las que, en ocasiones, puede planear la sospecha de la duda. Y los únicos capaces de detectarlas son las juezas y jueces, quienes tienen ante sí una responsabilidad compleja. Una tarea "impopular", que pese a todo requiere del apoyo y la confianza del ideario colectivo.

5. Reflexiones preliminares: la caducidad de la LOMPIVG

En definitiva, es en todo punto obvia la permanencia en el discurso simbólico de que se está haciendo algo, de que es un tema que preocupa, y mucho, pese a que la experiencia de estos 20 años y las estadísticas se obcequen en demostrar que la línea seguida no es correcta, teniendo en cuenta que la situación no ha cambiado demasiado. Toda la cascada de reformas, focalizadas en la adopción de medidas de protección a las víctimas, en su incentivación a denunciar y en el endurecimiento de las sanciones a los infractores, en la práctica desgraciadamente no han tenido el efecto deseado, pues ni se ha logrado contener la tasa de criminalidad, ni reafirmar algún sentimiento de mayor seguridad en las víctimas. De hecho, y de acuerdo con Pérez Ginés "sólo se ha conseguido el resquebrajamiento de los pilares de la confianza ciudadana en la justicia, y el paso al olvido de la búsqueda de posibles alternativas a la aplicación. Además de que se ha producido una extrema politización de la política social, la impaciencia de la sociedad ante el delito ha aumentado, como también la disposición de los políticos a aumentar la penalización como prueba de la predisposición a combatirlo" (2010: 66).

Esto es, nadie niega la visibilidad que el recurso del Derecho penal ofrece a los atentados de género y tampoco su capacidad para estigmatizar difundiendo un mensaje simbólico de negatividad social. Ahora bien, las estrategias adoptadas son equívocas y con costes excesivos, sobre todo para nosotras las mujeres. Hemos pasado de pelear por nuestros derechos a ocupar una posición pasiva y victimaria, lo que sin duda empaña nuestra imagen social (Maqueda, 2006). Sea o no de forma consciente, el reivindicativo discurso de la opresión femenina ha sido sustituido por el de la victimización, pasando las mujeres de mostrarse sofocadas por un sistema social radicalmente injusto, a ser víctimas desvalidas de los hombres perversos. Se ha interpretado erróneamente la posición feminista que exigía la intervención penal en este asunto, pues no necesariamente equivale a apoyar que se fuerce a la mujer a una solución exclusivamente penal, cuando no desea una separación forzosa del maltratador, sino "solo" (y no es poco) el cese de la violencia. Por tanto, y, para empezar, el mantenimiento de la LOMPIVG carece ya de sustrato ideológico.

El vigente recurso al Derecho penal ha sido tachado por un sector del feminismo como auténtica "traición" (Pitch, 2009: 120), por sucumbir ante los imperativos de un ordenamiento jurídico claramente alineado con los postulados del patriarcado y el liberalismo. Y es que la foto fija de la mujer-víctima ya resulta a todas luces contraproducente. De una parte, porque ayuda a que gane protagonismo el discurso del maltratador como sujeto desequilibrado, desviado, y por tanto ajeno a las pautas sociales imperantes en la sociedad, discurso que le permite a ésta tomar distancia del problema y no asumir su parte de responsabilidad. Y, por otra, porque se impone la visión de la mujer desvalida, presa de la dependencia emocional y de sus propias debilidades "femeninas" (¿regreso disimulado a la histeria?). Dos imágenes que le resultan absolutamente funcionales al patriarcado, en tanto mantienen el estigma del sujeto débil e indefenso y no ponen en cuestión la estructura política y cultural generadora de la violencia (Laurenzo, 2015).

Y tampoco la actual política criminal se ve legitimada por los resultados, que sería lo único que al final podría "avalar" los más que discutibles medios utilizados. Si los criterios de medición son el número de denuncias y condenas, no nos quedaría sino reconocer el gran éxito de la Ley. Ahora bien, si la eficacia se mide, como debe ser, en términos de reducción de delitos, la sensación es otra. Porque la realidad es que, pese a las abundantes denuncias y condenas por delitos leves, el número de víctimas mortales no deja de ser estremecedor. Víctimas que en su mayoría no habían sido detectadas por el sistema penal en ningún momento y carecían de una orden de protección cuando fueron asesinadas, lo que ensombrece aún más el panorama[18].

Lo único claro después de 2 décadas de LOMPIVG, es que la violencia contra las mujeres se ha judicializado de forma muy intensa, pero eso, desgraciadamente, no se ha traducido, como se esperaba, en su drástica disminución. El modelo político criminal adoptado, con una fuerte carga de figuras de género específicas, no ha tenido como efecto la contención de este tipo de violencia. La casi exclusiva respuesta a través del sistema penal está siendo, en consecuencia, excesiva en los medios e insatisfactoria en los resultados: miles de mujeres en grave situación de riesgo, que viven absolutamente atemorizadas, siguen invisibilizadas y confundidas bajo ese concepto de violencia de género que lo acaba etiquetando y castigando todo por igual. Son muchas, por tanto, las razones para cambiar de estrategia y ya no queda ninguna para no hacerlo.

III. UN PROBLEMA COMPLEJO NO ADMITE SOLUCIONES SIMPLES

1. La violencia de género como expresión de la interpretación machista del mundo

Si algo tenemos claro a estas alturas, es que es inviable acabar con esta lacra solo a golpe de Derecho penal. Por su propia naturaleza, no es un instrumento adecuado para esta-

---

[18] En el año 2023, 59 mujeres fueron asesinadas por sus parejas o exparejas, lo que supuso un incremento del 16,6% respecto al año 2022 (50) y un 13,4% respecto a 2021 (52). De las mujeres asesinadas en 2023, sólo 15 habían denunciado previamente al agresor (25,42%) (Fiscalía General del Estado, 2024).

blecer medidas de acción o discriminación positiva a favor de la mujer (Galán, 2009). Al Derecho penal no le corresponde ninguna "función promocional", pues no es el motor del cambio social ni el baluarte de la moral de la sociedad (Mendoza, 2009). Combatir conductas de este tipo precisa la implicación del sistema social en general.

Para empezar, el origen de la violencia contra las mujeres no debe buscarse en la naturaleza de sus vínculos familiares, sino en su histórica discriminación como consecuencia de la ancestral desigualdad en la distribución de roles sociales. Esto es, en la propia estructura social, fundada aún sobre las bases del dominio patriarcal. La violencia de género existe desde los inicios de la organización social, siendo utilizada como espada de Damocles para establecer y perpetuar la desigualdad existente entre un género dominante (el masculino) y otro sometido (el femenino). Unas veces sin necesidad de recurrir a la violencia, en otras con lesiones y muertes. Como ejemplo de lo primero, quepa citar la clausura obligada de las monjas desde final de la Alta Edad Medida, y como ejemplo de lo segundo recordemos la persecución de las "brujas" durante la Edad Moderna. Violencias que también pueden ser individualizadas, pudiendo abarcar desde la violencia doméstica de cada marido violento contra su esposa o las violaciones sexuales de los demás miembros de la familia, o las manifestaciones más brutales del acoso sexual. La diferencia de los primeros supuestos es que agresor y víctima interactúan (Martín y Martín, 1999).

Violencia doméstica y violencia de género son, por tanto, dos fenómenos diferentes, que por ello requieren respuestas autónomas. El interés volcado en aquélla ha acotado la investigación de las violencias en función de quien agrede (el varón) y no en función de quienes tienen que ser protegidas (las mujeres). Es más, ha centrado la tutela en base a la relación que tiene el agresor (esposo o compañero) con la agredida (esposa o compañera), cuando tan víctimas de violencia de género son las agredidas en casa como las que lo son en el trabajo o en la calle; y tanto si las agrede su pareja, como si es otro familiar, el jefe o un desconocido. En definitiva, la interesada confusión por algunos de ambas figuras, a lo único que conduciría es a que la violencia contra las mujeres quede diluida entre otras muchas formas de agresividad originadas en causas ajenas al sexo de las víctimas. De hecho, las referencias a la institución familiar como objeto de tutela abonan la idea de que el maltrato sufrido por las mujeres a manos de sus parejas constituye un asunto privado, fomentando con ello uno de los prejuicios culturales que más han obstaculizado la persecución de la violencia de genero (Laurenzo, 2005).

La valoración global de la subordinación de la mujer al hombre en una perspectiva histórica no puede limitarse a mirar hacia la violencia física, dura e inmediata, sino que exige, especialmente al jurista, una perspectiva mucho más amplia. Una visión que también alcance a la violencia estructural, esa en la que el Derecho solo es una pieza más, si bien muy importante. Porque de acuerdo con Quintero, "lo que construyó históricamente la postración, la subordinación y la cosificación de la mujer no fue la violencia, sino la organización social y el reparto de papeles; todo ello sancionado y reforzado por el Derecho" (Quintero, 2014: 71).

Porque somos las mujeres, por ser mujeres, el centro de esta clase de violencia. Y no por los rasgos biológicos que nos distinguen de los hombres, sino por los roles subordinados que nos asigna una sociedad que sigue siendo (cada vez menos disimuladamente) patriarcal, de modo que sirve de mecanismo de control para que aquéllas que desarrollemos capacidades que no hayan sido pautadas previamente para nuestro "grupo sexual"; esto es, que no hagamos o nos comportemos como se espera de nosotras... La violencia de género es, por tanto, una modalidad de violencia estructural, de modo que, aunque las agresiones se lleven a cabo en el ámbito privado, tiene una dimensión pública en su origen, formas y consecuencias, en tanto ayuda a mantener el orden social/sexual basado en la desigualdad (Martín y Martín, 1999). La variable que origina y mantiene esta violencia está vinculada a distorsiones, valores, creencias y sesgos tradicionales machistas que presenta el agresor sobre: los mandatos y funciones que considera propias de cada género; la desigualdad que implica pertenecer a uno u otro género y el desigual reparto de poder que ello conlleva; cómo debe ser una relación de pareja; y la legitimación y el derecho que cree ostentar para usar la violencia con el fin de mantener el "orden" que considera correcto (Arias, 2015). Luego la causa profunda de la violencia de género no está sino en el inalterable modo machista de interpretar el mundo y las relaciones (Laurenzo, 2011).

2. *La igualdad efectiva de hombres y mujeres como inmutable punto de partida*

2.1. Cambios estructurales encaminados a empoderar a las mujeres

De acuerdo con Lorente (2001), nuestra sociedad ha cambiado más en la forma que en el fondo, y muchos valores desigualitarios y machistas vigentes a lo largo de la historia continúan presentes, constituyendo el caldo de cultivo de la violencia de género. Los grandes hitos legislativos de las últimas décadas no han zanjado el problema de la violencia física y sexual contra las mujeres y las niñas y el balance al respecto no puede ser más crítico: diariamente se violan en el mundo los derechos humanos de miles de mujeres que sufren violencia en todas sus facetas (física, sexual y psicológica). Y ello se reproduce con impertinente insistencia en todos los ámbitos: en el familiar (malos tratos, abuso sexual de las niñas, violación por el marido), en el político-religioso (crímenes de honor, mutilación genital femenina, exclusión social) y socioeconómico (explotación laboral y sexual) (Martínez González, 2009).

La política legislativa se debe, por tanto, orientar a acabar con dicha discriminación con todos los medios a su alcance (medidas educativas, sociales, laborales, publicitarias, etc.), y no limitarse a utilizar el Derecho penal con ese objetivo, pues es lo mismo que pretender "tapar el sol con un dedo". Porque el éxito de las políticas de intervención depende, en primer lugar, del acierto o el desacierto a la hora de detectar las causas profundas de este gran problema. Y parece ser que hemos errado rotundamente en el enfoque, o desde luego no hemos sabido graduar la importancia real del mismo.

Urge abordar el problema de la violencia de género con otras instancias previas al mismo, profundizando en sus múltiples y complicadas causas (Mendoza, 2009). En este sentido, una concepción basada en el empoderamiento toma como punto de partida el reconocimiento de que la violencia contra la mujer es inherente al hecho de estar sometida al poder y control del hombre, siendo tratada como una inferior (Castillejo, 2014). En definitiva, para eliminar la violencia de género se debe comenzar por propiciar los cambios estructurales necesarios encaminados a generar una efectiva igualdad de oportunidades entre las mujeres y los hombres. Aunque nos gustaría, no es posible imaginar una sociedad donde la violencia física desapareciera por arte de magia mientras los demás aspectos de la desigualdad permaneciesen inamovibles. En tanto no se elimine la desigualdad entre los sexos, la violencia de género permanecerá.

A nivel estructural las transformaciones tendrán que producirse en la organización social/sexual. Cambios que generen igualdad en la división sexual del trabajo, produciendo un reparto más equilibrado de los recursos económicos, lo que propiciaría un acceso equivalente a los puestos de decisión y de élite, y su vez haría disminuir las probabilidades del desarrollo de violencia de género. Esto es, se deben hacer cambios reales y efectivos en el macro nivel, al tiempo se deben ir transformando las relaciones familiares y de pareja.

Cambios sociales y familiares que deben producirse al mismo tiempo, porque los hombres violentos no maltratan solo cuando se sienten los amos, sino también cuanto temen dejar de serlo. No debemos olvidar que todo grupo que emerge, que intenta encontrar un lugar más equivalente en una sociedad desigual, casi siempre se encuentra con la resistencia del grupo que siente cuestionados sus privilegios (Martín y Martín, 1999).

Se debe por tanto sensibilizar a las mujeres, y sobre todo a los hombres, respecto a que todas las formas de maltrato son rechazadas contundentemente. Concretamente, debemos evitar que los hombres perciban como un ataque los avances que se están produciendo en aras de la igualdad de géneros, convenciéndoles de que el cambio de paradigma es bueno para todos, también para ellos. Luego, y como siempre, si bien las medidas son necesarias en todos los ámbitos, son absolutamente esenciales en la educación. Una educación que, atendidas las estadísticas y el preocupante incremento de la violencia de género entre los más jóvenes, no está cumpliendo el rol que se esperaba.

2.2. Educación en igualdad y la gran baza de la sororidad

La lucha debe centrarse en cambiar la mentalidad. En lograr que la inmensa mayoría de los seres humanos asuman por fin que la mujer es igual al hombre, que su sexo nada quita ni nada pone a su condición de ser humano (Carmona, 2015). Con ese objetivo, la ley es y será siempre insuficiente. Debe actuarse mucho antes, desde el inicio, desde la infancia. Tenemos que promover relaciones más saludables, potenciando la igualdad y el respeto a todas las edades y en todos los ámbitos (San Segundo, 2014). Han de desterrarse estereotipos transmitidos de generación en generación y que, en ocasiones disfrazados de falsa inocencia, posicionan ya a las niñas en papeles y roles distintos a los niños. Unos roles que van afianzando a través de los juegos infantiles, cuando deberían crecer asumiendo con absoluta normalidad que son iguales.

También deben deslegitimarse los discursos que están detrás de los micromachismos (ej., el cambiador de bebes en el baño de las mujeres), para que las conductas que sostienen tales narrativas vayan desapareciendo (Madrid, 2015). Sería por ello oportuno ocuparse, también a nivel preventivo, del tratamiento de cuestiones clave como el entendimiento de las relaciones afectivas y sexuales, en el que se reflexione sobre las etiquetas de género o se incida en la gestión de emociones (Hernández Moura, 2015). Hombres y mujeres de todas las edades deben aprender a desarrollar el uso adecuado de sus emociones, de modo que la autoafirmación del uno no tenga porqué pasar por la humillación del otro (Martín y Martín, 1999).

En resumen, en todo este largo camino debemos insistir en la educación. La prevención inexcusablemente pasa por la educación en la familia, en la escuela, en las relaciones, en la sociedad. Urge educar en igualdad y en el respeto a los derechos humanos en todas las etapas educativas, incluida la Universidad. La igualdad entre mujeres y hombres es una asignatura también pendiente en los claustros y campus universitarios, y tanto en la teoría como en la práctica. Una situación que urge cambiar, y rápido,emos ras ciendo vigilantes para que no parenos estar agradecidos por ello...sidades de los niños porque es algo natural...ualit si queremos seguir siendo el espejo en el que la sociedad debería reflejarse.

Si la mujer hasta ahora no ha aparecido en la historia (y por tanto en los libros de texto y manuales), no es porque no estuviera en ella, sino porque era el hombre quien la escribía, y al negar a las mujeres estaba cometiendo un primer acto de violencia con ellas. La violencia de género está en la estructura social, que solo puede ser superada mediante la igualdad, y no como marco conceptual, sino como una realidad. Y para conseguirlo, desde luego no es bueno ni ponderado mirar hacia el futuro desde un planteamiento de "guerra de sexos". Mejor dejar de perseguir una historia maniquea de hombres malvados y mujeres buenas, y luchar por una sociedad justa e igualitaria (Quintero, 2014). Porque una legislación adecuada puede, sin duda, ayudar a mejorar la vida de las personas, pero es la movilización, el compromiso, la educación y la toma de conciencia individual y colectiva, de mujeres y hombres, lo que puede finalmente hacernos conseguir nuestros objetivos.

Esto es, resultará cosmética toda perspectiva de género que no se sitúe, voluntaria y deliberadamente, dentro de la tradición del feminismo. Y recordemos a quienes dudan sobre el verdadero significado de la palabra, que feministas son las personas de cualquier sexo que procuran limpiar su mente de prejuicios y evitan etiquetar a otras personas. El feminismo no se basa en el principio "reclama lo que te pertenece" sino en el principio "reclama para ti lo que estés en disposición de dar a otr@s, lo que consideres justo para cualquiera". La revolución feminista no se conseguirá sin implicar también a los hombres y, por supuesto, sin la solidaridad indiscutible entre todas las mujeres. La sororidad es la clave, porque el enemigo (de haberlo) no está precisamente entre nuestras filas.

Desterremos de una vez por todas expresiones como "las mujeres somos muy malas" o "los hombres son más nobles", pues se trata de un arma arrojadiza tan letal para el feminismo como útil para el patriarcado. El divide y vencerás ha sido la gran estrategia de un machismo que, evitando ensuciarse las manos en "cosas de mujeres", relegaba precisamente en nosotras la tarea de "despedazarnos", reprimirnos y castigarnos, perpetuando con ello un *status quo* que de ningún modo nos favorece. Las mujeres de mi vida (las que ya se fueron y las que siguen aquí, cerca y en la distancia) son maravillosos seres humanos, inteligentes, divertidas y con abrazos cálidos siempre disponibles. En ellas me refugio cuando me duele el cuerpo o el alma; sin ellas mi existencia física y emocional no sería posible. Sin duda los hombres tienen muchas cosas buenas que podemos replicar, pero no copiemos precisamente el ponernos a nosotras mismas palos en las ruedas, que de eso ya hemos tenido bastante. Seamos justas con nuestras congéneres, reconozcámonos, cuidémonos y reivindiquémonos. El logro de una es el logro de todas, su mérito nunca es nuestro demérito. El éxito de toda mujer, siempre precedido de renuncias y sacrificios, supone una gran puerta abierta para las que van (vamos) detrás. Solo eso hace que todo merezca la pena, trabajar juntas nos hace invencibles.

BIBLIOGRAFÍA

Alonso de Escamilla, A. (2015): "Inutilización de dispositivos de cumplimiento de penas y medidas", en Quintero Olivares, G. (dir.), *Comentario a la reforma del Código penal de 2015,* Navarra: Thomson Reuters-Aranzadi, pp. 699-707

Arias, F. (2015): "Aproximación a la violencia de género desde una perspectiva psicológica", en Soleto Muñoz, H., (ed.), *Violencia de género. Tratamiento y prevención,* Madrid: Dykinson, pp. 103-130.

Borja Jiménez, E. (2011): *Curso de política criminal,* 2ª edic., Valencia: Tirant lo Blanch.

Carmona, M.A. (2015): "Violencia de género. Prevención y abordaje en justicia", en Soleto Muñoz, H. (ed.), *Violencia de género. Tratamiento y prevención,* Madrid: Dykinson, pp. 37-50.

Castillejo Manzanares, R. (2015): "Problemas que presenta el tratamiento legal y jurisprudencial de la violencia de género", en Castillejo Manzanares, R. Sande Mayo, M.J. y Torrado Tarrío, C. (coords.), *Justicia restaurativa y violencia de género. Más allá de la Ley Orgánica 1/2004,* Universidad de Santiago de Compostela, pp. 49-70.

Catalina Benavente, M.A. (2010): "¿Se debe tener en cuenta la voluntad de la víctima de violencia de género para iniciar o continuar el proceso penal?", en Puente Aba, L.M. (dir.), *La respuesta penal frente a la violencia de género. Lecciones de diez años de experiencia de una política criminal punitivista,* Estudios de Derecho Penal y Criminología, Granada: Comares, pp. 279-321.

Chirinos Rivera, S. (2010): *La ley de Medidas de Protección Integral contra la violencia de género. Cuestiones prácticas y básicas en torno a la ley*, Valencia: Tirant lo Blanch.

De la Cuesta Arzamendi J.L. (2008): "Ciudadanía, sistema penal y mujer", en García Valdés, C., Cuerda Riezu, A., Martínez Escamilla, M., Alcácer Guirao, R., y Valle Mariscal de Gante, M. (coords.), *Estudios Penales en Homenaje a Enrique Gimbernat*, Madrid: Edisofer, pp. 187-219.

Galán Muñoz, A. (2009): "De la «violencia doméstica» a la «violencia de género» ¿Un paso fallido hacia el Derecho penal del enemigo?", en Núñez Castaño, E., (dir.), *Estudios sobre la tutela penal de la violencia de género*, Valencia: Tirant lo Blanch, pp. 49-90.

Gómez Rivero, M.C. (2009): "El «presunto» injusto de los delitos contra la violencia de género", en Núñez Castaño, E., (dir.), *Estudios sobre la tutela penal de la violencia de género*, Valencia: Tirant lo Blanch, pp. 91-115.

Guardiola Lago, M.J. (2014): "La justicia restaurativa en la violencia de género a debate: situación actual en España y reflexiones de política criminal", en Castillejo Manzanares, R. Sande Mayo, M.J. y Torrado Tarrío, C. (coords.), *Justicia restaurativa y violencia de género. Más allá de la Ley Orgánica 1/2004*, Universidad de Santiago de Compostela, pp. 313-338.

Hernández Moura, B. (2015): "Protección de las víctimas de violencia de género en la Ley 4/2015", en Soleto Muñoz, H. (ed.), *Violencia de género. Tratamiento y prevención*, Madrid: Dykinson, pp. 51-74.

Larrauri Pijoán, E. (2003): "¿Por qué retiran las mujeres maltratadas las denuncias?", *Revista de Derecho penal y Criminología*, 2ª Época, nº 12, pp. 271-310.

Laurenzo Copello, P. (2005): "La violencia de género en la Ley Integral. Valoración político criminal", *RECPC*, 07-08, pp. 1-23.

Laurenzo Copello, P. (2011): "La violencia de género en la política criminal española: entre el reconocimiento social y la desconfianza hacia las mujeres", en Muñoz Conde, F., Lorenzo Salgado, M., Ferré Olivé, F., Cortes Bechiarelli, E., y Núñez Paz, M.A (dirs.), *Un Derecho penal comprometido. Libro Homenaje al Prof. Dr. Gerardo Landrove* Díaz, Valencia: Tirant lo Blanch, pp. 607-630.

Laurenzo Copello, P. (2015): "¿Hacen falta figuras género específicas para proteger mejor a las mujeres?, *Estudios penales y criminológicos*, vol. XXXV, pp. 783-830.

López Peregrín, C. (2009): "Amenazas, coacciones y violencia de género", en Núñez Castaño, E., (dir.), *Estudios sobre la tutela penal de la violencia de género,* Valencia: Tirant lo Blanch, pp. 223-277.

Lorente Acosta, M. (2001): *Agresión a la mujer. Realidades y mitos. Mi marido me pega lo normal,* Barcelona: Ares y Mares.

Madrid Liras, S. (2015): "Dinámica y aspectos psicológicos en las relaciones de maltrato: la "tela de araña", en Soleto Muñoz, H. (ed.), *Violencia de género. Tratamiento y prevención,* Madrid: Dykinson, pp. 131-158.

Magro Servet, V. (2009): *Violencia doméstica y de Género. 337 preguntas y respuestas,* 2ª edic., Madrid: Sepin.

Magro Servet, V. (2022): "Praxis jurisprudencial sobre el delito de quebrantamiento de condena o medida cautelar del art. 468 CP", *Diario La ley,* nº 10015, pp. 1-16.

Maqueda Abreu, M.L. (2006): "La violencia de género. Entre el concepto jurídico y la realidad social", *RECPC* 08-02, pp. 1-13.

Maqueda Abreu, M.L. (2010): "1989-2009: Veinte años de «desencuentros» entre la ley penal y la realidad de la violencia en la pareja», en Revista Electrónica de Derecho de la Universidad de la Rioja (REDUR), nº 7, pp. 25-35.

Martín Serrano, E. y Martín Serrano, M. (1999): *Las violencias cotidianas cuando las víctimas son las mujeres,* Madrid: Ministerio de Trabajo y Asuntos sociales.

Martínez González, M.I. (2009): "Los delitos sexuales en el contexto de la violencia de género", en Núñez Castaño, E., (dir.), *Estudios sobre la tutela penal de la violencia de género,* Valencia: Tirant lo Blanch, pp. 280-304.

Medina, J.J. (2002): *Violencia contra la mujer en la pareja. Investigación comparada y situación en España,* Valencia: Tirant lo Blanch.

Fiscalía General del Estado (2024). *Memoria anual.*

Mendoza Calderón, S. (2009): "El delito de maltrato ocasional del art. 153 del Código Penal", en Núñez Castaño, E., (dir.), *Estudios sobre la tutela penal de la violencia de género,* Valencia: Tirant lo Blanch, pp. 117-157.

Moure Pereiro, T. (2014): "Despotismo ilustrado 2.0: ¿es posible una perspectiva de género sin mujeres?", en Castillejo Manzanares, R. Sande Mayo, M.J. y Torrado Tarrío, C. (coords.), *Justicia restaurativa y violencia de género. Más allá de la Ley Orgánica 1/2004,* Universidad de Santiago de Compostela, pp. 21-40.

Navarro, J. (2015): *Violencia en las relaciones íntimas. Una perspectiva clínica,* Barcelona: Herder.

Observatorio contra la violencia doméstica y de género (2024), *Informe anual,* CGPJ.

Pérez Ginés, C.A. (2010): "La mediación penal en el ámbito de la violencia de género (o las órdenes de protección de difícil control y cumplimiento)", *La Ley Penal,* nº 71, año VII.

Pitch, T. (2009): "Justicia penal y libertad femenina", en Bergalli, R. y Rivera Beiras, I. (coord.), *Género y dominación. Críticas feministas del derecho y del poder,* Barcelona: Anthropos Editorial, pp. 117-126.

Quintero Olivares, G. (2014): "La ley penal y la violencia de género", en Roig Torres, M., *Medidas de prevención de la reincidencia en la violencia de género,* Valencia: Tirant lo Blanch, pp. 69-92.

Ramos Vásquez, J.A. (2021): "Análisis de la forma de aparición del delito de denuncia falsa (art. 456 CP) a través de una muestra jurisprudencial (2010-2019)", *RECPC* 23-20, pp. 1-56.

Roig Torres, M. (2012): "La delimitación de la "violencia de género": un concepto espinoso", *Estudios Penales y Criminológicos,* vol. XXXII, pp. 247-312.

San Segundo Manuel, T. (2014): "Impacto de la violencia de género", en San Segundo Manuel, T., (dir.), *Violencia de género e igualdad (Aspectos jurídicos y sociológicos),* Madrid: UNED, pp. 123-140.

Sanahuja, M. (2008): "Las denuncias falsas", EL PAÍS, 22 de diciembre.

Sanjosé Asensio, E. (2014): "Retos de la justicia actual en relación a la violencia contra la mujer", en Castillejo Manzanares, R. Sande Mayo, M.J. y Torrado Tarrío, C. (coords.), *Justicia restaurativa y violencia de género. Más allá de la Ley Orgánica 1/2004,* Universidad de Santiago de Compostela, pp. 91-128.

Capítulo X.

Hacia la reforma de la Ley Orgánica 1/2004 y más: el Pacto de Estado contra la violencia de género

ANA I. PÉREZ MACHÍO
Profa. Titular (Catedrática acreditada) de Derecho Penal
Universidad del País Vasco/Euskal Herriko Unibertsitatea

I. INTRODUCCIÓN

Transcurridos 20 años desde la entrada en vigor de la Ley Orgánica 1/2004, de 28 de diciembre, de medidas de protección integral contra la violencia de género (en adelante, LO 1/2004), y otros 7 desde la publicación en el Boletín Oficial de las Cortes Generales del Informe de la Subcomisión de Igualdad del Congreso que recoge más de 200 medidas destinadas a mejorar la sanción de los delitos de violencia de género y a mejorar la atención, asistencia y reconocimiento de las mujeres víctimas de los mismos, esto es, el conocido como "Pacto de Estado contra la violencia de género", toca hacer balance, al hilo de la evaluación que de dicho Pacto de Estado se ha realizado.

A tenor del informe de evaluación del Pacto de Estado contra la violencia de género (2018-2022) y teniendo en cuenta que algunas medidas se dieron por cumplidas, el presente trabajo pretende llamar la atención de algunas de las medidas de naturaleza sustantiva que, ubicadas en el "Eje de Justicia" se dan por cumplidas o se encuentran en proceso de cumplimiento. Especialmente destacables nos resultan, en este sentido, las relativas a: la ampliación del concepto de "violencia de género"; la necesidad de adoptar leyes especiales e integrales sectoriales para la protección de las víctimas de violencia de género; las destinadas al perfeccionamiento de la tipificación de la violencia digital; las relativas a la supresión de la circunstancia atenuante de confesión y la de reparación; así como las destinadas a ampliar el recurso a la medida de seguridad de libertad vigilada.

Junto al análisis de la concreta evaluación a la que se han sometido cada una de estas medidas, la última parte del presente trabajo se orienta a plantear otra serie de cuestiones sobre las que debería incidir el Pacto de Estado contra la violencia de género, si de proteger eficaz y efectivamente a las víctimas de violencia de género se trata.

II. ¿MEDIDAS CUMPLIDAS?

Tal y como acabamos de poner de manifiesto, en el año 2023 se publica el Informe de Evaluación del Pacto de Estado contra la violencia de género (años 2018-2022) que, en lo que respecta a las medidas de naturaleza penal, considera que han sido objeto de cumplimiento la relativa a la ampliación del concepto de "violencia de género", la destinada a la aprobación de normativas sectoriales especiales e integrales para la protección de las víctimas de violencia de género; así como la relativa a la mejora de la tipificación de la violencia de género digital.

Veamos, a continuación, en qué medida podemos entender que dichas medidas han sido objeto de cumplimiento.

1. Ampliar el concepto de "violencia de género"

La entrada en vigor de la LO 1/2004 supuso un hito importante en la delimitación de la violencia de género en el ámbito del Ordenamiento jurídico español. Así, como muy acertadamente destaca Bodelón, la Ley Orgánica 1/2004 rompe con la tradición jurídica de centrar la atención en la denominada "violencia doméstica y/o familiar". Sin embargo, continúa esta autora, genera confusión respecto al concepto mismo de "violencia de género", puesto que esta sólo se identifica con la que se comete en el ámbito de las relaciones de pareja contra las mujeres y los menores (Bodelón, 2008: 279), rompiendo sólo parcialmente con el familismo. El hecho de que se vincule la violencia contra las mujeres en las relaciones intrafamiliares con la desigualdad de poder entre hombres y mujeres supondría una ruptura, una novedad al reconocer naturaleza político-social a dicha violencia. Sin embargo, la LO 1/2004 no ha conseguido romper con la tradición penal que ha homologado esta violencia a otras violencias que tienen lugar en el ámbito de las relaciones afectivas (Bodelón, 2008: 285).

Desde esta perspectiva, el ámbito de influencia de la LO 1/2004 recae sobre conductas de carácter familiar o doméstico, no haciéndose extensivo a otras modalidades de "violencia de género" a las que ya se viene aludiendo internacionalmente (Torres Fernández, 2020: 1913). Más aún si cabe, esta equiparación resulta, a todas luces, reduccionista, puesto que, si bien la "violencia doméstica" apunta más bien a relaciones asimétricas más propias de la estructura familiar, la "violencia de género" pone el acento en la discriminación estructural de las mujeres propias de la sociedad patriarcal (Maqueda Abreu, 2006: 2). Como acertadamente destaca Laurenzo Copello, cierto es que una y otra forma de violencia están íntimamente ligadas entre sí y se entrecruzan con frecuencia, porque la relación de pareja es un ámbito particularmente propenso para el desarrollo de los roles de género culturalmente aprendidos y la privacidad del hogar facilita los abusos, pero no por eso son realidades totalmente coincidentes y si pretendemos evaluar la legitimidad y necesidad de intervención del Derecho Penal, ese dato no puede pasar desapercibido (Laurenzo Copello, 2008: 334).

En efecto, no es lo mismo, como indica Maqueda Abreu, "violencia de género" y "violencia doméstica", porque una apunta a la mujer y la otra a la familia como sujetos de referencia, siendo el medio familiar propicio para el ejercicio de las relaciones de dominio propias también de la "violencia de género", esta última no agota sus posibilidades de realización en el ámbito familiar o de pareja. Son situaciones de riesgo, continúa esta autora, no ya sólo por la naturaleza y complejidad de la relación afectiva y sexual, por su intensidad y por su privacidad sino, sobre todo, porque constituyen un espacio privilegiado para el desarrollo de los roles de género más ancestrales, esos que reservan a la mujer los clásicos valores de subjetividad, cuidado y subordinación a la autoridad masculina (Maqueda Abreu, 2006: 4).

Así, la definición de la "violencia de género" prevista en la LO 1/2004 resulta, a todas luces, restrictiva, excesivamente limitada al ámbito de las parejas o ex – parejas, y deja fuera de la misma otras modalidades de violencia sufrida por la mujer en contextos de desigualdad, como consecuencia de relaciones asimétricas de poder. En efecto, como destaca Toribio del Río, considerar víctimas de "violencia de género", en exclusiva, a las mujeres maltratadas por sus parejas o ex – parejas, implica reducir la violencia machista a la esfera privada y negar su dimensión estructural, histórica y social (Toribio del Río, 2021: 167). La protección existente en la que encajar en el tipo este fenómeno resulta insuficiente y la respuesta como sociedad a esta lacra que arrastramos desde la antigüedad debe ser completa y total, abarcando todas las aristas de sus manifestaciones, dada su naturaleza compleja y multidisciplinar, si se pretende erradicar por completo y no paliar superficialmente algunos efectos negativos del machismo, máxime a partir del 2014, año en el que el Estado español ratifica el Convenio de Estambul que despliega una protección integral y global frente a la violencia de género que obliga a los Estados a adoptar e implementar las medidas necesarias para garantizar a las mujeres una vida libre de violencia, en el sentido derivado de sus disposiciones.

Alda Facio definió el "familismo" como una de las formas de sexismo que más frecuentemente se manifiestan en el ámbito jurídico. El familismo, decía esta autora "*no es sólo una forma de sexismo, sino también una forma específica de insensibilidad al género. Consiste en tomar a la familia como la unidad más pequeña de análisis en situaciones, donde en realidad se deberían analizar los intereses, necesidades y actuaciones de los diferentes miembros de una familia*" (Facio, 2007: 193). En opinión de esta autora, uno de los casos más claros de "familismo" es el de la legislación tradicional sobre violencia-intrafamiliar, puesto que, en muchos Estados se homologa la violencia que sufren las mujeres y las niñas a otras violencias que se dan en el ámbito de las relaciones familiares, suprimiendo el análisis de la desigualdad de poder entre hombres y mujeres que les da origen (Facio, 2007: 194).

A pesar, sin embargo, de las críticas ahora vertidas en relación al enfoque reduccionista de la "violencia de género" desprendido del contenido de la LO 1/2004, restringiéndola a la generada con ocasión de las relaciones de afectividad y dejando fuera el resto de discriminaciones estructurales sufridas por la mujer en los distintos ámbitos de la sociedad patriarcal, hay que convenir con Laurenzo Copello, en que la virtud y el hito jurídico que supuso la normativa del 2004 reside en el hecho de hacer visibles y públicos los actos de violencia de los que son objeto las mujeres, como consecuencia de los roles asociados a su condición femenina, es decir, como consecuencia del reparto de roles de género, propios de las relaciones asimétricas de poder del patriarcado (Laurenzo Copello, 2008: 344).

El problema básico, no sólo reside en esa visión familista y reduccionista de la violencia de género en cuanto lacra social, sino fundamentalmente en las limitaciones del ámbito de aplicación subjetivo de las medidas de protección, asistencia y tutela de la totalidad de las víctimas de violencia de género, en la medida en que, si la violencia de género viene delimitada por el vínculo de afectividad presente o pasado entre agresor y víctima, contrariamente a lo que se deduce de las disposiciones del Convenio de Estambul, estamos dejando sin protección integral a un conjunto de mujeres víctimas que sufren este tipo de violencia por motivos de género en otros ámbitos distintos del doméstico, cuando no existe vínculo de afectividad presente o pasado que les vincule al autor del delito.

Podemos entender que se va ampliando progresivamente el concepto jurídico-penal de los delitos de violencia de género, tras la entrada en vigor en el Código Penal (en adelante, CP) en el año 2015 de la agravante de género del artículo 22.4 CP. Con ello a los delitos específicos de violencia de género (configurados tras la entrada en vigor de la LO 1/2004) se van generando otros delitos de violencia de género, en la medida en que quede probado que los mismos han sido cometidos por motivos de género (femicidio, acoso laboral, delitos contra la libertad sexual, etc…), con la limitación del ámbito de aplicación subjetivo de todo el mecanismo de protección de las medidas contempladas en la LO 1/2004, en tanto que la misma tiene por objeto: "*actuar contra la violencia que, como manifestación de la discriminación, la situación de desigualdad y las relaciones de poder de los hombres sobre las mujeres, se ejerce sobre éstas por parte de quienes sean o hayan sido sus cónyuges o de quienes estén o hayan estado ligados a ellas por relaciones similares de afectividad, aun sin convivencia*" (art. 1.1), dejando fuera de dicha protección y tutela a todas las mujeres que, habiendo sido víctimas de cualquier delito cometido por motivos de género, no estén o no hayan estado vinculadas al autor de los mismos por una relación de afectividad, aun sin convivencia.

Parecería que la solución va de la mano de reformar el artículo 1.1 de la LO 1/2004 para ampliar el concepto de violencia de género y considerar también otras formas de violencia contra la mujer que se manifiestan en ámbitos distintos de la pareja o ex – pareja, como se llegó a plantear en el año 2014 desde el propio Ministerio de Sanidad, Servicios sociales e igualdad a través de una serie de reflexiones y propuestas de reforma de la Ley Orgánica 1/2004 de 28 de diciembre así como otras normas relacionadas en materia de violencia de género, con motivo de la celebración del décimo aniversario de la entrada en vigor de la norma que no llegaron a materializarse.

El Pacto de Estado de 2017 reconoce las limitaciones del presente concepto en la LO 1/2004 así como sus consecuencias desde el punto de vista victimocéntrico y en su medida 86 acoge una declaración de principios sobre el tratamiento de la violencia de género, así como su delimitación conceptual. En efecto, por lo que respecta al término, declara que la violencia contra las mujeres constituye una violación de los derechos humanos y una forma de discriminación, y comprende todos los actos de violencia basados en el género que implican o pueden implicar para las mujeres, daños o sufrimientos de naturaleza física, sexual, psicológica o económica, así como cualquier otra forma de violencia que afecta a las mujeres de forma desproporcionada. A estos efectos, también se entenderá como violencia contra las mujeres, las amenazas de realización de dichos actos, la coacción o la privación arbitraria de libertad, en la vida pública o privada. Y, en segundo lugar, en lo relativo al tratamiento con el que se va a dotar a las mujeres víctimas de este tipo de violencia en su medida 86.3 recoge que: "[…] *la atención y recuperación, con reconocimiento de derechos específicos de las mujeres víctimas de cualquier acto de violencia contemplado en el Convenio de Estambul, y no previsto en la LO 1/2004, se regirá por las leyes específicas e integrales que se dicten al efecto de adecuar la necesidad de intervención y de protección de cada tipo de violencia. Hasta que se produzca este desarrollo normativo, las otras violencias de género reconocidas en el Convenio de Estambul, recibirán un tratamiento preventivo y estadístico en el marco de la LO 1/2004. Asimismo, la respuesta penal en estos casos se regirá por lo dispuesto en el Código Penal y en las leyes penales especiales*".

En el informe de Evaluación del Pacto de Estado contra la violencia de género (años 2018 a 2022), se concluye que la ampliación del concepto de violencia de género a todos los tipos de violencia contra las mujeres contenidos en el Convenio de Estambul ha sido materializada a través de la entrada en vigor de la LO 10/2022, de 6 de septiembre, de garantía integral de la libertad sexual (en adelante, LO 10/2022), así como por medio de la "Estrategia estatal para combatir las violencias machistas 2022-2025", pero esto tiene relación directa con la medida número 86.3 cuando indica: "*Los grupos parlamentarios que suscribimos el presente informe señalamos la necesidad de: 3. Declarar que son también formas de violencia contra las mujeres conforme al Convenio de Estambul, la violencia física, psicológica y sexual, incluida la violación; la mutilación genital femenina, el matrimonio forzado, el acoso sexual y el acoso por razones de género, el aborto forzado y la esterilización forzada, incluso en los casos en que no exista con el agresor la relación requerida para la aplicación de la LO 1/2004. Por lo tanto, la atención y recuperación, con reconocimiento de derechos específicos de las mujeres víctimas de cualquier acto de violencia contemplado en el Convenio de Estambul y no previsto en la LO 1/2004, se regirán por las leyes específicas e integrales que se dicten al efecto de adecuar la necesidad de intervención y de protección de cada tipo de violencia*".

2. *Leyes específicas e integrales a efecto de adecuar la necesidad de intervención y de protección de cada tipo de violencia*

En relación a la LO 10/2022, el Informe de Evaluación aludido estima que la misma materializa el objetivo de ampliar el concepto de violencia de género a todas las modalidades de violencia, incluidas las que se sufren al margen de relaciones de afectividad, en la medida en que el contenido de dicha Ley Orgánica, esto es, de la totalidad de las medidas de protección integral de las víctimas que en la misma se contemplan, se aplica a todas las formas de violencia sexual previstas en el Convenio de Estambul, tal y como se deduce de su artículo 3, cuando indica: *1. El ámbito de aplicación objetivo de esta ley orgánica comprende las violencias sexuales, entendidas como cualquier acto de naturaleza sexual no consentido o que condicione el libre desarrollo de la vida sexual en cualquier ámbito público o privado, incluyendo el ámbito digital. Se considera incluido en el ámbito de aplicación, a efectos estadísticos y de reparación, el feminicidio sexual, entendido como homicidio o asesinato de mujeres y niñas vinculado a conductas definidas en el siguiente párrafo como violencias sexuales.*

En todo caso se consideran violencias sexuales los delitos previstos en el Título VIII del Libro II de la Ley Orgánica 10/1995, de 23 de noviembre, del Código Penal, la mutilación genital femenina, el matrimonio forzado, el acoso con connotación sexual y la trata con fines de explotación sexual. Se prestará especial atención a las violencias sexuales cometidas en el ámbito digital, lo que comprende la difusión de actos de violencia sexual, la pornografía no consentida y la infantil en todo caso, y la extorsión sexual a través de medios tecnológicos».

Desde esta perspectiva, podemos entender que la LO 10/2022 es un instrumento que facilita la vía de ampliación de dicho concepto, permitiendo acoger en el mismo la totalidad de modalidades de violencias sexuales, sin requerir que exista o que haya existido una relación de afectividad entre autor y víctima, incluyendo en dicho concepto el "feminicidio sexual", entendido como el homicidio o asesinato de mujeres y niñas vinculado a conductas definidas en el siguiente párrafo como violencias sexuales y, permitiendo que, en todos estos supuestos, las víctimas de esta clase de delitos se puedan acoger a las medidas de protección integral derivadas de la misma.

Por lo que respecta a la Estrategia estatal para combatir las violencias machistas 2022-2025, según ya venía siendo advertido por el Grupo de Personas expertas en la Lucha contra la Violencia sobre la Mujer y la Violencia Doméstica (GREVIO), en su Primer informe a España en 2020, dicha Estrategia contiene una serie de medidas orientadas a la mejora de las respuestas institucionales y el apoyo a las víctimas de violencia por la pareja o ex – pareja, que corren en paralelo a la implementación de la LO 1/2004, siendo la principal preocupación del GREVIO en su informe de 2020 el hecho de que tanto el Pacto, como dicha Estrategia abordan sólo un número limitado de medidas a otras formas de violencia contra las mujeres, incluidas en el Convenio de Estambul.

Es cierto que, en parte, dichas limitaciones se superan gracias a la aprobación en el año 2022 de la LO 10/2022, de 6 de septiembre, de garantía integral de la libertad sexual. Sin embargo, a nuestro modo de ver, de las disposiciones de la presente normativa no se puede deducir la incorporación en el marco del Ordenamiento jurídico español de una estrategia global, o de políticas públicas que con un enfoque victimocéntrico permitan que la totalidad de mujeres víctimas de violencia de género se puedan acoger a medidas de protección y tutela integral.

En efecto, la LO 10/2022 amplía el catálogo de conductas que han de tener cabida en el concepto de violencia de género a todas las manifestaciones de violencia sexual, en un intento de alinearse claramente con las disposiciones del Convenio de Estambul. Sin embargo, a tenor de la definición de violencia contra las mujeres prevista en el mismo, más allá de la necesaria incorporación en el concepto de "Violencia de género" previsto en el marco del Ordenamiento Jurídico español, de las violencias sexuales, la violencia sobre las mujeres, acoge otras modalidades delictivas respecto de las que existen serias dudas en cuanto a la protección de las víctimas se refiere. En efecto, el artículo 3 del Convenio de Estambul define como "violencia contra las mujeres" una violación de los derechos humanos y una forma de discriminación contra las mujeres, y designará todos los actos de violencia basados en el género que implican o pueden implicar para las mujeres daños o sufrimientos de naturaleza física, sexual, psicológica o económica, incluidas las amenazas de realizar dichos actos, la coacción o la privación arbitraria de libertad, en la vida pública o privada, debiendo adoptar los Estados parte las medidas específicas necesarias para prevenir y proteger a las mujeres contra la violencia por razones de género que no serán consideradas como discriminatorias en marco del Convenio de Estambul (art. 4.4 Convenio).

Desde el punto de vista del Ordenamiento jurídico-penal español, a nuestro modo de ver, la criminalización de la totalidad de las manifestaciones de violencia de género -en cuanto violencia sufrida por las mujeres como consecuencia de un reparto de roles de género discriminatorio que genera estas situaciones de violencia- se ha materializado, en primer lugar, a partir del año 2004 con la incorporación en el Código penal de lo que puede considerarse como delitos específicos de violencia de género (cometidos en el ámbito de la pareja y ex–pareja), con posterioridad, tras la entrada en vigor de la agravante por razones de género en el artículo 22.4 CP a partir de 2015 que permite que cualquier modalidad delictiva adquiera la condición de delito de violencia de género y, en última instancia, tras las últimas reformas penales con ocasión de la LO 10/2022. Desde esta perspectiva, podemos entender que, desde el enfoque criminocéntrico, nuestro legislador/a ha acogido un compromiso con la criminalización de la totalidad de conductas que adquieren la condición de manifestación de violencia contra las mujeres, en el sentido desprendido del Convenio de Estambul.

Ahora bien, el problema reside en el enfoque victimocéntrico y en los compromisos que, desde la perspectiva del Convenio de Estambul se han adquirido en cuando a la garantía, reconocimiento y protección de todas las víctimas de violencia de género.

En efecto, la protección integral se desprende en relación a las víctimas de violencia de género en su vertiente de violencia doméstica, en tanto que pueden acogerse a la normativa del 2004; e igualmente disponen de una protección integral las víctimas de violencia sexual, sin que exista o sin que haya existido vínculo de afectividad alguno con el autor de la conducta sexual.

Ahora bien, a pesar de todos estos avances, existe todavía un colectivo de víctimas de violencia de género que carecen de una estrategia de protección integral similar a la que ahora estamos mencionando y respecto de las que se produce una vulneración del principio de igualdad, en cuanto a la perspectiva victimocéntrica se trata.

Nos estamos refiriendo a los supuestos de mujeres víctimas de feminicidio (en el caso de víctimas indirectas), y a otros casos de violencia contra las mujeres que no están previstos en ninguna de las dos Leyes Orgánicas mencionadas, esto es: mujeres víctimas de tortura (el denominado como "represión sexuada"); mujeres víctimas de otras modalidades de trata, como, por ejemplo, la laboral, entre otros.

En todos estos supuestos, para garantizar el respeto al principio a la igualdad, la alternativa más efectiva y eficaz, desde la perspectiva de garantizar una protección integral a la totalidad de las víctimas de violencia de género, como se deriva del Convenio de Estambul, difícilmente puede pasar por la aprobación de normativas sectoriales que acojan un sistema de protección integral propio para cada colectivo de víctima de violencia de género, en atención a la especificidad concreta de cada tipo de violencia. La violencia de género, a la que ahora aludimos, acoge conductas de naturaleza diversa cuya raíz común reside en ubicar en el género la razón última de todas ellas, esto es, en el constructo social que diferencia lo masculino de lo femenino, ubicando a las mujeres en contextos asimétricos de poder que se traducen en subordinación, discriminación y en violencia. La solución, a nuestro modo de ver, no puede concretarse en la aprobación de normas sectoriales de protección de los distintos colectivos de víctimas de violencia de género (esto es, una ley para las víctimas de violencia de género en el ámbito doméstico; una ley para las víctimas de violencia sexual; una ley para las víctimas de trata, etc.). En efecto, la propuesta de condicionar la tutela de las víctimas de violencia de género a la aprobación de normativas sectoriales de corte victimocéntrico, como se desprende del Pacto de Estado de 2017, implica dejar a este colectivo de víctimas al albur de la voluntad del/la legislador/a que no siempre prioriza la aprobación de leyes de corte victimológico, corriéndose, incluso, el riesgo de que estas decisiones caigan en personas negacionistas de la violencia de género con todo lo que eso implica.

3. Perfeccionar la tipificación de los delitos en el ámbito digital

La tercera de las medidas que ahora nos interesa es la relativa a la perfección de la tipificación de los delitos en el ámbito digital. Según el informe de evaluación del Pacto 2018-2022, se trata de una medida cumplida, a tenor de las modificaciones y reformas que se han incorporado en el ámbito del Código Penal (artículos 143 bis, 156 ter y 189 bis CP), con la finalidad evitar impunidad de aquellas conductas realizadas a través de medios tecnológicos y de la comunicación que ponen en grave peligro la vida y la integridad de las personas.

Si bien doctrinalmente ha tenido muy buena acogida la incorporación en el marco del Código Penal de estos nuevos tipos penales, con ocasión de la entrada en vigor de la LO 8/2021, de 4 junio, de protección integral a la infancia y a la adolescencia frente a la violencia, lo cierto es que no se trata de una mejora en la tipificación de los delitos de violencia de género digital. Efectivamente, se trata de tipos delictivos a los que se podría recurrir cuando se tratase de conductas cometidas por motivos de género, contra niñas y jóvenes menores de edad. Ahora bien, las limitaciones que anteriormente hemos destacado en relación al ámbito de aplicación extensivo de la violencia de género, limitan sobremanera la puesta en marcha de las medidas de protección integral recogidas en la misma.

Pero a la vista de lo mencionado, no parece que las presentes conductas: inducción al suicidio, inducción a las autolesiones, se configuren como manifestaciones de violencia de género, más allá de la aplicación de la circunstancia agravante de discriminación por motivos de género, sin que dicha calificación jurídica, permita una aplicación extensiva del conjunto de medidas de protección integral de las víctimas previstas en la LO 1/2004.

En idéntico sentido, en el Informe de evaluación del Pacto antes mencionado, da por cumplida esta medida, igualmente, respecto de la modificación incorporada al artículo 172 ter núm. 5, con ocasión de la LO 10/2022, al sancionar la utilización de la imagen de una persona para crear perfiles falsos en redes sociales, páginas de contacto u otros medios de difusión pública, sin su consentimiento y que cause acoso, hostigamiento o humillación.

A pesar de coincidir con el legislador en el acierto de la incorporación de la presente reforma, lo cierto es que, al igual que hemos indicado en relación con los tipos penales anteriores, no se configura tipo específico de violencia de género, dejando al albur de la interpretación jurisdiccional, el recurso a la agravante de género e, imposibilitándose, en estos supuestos, el acceso a la protección integral derivada de la LO 1/2004.

Por lo tanto, lejos de interpretarse como una medida cumplida, consideramos que, en lo que respecta a la tipificación de la violencia de género digital queda mucho camino por recorrer, fundamentalmente, como consecuencia de la aprobación de la Directiva 2024/1385 del Parlamento europeo y del Consejo de 14 de mayo de 2024, sobre la lucha contra la violencia contra las mujeres y la violencia doméstica. En efecto, en lo que se refiere a la tipificación de la violencia digital, la nueva Directiva aborda la incorporación en los Códigos Penales estatales de otras modalidades de violencia digital que no se encuentran previstas en los mismos y que, a la vista del desarrollo de las nuevas tecnologías y de algunos de los casos de violencia de género observados, requieren, efectivamente, de una previsión, no sólo en el Código Penal, sino también en el marco del Pacto de Estado contra la violencia de género.

La nueva Directiva insta, así, a los Estados parte a la adopción de medidas penales para la tipificación de las conductas que suponen la difusión no consentida de material íntimo o manipulado (art. 5); así como las que el presente instrumento identifica con el ciberacecho (art. 6) y con el ciberacoso (art. 7).

Sin ahondar en el contenido de las disposiciones de la Directiva de 2024, que excederían los límites del presente trabajo, hay que advertir, sin embargo, que por lo que respecta al tenor literal del artículo 5 de la Directiva, esto es, conductas que suponen la difusión no consentida de material íntimo o manipulado, algunos de los comportamientos contemplados en este precepto ya han sido incorporados en el marco de nuestro Código Penal, en concreto, a través de la tipificación de conductas que afectan a la intimidad del artículo 197.7 CP. Sin embargo, lejos de acoger dicho precepto la totalidad de las contempladas en el artículo 5 de la Directiva de violencia de género, lo cierto es que en el mismo se prevén otras que, como las denominadas "deepfakes", carecen de acogida expresa en el marco del Código Penal español y es posible que requiera, cuanto menos, de una revisión del bien jurídico necesitado de protección penal frente a las mismas, puesto que la actual interpretación del bien jurídico "intimidad" no permite acoger el total desvalor de estas. En estos casos, o se redefine la intimidad, sobre la base de la idea de "intimidad informática" o acogemos una interpretación amplia que permita dotar a dicho bien jurídico de un ámbito de interpretación más extenso que el derivado de la interpretación mayoritariamente aplicada.

Según el Considerando 21 de la Directiva, el ciberacecho (artículo 6 de la Directiva) es una forma moderna de violencia que a menudo se comete contra familiares o personas que viven en el mismo hogar que el autor, aunque también lo cometen exparejas o conocidos. Normalmente, el autor hace un uso indebido de la tecnología para intensificar un comportamiento coactivo y controlador, la manipulación y la vigilancia, incrementando con ello el miedo y la ansiedad de la víctima y su aislamiento gradual de amigos y familiares y del trabajo. Por lo tanto, deben establecerse normas mínimas sobre el ciberacecho. El delito de ciberacecho debe comprender la vigilancia reiterada y continua de la víctima sin su consentimiento o sin autorización legal mediante TIC. Esto podría conseguirse mediante el tratamiento de los datos personales de la víctima, por ejemplo a través de una usurpación de identidad, del robo de contraseñas, del pirateo de los dispositivos de la víctima, de la activación furtiva de software que registre las pulsaciones que se realizan en el teclado para así obtener acceso a espacios privados de la víctima, a través de la instalación de aplicaciones de geolocalización, incluidos programas informáticos de acecho (*stalkerware*), o robando dispositivos de la víctima. Además, el delito de ciberacecho debe comprender el seguimiento de las víctimas, sin su consentimiento o autorización, utilizando dispositivos tecnológicos conectados a través de la internet de las cosas, como los electrodomésticos inteligentes. Sin embargo, pueden darse situaciones en las que la vigilancia se realice por motivos legítimos, por ejemplo, en el contexto del seguimiento del paradero y la actividad en línea de los hijos por parte de sus progenitores, del seguimiento de la salud de personas enfermas, mayores, vulnerables o con discapacidad por parte de sus familiares, o del seguimiento de los medios de comunicación y la inteligencia de fuentes abiertas.

El delito de acoso ya está incorporado en el Código Penal español a partir del artículo 172 ter que entró en vigor por medio de la reforma de la LO 1/2015, de cuyo Preámbulo se deduce que en el mismo tienen cabida todos aquellos supuestos en los que, sin llegar a producirse necesariamente el anuncio explícito o no de la intención de causar un mal (amenazas) o el empleo directo de violencia para coartar la libertad de la víctima (coacciones), se producen conductas reiteradas por medio de las cuales se menoscaba gravemente la libertad y el sentimiento de seguridad de la víctima, a la que se somete a persecuciones o vigilancias constantes, llamadas reiteradas u otros actos continuos de hostigamiento. Se trata, en definitiva, de poder actuar penalmente contra lo que vulgarmente se conoce con el anglicismo "*stalking*", que engloba todo un haz de conductas que, consideradas aisladamente, son de escasa gravedad, pero que cuando son ejecutadas de forma reiterada y prolongada en el tiempo, aunque no lleguen a integrar los requisitos de los delitos de amenazas y/o de coacciones, logran alterar gravemente la vida cotidiana de la víctima por lo que implican un atentado contra su libertad y seguridad.

A la vista del contenido del Considerando 21, quizás habría que replantearse una reforma del artículo 172 ter CP para evitar problemas de impunidad "por mor" del principio de legalidad.

Por último, por lo que respecta al Considerando 24, con relación a la tipificación del delito de ciberacoso (art. 7 Directiva), se indica que deben establecerse normas mínimas relativas al delito de ciberacoso para cubrir las formas más graves del mismo. Esto debe incluir la participación reiterada o continua en conductas amenazantes dirigidas contra otra persona, al menos cuando esa conducta implique amenazas, mediante TIC, de cometer delitos y sea probable que cause en la persona un profundo temor por su propia seguridad o por la seguridad de las personas a cargo. Esto también debe incluir la participación, junto con otras personas, mediante TIC, en conductas amenazantes o insultantes accesibles públicamente dirigidas contra otra persona, cuando sea probable que tal conducta cause graves daños psicológicos a esa persona. Estos ataques de amplio alcance, incluidos los ataques en masa coordinados en línea, pueden transformarse en agresiones fuera de línea o causar lesiones psicológicas significativas a la víctima y, en casos extremos, llevarla al suicidio. A menudo estos ataques están dirigidos contra destacadas políticas, periodistas y defensoras de los derechos humanos u otras mujeres conocidas, pero pueden producirse también en distintos contextos, como en los campus, en las escuelas o en el trabajo. Es preciso hacer frente a esta violencia en línea especialmente cuando los ataques se producen a gran escala, por ejemplo, en forma de campaña coordinada de acoso por un número significativo de personas. Las normas mínimas relativas al delito de ciberacoso también deben incluir el envío a una persona, sin que esta lo haya solicitado, de una imagen, vídeo u otro material similar que represente los genitales (ciberexhibicionismo o *cyberflashing*), cuando sea probable que tal conducta cause graves daños psicológicos a esa persona. El ciberexhibicionismo constituye una forma habitual de intimidación y silenciamiento de las mujeres. Las normas mínimas relativas al delito de ciberacoso también deben incluir normas sobre situaciones en las que se publica información personal de la víctima, sin el consentimiento de esta, mediante TIC, con el fin de incitar a otras personas a causar lesiones físicas o psicológicas graves a la víctima *(doxing)*.

Precisamente la tipificación del ciberexhibicionismo, nos plantea más interrogantes que soluciones. La cuestión es que el legislador español decidió la tipificación del exhibicionismo, en la medida en que dicha conducta se dirigiera contra personas menores de edad y contra personas con discapacidad, dejando fuera de la intervención punitiva del Estado, *por mor* del principio de intervención mínima, aquellas prácticas exhibicionistas que se dirigieran contra personas adultas, que se reservaron, exclusivamente, para el ámbito administrativo sancionador. La razón de la limitación del ámbito de aplicación subjetivo del artículo 185 del CP reside, como indica el Tribunal Supremo, en proteger al menor de una descarga cognitiva que evolutivamente no puede asimilar, puesto que, si bien en el supuesto de personas mayores de edad, los actos de referencia pueden resultar indiferentes e incluso patéticos, cuando de una menor se trata, se pone en juego su equilibrio psíquico, sus parámetros valorativos y en suma, su adecuado desarrollo y maduración .

Desde esta perspectiva, si hasta el momento sólo se entendía afectada la indemnidad sexual en el ámbito específico de estos delitos, desconocemos cuál puede ser la razón para entender que las conductas cometidas vía TICs generen una afección a la libertad sexual de las personas adultas, no deducida de las conductas cometidas en el ámbito físico. En este sentido, la recepción de imágenes, vídeos o cualquier otro material que represente los genitales, si bien puede tratarse de comportamientos incómodos e incluso, desagradables, no parece que impliquen un mayor desvalor que el derivado de la exhibición de dichos genitales en el mundo físico, debiendo replantearse si dicho mandato de cumplimiento obligatorio no es más que una manifestación más de la tendencia expansiva del Derecho Penal, hacia ámbitos de escasa incidencia.

Así, a la vista de todo lo manifestado, contrariamente a lo previsto en el Informe de Evaluación de 2023, no parece que podamos concluir que la medida de mejora de la tipificación de la violencia de género digital se pueda dar por cumplida. Más allá, de la limitación del ámbito de aplicación subjetivo de los tipos penales incorporados en el Código Penal, con ocasión de la Ley Orgánica 8/2021, antes aludida, las Disposiciones de la Directiva 2024/1385 del Parlamento Europeo y del Consejo de 14 de mayo, sobre la lucha contra la violencia contra las mujeres y la violencia doméstica, insta a los Estados a replantearse la mejora de la criminalización de lo que puede considerarse como violencia de género digital, a la vista de la dimensión que la misma está adquiriendo, así como de los nuevos contextos de riesgo, de discriminación y de violencia en los que sitúan a las mujeres por motivos de género.

III. LA PROBLEMÁTICA DE LAS MEDIDAS EN PROCESO

Tras la aproximación a las medidas que según el Informe de Evaluación de 2023 se daban por cumplidas, corresponde, en este momento, aproximarnos a algunas otras medidas que encontrándose "en proceso de cumplimiento" presentan, a nuestro modo de ver, algunas objeciones.

Se trata, por un lado, de las relativas a la supresión tanto de la atenuante de confesión, como de la atenuante de reparación y, por otro, a la pretensión del Pacto de Estado contra la Violencia de género de expandir la aplicación de la medida de seguridad de libertad vigilada.

1. Suprimir la atenuante de confesión en delitos de violencia de género

La medida número 107 prevé "suprimir la atenuante de reparación del daño en los casos de violencia de género, cuando las circunstancias de los hechos permiten atribuir fehacientemente su autoría, siempre que se respeten los estándares de constitucionalidad en relación con el principio de igualdad", propuesta que la doctrina mayoritaria entiende que carece de mínimo razonamiento y es más que cuestionable (Boldova Pasamar, 2021: 303), careciendo de motivación alguna y no entendiéndose el motivo por el que la presente propuesta de supresión no se amplíe a otras modalidades delictivas.

En efecto, como se viene destacando, la inaplicación de la atenuante, más que la supresión, "cuando los hechos permitan atribuir fehacientemente su autoría" tendría que generalizarse para el resto de delitos comunes, si se estima que no se justifica la atenuación de la pena en la medida en que deja de tener fundamento una disminución de la misma, basada no sólo en las menores exigencias de prevención especial, sino sobre todo en la necesidad de favorecer el funcionamiento de la Administración de Justicia, coadyuvando a la pronta resolución de las causas (Boldova Pasamar, 2021: 302). Precisamente, por estar fundada ya no en un elemento subjetivo de arrepentimiento, sino en la utilidad de la confesión, es cierto que pueden existir evidencias incuestionables que resten valor a la confesión, negando un efecto atenuante a la aceptación de la evidencia (Acale Sánchez, 2018: 19).

2. *Suprimir la atenuante de reparación del daño en los casos de violencia de género*

Por su naturaleza objetiva la atenuante de reparación prescinde de los factores subjetivos propios del arrepentimiento, que la jurisprudencia ya había ido eliminando en la atenuante anterior. Por su fundamento de política criminal se configura como una atenuante "ex post facto", que no hace derivar la disminución de responsabilidad de una inexistente disminución de la culpabilidad por el hecho, sino de la legítima y razonable pretensión del legislador de dar protección a la víctima y favorecer para ello la reparación privada posterior a la realización del delito.

Como consecuencia de este carácter objetivo su apreciación exige, únicamente, la concurrencia de dos elementos, uno cronológico y otro sustancial. El elemento cronológico se amplía respecto de la antigua atenuante de arrepentimiento y la actual de confesión, pues no se exige que la reparación se produzca antes de que el procedimiento se dirija contra el responsable, sino que se aprecia la circunstancia siempre que los efectos que en el precepto se prevén se hagan efectivos en cualquier momento del procedimiento, con el tope de la fecha de celebración del juicio. La reparación realizada durante el transcurso de las sesiones del plenario queda fuera de las previsiones del legislador, pero según las circunstancias del caso puede dar lugar a una atenuante analógica.

El elemento sustancial de esta atenuante consiste en la reparación del daño causado por el delito o la disminución de sus efectos, en un sentido amplio de reparación que va más allá de la significación que se otorga a esta expresión en el artículo 110 del Código Penal, pues dicho precepto se refiere exclusivamente a la responsabilidad civil, diferenciable de la responsabilidad penal a la que afecta la atenuante. Cualquier forma de reparación del daño o de disminución de sus efectos, sea por la vía de la restitución o de la indemnización de perjuicios, puede integrar las previsiones de la atenuante.

Como se ha expresado por la jurisprudencia (STS 285/2003, de 28 de febrero, entre otras muchas posteriores) lo que pretende esta circunstancia es incentivar el apoyo y la ayudas a las víctimas, lograr que el propio responsable del hecho delictivo contribuya a la reparación o disminución del daño de toda índole que la acción delictiva ha ocasionado, desde la perspectiva de una política criminal orientada por la Victimología, en la que la atención a la víctima adquiere un papel preponderante en la respuesta penal. Para ello, resulta conveniente primar a quien se comporta de una manera que satisface el interés general, pues la protección de los intereses de las víctimas no se considera ya como una cuestión estrictamente privada, de responsabilidad civil, sino como un interés de toda la comunidad.

La reparación debe ser suficientemente significativa y relevante, pues no procede conceder efecto atenuante a acciones ficticias, que únicamente pretenden buscar la aminoración de la respuesta punitiva sin contribuir de modo eficiente y significativo a la efectiva reparación del daño ocasionado (Sentencias del Tribunal Supremo núm. 1990/2001, de 24 octubre, 1474/1999 de 18 de octubre, 100/2000 de 4 de febrero y 1311/2000 de 21 de julio). De forma muy restrictiva y esporádica se ha admitido también el efecto atenuante de la reparación simbólica (Sentencias del Tribunal Supremo núm. 216/2001, de 19 febrero y núm. 794/2002, de 30 de abril).

Habría que revisar la presente atenuante, para una correcta aplicación y, en última instancia, si se entiende que la reparación es una obligación del condenado y no una forma de atenuar la responsabilidad penal, habría que plantearse la supresión de la misma, respecto de cualquier delito, emergiendo la normativa reguladora de la responsabilidad civil derivada del delito.

Sin embargo, las propuestas ahora planteadas en línea con la medida 107 del Pacto, lejos de apuntar hacia la supresión de la atenuante de reparación para los casos de delitos de violencia de género y sexuales, se orientan a que se garantice que la reparación del daño sea también integral, conforme a lo previsto en el artículo 52 de la Ley Orgánica 10/2022, cuyo tenor literal es el siguiente: "*Artículo 52. Alcance y garantía del derecho a la reparación. Las víctimas de violencias sexuales tienen derecho a la reparación, lo que comprende la indemnización a la que se refiere el artículo siguiente, las medidas necesarias para su completa recuperación física, psíquica y social, las acciones de reparación simbólica y las garantías de no repetición. Para garantizar este derecho, y sin perjuicio de las competencias autonómicas en la materia, se elaborará un progra-*

ma administrativo de reparación a las víctimas de violencias sexuales que incluya medidas simbólicas, materiales, individuales y colectivas".

La Ley Orgánica 10/2022, modificó, en idéntico sentido la LO 1/2004 incorporando todo un título dedicado a la reparación y en lo que aquí nos interesa, hay que destacar el contenido del nuevo artículo 28 bis, cuando indica: "*Artículo 28 bis. Alcance y garantía del derecho. Las víctimas de violencia de género tienen derecho a la reparación, lo que comprende la compensación económica por los daños y perjuicios derivados de la violencia, las medidas necesarias para su completa recuperación física, psíquica y social, las acciones de reparación simbólica y las garantías de no repetición*".

En consecuencia, se propone la reforma del artículo 21.5 CP, en los siguientes términos: «*5. La de haber procedido el culpable a reparar el daño ocasionado a la víctima, o disminuir sus efectos, en cualquier momento del procedimiento y con anterioridad a la celebración del acto del juicio oral. No obstante, en los delitos de violencia de género y contra la libertad sexual, la reparación deberá comprender todos los conceptos contenidos en las leyes integrales*».

El fundamento de la propuesta de reforma, trae causa en la imposibilidad de entender reparado ni disminuido el daño en casos de violencias machistas, como la violencia de género, la vicaria o la violencia sexual, tal y como se definen y se incluyen en la Ley Orgánica 1/2004 y en la LO 10/2022, con el mero ofrecimiento o pago de una indemnización económica, sino atendiendo a todos los conceptos incluidos en los artículo 28 Ter 2) de la Ley Orgánica 1/2004 y 53.2 de la Ley Orgánica 10/2022.

Con esta modificación normativa, se daría cumplimiento a la Medida 107 del Pacto de Estado contra la Violencia de Género cuyo tenor literal instaba a suprimir la atenuante de reparación del daño en los casos de violencia de género y a incorporar una regulación de la atenuante de reparación en consonancia con lo ya especificado por la propia jurisprudencia, cuando indicaba que la reparación debe ser suficientemente significativa y relevante, pues no procede conceder efecto atenuante a acciones ficticias, que únicamente pretenden buscar la aminoración de la respuesta punitiva, sin contribuir de modo eficiente y significativo a la efectiva reparación del daño ocasionado (Sentencias del Tribunal Supremo núm. 1990/2001, de 24 octubre , 1474/1999 de 18 de octubre , 100/2000 de 4 de febrero y 1311/2000 de 21 de julio).

Ahora bien, coincidiendo con la necesidad y el fundamento de la propuesta de "*lege ferenda*" planteada, a nuestro modo de ver, habría que revisar si esta nueva forma de entender la atenuante de reparación no puede hacerse extensiva a la totalidad de los delitos, incorporando una regulación genérica en este sentido.

3. Ampliación del ámbito de aplicación de la medida de seguridad de libertad vigilada

Las últimas dos medidas a las que queremos hacer referencia son las relativas a la ampliación del ámbito de aplicación extensivo de la medida de seguridad de libertad vigilada. Por un lado, la medida número 115 del Pacto del Estado que proponía utilizar la medida de seguridad de libertad vigilada sobre el maltratador en los momentos en que la víctima se encontrara más desprotegida, esto es, cuando se dicta sentencia condenatoria y aún no se ha ejecutado la misma y el agresor ya ha cumplido la pena de alejamiento durante el proceso y, por otro lado, la medida número 116 del Pacto que contemplaba la posibilidad de extender la libertad vigilada a los restantes delitos en el ámbito de la violencia de género. En el sentido manifestado, según el Informe de evaluación de 2023 las mismas se encuentran en proceso de cumplimiento, en la medida en que requieren de una modificación sustantiva del Código Penal. Ahora bien, a nuestro modo de ver, una reforma como la planteada generaría un problema de constitucionalidad irreversible.

Sin embargo, si bien la Exposición de Motivos de la Ley Orgánica 5/2010 justificó la incorporación de la medida de seguridad de libertad vigilada sobre la base de la conciliación del esfuerzo rehabilitador con la seguridad y la libertad del resto de la ciudadanía, que se convertían así en potenciales víctimas del delincuente no rehabilitado, lo cierto es que en los supuestos de aplicación de la medida de libertad vigilada, se niega la elaboración de un pronóstico individualizado de peligrosidad criminal, exigible para la imposición de las demás medidas de seguridad e imprescindible para legitimar su adopción (Tapia Ballesteros, 2014: 12), en la medida en que el juzgador contempla en la sentencia la medida de libertad vigilada, como consecuencia de la peligrosidad criminal manifestada en el momento de determinación judicial de la consecuencia jurídica, cuya ejecución se pospone al momento de cumplimiento de la pena de prisión. En estos supuestos, se presume que dicha peligrosidad va a perpetuarse a lo largo de toda la ejecución de la pena de prisión, precisándose, de la libertad vigilada, ante la ineficacia de la concreta pena privativa de libertad, desde la perspectiva de la prevención especial.

Asumida, así la incompatibilidad de la prevención especial pre-delictual con los principios que delimitan el Ius Puniendi estatal en un Estado Democrático y de Derecho y, conviniendo con la doctrina mayoritaria, en que el medio eficaz de protección de bienes jurídicos se determina en torno a la prevención especial post-delictual y a la prevención general, la irrupción de una medida de seguridad como la presente, implica una vuelta a la prevención especial pre-delictual (González Tascón, 2011: 256), respecto de sujetos que han pasado largo período de cumplimiento de privación de libertad, es decir, en relación a sujetos que han cumplido el *quantum* total de pena por el hecho cometido, pero que, en una indefinida "prognosis de peligrosidad" inicial, que atiende al tipo de delito cometido, se consideran per se no resocializables y peligrosos permanentemente para la sociedad (Benítez Ortúzar, 2011: 114). Así, como destacara Huerta Tocildo, en un contexto de Derecho Penal simbólico, como el padecido en los últimos tiempos, no deja de tener efectos perniciosos el marchamo de "presuntos peligrosos" con el que, a priori, se etiqueta a determinados delincuentes, en tanto en cuanto, constituye un indudable estigma generador de perjuicios y del consiguiente rechazo social (Huerta Tocildo, 2013: 128).

Pues bien, las críticas ahora mencionadas, desde la perspectiva de aplicar una medida de seguridad post-pena, en cuando medida de prevención especial pre-delictual, resultan igualmente trasladables a las propuestas de las medidas 115 y 116 del Pacto de Estado contra la violencia de género, a través de las que se pretende ampliar el ámbito de aplicación extensivo de la misma, configurándola, por un lado, como una medida cautelar (medida 115) y expandiendo su implementación a la totalidad de delitos que se ubiquen en el contexto de la violencia de género (medida 116). A nuestro modo de ver, hay que destacar la incompatibilidad de estas propuestas con el mandato constitucional contemplado en el artículo 25 de la Carta Magna, que resulta indudable respecto de la propuesta contemplada en la medida número 115, en tanto que si la libertad vigilada pretende configurarse como una medida cautelar, automáticamente, se convierte en una medida predelictual, prohibida constitucionalmente y en una nueva manifestación más del Derecho Penal del enemigo que, lejos de garantizar una protección y tutela integral de las víctimas de violencia de género, implica una intervención penal más allá de la duración de la pena impuesta, que en un Estado respetuoso de las garantías individuales debería ser barrera infranqueable en la intervención del poder punitivo estatal" (De la Cuesta Arzamendi, 2009: 219).

IV. MÁS ALLÁ DEL PACTO DE ESTADO

Una vez finalizada la evaluación de las medidas que se consensuaron en el año 2017, procede en este momento, un nuevo consenso para renovar el Pacto de Estado contra la violencia de género que, a nuestro modo de ver, no debe pasar por alto algunas de las cuestiones que hemos planteado.

En primer lugar, resulta del todo necesario que se consolide un concepto jurídico-penal amplio de la "violencia de género" que permita acoger la totalidad de las manifestaciones de la misma que las mujeres sufrimos en todos los contextos asimétricos de poder por motivos de género. Lejos de materializarse esta propuesta por medio de la aprobación de normas sectoriales, consideramos que requiere o bien de una reforma de la LO 1/2004, o bien de la aprobación de lo que puede llegar a considerarse como el "Estatuto de las víctimas de violencia de género".

En efecto, a la vista de todo lo manifestado, si bien es cierto que la criminalización de todas las modalidades de violencia de género requiere de cierta revisión e incluso, incorporación en el ámbito del Código Penal de nuevas modalidades delictivas (téngase en cuenta lo dispuesto en relación a la violencia digital de género en la Directiva 2024/1385, sobre la lucha contra la violencia contra las mujeres y la violencia doméstica), a nuestro modo de ver, el principal problema, desde el punto de vista de la intervención estatal, frente a esta lacra social, reside, fundamentalmente, en las lagunas derivadas de la ausencia de políticas públicas victimales integrales que garanticen el reconocimiento de los derechos de todas las víctimas de violencia de género, así como sistemas de protección y tutela para todas ellas, que impidan la persistencia de víctimas de violencia de género de primera categoría y víctimas de violencia de género de segunda categoría, como sucede actualmente, con aquellas que no pueden acogerse a sistemas de protección integral (a modo de ejemplo, las víctimas de la violencia de género institucional, las víctimas de represión sexuada, entre otras).

En segundo lugar, esa futura renovación del Pacto de Estado tiene que fijar la atención, en el sentido manifestado, en un enfoque victimocéntrico, pero desterrando las propuestas de intervención punitiva que, lejos de garantizar la tutela de las víctimas, resultan meras manifestaciones de lo que podemos identificar con el Derecho Penal del enemigo. En este sentido, habría que prescindir de las propuestas que apuestan por ampliar el ámbito de aplicación de la medida de seguridad de libertad vigilada, teniendo, igualmente que revisar la eficacia de las propuestas planteadas de supresión de las circunstancias atenuantes de confesión y de reparación o, cuanto menos, tal y como hemos venido apuntando, estudiar su extensión a la totalidad de los delitos contemplados en el Código Penal.

En otro orden de cosas, existen, desde nuestro punto de vista, dos últimos aspectos en los que el Pacto de Estado de 2017 no ha incidido y cuya revisión consideramos del todo necesaria: por un lado, la prohibición de la mediación el ámbito de los delitos de violencia de género y por otro, la necesidad de conciliar la respuesta punitiva frente al proxenetismo con la nueva definición del consentimiento incorporada en el ámbito de los delitos contra la libertad sexual.

Por lo que respecta a la prohibición de la mediación, hay que advertir que la prohibición del abordaje restaurativo en delitos contra la libertad sexual, perpetúa el veto apriorístico y general iniciado con la LO 1/2004 (Igartua Laraudogoitia, 2023: 68)

La prohibición se basa en la suposición de que el uso de la mediación (y por extensión, la justicia restaurativa) puede tener efectos negativos, debido a la alta vulnerabilidad de las víctimas de violencia de género y violencia sexual, al menos de aquellas agredidas por personas adultas. No así, al parecer de las que fueron agredidas por menores, a quienes no alcanza la prohibición.

La mediación se prohíbe de manera expresa, pero existen otros instrumentos de Justicia restaurativa de los que no se indica nada. La diferencia más sustantiva entre la mediación y el resto de las herramientas restaurativas se encuentra en la perspectiva más participativa de estas últimas, en el sentido de englobar, además de a la persona victimizada y a la persona infractora, a otros agentes en el proceso de diálogo como pueden ser familiares, amistades, operadores jurídicos y agentes sociales, con el fin de acompañar y asegurar los planes de reparación y reinserción.

A partir de ahí cabría preguntarse si el sentido de la prohibición normativa analizada, alcanza a la herramienta de la mediación, por cuestionar la pertinencia de procesos limitados al diálogo entre víctimas y victimarios y no así a los círculos, como los círculos o las conferencias, al incorporar a otros agentes que coadyuvan a compensar el imputado desequilibrio entre las partes o si por el contrario, el sentido de la prohibición alcanza al paradigma restaurativo en su globalidad, entendiendo contraproducente la intervención desde sus postulados.

Sobre el argumento de dar cumplimiento al artículo 48. 1 del Convenio de Estambul resulta evidente la interpretación equivocada realizada respecto al mandato contenido en dicha norma, confundiendo el carácter obligatorio de lo que denominan "modos alternativos obligatorios de resolución de conflictos, incluida la mediación y conciliación" de ciertas jurisdicciones como la laboral, con el carácter siempre voluntario de los citados "modos" en la jurisdicción penal. Se transita así de la prohibición de la obligatoriedad en la participación –prevista en el Convenio de Estambul- a la prohibición de la voluntariedad en la participación incorporada por la LO 10/2022, en clara oposición con el eje vertebral del nuevo estatuto de la persona victimizada proclamado por la Directiva 2012/29/UE, esto es: reconocimiento y garantía del derecho a la autonomía de la persona victimizada en el proceso penal y atención a sus opiniones y deseos (Igartua Laraudogoitia, 2023: 91).

La presente prohibición, conlleva una profunda discriminación e infantilización de las víctimas, impidiéndoles el acceso a otros abordajes de justicia complementarios a los de la Justicia tradicional desde la voluntariedad de su participación. El veto parece asentado en la vulnerabilidad e incapacidad de la víctima en cuanto supuestos sinónimos, orientando un desarrollo normativo en la materia de marcado carácter punitivista que, a nuestro modo de ver, requeriría de un replanteamiento en una futura renovación del Pacto de Estado contra la violencia de género.

La cuestión de la sanción del proxenetismo y la nueva definición dada al consentimiento en el ámbito de los delitos contra la libertad sexual, trae causa en la proposición de Ley orgánica 122/000224 por la que se modifica la LO 10/95, de 23 de noviembre, del Código Penal, para prohibir el proxenetismo en todas sus formas.

En la Exposición de Motivos de dicha proposición de Ley Orgánica se indica lo siguiente: "*el artículo 187.2 del Código Penal, en su redacción vigente, no castiga cualquier forma de obtención de lucro de la prostitución ajena, sino que exige que esa obtención de lucro se haya llevado a cabo mediante la «explotación» de la persona prostituida. Esta definición del tipo recogido en el artículo 187.2 ha llevado a una total inaplicación de este precepto y, en la práctica, a la impunidad total del proxenetismo, lo que lleva a optar al/a prelegislador/a a articular, en su opinión, la necesaria respuesta penal, optándose por castigar el proxenetismo de manera general en el artículo 187, sin exigir la relación de explotación, que conduce a una restricción indeseada del alcance del tipo. Al requerirse que el favorecimiento de la prostitución se realice con ánimo de lucro, se dejan fuera del tipo conductas de mera recepción de dinero proveniente de la persona prostituida (por ejemplo, familiares) y otras conductas que pueden considerarse neutrales o inocuas*".

La redacción del artículo 187.2 quedaría, desde esta perspectiva de la siguiente manera: "*Se impondrá la pena de prisión de uno a tres años y multa de doce a veinticuatro meses a quien, con ánimo de lucro, promueva, favorezca o facilite la prostitución de otra persona, aun con el consentimiento de la misma*".

La pretendida eliminación de la explotación en la prostitución trae causa, según se indica en la Exposición de motivos, en la total inaplicación del actual precepto. Sin embargo, la eliminación el requisito de "explotación", manteniendo la posibilidad de dicho favorecimiento, facilitación o promoción de la prostitución, termina desautorizando el consentimiento de las mujeres, puesto que, a través de esta fórmula, deja de tener incidencia la voluntad de la mujer prostituida, dándose a entender que la misma carece de capacidad para consentir, como si de una menor de edad se tratara.

La presente propuesta se fundamenta en la idea de que la prostitución de las mujeres sólo puede analizarse desde la perspectiva de la historia de la desigualdad entre hombres y mujeres, considerando que la mayor parte de las mujeres prostituidas son víctimas de una sociedad injusta y patriarcal. Así definida, la prostitución es violencia contra las mujeres y no es comparable con ningún otro trabajo, tratándose de una mera práctica por la que los varones se garantizan el acceso grupal y reglado al cuerpo de las mujeres (Pateman, 1995: 89).

Sin embargo, a nuestro modo de ver, la presente proposición de Ley Orgánica, en lo que se refiere a esta modalidad de criminalización de la conducta de las personas proxenetas, tropieza directamente con el cambio de paradigma que, desde la perspectiva del consentimiento sexual, ha incorporado la LO 10/2022. En efecto, tras la entrada en vigor de la popularmente conocida como la "Ley del sólo el sí es sí", se produce un cambio de paradigma en la interpretación del consentimiento de las víctimas de delitos sexuales, imponiéndose, a partir de entonces, el paradigma positivo del consentimiento, frente al paradigma del "sólo el no es no", de la normativa anterior. A partir de dicho momento se configura la criminalización de los delitos contra la libertad sexual única y exclusivamente sobre el sustento del consentimiento de la víctima (o desde la ausencia del mismo) y no sobre la concurrencia de otra serie de medios comisivos que, con la normativa anterior, condicionaban la intervención punitiva del Estado.

Así, la libertad sexual presupone la capacidad de autodeterminación y autonomía sexual de la mujer, es decir, la facultad para decidir si se desean practicar actos con significación sexual, cuándo, cómo y con quién. Como destacara el TS en su sentencia 175/2022, de 24 de febrero, la libertad sexual presupone el derecho de la víctima a la autonomía personal proyectada sobre la dimensión sexual del propio cuerpo que se proyecta con absoluta e innegociable claridad en el derecho a decidir cuándo, cómo y con quién manifestar su sexualidad o sus deseos sexuales.

La cláusula incorporada en el artículo 178.1 CP no introduce una inversión de la carga de la prueba, pues la ausencia de consentimiento constituye un elemento del tipo que debe ser acreditado conforme a las reglas y principios constitucionales inherentes a todo proceso penal. Dicha cláusula incorpora en el Código Penal una inferencia lógica: si el consentimiento no se manifiesta de forma inequívoca, mediante actos que expresen claramente la voluntad de la persona, deberá deducirse que la víctima no consintió (Fiscalía General del Estado, 2023: 50505).

La opción del legislador español es consecuente con el artículo 36.2 del Convenio de Estambul y exige apreciar la concurrencia del elemento subjetivo del tipo siempre que el sujeto activo obre sin haber recabado previamente el consentimiento de la persona sobre la que recae la acción típica, aun cuando esta no hubiera manifestado su oposición en momento alguno, limitándose a mantener una actitud pasiva.

Con esta forma de entender el consentimiento en el ámbito de los delitos contra la libertad sexual, se empodera a las mujeres, reconociendo la necesidad de contribución mutua e igualitaria entre las personas participantes, así como la necesidad de respetar todas las decisiones sexuales de la otra persona (Angel, 2021: 33). El consentimiento positivo es una muestra del respeto a la autonomía sexual de una persona y se configura como un indicador más adecuado que el silencio o la resistencia.

Así se reivindica un concepto de consentimiento emancipador, fuente de autonomía para las mujeres, es decir, un mecanismo para que la palabra de las mujeres sea acogida en el mundo del logos.

En efecto, como apuntan algunas expertas, el paradigma positivo del consentimiento sexual, tal y como se ha incorporado en nuestro Código Penal, tiene que partir de la premisa de la validez de toda práctica sexual que sea voluntaria, entendiendo que los posicionamientos que invalidan el consentimiento de las mujeres en determinadas prácticas sexuales (prostitución) es una indefendible limitación sexual y una apuesta penal punitiva y paternalista (Serra, 2024: 39).

Si la voluntad que las mujeres expresan no puede tomarse como criterio para delimitar la violencia sexual, entonces nos encaminamos necesariamente hacia un paternalismo estatal que invalida el consentimiento de las mujeres prostituidas. Así, si en los casos de mujeres con capacidad para otorgar consentimiento, este se configura como criterio central para delimitar el sexo lícito de la violencia sexual, la criminalización del proxenetismo ha de estar condicionada a los supuestos de explotación, en idéntico sentido, al previsto en la normativa actualmente en vigor, puesto que, la propuesta de criminalización de todas las formas de proxenetismo, independientemente de que concurran o no en contextos de explotación, parece invalidar la legitimidad del consentimiento sexual de determinadas mujeres, lo que, en definitiva, supone la negación de las mismas como sujeto político (Serra, 2024: 49).

En definitiva, a la vista de todo lo manifestado, urge un nuevo consenso para renovar el Pacto de Estado contra la violencia de género que, aborde un enfoque victimocéntrico y que permita, igualmente, una mejora y más adecuada criminalización de todas las formas de violencia de género, muy especialmente de la denominada "violencia digital de género", a la vista de los nuevos contextos de riesgo, subordinación y violencia en los que la misma está ubicando a las mujeres víctimas.

BIBLIOGRAFÍA

Acale Sánchez, M. (2018): "Aspectos penales del Pacto de Estado contra la violencia de género de 2017", *Diritto Penale Contemporaneo*. 1 a 36.

Angel, K. (2021): *El buen sexo mañana. Mujer y deseo en la era del consentimiento. Barcelona:* Alpha Decay.

Benítez Ortúzar, I. F. (2011): "La nueva medida de seguridad de libertad vigilada aplicable al sujeto imputable tras el cumplimiento de la pena privativa de libertad. La admisión de los postulados del Derecho Penal del en enemigo", *Cuadernos de Política Criminal*, núm. 104, pp. 95 a 132.

Bodelón, E. (2008): "La violencia contra las mujeres y el derecho no-androcéntrico: perdidas en la tradición jurídica del feminismo", en Laurenzo, Maqueda y Rubio (coords.), Género, Violencia y Derecho, Valencia: Tirant lo Blanch, pp. 275 a 300.

Boldova Pasamar, M. Á. (2021): « Algunas reflexiones sobre los aspectos jurídico-penales contenidos en el Pacto de Estado contra la violencia de género", *Revista Aragonesa de Administración Pública*; núm. 56, pp. 292 a 307

De la Cuesta Arzamendi, J. L. (2009): "El principio de humanidad en Derecho Penal", *Eguzkilore, XXX Aniversario de la Fundación del IVAC/ KREI. Homenaje a nuestro fundador el Profesor Dr. Dr. h.c. Antonio Beristain,* n. 23, pp. 209 a 225.

Facio, A. (2007) : "Accés a la justicia, dret i familisme", en *Construint els drets de les dones: dels conceptes a les polítiques publiques*. Barcelona: Diputación de Barcelona. Serie Igualtat i Ciutadania, pp. 185 a 204.

Fiscalía General del Estado (2023): *Circular 1/2023, de 19 de marzo, de la Fiscalía General del Estado, sobre criterios de actuación del Ministerio Fiscal, tras la reforma de los delitos contra la libertad sexual operada por la Ley Orgánica 10/2022, de 6 de septiembre.*

González Gascón, M. M. (2011): "El nuevo delito de acceso a niños con fines sexuales a través de las TIC", en *Estudios Penales y Criminológicos,* vol. XXXI, pp. 207 a 258.

Huerta Tocildo, S. (2013): "Esa extraña consecuencia del delito: la libertad vigilada", en Álvarez García, Cobos Gómez de Linares, Gómez Pavón, Manjón-Cabeza Olmeda y Martínez Guerra *(Coords.), Libro homenaje al Profesor Luis Rodríguez Ramos,* Valencia: Tirant lo Blanch, pp. 117 a 138.

Igartua Laraudogoitia, I. (2023): "Victimidad, vulnerabilidad e incapacidad de las víctimas como falsos sinónimos. Reflexiones y certezas en torno al veto generalizado a la mediación en la violencia de género y en la violencia sexual en la normativa española", en Pérez Machío y De la Mata Barranco (dirs.), *Mujeres, Género y Tutela penal,* Cizur Menor: Aranzadi, pp. 67 a 106.

Laurenzo Copello, P. (2008): "La violencia de género en el Derecho Penal: un ejemplo de paternalismo punitivo", en Laurenzo, Maqueda y Rubio (Coords.), *Género, violencia y derecho,* Valencia: Tirant lo Blanch, pp. 329 a 362.

Maqueda Abreu, M. L. (2006): "La violencia de género. Entre el concepto jurídico y la realidad social", en *Revista Electrónica de Ciencia Penal y Criminología,* pp. 1 a 13.

Pateman, C. (1995): *El contrato sexual.* Madrid: Anthropos.

Serra, C. (2024): *El sentido de consentir.* Barcelona: Anagrama.

Tapia Ballesteros, P. (2014): "Las medidas de seguridad. Reformas más recientes y últimas propuestas", en *Revista Jurídica de Castilla y León,* núm. 32, pp. 1 a 21.

Toribio del Río, A. (2021): "La violencia de género en España: apuntes para la erradicación", en *Femeris,* vol. 6, núm. 2, pp. 162 a 185.

Torres Fernández, E. (2020): "Capítulo CLII. Notas sobre Derecho Penal sexual y perspectiva de género", en De Vicente Remesal, Díaz y García Conlledo, Paredes Castañón, Olaizola Nogales, Trapero Barreales, Roso Cañadillas y Lombana Villalba (dirs.), *Libro homenaje a l profesor Diego-Manuel Luzón Peña con motivo de su 70º aniversario,* Madrid: Reus, pp. 1909 a 1920.

PARTE IV
LA LEY DEL SOLO SÍ ES SÍ

Capítulo XI.

La adopción del modelo del consentimiento afirmativo en los delitos sexuales: ¿sí, pero no?[1]

PATRICIA FARALDO CABANA
Catedrática de Derecho Penal
Universidade da Coruña

SUMARIO: I. INTRODUCCIÓN. II. EL CONSENTIMIENTO AFIRMATIVO EN LA LEY ORGÁNICA 10/2022. III. LAS VENTAJAS (Y ALGUNAS DESVENTAJAS) DEL CONSENTIMIENTO AFIRMATIVO. IV. UN PASO ATRÁS: LA CONTRARREFORMA DE 2023. V. CONCLUSIÓN. BIBLIOGRAFÍA.

I. INTRODUCCIÓN

El consentimiento es el elemento que marca la diferencia entre el sexo sin relevancia penal y los delitos contra la libertad sexual en el Derecho Penal español. Su ausencia ya se reconocía como un elemento necesario del delito de violación en los

1 Este trabajo se ha realizado en el marco del Proyecto Prometeo CIPROM 2023-64, Justicia sostenible en estado de mudanza global, y de la Red de investigación "Violencia contra las mujeres: nuevos desafíos" (RED2022-134101-T), contando además con la Ayuda para la consolidación y estructuración de unidades competitivas del Sistema Universitario de Galicia, modalidad de grupos de referencia competitiva (ED431C 2023/14).

códigos penales del siglo XIX (Faraldo Cabana, 2018: 31-69), que aludían como medios típicos a la fuerza o violencia, la intimidación, la privación de sentido o de razón (posteriormente, el abuso de la enajenación de la víctima) y la minoría de edad. Se partía de que la violencia, fuerza o intimidación se empleaban para vencer la voluntad opuesta de la víctima que, obviamente, no consentía, mientras que en los casos de privación de sentido o de razón la víctima no estaba en situación de consentir o era incapaz de hacerlo. Tratándose de menor de doce años, el consentimiento que eventualmente hubiera prestado era inválido por mandato de la ley. En el Código Penal español de 1995 (en adelante, CP), hasta la reforma llevada a cabo por la Ley Orgánica (en adelante, LO) 10/2022, de 6 de septiembre, de garantía integral de la libertad sexual, la ausencia de consentimiento se integraba expresamente en la definición del delito de abuso sexual, que se cometía "sin violencia o intimidación y sin que medie consentimiento" (artículo 181 CP, derogado), y de forma tácita en la del delito de agresión sexual, que se cometía "con violencia o intimidación" (artículo 178 CP, derogado) y, se sobreentendía, sin consentimiento. Con esa regulación, en España era necesaria, pero no suficiente, la ausencia de consentimiento para que se pudiera hablar de violación, pues se requería que además de la penetración concurriera violencia o intimidación. De acuerdo con lo expuesto, se calificaban como abusos sexuales y se castigaban con una pena inferior a la que correspondía imponer por agresión sexual, violación si concurría penetración, los casos de víctimas privadas de sentido o de cuyo trastorno mental se abusare, así como los cometidos anulando la voluntad de la víctima mediante el uso de sustancias o sobre personas incapaces de resistirse, sea por incapacidad física (por ejemplo, borrachos, tetrapléjicos, personas en coma) o psicológica (como sucede cuando se produce un bloqueo emocional). También se consideraban abusos sexuales, aunque no se mencionaran expresamente en la ley, los ataques sorpresivos, que no dan tiempo a la víctima a manifestar el sentido de su voluntad, así como los casos en que la expresa y no es respetada por el autor.

En ello no se diferenciaba mucho el Ordenamiento jurídico español del de otros países de nuestro entorno, como se desprende de la panorámica que ofreció Amnistía Internacional en 2018. Sin embargo, a nivel comparado esta situación empezó a cambiar ya a finales del siglo XX. Una oleada de reformas legislativas ha recorrido Europa con el declarado objetivo de convertir la ausencia de consentimiento en el único eje sobre el que giren los delitos sexuales, abandonando la tradicional definición de la violación sobre la base de la concurrencia de violencia, fuerza, intimidación o resistencia (Uhnoo et al., 2024). Se han producido reformas en esta línea, entre otros países, en Alemania, Bélgica, Dinamarca, Escocia, Finlandia, Inglaterra y País de Gales o Suecia (Cowan, 2010; McGlynn, 2010; Hörnle, 2017; Alaattinoglu, 2020; Nilsson, 2020; Vestergaard, 2020; Wegerstad, 2021). La exigencia del empleo de medios violentos o intimidatorios por parte del autor o la de resistencia por parte de la víctima se consideran rechazables por partir de una concepción de la sexualidad femenina en términos del valor de la mujer en el mercado matrimonial[2] y por considerar prioritario evitar falsas acusaciones de violación–que, según se decía tradicionalmente, son muy fáciles de formular y muy difíciles de refutar, de ahí que se exigiera la presencia de signos de lucha que corroboraran el relato de la víctima y se considerara razonable la exención marital (Hale, 1736: 635; Rumney, 2006:

---

[2] De lo que es prueba la agravación de algunos códigos penales históricos cuando la víctima era mujer casada (con otro), la atenuación o la impunidad (legal o de facto, dependiendo de los países) de la violación dentro del matrimonio, la eficacia del matrimonio entre autor y víctima como causa de levantamiento o de atenuación de la pena, la obligación de dotar a la víctima si el autor no se casaba con ella, la posibilidad de que denunciaran el delito no solo la víctima, sino también sus padres, hermanos, abuelos, tutor o curador, etc.

128) -, en lugar del preocupantemente bajo nivel de denuncia existente. Al prescindir de la violencia, fuerza o intimidación, y de la manifestación de resistencia de la víctima, es suficiente que la víctima dé a conocer su falta de consentimiento de alguna manera reconocible para el autor, que se hace merecedor de pena cuando no respeta la negativa de la víctima. Esta posición se recoge sintéticamente en el aforismo "no es no".

El movimiento feminista ha promovido las reformas legales que ponen el consentimiento en el centro de la definición de la violación, prescindiendo de las referencias al empleo de fuerza, violencia o intimidación por parte del autor y a la resistencia de la víctima. Lo ha hecho porque las consideran un cambio progresista que favorece la protección de las mujeres (ya Estrich, 1997: 103; Henderson, 1993: 64; o Schulhofer, 1998: 254) e, indirectamente, también de algunos grupos marginados por la moral sexual dominante[3]. Pero no es fácil determinar qué es el consentimiento, un concepto que se puede llenar de muy distinto contenido (Chamallas, 1988: 795; Cowan, 2007: 53), como demuestra la doctrina extranjera que ha explorado extensamente la definición de la violación como penetración sexual no consentida (Power, 2003; Rumney y Morgan-Taylor, 2004; Munro, 2005, 2008; Cowan, 2007; Buchhandler-Raphael, 2011; Dempsey, 2013; Gruber, 2017; Schulhofer, 2017; Dowds, 2020, 2022; Featherstone et al., 2024). Además, prescindir simplemente de la referencia a la violencia o intimidación y centrarse en exigir que se respete la voluntad

---

3 Al situar el consentimiento como el marcador que distingue las relaciones sexuales atípicas, se sienta también un precedente difícil de ignorar a la hora de plantearse la criminalización de ciertos comportamientos sexuales consentidos, pero rechazados por la moral religiosa, como el sexo anal o las relaciones homosexuales. De ahí que el modelo consensual también haya recibido apoyo por parte de los movimientos de defensa de los derechos de las personas homosexuales y otras minorías sexuales.

opuesta de la víctima, manifestada externamente ("no es no"), puede no ser suficiente para lograr una mayor protección de las mujeres. Y es que, aun suponiendo un avance respecto de la regulación anterior, el modelo del consentimiento negativo ha sido objeto de críticas, porque ha resultado en la desprotección de aquellas mujeres que, aun estando conscientes, son incapaces de manifestar su falta de consentimiento o de probarla en el juicio. Por ello, en los últimos años se ha propuesto dar un paso más y exigir, no ya que se respete la manifestación de la ausencia de consentimiento ("no es no"), sino que se exprese su concurrencia ("solo sí es sí"), de forma que el autor se haga merecedor de pena cuando actúe sin que la víctima haya dado a conocer, de alguna forma reconocible para él, su aquiescencia. E incluso se va más allá, pues en los últimos años se propone por un sector doctrinal un modelo comunicativo que, partiendo del consentimiento afirmativo, pretende que se preste más atención a las circunstancias concurrentes que pueden limitar la libertad y autonomía de las mujeres, de forma que incluso un sí expreso pueda ser interpretado en algunos casos como una negativa (Palmer, 2017). Apunta en esta línea el Convenio del Consejo de Europa sobre prevención y lucha contra la violencia contra las mujeres y la violencia doméstica de 2011 (en adelante, Convenio de Estambul), que obliga a las partes a centrar la definición de los delitos sexuales en torno al consentimiento, al conceptuarlos como actos sexuales no consentidos, exigiendo que este se preste "voluntariamente como manifestación del libre arbitrio de la persona considerado *en el contexto de las condiciones circundantes*"[4]. No lo hace la reciente

---

[4] Art. 36: "1. Las Partes adoptarán las medidas legislativas o de otro tipo necesarias para tipificar como delito, cuando se cometa intencionadamente:
a) la penetración vaginal, anal u oral no consentida, con carácter sexual, del cuerpo de otra persona con cualquier parte del cuerpo o con un objeto;

Directiva (UE) 2024/1385 del Parlamento Europeo y del Consejo, de 14 de mayo de 2024, sobre la lucha contra la violencia contra las mujeres y la violencia doméstica, lo que se debió a la oposición de varios Estados Miembros–entre otros, Alemania, Bulgaria, Francia, Hungría, Países Bajos, República Checa... hasta catorce–a la adopción del modelo del consentimiento afirmativo en la definición de la violación, delito que finalmente quedó excluido de la Directiva, dada la falta de acuerdo durante las negociaciones.

Pues bien, el legislador español ha acogido el modelo de consentimiento afirmativo, con una formulación que admite su interpretación en términos comunicativos. En efecto, la ya citada Ley Orgánica 10/2022, además de tratar otros muchos aspectos, penales y no penales, que no pueden ser objeto de este estudio, dio un giro a la forma de entender los delitos sexuales al introducir una regulación del consentimiento. Para poder entender la relevancia de este cambio, en el apartado 2 se explican con detalle los cambios introducidos por ese texto legal. En el apartado 3 se exponen las ventajas del modelo del consentimiento afirmativo, así como algunas de las críticas que se le han hecho. En esta parte del estudio se ha utilizado casi exclusivamente literatura anglo-americana. El objetivo es contribuir a la discusión sobre la definición de la violación que se está produciendo en estos momentos tanto en España (sobre

---

b) los demás actos de carácter sexual no consentidos sobre otra persona;
c) el hecho de obligar a otra persona a prestarse a actos de carácter sexual no consentidos con un tercero.
2. El consentimiento debe prestarse voluntariamente como manifestación del libre arbitrio de la persona considerado en el contexto de las condiciones circundantes.
3. Las Partes adoptarán las medidas legislativas o de otro tipo necesarias para que las disposiciones del apartado 1 se apliquen también contra los cónyuges o parejas de hecho antiguos o actuales, de conformidad con su derecho interno".

la que ya me he pronunciado en Faraldo Cabana, 2019, 2021 – trabajo del que este es una actualización -, 2024; al respecto, también Acale Sánchez, 2020, 2021) y Portugal (Beleza, 2016; Caeiro, 2019; Correia, 2020) como en varios países de América, Europa y Oceanía mediante la toma en consideración del debate sobre consentimiento, autonomía y violación que, desde finales del siglo XX, ha agitado las aguas de nuestro entorno socio-cultural. En el apartado 4 se explica la sorprendente contrarreforma llevada a cabo en España a través de la Ley Orgánica 4/2023, de 27 de abril, para la modificación de la Ley Orgánica 10/1995, de 23 de noviembre, del Código Penal, en los delitos contra la libertad sexual, la Ley de Enjuiciamiento Criminal y la Ley Orgánica 5/2000, de 12 de enero, reguladora de la responsabilidad penal de los menores. Como veremos, esta norma supone el parcial desmantelamiento del modelo del consentimiento afirmativo sin haber transcurrido medio año desde su entrada en vigor. El apartado 5 termina con unas conclusiones. Para ejemplificar los cambios, me centraré en el delito de agresiones sexuales agravadas por la penetración, esto es, en la violación. Además, hablaré de la mujer adulta como víctima y del hombre como autor. Al hacerlo no desconozco ni pretendo ocultar que la violación es un delito que se comete también contra hombres y contra niños y niñas, sino resaltar que afecta a las mujeres de manera desproporcionada y que, de manera incluso todavía más desproporcionada, es cometido casi exclusivamente por hombres (para España, vid. los datos de la Secretaría de Estado de Seguridad, 2023).

II. EL CONSENTIMIENTO AFIRMATIVO EN LA LEY ORGÁNICA 10/2022

La Ley Orgánica 10/2022, de 6 de septiembre, de protección integral de la libertad sexual se alejó de la presunción subyacente a la regulación anterior de que las mujeres, siempre que estén conscientes y no afectadas por un trastorno mental y que el autor no ocupe una posición de superioridad, existen en un estado de disponibilidad para la actividad sexual, a menos que digan "no" y hasta que lo digan, y exigió que hubiera alguna manifestación externa de su consentimiento. Tras su entrada en vigor, el artículo 178.1 CP señala que "será castigado..., como responsable de agresión sexual, el que realice cualquier acto que atente contra la libertad sexual de otra persona sin su consentimiento. Sólo se entenderá que hay consentimiento cuando se haya manifestado libremente mediante actos que, en atención a las circunstancias del caso, expresen de manera clara la voluntad de la persona". La reforma no solo impuso a quienes inician el acto de contenido sexual la obligación de mostrar la debida preocupación por el bienestar y los intereses de quien es objeto de sus atenciones. También impuso al juzgador la necesidad de prestar atención a la comunicación entre las partes, abordando los factores situacionales que a menudo merman la capacidad de las personas para expresar su voluntad o su falta de voluntad. En este sentido, la referencia a las "circunstancias" del consentimiento pretendió abandonar la simplista dicotomía entre consentimiento/no consentimiento de la normativa anterior. Además, la reforma aclaró la nueva definición de consentimiento mediante la inclusión de una serie de presunciones refutables de falta de consentimiento en el artículo 178.2 CP. En ella se incluyen los casos de empleo de violencia, intimidación o abuso de una situación de superioridad o de vulnerabilidad de la víctima, así como cuando los actos se ejecuten sobre personas que se hallen privadas de sentido o de cuya situación mental se abusare y los que se realicen cuando la víctima tenga anulada por cualquier causa su voluntad[5]. Según

[5] La lista de presunciones no menciona los casos en que el sujeto emplea fraude o engaño (como el "stealthing", quitarse subrepticiamente el preservativo durante una relación sexual consentida precisamente porque se lleva preservativo), a pesar de que estos supuestos están siendo intensamente debatidos en la doctrina

se desprende de esta regulación, cuando la acusación pruebe uno o más de los supuestos establecidos en el artículo 178.2 CP, se presumirá que la víctima no dio su consentimiento y que el acusado sabía que la víctima no había dado su consentimiento. No obstante, la defensa puede presentar pruebas para refutar los argumentos de la acusación. Una vez traspasado el umbral de la intimidad física tras un acto externo de voluntad positiva, la nueva definición de consentimiento no exige un flujo constante de expresiones afirmativas a medida que la actividad sexual se desarrolla y adopta nuevas formas.

Por otro lado, como complemento necesario del cambio del estándar normativo sobre el consentimiento, la Ley Orgánica 10/2022 abandonó la distinción entre "agresión sexual" y "abuso sexual" que existía en el Código Penal español[6].

(Gili Pascual, 2021; Castellví Monserrat, 2023; Ramos Vázquez, 2023a; Cocá Vila, 2024; Valverde Cano, 2024), con una jurisprudencia titubeante.

6 La calificación de todas las formas de agresión sexual como "agresión sexual", "violación" en caso de actos con penetración, fue una de las reivindicaciones que se formularon en las manifestaciones contra las dos primeras sentencias del caso de la Manada, al grito de "¡no es abuso, es violación!". Sobre la influencia de este caso en la reforma, vid. Faraldo Cabana (2021a). Los manifestantes criticaron duramente la legislación española por no reconocer legalmente un ataque contra la libertad sexual como violación a menos que se empleara violencia o intimidación, argumentando que el abanico de violencia sexual etiquetado como violación era demasiado reducido, lo que suponía castigar menos los delitos sexuales meramente no consentidos. Aunque en la normativa penal española no existía el requisito de resistencia, normalmente el silencio o las protestas verbales no eran suficientes para una condena por violación. Solo la resistencia física solía serlo. Por otra parte, demostrar que la relación sexual se había producido mientras la denunciante estaba intimidada era un obstáculo difícil de superar para la acusación, al igual que cuando la víctima no oponía resistencia ni mostraba de ninguna otra forma su falta

Ambos delitos incluían actos sexuales con y sin penetración. La diferencia entre ambos era únicamente la presencia de violencia o intimidación. En España se reconocía legalmente una agresión como violación, también llamada agresión sexual agravada, solo cuando la penetración oral, anal o vaginal no consentida con el pene, un miembro corporal o un objeto se lograba mediante violencia o intimidación. Si no concurría violencia ni intimidación, ni consentimiento, el delito era el de abuso sexual agravado, castigado con penas menores. En oposición a esto, la Ley Orgánica 10/2022 definió todo sexo no consentido como agresión sexual. La violación era simplemente un subconjunto que incluía la penetración del cuerpo sin consentimiento. Debido a que los delitos de abuso sexual, sin violencia ni intimidación, se fusionaron en la nueva ley con los de agresión sexual, más graves, los rangos de penas para ambos también se combinaron, por lo que, con carácter general, aumentaron los límites máximos de las penas para las conductas antes constitutivas de abusos sexuales, pero se redujeron los límites mínimos (y, en algún caso, también los máximos) de las agresiones sexuales[7].

---

de consentimiento. La doctrina española, sin embargo, defendía mayoritariamente que tal diferenciación entre abuso sexual y agresión sexual ponía debidamente de relieve la diferente escala de gravedad en función de la afectación de la autonomía sexual de la víctima, pues no sería lo mismo ser forzada mediante violencia o amenazas que mantener relaciones sexuales no consentidas (Díez Ripollés, 2019; Gimbernat Ordeig, 2020). La distinción era considerada como "un signo de civilización y de eficacia", en palabras de Lascuraín Sánchez (2018: 19). Para una opinión distinta, *vid.* Ramon Ribas y Faraldo Cabana (2020) o González Rus (2023).

7 Por ejemplo, la penetración no consentida (llamada abuso sexual agravado, no violación) se castigaba antes con pena de prisión de 4 a 10 años, la penetración con violencia o intimidación (llamada violación) con pena de prisión de 6 a 12 años. En la reforma de 2022, el nuevo delito de penetración no consentida, es decir, violación,

III. LAS VENTAJAS (Y ALGUNAS DESVENTAJAS) DEL CONSENTIMIENTO AFIRMATIVO

La superación del modelo decimonónico, tradicional, de violación basado en el empleo de violencia, fuerza o intimidación supone otorgar todo el protagonismo a la ausencia de consentimiento, reconfigurando la violación como un delito que se comete sin consentimiento de la víctima. En el modelo consensual negativo, esto significa que para que la violación sea punible es necesario que la víctima manifieste su oposición, verbalmente o de cualquier otra forma reconocible para el autor, y que este no la respete, lo que se expresa a través del aforismo "no es no". No se necesita más que eso, esto es, no se precisa ni que el autor ejerza violencia o intimide a la víctima ni que esta oponga resistencia física una vez expresada su negativa.

Ahora bien, es necesario subrayar que la construcción de la violación en torno a la manifestación de la negativa obliga a la víctima a decir que no o a expresar su voluntad contraria al acto sexual de alguna otra forma. Ello supone cargar a la víctima con la responsabilidad de lo sucedido cuando no es capaz de expresar su negativa, sea porque queda psicológicamente bloqueada por el *shock* o el miedo[8], sea porque es incapaz de hacerlo, de resistir o de huir debido al estado etílico en el que se encuentra, el consumo de drogas o medicamentos o cualquier otra circunstancia limitante. En estos casos, no pocos tribunales han interpretado esa incapacidad para manifestar su negativa como consentimiento, cuando en realidad es so-

---

que incluye los supuestos de violencia o intimidación más otros, se castiga con pena de prisión de 4 a 12 años.

8 La parálisis involuntaria en situaciones de peligro ha sido ampliamente documentada y es objeto de estudio desde los años 70 (Suarez y Gallup, 1979). Más recientemente, *vid.* Möller et al. (2017) o Kalaf (2017).

metimiento o incapacidad de hacer otra cosa, como también lo es cuando las circunstancias que rodean el consentimiento eventualmente prestado son tales que impiden hablar de una voluntad libre. Incluso cuando la víctima es capaz de expresar su negativa, tampoco han faltado casos en que ese "no" ha sido ignorado o trivializado por el autor o por el titular del órgano judicial, que comparte los prejuicios sexistas existentes en la sociedad, como cuando se dice que las mujeres dicen que no cuando quieren decir sí (Muehlenhard y Rodgers, 1998: 443-463, resaltan que la gran mayoría de las personas que dicen que "no" en realidad quieren decir justamente eso), o cuando se atribuye a los hombres un desmedido apetito sexual, que les lleva a tomar la iniciativa y a insistir incluso tras un rechazo inicial, y se supone que las mujeres no lo tienen, por lo que se muestran remisas o reticentes (Humphreys, 2004: 209-225; Wiederman, 2005: 497-498).

Por estos motivos, entre otros, se ha dado un paso más allá de este modelo consensual, pasando del "no es no" al "solo sí es sí". Estos dos modelos consensuales se distinguen por cómo delimitan el consentimiento o su ausencia y, por tanto, también por cómo determinan el acceso al cuerpo femenino: si el modelo del consentimiento negativo parte de la disponibilidad por definición del cuerpo femenino, salvo que la mujer diga que no (Dripps, 1992: 1780-1806; Estrich, 1987: 103), el consentimiento afirmativo parte del supuesto contrario, la indisponibilidad por principio salvo que la mujer manifieste su asentimiento (Schulhofer, 1997: 2181, 1998: 271, 2017: 670), de forma que el silencio, la sumisión, el sometimiento o la pasividad no cuenten como expresión del consentimiento.

De esta forma, como indica Ramon Ribas (en Ramon Ribas y Faraldo Cabana, 2020: 36), la fórmula del consentimiento afirmativo incorpora, en el fondo, una obviedad: solo habrá ejercicio libre de una actividad sexual si esta es consentida por las partes; no necesariamente deseada, pero sí, al menos, aceptada como manifestación de una decisión libre. Pero esto, que parece obvio, es preciso subrayarlo, pues en la práctica existe un muy extendido desprecio por la voluntad de las mujeres. Lo que importa del consentimiento afirmativo es que no es posible seguir ignorando si, en realidad, una persona consiente o no en participar en una actividad sexual. Debe haber signos inequívocos que expresen con claridad la voluntad de la persona, que esta consiente participar en la actividad sexual. No hay silencio si, pese a no haber palabras, las acciones, expresiones o gestos evidencian que no hay voluntad de participar: apartar las manos del otro, subirse la ropa interior que le han bajado, llorar, intentar tapar la propia desnudez. Hay verdadero silencio cuando faltan todos ellos, y, entonces, el silencio tiene un sentido. Debe interpretarse como una negativa. No es preciso un sí verbal, ni un documento escrito ni, mucho menos, una escritura notarial que, en todo caso, sería revocable en cualquier momento. De hecho, el modelo del consentimiento afirmativo refleja de forma más apropiada que el del "no es no" la forma en que, en la práctica, se expresa la aceptación de una relación sexual: a través de la participación activa, con los intervinientes dirigiendo y conformando de forma fluida lo que se va haciendo, en oposición a un único acto de consentimiento o rechazo de una actividad perfectamente determinada (Pineau, 1989: 231; Tadros, 2006: 515-543; Beres, 2014: 382-383). Y es que, a diferencia de lo que ocurre en el ámbito negocial, el consentimiento sexual no puede presuponer un acto cuyos parámetros son claros e inmutables. Otras actividades, como una compraventa, un contrato de trabajo o una donación, adoptan una forma muy específica cuya variabilidad puede ser controlada por la parte interesada, pero el acto sexual adopta múltiples formas imposibles de predecir en el momento de prestar el consentimiento. No solo el consentimiento prestado para una práctica no implica que otras también sean aceptadas, sino que puede ser retirado o reducido en su alcance en cualquier momento. No basta, pues, con centrarse en momentos fijos de consentimiento o resistencia para determinar si una mujer acepta o no participar en la relación sexual. Al enfatizar el diálogo recíproco, el consentimiento afirmativo anima a las partes a expresar lo que quieren y a prestar atención a lo que quiere su pareja. La comunicación expresa y su ausencia se convierten en los elementos centrales de la definición de la violación y de la violencia sexual (Pineau, 1989: 231; Cowan, 2007; Little, 2005: 1321-1364; Macaulay Miller, 2008: 29-41). El modelo del consentimiento afirmativo en materia sexual cumple, en suma, una función de pedagogía social. Se produce un cambio de paradigma: el silencio, el sometimiento, la sumisión y la inexpresividad no deben entenderse como consentimiento, sino, justamente, como su ausencia.

El consentimiento afirmativo ha recibido una entusiasta acogida por buena parte del movimiento feminista (Anderson, 2005; Macaulay Millar, 2008: 39-40; Schulhofer, 2017). No sin críticas. Se objeta, por ejemplo, que la centralidad del consentimiento en los delitos sexuales implica una relación en cierto modo asimétrica entre las partes. El consentimiento supone que una de las partes tiene la iniciativa y hace una sugerencia o una solicitud, y la otra tiene dos opciones: aceptarla o rechazarla (como indica Veatch, 1995: 5, al hilo del estudio del consentimiento en el ámbito de la medicina). En el contexto sexual, implica que el sexo consiste en que una persona (la activa, por definición el hombre) le quiere hacer algo a otra (la pasiva, la mujer), que decide si se deja hacer o no (Tadros, 1999: 317; Anderson, 2005: 1408). En el ámbito de la sexualidad, "el verbo consentir aparece como un verbo "femenino", inscrito en una lógica social en la cual las mujeres se exigen y son exigidas socialmente para resistir o conceder; los hombres, para buscar activamente el consentimiento femenino" (Pérez Hernández, 2016: 742). Pero las partes no se encuentran en la misma posición. Por un lado, porque las consecuencias de que no se respete la voluntad de cada una de ellas son muy distintas: si no se respeta la negativa femenina se la fuerza a mantener relaciones sexuales que no quiere, mientras que si no se accede a la solicitud masculina el hombre tendrá que buscar otra pareja. Por otro, porque los roles de género determinados social y culturalmente determinan quién es la persona apropiada para proponer (el hombre) y quién la que debe poner límites (la mujer) (Gavey, 2005). Frente a esa comprensión asimétrica de las relaciones sexuales, cabe apuntar que un entendimiento del consentimiento afirmativo en clave comunicativa, como el que se adoptó en la reforma de 2022, permite superar esa crítica, por dos motivos. Pon un lado, porque, si bien ciertamente conlleva de forma natural que en el proceso haya que preguntar por la actitud de la víctima, centra la atención en el autor: en lugar de preguntar a la víctima si consintió o no, hay que preguntar a la persona que inició el contacto sexual si lo negoció con su pareja llegando a un acuerdo sobre lo que habría de ocurrir, si se habló de la contracepción, si se interesó por lo que le gustaba o ella se lo dijo, si le parecía que disfrutaba o que no lo hacía (Anderson, 2005: 1423). Cuando no ha habido comunicación alguna, sino solo silencio, hay que presumir que el contacto sexual no es consentido (Remick, 1993: 1129), correspondiendo al acusado la carga de la prueba de que sí lo fue, aun a pesar de que el sexo probablemente haya sido muy insatisfactorio para la otra parte (Pineau, 1989: 233). El modelo del consentimiento afirmativo convierte en responsabilidad de cada una de las partes asegurarse de que la otra ha manifestado libremente por actos exteriores, concluyentes e inequívocos, conforme a las circunstancias concurrentes, su voluntad expresa de participar en el acto sexual. Por otro lado, la importancia de ese análisis de las circunstancias en que se presta el consentimiento, esto es, el contexto de las condiciones circundantes, pone de manifiesto que no basta con un acto aislado y descontextualizado de manifestación del consentimiento. La coerción sexual, el engaño, la minoría de edad, el estado de embriaguez, la desigualdad económica, la diferente posición social, la dinámica relacional... son factores que pueden cuestionar la validez del consentimiento (Archard, 1998: 34; Munro, 2010: 26-27; Palmer, 2017: 19; Dowds, 2022). Se impone un mínimo nivel de diligencia a la hora de determinar la disponibilidad sexual de la pareja. El efecto educativo de este cambio hacia un modelo de consentimiento afirmativo es de gran importancia, dado que numerosos estudios apuntan a que entre hombres y mujeres hay frecuentes malentendidos en lo que se refiere a la percepción de la disponibilidad sexual de un miembro del otro sexo (Anderson, 2005: 1417-1420; Sandoz, 2021: 717; Featherstone et al., 2024: 31)[9], con sesgos de género que llevan a que los hombres, más que las mujeres, perciban como señales de disponibilidad sexual que las mujeres beban alcohol en compañía masculina, acepten sus invitaciones, lleven ropa provocativa, vayan a la propia vivienda con un hombre, acepten ir a la de él, flirteen o participen en ciertas prácticas sexuales (Henningsen, 2004: 487-488; Farris et al., 2008; Graham, 2014), incluso aunque manifiesten verbalmente y de forma enérgica su negativa al acto sexual (Little, 2005; Decker y Baroni, 2011: 1082). La exigencia de que concurra el mutuo acuerdo entre las partes, de forma clara, patente, especificada, cumple, de esta manera, una doble función preventivo-general. Como indica Ramon Ribas (en Ramon Ribas y Faraldo Cabana, 2020: 36-37), el fin del Derecho penal–existe consenso al respecto–no es, simplemente, castigar, sancionar hechos que se consideran gravemente injustos, sino, sobre todo, prevenir que tales hechos se cometan, pues suponen la lesión o puesta en peligro de un bien jurídico relevante. Y lo hace desde dos perspectivas que se complementan:

- En primer lugar, el efecto preventivo de carácter negativo o intimidatorio se produce dirigiéndose a toda la ciudadanía,

9 Sin embargo, otros autores han encontrado evidencias de que cuando las mujeres dicen que no al sexo lo hacen de forma consistente con otras normas conversacionales relativas al rechazo, en general, y que los hombres indican ser conscientes de que esa negativa es un rechazo (O'Byrne et al., 2008; Beres, 2014: 377).

comunicándole que, si se mantienen relaciones sexuales sin mediar acuerdo con la pareja, cometen un delito y deberán ser castigados.

- En segundo lugar, el efecto preventivo de carácter positivo se produce al proclamar que un determinado bien, la libertad sexual, tiene un alto valor y, por ello, es merecedor de tutela penal. La destinataria del anuncio legal ahora es, una vez más, toda la ciudadanía, incluyendo los potenciales delincuentes, a quienes se informa de aquel reconocimiento; pero también ellas, las personas y, muy especialmente, las mujeres, que sean, pese a todo, objeto de atentados sexuales. Deben saber identificar cuándo son partícipes libres en un comportamiento sexual y cuándo son víctimas; poner nombre a lo que desean hacer, pero también a lo que padecen.

No se trata, por tanto, solo, ni principalmente, de no dejar margen a la impunidad de determinados actos, sino de despertar la conciencia social de que el ejercicio de la sexualidad debe ser libre. No es tolerable despreciar la voluntad de las personas, actuar con indiferencia hacia dicha voluntad o ignorarla deliberadamente, pues, de este modo, la persona deja de ser tratada como tal, con respeto por su dignidad y su libertad, y se convierte en víctima de otro. El anuncio legal debe ser manifiesto: no se pretende solo convencer intimidando, asustando, sino, asimismo, y muy especialmente, concienciando, dando a conocer lo que está mal y lo que está bien, fomentando la dignidad, la libertad, la igualdad.

La principal virtud del modelo del consentimiento afirmativo es situar en el centro del debate judicial lo que verdaderamente importa: no si hubo violencia o intimidación, ni un acto aislado de consentimiento, sino si hubo voluntad libre durante todo el acto, atendidas las circunstancias concurrentes. La comunicación sexual debe ser el centro de atención, y su ausencia el elemento nuclear de los delitos sexuales. En el juicio, la atención no debe requerirla, ni solo ni, primeramente, la actitud de la víctima: no interesa determinar solo si consintió o no, sino si ambos participaron en la relación como expresión de su libre voluntad, valorada en el contexto de las circunstancias concurrentes.

IV. UN PASO ATRÁS: LA CONTRARREFORMA DE 2023

La introducción del consentimiento afirmativo en el Código Penal fue considerada por el movimiento feminista una victoria tras muchos años de lucha: las feministas españolas podían reivindicar cambios fundamentales en la regulación penal de los delitos sexuales. Ahora bien, ya durante la tramitación, la idea de que hubiera que obtener un "sí" antes de mantener relaciones sexuales fue ridiculizada por ciertos sectores de la prensa y las redes sociales. También fue rechazada por órganos de representación de jueces y magistrados (CGPJ, 2021: 136-137), mientras que abogados y penalistas la descartaron por considerarla una reforma inane sin relevancia práctica (entre otros, Campaner Muñoz, 2022; Valmaña Ochaita, 2022), sobre la base de dos argumentos contrarios: el primero, que la conducta no verbal, como la pasividad o el silencio absolutos, debía entenderse como un "acto externo" que demuestra el consentimiento, como ya ocurría en la práctica con la regulación anterior; el segundo, que en la jurisprudencia ya se estaba consolidando antes de la reforma la idea que el silencio no era un signo de consentimiento, con lo que el cambio no era necesario. La mera existencia de estas discrepantes opiniones ya justifica, en mi opinión, que se introdujera mayor claridad en la regulación legal. En cualquier caso, en este debate jugó un papel relevante la fuerte oposición de un destacado sector de la doctrina penal, que denunciaba que la reforma coartaba indebidamente la libertad sexual (de los hombres, vid. Díez Ripollés, 2019, Gimbernat Ordeig, 2020, o Álvarez García, 2022). Según ellos, el cambio de modelo crea mensajes confusos relativos a qué conductas son consentidas y cuáles no, ampliando el concepto de violación a actos en realidad consentidos, que, aunque aparentemente ofensivos, no se corresponden con la concepción común de lo que constituye una violación, el delito sexual más grave. Parecían especialmente preocupados por la criminalización de lo que describían como un comportamiento sexual masculino normativo: mantener relaciones sexuales mientras la esposa duerme o considerarlas consentidas dando por sentado que ella dice "sí" solo porque no dice "no" o no se opone de ninguna forma. Se mostraron contrarios a imponer penas a quienes no saben manejar adecuadamente la ambigüedad, afirmando que exigir que el hombre tome medidas proactivas para determinar si la otra parte está dando su consentimiento, en ausencia de cualquier signo expreso en este sentido, no solo es pedir demasiado, sino que además supone adoptar un enfoque poco realista sobre cómo se producen ciertas actividades sexuales que no deberían ser problemáticas, convirtiendo el comportamiento de amplias franjas de la población en objeto de criminalización en un intento de cambiar la cultura. De hecho, la convicción subyacente en la reforma de que la ley puede producir un cambio social en la línea de consentimiento afirmativo, que implique una comunicación y una negociación sexual claras, fue rechazada por distópica, con el argumento de que el poder punitivo del Estado no debería utilizarse para acabar con la ambigüedad sexual (Malón Marco, 2020: 225; con matices, Ramos Vázquez, 2023b: 253)[10].

---

[10] En la línea de quienes, a nivel internacional, proponen que el Derecho Penal acepte las normas sociales tal y como están, sin pretender cambiar el consenso existente sobre ciertos comportamientos o actitudes (Bryden, 2000: 405-406).

La contrarreforma que lleva a cabo la Ley Orgánica 4/2023 no es consecuencia directa de estas críticas. El desencadenante político fue la aplicación retroactiva de las nuevas penas más favorables al reo, que produjo un goteo de excarcelaciones y reducciones de condena seguido al detalle por la prensa, con un discurso muy punitivista y a la vez centrado en la desazón de las víctimas ante lo que estaba ocurriendo. Los medios de comunicación destacaron la reducción de condenas y la excarcelación de delincuentes sexuales como el resultado de una ley errónea, mal concebida y peor redactada, cuyas lagunas pudieron ser aprovechadas por los condenados para su beneficio, ante el estupor de las víctimas. En periódicos y populares programas de radio y televisión, la reforma de 2022 fue identificada como un producto basura, una ley chapucera que ponía en peligro y decepcionaba a las víctimas. La poco afortunada defensa de la ley por parte del Ministerio de Igualdad, tras descalificar inicialmente las primeras noticias como "propaganda sexista", consistió en culpar de las inesperadas consecuencias a "jueces sexistas" que aplicaban la ley de forma errónea, argumentando que necesitaban más formación para superar prejuicios de género arraigados. Ante las feroces críticas de la oposición y el enfado de las autoridades judiciales por estos comentarios, y a la vista de elecciones municipales en mayo de 2023, el principal socio del gobierno de coalición de izquierdas que había promovido la reforma de 2022, el PSOE, exigió a su socio de coalición, UP, que controlaba el Ministerio de Igualdad, una nueva reforma. Los desacuerdos entre ambos socios llevaron a que el PSOE presentara en solitario en febrero de 2023 una proposición de ley. Esta proposición acabó siendo aprobada en abril de 2023 con los votos favorables del PSOE y el principal partido de la oposición, el PP. Esta contrarreforma no toca directamente el consentimiento. Lo que hace es reintroducir sendos subtipos agravados tanto del tipo básico de agresión sexual como del tipo agravado por la penetración cuando la conducta se comete empleando violencia o intimidación o cuando la víctima tuviera anulada por cualquier causa su voluntad[11], y en el camino elevar considerablemente las penas. La exposición de motivos justifica los cambios sobre la base del Derecho comparado, por un lado, de la necesidad de coordinar la regulación de los delitos sexuales contra personas adultas con la de menores de edad, por otro, y de la mayor antijuridicidad de la conducta en esos casos, que debe ser atendida con un aumento de las penas: "Al igual que ocurre en otros ordenamientos penales europeos y en la vigente regulación de las agresiones sexuales a menores de dieciséis años de edad en nuestro Código Penal, se deben establecer unas penas distintas y más graves para las agresiones sexuales a mayores de esa edad cuando se realizan con violencia o intimidación o sobre una víctima con la voluntad anulada, lo que encierra una gravedad equiparable al empleo de violencia o intimidación. En estos casos, no estamos ante meras circunstancias agravantes que rodean el delito, sino ante elementos que están en la conducta misma y que evidencian una mayor antijuridicidad, lo que precisa de una respuesta normativa diferenciada. Por ello, se castigan con unas penas más graves y se excluyen del tipo atenuado del artículo 178.4 del Código Penal" (apartado I). De hecho, en la contrarreforma de 2023, las penas, que se habían bajado en algunos supuestos, recobran el nivel previo a la reforma de 2022, e incluso lo superan en algunos casos. El objetivo, dice la exposición de motivos, es "blindar la ley en favor de las víctimas y evitar el efecto no deseado de una posible aplicación de las

---

11 De acuerdo con la nueva redacción del art. 178.3 CP, "Si la agresión [del tipo básico, esto es, un acto de contenido sexual sin consentimiento] se hubiera cometido empleando violencia o intimidación o sobre una víctima que tenga anulada por cualquier causa su voluntad, su responsable será castigado con la pena de uno a cinco años de prisión". Por su parte, el art. 179.2 CP dispone ahora que "Si la agresión a la que se refiere el apartado anterior [esto es, actos consistentes en penetración] se cometiere empleando violencia o intimidación o cuando la víctima tuviera anulada por cualquier causa su voluntad, se impondrá la pena de prisión de seis a doce años".

penas mínimas de los nuevos marcos penales, que son más amplios, para que en casos graves no exista la posibilidad de que se impongan penas bajas" (apartado I).

Ninguna de estas justificaciones es suficiente. En los ordenamientos jurídicos de los países de nuestro entorno lo que se observa es una gran variedad de soluciones legislativas, si bien con un elemento común: la tendencia a prescindir de la violencia, fuerza o intimidación en la definición de la violación. Por su parte, en las agresiones sexuales a menores de 16 años se distingue: en el tipo básico, no se establece un tipo agravado cuando concurre violencia, intimidación o se comete sobre una víctima con la voluntad anulada; sin embargo, si hay penetración, sí. Por último, la supuesta mayor antijuridicidad de la conducta en los casos en que concurra alguna de esas circunstancias es discutible. La libertad sexual, entendida como el derecho a no verse involucrado en un acto de carácter sexual, se ve tan afectada en esos casos como cuando se toma a la víctima por sorpresa, se abusa de su situación de vulnerabilidad o se aprovecha que está en un estado etílico que, sin embargo, no anula su voluntad, solo la disminuye. La afectación a su integridad física que supone el uso de violencia ya se atendía a través de la aplicación de un concurso real. En cuanto a la afectación a su libertad (en los casos de violencia o intimidación), hay que tener en cuenta que la agresión sexual violenta o intimidatoria está en relación de especialidad con las coacciones. Por lo que se refiere al caso de una víctima con su voluntad anulada, los problemas se multiplican: ¿en qué se diferencia ese caso de la víctima privada de sentido o de la víctima que ha tomado sustancias que la dejan total o parcialmente incapaz de expresar su voluntad? Si no hay diferencias, se ha vaciado absurdamente el tipo básico, limitado a los contactos sexuales sorpresivos, sobre una víctima de cuyo trastorno mental se abusare, cometidos con abuso de situación de vulnerabilidad de la víctima o de superioridad del autor, y simplemente sin consentimiento. Si hay, en efecto, diferencias que justifiquen la notable agravación penológica, hay que explicarlas: ¿por qué es más grave violar a una mujer completamente borracha, inconsciente, que a otra que, habiendo bebido, conserva parcialmente sus facultades? ¿Por qué es más grave violar a una mujer intimidada que a otra que es vulnerable por su situación o porque el autor tiene sobre ella una situación de superioridad de la que abusa? ¿Por qué es más grave violar a una mujer en coma que a otra de cuyo trastorno mental se abusa? A todo ello se suma que, si las penas ya eran elevadas antes de la reforma de 2022, lo cual era objeto de críticas, ahora lo son todavía más.

Estas modificaciones se llevan a cabo, dice la exposición de motivos, respetando el modelo del consentimiento afirmativo: "sin afectar al corazón de la norma, ya que se mantiene la íntegra definición del consentimiento y, por tanto, la esencia de la regulación de los delitos contra la libertad sexual" (apartado I de la Exposición de Motivos de la LO 4/2023). Lo cierto, sin embargo, es que el modelo de consentimiento afirmativo ha quedado debilitado. El renovado énfasis en la violencia e intimidación produce un cambio de foco. Oculta la relevancia del cambio de modelo, permitiendo a jueces y tribunales volver a la interpretación de siempre. Como señala Dowds (2020: 40), la persistencia de la narrativa basada en el uso de violencia o intimidación se vincula a interpretaciones regresivas de la violación como un delito violento en sentido estricto. De hecho, el empleo de violencia o intimidación condiciona, de nuevo, la gravedad del delito, mezclando lo que en realidad son dos delitos distintos: el atentado a la libertad sexual, para el que debería bastar que no haya consentimiento, por un lado, y el atentado contra la integridad física y psíquica o la salud, por otro, para abarcar el cual ya preveía el artículo 194 *bis* CP (y lo sigue haciendo) la aplicación de un concurso de delitos[12]. De nuevo

---

[12] Artículo 194 *bis* CP, introducido por la Ley Orgánica 10/2022: "Las penas previstas en los delitos de este título se impondrán sin perjui

son menos graves los delitos sexuales en los que no concurre violencia o intimidación o la voluntad de la víctima no está anulada; de nuevo, abogados, jueces y fiscales considerarán que consienten las mujeres que, pudiendo hacerlo, no resisten físicamente o no expresan su negativa de cualquier otro modo (como advierte Burgin, 2019); de nuevo, habrá dos clases de víctimas: las que merecen la máxima protección, porque se ha vencido su resistencia con violencia o intimidación o estaban totalmente incapacitadas para oponerse, y las que no la merecen, porque el autor "solo" ha abusado de una situación de superioridad o de la vulnerabilidad de la víctima, "solo" se ha aprovechado de su trastorno mental, "solo" ha actuado sin respetar su voluntad o sin interesarse mínimamente por ella[13]. Otra vez la normativa penal contribuirá a los mitos de la violación, y en particular al que responsabiliza a las víctimas por no protegerse a sí mismas o por incurrir en conductas "de riesgo", puesto que, por un lado, es menos grave violar a mujeres vulnerables, con trastorno mental, borrachas o drogadas, siempre que no tengan anulada su voluntad, y, por otro, se perpetúa la idea de que si una mujer calla y no lucha es porque consiente, aunque el terror la paralice. Al fin y al cabo, "quien calla, otorga". ¿O no?

V. CONCLUSIÓN

A nivel internacional se reconoce ampliamente que las legislaciones que incluyen la violencia y la intimidación sea como elementos definitorios sea como circunstancias agravan-

---

cio de la que pudiera corresponder por los actos de violencia física o psíquica que se realizasen".

13 Sobre la persistencia de estereotipos sobre lo que constituye una "verdadera" violación ("real-rape stereotypes"), *vid.* Conaghan (2019: 151–182).

tes en el delito de violación distraen del aspecto central, que ha de ser si se prestó un consentimiento válido que responde a una voluntad libremente formada en el contexto de las circunstancias del caso (Palmer, 2017: 19). Ciertamente, el consentimiento afirmativo no es la panacea que permite resolver todos los problemas de la violencia sexual[14]. La ley gusta de conceptos claros, dicotómicos, pero el consentimiento en las relaciones sexuales es todo menos eso, sobre todo desde que los estudios feministas sobre sexualidad han puesto de relieve los numerosos matices que condicionan tanto la libertad y autonomía sexual de las mujeres como la comunicación sexual en la pareja (como indica Beres, 2010: 7, o 2014). Se asume con frecuencia que todo el sexo consensual es deseado y todo el sexo no consensual es no deseado, pero deseo y consentimiento no siempre van de la mano, y la ambivalencia respecto al sexo en general, al sexo con una determinada persona o al sexo en determinadas circunstancias de lugar, tiempo y modo está al orden del día (Muehlenhard y Peterson, 2005: 18; Bay-Cheng y Eliseo-Arras, 2008; Pérez Hernández, 2016: 747). Esa escala de grises no es fácil de traducir al Derecho penal, que opera en blanco y negro (como advierte Jozkowski, 2016). El modelo afirmativo, tal y como se ha regulado en España, es, no obstante, un avance en esa línea, pues introduce matices que deben analizarse para poder hablar de consentimiento válido. Su debilitamiento en la contrarreforma de 2023 solo merece una valoración negativa.

---

14 Seguirán planteándose dudas sobre supuestos límite. Vid. los casos que apuntan Cuerda Arnau y Fernández Hernández (2023: 1275-1279) o Ramos Vázquez (2023b: 247 y ss.). Ahora bien, tanto las dudas como las posibles respuestas serán distintas, condicionadas por un nuevo marco legal que necesitará de la jurisprudencia para aquilatarse y alcanzar sus verdaderas dimensiones.

BIBLIOGRAFÍA

Acale Sánchez, M. (2020): "El consentimiento de la víctima: piedra angular de los delitos sexuales", en González Cussac, J. L. (dir.), *Estudios jurídicos en memoria de la Profesora Doctora Elena Górriz Royo*, Valencia: Tirant lo Blanch, pp. 35-58.

Acale Sánchez, M. (2021): "Delitos sexuales: razones y sinrazones para esta reforma", *IgualdadES*, Año 3, núm. 5, pp. 467-485.

Alaattinoglu, D., et al. (2020): "Rape in Finnish criminal law and process – A discussion on, and beyond, consent", *Bergen Journal of Criminal Law and Criminal Justice*, 8(2), pp. 33-53.

Álvarez García, F. J. (2022): "La libertad sexual en peligro", *Diario La Ley*, núm. 10007, pp. 1–17.

Anderson, M. J. (2005): "Negotiating Sex", *Southern California Law Review*, 78(6), pp. 1401-1438.

Archard, D. (1998): *Sexual Consent*, Boulder: Westview Press.

Bay-Cheng, L. y Eliseo-Arras, R. (2008): "The making of unwanted sex: Gendered and neoliberal norms in college women's unwanted sexual experiences", *Journal of Sex Research*, 45(4), pp. 386-397.

Beleza, T. Pizarro (2016): ""Consent – It's a Simple as Tea": notas sobre a relevância do dissentimento nos crimes sexuais, em especial na violação", en Cunha, M. da C. (coord.), *Combate à Violência de Género: Da Convenção de Istambul à nova legislação penal*, Porto: Universidade Católica Editora, pp. 15-26.

Beres, M. (2010): "Sexual Miscommunication? Untangling Assumptions About Sexual Communication Between Casual Sex Partners", *Culture, Health & Sexuality*, 12(1), pp. 1-14.

Beres, M. (2014): "Rethinking the Concept of Consent for Anti-Sexual Violence Activism and Education", *Feminism and Psychology*, 24(3), pp. 373-389.

Bryden, D. (2000): "Redefining Rape", *Buffalo Criminal Law Review*, 3(2), pp. 317-479.

Buchhandler-Raphael, M. (2011): "The Failure of Consent: Re-Conceptualizing Rape as Sexual Abuse of Power", *Michigan Journal of Gender and Law*, 18(1), pp. 147-228.

Burgin, R. (2019): "Persistent Narratives of Force and Resistance: Affirmative Consent as Law Reform", *The British Journal of Criminology*, 59(2), pp. 296–314.

Caeiro, P. (2019): "Observações sobre a projectada reforma do regime dos crimes sexuais e do crime de violência doméstica", *Revista Portuguesa de Ciência Criminal,* Ano 29, 3, pp. 631-679.

Campaner Muñoz, J. (2022): "El consentimiento sexual como eje de la Reforma Penal: pura logomaquia (un enfoque procesal contrario a las últimas iniciativas legislativas)", *Revista de Derecho y Proceso Penal,* núm. 65, pp. 113-134.

Castellví Monserrat, C. (2023): "¿Violaciones por engaño? Sobre el concepto de consentimiento y el objeto del consentimiento sexual", *InDret: Revista para el Análisis del Derecho,* 4, pp. 171-220.

Chamallas, M. (1988): "Consent, equality and the legal control of sexual conduct", *Southern California Law Review,* 61(4), pp. 777-862.

Cocá Vila, I. (2024): "Stealthing: ¿violación o agresión sexual?", *InDret: Revista para el Análisis del Derecho,* 4, pp. 478-487.

Conaghan, J. (2019): "The Essence of Rape", *Oxford Journal of Legal Studies,* 39(1), pp. 151–182.

Consejo General del Poder Judicial (2021): *Informe sobre el Anteproyecto de Ley Orgánica de Garantía Integral de la Libertad Sexual,* de 25 de febrero de 2021, disponible en: https://www.poderjudicial.es/cgpj/es/Poder-Judicial/Consejo-General-del-Poder-Judicial/Actividad-del-CGPJ/Informes/Informe-sobre-el-anteproyecto-de-Ley-Organica-de-Garantia-Integral-de-la-Libertad-Sexual

Correia, L. C. Gomes (2020): "As alterações de 2019 ao Código Penal em matéria de crimes sexuais: os crimes de Coação Sexual e Violação", *Julgar,* Dezembro pp. 1-28.

Cowan, S. (2007): "Choosing Freely: Theoretically Reframing the Concept of Consent", en Hunter, R. y Cowan, S. (eds.), *Choice and Consent: Feminist Engagements with Law and Subjectivity,* London: Routledge, pp. 91-106.

Cowan, S. (2010): "All change or business as usual? Reforming the law of rape in Scotland", en McGlynn, C. y Munro, V. E. (eds.), *Rethinking Rape Law. International and Comparative Perspectives,* Abingdon: Routledge-Cavendish, pp. 154-168.

Cuerda Arnau, M. L. y Fernández Hernández, A. (2023): "Legalidad, presunción de inocencia y prohibición de exceso en la reforma de los delitos contra la libertad sexual", en Muñoz Sánchez, J. et al. (dirs.), *Estudios jurídico-penales, criminológicos y político-criminales. Libro Homenaje al Profesor José Luis Díez Ripollés,* Valencia: Tirant lo Blanch, pp. 1295-1313.

Decker, J. F. y Baroni, P. G. (2011): ""No" Still Means "Yes": The Failure of the "Non-Consent" Reform Movement in American Rape and Sexual Assault Law", *Journal of Criminal Law and Criminology*, 101(4), pp. 1081-1169.

Dempsey, M. M. (2013): "Victimless Consent and the Volenti Maxim: How Consent Works", *Criminal Law and Philosophy*, 7(1), pp. 11-27.

Díez Ripollés, J. L. (2019): "Alegato contra un derecho penal sexual identitario", *Revista Electrónica de Ciencia Penal y Criminología*, 21-10.

Dowds, E. (2020): "Towards a Contextual Definition of Rape: Consent, Coercion and Constructive Force", *The Modern Law Review*, 83(1), pp. 35-63.

Dowds, E. (2022): "Redefining consent: rape law reform, reasonable belief, and communicative responsibility", *Journal of Law and Society*, 49(4), pp. 824-847.

Dripps, D. A. (1992): "Beyond Rape: An Essay on the Difference Between the Presence of Force and the Absence of Consent", *Columbia Law Review*, 92(7), pp. 1780-1806.

Estrich, S. (1987): *Real Rape*, Harvard: Harvard University Press.

Faraldo Cabana, P. (2018): "Evolución del delito de violación en los códigos penales españoles", en Faraldo Cabana, P. y Acale Sánchez, M. (dirs.), *La Manada. Un antes y un después en la regulación de los delitos sexuales en España*, Valencia: Tirant lo Blanch, pp. 31-69.

Faraldo Cabana, P. (2019): "Razones para la reforma del delito de violación", en Barona Vilar, S. (dir.), *Claves de la justicia penal. Feminización, inteligencia artificial, supranacionalidad y seguridad*, Valencia: Tirant lo Blanch, pp. 177-204.

Faraldo Cabana, P. (2021a): "The Wolf Pack Case and the Reform of Sex Crimes in Spain", *German Law Journal*, 22(5), pp. 847-859.

Faraldo Cabana, P. (2021b): ""Solo sí es sí": hacia un modelo comunicativo del consentimiento en el delito de violación", en Acale Sánchez, M., Rodrigues, A. M. y Nieto Martín, A. (coords.), *Reformas penales en la península ibérica: a jangada de pedra?*, Madrid: Boletín Oficial del Estado, pp. 265-281.

Faraldo Cabana, P. (2024): "La definición del consentimiento afirmativo en los delitos sexuales en España: ¿una reforma de ida y vuelta?", en Rodrigues, A. M. et al. (coords.), *40 anos do Código penal 1982 · 2022*, Coimbra: FDUC, Coimbra, pp. 163-198.

Farris, C. et al. (2008): “Sexual Coercion and the Misperception of Sexual Intent”, *Clinical Psychology Review,* 28(1), pp. 48-66.

Featherstone, L. et al. (2024): “What Is Affirmative Consent?”, en Featherstone, L., Byrnes, C., Maturi, J., Minto, K., Mickelburgh, R. y Donaghy, P., The Limits of Consent. Cham: Palgrave Macmillan, pp. 23-40.

Gili Pascual, A. (2021): “Stealthing. Sobre el objeto del consentimiento en el delito de abuso sexual”, *Cuadernos de Política Criminal,* núm. 135, pp. 85-134.

Gimbernat Ordeig, E. (2020): “Solo sí es sí”, *Diario del Derecho,* 21-4-2020.

González Rus, J. J. (2023): “Sobre la libertad e indemnidad sexual, la reforma de las agresiones sexuales y la superación de los inconvenientes del “modelo del consentimiento””, en Muñoz Sánchez, J. et al. (dirs.), *Estudios jurídico-penales, criminológicos y político-criminales. Libro Homenaje al Profesor José Luis Díez Ripollés,* Valencia: Tirant lo Blanch, pp. 1427-1441.

Graham, K. et al. (2014): ““Blurred Lines?” Sexual Aggression and Barroom Culture”, *Alcoholism, clinical and experimental research,* 38(5), pp. 1416-1424.

Gruber, A. (2017): “Not Affirmative Consent”, *The University of the Pacific Law Review,* 47(4), pp. 683-707.

Hale, M. (1736): *Historia Placitorum Coronae. The History of the Pleas of the Crown. Volume 2,* London: E. and R. Nutt and R. Gosling editors.

Henderson, L. (1993): “Getting to Know: Honoring Women in Law and in Fact”, *Texas Journal of Women & the Law,* 2, pp. 41-73.

Henningsen, D. D. (2004): “Flirting with Meaning: An Examination of Miscommunication in Flirting Interactions”, *Sex Roles,* 50, pp. 481-489.

Hörnle, T. (2017): “The New German Law on Sexual Assault and Sexual Harassment”, *German Law Journal,* 18, pp. 1309-1330.

Humphreys, T. (2004): “Understanding sexual consent: An empirical investigation of the normative script for young heterosexual adults”, en Reynolds, P. y Cowling, M. (eds.), *Making Sense of Sexual Consent,* Aldershot: Ashgate, pp. 209-225.

Jozkowski, K. N. (2016): “Barriers to Affirmative Consent Policies and the Need for Affirmative Sexuality”, *The University of the Pacific Law Review,* 47(4), pp. 741-772.

Kalaf, J. et al. (2017): "Sexual trauma is more strongly associated with tonic immobility than other types of trauma–A population based study", *Journal of Affective Disorders*, 215, pp. 71-76.

Lascuraín Sánchez, J. A. (2018): "Las huellas de "La Manada"", *El Cronista del Estado Social y Democrático de Derecho*, núm. 77, pp. 16-21.

Little, N. J. (2005): "From No Means No to Only Yes Means Yes: The Rational Results of an Affirmative Consent Standard in Rape Law", *Vanderbilt Law Review*, 58(4), pp. 1321-1364.

Macaulay Millar, T. (2008): "Toward a Performance Model of Sex", en Friedman, J. y Valenti, J. (eds.), *Yes Means Yes!: Visions of Female Sexual Power and a World Without Rape*, Berkeley: Seal Press, pp. 29-41.

McGlynn, C. (2010): "From Consent to Coercion: Evaluating International and Domestic Frameworks for the Criminalization of Rape", en McGlynn, C. y Munro, V. E. (eds.), *Rethinking Rape Law. International and Comparative Perspectives*, Abingdon: Routledge-Cavendish, pp. 139-153.

Möller, A. et al (2017): "Tonic immobility during sexual assault", *Acta Obstetricia et Gynecologica Scandinavica*, 96(8), pp. 932-938.

Muehlenhard, C. L. y Rodgers, C. S. (1998): "Token Resistance to Sex: New Perspectives on an Old Stereotype", *Psychology of Women Quarterly*, 22(3), pp. 443-463.

Muehlenhard, C. L. y Peterson, Z. D. (2005): "Wanting and Not Wanting Sex: The Missing Discourse of Ambivalence", *Feminism and Psychology*, 15(1), pp. 15-20.

Munro, V. E. (2005): "Concerning Consent: Standards of Permissibility in Sexual Relations", *Oxford Journal of Legal Studies*, 25(2), pp. 335-352.

Munro, V. E. (2008): "Constructing Consent: Legislating Freedom and Legitimating Constraint in the Expression of Sexual Autonomy", *Akron Law Review*, 41(4), pp. 923-956.

Nilsson, G. (2020): "Towards voluntariness in Swedish rape law. Hyper-medialised group rape cases and the shift in the legal discourse", en Bruvik Heinskou, M. et al. (eds.), *Rape in the Nordic countries: Continuity and change*, London and New York: Routledge, pp. 101-119.

O'Byrne, R. et al. (2008) : "If a girl doesn't say 'no'...": Young men, rape and claims of 'insufficient knowledge", *Journal of Community & Applied Social Psychology*, 18(3), pp. 168-193.

Palmer, T. V. (2017): "Distinguishing Sex from Sexual Violation: Consent, Negotiation and Freedom to Negotiate", en Reed, A. et al.

(eds.), *Consent: domestic and comparative perspectives*, London-New York: Routledge, pp. 9-24.

Pérez Hernández, Y. (2016): "Consentimiento sexual: un análisis con perspectiva de género", *Revista Mexicana de Sociología*, 78(4), pp. 741-767.

Pineau, L. (1989): "Date Rape: A Feminist Analysis", *Law and Philosophy*, 8(2).

Power, H. (2003): "Towards a Redefinition of the Mens Rea of Rape", *Oxford Journal of Legal Studies*, 23(3), pp. 379-404.

Ramon Ribas, E. y Faraldo Cabana, P. (2020): ""Solo sí es sí", pero de verdad. Una réplica a Gimbernat", *Estudios Penales y Criminológicos*, Vol. XL, pp. 21-42.

Ramos Vázquez, J. A. (2023a): "El engaño como medio comisivo de la agresión sexual: la esterilidad de Naim Darrechi y la nueva cultura del consentimiento", en Agustina, J. R. (coord.), *Comentarios a la ley del "solo sí es sí": Luces y sombras ante la reforma de los delitos sexuales introducida en la LO 10/2022, de 6 de septiembre*, Barcelona: Atelier, pp. 167-177.

Ramos Vázquez, J. A. (2023b): "Algunos problemas conceptuales y epistemológicos de la definición del consentimiento sexual en la llamada ley de "solo sí es sí"", *Teoría y derecho*, núm. 34, pp. 230-255.

Remick, L. A. (1993): "Read Her Lips: An Argument for a Verbal Consent Standard in Rape", *The University of the Pacific Law Review*, 141(3), pp. 1103-1151.

Rumney, P. N. S. (2006): "False allegations of rape", *The Cambridge Law Journal*, 65(1), pp. 125-158.

Rumney, P. N. S. y Morgan-Taylor, M. (2004): "The Construction of Sexual Consent in Male Rape and Sexual Assault", en Reynolds, P. y Cowling, M. (eds.), *Making Sense of Sexual Consent*, Aldershot: Ashgate, pp. 141-170.

Sandoz, E. (2021): "Beyond "Yes Means Yes": A Behavioral Conceptualization of Affirmative Sexual Consent". *Behavior and Social Issues*, 30, pp. 712–731.

Schulhofer, S. J: (1997): "The Feminist Challenge in Criminal Law", *The University of the Pacific Law Review*, 143, pp. 2151-2207.

Schulhofer, S. J. (1998): *Unwanted Sex: The Culture of Intimidation and the Failure of Law*, Harvard: Harvard University Press.

Schulhofer, S. J. (2017): "Consent: What It Means and Why It's Time to Require It", *The University of the Pacific Law Review*, 47(4), pp. 665-681.

Secretaría de Estado de Seguridad, *Informe sobre delitos contra la libertad sexual 2023*. Ministerio del Interior. Disponible en https://www.interior.gob.es/opencms/export/sites/default/.galleries/galeria-de-prensa/documentos-y-multimedia/balances-e-informes/2023/INFORME-DELITOS-CONTRA-LA-LIBERTAD-SEXUAL-2023.pdf.

Suarez, S. D., y Gallup, G. G. (1979): "Tonic Immobility as a Response to Rape in Humans. A Theoretical Note", *The Psychological Record*, 29, pp. 315-320.

Tadros, V. (1999): "No Consent: A Historical Critique of the Actus Reus of Rape", *Edinburgh Law Review*, 3(3), pp. 317-340.

Tadros, V. (2006): "Rape without consent", *Oxford Journal of Legal Studies*, 26(3), pp. 515-543.

Uhnoo, S., Erixon, S. y Bladini, M. (2024): "The wave of consent-based rape laws in Europe", *International Journal of Law, Crime and Justice*, 77, 1-16.

Valmaña Ochaita, S. (2022): "La libertad sexual en la encrucijada: del eslogan al Derecho penal", *La Ley Penal*, núm. 159, noviembre.

Valverde Cano, A. B. (2024): "Stealthing y otras relaciones sexuales en las que media engaño: tres premisas para decidir sobre su castigo", *Diario La Ley*, núm. 10495.

Veatch, R. M. (1995): "Abandoning Informed Consent", *The Hastings Center Report*, 25(2), pp. 5-12.

Vestergaard, J. (2020): "The rape law revision in Denmark: Consent or voluntariness as the key criterion?", *Bergen Journal of Criminal Law and Criminal Justice*, 8(2), pp. 5-32.

Wegerstad, L. (2021): "Sex Must Be Voluntary: Sexual Communication and the New Definition of Rape in Sweden", *German Law Journal*, 22(5), pp. 734–752.

Wiederman, M. W. (2005): "The Gendered Nature of Sexual Scripts", *The Family Journal*, 13(4), pp. 497-498.

Capítulo XII.

La cuestión del consentimiento sexual en la reforma de la ley del 'solo sí es sí': justicia social versus garantías penales

JOSÉ R. AGUSTINA SANLLEHÍ
Catedrático de Derecho penal
Universitat Abat Oliba CEU

I. INTRODUCCIÓN: ¿QUÉ PRETENDÍA EN ESENCIA LA REFORMA DE LOS DELITOS SEXUALES MEDIANTE LA LEY DEL 'SOLO SÍ ES SÍ'?

Como he señalado en otro lugar, la reforma de la denominada *ley del solo sí es sí* (Ley Orgánica 10/2022, de 6 de septiembre) constituye un ejemplo ilustrativo de la *postmodernidad penal* y las nuevas formas de política criminal en un tiempo marcado por una *prevalencia de las emociones frente a la razón* (Agustina, 2023). A mi juicio, en lo esencial la reforma responde a una determinada reacción social de corte feminista (*rectius*: de un cierto feminismo) y se fragua en un marco político-criminal 'líquido', en el que la combinación o mera yuxtaposición de principios, criterios y valoraciones de diverso signo rompe cualquier intento de clasificar los postulados de los que se parte. Se llame a ese desorden conceptual, populismo, postmodernidad o simple caos, es una cuestión que merecería reflexiones no menores. De hecho, los dos hijos tempranos de esa reforma no tardaron en poner de manifiesto las incoherencias del nuevo texto: tras su entrada en vigor asistimos a un alud de revisión de sentencias por la aplicación retroactiva de los nuevos marcos penológicos, más benignos para con el reo y en menos de ocho meses se aprobó una precipitada 'contrarreforma' (Ley Orgánica 4/2023, de 27 de abril), tratando de detener la 'sangría' (de excarcelaciones y/o de votos).

¿Cuál era el principal objetivo de la reforma mediante la ley del 'solo sí es sí'? Si como propósito nuclear se pretendía, según algunas voces, proteger mejor o de forma más efectiva a las mujeres en su libertad sexual, la respuesta debería ser negativa, siempre y cuando por "proteger mejor" entendamos (erróneamente, a mi entender) "castigar más severamente" en general todas las conductas. Proteger más en el ámbito penal no puede equipararse (sería un reduccionismo simplista) a castigar con penas más severas. En aras a una mejor protección, lo pertinente, en realidad, sería preguntarse, por ejemplo, (i) si con la reforma se han aumentado las conductas punibles (adelantando las barreras de protección o resolviendo lagunas de punibilidad), (ii) si se han subsanado desajustes o incoherencias en la desvaloración de las distintas conductas o (iii) si se han agilizado o solventado ciertos trámites u obstáculos procesales no del todo adecuados para poder condenar a los acusados o ayudar a las víctimas.

Sin duda, es algo positivo haber subsanado la anterior no equiparación de los casos de sumisión química al uso de violencia, si bien con ciertas salvedades (Agustina, 2023), como también resulta positivo el conjunto de medidas y ayudas a las víctimas que promueve la LO 10/2022. También lo es, a mi modo de ver, la unificación del término *violación*. Pero, en su conjunto, la forma de acometer las modificaciones necesarias, tanto en la reforma como en la 'contrarreforma', ha sido desacertada: se ha optado por una solución global desenfocada que ha afectado negativamente a todo el orden sistemático de los delitos sexuales, y ello de forma muy considerable, cuando los problemas preexistentes podrían haber sido subsanados de forma más localizada y sin efectos colaterales tan dañinos. Utilizando un símil médico, se ha optado por un tratamiento de quimioterapia, cuando lo indicado era una buena y adecuada intervención, precisa y localizada, sin efectos generales adversos e impredecibles.

Con todo, a juzgar por la denominación que recibió esta enésima reforma de los delitos sexuales (la ley del "solo sí es sí"), ese no era el objetivo principal, sino que lo que se buscaba era poner el consentimiento en el centro. ¿Y qué significa eso?

II. TOLERANCIA CERO Y CONFUSIÓN TÍPICA

A juzgar por la denominación que se le dio a la reforma en la escena política parecería que lo pretendido, en realidad, era subsanar una deficiente regulación legal (o corregir un determinado sesgo predominante en los jueces) en relación con los estándares exigibles a una negativa o, en positivo, con el modo de expresión del consentimiento sexual. Dicho de otro modo, mediante una nueva redacción del tipo penal, la reforma pretendía solventar casos no bien resueltos con anterioridad, introduciendo una supuestamente novedosa definición de consentimiento sexual.

Que dicho objetivo fuera más estético o efectista no empece que cumpla una cierta función de pedagogía social, de suyo positiva. Es obligación de todos prevenir los delitos sexuales contra las mujeres y contra cualquiera (sin perjuicio de la orientación sexual y con independencia de la base biológica) y realzar la importancia del consentimiento nunca está de más. Otra cosa es que ese esfuerzo pedagógico por proteger a potenciales víctimas no pueda alterar en modo alguno las exigencias básicas del derecho procesal. Existe una cesura lógica, a modo kelseniano, entre el mundo de la calle, ese de los movimientos sociales reivindicativos, y el mundo de la justicia. El derecho es prueba y, por más obvio que sea, no puede decantarse, cuando menos en el proceso penal, la valoración de la prueba en favor de la parte vulnerable o históricamente perjudicada, sin perjuicio de que todos deseemos evitar cualquier tipo de victimización, incluidas las que se han producido en ausencia de toda prueba.

Sin embargo, debo señalar antes de proseguir mi discurso que, en puridad, (i) exigir un consentimiento inequívoco para todo contacto sexual es una cuestión distinta (ii) a reclamar tolerancia cero ante cualquier extralimitación, por menor que parezca y (iii) a castigar con el *mismo* marco penológico cualquier tipo de extralimitación. En la reforma, luego parcialmente subsanada por la LO 4/2023, se optó por entender que las tres exigencias venían indisociablemente unidas y, lo que es más grave aún, que solo se podía lograr dicho fin mediante la fusión de cualquier ataque a la libertad sexual en un mismo tipo penal.

A este respecto, he denominado a esta indiferenciación entre abusos y agresiones sexuales como 'confusión típica' (Agustina, 2023). Porque donde no hay distinción, reina la confusión. Se pierde la esencia de las cosas. Da lo mismo todo. Tomás de Aquino afirmaba en la *Summa*: «Distinctioni autem opponitur confusio, sicut et formationi informitas» (Summa Theologiae I, q. 66 a. 1 s.c. 2). Tolerancia cero no significa igualdad de respuesta ante conductas desvaloradas de forma tan manifiestamente diversa. Me viene a la cabeza a este respecto la crítica mordaz de Marcus Felson en '*Crime and Everyday Life*' cuando espeta ante ese lugar común en la agenda política que "*zero tolerance is a silly myth*". La policía no puede (ni debe) reaccionar y dedicar todos sus esfuerzos en igualdad de condiciones ante cualquier desorden o incidente ciudadano. En un mundo de ángeles o en el que los recursos policiales fueran ilimitados, tal vez sí sería posible.

Mutatis mutandis, el sistema de justicia no es capaz de enfrentar cualquier vejación injusta de carácter leve que afecte a la libertad sexual de la víctima con la misma celeridad y contundencia como si se tratara de una violación en grupo. Y no solo es que sea incapaz de responder en igualdad de condiciones, sino que debe matizar y modular el reproche penal en función de la gravedad e intensidad del ataque, valorando las circunstancias. Sostener esta diversidad de tipologías nunca puede equipararse a una posición ambigua en relación con los estándares del consentimiento sexual.

III. LA DEFINICIÓN DE CONSENTIMIENTO Y SU TRATAMIENTO COMO SI RESULTARA SER UN 'CÓDIGO BINARIO'

Sentado lo anterior, y centrándome ya en la definición legal de consentimiento, la reforma no modifica, a mi juicio, (i) ni el problema probatorio del consentimiento en los delitos sexuales, (ii) ni qué deba entenderse por consentimiento. Solo complica las cosas, como bien explica Del Moral García (2023).

Así, según su razonamiento, no parece muy ajustado desde el punto de vista comunicativo "pasar a catalogar ahora como *violencia* cualquier afectación ilegítima de la libertad sexual (art. 3 de la Ley); o de *agresión* comportamientos que carecen de un componente de acometimiento; equiparando de esa forma supuestos muy diferenciables por la gravedad y por lo que significan". Sin embargo, esa cierta confusión terminológica, más allá de un relativo efecto estético, está llamada a la esterilidad práctica, en tanto que "la nueva definición legal del consentimiento sexual excluyente de la antijuricidad o se entiende como innecesaria; o resultará perturbadora".

Existen tres alternativas: (i) considerar la definición del consentimiento sexual como un elemento que reconfigura (recortando o ampliando) el tipo penal de agresiones sexuales (la norma de conducta prohibida); (ii) entender que es una definición superflua que nada cambia y solo cumple una función pedagógica; o (iii) entender que se trata de una regla procesal que proporciona claves interpretativas al juzgador.

Como sostiene Del Moral (2013), si entendiéramos que esa definición está afectando al tipo y ampliando el ámbito de lo punible, entonces "el contacto sexual realizado por iniciativa de alguien que no ha constatado la aceptación por parte de la víctima manifestada de forma inequívoca, mediante actos que merezcan la etiquetación de *claros*, merece reproche penal, aunque luego se llegue a constatar que la víctima no se hubiese opuesto". En tal caso, tendríamos un problema con el consentimiento presunto (sobre esta cuestión volveremos más adelante).

Sea como fuere, lo que parece obvio es que la claridad del consentimiento mutuo de dos personas que interaccionan no se proyecta en un único momento ni se contrae a formas de expresión sincronizadas al unísono, por lo que uno de los dos asumirá la iniciativa esperando que el otro asienta (o no).

Así las cosas, el consentimiento sexual prestado libremente es lo menos parecido a un *código binario*. La interacción sexual es una realidad dinámica en la que se encuentran progresivamente al menos dos personas en un contexto gradual que requiere interpretar gestos, silencios y expresiones que, en todo caso, no siempre son unívocos (particularmente si los intervinientes han ingerido sustancias de diversa índole y efectos). Deseo en este punto traer a colación una descripción de la complejidad de lo que debe valorarse recogida en la SAPB 4/2022, de 20 de diciembre (ponente Assalit Vives):

"...en los delitos contra la libertad sexual, ya se encuentren tipificados como agresión sexual o como abuso sexual, el bien jurídico protegido es precisamente esa libertad, de la que son titulares los que participan en toda relación sexual.

Así pues, se precisa el consentimiento de todos ellos en el momento de realizarla y mientras transcurre toda la relación, pudiendo dar por finalizada la misma en cualquier momento, debiendo otorgarse ese consentimiento por ellos de forma libre y por personas que tengan capacidad y se hallen en condiciones de prestarlo.

Ese consentimiento debe ser expreso o en su caso tácito. Siendo el tácito una modalidad, en todo caso, de consentimiento, necesario para mantener relaciones sexuales, o de conducta de la que se infiere que ese consentimiento existió (*indicio voluntatis,* o *facta concludentia*) o también llamada declaración de voluntad mediata, porque para conocerla hay que acudir a conjeturas o indicios.

Como es lógico, es diversa, no sólo la forma de prestar el consentimiento por parte de cada uno los integrantes de una relación sexual, sino también lo es cómo se desarrolla la fase preliminar al inicio de la referida relación y su progresión, una vez iniciada ésta, y hasta su finalización.

Por ello, no es excepcional, normalmente ocurre cuando ambos participantes no han tenido relaciones sexuales entre ellos con anterioridad, que uno de los que interviene en dicha relación tome la iniciativa dirigida a iniciar la relación sexual, mantenerla y finalizarla, sin que coincida ese deseo necesariamente y simultáneamente con la otra persona, que es la que iría dando ese consentimiento. Nos hallamos, en esos casos, ante **un proceso dinámico en el que uno de ellos busca obtener el consentimiento para iniciar la relación de contenido sexual, y seguidamente una vez logrado ese inicio, obtener sucesivos consentimientos para que la relación vaya alcanzando un mayor contenido**, por lo que, podemos decir, que el primer consentimiento y ejecución del mismo, sirve de base o de estímulo para lograr el siguiente y así sucesivamente, pero siempre y en todo caso, con la facultad de que cualquiera de ellos dé, en cualquier momento, por finalizada la relación sexual, o por limitada a un determinado contenido, previamente consentido por ambos. Incluso una inicial falta de consentimiento puede convertirse en corto espacio de tiempo en consentimiento.

Como consecuencia de ello **no siempre resulta fácil para los que intervienen en esa relación, con contenido sexual, valorar si han logrado y van obteniendo sucesivamente el consentimiento del otro interviniente para la progresión deseada**, por el que lleva la iniciativa, en el contenido de esa relación, e incluso también puede ser difícil, para quien va dando ese consentimiento, valorar **hasta qué punto lo ha concedido, o hasta qué punto lo ha manifestado de alguna manera**, máxime cuando normalmente la forma del mismo es la tácita. Nótese, además, que existen situaciones en que se pueden haber producido **cambios de opinión, en corto espacio de tiempo, como respuesta a la concreta ejecución de la relación con contenido sexual**.

Pero esa dificultad también la tienen posteriormente los Tribunales para valorarlo, pues se hallan ante **sucesos que pueden ser valorados de forma diferente en el trascurso del tiempo, por los propios intervinientes, incluso con distinto reflejo de su propia valoración en sus progresivas manifestaciones en el proceso penal**, durante la fase de investigación policial, instrucción y fase de juicio oral.

Sentado lo anterior, debemos añadir que en el ámbito del procedimiento penal, en cuanto a la prueba de los hechos constitutivos de infracción penal, en la fase de juicio oral, no se puede invertir la carga de la prueba -con vulneración de la presunción de inocencia que ampara a todo acusado-. En definitiva, quien participa en una relación sexual no debe probar ese consentimiento, ya sea expreso o tácito.

Pero ello, no supone que no se pueda dar por probada la falta de consentimiento mantenido con la única declaración de la víctima de una relación sexual. Pero en ese caso debe cumplirse con una serie de parámetros de valoración establecidos por la jurisprudencia. Valoración que debe realizar de forma expresa el Juez o Tribunal de enjuiciamiento.

También debemos señalar que además debe valorarse, **si el sujeto activo estaba en la confianza de haber obtenido el consentimiento del otro interviniente** en la relación sexual, **o si, por el contrario, tuvo clara la falta de consentimiento** de la víctima **o la falta de capacidad para prestarlo voluntariamente, o, en su caso, se representó esa falta de consentimiento o de capacidad como altamente probable, y a pesar de ello lo aceptó y fue indiferente"**.

Ragués i Vallès (2023) ha distinguido diversos grados de afectación en el consentimiento sexual de la víctima, partiendo de la premisa de que "para poder hablar de libre consentimiento en materia sexual es necesario que la persona que consiente tenga *suficiente conocimiento sobre el hecho que va a producirse y plena capacidad de impedirlo si no lo desea*". Ese grado de conocimiento y capacidad son graduables y merecerían, en función de su diversa intensidad en la afectación, un mayor o menor reproche. Díez Ripollés (2023) distingue, a este respecto, cuatro niveles de contradicción a la libertad sexual: (1) supuestos en los que se vence la voluntad contraria de la víctima (2) casos de aprovechamiento de un consentimiento inválido (3) situaciones de aprovechamiento de un consentimiento viciado y (4) casos en los que la víctima no ha manifestado su consentimiento.

En definitiva, desde un punto de vista desvalorativo no es lo mismo doblegar el consentimiento con violencia que abusar de un consentimiento 'forzado' por las circunstancias. O aprovecharse de una situación de vulnerabilidad química. Sin embargo, el legislador ha optado, como ya señalamos *ut supra*, por un tipo indiferenciado en el que, a pesar de la contrarreforma, el límite inferior del marco penológico sigue siendo el mismo para todos. Todo ello lesiona el principio de proporcionalidad.

Con todo, lo relevante aquí es remarcar que la definición de consentimiento es susceptible de generar una taxonomía de actos inconsentidos de muy diversa naturaleza en los que, en todo caso, habrá que valorar los indicios que conducen a acreditar que se podía apreciar con claridad la voluntad libre del sujeto pasivo.

IV. ¿REORIENTACIÓN DEL RÉGIMEN DE VALORACIÓN DE LA PRUEBA?

A pesar de los matices que se acaban de apuntar, la nueva definición de consentimiento sexual pretende quitar (todo) significado típico al empleo de violencia o intimidación o a la concurrencia de otras circunstancias *a priori* relevantes. De esta suerte, se transforma el tipo de agresiones sexuales en un delito de medios indeterminados si no fuera por el remiendo introducido en la 'contrarreforma' que, sin embargo, al no modificar el mínimo imponible, carecerá en la práctica totalidad de ocasiones de efectos prácticos. ¿Y posee la nueva definición de consentimiento efectos prácticos en el ámbito probatorio?

Como señala Campaner Muñoz (2021), la nueva definición parece pura "logomaquia" si no fuera por los intentos de orientar la labor interpretativa de los Jueces y Tribunales de modo que se imponga, sin apoyarse en una base racional valorativa previa, una suerte de 'principio de credulidad' respecto de la testigo-víctima.

Recordemos que inicialmente se propuso en el Anteproyecto una definición negativa de consentimiento que, *nolens volens*, podía resultar en una cierta presunción probatoria y desplazamiento del *onus probandi*: «Se entenderá que no existe consentimiento cuando la víctima no haya manifestado libremente por actos exteriores, concluyentes e inequívocos conforme a las circunstancias concurrentes, su voluntad expresa de participar en el acto».

El CGPJ, en el informe aprobado en su Pleno de 25 de febrero de 2021, lo advirtió claramente: "La inclusión de una cláusula normativa de consentimiento reviste una decisiva importancia, no solo para la propia configuración normativa del injusto y de los elementos que lo integran, sino en su proyección en el proceso y en la determinación de la carga de la carga de la prueba que debe exigirse a la acusación. La redacción de los presupuestos del consentimiento habilitante del contacto sexual, a la luz de **la Exposición de Motivos**, que de manera textual **afirma buscar un cambio de perspectiva sobre el régimen de valoración de la prueba**, obliga a poner de manifiesto, y a recordar, los graves problemas de compatibilidad constitucional ex artículos 24 CE y 47 CDFUE que introduce cualquier modelo de intervención penal que comporte o estimule una inversión de la carga de la prueba sobre los elementos constitutivos de la infracción penal" (p. 84).

Por todo ello, además de considerarla innecesaria, según el CGPJ tal definición determinaba un aparente desplazamiento de la carga probatoria, que no se oculta en la Exposición de Motivos, cuando se refiere a «reorientar el régimen de valoración de la prueba». Así, la definición del consentimiento proyectada parece configurar un elemento negativo del tipo "cuyas distintas notas características (manifestación libre, actos exteriores, concluyentes e inequívocos y voluntad expresa de participar en el acto) deberían ser probadas por la defensa para excluir la tipicidad, alterándose de esta forma de modo sustancial las normas sobre la carga de la prueba en el proceso penal" (pp. 82-83).

Así las cosas, en aras a respetar el debido proceso y las garantías constitucionales, la definición de consentimiento sexual, más allá de una función pedagógica incuestionable, parece estar llamada a la esterilidad en el ámbito procesal... O no.

V. ZONAS GRISES Y CLAVES PARA LA APLICACIÓN DEL PRINCIPIO IN DUBIO PRO REO

En realidad, a mi juicio la nueva definición de consentimiento sexual puede cumplir una cierta función orientativa en una serie de casos. Jugaría un papel de norma procesal que, más que reorientar el régimen de valoración de la prueba, lo que haría sería llamar la atención tanto de la población en general (al resaltar con expresividad la norma de conducta, en el sentido de Binding), como de los operadores jurídicos, destacando las claves interpretativas o el marco en el que deberá aplicarse el principio *in dubio pro reo*.

En relación a este segundo aspecto, el *in dubio* debe proyectarse tanto sobre el consentimiento de la víctima (¿existen dudas en relación a los indicios inequívocos externos?), como sobre la percepción errónea del presunto agresor (¿persiste duda razonable con respecto a un posible error de tipo?).

Lo que es objeto de prueba es la ausencia, y no la presencia, de consentimiento, en tanto que se trata de un elemento *negativo* del tipo. Para el proceso penal lo relevante no es, por tanto, si hubo consentimiento libre o no en el fuero interno de la denunciante, sino si puede acreditarse que esta manifestó al exterior que *no* lo hubo mediante actos que expresaran su voluntad negativa con claridad suficiente para poder ser apreciado por el *hombre medio* puesto en las circunstancias del acusado.

Obviamente, la definición del consentimiento solo sirve para esclarecer los casos de duda y no aquellos en los que el autor actúa *en contra* de la voluntad de la víctima, concurriendo violencia. Lo que establece el actual art. 178.1 *in fine* es, en última instancia, una regla procesal para valorar los indicios concurrentes en casos en que se pueda invocar un posible error en el acusado, que parece acercarse de algún modo, siendo más incompleta, a la contenida en la *Sexual Offences Act* 2003. En dicha ley se establece una completa regulación del consentimiento en las *Sections* 74, 75 y 76. En la S. 74 se proporciona un concepto general de consentimiento estableciendo que "una persona consiente si acepta por libre elección y tiene la libertad y capacidad para tomar esa decisión", eliminando la posibilidad de que el consentimiento sea emitir solamente *sí* o *no*, sino que se requiere tener libertad y capacidad para emitirlo. En S. 76 se establecen dos circunstancias en las que se presume de manera concluyente (*conclusive presumptions of non-consent*: es decir, en las que no se puede alegar prueba en contrario, una presunción *iuris et de iure*), sobre la no concurrencia de consentimiento por parte de la víctima. Se trata de supuestos claros de falta de consentimiento: (i) cuando el ofensor engaña intencionadamente a la víctima respecto a la naturaleza del acto sexual; y (ii) cuando el ofensor induce a la víctima a consentir el acto sexual al hacerse pasar por una persona conocida por la víctima. Y en la S. 75 se incluyen determinadas presunciones *iuris tantum* sobre la falta de consentimiento de la víctima, que pueden ser destruidas mediante prueba en contrario (*evidential presumptions against consent*); es decir, en este caso se presume que A no emitió su consentimiento y que B tenía conocimiento de ello, a no ser que B pruebe suficientemente que A emitió un consentimiento de forma libre y capaz. Entre estas presunciones se encuentran los casos de sumisión química (sobre estas cuestiones: Firth, 2011). En el apartado d) se hace referencia a los supuestos de somnolencia o inconsciencia de la víctima ("B estaba dormido o inconsciente en ese momento") y en el apartado f), al supuesto en que "cualquier persona ha administrado a B, o ha causado que B tomara, sin su consentimiento, una sustancia que, teniendo en cuenta cuándo se administró o se tomó, fue capaz de causar o hacer que B se quedara estupefacto o abrumado en ese momento ".

Sin embargo, la *Sexual Offences Act* 2003 no regula los supuestos más complejos en los que concurre un breve estado de intoxicación de la víctima, sin llegar a la inconsciencia, o aquellos en que la víctima habría consumido voluntariamente determinadas sustancias y se habría situado en dicho estado de intoxicación, o ebriedad, sin llegar a estar inconsciente del todo (Cowan, 2008). En estos supuestos la prueba resulta más difícil y el legislador británico no ha dado una respuesta expresa a los mismos. Ha sido la jurisprudencia quien se ha encargado de responder a la cuestión sobre la concurrencia del consentimiento en los supuestos de intoxicación voluntaria.

Estoy de acuerdo con lo sostenido por Ramon y Faraldo (2023) cuando afirman que, a la luz de la nueva regulación, "el silencio y la pasividad no puedan contar ya como expresión del consentimiento (tácito), en ausencia de cualquier palabra, acción, expresión o gesto que evidencie la voluntad de participar". Sin embargo, añadiría el matiz de que, en realidad, la jurisprudencia venía ya avalando dicha postura y con la reforma solo se refuerza o positiviza ese criterio. Las tesis del consentimiento afirmativo han causado, como es sabido, ciertos problemas prácticos en su aplicación práctica, teniendo utilidad sobre todo como mensaje de prevención primaria, que sirve a los fines de concienciación y pedagogía social, sin duda muy importantes. Con la reforma se enfatiza, pues, que "no es posible seguir ignorando si, en realidad, una persona consiente o no en participar en una actividad sexual" (Ramon, E. y Faraldo, P., 2023). El problema radica en la representación subjetiva del autor a la hora de entender si existía consentimiento a la luz de las más diversas circunstancias concurrentes, especialmente en casos de intoxicaciones colectivas en espacios de ocio nocturno, sin descartar que se puedan dar situaciones de (i) riesgo permitido o adecuación social, (ii) *actio libera in causa* o (iii) error de tipo, en contextos que pueden, sin duda, dificultar mucho inclinar la balanza en un sentido u otro (Agustina, J.R. y Panyella-Carbó, 2020). Piénsese, por ejemplo, en la pareja que repetidamente viene manteniendo relaciones sexuales en situaciones de altísima intoxicación mutua, sin perjuicio de que el grado de conciencia de uno u otro pueda brillar por su ausencia.

En última instancia, la prueba de la falta de consentimiento se basará en todas las circunstancias concurrentes en que ha tenido lugar el acto sexual, tratando de extraer de los indicios concurrentes si hubo una exteriorización o no de la voluntad de la víctima en un sentido u otro. En esta tesitura, cualquier interpretación simplista que trate de establecer automatismos como si el silencio (no verbalización de un sí) equivaliera siempre a una ausencia de consentimiento atentaría contra los principios y garantías del debido proceso que protege nuestra Constitución.

VI. VALORACIONES FINALES

Siguiendo la conocida máxima de *El gatopardo* (1957), podría afirmarse que con la aprobación de la ley del *solo sí es sí* y las demandas imposibles de un feminismo que confunde los loables objetivos de la política y justicia social con las reglas del Estado de Derecho, el sistema de justicia no puede ceder a la presión de la calle, disimulando o atenuando en ocasiones el necesario rigor del razonamiento probatorio. En esta tesitura solo puede esmerarse con una nueva sensibilidad feminista que, sin perjuicio de que pretenda ser real y efectiva (eliminando sesgos machistas o estereotipados), no puede trastocar los principios multiseculares del proceso penal. Así las cosas, ante un derecho penal *identitario* (Díez Ripollés, 2019), cuando el sentimiento apunta con prevalecer sobre la razón en el cometido de valorar la prueba, el sistema parecería que necesita adaptarse sin cambiar su esencia: «Si queremos que todo siga como está, necesitamos que todo cambie».

La nueva definición de consentimiento sexual no reconfigura el tipo, ni la norma de conducta, más allá de cumpla una positiva función pedagógica. Podría haber servido como una útil norma procesal, de haberse desarrollado algo más, siguiendo el modelo de la *Sexual Ofenses Act* 2003.

La clave para resolver con acierto los dilemas probatorios pasa, a mi juicio, por profundizar en los escenarios más frecuentes de acuerdo con la particular sociología de la sexualidad en el momento actual, donde el masivo consumo voluntario de sustancias desdibuja los contornos del consentimiento: (i) los casos de error de tipo (consentimiento aparente), en los que el acusado malinterpreta, por su propia ausencia de capacidad, los signos previos de la víctima a su posterior ausencia de voluntad; (ii) los casos de *actio libera in causa* (consentimiento antecedente), en escenarios de enajenación colectiva (por ej., en fiestas donde se practica el denominado *chemsex*) y (iii) los casos de riesgo permitido o adecuación social (consentimiento normativo), propiciados por una cultura permisiva que impide que los intervinientes puedan emitir juicios sobre la capacidad de consentir.

En estos tres tipos de escenarios habrá que discernir, en ausencia de un código comunicativo 'normal', hasta qué punto es posible identificar "actos inequívocos" cuando el contexto en el que los intervinientes han decidido relacionarse no es el más propicio a valorar ciertos matices.

En definitiva, para una correcta valoración de la prueba de la ausencia de consentimiento sexual debería tenerse en cuenta lo siguiente:

Los casos verdaderamente problemáticos se contraen a aquellos en los que existe un vicio en el consentimiento por causa de intoxicación o privación de consciencia en alguno de los intervinientes.

Consentir es un acto interno de la voluntad de la persona que debe exteriorizarse mediante actos perceptibles mediante los que se puede captar cómo esta asiente (o consiente) una acción exterior de contenido sexual. Las percepciones son modulables en función de la ingesta previa, de las precomprensiones, de relaciones sexuales anteriores entre las partes, del contexto circundante, etc.

El consentimiento sexual es "cosa de dos" y se proyecta sobre la mutua aceptación de un objeto cierto que, para el caso, consiste en actos concretos de naturaleza sexual, con un contenido y duración específicos.

El consentimiento sexual es progresivo y dinámico, y evoluciona en un *continuum* que abarca los actos sucesivos no excluidos de antemano, por lo que solo debe renovarse en caso de surgir en los otros signos externos que manifiesten oposición.

La perspectiva de valoración, en Derecho penal, solo puede realizarse externamente desde un punto de vista objetivo, a partir de las manifestaciones externas de los intervinientes y del contexto.

Las pautas culturales que conforman ese contexto y las precomprensiones y experiencias previas de los intervinientes son decisivas para identificar si, en el caso concreto, los indicios son indicativos de una ausencia suficientemente significativa de falta de consentimiento en una de las partes.

El estándar de insuficiencia (vicio en el consentimiento) deberá concretarse teniendo en cuenta que el acusado puede incurrir en error de tipo, ya sea cuando se representa objetivamente que la víctima consiente, o cuando a causa de su propia incapacidad carece de discernimiento para percibir los indicios de falta de consentimiento expresados por la víctima.

BIBLIOGRAFÍA

Agustina, J.R. (2023): "Sobre la reforma de los delitos sexuales: de la «confusión típica» a la problemática discrecionalidad judicial y al desorden valorativo en el sistema de penas", en *Comentarios a la ley del «solo sí es sí». Luces y sombras ante la reforma de los delitos sexuales introducida en la LO 10/2022, de 6 de septiembre* (coord. AGUSTINA). Atelier: Barcelona: pp. 37-50.

Agustina, J.R y Panyella-Carbó, M.N. (2020): "Redefiniendo los delitos sexuales facilitados mediante el uso de sustancias psicoactivas", *Política criminal,* Vol. 15, núm. 30: 526-581.

Campaner Muñoz, J. (2022): "El consentimiento sexual como eje de la Reforma Penal: pura logomaquia (un enfoque procesal contrario a las últimas iniciativas legislativas)". *Revista de derecho y proceso penal,* 65, pp. 113-134.

Cigüela Sola, J. (2020): "Populismo penal y justicia paralela: un análisis político-cultural". *Revista Electrónica de Ciencia Penal y Criminología,* 22-12: 1-40.

Coca Vila, I. (2022): "El *stealthing* como delito de violación. Comentario a las STSJ-Andalucía 186/2021, de 1 de julio y SAP-Sevilla 375/2020, de 29 de octubre", *InDret penal* 4.2022, Revista Crítica de Jurisprudencia Penal: 294-308.

Cornford, A. (2022): "Beyond Fair Labelling: Offence Differentiation in Criminal Law", *Oxford Journal of Legal Studies,* Volume 42, Issue 4: 985-1011.

Cowan, S. (2008): "The Trouble with Drink: Intoxication, (In)Capacity and Evaporation of Consent to Sex", *Akron Law Review,* 41 (4): 899-922.

Del Moral García, A. (2023): "Caracterización normativa del consentimiento en la reforma de los delitos sexuales", en *Comentarios a la ley del «solo sí es sí». Luces y sombras ante la reforma de los delitos sexuales introducida en la LO 10/2022, de 6 de septiembre* (coord. Agustina). Atelier: Barcelona: pp. 107-122.

Díez Ripollés, J.L. (2019): "Alegato contra un derecho penal identitario", *Revista Electrónica de Ciencia Penal y Criminología,* 21-10: 1-29.

Firth, G. (2011): "Not an Invitation to rape: the Sexual Offences Act 2003, consent and the case of the "drunken" victim", *The Northern Ireland Legal quarterly,* 62 (1): 99-118.

Lascuraín Sánchez, J.A. (2023): "Los nuevos delitos sexuales: indiferenciación y consentimiento", en *Comentarios a la ley del «solo sí es sí». Luces y sombras ante la reforma de los delitos sexuales introducida en la LO 10/2022, de 6 de septiembre* (coord. Agustina). Atelier: Barcelona: pp. 51-62.

Ragués i Vallés, R. (2023): "El grado de afectación al consentimiento de la víctima en los delitos sexuales: una revisión crítica de la Ley Orgánica 10/2022", en *Comentarios a la ley del «solo sí es sí». Luces y sombras ante la reforma de los delitos sexuales introducida en la LO 10/2022, de 6 de septiembre* (coord. Agustina). Atelier: Barcelona: pp. 95-106.

Ramon, E. y Faraldo, P. (2023): "¿La libertad sexual en peligro? ¿En serio?", en *Comentarios a la ley del «solo sí es sí». Luces y sombras ante la reforma de los delitos sexuales introducida en la LO 10/2022, de 6 de septiembre* (coord. Agustina). Atelier: Barcelona: pp. 79-94.

Schulhofer, S.J. (1998): *Unwanted sex: The culture of intimidation and the failure of law.* Vol. 99. Cambridge, MA: Harvard University Press.

Tadros, V. (2006). Rape without consent, *Oxford Journal of Legal Studies,* Volume 26, Issue 3: 515-543.

Capítulo XIII.

El «caso arandina»: el consentimiento sexual

EDUARDO RAMON RIBAS

Catedrático de Derecho Penal

Universitat de les Illes Balears

I. SENTENCIA NÚM. 379/2019, DE 11 DE DICIEMBRE, DE LA AUDIENCIA PROVINCIAL DE BURGOS

1. Hechos probados

La Sección 1ª de la Audiencia Provincial de Burgos declaró como *hechos probados*, en su sentencia 379/2019, de 11 de diciembre (TOL7.626.805), resumidamente, los siguientes:

- Zaira, en el mes de noviembre de 2017 tenía la edad de quince años, residiendo en la localidad de Arandina (Burgos), y por ello tuvo conocimiento de que en la temporada de 2017 habían sido fichados nuevos jugadores por el club de futbol local Arandina CF, entre los cuales se encontraba el acusado Evaristo, de 24 años.
- La menor acudía a los partidos o entrenamientos del equipo y le gustaba el citado Evaristo, por lo que conociendo que tenía una cuenta en la red social denominada Instagram, le envió una petición de seguimiento, la cual este aceptó, sin haberla conocido personalmente.
- A través de dicha red social mantuvieron numerosas conversaciones y publicaciones, habiéndose remitido mutuamente fotografías, en ropa interior.
- El día 24 de noviembre de 2017 Zaira sobre las 19.40 de la tarde fue a un bar en el que se encontraba Evaristo, el cual la invitó a subir al domicilio, con el pretexto de realizar un video musical mediante una aplicación denominada *Musica Ly*.
- Una vez en el interior de la vivienda, fueron llegando el resto de los compañeros de piso, los acusados Mario (22 años) e Imanol (19 años).

- Estando solamente en el salón la menor Zaira y los tres acusados, los cuales eran conocedores de su minoría de edad y en concreto de que tenía quince años, alguno de ellos apagó todas las luces de la estancia, se desnudaron, ante lo cual Zaira fue al baño, regresando con posterioridad y sentándose en una esquina del sofá. Los acusados procedieron a desnudarla quintándole la ropa, salvo las bragas, ella se cruzó los brazos y no supo cómo reaccionar, quedándose paralizada, procediendo los acusados a cogerla las manos para que les masturbase, y posteriormente sujetándole la cabeza para que les hiciera una felación, a cada uno de ellos, llegando uno (sin determinar) a eyacular en la boca de la menor, ante lo cual y sintiendo asco fue al baño que se encontraba la final del pasillo para escupir.
- La menor, si bien no veía a cada uno de los acusados, sí que pudo distinguir que las manos que la tocaban eran de diferente complexión, y alguno se encontraba depilado y otros no.
- Imanol fue detrás de la menor y cuando ésta salió del baño, le indicó cuál era su habitación y Zaira entró en la misma y se reclinó sobre la cama, sin resultar probado que se cayese accidentalmente o lo hiciese previo empujón de Imanol, y tras ponerse un preservativo la penetró vaginalmente. No consta plenamente acreditado que Zaira mostrase su oposición, expresa o tácita a dicha relación. Conforme al informe psicológico la madurez de Imanol era similar a la de Zaira. Dicho acto duró aproximadamente entre 10 y 15 minutos, tras lo cual, Zaira volvió al salón de la casa, recogió sus ropas y abandonó la vivienda.
- Como consecuencia de estos hechos Zaira, ha precisado tratamiento farmacológico y seguimiento médico y psicológico.

2. *Calificación de los hechos*

Evaristo fue condenado, como autor criminalmente responsable de un delito de agresión sexual a menor de 16 años, a la pena de 14 años de prisión. Y en concepto de cooperador necesario de dos delitos de agresiones sexuales a menor de 16 años a sendas penas de 12 años. Las tres penas suman 38 años.

A las mismas penas fueron condenados, igualmente en concepto de autores criminalmente responsables de un delito de agresión sexual y de cooperadores necesarios de dos delitos de agresión sexual, Mario e Imanol.

Los hechos determinantes de la condena son los siguientes: "*Estando solamente en el salón la menor Zaira y los tres acusados, los cuales eran conocedores de su minoría de edad y en concreto de que tenía quince años, alguno de ellos apagó todas las luces de la estancia, se desnudaron, ante lo cual Zaira fue al baño, regresando con posterioridad y sentándose en una esquina del sofá. Los acusados procedieron a desnudarla quintándole la ropa, salvo las bragas, ella se cruzó los brazos y no supo cómo reaccionar, quedándose paralizada, procediendo los acusados a cogerla las manos para que les masturbase, y posteriormente sujetándole la cabeza para que les hiciera una felación, a cada uno de ellos, llegando uno (sin determinar) a eyacular en la boca de la menor, ante lo cual y sintiendo asco fue al baño que se encontraba la final del pasillo para escupir*".

El tercero de los acusados, Imanol, de 19 años, fue absuelto de estos hechos: "*Imanol fue detrás de la menor y cuando ésta salió del baño, le indicó cuál era su habitación y Zaira entró en la misma y se reclinó sobre la cama, sin resultar probado que se cayese accidentalmente o lo hiciese previo empujón de Imanol, y tras ponerse un preservativo la penetró vaginalmente. No consta plenamente acreditado que Zaira mostrase su oposición, expresa o tácita a dicha relación. Conforme al informe psicológico la madurez de Imanol era similar a la de Zaira. Dicho acto duró aproximadamente entre 10 y 15 minutos, tras lo cual, Zaira volvió al salón de la casa, recogió sus ropas y abandonó la vivienda*".

II. SENTENCIA NÚM. 14/2020, DE 18 DE MARZO, DEL TRIBUNAL SUPERIOR DE JUSTICIA DE CASTILLA Y LEÓN (SALA DE LO CIVIL Y PENAL)

1. Hechos probados

La Sala de lo Civil y Penal del Tribunal Superior de Justicia de Castilla y León aceptó la declaración de hechos probados de la sentencia dictada por la Audiencia Provincial de Burgos (TOL7.861.233) con las siguientes modificaciones:

- De los referidos hechos determinantes se suprime una parte, quedando redactado en los siguientes términos: "*Los acusados procedieron a desnudarla quintándole la ropa, salvo las bragas, seguidamente les masturbó y les hizo una felación, llegando uno (sin determinar) a eyacular en la boca de la menor, ante lo cual y sintiendo asco fue al baño que se encontraba al final del pasillo para escupir*".
- Se añade un apartado (Sexto) con el siguiente contenido: "*En la fecha en la que ocurrieron los hechos Evaristo, Mario e Imanol tenían, respectivamente, 24, 22 y 19 años, de edad, si bien ninguno ha llegado a superar la etapa de educación secundaria obligatoria, con una madurez psicológica por parte de Imanol próxima a la de la menor y ligeramente superior a la de esta por parte de Mario. En cuanto a Evaristo, padeció un trastorno de déficit de atención/hiperactividad en su infancia que provocó que su madurez cerebral sea inferior a la edad cronológica*".

2. Calificación de los hechos

Evaristo es absuelto del delito de agresión sexual por el que fue condenado previamente, considerándosele autor de un delito de abuso sexual tipificado en el artículo 183.1 (actualmente, artículo 181) del Código Penal en relación con los números

2, 3 y 4 de dicho precepto, con la atenuante muy cualificada del artículo 183 quater (actualmente, artículo 183 bis). Se le impone la pena de prisión de 4 años.

Mario es igualmente absuelto del delito de agresión sexual y condenado por un delito de abuso sexual a menor de 16 años, apreciándose también la referida circunstancia atenuante muy cualificada del artículo 183 quater. Se le impone una pena de prisión de 3 años.

Imanol es absuelto del delito de agresión sexual pero no condenado por un delito de abuso sexual, pues se le aplica el citado artículo 183 quater: al ser considero persona próxima por edad y madurez a la menor, se considera que el consentimiento de la menor es válido.

III. SENTENCIA NÚM. 930/2022, DE 30 DE NOVIEMBRE, DEL TRIBUNAL SUPREMO (SALA DE LO PENAL)

La Sala de lo Penal del Tribunal Supremo (TOL9.321.402) da por reproducidos los hechos probados de la sentencia de instancia, si bien considera que el artículo 183 bis solo avala la exclusión de responsabilidad en los supuestos en él referidos, "*pero no una atenuación*": "*ni simple ni muy cualificada*".

Excluida la atenuación, se impone a Evaristo y a Mario, como autores de un delito contra la libertad sexual de menores de 16 años, la pena, a ambos, de 9 años y un día de prisión. La ley aplicada es la resultante de la reforma del Código Penal operada por la Ley del solo sí es sí (LO 10/2022, de 6 de septiembre), que se estima más beneficiosa, si bien recuerda el Alto Tribunal que es necesario aplicarla de forma íntegra.

"*Hay que tener en cuenta que la aplicación de la ley 10/2022 debe serlo en su conjunto, y si se rebaja la pena de prisión en un año a la que le correspondería de 10 años y un día debe aplicarse la accesoria prevista en el actual esquema normativo, que lo es la del actual art. 192.3, 2º párrafo CP (modificado por la LO 8/2021), que señala que: "La autoridad judicial impondrá a las personas responsables de los delitos comprendidos en el presente Título, sin perjuicio de las penas que correspondan con arreglo a los artículos precedentes, una pena de inhabilitación especial para cualquier profesión, oficio o actividades, sean o no retribuidos, que conlleve contacto regular y directo con personas menores de edad, por un tiempo superior entre cinco y veinte años al de la duración de la pena de privación de libertad impuesta en la sentencia si el delito fuera grave".*

Con ello, esta pena lo es de 5 años superior a la de prisión según la aplicación más beneficiosa que se ha hecho de rebajar la pena en un año de prisión, pero ante la exigencia de aplicar la LO 10/2022 en su conjunto, y no por partes. En el plano de la comparación normativa en su conjunto entendemos más gravoso para el penado un año de privación de libertad, que dos de la mencionada privación de derechos".

IV. BREVE COMENTARIO DE LA SENTENCIA NÚM. 379/2019, DE 11 DE DICIEMBRE, DE LA AUDIENCIA PROVINCIAL DE BURGOS

La Audiencia Provincial de Burgos considera que el relato de hechos por ella declarados probados encierra diversos delitos de agresión sexual dado que concurría *intimidación ambiental*, lo cual argumenta de la siguiente forma:

"*La menor si bien inicialmente se encontraba en el salón del piso de los acusados, en compañía de Evaristo grabando un video musical, posteriormente fueron llegando el resto de los acusados, y el jugador D.R. (no acusado) resultando que en un momento determinado y tras abandonar el salón este último, alguno de los acusados apagó las luces de la estancia y se desnudaron.*

Entendemos que el hecho de que la menor se encontrarse en un domicilio ajeno, con la luz apagada y rodeada por tres varones de supe-

rior complexión, y edad, los cuales se habían desnudado, y quitándole a ella también la ropa, salvo la braga, cogiéndole de las manos y la cabeza, dirigiéndola hacia sus penes para que les masturbarse y les realizase sucesivamente felaciones, constituye una situación de intimidación ambiental, y por ello resulta creíble que la menor, por su falta de madurez, y sorpresa no supiese reaccionar, quedándose bloqueada, y paralizada, temiendo que si se negaba los tres acusados pudieran reaccionar en forma violenta".

Si bien la suma de las penas impuestas a cada acusado es de 38 años, recuerda la Audiencia Provincial de Burgos que "*respecto de las anteriores penas procederá la aplicación del límite máximo de cumplimiento de 20 años de prisión (artículo (artículo 76 del Código Penal)*", procediendo, por supuesto, "*de conformidad con el art. 58 del C.P, abonar el tiempo que los procesados han estado en prisión provisional*", y, "d*e conformidad con el art. 192.1 del C.P, la imposición, a cada uno de los procesados, de la medida de libertad vigilada durante diez años*".

Sorprende, sin embargo, que no se considere responsable a Imanol de los hechos acontecidos en segundo término. Dice la Audiencia Provincial de Burgos que aquel fue detrás de la menor y que cuando esta salió del baño le indicó cuál era su habitación, entrando acto seguido en ella Zaira, que "*se reclinó sobre la cama, sin resultar probado que se cayese accidentalmente o lo hiciese previo empujón de Imanol, y tras ponerse un preservativo la penetró vaginalmente*".

El mismo Tribunal que considera que Zaira fue objeto de diversas agresiones sexuales, declara que estos nuevos actos sexuales con uno de sus violadores, acontecidos pocos minutos después, son realizados de forma libre.

En estas circunstancias, y considerando a Imanol una persona próxima por edad (cuatro años de diferencia entre él, 19, y Zaira, 15) y madurez a la menor, la aplicación de la previsión contenida en el artículo 183 quater, actualmente artículo 183 bis, determina su exención de responsabilidad penal.

El Tribunal Superior de Justicia de Castilla y León no se pronunció sobre este segundo episodio, pues no fue objeto de recurso por las partes, lo cual, en mi opinión, fue un importante error: ¿realmente es posible sostener que este segundo hecho, acontecido inmediatamente después del anterior, fue fruto de una decisión plenamente libre de la menor? ¿es viable afirmar que puede consentir libremente una relación sexual la víctima de una violación, pocos minutos después de esta, con uno de sus autores?

V. BREVE COMENTARIO DE LA SENTENCIA NÚM. 14/2020, DE 18 DE MARZO, DEL TRIBUNAL SUPERIOR DE JUSTICIA DE CASTILLA Y LEÓN (SALA DE LO CIVIL Y PENAL)

1. Superación de los límites propios de la segunda instancia

El Tribunal Superior de Justicia de Castilla y León, como hemos visto, modifica ligeramente el relato de hechos probados.

Sigue declarando dicho Tribunal que, "*estando solamente en el salón la menor Zaira y los tres acusados, los cuales eran conocedores de que tenía quince años, alguno de ellos apagó todas las luces de la estancia*" y "*se desnudaron, ante lo cual Zaira fue al baño, regresando con posterioridad y sentándose en una esquina del sofá*".

Igualmente se declara que "*los acusados procedieron a desnudarla quintándole la ropa, salvo las bragas*", modificándose acto seguido el relato de hechos:

- mientras la Audiencia Provincial de Burgos declaró que "*ella se cruzó los brazos y no supo cómo reaccionar, quedándose paralizada, procediendo los acusados a cogerla las manos para que les masturbase, y posteriormente sujetándole la cabeza para que les hiciera una felación, a cada uno de ellos*",

- el Tribunal Superior de Justicia de Castilla y León declara que, tras quitar la ropa a Zaira, salvo las bragas, esta, "*seguidamente les masturbó y les hizo una felación*", admitiendo, que uno de los acusados eyaculó en la boca de la menor, "*ante lo cual y sintiendo asco fue al baño que se encontraba la final del pasillo para escupir*".

Lo importante no es si esta segunda declaración de hechos probados es consecuencia de una *más correcta valoración de la prueba* que la realizada por el tribunal inferior, sino si se han respetado los límites de un recurso de apelación que la propia jurisprudencia califica como *restringido.*

En su Sentencia 507/2020, de 14 de octubre (Caso Gürtel), declara el Tribunal Supremo, recordando doctrina ya consolidada, que "*cuando se denuncia en casación la vulneración del derecho a la presunción de inocencia, hemos dicho en* SSTS 615/2016, de 8 de julio*;* 200/2017, de 27 de marzo*; 376/2017, de 2 de mayo y* 362/2018, de 18 de julio, *entre otras muchas que "ha de verificarse si la* prueba *de cargo en base a la cual el tribunal sentenciador dictó sentencia condenatoria fue obtenida con respeto a las garantías inherentes del proceso debido, y por tanto:*

*- En primer lugar, debe analizar el "**juicio sobre la** **prueba**"* (el subrayado en negrita aparece en el texto original)*, es decir, si existió* prueba *de cargo, entendiendo por tal aquélla que haya sido obtenida, con respeto al canon de legalidad constitucional exigible, y que, además, haya sido introducida en el plenario de acuerdo con el canon de legalidad ordinaria y sometida a los principios que rigen de contradicción, inmediación, publicidad e igualdad.*

*- En segundo lugar, se ha de verificar "**el juicio sobre la suficiencia**"* (el subrayado en negrita aparece en el texto original)*, es decir, si constatada la existencia de* prueba *de cargo, ésta es de tal consistencia que tiene virtualidad de provocar el decaimiento de la presunción de inocencia.*

*- En tercer lugar, debemos verificar "**el juicio sobre la motivación y su razonabilidad**"* (el subrayado en negrita aparece en el texto

original), *es decir, si el Tribunal cumplió con el deber de motivación, o sea, si explicitó los razonamientos para justificar el efectivo decaimiento de la presunción de inocencia: Bien entendido, como establece la* STS 1507/2005 de 9.12, *"El único* límite *a esa función revisora lo constituye la inmediación en la percepción de la actividad probatoria, es decir, la percepción sensorial de la* prueba *practicada en el juicio oral. Lo que el testigo dice y que es oído por el tribunal, y cómo lo dice, esto es, las circunstancias que rodean a la expresión de unos hechos. Esa* limitación *es* común *a* todos *los* órganos *de* revisión *de la* prueba, *salvo que se reitere ante ellos la* prueba *de carácter personal, y a ella se refieren los* arts. 741 *y 717 de la* Ley de Enjuiciamiento Criminal. *El primero cuando exige que la actividad probatoria a valorar sea la practicada "en el juicio". El segundo cuando exige una valoración racional de la* prueba *testifical. Ambos artículos delimitan claramente el ámbito de la valoración de la* prueba *diferenciando lo que es percepción sensorial, que sólo puede efectuar el* órgano *jurisdiccional presente en el juicio, de la valoración racional, que puede ser realizada tanto por el tribunal enjuiciador como el que desarrolla funciones de control".*

Es preciso destacar estas palabras que el Tribunal Supremo *recupera* de su Sentencia 1507/2005, de 9 de diciembre:

- "*El único* límite *a esa función revisora lo constituye la inmediación en la percepción de la actividad probatoria, es decir, la percepción sensorial de la* prueba *practicada en el juicio oral. Lo que el testigo dice y que es oído por el tribunal, y cómo lo dice, esto es, las circunstancias que rodean a la expresión de unos hechos".*
- "*Esa* limitación *es* común *a* todos *los* órganos *de* revisión *de la* prueba, *salvo que se reitere ante ellos la* prueba *de carácter personal*".

En dicha Sentencia 507/2020, de 14 de octubre, dice asimismo el Tribunal Supremo, "*reiterando la doctrina anterior, que ni el objeto del control es directamente el resultado probatorio, ni se trata en casación de formar otra convicción valorativa ni dispone de la imprescindible inmediación que sólo tuvo el tribunal de instancia. El objeto de control es la racionalidad misma de la valoración elaborada por éste a partir del resultado de las* pruebas *que presenció. No procede ahora por tanto que el recurrente sugiera o proponga otra valoración distinta que desde un punto de vista se acomode mejor a su personal interés, sino que habrá de argumentar que es irracional o carente de lógica el juicio valorativo expresado por el tribunal de instancia*".

En su Sentencia 25/2023, de 20 de enero, el Tribunal Superior de Justicia de Madrid (Sala de lo Civil y Penal), concretando cuál es la misión del tribunal *ad quem* como revisor de la valoración de la prueba por el tribunal *a quo*, declara que "*en cualquier caso, nuestra función no consiste en realizar una nueva valoración de la* prueba *practicada ante el Tribunal de instancia, pues al mismo corresponde esa tarea, sino que nos compete constatar la existencia de* prueba *lícita y regular, con signo adecuado para apoyar un relato fáctico con relevancia penal (...).*

A esta Sala por tanto no le corresponde formar su personal convicción a partir del examen de unas pruebas *que no presenció, para a partir de ella confirmar la valoración del tribunal de instancia en la medida en que una y otra sean coincidentes. Lo que ha de examinar es si la valoración del juzgador, es decir, la suya que es la única que exige porque esta Sala no le sustituye con ninguna otra propia, es homologable por su misma lógica y razonabilidad*".

Recuperando nuestra atención el Alto Tribunal, dice este, en su Sentencia 684/2021, de 15 de septiembre (Sala Segunda), que "*existe una patente diferencia entre el análisis de la apelación y la casación, ya que en el primer tipo de recurso el Tribunal encargado de resolver, en este caso el* TSJ, *debe analizar la "suficiencia" de la prueba practicada y tenida en cuenta por el Tribunal de enjuiciamiento, mientras que en la casación se examina la legalidad y constitucionalidad de la prueba practicada, así como la razonabilidad de la prueba valorada por el Tribunal de apelación*".

Otra vez un Tribunal Superior de Justicia, el de Madrid, en su Sentencia 16/2007, de 26 de septiembre (Sala de lo Civil y Penal), recuerda que su función, interpuesto un recurso de apelación, es "*verificar que la valoración realizada no se aparta de las reglas de la lógica y no es, por lo tanto, irracional, absurda o arbitraria. Ello no implica una autorización para invadir el campo de la valoración de la prueba, extremo que corresponde al Tribunal de instancia,* ante *el cual se practica, y que puede por ello realizar un análisis conjunto y completo de toda la practicada*". "*El Tribunal Supremo admite*", sigue diciendo dicha resolución, "*en relación con la prueba, la fiscalización casacional de la conformidad de su valoración con las reglas de la lógica, de la experiencia, pero, en principio, solo en la medida en que no dependa de la* inmediación *y de la oralidad. Estos dos motivos rigen, y se aplican en toda su extensión, cuando actúa el Tribunal del Jurado.*

La valoración probatoria conjunta corresponde al Jurado que debe motivar su veredicto. El Magistrado Presidente debe respetar la ponderación probatoria del Jurado. La Sentencia del Tribunal del Jurado debe motivar y fundamentar la valoración del Jurado. El Tribunal del Jurado es el único que adopta la resolución con plena aplicación de los principios de inmediación *procesal, y de oralidad, lo que no sucede ni con el* recurso de apelación restringido, *que se tramita* ante *la Sala de lo Civil* y Penal *del* Tribunal Superior de Justicia, *ni con el recurso de casación* ante *la Sala Segunda de lo* Penal *del Tribunal Supremo*".

En la citada Sentencia 930/2023, de 30 de noviembre, del Tribunal Supremo, recuerda este que "*las pruebas personales como la testifical y la de confesión, están sujetas a la valoración del Tribunal que con inmediación la percibe*".

En fin, la función revisora en segunda instancia de los Tribunales Superiores de Justicia es esencialmente limitada: *no habiéndose practicado en segunda instancia pruebas personales con* inmediación, *el Tribunal puede cuestionar el juicio de tipicidad, esto es, la subsunción de los hechos establecida por el Tribunal de instancia, pero no censurar las conclusiones valorativas que concluyen con un determinado relato de hechos probados. La valoración es inseparable de la inmediación en la práctica de la prueba que corresponde al Tribunal de instancia, por lo que no solo el tribunal de casación, tampoco el de apelación, podrá apreciar dicha prueba por haber carecido de la necesaria inmediación.*

En el denominado caso de la Manada, también el Tribunal Superior de Justicia de Navarra (Sala de lo Civil y Penal) declaró, en su Sentencia 8/2018, de 30 de noviembre, que "la jurisprudencia concluye reiteradamente que la determinación de la credibilidad de quienes declaran ante *el Tribunal corresponde al órgano jurisdiccional de instancia, que valora con* inmediación, *por tratarse de pruebas personales cuya ponderación se basa en la percepción directa*".

En su reciente Sentencia 585/2024, de 26 de noviembre, el Tribunal Superior de Justicia de Madrid realiza "*algunas acerca del ámbito del recurso de apelación penal -en concreto, de la apelación ordinaria-, enmarcadas en el frontispicio de la presunción de inocencia, pues delimitan el ámbito correcto de nuestro enjuiciamiento, sus límites en la revisión del juicio de hecho y de la aplicación del Derecho por el Tribunal a quo". Interesa destacar las siguientes:*

- *"La jurisprudencia de los Tribunales Constitucional y Supremo considera que el control del respeto al derecho a la presunción de inocencia autoriza a valorar, de una parte, la existencia de prueba de cargo adecuada y, de otra, su suficiencia. La prueba es adecuada cuando ha sido obtenida con respeto a los principios estructurales que informan el desarrollo de la actividad probatoria ante los órganos jurisdiccionales -oralidad, contradicción e inmediación. Y la prueba es bastante cuando su contenido es netamente incriminatorio".*

- *"Está también fuera de duda que el control de la racionalidad de la motivación probatoria no implica la sustitución del criterio valorativo del Tribunal sentenciador por el del Tribunal de apelación; raciocinio del Tribunal "a quo" que sólo puede ser impugnado si fuese contrario a las reglas de la lógica o a las máximas de la experiencia...(STS nº 70/2011, de 9 de febrero, y 13-7-2011, entre otras muchas".*

- *"No se trata, por lo tanto, de comparar la valoración probatoria efectuada por el Tribunal y la que sostiene la parte que recurre, sino de comprobar la racionalidad de aquélla y la regularidad de la prueba utilizada. Y de otro lado, salvo que se aprecie la existencia de un razonamiento arbitrario o manifiestamente erróneo, no es posible prescindir de la valoración de pruebas personales efectuada por el tribunal que ha presenciado directamente la práctica de las mismas".*

- *"Nueva valoración de pruebas personales [y la pericial, a estos efectos, lo es, según jurisprudencia hoy conteste (v.gr., SSTEDH 16.11.2010 -asunto García Hernández c. España- y 29.3.2016 -asunto Gómez Olmedo c. España -, y SSTS 767/2016–roj STS 4426/2016–y 46/2020, de 11 de febrero-roj STS 390/2020-]por Tribunal que no las haya presenciado con la debida inmediación vedada por reiteradísima jurisprudencia del TEDH".*

- *"No obsta a lo que antecede que recursos de apelación como el presente gocen de una mayor amplitud en su objeto -no limitación de motivos- y ámbito de enjuiciamiento -v.gr., posibilidades de práctica probatoria- que el recurso de casación. Tal disimilitud objetiva no puede ir en detrimento de la garantía de la inmediación, que lo es de la recta formación de la convicción judicial con independencia del sentido de la decisión que haya de adoptar el Tribunal, pero que ha de extremarse, en particular, a la hora de confirmar y no digamos de imponer o de agravar una condena-; garantía de la inmediación que lo es también del derecho a un proceso justo–arts. 24.2 CE y 6.1 CEDH-, de modo que, con carácter general, en esta sede -no habiéndose propuesto ni practicado prueba personal de ninguna clase-, sólo cabrá estudiar la estructura racional de los juicios valorativos y comprobar que el Tribunal de instancia no ha conferido credibilidad y veracidad a una declaración personal(acusado, víctima, testigos y manifestaciones de peritos) contraria a razón o a las máximas de la experiencia".*

- *"Estamos ante una apelación en que la Sala puede revisar el juicio de Derecho del Tribunal a quo, en principio sin otra restricción que no sea la prohibición de reformatio in peius,y el juicio de hecho en lo tocante al error en la valoración de la prueba*

> *considerada en su mayor amplitud -error factien el sentido casacional del término, error patente, quiebra lógica o irracionalidad en la ponderación o motivación fáctica del acervo probatorio o del juicio de inferencia, inexistencia o insuficiencia de tal motivación...; pero, tras la reforma operada por la Ley 41/2015, es más que nunca defendible que no estamos ante un recurso de apelación en el ámbito del procedimiento abreviado asimilable a un novum iudicium,en el que el Tribunal tenga que volver a practicar la prueba en su integridad -extremo tampoco previsto por el art. 790.3 LECrim- y, valorándola en su conjunto –sin fragmentarla- y con la debida inmediación -de la que goza el Tribunal de instancia-, esté, como aquél, en sus mismas condiciones de inmediación para formar su convicción con las debidas garantías. Y ello sin perjuicio de la eventualidad -no negable- de revisar el juicio de hecho en contra del acusado, si éste comparece y es oído por el Tribunal, siempre que lo permita, por las circunstancias concurrentes en el caso, una valoración conjunta -no fragmentaria ni parcial- del acervo probatorio".*

El Tribunal Superior de Justicia de Castilla y León lo que hace es precisamente sustituir el criterio valorativo del Tribunal sentenciador por el propio, concluyendo lo siguiente: "En definitiva, la credibilidad del testimonio de la menor, en lo que se refiere a la intimidación causada por la presencia de los tres condenados, presenta fisuras relevantes en su lógica interna, y carece de elementos periféricos que le sirvan de apoyo, lo que convierte en difícilmente homologable la valoración aceptada por la Audiencia desde la lógica y la razonabilidad".

Eliminada la intimidación, desparece el delito de agresión sexual y ocupa su lugar el de abuso sexual. La niña, concluye el Tribunal Superior de Justicia de Castilla y León, consintió libremente cuanto sucedió. Si existe delito de abuso sexual, es por imposición legal: la ley no da validez a dicho consentimiento libre hasta que se cumplan 16 años, salvo que la persona con la que se mantienen relaciones sexuales sea próxima al menor por edad y madurez.

2. *«Nocturnidad» y «alevosía»*

La referida sentencia 14/2020 del Tribunal Superior de Justicia de Castilla y León fue dictada muy rápidamente, poco tiempo después, apenas tres meses, de la pronunciada por la Audiencia Provincial de Burgos (11 de diciembre de 2019), concretamente el 18 de marzo, cuatro días después de la declaración del Estado de Alarma por parte del Gobierno de España.

En tiempos de estado de alarma declarado con motivo de la crisis sanitaria ocasionada por el COVID-19, nuestra atención, también la de los medios de comunicación, se centraba, casi exclusiva, y muy comprensiblemente, en la gravísima situación de emergencia de salud pública que padecíamos, elevada a la condición de pandemia internacional por la Organización Mundial de la Salud.

Desde una perspectiva «*comunicativa*», la situación que sufríamos actuó como un ventilador gigante que desplazaba a terceros planos la actualidad informativa de noticias que, en otros tiempos, merecerían un muy destacado interés. Actuando con alevosía (dictando una resolución sin el riesgo de ganarse una mayúscula atención mediática) y nocturnidad (consecuencia del referido eclipse informativo), la reciente resolución judicial que nos ocupa pegó, sin duda, un duro golpe en el mentón de la lucha por la igualdad de mujeres y hombres, evidenciando una falta absoluta de empatía con quienes en la práctica sufren las consecuencias de una secular discriminación: las mujeres, con la agravante, esta vez, de una «*inoportuna*» minoría de edad.

3. *La «incómoda» minoría de edad: apreciación de una atenuante no interesada por las partes en grado de* muy cualificada

La sentencia núm. 14/2020 del Tribunal Superior de Justicia de Castilla y León modifica radicalmente, como hemos visto, la calificación de los hechos protagonizados el día 24 de noviembre de 2017 por tres jugadores del Arandina C.F, equipo de fútbol (de 3ª división de la Liga española) de Aranda de Duero. La Audiencia Provincial de Burgos, en sentencia dictada el día 11 de diciembre de 2019, impuso a cada uno de ellos, recordemos, un total de 38 años de prisión por considerarlos responsables, bien como autores, bien como cooperadores necesarios, de tres delitos de agresión sexual, concretamente de violación. O, dicho de otro modo, por estimar que los tres habían atentado contra la indemnidad sexual de una menor de 15 años empleando intimidación. El citado Tribunal Superior de Justicia consideró, por el contrario, no solo que no hubo empleo de intimidación, sino que **la víctima consintió todas las relaciones sexuales**.

Si condena a dos de los acusados (uno es totalmente absuelto) por un delito de abuso sexual es, si se me permite la expresión, por un «tecnicismo legal»: el artículo 181 (en aquel momento, artículo 183) del Código Penal español prevé el castigo, en principio, de toda persona que *realizare actos de carácter sexual con un menor de dieciséis años*. Es irrelevante que el menor (en el caso que nos ocupa, *la menor*) consienta dichos actos: el Código Penal lo priva de la libertad de consentir hasta que alcanza la *mayoría de edad sexual*, fijada en España, como decíamos, y salvo estar en presencia de prostitución o pornografía, en los dieciséis años. Dicha privación de libertad de consentir realizar actos de carácter sexual, o de participar en ellos, es consecuencia del pensamiento de que hasta dicha edad se carece de la madurez suficiente para auto determinarse sexualmente (al menos, con personas no próximas por edad y madurez).

En definitiva, la menor de 15 años sí quiso todas aquellas relaciones sexuales, sí las deseó en la medida en que las consintió: si es preciso estimar cometidos dos delitos de abuso sexual, uno atribuible a cada uno de los dos acusados, es (¿lamentablemente?) por la previsión legal que excluye la validez de aquel consentimiento. «*Lástima*», me atrevería a decir situándome en la posición de la Sala de lo Civil y Penal del Tribunal Superior de

Justicia de Castilla y León. Una menor de 15 años, pronta por tanto a alcanzar los dieciséis y la plena mayoría de edad sexual, mantiene relaciones sexuales deseadas con tres chicos de 19, 22 y 24 años, próximo a ella (siempre según aquella Sala) el primero tanto *por edad* como *por grado de desarrollo o madurez*, y ***relativamente próximos a la menor, tanto, también, por edad como por grado de desarrollo y madurez*** **("*en lo que a relaciones sexuales se refiere*")** el segundo y el tercero; y la Ley, el Código Penal, obliga a considerar autores de un delito de abuso sexual a los dos últimos.

La pena prevista por el artículo 181 del Código Penal es formidable, muy grave: "*cuando el ataque* (a la indemnidad sexual antes de la reforma operada por la Ley del solo sí es sí, pues los menores no tenían reconocida libertad de tal naturaleza) *consista en acceso carnal por vía vagina, anal o bucal, o introducción de miembros corporales u objetos por alguna de las dos primeras vías, el responsable será castigado con la pena de prisión de ocho a doce años.*

No se trata, sin embargo, de un problema irresoluble: se forja una *circunstancia atenuante de análoga significación que las anteriores* (según dice el art. 21, circunstancia 7ª, del Código Penal: entre dichas *anteriores circunstancias*, por cierto, no se halla la previsión contenida el artículo 183 bis actual, es decir, la denominada *cláusula Romeo y Julieta*), se aprecia como *muy cualificada* (condición que solo se adquiere normalmente, si se me tolera una vez más la licencia literaria, tras unas *duras oposiciones*, que muy mayoritariamente son suspendidas), y, «et voilà»: el límite mínimo de ocho años (con límite superior de doce) se resquebraja como un frágil cristal en virtud de lo previsto por el artículo 66.1.2º del Código Penal, que permite aplicar la pena inferior en uno o dos grados a la establecida por la ley. Las penas finalmente impuestas son de cuatro y de tres años de prisión. *Pura magia.*

Un papel completamente decisorio desempeñó, como vemos, el artículo 183 quater del Código Penal, cuya versión actual hallamos, como he adelantado, en el artículo 183 bis, según el cual, "*salvo en los casos en que concurra alguna de las circunstancias previstas en el apartado segundo del artículo 178, el libre consentimiento del menor de dieciséis años excluirá la responsabilidad penal por los delitos previstos en este capítulo cuando el autor sea una persona próxima al menor por edad y grado de desarrollo o madurez física y psicológica*".

La Sala de lo Civil y Penal del Tribunal Superior de Justicia de Castilla y León declara que el acusado de 19 años es una persona próxima a la víctima menor por edad y grado de desarrollo o madurez, lo cual excluye su responsabilidad penal. Los otros dos, por el contrario, no. De hecho, las diferencias son significativas, reveladoras: 7 y 9 años. Además, los dos acusados de 22 y 24 años tienen un grado de desarrollo y madurez normal, propio de su edad, *salvo* "*en lo que a relaciones sexuales se refiere*", dice la sentencia.

Se otorga a la circunstancia prevista en el artículo 183 bis la naturaleza de una circunstancia justificante, que convierte en ajustada a derecho una determinada conducta (lo cual es muy discutible, pues dicho artículo se limita a *excluir la responsabilidad penal*, sin declarar la licitud del comportamiento); presentándose incompleta dicha circunstancia (por faltar alguno de sus requisitos, en este caso la proximidad por razón de edad), se considera que es análoga a algunas de las circunstancias atenuantes contenidas en el artículo 21 del Código Penal, cuyos efectos son, generalmente, modestos, pues no permiten imponer la pena inferior en uno o dos grados, sino solo la pena en su límite inferior (recordemos, en nuestro caso, ocho años); se concede a la atenuante análoga construida el extraordinario poder inherente a su consideración como muy cualificada (pena inferior en un grado: cuatro a ocho años, menos un día; pena inferior en dos grados; dos a cuatro años, menos un día); y el resultado es el ya comentado: cuatro y tres años de prisión, respectivamente, a los acusados de 24 y 22 años.

El acusado que tenía 19 años es absuelto, como decíamos, por existir consentimiento libre de la menor, incapaz, ciertamente, de producir efectos cuando el otro o los otros no son personas próximas a ella por razón de edad y madurez o desarrollo, pero determinante para excluir la cooperación de aquel en la comisión de los delitos de abuso sexual por los que son condenados los acusados que tenían 22 y 24 años en el momento de los hechos: no cooperó con ellos, pues el delito de estos se produce exclusivamente por negar el ordenamiento jurídico, como decimos, eficacia jurídica al consentimiento de la menor.

La circunstancia atenuante análoga apreciada por el Tribunal Superior de Justicia de Castilla y León resulta problemática: no fue interesada, no existía y a pesar de ello no solo fue apreciada, sino que lo fue como muy cualificada.

Jueces y Tribunales, ciertamente, han apreciado excepcionalmente atenuantes no interesadas por las partes, pero deberá convenirse en que ello implicará como regla sustraer al debate procesal su procedencia: quienes acusan no tienen la oportunidad de alegar en su contra.

El Tribunal Superior de Justicia de Castilla y León afirma que, "*calificada la acción de los recurrentes como un delito de abuso sexual, tipificado en el artículo 183.1* (actualmente, es preciso insistir, artículo 181.1) *del Código Penal, se plantea la eventual aplicación del artículo 183 quater citado, bien como eximente de la responsabilidad criminal o, en su caso, como atenuante simple o calificada*".

¿Se plantea? ¿Se lo plantea él o se lo plantean las partes? La lectura de la sentencia no indica que dicho planteamiento fuera consecuencia de una solicitud de las partes en tal sentido, por lo cual tendría lugar de oficio, con evidentes consecuencias sobre el principio de prohibición de indefensión, pues las acusaciones no pudieron pronunciarse al respecto.

"*Para hacer operar esta previsión* (la del art. 183 quater)", dice el Tribunal, "*se hace preciso indagar si existe una simetría de edad /grado de madurez y desarrollo entre la menor y los adultos o, por el contrario, si las diferencias entre los autores y la víctima entrañan una explotación de la vulnerabilidad de esta última que implique una clara situación de abuso*".

Si bien "*en el caso de Imanol* (el acusado que tenía 19 años), "*la cuestión ha sido resuelta en la sentencia apelada, en relación con un delito de la misma naturaleza cometido con la misma persona, apreciando la exención de responsabilidad*", "*en relación con Evaristo y Mario, de 24 y 22 años respectivamente en el momento de acaecer los hechos, y a los que el informe forense presenta con unos rasgos intelectuales y emocionales dentro de la normalidad y con una madurez psicológica superior a la de Leticia, ha de concluirse que no cabe la apreciación del precepto con carácter de eximente de la responsabilidad ante la falta de simetría entre sus respectivos grados de desarrollo y madurez*".

En suma, el artículo 183 quater (actualmente 183 bis) no es aplicable a los acusados de 22 y 24 años por **falta de proximidad**, consecuencia, a su vez, de la **falta de simetría entre sus grados de desarrollo y madurez,** entre la víctima y dichos acusados. Son autores responsables, por tanto, de un delito de abuso sexual previsto y penado en el artículo 181.4 del CP: consistiendo *el ataque en acceso carnal por vía bucal*, la pena imponible es la de prisión de 8 a 12 años. Dado que los hechos, además, se cometieron *por la actuación conjunta de dos o más personas*, el Tribunal Superior de Justicia de Castilla y León aplica el tipo agravado descrito en el art. 181.5, que obliga a imponer la pena en su mitad superior, en este caso, la de prisión de 10 a 12 años.

¿Cómo se explica la imposición de dos penas tan alejadas del mínimo legal en principio aplicable, 10 años?

Ya lo hemos adelantado, pero es preciso insistir en ello, subrayarlo y explicar más detalladamente.

A aquella *falta de simetría entre los grados de desarrollo y madurez de la víctima y de estos dos acusados* no se suma, según dice el Tribunal, una equivalente falta de simetría por razón de edad: "*En el presente caso, las edades de Evaristo y Mario -24 y 22 años en* *el momento de los hechos- podrían considerarse como "****relativamente próximas****" (...) teniendo en cuenta que los 15 años de la menor entrarían dentro de la franja de la pubertad en la que la protección que ofrece el precepto es susceptible de ser modulada atendiendo a las edades cronológicas y grados de desarrollo y madurez respectivos*".

Incluso desde la perspectiva de la **madurez**, añade la sentencia, desdiciéndose de su inicial afirmación, excluyente de la aplicación del art. 183 quater, la distancia entre una y otros no es excesiva: el Tribunal atribuye a todos "*una falta de madurez igualmente próxima entre todos ellos*" ("*examinando el medio social en el que se desenvuelven tanto la menor como los recurrentes se comprueba, vistas las comunicaciones cruzadas entre ambos y con amigos de edades similares, las declaraciones de todos ellos y el lenguaje soez que emplean al tratar temas de contenido sexual, que hay un contexto común a la hora de banalizar las relaciones sexuales convirtiéndolas en un simple divertimento o juego sin trascendencia que denota, al margen de otras consideraciones éticas fuera de lugar, una falta de madurez igualmente próxima entre todos ellos*").

"*Una valoración conjunta de estas circunstancias, la* ***relativa proximidad de las edades cronológicas****, y la* ***proximidad en el grado de desarrollo y madurez****, en lo que a relaciones sexuales se refiere, permite otorgarles una consideración particularmente relevante, por la indudable influencia que han desempeñado en el desarrollo de los hechos, que conduce a apreciar, tanto en Evaristo como en Mario, una atenuante analógica del artículo 21.7º del Código Penal*".

En conclusión: sí hay proximidad por razón de grado de desarrollo o madurez (a pesar de que la Audiencia Provincial de Burgos declaró que a la niña de 15 años se le atribuye la madurez propia de una niña de 13), pero no la hay por razón de edad. No se puede aplicar, por tanto, el artículo 183 quater. Ahora bien, la falta de proximidad por razón de edad no es excesiva. La suma de ambas circunstancias autoriza estimar procedente la apreciación de una circunstancia atenuante analógica del art. 21.7 del Código Penal.

El art. 21 CP, tras enumerar las seis primeras atenuantes concluye su relación refiriéndose a *"cualquier otra circunstancia de análoga significación que las anteriores"*.

Este art. 21 contiene, por tanto, en virtud de su previsión 7ª, una relación abierta de atenuantes, pues es posible admitir cualquier otra que tenga análoga significación que las anteriores. ¿Con cuál de las anteriores se produce dicha *análoga significación*? El Tribunal Superior de Justicia de Castilla y León no lo explica. Se limita a citar la Circular de la Fiscalía General del Estado 1/2017, de 6 de junio, sobre la interpretación del art. 183 quater del Código Penal, en la que se contempla la "*posibilidad de construir una atenuante analógica en relación con el art. 183 quater*". Dicha Circular **no es**, sin embargo, **una norma**, sino una directriz que el Fiscal General del Estado dirige a los miembros de la carrera fiscal tomando como fundamento lo dispuesto por el art. 25 del Estatuto Orgánico del Ministerio Fiscal (aprobado por la Ley 50/1981, de 30 de diciembre): *El Fiscal General del Estado podrá impartir a sus subordinados las órdenes e instrucciones convenientes al servicio y al ejercicio de las funciones, tanto de carácter general como referidas a asuntos específicos.*

Aunque estas circulares de la Fiscalía General del Estado son, como vemos, meras instrucciones internas, gozan, eso sí, de un elevado prestigio entre los operadores jurídicos, que muchas veces apelan a ellas para fundamentar una concreta interpretación.

El Tribunal Superior de Justicia de Castilla y León, en definitiva, aprecia una circunstancia atenuante analógica "*en armonía con el criterio mantenido por la Circular de la Fiscalía General del Estado 1/2017*". O, expresado de otro modo, declara que su ***idea*** la ha extraído de dicha Circular. Eso lo exonera, según parece, de fundamentar seriamente su apreciación. "*Si lo dice la Fiscalía General del Estado*", cabría concluir resumiendo su posición.

¿Cuál es el efecto propio de la apreciación de una circunstancia atenuante, incluida la de análoga significación? Según el art. 66.1. 1ª del Código Penal, "*cuando concurra sólo una circunstancia atenuante*" (y ninguna circunstancia agravante, lo cual sucede en el presente caso, pues la *actuación conjunta de dos o más personas* no es una circunstancia agravante genérica, sino específica, que determina la aplicación de un tipo o supuesto de hecho agravado, el contemplado por el art. 181.5), los jueces o tribunales "*aplicarán la pena en la mitad inferior de la que fije la ley para el delito*".

Si el marco penal aplicable era el de 10 a 12 años, la mitad inferior de dicha pena es la franja que se extiende de 10 años a 11 años. El límite mínimo de pena imponible, por tanto, sigue siendo 10 años.

Aunque el efecto de la apreciación de una circunstancia atenuante es, en principio, limitado, pues no permite *descender* del límite mínimo de la pena abstractamente prevista por la Ley al supuesto de hecho realizado, en nuestro caso 10 años, si es adjetivada como **muy cualificada** sus efectos pueden tener un alcance extraordinario, es decir, como afirma el Diccionario de la RAE, *fuera del orden o regla natural común.*

La expresión *circunstancia atenuante muy cualificada* es utilizada por el propio Código Penal, concretamente por su artículo 66.1. 2ª, según el cual, "*en la aplicación de la pena, tratándose de delitos dolosos, los jueces o tribunales observarán, según haya o no circunstancias atenuantes o agravantes, las siguientes reglas*: (...)

2.ª Cuando concurran dos o más circunstancias atenuantes, ***o una o varias muy cualificadas****, y no concurra agravante alguna, aplicarán la pena inferior en uno o dos grados a la establecida por la ley, atendidos el número y la entidad de dichas circunstancias atenuantes*".

El alcance del mencionado extraordinario efecto es, como vemos, la posibilidad de aplicar la pena inferior en uno o dos grados. Si la pena imponible es la 10 a 11 años, este *suelo* o límite inicial, 10 años, es la referencia para descender en grado. La pena inferior en un grado es la de 5 años a 10 años menos 1 día;

la pena inferior en dos grados a aquella (e inferior en un grado a esta última) es la de 2 años y 6 meses a 5 años menos 1 día. No era mentira: el alcance de una circunstancia atenuante cuando es apreciada como **muy cualificada** es, ciertamente, extraordinario. Es posible, por supuesto, imponer una pena de 9 años, o de 8, pero también, como vemos, una pena de 2 años y 6 meses.

Todas las circunstancias atenuantes contempladas por el artículo 21 (la primera de las cuales es especialmente abierta, pues se remite a todas las circunstancias eximentes del artículo 20 *cuando no concurrieren todos los requisitos necesarios para eximir de responsabilidad en sus respectivos casos*) **puede ser apreciadas como «simples» o como «muy cualificadas»**, si bien lograr esta segunda conceptuación requiere reunir méritos también extraordinarios, sobresalientes.

El Tribunal Superior de Justicia de Castilla y León no lo dudó: como he adelantado, la aplicación del artículo 183 quater no estuvo lejana, de hecho, se intuye que ese era su deseo (*inmadurez semejante* y edades *relativamente próximas*), si bien no se atrevió a materializarlo.

Lo explica así el Tribunal: "*Una valoración conjunta de estas circunstancias, la relativa proximidad de las edades cronológicas, y la proximidad en el grado de desarrollo y madurez, en lo que a relaciones sexuales se refiere, permite otorgarles una* ***consideración particularmente relevante, por la indudable influencia que han desempeñado en el desarrollo de los hechos****, que conduce a apreciar, tanto en Evaristo como en Mariol, una atenuante analógica del artículo 21.7º del Código Penal con el carácter de muy cualificada en relación con el tantas veces citado artículo 183 quáter del Código Penal*".

El Tribunal Supremo, en su ya referida Sentencia 930/2022, de 30 de noviembre, recuerda que en la Sentencia 828/2021, de 29 de octubre, ya había declarado que "*no ha optado nuestro legislador por un criterio cronológico puro, sino que ha combinado la relación de proximidad entre la edad del mayor y el menor, y la de simetría de madurez entre ambos, factores no sujetos a reglas fijas, en que la formación y condicionantes culturales de cada cual juega un papel importante, lo que no significa que no podamos encontrarnos casos claros en que ni uno ni otro, o bien que uno u otro, se presenten sin duda, porque, si esto es así, cae por su base la aplicación de la referida cláusula de exoneración*"; por lo que, de acuerdo con dicha precedente declaración, afirma que esta "*aplicación de la exención o de la atenuante analógica muy cualificada solo puede ir en el actual estado de la cuestión en favor o de la exención absoluta cuando concurran todos los factores, y si no concurren con la absoluta responsabilidad*". La frase siguiente es sumamente categórica: "*El texto penal no permite una opción intermedia*".

"*El artículo 21.7*", sigue diciendo el Alto Tribunal, "*hace referencia para aplicar atenuantes analógicas a: 7.ª Cualquier otra circunstancia de análoga significación que las anteriores. Pero solo dice "las anteriores", no cualquier causa de exención de responsabilidad penal en el CP. (Y entre ellas la del art. 183 bis CP)*". El artículo 183 bis CP, concluye el Tribunal Supremo, "*solo avala la exclusión de responsabilidad penal en los casos que cita, pero no una atenuación. Ni simple ni muy cualificada*". La solución alcanzada por el Tribunal Superior de Justicia de Castilla y León, afirma, carece de *anclaje legal*.

VI. LA DEFINICIÓN DEL CONSENTIMIENTO SEXUAL EN LA LEY DEL SOLO SÍ ES SÍ Y SU APLICACIÓN A SUPUESTOS COMO LOS DEL «CASO ARANDINA»

1. *La evidencia de la vigencia del modelo negativo de consentimiento («solo no es no») y su sustitución por un nuevo modelo positivo («solo sí es sí»)*

Aunque son muchas las reformas del Código Penal operadas por la Ley del solo sí es sí, su reforma *estrella* es, sin duda, la introducida en el artículo 178 del Código Penal, concretamente en su primer número, cuyo tenor literal es preciso tener presente:

Será castigado con la pena de prisión de uno a cuatro años, como responsable de agresión sexual, el que realice cualquier acto que atente contra la libertad sexual de otra persona sin su consentimiento. Sólo se entenderá que hay consentimiento cuando se haya manifestado libremente mediante actos que, en atención a las circunstancias del caso, expresen de manera clara la voluntad de la persona.

Es esta previsión normativa la que lleva consigo la desaparición de los abusos sexuales como consecuencia de su «transformación» en agresiones sexuales. Y es esta previsión normativa, asimismo, la que incorpora una definición del consentimiento sexual. ¿Constituye una revolución en el ámbito que nos ocupa? ¿Introduce un cambio positivo o, como ha sostenido Álvarez García, pone en peligro la libertad sexual?

Recuperemos el relato de hechos declarados probados por la Audiencia Provincial de Burgos. El hecho que determinó la imposición de sendas penas de 38 años de prisión a los tres acusados no plantea problemas, pues se consideró que hubo intimidación ambiental, tratándose, incluso antes de la reforma operada por la LO 10/2022, de una agresión sexual. Pero no sucede lo mismo con el segundo hecho que también se consideró probado y que, sin embargo, no mereció reproche penal por considerarlo realizado libremente por la menor de 15 años con una persona próxima por edad (19 años) y por madurez.

"*Imanol fue detrás de la menor y cuando ésta salió del baño, le indicó cuál era su habitación y Zaira entró en la misma y se reclinó sobre la cama, sin resultar probado que se cayese accidentalmente o lo hiciese previo empujón de Imanol, y tras ponerse un preservativo la penetró vaginalmente. No consta plenamente acreditado que Zaira mostrase su oposición, expresa o tácita a dicha relación*".

La clave: «*No consta plenamente acreditado que Zaira mostrase su oposición, expresa o tácita a dicha relación*».

Esta es una manifiesta expresión del modelo negativo de consentimiento: *solo no es no.* La propia Audiencia Provincial que consideró que la menor acababa de ser víctima de tres agresiones sexuales declara libremente realizado este nuevo hecho. ¿Por qué? Porque no consta que la menor se opusiera, ni de forma expresa ni de forma tácita. No consta, por supuesto, que consintiera libremente, que dijera que sí, pero lo determinante es que no dijo que no ni sus actos revelaron oposición al encuentro sexual.

La definición del consentimiento sexual que da nombre a la Ley del solo sí es sí tiene como gran objetivo cambiar las cosas, eliminar precisamente prácticas como estas. El consentimiento, por supuesto, siempre ha estado en el centro del sistema, de la regulación de estos delitos; solo su ausencia (excepto en el caso de los menores de edad sexual) ha determinado la existencia de un delito; pero los criterios para responder a la pregunta de si hubo o no consentimiento han cambiado. La ley establece ahora con toda claridad que "*sólo se entenderá que hay consentimiento cuando se haya manifestado libremente mediante actos que, en atención a las circunstancias del caso, expresen de manera clara la voluntad de la persona*".

¿Manifestó Zaira mediante sus actos de manera clara su voluntad libre de mantener relaciones sexuales? La respuesta es categórica. Un rotundo no. O, al menos, no existen en el relato fáctico elementos que den noticia de ello. La conclusión, aplicando el artículo 178, es que no hubo consentimiento.

No muy distinta (o nada distinta) debe ser la conclusión en relación con el nuevo relato de hechos declarados probados por parte del Tribunal Superior de Justicia de Castilla y León.

"*Los acusados*", dice este, procedieron a desnudar a Zaira "*quintándole la ropa, salvo las bragas, seguidamente les masturbó y les hizo una felación, llegando uno (sin determinar) a eyacular en la boca de la menor, ante lo cual, y sintiendo asco fue al baño, que se encontraba al final del pasillo, para escupir*".

¿Concurren ahora actos de la menor que evidencien, en atención a las circunstancias del caso, de manera clara su voluntad, su libre consentimiento? Dirán algunos que *masturbó a los acusados y les hizo una felación*, sin que conste que se opusiera, pero no es eso lo que debe constar, sino lo contrario, actos que expresen de manera clara que su voluntad, formada libremente, era realizar lo que hizo. La conclusión, aplicando el artículo 178, es, una vez más, que no hubo consentimiento. Tampoco, por supuesto, en el segundo hecho, que el Tribunal Superior de Justicia de Castilla y León no modifica.

2. *¿Qué debe probar la acusación?*

El delito de agresión sexual consiste, según el referido artículo 178, en *realizar cualquier acto que atente contra la libertad sexual de otra persona sin su consentimiento.* Y esto es lo que debe probar la acusación: que un sujeto realizó con otra persona actos que atentaron contra su libertad sexual por no concurrir su consentimiento. O, dicho de otro modo, será preciso acreditar, primero, *la realización de actos de carácter sexual*, y, en segundo término, que *no fueron consentidos.*

Según el artículo 181, interviniendo ahora menores de 16 años, el delito de agresión sexual consiste en *realizar actos de carácter sexual* con ellos. Dado que la nueva regulación introducida por la Ley del solo sí es sí distingue (la precedente no lo hacía) entre actos consentidos (aunque ilícitos por ser el consentimiento del menor inválido) y actos no consentidos, en este segundo caso, como sucede con las conductas tipificadas por el artículo 178, será preciso probar, primero, que se realizaron actos de carácter sexual, pero también que no fueron consentidos, además, por supuesto, de la citada minoría de 16 años.

¿En qué consiste la prueba de que no hubo consentimiento? Deberá probarse que, atendidas las circunstancias del caso, no hubo actos que expresaran de manera clara la voluntad de la persona de consentir libremente. O, dicho con otras palabras, no deberá probarse que quien se presenta como víctima se opuso a la realización de los actos sexuales, que expresó de manera clara a través de sus actos su voluntad contraria a realizarlos, sino que expresó de manera clara su voluntad libre al respecto.

3. *¿Era necesaria la definición del consentimiento sexual? ¿Era conveniente?*

Desde una perspectiva teórica, la respuesta debe ser negativa. El consentimiento siempre estuvo en el centro del sistema, compartiendo *créditos* y protagonismo, eso sí, con la violencia o intimidación. De hecho, la regulación de los delitos contra la libertad sexual no la inauguraban los delitos de abusos sexuales, sino los delitos de agresión sexual.

Desde una perspectiva práctica, sin embargo, la definición sí era necesaria. La progresiva introducción de la intimidación ambiental mejoró la respuesta del sistema penal frente a los atentados sexuales, pero lo cierto es que la prueba de que no hubo consentimiento exigía acreditar la oposición de la víctima a la realización de actos sexuales, que había dicho, de palabra o mediante sus actos, no.

El cambio, por tanto, es real. La Ley del solo sí es sí no se limita a introducir una irrelevante definición de consentimiento sexual: desde la referida perspectiva práctica, era, por supuesto, conveniente, pero seguramente, asimismo, necesaria.

4. *¿Destruye la presunción de inocencia? ¿Se invierte la carga de la prueba?*

La respuesta es un rotundo no: y no porque fuera esta una pretensión abocada al fracaso, absolutamente inidóneo el intento dado que la presunción de inocencia es un derecho fundamental terminantemente reconocido por el artículo 24.2 de la Constitución, sino porque destruir la presunción de inocencia, muy evidentemente, nunca fue un objetivo de la reforma.

Como he comentado, sí se ha producido un cambio real, pero en los referidos términos: por supuesto, no podía ser de otro modo; sigue siendo quien acusa quien debe probar la realización de actos de carácter sexual (1) y la ausencia de consentimiento (2), si bien, como hemos visto, este segundo elemento típico no exige ya probar que hubo oposición o un no expreso o tácito, sino que no hubo actos que expresaran de forma clara la voluntad de la persona de consentir libremente.

Debe destacarse, por otra parte, que, dado que la presunción de inocencia se traduce, en el ámbito penal, en la presunción de que no se ha realizado la conducta penalmente típica de la que es objeto de acusación una persona, la acusación deberá probar no solo la concurrencia de aquellos elementos objetivos, sino también la de los elementos que conforman el tipo subjetivo: en los casos que nos ocupan, necesariamente, la del dolo (pues no se prevé el castigo de la imprudencia) y, por tanto, el conocimiento de que los actos tienen carácter sexual y de que la otra persona no ha ejecutado actos que, atendidas las circunstancias del caso, expresan de manera clara la referida voluntad de consentir libremente.

En conclusión, una persona es inocente de unos hechos hasta que no se demuestra lo contrario, lo cual, traducido en términos propios de la teoría del delito, significa que quien es acusado de haber realizado un tipo o supuesto de hecho penal *no lo ha realizado, ni total ni parcialmente, ni objetiva ni subjetivamente, si no se prueba lo contrario.*

Quien acusa, por tanto, deberá probar que expresó de forma clara su voluntad, lo cual, insistimos, solo podrá haberlo hecho a través de sus actos, expresión suficientemente elástica para dar acogida a gestos, silencios, actitudes, actuales, o pretéritas, no necesariamente inmediatas. Y deberá probar que el acusado conocía su voluntad, que actuó dolosamente. Si este creía, equivocadamente, que concurría consentimiento por parte de la otra persona, esta será víctima, pues el contacto habrá sido no consentido, pero, ausente el dolo, su conducta será penalmente atípica, aunque ilícita.

5. *La expresión del consentimiento mediante «actos»: el consentimiento se expresa y se construye.*

En la doctrina se ha atribuido al término *actos* utilizado por el artículo 178 una extrema rigidez, limitadora de las formas de expresión del consentimiento en una materia que "*no admite rigidez en las formas*" (Álvarez García, 2022).

El acto, según el Diccionario de la RAE, es una acción, el ejercicio de la posibilidad de hacer o el resultado de hacer; en el orador, el cantante y el actor, dice dicho Diccionario, la acción (el acto) es el conjunto de actitudes, movimientos y gestos que acompañan la elocución o el canto.

¿Cómo debe una persona expresar su voluntad, ya sea en materia de libertad sexual o en cualquiera otra? Indudablemente, a través de nuestros actos, de nuestras acciones, de nuestros hechos, de nuestro hacer; las circunstancias, nuestras circunstancias, ayudarán, por supuesto, a interpretar el significado de dichos actos.

Si el Derecho Penal es, como sabemos, un Derecho Penal de actos, un Derecho Penal de hechos, ¿no debe ser también a través de ellos como manifestemos nuestra voluntad? ¿Existe acaso alguna otra opción?

Atribuir al término *actos* un hermetismo como el que denuncia tan prestigioso penalista como el citado Álvarez García, no es, desde luego, obligado, sino todo lo contrario; es una palabra permeable, elástica, sin que ello signifique que deba sumirnos, como afirma él, en un pozo de incertidumbre.

Nadie duda, nadie debería dudar, de que atenta contra la libertad sexual ajena quien realiza cualquier *acto* sexual sin consentimiento de la persona titular de dicha libertad; y nadie duda, nadie debería dudar, de que el consentimiento debe ser libre, o, como dice el artículo 155 del Código Penal cuando asocia al consentimiento en los delitos de lesiones un importante efecto atenuador de la pena, válido, espontáneo (e, incluso, expreso, es decir, claro). ¿Y cómo debería emitirse, repetimos, sino a través de nuestros actos? Las circunstancias, a las cuales otorga Álvarez García la capacidad de resolver el problema que plantea el término *actos*, no expresan nuestra voluntad; ayudan a interpretarla, a determinarla.

Nuestros actos podrán ser anteriores, pretéritos, o coetáneos, presentes, pero *deberán ser* y *expresarán nuestra voluntad*; y para que exista consentimiento, dicha expresión deberá ser clara. Eso es todo, y no es poco, lo que exige el artículo 178.1: que los actos sexuales sean, para descartar la comisión de un delito contra la libertad sexual, consentidos; que nuestros actos, nuestros hechos, nuestro hacer, expresen claramente dicho consentimiento, cuál es nuestra voluntad.

A las realizadas es preciso añadir las siguientes reflexiones que responden, enfatizando algunas ideas recién expresadas, a las críticas realizadas por Álvarez García:

- frente a las sus críticas, es preciso subrayar, en primer lugar, que no es preciso, o no en los términos expresados por dicho autor, que el consentimiento se actualice con cada acto de contenido sexual. "*Consentimiento*" significa, según el Diccionario de la RAE, "*manifestación de voluntad, expresa o tácita, por la cual un sujeto se vincula jurídicamente*" (3ª acepción). El art. 178.1 CP exige un consentimiento libre que deberá ser expresado, lógicamente, mediante actos. En una relación de pareja como la descrita en algunos ejemplos citados por aquel autor, el consentimiento se habrá prestado mediante actos anteriores a los hechos. Mientras no se revoque, ese consentimiento sigue vigente, aunque se haya expresado mucho tiempo atrás. No es necesario que exista inmediatez de la prestación del consentimiento respecto de la ejecución de lo que se consiente. Tampoco es necesario que el acto sexual deba ser siempre el mismo, sin admitir cambios. El consentimiento sexual no presupone un acto cuyos parámetros son claros e inmutables. A diferencia de otras actividades que también requieren el consentimiento, actividades que adoptan una forma muy específica cuya variabilidad puede ser controlada por la parte interesada, como un contrato de compraventa de un bien inmueble, el acto sexual adopta múltiples formas imposibles de predecir en el momento de prestar el consentimiento. No solo el consentimiento prestado para una práctica no implica que otras también sean aceptadas, sino que puede ser retirado o reducido en su alcance en cualquier momento. Y es que debe quedar claro que el consentimiento, como acertadamente observa Álvarez García, es revocable en cualquier momento, cambien o no los parámetros previamente acordados en la pareja, sin necesidad de justificar de ninguna manera ese cambio.

- Debe destacarse también, en segundo lugar, que debe evitarse confundir la necesidad de que concurra un consentimiento expresado mediante actos con la exigencia, inexistente, de que ese consentimiento se preste con ciertas formalidades, sobre la base de que el uso del término "acto" no permitiría abarcar, como afirmar Álvarez García, miradas o gestos. Sin temor a pecar de reiterativos, es preciso dejar claro que nada en la definición legal del consentimiento hace necesaria una comunicación verbal. La comunicación no verbal también puede expresar claramente la voluntad de la persona. Guiar la mano de la pareja a la zona donde uno quiere que le toquen, tocarla, quedarse paralizado, llorar en silencio o intentar apartar las manos del otro, son actos que expresan esa voluntad con la suficiente claridad.

- En tercer lugar, se aprecia en la crítica antes referida, en los términos formulados, una notable confusión entre deseo y consentimiento. Se cita el supuesto, "*de la mujer casada que «soporta» sexualmente a su marido, sin ningún deseo, pero que corporalmente se muestra «disponible» para seguir manteniendo una relación agotada que le proporciona alguna satisfacción no directamente vinculada con la actividad sexual*" como un supuesto en el que "*no hay un acto decisorio en sentido estricto que ponga de relieve el verdadero contenido de la voluntad de la persona: sólo señales corporales de contenido equívoco y, a veces, contradictorio*". Ahora bien, "*consentir*" es, una vez más según el citado Diccionario de la RAE, "*permitir algo o condescender en que se haga*", "*soportar o tolerar algo*". "*Condescender*" significa "*acomodarse por bondad o conveniencia al gusto y voluntad de alguien*", y "*tolerar*" "*llevar con paciencia*". ¿Consiente la mujer del ejemplo? Sí, aunque no sienta en ese momento deseo sexual, sus actos revelan, de forma clara, indubitada, su voluntad de participar en la actividad sexual: la permite o tolera, llevándola con paciencia. Solo en otro caso, si sus actos exteriores indicaran lo contrario, o no hubieran patentizado previamente el consentimiento, el contacto sexual sería no consentido.

En realidad, todo cuanto sostenemos ya lo apuntaba el propio Álvarez García. Según él, queda una posibilidad para tratar de *salvar* las limitaciones impuestas por la redacción del artículo 178: "*entender la expresión «actos» como un conjunto de ellos que engloba una pluralidad de expresiones de voluntad realizadas antes, durante y después del comportamiento sexual. Obviamente este planteamiento impugna el efectuado en el precepto en examen, pero, sin embargo, serviría para solucionar satisfactoriamente las cuestiones más arriba formuladas (el de la pareja dormida, el abrazo sorpresivo, etc.), a salvo, obviamente, de los problemas de prueba que constituyen verdaderamente el núcleo de la cuestión. Es decir: se pondría el acento, como pareciera lógico, en todo tipo de circunstancias —pasadas, presentes y futuras— que rodean al hecho mismo de los tocamientos, que admiten —exigen— una evaluación de conjunto, y es en esa valoración donde podemos encontrar una respuesta adecuada a las dificultades que plantea el consentimiento*".

Como hemos visto, no existe tal pretendido choque con la definición de consentimiento o, más bien, solo choca en la referencia a las expresiones de voluntad realizadas *después* del acto sexual. En la definición legal del consentimiento claramente se obliga a tener en cuenta las circunstancias del caso. Esas circunstancias son las personales del autor y la víctima y las fácticas concurrentes antes y durante los hechos penalmente relevantes: desde el grado de conocimiento previo entre las partes implicadas al lugar y momento de los hechos, la minoría de edad de las partes, su estado de intoxicación etílica o por drogas, la diferente posición social, la dinámica relacional, la presencia o no de otras personas, el contexto intimidatorio o abusivo, la capacidad de reacción de la víctima, la negociación sobre el uso de anticonceptivos, etc. Las expresiones de voluntad realizadas después tienen, sin duda, su importancia a efectos de prueba, pero un arrepentimiento a posteriori no puede convertir en delictivo lo que en su momento fue atípico, puesto que concurrió la expresión de la libre voluntad de las partes.

En suma, el consentimiento, por supuesto, puede prestarse verbalizándolo en un determinado momento, pero también se construye, también puede construirse lentamente, día a día.

El marido que desea tocar a su mujer dormida, ¿podrá hacerlo? Mientras duerme, ella, indiscutiblemente, no puede prestar, verbalizándolo, su consentimiento, pero sí puede haber consentido antes de dormirse: si marido y esposa se llevan bien, si es común que se acaricien y que den comienzo así a sus relaciones sexuales, si han construido una determinada clase de relación de pareja que incluye el acceso al cuerpo del otro en forma de caricias o tocamientos espontáneos; si ello se repite con frecuencia y ni él ni ella han considerado estos actos excesivamente invasores, sino, todo lo contrario, expresión natural de su complicidad; en tal contexto, concurrentes tales circunstancias, concurrirá consentimiento, que habrá sido expresado de manera clara a través de actos, de muchos actos. Evidentemente, si antes de dormirse la esposa, ella y su marido discutieron fuertemente, o si se están planteando separarse y se limitan a compartir casa e, incluso, cama, el contexto, las circunstancias, cambian, por lo que los tocamientos de carácter sexual difícilmente podrán considerarse consentidos.

La libertad sexual no solo no se pone en peligro, como afirma Álvarez García, al exigirse que el consentimiento se haya manifestado libremente mediante actos que, en atención a las circunstancias del caso, expresen de manera clara la voluntad de la persona, sino que esta es, evidentemente, la mejor manera de asegurar su protección.

La fórmula de lo que se entiende por consentimiento incorpora, en el fondo, una obviedad: solo habrá ejercicio libre de una actividad sexual si esta es consentida por todas las partes; no necesariamente deseada, pero sí, al menos, aceptada como manifestación de una decisión libre. *Solo sí es í*, por supuesto; pero no es preciso un sí verbal, ni un documento escrito ni, mucho menos, una escritura notarial (al margen de su revocabilidad en cualquier momento). No es posible seguir ignorando si, en realidad, una persona consiente o no participar en una actividad sexual. En caso de duda, debe entenderse que no hay consentimiento.

BIBLIOGRAFÍA

Acale Sánchez, M. (2019): "La reforma de los delitos contra la libertad sexual de las mujeres adultas: una cuestión de género", Monge Fernández (Dir.), *Mujer y Derecho penal. ¿Necesidad de una reforma desde una perspectiva de género?*, Bosch, Barcelona.

Acale Sánchez, M, (2020): "El consentimiento de la víctima: piedra angular en los delitos sexuales", González Cussac (Dir.), *Estudios jurídicos en memoria de la Profesora Doctora Elena Górriz Royo*, Tirant lo Blanch, Valencia.

Álvarez García, J. (2022): "La libertad sexual en peligro", *Diario la Ley* núm. 10007, 10 de febrero de 2022.

Boldova Pasamar, M. A. (2019): "Presente y futuro de los delitos sexuales a la luz de la STS 344/2019, de 4 de julio, en el conocido como «caso de La Manada»", *Diario La Ley*, 9500.

Campaner Muñoz, J. (2022): "El consentimiento sexual como eje de la reforma penal: pura logomaquia (un enfoque procesal contrario a las últimas iniciativas legislativas)", *Revista de Derecho y Proceso Penal*, 65.

Caruso Fontán, V. (2023): "Los delitos sexuales en la ficción: a propósito de la dificultad para hacer pivotear sobre el consentimiento la definición de las agresiones sexuales", *Perspectiva de género en la Ley del «solo sí es sí»: claves de la polémica*, coord. por Pastoría García Álvarez, María Viviana Caruso Fontán y Marta Rodríguez Ramos, Colex, Madrid.

Díez Ripollés, J. L. (2019): "Alegato contra un derecho penal sexual identitario", *Revista Electrónica de Ciencia Penal y Criminología*, 21-10.

Faraldo Cabana, P. (2019): "Razones para una reforma del delito de violación en España", en Medina Cuenca (Coord.), *Perspectiva multidimensional del conflicto penal: de la política criminal a la concreción normativa "la línea invisible". Libro homenaje a la Profesora Doctora María Acale* Sánchez, Universidad de La Habana, La Habana.

Faraldo Cabana, P. (2019): "Hacia una reforma de los delitos sexuales con perspectiva de género", en Monge Fernández (Dir.), *Mujer y Derecho penal. ¿Necesidad de una reforma desde una perspectiva de género?*, Bosch, Barcelona.

García Álvarez, P. (2023): "El precio de una reforma penal fruto de la presión social", *Perspectiva de género en la Ley del «solo sí es sí»: claves de la polémica*, coord. por Pastoría García Álvarez, María Viviana Caruso Fontán y Marta Rodríguez Ramos, Colex, Madrid.

García Álvarez, P. (2024): "El debate sobre la relevancia de la cláusula del art. 183 quater CP, en el caso de *La arandina*", en *Cuadernos de Res Publica en derecho y criminología*, núm. 04.

Gil Gil, A. y Núñez Fernández, J. (2018): "A propósito de "La Manada": análisis de la Sentencia y valoración crítica de la propuesta de reforma de los delitos sexuales", *El Cronista del Estado Social y Democrático de Derecho*, 77.

Gimbernat Ordeig, E. (2020): "Solo sí es sí", *Diario del Derecho*, 27 de abril de 2020.

Guisasola Lerma, C. (2021): "Acerca del movimiento de reforma de los delitos sexuales: el papel del consentimiento de la víctima", en Abel Souto y otros (Coords.), *Estudios penales en homenaje al profesor José Manuel Lorenzo Salgado*, Tirant lo Blanch, Valencia.

López Pelegrín, C. (2023): "Agresiones sexuales a menores de 16 años tras la reforma de 2022", *Perspectiva de género en la Ley del «solo sí es sí»: claves de la polémica*, coord. por Pastoría García Álvarez, María Viviana Caruso Fontán y Marta Rodríguez Ramos, Colex, Madrid.

Muñoz Conde, F. (2018): "La vinculación del juez a la ley y la reforma de los delitos contra la libertad sexual. Algunas reflexiones sobre el caso "La Manada"", en Morales Prats/Tamarit Sumalla/García Alberto, *Represión penal y estado de derecho: homenaje al profesor Gonzalo Quintero Olivares*, Thomson Reuters Aranzadi, Cizur Menor.

Quintero Olivares, G. (2023): "La contrarreforma de los delitos contra la libertad sexual", *Global politics and law*, Febrero 6.

Ramon Ribas, E. (2023): "Aciertos y desaciertos de la reforma de los delitos sexuales", *Perspectiva de género en la Ley del «solo sí es sí»: claves de la polémica*, coord. por Pastoría García Álvarez, María Viviana Caruso Fontán y Marta Rodríguez Ramos, Colex, Madrid, 2023

Ramon Ribas, E. y Faraldo Cabana, P. (2020): "Solo sí es sí", pero de verdad. Una réplica a Gimbernat", *Estudios Penales y Criminológicos*, XL: 21-42

Ramon Ribas, E.y Faraldo Cabana, P. (2023): "¿La libertad sexual en peligro? ¿En serio", *Comentarios a la ley del «solo sí es sí»: luces y sombras ante la reforma de los delitos sexuales introducida en la LO 10/2022, de 6 de septiembre*, coord. por José R. Agustina, Atelier, Madrid.

Ramos Vázquez, J. A. (2021): "La cláusula Romeo y Julieta (art. 183 quater del Código Penal) cinco años después: perspectivas teóricas y praxis jurisprudencial, en *Estudios Penales y criminológicos*, núm. 41.

Ramos Vázquez, J. A. (2023): "Algunos problemas conceptuales y epistemológicos de la definición del consentimiento sexual en la llamada ley del «solo sí es sí»", *Teoría y derecho: revista del pensamiento jurídico*, núm. 34.

Capítulo XIV.

Hacia una mejor reparación económica en victimización sexual[1]

HELENA SOLETO MUÑOZ
Catedrática de Derecho Procesal
Universidad Carlos III de Madrid

AUREA GRANÉ CHAVEZ
Catedrática de Estadística
Universidad Carlos III de Madrid

[1] Subvencionado por el Proyecto de la Agencia estatal de Investigación PID2023-150974OB-I00 *Victimización sexual y proceso penal: percepción, protección, participación y reparación* (2024-2027).

I. LOS DATOS EXISTENTES EN EL MARCO DE LA JUSTICIA FRENTE A LA VIOLENCIA SEXUAL

1. La prevalencia de la violencia sexual y las cifras de la justicia penal

Según distintas instituciones la prevalencia de la violencia sexual es muy alta en el mundo; se calcula que aproximadamente 15 millones de mujeres adolescentes (de entre 15 y 19 años) de todo el mundo han sufrido relaciones sexuales forzadas en algún momento de su vida (UNICEF, 2017), y que un 6% de mujeres ha sido víctima de violencia sexual por no pareja. Curiosamente, las cifras son más altas en las regiones de mayor nivel económico entre las que se encuentran Australia y Nueva Zelanda, Norteamérica y Norte de Europa (WHO, 2021).

Gráfico 1. Estimación de violencia sexual de no pareja en el mundo (con intervalos de incertidumbre)

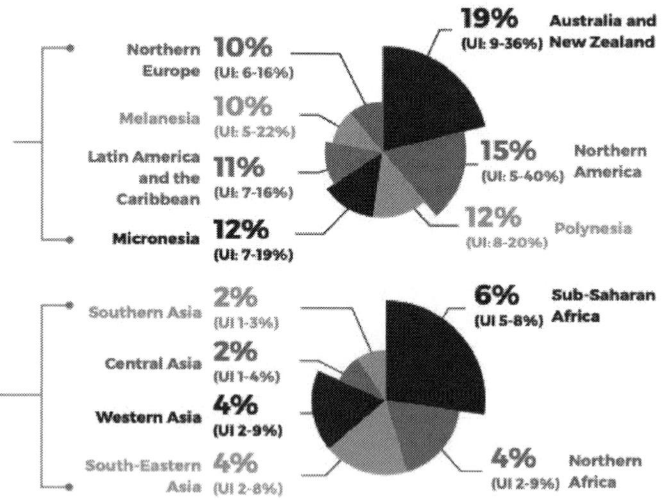

Fuente: World Health Organization, Violence against women prevalence estimates 2018, 2021.

Además, como fenómeno especialmente grave a nivel mundial, 4 de cada 5 mujeres víctimas de trata son utilizadas para explotación sexual (ONU, 2018).

En lo que concierne a Europa, entre el 45% y el 55% de las mujeres en la Unión Europea han sufrido acoso sexual desde los 15 años (FRA, 2014), y la macroencuesta de violencia sobre la mujer española de 2019 se refiere a una cifra de un 6,5% de la población victimizada sexualmente fuera de la pareja.

La protección a las víctimas de violencia sexual es un objetivo que ha alcanzado las agendas internacionales y europeas entrado el siglo XXI. Las estrategias de Naciones Unidas, Unión Europea y Consejo de Europa incluyen así una necesaria perspectiva de género, de infancia, de pertenencia a minorías y de diversidad funcional para identificar la situación y problemática real.

La Organización de Naciones Unidas (ONU) ha implementado en su agenda política y estratégica la protección y asistencia a víctimas de abusos y agresiones sexuales; en 2015 se publicó la denominada Agenda 2030 para un Desarrollo Sostenible en la que el objetivo 5 es conseguir la igualdad de género y el empoderamiento de niñas y mujeres, en 2016 se nombró una Coordinadora Especial para Mejorar la Respuesta de las Naciones Unidas a la Explotación y los Abusos Sexuales, así como a la primera defensora de los Derechos de las víctimas. La ONU ha desarrollado numerosos trabajos y recomendaciones en este ámbito, y en concreto a la violencia contra las mujeres, incluyendo la violencia sexual, el Comité CEDAW adoptó a la Recomendación n.35 sobre la violencia contra la mujer, declarando la responsabilidad del Estado en cumplimiento de la obligación *"de diligencia debida por los actos u omisiones de agentes no estatales"*, instando la adopción de medidas preventivas y represivas, y obligaciones de protección y reparación a las mujeres afectadas.

A nivel regional, el Consejo de Europa cuenta con una Estrategia para la Igualdad de Género 2018-2025, y a nivel normativo es especialmente relevante el Convenio del Consejo de Europa sobre prevención y lucha contra la violencia contra las mujeres y la violencia doméstica de 2011 (Convenio de Estambul), que describe la violencia sexual como violencia de género y establece la obligación de los Estados parte de adoptar las medidas de prevención, sensibilización, educación, formación de profesionales, crear o apoyar programas preventivos de intervención para la prevención de estos delitos (definiéndose entre otras en medidas legislativas -art. 18.1), deber de información o medidas de protección. España no solo ha ratificado este tratado internacional, sino que además los delitos regulados en el Convenio de Estambul serán competencia de la jurisdicción española, aunque se produzcan fuera de nuestras fronteras si concurre alguna de las circunstancias del art. 24.3.l de la LOPJ. El primer informe del GREVIO sobre la aplicación del Convenio en España señala la problemática de la falta de inclusión de la violencia sexual en la protección realizada, que se basa en la asimilación de violencia de género a la violencia entre parejas o exparejas (IVP, *intimate partner violence*).

En la UE, la protección de las víctimas y la lucha contra los delitos sexuales se ha implementado en su agenda estratégica, organizativa y legislativa en el denominado Espacio de Libertad, Seguridad y Justicia, siguiendo el Programa de Estocolmo del Consejo Europeo titulado "Una Europa abierta y segura que sirva y proteja al ciudadano" (rúbrica 2.3.4).

Los instrumentos armonizadores que afectan la materia son la Directiva 2011/36/UE del Parlamento Europeo y del Consejo, de 5 abril de 2011, relativa a la prevención y lucha contra la trata de seres humanos y a la protección de las víctimas), la Directiva 2011/93/UE del Parlamento Europeo y del Consejo, de 13 de diciembre de 2011, relativa a la lucha contra los abusos sexuales y la explotación sexual de los menores y la pornografía infantil, la Directiva 2012/29/UE, por la que se establecen normas mínimas sobre los derechos, el apoyo y la protección de las víctimas de delitos, y por la que se sustituye la Decisión marco 2001/220/JAI del Consejo, la Directiva 2004/80/CE del Consejo sobre indemnización a las víctimas de delitos, la Directiva 2011/09/UE del Parlamento Europeo y del Consejo, de 13 de diciembre de 2011, sobre la orden europea de protección y la Directiva 2014/41/CE del Parlamento Europeo y del Consejo, de 3 de abril de 2014, relativa a la orden europea de investigación en materia penal, además de la última Directiva por trasponer sobre violencia sobre la mujer de 2024.

Entre ellos destaca la llamada Directiva de víctimas de 2012, y en 2020 se comunicaron tres estrategias para el quinquenio de absoluta relevancia: la estrategia de la UE sobre los derechos de las víctimas, la estrategia para la igualdad de género y la estrategia para la lucha eficaz contra el abuso sexual de menores.

La estrategia de la UE para las víctimas tiene como objetivo principal empoderar a las víctimas, y tiene cinco prioridades: la comunicación eficaz y el establecimiento de un entorno seguro para denunciar el delito, mejorar la protección y apoyo a las víctimas más vulnerables, facilitar el acceso a las indemnizaciones, reforzar la cooperación y coordinación entre los actores relevantes y reforzar la dimensión internacional de los derechos de las víctimas. En esta estrategia, la victimización sexual es protagonista, y se hace referencia a la importante cifra negra en estos delitos, de probablemente un 200%. Converge esta estrategia con la de la igualdad de género y la de lucha de manera más efectiva contra el abuso sexual de menores.

En el año 2024 se aprobó finalmente la *Directiva 2024/1385 del Parlamento Europeo y del Consejo de 14 de mayo de 2024 sobre la lucha contra la violencia contra las mujeres y la violencia doméstica* que pretendía empujar a los países de la UE en la senda del Convenio de Estambul, con graves disensiones entre miembros sobre la penalidad y el enfoque, que contempla la violencia sexual y diferentes medidas en este ámbito, como, por ejemplo, el apoyo específico e inmediato en los centros de atención urgente a las víctimas de violación o de violencia sexual (artículo 26) así como también especializado para las víctimas de mutilación genital femenina (artículo 27), e introduce el apoyo para víctimas con necesidades interseccionales (art. 33).

Peor suerte corrió el intento de modificación desde 2023 a 2024 de la Directiva de 2012 (COM (2023) 424: Propuesta de Directiva del Parlamento Europeo y del Consejo por la que se modifica la Directiva 2012/29/UE, por la que se establecen normas mínimas sobre los derechos, el apoyo y la protección de las víctimas de delitos, y por la que se sustituye la Decisión marco 2001/220/JAI del Consejo), que proponía mejoras en el acceso a la información, protección, participación en el proceso penal e indemnización, con el fin de procurar un mejor impacto práctico de la normativa desarrollada. Esta cuestión sigue pendiente de retomarse por las instituciones europeas a finales de 2024.

2. Las cifras estadísticas de la victimización y el proceso en España

2.1. La denuncia de la violencia sexual

En el Informe sobre delitos contra la libertad sexual del Ministerio del Interior (2024, cifras de 2023) se recoge una cifra total de 21.825 victimizaciones sexuales denunciadas o conocidas en 2023 en España, cifras que ya doblan las que encontrábamos en el año 2015 (9.869), cuestión que se atribuye no a una mayor producción de hechos sino a una mayor denuncia (Memoria Fiscalía General del Estado, 2018).

Del total de hechos conocidos registrados, los abusos y las agresiones sexuales con penetración son el 22´4%, formando parte del 81% de abusos y agresiones sexuales en 2022 (Informe sobre delitos contra la libertad sexual 2023).

El Ministerio del Interior clasifica como "esclarecidos" la mayoría de los casos conocidos, 14.555 casos en 2022, que representan un 76,6% y 17.064 en 2023 que corresponden a un 81,6%.

Gráfico 2. Hechos conocidos y hechos esclarecidos por la policía, victimizaciones sexuales

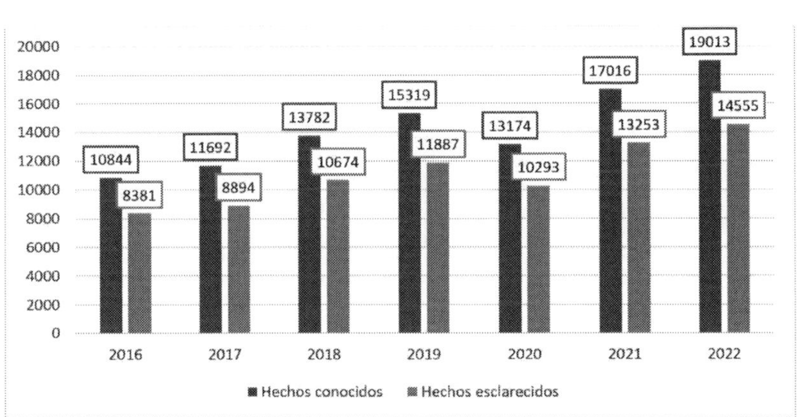

Fuente: Elaboración propia a partir de los datos del Ministerio del Interior, Informe sobre delitos contra la libertad sexual en España 2022

El índice de mayor esclarecimiento se da en delitos relativos a la prostitución (88,2% en 2022, 91% en 2023) y el delito con menor índice de esclarecimiento se da en el relativo al contacto a través de la tecnología con menores de 16 años para fines sexuales (38,9% en 2022) y en 2023 en la promoción de la prostitución con nuevas tecnologías (57,4%) (Ministerio del Interior 2022 y 2023).

El Informe profundiza en algunos detalles como la "estacionalidad" de los hechos conocidos destacando los meses de julio, agosto y junio, por este orden, y el lugar más frecuente para la comisión de los hechos es la vivienda y anexos (10.954 en 2023), seguido de "espacios abiertos" (1.383 en 2023).

Tabla 2. Hechos conocidos por la policía registrados por tipologías penales

	2016	2017	2018	2019	2020	2021	2022
Agresión y abuso sexual	6.233	6.580	7.983	8.885	7.276	10.061	11.426
Agresión y abuso sexual con penetración	1.793	2.136	2.744	3.079	2.785	3.795	4.270
Exhibicionismo	701	657	664	690	612	683	739
Pornografía de menores	621	767	892	866	762	739	707
Acoso sexual	335	354	443	540	476	528	595
Delito de contacto mediante tecnología con menor de 16 años	365	394	442	527	575	534	498
Corrupción de menores/incapacitados	368	400	268	369	350	347	384
Delitos relativos a la prostitución	304	266	247	248	216	229	216
Provocación sexual	124	138	99	115	122	100	178
Total	10.844	11.692	13.782	15.319	13.174	17.016	19.013

Fuente: Elaboración propia a partir de datos del Ministerio del Interior, Informe sobre delitos contra la libertad sexual en España 2022

Gráfico 3. Evolución de los delitos de Agresión y abuso sexual y violación desde 2016 a 2022 (porcentaje sobre el total de hechos conocidos por la policía)

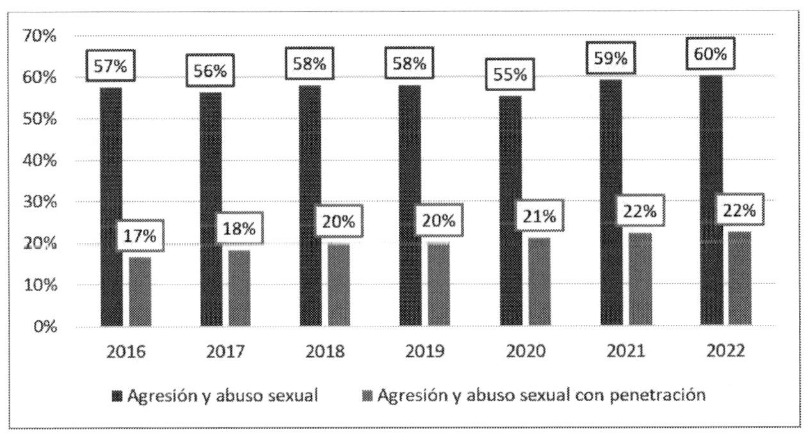

Fuente: Elaboración propia a partir de datos del Ministerio del Interior, Informe sobre delitos contra la libertad sexual en España 2022

La contabilización de los casos a partir de 2022 elimina el abuso y lo integra en la agresión sexual, resultando un aumento relevante de los casos de agresión sexual.

En relación con los menores infractores, en 2022 se tramitaron por la Fiscalía cerca de 2.600 expedientes por abuso o agresión sexual, frente a los aproximadamente 1.000 de 2014 (Memoria de la Fiscalía General del Estado, 2023).

La Fiscalía General del Estado refiere un incremento de sus "calificaciones" en delitos contra la libertad e indemnidad sexual, es decir, de aquellos casos en los que se pasa a juicio oral de cerca de un 15% en 2021 tras la reducción de 2020 (Memoria de la Fiscalía General del Estado, 2022).

En cuanto a las victimizaciones, los datos del Ministerio del Interior apuntaban en 2019 a que una enorme mayoría era femenina: de las 14.026 victimizaciones denunciadas, en el 95,2% de los casos, son de mujeres (niñas en un 48,1% de los casos). En el informe de 2022 se apunta que las victimizaciones totales son en un 86% femeninas, subiendo por lo tanto las masculinas en un número importante, en el marco de delitos vinculados con las tecnologías, grooming, pornografía y provocación sexual, en el que son mayoritarias las víctimas masculinas (60%), y que se corresponden principalmente con víctimas menores de edad.

2.2. Las sentencias en procesos por delito sexual

Las condenas por delito sexual de acuerdo con los datos del INE se encuentran cerca de las 4.000 anuales en los años 2022 y 2021; con un incremento constante en el último quinquenio excepto la bajada de 2020 debida a la pandemia y al mal funcionamiento del sistema de justicia.

Preponderan los abusos sexuales en una proporción de tres veces frente a la agresión sexual, en extinción desde 2023.

Tabla 3. Condenados por delito sexual en España-2017 a 2022

	2022	2021	2020	2019	2018	2017
A Delitos						
Total	3.835	3.960	2.922	3.401	2.953	2.816
Hombres	3.704	3.842	2.838	3.298	2.839	2.695
Mujeres	131	118	84	103	114	121
7 BIS Trata de seres humanos						
Total	50	79	37	105	36	52
Hombres	22	54	16	82	19	29
Mujeres	28	25	21	23	17	23

8 Contra la libertad e indemnidad sexuales						
Total	3.785	3.881	2.885	3.296	2.917	2.764
Hombres	3.682	3.788	2.822	3.216	2.820	2.666
Mujeres	103	93	63	80	97	98
8.1 Agresiones sexuales						
Total	508	491	428	428	386	387
Hombres	503	488	422	427	380	383
Mujeres	5	3	6	1	6	4
8.1.1 Agresión sexual						
Total	462	445	390	392	354	360
Hombres	457	443	384	391	350	356
Mujeres	5	2	6	1	4	4
8.1.2 Violación						
Total	46	46	38	36	32	27
Hombres	46	45	38	36	30	27
Mujeres	0	1	0	0	2	0
8.2 Abusos sexuales						
Total	1.458	1.556	1.070	1.218	1.011	956
Hombres	1.428	1.546	1.065	1.207	1.000	942
Mujeres	30	10	5	11	11	14
8.2 BIS Abusos y agresiones sexuales a menores de 16 años						
Total	762	738	560	529	453	320
Hombres	750	733	552	523	448	316
Mujeres	12	5	8	6	5	4
8.3 Acoso sexual						
Total	81	74	58	69	59	45
Hombres	81	73	58	68	59	44
Mujeres	0	1	0	1	0	1
8.4 Exhibicionismo y provocación sexual						
Total	377	430	340	432	394	414
Hombres	372	422	333	426	387	404
Mujeres	5	8	7	6	7	10

8.5 Prostitución y corrupción menores						
Total	599	592	429	620	614	642
Hombres	548	526	392	565	546	577
Mujeres	51	66	37	55	68	65

Fuente: INE Condenas por delitos sexuales. Años 2019 a 2022

Se evidencia la proporción masiva de hombres condenados, en un 96%, y una pequeña porción de mujeres condenadas, y mayoritariamente en el contexto de la trata de personas en un número superior a hombres, y la prostitución y corrupción de menores.

Gráfico 4. Total de condenados por delito sexual en España de 2017 a 2022, segmentación por sexo.

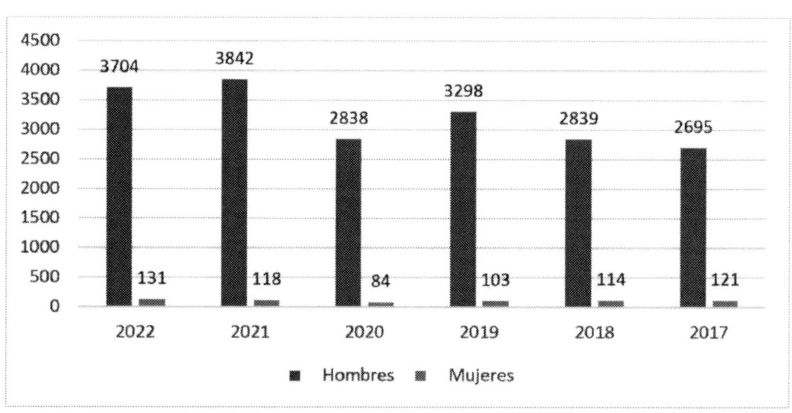

Fuente: Elaboración propia a partir de datos del INE Condenas por delitos sexuales. Años 2017 a 2022

Gráfico 5. Condenados por delito sexual en España a 2022, segmentación por tipología penal y sexo.

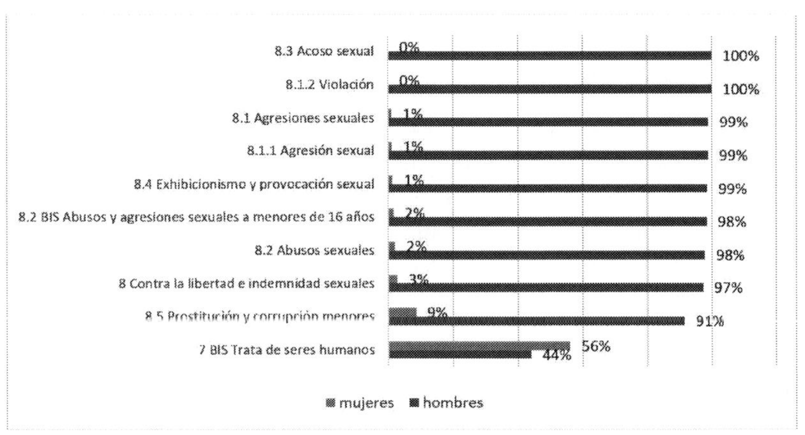

Fuente: Elaboración propia a partir de datos del INE Condenas por delitos sexuales.

II. LAS INDEMNIZACIONES EN LAS SENTENCIAS DE CONDENA (2014-2020)

1. Sobre la base de datos

En lo que toca a la justicia sobre delitos sexuales, las sentencias en primera instancia en España se concentran en los Juzgados de lo Penal (salvo por un pequeño periodo de tiempo entre 2022 y 2023 en el que los delitos de naturaleza sexual se decidían en primera instancia en la Audiencia Provincial, por un cambio de competencia producido por LOGILS al incluir penas accesorias superiores a la competencia del Juzgado de lo Penal, y posteriormente corregido en 2023) y en la Audiencia

Provincial, y en segunda instancia, en la Audiencia Provincial o el TSJ, salvo las excepciones correspondientes a la Audiencia Nacional, donde se juzgan los casos relativos a violencias sexuales producidas en el extranjero. La casación corresponde al Tribunal Supremo.

La muestra analizada está formada por 3.764 sentencias dictadas por el Tribunal Supremo, Tribunales Superiores de Justicia y Audiencias Provinciales, tanto en primera instancia como en apelación. El periodo de análisis va desde enero de 2014 hasta octubre de 2020 y los tipos de delitos son abusos y agresiones sexuales, vigentes en este periodo de tiempo. Como es sabido, tras la entrada en vigor de la Ley orgánica de garantía de la libertad sexual (LOGILS) se unifica la clasificación de estos delitos en agresión sexual. La población objetivo en la que estamos interesadas está formada por 9.430 sentencias dictadas por Audiencias Provinciales, 1.077 dictadas por Tribunales Superiores de Justicia y 951 dictadas por el Tribunal Supremo.

La muestra de estudio se seleccionó de forma aleatoria dentro de la base oficial de Sentencias en España, del Centro de Documentación Judicial (CENDOJ). Para que la muestra fuera lo más representativa posible de la población objetivo, se calcularon los cupos muestrales teniendo en cuenta el tipo de delito, el año y órgano judicial (AP, TSJ, TS). En concreto, el error de muestreo obtenido es inferior al 3%, considerando un nivel de confianza del 95% y asumiendo normalidad. La Tabla 4 contiene el tamaño de la población objetivo, el tamaño de la muestra recogida (casos estudiados) y el error de muestreo final.

Tabla 4. Población objetivo y casos estudiados, por órgano judicial

	Tribunal Supremo	Tribunal Superior de Justicia	Audiencia Provincial	Total
Población objetivo (total en CENDOJ)	951	1077	9430	11458
Muestra recogida (casos estudiados)	705	684	2375	3764
Porcentaje de casos estudiados	74%	64%	25%	33%
Error de muestreo (95% nivel de confianza)	1.9%	2.3%	1.7%	1.3%

Gráfico 6. Porcentaje de casos estudiados, según órgano judicial

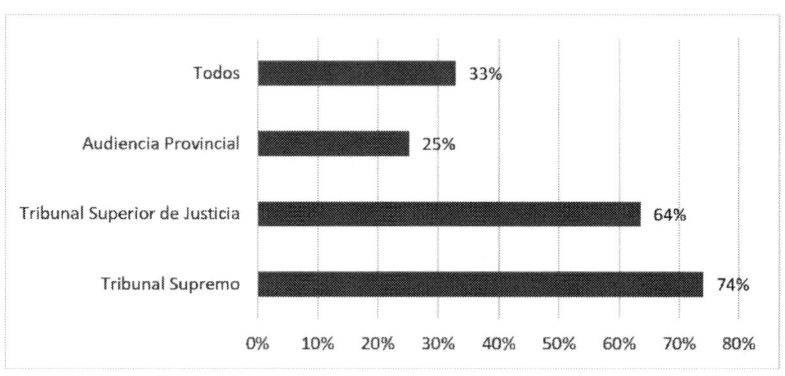

Se ha decidido centrar el estudio de las sentencias de primera instancia en aquellas dictadas por la Audiencia Provincial por dos razones: en primer lugar, la accesibilidad que permite el CENDOJ; todas las sentencias de las Audiencias tienden a estar en la base de datos del Poder Judicial, mientras que las de los Juzgados de lo Penal aparecen de forma anecdótica. En segundo lugar, la violencia sexual tiende a tener aparejada inicialmente una privación de libertad superior a los 5 años, por lo que las Audiencias Provinciales van a ocuparse en primera instancia de los delitos más graves, por lo que la victimización es probablemente más grave y requiere de nuestra primera atención.

Gráfico 7. Casos de estudio por CCAA y según órgano judicial

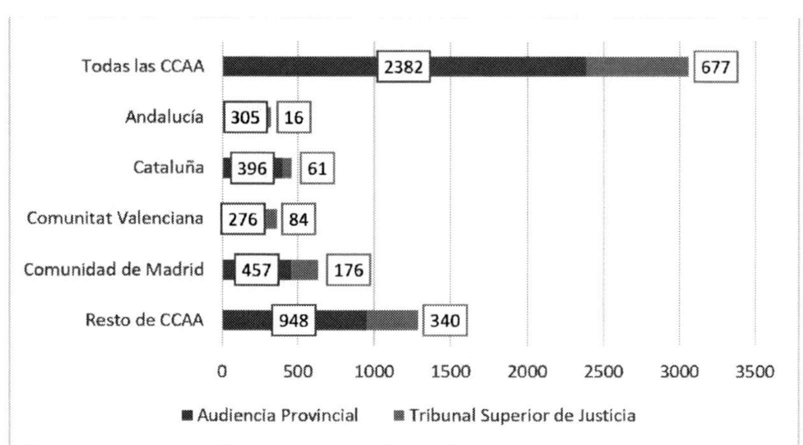

En el caso de las Audiencias Provinciales, para lograr la representatividad de la muestra de estudio (es decir, para conseguir un error de muestreo inferior al 3%), la selección de casos se hizo de forma aleatoria dentro de cada Comunidad Autónoma, una vez fijados el tipo de delito y año de estudio.

2. *Características*

2.1. Victimizaciones de adultas y de menores

Cuando se dispone de información sobre la edad de la víctima, lo que ocurre en el 96,7% de las sentencias, el 60,7% corresponde a víctimas menores de edad y solo el 39,3% a víctimas adultas.

Las sentencias relativas a víctimas mayores de edad son 1.431 y en 2.207 sentencias las víctimas son de edad inferior a 18 años.

Gráfico 8. Distribución de las víctimas según mayoría de edad

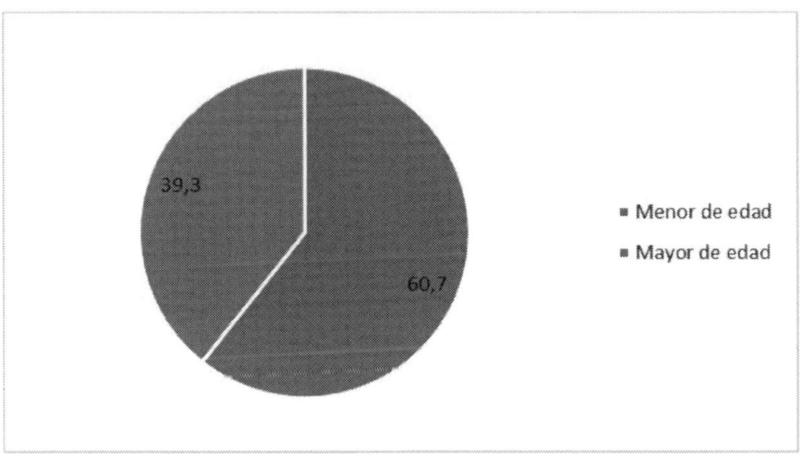

Sólo en el 59,8% de los casos estudiados consta la edad de la víctima. Para esos casos, la franja de edad más afectada en la victimización es aquella comprendida entre los 11 a 20 años, con una incidencia del 56,8%.

Gráfico 9. Edad de las víctimas (59,8% del total)

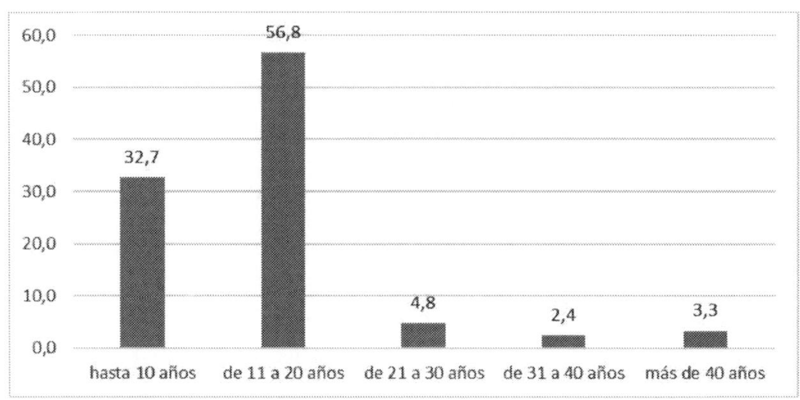

La proporción entre víctimas adultas y menores resultado del estudio es análoga al de otros como el de Sexviol (Aguado y otras, 2022), sobre 93 sentencias de la AP Madrid entre 2016 y 2018, que arroja un 64,5% de menores y 35,4% de adultas.

2.2. El género de la víctima

Las víctimas adultas son mujeres en el 94,7% de los casos, frente a un 5,3% de hombres. Su edad media es de 29,6 años y la mediana de 25 años. Es decir, la mitad de las víctimas tienen entre 18 y 25 años y la otra mitad son mayores de 25 años.

Gráfico 10. Género de las víctimas mayores de edad

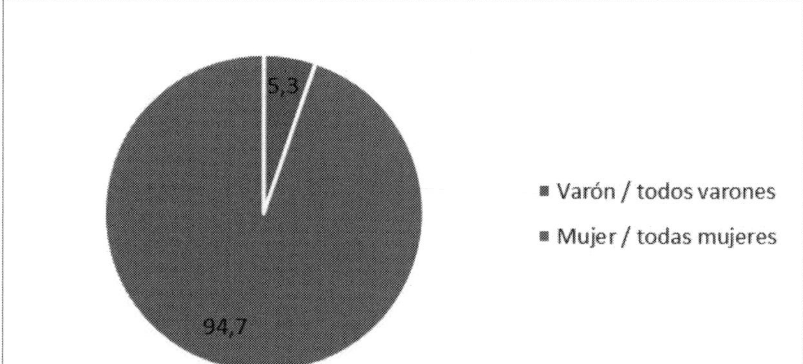

En comparación con las víctimas menores de edad, el porcentaje de casos en los que las víctimas son niñas es del 84.6% frente al 15,4% de niños. En el estudio de 555 sentencias entre 2010 y 2019 de la Delegación del Gobierno contra la violencia de género (Ministerio de Igualdad, 2019) el porcentaje de niñas sería del 72% y de niños de casi el 29%, siendo el 47%

de víctimas niños en los casos de prostitución, corrupción y pornografía y abusos y agresiones sexuales niñas en el 97,9% de los casos.

Gráfico 11. Género de las víctimas menores de edad

15,4
84,6
Niño/ todos niños
Niña/ todas niñas

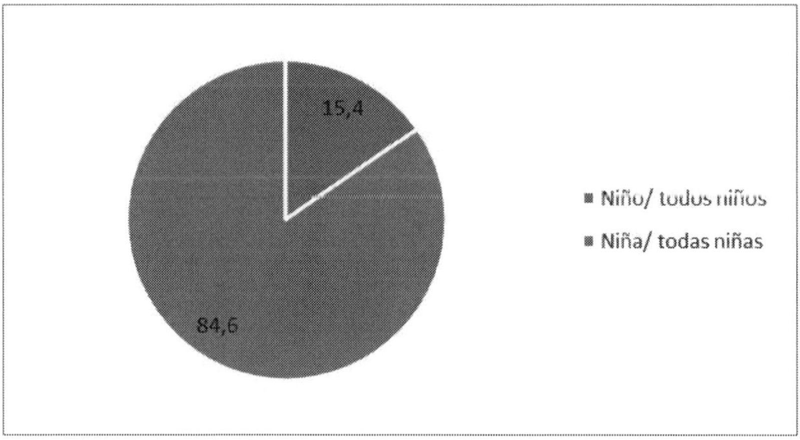

2.3. El tiempo de la respuesta penal

El tiempo medio transcurrido desde la comisión del delito hasta la sentencia en primera instancia es de 3,0 años. Para la mitad de los casos el tiempo transcurrido es superior a 2,2 años y para el 25% de ellos es superior a 3,5 años. En general, observamos tiempos más cortos que en el caso de las víctimas menores de edad, que recordemos que el 25% de ellas tienen que esperar más de 5,4 años para tener una sentencia en primera instancia.

Gráfico 12. Tiempo transcurrido desde la comisión del delito hasta la sentencia en primera instancia

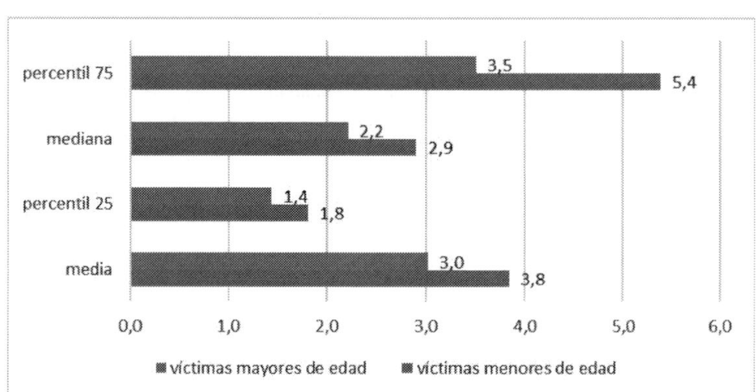

2.4. Condenas y absoluciones

Los ofensores son encontrados culpables (total o parcialmente) en el 76% de los casos (frente al 81% en las víctimas menores de edad), no culpables en el 24% de los casos. Observamos que en general las condenas están en torno al 75% en primera instancia, cerca de la segunda instancia (77%), y que en casación en la gran mayoría de los casos se confirma la condena (89%).

Gráfico 13. Condenas y absoluciones en víctimas adultas, según instancia

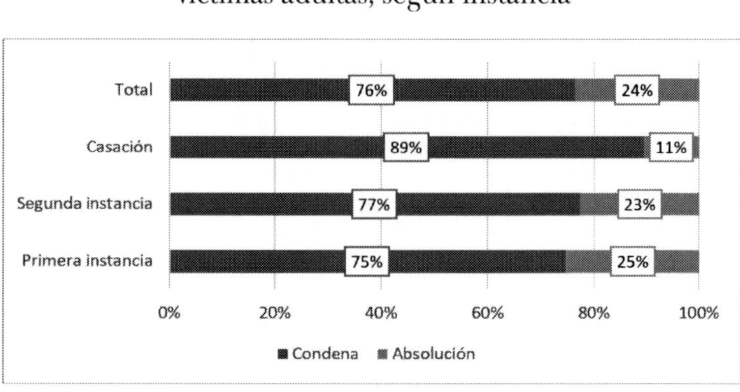

Estas cifras son más bajas que las que refiere la Fiscalía General del Estado en las Audiencias Provinciales respecto de todo tipo de delitos, en los que habría una condena en el 82,5% de los asuntos, que bajaría en Juzgado de lo Penal a un 78%[2].

La absolución en la Audiencia Provincial afectaría en todos los delitos según la Fiscalía a un 17,5%, frente a un 25% de nuestro estudio centrado en violencia sexual, por lo que la absolución sería mayor en violencia sexual que en otros delitos.

De las condenas en los casos con víctima mayor de edad, la pena más frecuente es la prisión en el 89% de los casos, seguida de la inhabilitación en el 78% y de las prohibiciones de aproximación y comunicación en el 76 y 74% (10 puntos porcentuales más que en el caso de las víctimas menores de edad). La pena de prohibición de residencia es muy poco utilizada.

La pena privativa de libertad se suele acompañar de estas penas accesorias.

Gráfico 14. Tipos de penas impuestas

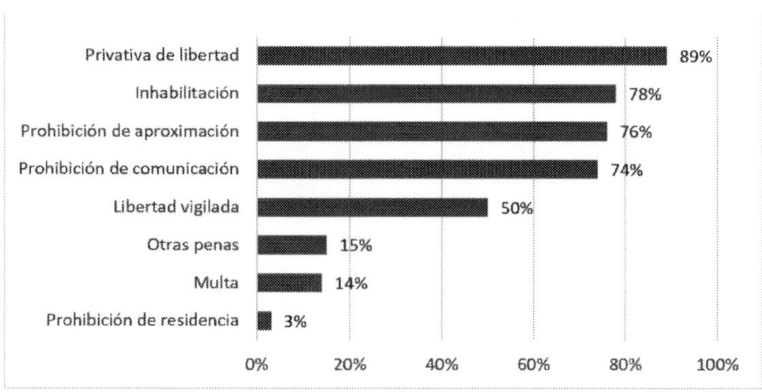

La duración de la pena de prisión tiene una media de 6,8 años, con una mediana de 6 años, siendo más alta en el caso de la agresión, dos años más que el abuso de media, así como de mediana.

2 Memoria de la Fiscalía General del Estado sobre 2021.

Tabla 5. Duración de las penas de prisión (en años)

Pena de prisión (en años)			
	casos	media	mediana
Abuso	233	5,3	4
Agresión	737	7,3	6
Todos	944	6,8	6

2.5. Conformidad

Sobre el total de las condenas en primera instancia con víctimas adultas, se observa que un 14% de ellas se concluyeron por conformidad, lo que supone un porcentaje inferior al que se encuentra en relación con la generalidad de los delitos en la Audiencia Provincial, y muy lejano al porcentaje medio si se incluyen los Juzgados de lo Penal.

Los resultados apuntan a una baja tasa de conformidad, pese a que lo esperable hubiera sido una mayor conformidad, tanto por los datos generales como por las noticias periodísticas sobre algunos casos de los últimos años.

Gráfico 15. Conformidades sobre el total de condenas

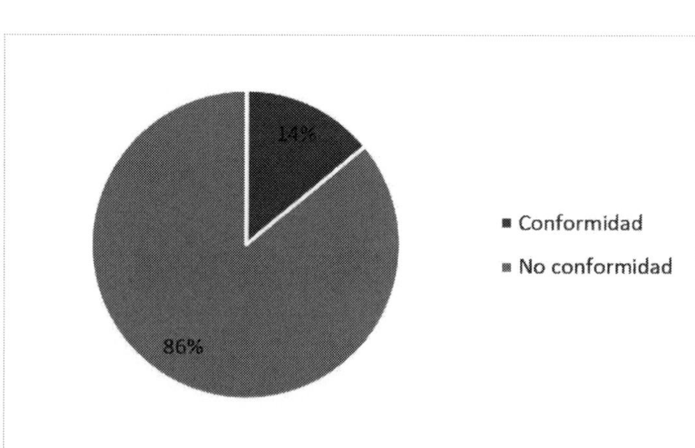

Si no realizamos distinción respecto de la clase ni la gravedad de los delitos, en España la conformidad es en general muy alta en Juzgado de Instrucción y en Juzgado de lo Penal en las diligencias urgentes, que suelen aplicar la llamada conformidad premial, de reducción de un tercio de la pena, sobre un máximo de 3 años de prisión, afectando a cerca de la mitad de las diligencias urgentes en Juzgado de lo Penal[3] o incluso en una proporción superior englobando al Juzgado de Instrucción en un 81% de conformidades en urgentes en 2021 y una tasa de conformidad del 64% en Juzgado de lo Penal[4].

En relación con el ámbito principal de nuestro estudio, las sentencias de la Audiencia Provincial, la Fiscalía apunta a unas tasas de conformidad muy alta sin distinción de tipos delictivos, del 58% en 2021, 59% en 2020, 55% en 2019, y 51% en 2018, 2017 y 2016.

En estudios anteriores de las autoras sobre sentencias en la Comunidad de Madrid en todo tipo de delito, la media de conformidades ascendía a un 50,2%, sin embargo, las correspondientes a Juzgado de lo Penal serían de un 56% y de la Audiencia Provincial un 19,8% (Soleto y Grané, 2018).

Romero, Arantegui, y Tamarit (2024) en relación con 1.754 sentencias de condena (de 2.239 sentencias) específicamente sobre violencia sexual de primera instancia en Audiencias Provinciales de los años 2019 y 2020 encuentran conformidad en un 29,3% de los casos, señalando la predominancia de ofensores extranjeros, y la menor presencia de acusación particular aunque estudios como el de Varona y Kemp (2022) sobre 2.958 expedientes de ejecutorias de los Juzgados de lo Penal señalan una menor conformidad de los extranjeros en toda clase de delitos.

---

3 La justicia dato a dato, CGPJ, 2022.

4 Memoria de la Fiscalía General del Estado 2022.

Por lo tanto, nuestro estudio apunta a que la conformidad en violencia sexual en los delitos graves competencia de la Audiencia Provincial es mucho más baja que en el resto de delitos.

2.6. Partes acusadoras y condena

Como es sabido, las víctimas pueden elegir en España participar activamente como parte en el proceso penal a través de la acusación particular, que permite ser informada de toda actividad procesal, solicitar diligencias, así como realizar acusación y participar en toda la tramitación procesal, incluyendo la ejecución desde la promulgación de la ley de estatuto de la víctima en 2015.

La Fiscalía detalla en su Memoria que los delitos contra la libertad sexual dieron lugar al mayor número de escritos de calificación en 2021: 1.816, de los cuales 524 fueron por agresiones sexuales, 151 por violaciones y 458 por abusos sexuales[5].

La Fiscalía ejerce la acusación pública y también solicita indemnización para la víctima, salvo que esta renuncie a ella o la reserve. Se observa que parte de las víctimas no utiliza la posibilidad de personarse como parte a través de la acusación particular, en las sentencias estudiadas participa la acusación particular en un 77% de los casos.

---

5 Memoria de la Fiscalía General del Estado sobre actividad de 2021.

Gráfico 16. Acusación particular en víctimas adultas

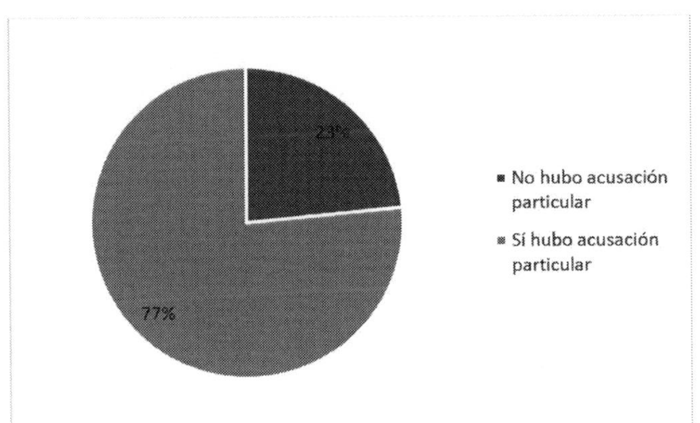

El impacto de la participación de la acusación particular supone un incremento de dos puntos porcentuales en la condena: en primera instancia, el porcentaje de absoluciones es del 25% cuando hay acusación particular frente al 27% cuando no la hay. Estas cifras son ligeramente superiores al caso de víctimas menores, para las que se obtienen unos porcentajes del 21% y 19%, respectivamente, por lo tanto, ejercer la participación activa de la víctima ejerciendo la acusación particular incrementa las posibilidades de condena.

Gráfico 17. Tipo de fallo según acusación particular en victimas adultas

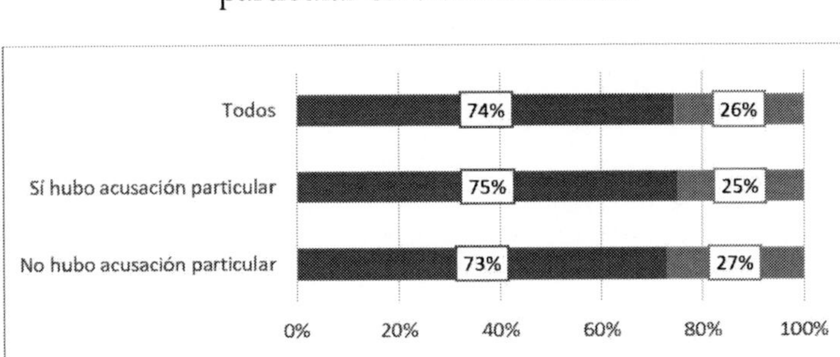

En cuanto a la participación de la acusación popular en victimizaciones sexuales, existe muy residualmente, 9 casos en víctimas adultas (0,7% de los casos con víctimas adultas) y 16 casos en víctimas menores de edad (0,7% de los casos con víctimas menores).

3. Indemnizaciones

3.1. La indemnización y su ausencia

En las sentencias de condena en primera instancia de las Audiencias Provinciales se observa que existe indemnización para la víctima en el 80% de los casos.

Gráfico 18. Indemnizaciones dictadas en primera instancia

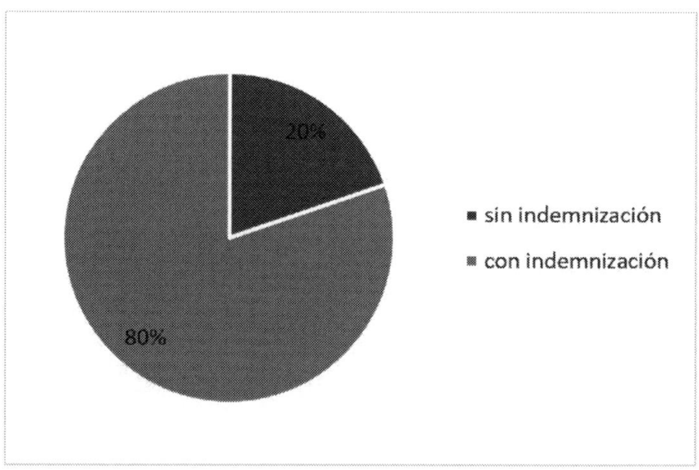

Esto supone que en un 20% de los casos se condena al ofensor en primera instancia y no se establece indemnización, solo posible si se ha excluido por parte de la acusación.

Esta tendencia a renunciar a la indemnización por parte de la víctima, normalmente a través de la acusación particular, pues también podría, sin ejercitar la acusación particular, comunicar a la fiscalía su deseo de no reclamar indemnización, es habitual entre la abogacía defensora, por varios factores: en primer lugar, las cuantías conseguidas en las sentencias son bajas, en segundo lugar, en la práctica es difícil si no imposible conseguir el cobro, y, en tercer lugar, a nivel psicológico para la víctima puede ser ventajoso, ya que excluyen diligencias tendientes a probar el nivel del daño producido, o el ataque a las víctimas a través del cuestionamiento a nivel social en redes sociales entre otros medios puede ser menos cruento. Posiblemente una garantía de cobro de la indemnización, a través de un fondo público, reduciría esta estrategia procesal de la defensoría de las víctimas.

3.2. Cantidades

Las cantidades concedidas en las sentencias tienen una cantidad media de 18.186,23 euros y una mediana de 9.000 euros.

Observamos que estas cantidades son superiores a las correspondientes a las víctimas menores de edad. En concreto, unos 1.380 euros de media en cuanto a la indemnización.

Tabla 6. Cuantías de las indemnizaciones dictadas en primera instancia

Indemnizaciones dictadas (en euros)				
	casos	media	mediana	máximo
Abuso sexual	232	12.688,63	6.370	210.000
Agresión sexual	638	19.752,94	10.000	320.000
Todos	840	18.046,86	9.000	320.000

Es evidente por estos resultados que las cantidades que han estado otorgando los tribunales españoles son, salvo excepciones, muy muy bajas en relación con el daño que se ha producido a las víctimas.

Además, es necesario remarcar que la concesión a cargo del condenado de una indemnización no supone que la víctima vaya a recibir en la práctica esta cantidad. En nuestro estudio de 2018 (Soleto y Grané 2018) se apuntaba a la inefectividad del sistema en la ejecución, y que la mayoría de las víctimas no reciben la cantidad recogida en sentencia, lo cual es una forma de violencia institucional, de victimización secundaria muy grave, además de debilitar la imagen de la justicia a ojos de toda la sociedad. LOGILS pretende mejorar la situación de las víctimas de violencia sexual en este ámbito, con medidas aún pendientes de desarrollo.

Es por ello que se proponen medidas como la de Países Bajos, en las que el Estado paga directamente a la víctima en los seis meses tras la sentencia firme y se ocupa de perseguir al condenado para su cobro, y que se incluyeron en la propuesta de modificación de la Directiva de la Unión Europea de víctimas en julio de 2023.

III. HACIA UNA MEJOR COMPENSACIÓN A LAS VÍCTIMAS DE VIOLENCIA SEXUAL

1. La compensación económica como uno de los intereses de justicia de la víctima de violencia sexual protegido por la normativa europea

Las víctimas de delitos sexuales pueden tener variados intereses de justicia y necesidades, como pueden ser seguridad, participación, voz, validación, reivindicación, responsabilización del ofensor (Daly, 2011, Ten Boom y otras, 2012 así como

Bolivar y otras 2022), privacidad, información, dignidad, apoyo, compensación y minimización de eventos de producción de estrés (Soleto y Jullien, 2023), todos ellos muchas veces "diametralmente opuestos" a los requerimientos legales en el proceso (Herman, 2005).

Aunque la indemnización no suele ser su principal necesidad, es sin duda importante porque es una de las pocas formas en que el sistema jurídico puede satisfacer necesidades económicas y no económicas (Soleto y otros 2024). El derecho a la indemnización también crea un cierto empoderamiento al fortalecer la posición de la víctima en los procedimientos penales. En resumen, la indemnización proporciona "justicia monetaria"(Daly y Davis, 2021) y ejerce como mecanismo de reconocimiento, ya que puede tener un valor inmaterial de reconocimiento social del daño causado sea cual sea el objetivo específico de las víctimas al solicitar la compensación. La indemnización sirve a varios objetivos: las víctimas pueden necesitarla, por ejemplo, para pagar el tratamiento que necesitan como consecuencia del delito, para compensar otras pérdidas, o para desarrollar nuevos proyectos de vida. Holder y Daly se refirieron en su estudio sobre ayudas estatales a que las finalidades más buscadas por las víctimas eran asistencia médica, tratamiento psicológico, cambio de domicilio y seguridad, y gastos familiares y de los hijos (Holder y Daly, 2018).

La normativa europea exige a los Estados sistemas eficaces de compensación económica a las víctimas tanto a través de la indemnización del ofensor como de sistemas públicos de compensación. La primera legislación europea en materia de indemnización procede del Consejo de Europa, el Convenio Europeo sobre Indemnización a las Víctimas de Delitos Violentos, de 1983, y además, en 2011, el Consejo de Europa adoptó el Convenio sobre prevención y lucha contra la violencia contra las mujeres y la violencia doméstica ("Convenio de Estambul"), que incluye la obligación de garantizar que las víctimas tengan derecho a reclamar una indemnización a los agresores y que se conceda una indemnización estatal "adecuada" (artículo 30).

En la Unión Europea, la Directiva 2004/80/CE relativa a la indemnización a las víctimas de delitos ("Directiva de indemnización"), incluye el requisito de que los Estados miembros dispongan de un sistema de indemnización que garantice una indemnización "justa y adecuada" a las víctimas de delitos dolosos violentos (artículo 12).

En 2012, la UE adoptó la Directiva 2012/29/UE, por la que se establecen normas mínimas sobre los derechos, el apoyo y la protección de las víctimas de delitos, que obliga a los Estados miembros a garantizar que las víctimas tengan derecho a obtener una decisión en un "plazo razonable" sobre la indemnización por parte del delincuente en el proceso penal (artículo 16).

2. La ineficacia práctica de la indemnización

En los últimos años se han presentado estudios sobre la ineficacia práctica de los sistemas de compensación económica a las víctimas, entre ellos el realizado por Soleto y Grané sobre eficacia del pago de la indemnización contenida en sentencia en expedientes de ejecutorias en los Juzgados de lo Penal y la Audiencia Provincial de Madrid, se ha medido el pago real y el correspondiente cobro de las indemnizaciones establecidas por las sentencias dictadas en procesos con víctima directa, en el que se ha constatado que, en general, el sistema procesal penal para que la indemnización sea pagada es ineficaz (Soleto y Grané 2018).

El estudio fue realizado con un muestreo por conglomerados -cada uno de los partidos

judiciales de la Comunidad de Madrid y la Audiencia Provincial-. Los asuntos se seleccionaron dentro de cada conglomerado, respetando la segmentación por tipo de delito. Inicialmente, los cupos muestrales se calcularon para que, con un nivel de confianza del 95% (y suponiendo normalidad) las muestras obtenidas por conglomerados fueran representativas para un error no superior al 4% (aproximadamente).

Tras recoger los datos de 2.763 expedientes de ejecutorias penales de los años 2012 a 2015 de ambos tipos de órgano, el estudio ha demostrado que un tercio de las víctimas no cobra nada, que un segundo tercio cobra solo una parte y que solo un tercio cobra su indemnización. Sin embargo, estos datos corresponden, en general, a las indemnizaciones

más bajas, inferiores a 1.600 euros. La mediana de cobro para todos los tipos de delito es de cerca de 300 euros, lo cual significa que la mitad de las víctimas que han obtenido en una sentencia un pronunciamiento indemnizatorio cobran menos de 302 euros.

Los datos que se obtuvieron respecto a las indemnizaciones para las víctimas de violencia sexual arrojaron unos resultados muy inquietantes; la media de las indemnizaciones establecidas en las sentencias es de 13.728 €, la mediana de 6.300€, mientras que la media las indemnizaciones realmente pagadas por los infractores era de 1.911,9€, con una mediana de 166,56 €.

La eficacia del sistema de indemnizaciones estatales en España, reguladas por la Ley 35/1995, de 11de diciembre, de ayudas y asistencia a las víctimas de delitos violentos y contra la libertad sexuales igualmente ineficiente, principalmente por la casi anecdótica existencia de compensaciones; en el estudio de Soleto se apunta a 11 ayudas concedidas en toda España a víctimas de violencia sexual en 2018.

La ineficacia de los sistemas europeos para alcanzar los estándares establecidos en la normativa europea en compensación a víctimas se ha señalado en el informe de Joelle Milquet (2019), lo que ha llevado a la definición de la estrategia europea en este sentido y la propuesta de modificación de la Directiva de víctimas; desde 2023 en curso un proceso de modificación de la Directiva de 2012 (COM (2023) 424: Propuesta de Directiva del Parlamento Europeo y del Consejo por la que se modifica la Directiva 2012/29/UE, por la que se establecen normas mínimas sobre los derechos, el apoyo y la protección de las víctimas de delitos, y por la que se sustituye la Decisión marco 2001/220/JAI del Consejo, en el que se prevé el desarrollo de un mecanismo de adelanto de cantidades por el Estado tal como ocurre en otros países, en su el artículo 16.

3. Las previsiones de LOGILS sobre la compensación

La Ley Orgánica 10/2022, de 6 de septiembre, de garantía integral de la libertad sexual, LOGILS, es conocida popularmente en España como la ley del "sí es sí" o en el extranjero como la "ley del consentimiento (*consent law*)", mas importantes partes de esta norma se centran en mejorar la reparación económica de la víctima de violencia sexual, además de otras formas de reparación, sin embargo, el debate social y político jurídico en torno a las problemáticas penales no han permitido avanzar en las cuestiones procesales y específicamente en las relacionadas con la compensación.

En el título VII de la LOGILS se regula el derecho a la reparación. En el artículo 52 se describe el alcance del derecho y su garantía, el artículo 53 se centra en la reparación a través de la indemnización, y los ámbitos que debe cubrir, a ser pagada por el responsable civil y penal. En el artículo 54 se establece la extensión de los derechos de los hijos de las víctimas fallecidas a percibir una pensión o prestación de orfandad.

Además, en el artículo 55 se regula la obligación de las administraciones públicas de procurar la completa recuperación de las víctimas a través de la red de atención integral, impulsando todo tipo de medidas, incluidas las relacionadas con las redes sociales e internet, y la protección frente a amenazas. En lo económico, se regula la posibilidad de cantidades complementarias para gastos sanitarios. También se dispone que han de desarrollar programas de reinserción y prevención de reincidencia para agresores.

En el artículo 56 se dispone que las administraciones recibirán fondos para hacer efectivo el derecho a la reparación, con origen en la ejecución de bienes decomisados, y que podrán destinarse también a financiar las ayudas adicionales para gastos sanitarios, así como a medidas tendentes a lograr la inserción laboral prioritariamente de víctimas de explotación sexual.

Este título se relaciona directamente con la regulación en el título IV, sobre Derecho a la asistencia integral especializada y accesible, ya que en su artículo 41 se describen las ayudas económicas para víctimas con rentas inferiores al salario mínimo interprofesional.

Además, en la Disposición final quinta se modifica la ley 35/1995 de ayudas, que serían compatibles con las ayudas del artículo 41.

La LOGILS prevé un sistema ampliado de reparación económica a varios niveles y pretende garantizar la eficacia del sistema; se distinguen en la regulación principalmente dos formas de reparación económica; por una parte, la compensación por el ofensor, y por otra las de las administraciones, que pueden ser de tres tipos.

En relación con la compensación por el ofensor, se establecen los elementos que el juzgador ha de tener en cuenta para definir la indemnización. En la práctica homogeiniza los elementos que la jurisprudencia tiene en cuenta para establecer una compensación, incluyendo expresamente elementos más novedosos como el daño a la dignidad y el daño social, y permite que se pueda solicitar la indemnización en un momento posterior incluso en los casos en los que se hubiera renunciado.

Es en el marco de las ayudas de las administraciones donde la LOGILS introduce novedades; establece la compatibilidad de las nuevas ayudas con las de la ley del 95, así como con la indemnización por parte del ofensor.

a) Ayudas del artículo 41 LOGILS: compatibles con las ayudas del 95 y con la indemnización en sentencia, para víctimas con rentas inferiores al SMI o dependientes con rentas inferiores a dos veces el SMI, y con cuantías entre 6 meses de subsidio por desempleo y 24 meses dependiendo de circunstancias de vulnerabilidad y dependencia. El Real Decreto 664/2024, de 9 de julio, por el que se regulan las ayudas económicas a víctimas de violencias sexuales, y por el que se modifica el Real Decreto 1452/2005, de 2 de diciembre, por el que se regula la ayuda económica establecida en el artículo 27 de la Ley Orgánica 1/2004, de 28 de diciembre, de medidas de protección integral contra la violencia de género, procura introducir estas ayudas, cuya eficacia queda por contrastar.

b) Ayudas de la ley del 95: se modifican por LOGILS, se facilita el procedimiento, se incrementa el plazo de prescripción a 5 años desde la decisión firme, se elimina el sentido finalista de la ayuda (solo existía para tratamiento terapéutico) y se elimina la limitación de cuantías que se establecían, y desde la vigencia de LOGILS habrá de valorarse por la comisión factores para sufragar la reparación de daños y perjuicios descritos en el artículo 6.4. Las ayudas de la ley del 95 son subsidiarias del pago de la indemnización en sentencia o de un seguro privado, son independientes de la capacidad económica de la víctima o el hogar del que dependa, y permiten el pago a víctimas cuyo caso no haya finalizado con sentencia.

LOGILS podría haber sido técnicamente más completa, reformando adecuadamente la ley del 95, y también más moderna, estableciendo el sistema de adelanto de las cantidades recogidas en sentencia, entre otras cuestiones. De hecho, la reciente modificación a la ley de Igualdad del País vasco (Decreto Legislativo 1/2023, de 16 de marzo, por el que se aprueba el texto refundido de la Ley para la Igualdad de Mujeres y Hombres y Vidas Libres de Violencia Machista contra las Mujeres) ha establecido en su artículo 65 dentro del derecho a la reparación de las víctimas reconocido en el Convenio de Estambul que "adoptará medidas de apoyo o ayuda económica a las víctimas para supuestos de impago de indemnizaciones derivadas del delito establecidas por resolución judicial".

Es urgente su desarrollo reglamentario y normativo completo en todo caso para llegar a los objetivos de reducción de la victimización secundaria que el sistema provoca en la actualidad en lo relacionado con la compensación económica a las víctimas de violencia sexual.

IV. CONCLUSIONES

La compensación económica en el sistema de justicia penal es una forma de reconocimiento a las víctimas del daño producido, y debe producir efectos reparadores, sin embargo, las bajas cuantías recogidas en sentencia, el proceso para su consecución y la ineficacia de su cobro no parecen producir estos efectos.

La mediana de las indemnizaciones en las sentencias condenatorias en la práctica española entre los años 2014 y 2020 se encuentran en torno a 6.000 euros para abuso y en torno a 10.000 euros para agresión sexual, lo que es claramente insuficiente para estos tipos de victimización.

Se presenta absolutamente necesario un cambio. Los operadores de justicia deben introducir la perspectiva de los intereses de la víctima en su labor, entre los que se encuentra la compensación, que está estrechamente vinculado con el interés de reconocimiento.

Desde la instrucción de los asuntos dichos operadores deben garantizar la responsabilidad civil derivada de delito a través de los mecanismos aseguratorios correspondientes, las medidas cautelares, desde el momento más temprano posible, y en una cantidad suficiente, para ello se hace preciso que la Fiscalía elabore una instrucción que establezca la necesidad de adoptar medidas cautelares de carácter civil al inicio de toda instrucción por delito sexual, así como el establecimiento de un baremo adecuado para la solicitud de cuantías más altas que cubran los elementos descritos en LOGILS, y que sean asumidos por la sociedad como justos en su cuantificación.

Es además conveniente el establecimiento de tablas modulables de cantidades vinculadas a los tipos delictivos y agravantes con el fin de objetivizar cantidades y eliminar de la discusión procesal en lo posible las cuestiones económicas.

Es además necesario el desarrollo de sistemas de adelanto público de cantidades recogidas en las sentencias condenatorias firmes, en la proporción que se considere, y que el Estado persiga con posterioridad al condenado para su cobro, tal como se hace en países Bajos y se propone en la propuesta de modificación de la Directiva de Víctimas en tramitación en 2023 y 2024.

La Administración central y las Comunidades Autónomas han de dotar de fondos dedicados a la reparación a las víctimas (art. 56 LOGILS) en cuantía suficiente.

Se presenta como absolutamente necesario el desarrollo de los procedimientos de solicitud orientados a la víctima, accesibles, sencillos y adaptados a las personas según sus conocimientos y habilidades, tanto para las ayudas del artículo 41 LOGILS (ya regulados por Decreto en 2024) como las de la ley 35/95. Ya se ha presentado importantes dificultades en algunas Comunidades Autónomas para acceder a la documentación de acreditación. La documentación entregada por la policía y en centros de atención a víctimas ha de ser sencilla y adaptada a las personas víctimas, con un mínimo de burocracia para éstas y sin barreras tecnológicas.

Es recomendable además que las comisiones que decidan estas ayudas estén bajo la supervisión del Ministerio de Igualdad y o Justicia, y en su composición

BIBLIOGRAFÍA

Aguado Bloise, Empar, Esmeralda Ballesteros Doncel, Francisca Blanco Moreno, Concepción Fernández Villanueva, Elisa García Mingo , Tania García Sedano, Mª José Rubio Martín y Carmen Ruiz Repullo (Sexviol grupo de investigación) (2022): *Desmontando mitos acerca de la agresión sexual*, accesible en https://www.ucm.es/sexviol/

Bolívar, D., Sánchez-Gómez, V. y de Haan, M, (2022): "Uncovering Justice Interests of Victims of Serious Crimes: A Cross-sectional Study", *Victims & Offenders*,

Daly, K. (2011): "Conventional and Innovative. Justice Responses to Sexual Violence". *Australian Centre for the Study of Sexual Assault 12*, nº2: 1-35

Daly, K. y Davis, J. (2021): "Money justice", *Journal of Criminology*, 54(1): 60-75.

Herman, J. (2005): "Justice from the victim´s perspective", *Violence against women*, vol 11, nº. 5: 571-602.

Holder, R. y Daly, K. (2018): "Recognition, reconnection, and renewal: The meaning of money to sexual assault survivors", *International Review of Victimology, Vol. 24(1)*: 25–46.

Milquet, J. (2029): *Strengthening victims rights: from compensation to reparation. For a new victims rights strategy 2020-2025, Report from the Commission of European Union*, 16 April 2019

Soleto Muñoz, H., Elbers, N., Akkermans, A., Tamarit Sumalla, J. M., Arantegui, L., Lepri, G. L., Chirico, D., L⊠ce, I., & Spetsidis, N. (2024): "Ineffectiveness of the Right to Compensation for Victims of Sexual Violence: A Comparison Between Five EU Member States". *International Criminology*.

Soleto, H. y Grané, A. (2024) *Parámetros de la Justicia en violencia sexual: un estudio de sentencias (2014 – 2020), Fundación Aspacia.*

Soleto, H. y Jullien, J., (2023): "Los intereses de justicia de las víctimas de violencia sexual: percepción de operadores y víctimas del tratamiento procesal", *Revista de la asociación de profesores de derecho procesal de las universidades españolas,* nº. 7: 61 y ss.

Soleto, H. y Grané, A. (2018): *La eficacia de la reparación a la víctima en el proceso penal a través de las indemnizaciones,* Dykinson.

Soleto, H. y Sabela Oubiña (dirs.) (2022): *Reformulando el tratamiento procesal de las víctimas de violencia sexual en procesos penales, Proyecto Re-treat.* Dykinson.

Soleto, H. (2019): "La ineficacia del sistema español para reparar económicamente a las víctimas de violencia sexual", *Teoría y Derecho,* 321-340.

Ten Boom, A. y Kuijpers, K. (2012): "Victims' needs as basic human needs", International Review of Victimology, 18(2): 155–179.

Romero Seseña, P., Arantegui Arráez, L. y Tamarit Sumalla, J.M. (2024): "The impact of plea bargaining on sexual offences in Spain: An analysis of judicial sentences", *Journal of Criminal Justice,* Volume 90.

Varona, D., Kemp, S. y Benítez, O. (2022): "La conformidad en España: predictores e impacto en la penalidad", *InDret,* 1. https://indret.com/la-conformidad-en-espana

Documentos institucionales

Delegación del Gobierno contra la violencia de género, Ministerio de Igualdad

- (2019): *La respuesta judicial a la violencia sexual que sufren los niños y las niñas.*

  https://violenciagenero.igualdad.gob.es/wp-content/uploads/respuestajudicial.pdf

-*Macroencuesta de violencia contra la mujer 2019.* https://violenciagenero.igualdad.gob.es/wp-content/uploads/Macroencuesta_2019_estudio_investigacion.pdf

Fiscalía General del Estado

- (2023): *Memoria de la Fiscalía General del Estado sobre el año 2022.* https://www.fiscal.es/memorias/memoria2023/FISCALIA_SITE/recursos/pdf/MEMFIS23.pdf

- (2022): *Memoria de la Fiscalía General del Estado sobre el año 2021.*

https://www.fiscal.es/memorias/memoria2022/FISCALIA_SITE/recursos/pdf/MEMFIS22.pdf

- (2021): *Memoria de la Fiscalía General del Estado sobre el año 2020.* https://www.fiscal.es/memorias/memoria2021/FISCALIA_SITE/index.html

- (2019): *Memoria de la Fiscalía General del Estado sobre el año 2018.*

https://www.fiscal.es/memorias/memoria2019/FISCALIA_SITE/index.html

Naciones Unidas

-Comité para la Eliminación de la Discriminación contra la Mujer (CEDAW) (2017), Recomendación general num. 35 sobre la violencia por razón de género contra la mujer, por la que se actualiza la recomendación general num. 19, accesible en https://www.ohchr.org/es/documents/general-comments-and-recommendations/general-recommendation-no-35-gender-based-violence

- Agenda 2030 para un Desarrollo Sostenible, (2015).

https://www.un.org/sustainabledevelopment/es/development-agenda/

- United Nations Office on Drugs and Crime (UNODC), (2018): *Informe Mundial sobre la Trata de Personas,*

Consejo de Europa

- *Gender Equality Strategy 2018-2023.* Accesible en https://www.coe.int/en/web/genderequality/gender-equality-strategy

- Grupo de Expertos en la Lucha contra la Violencia contra la Mujer y la Violencia Doméstica (GREVIO) *Primer Informe de evaluación de GREVIO sobre las medidas legislativas y de otra índole que dan efecto a las disposiciones del Convenio del Consejo de Europa sobre Prevención y Lucha contra la violencia contra las Mujeres y la Violencia Doméstica (Convenio de Estambul). España.* GREVIO / Inf (2020) 19. Adoptado por GREVIO el 13 de octubre de 2020. Publicado el 25 de noviembre de 2020. https://violenciagenero.igualdad.gob.es/marcoInternacional/informesGREVIO/docs/InformeGrevioEspana.pdf

Instituto Nacional de Estadística, España

- Resultados Nacionales, Condenados por delitos sexuales, Delitos sexuales según sexo. https://www.ine.es/jaxiT3/Datos.htm?t=28714#!tabs-tabla

- Estadística de Condenados: Adultos / Menores. Año 2019. https://www.ine.es/dyngs/INEbase/es/operacion.htm?c=Estadistica_C&cid=1254736176793&menu=ultiDatos&idp=1254735573206

Ministerio del Interior

-(2024): *Informe sobre delitos contra la libertad sexual en España 2023.* https://www.interior.gob.es/opencms/export/sites/default/.galleries/galeria-de-prensa/documentos-y-multimedia/balances-e-informes/2023/INFORME-DELITOS-CONTRA-LA-LIBERTAD-SEXUAL-2023.pdf

-(2023): *Informe sobre delitos contra la libertad sexual en España 2022.* https://www.interior.gob.es/opencms/pdf/archivos-y-documentacion/documentacion-y-publicaciones/publicaciones-descargables/publicaciones-periodicas/informe-sobre-delitos-contra-la-libertad-e-indemnidad-sexual-en-Espana/Informe_delitos_contra_libertad_sexual_2022_126210034.pdf

- (2020): *Informe sobre delitos contra la libertad e indemnidad sexual en España 2019.* https://www.interior.gob.es/opencms/pdf/archivos-y-documentacion/documentacion-y-publicaciones/publicaciones-descargables/publicaciones-periodicas/informe-sobre-delitos-contra-la-libertad-e-indemnidad-sexual-en-Espana/Informe_delitos_libertad_indemnidad_sexual_Espana_2019_126210034.pdf

UE.

-Fundamental Rights Agency, (2014): *Violencia de género contra las mujeres: una encuesta a escala de la UE.* https://fra.europa.eu/es/publication/2020/violencia-de-genero-contra-las-mujeres-una-encuesta-escala-de-la-ue

-Programa de Estocolmo del Consejo Europeo, "Una Europa abierta y segura que sirva y proteja al ciudadano" (2010/C 115/01). 2010. https://eur-lex.europa.eu/LexUriServ/LexUriServ.do?uri=OJ:C:2010:115:0001:0038:ES:PDF

-COM (2023) 424: Propuesta de Directiva del Parlamento Europeo y del Consejo por la que se modifica la Directiva 2012/29/UE, por la que se establecen normas mínimas sobre los derechos, el apoyo y la protección de las víctimas de delitos, y por la que se sustituye la Decisión marco 2001/220/JAI del Consejo.

-Directiva (UE) 2024/1385 del Parlamento Europeo y del Consejo, de 14 de mayo de 2024, sobre la lucha contra la violencia contra las mujeres y la violencia doméstica.

UNICEF (2017): *A Familiar Face: Violence in the lives of children and adolescents.* https://www.unicef.org/publications/files/Violence_in_the_lives_of_children_and_adolescents.pdf

World Health Organization (2021) *Violence against women prevalence estimates, 2018: global, regional and national prevalence estimates for intimate partner violence against women and global and regional prevalence estimates for non-partner sexual violence against women. Executive summary. Geneva: World Health Organization.* https://iris.who.int/bitstream/handle/10665/341338/9789240026681-eng.pdf?sequence=1

PARTE V

VIOLENCIAS CONTRA LAS MUJERES QUE QUEDAN POR ABORDAR

Capítulo XV.
La respuesta institucional ante la violencia de género y las obligaciones del Estado de diligencia debida

ELENA MARTÍNEZ GARCÍA
Catedrática de Derecho Procesal
Universitat de València

I. PLANTEAMIENTO DEL OBJETO DE ESTUDIO

Nos encontramos en un momento de recesión o contracción en la percepción ciudadana de la gravedad que conlleva en nuestra sociedad la existencia de violencia de género (Barómetro CIS 2024). La sociología tiene las respuestas a lo que está ocurriendo.

Al tiempo que se da este "desinterés" por la igualdad real, resulta llamativo un creciente movimiento jurisprudencial que viene de la mano de la jurisprudencia supranacional, donde se recuerda a los Estados que tiene obligaciones precisas establecidas en los convenios internacionales, destinadas a lograr los cambios y transformaciones sistémicas necesarias para dotar de eficacia real a ciertos derechos humanos, que en nuestro imaginario no aparecen todavía plasmados con tal naturaleza, porque responden a un modelo social heredado; este modelo es el androantropocéntrico, es decir, la cosmovisión la da el hombre, entendido como único ser humanos con derechos frente al resto de la sociedad y de los seres sintientes. Para mantener este sistema de derechos es necesario todo un modelo normativo, cultural y económico. Y este sistema sólo lo pueden transformar los Estados.

Estas obligaciones son las que concretan en el concepto de la *diligencia debida* de los Estados. Es un grado de precaución y exigencia para el Estado, de conformidad con los objetivos pactados como Estado al adherirse a estos convenios internacionales. Estas obligaciones se corresponden con el propio sentido o naturaleza pública de los derechos humanos y derechos fundamentales, que nacen frente a los poderes públicos para ser realmente efectivos. Se trata (a) *de obligaciones de abstención* de actos por los que estos poderes públicos y agentes estatales podrían dañar, *obligaciones de hacer* y (b) cambiar la estructura sistémica que se intenta desmontar, con el fin de que los derechos individuales de las personas lleguen a ser una realidad, para lo que el Estado se dota de un tercer nivel de obligaciones, en esta ocasión, (c) las relativas a la *tutela judicial efectiva* de los derechos e intereses de la ciudadanía[1].

---

1 Todos los derechos humanos son susceptibles de violación, y los derechos económicos, sociales y culturales no son ninguna excepción. En los Principios de Limburgo relativos a la Aplicación del Pacto

Es importante resaltar el valor de la nueva Directiva de Violencia doméstica y violencia de género 2024/1385, porque delimita claramente qué garantías negativas (de abstención) y positivas (de acción) deben cumplir los mismos para entender que cumplen los estándares de calidad exigibles en el marco de la UE (Magro Servet, 2024; Martínez García, 2024). De esta forma, lo que antes ya era vinculante para la Unión al haberse adherido al Convenio de Estambul, ahora es obligatorio para todos los Estados a través de la propia Directiva. A partir de ahora ya no hay excusa dentro de la UE que permita negar a algunos de sus miembros la existencia de una violencia especialmente cruel y directamente vinculada al hecho de ser mujer, que sea tolerante con su no hacer, que no regule con normas penales y sanciones eficaces los diferentes tipos de violencia machista, que no evidencie la imposibilidad de negarse a poner medios a disposición de las mujeres para prevenir y protegerlas frente a sus parejas o exparejas y familiares.

Internacional de Derechos Económicos, Sociales y Culturales se señalan las siguientes circunstancias que constituyen violaciones del Pacto por un Estado Parte (principio 72):

a) el Estado Parte no logra adoptar una medida exigida por el Pacto;

b) no logra remover, a la mayor brevedad posible y cuando deba hacerlo, todos los obstáculos que impidan la realización inmediata de un derecho;

c) no logra aplicar con rapidez un derecho que el Pacto exige que aplique sin dilación;

d) no logra, intencionalmente, satisfacer una norma internacional mínima de realización, generalmente aceptada y para cuya satisfacción está capacitado;

e) aplica una limitación a un derecho reconocido en el Pacto por vías contrarias al mismo;

f) retrasa, deliberadamente, o detiene la realización progresiva de un derecho, a menos que actúe dentro de los límites permitidos en el Pacto o que dicha conducta se deba a una falta de recursos;

g) no logra presentar los informes exigidos por el Pacto.

Comienza la cuenta atrás en esa suerte de homogeneización que nos hace similares a los diferentes Estados de la Unión europea, ahora en materia de igualdad, libertad y democracia de algo más del cincuenta por cien de la población de la UE (Magro Servet, 2024; Martínez García, 2024)[2]. Habrá países como España que tenemos desarrollados los estándares de calidad por encima de la propuesta que realiza la directiva, y habrá países donde la implementación de estas garantías que recoge la Directiva va a requerir un esfuerzo considerable y una gran "revolución", tal y como aconteció en España con la aprobación de la LO 1/2004 de 29 de noviembre de Medidas Integrales de Protección contra la Violencia de Género. Sin embargo, en nuestro Estado, la Directiva -además de algunas mejoras necesarias- trae consigo la prohibición de regresividad (art.48), tal y como se establece en el derecho internacional de los derechos humanos (Añón, 2021), algo importante ante la tendencia postmachista negacionista (Lorente Acosta, 2023).

II. ENTRAMADO JURÍDICO QUE RECONOCE LAS OBLIGACIONES PRIMARIAS Y SECUNDARIAS DEL ESTADO EN VIOLENCIA DE GÉNERO

La mujer ha sido la gran olvidada al construir el ordenamiento jurídico internacional de los derechos humanos, y han tenido que ser las duras estadísticas y el movimiento feminista quien ha movido esta transición hacia regulaciones internacio-

2 No se puede entender ni desde una perspectiva moral ni jurídica, que no se haya definido la violencia sexual, lo que nos hace ver que este tema cualitativamente y cuantitativamente importa mucho; como mínimo, aparece abordada con amplitud en cuanto a las medidas de apoyo especializado que requiere esta realidad. Es una cuestión de tiempo elevar los estándares de exigibilidad a los Estados en esta materia.

nales (De Herrán Arrainz, 2021: 26). Ahora es, a todas luces, un derecho humano de las mujeres a vivir una vida libre de violencia. Conviene entonces darle tal tratamiento y desmenuzar las garantías que lo integran.

1. Recordando a Ferrajoli y la teoría sobre los contenidos y garantías de los derechos humanos

Los derechos humanos nacen como resultado de las reivindicaciones ciudadanas frente al monarca absoluto. Este *leit motiv* marcó su primera etapa, donde surgen los denominados derechos de libertad, donde se imponía al Estado la obligación de abstención y de no injerencia en ese espacio de libertad de todos y cada uno de los ciudadanos y ciudadanas.

Pero como la libertad no lo es todo, fueron apareciendo reivindicaciones de derechos humanos que exigían del Estado acciones precisas, porque de otra forma, nunca podrían ejercer libertad alguna sobre ámbitos que realmente son inexistentes por no estar asegurados y protegidos por el Estado. Surge, entonces, los derechos de igualdad como límite a la propia libertad que, llevada hasta sus últimas consecuencias genera desigualdad individual y en la sociedad. Surgen las obligaciones de hacer del Estado. Es precisamente aquí donde surgió el concepto de Estado de Derecho, concepto acuñado por una mujer.

Hoy damos un paso más en este avance y nos ubicamos en los derechos de solidaridad. Ante bienes escasos y demaniales, el Estado debe de actuar para limitar nuevamente la libertad en pro de la igualdad colectiva. Las obligaciones de hacer para el Estado pasan por establecer normas de conducta que limitan la libertad de mercado y, en consecuencia, las reglas de producción y consumo, repercutiendo directamente en los derechos de la ciudadanía (Martínez García, 2024).

Todos estos avances en la correcta comprensión de la posición del Estado frente a la ciudadanía en democracia, vienen siempre acompañados de lo que es el objeto de la disciplina a la que me dedico, el derecho procesal que da curso al derecho frente al Estado a la tutela judicial efectiva, a la reintegración de los derechos individuales de las personas, cuando los entiendan vulnerados por sujetos individuales o por los propios agentes estatales. En ambos casos, la diligencia del estado puede estar en entredicho.

En conclusión, existen tres tipos de obligaciones para que el estado de por asegurado o garantizado un derecho: (a) Obligaciones de abstenerse; (b) Obligaciones de hacer; (c) Obligación de investigar, prevenir, castigar, reparar. Existe, por tanto, una doble naturaleza en las obligaciones del Estado a la hora de proteger de forma efectiva los derechos humanos. Las primeras son de tipo sistémico o estructural, destinadas a hacer cambios que permita a la ciudadanía individual poder realizar sus derechos individuales. Es decir, en una sociedad sin leyes antidiscriminatorias, que incluyan prohibiciones específicas para las administraciones públicas, nunca podría legarse al nivel de aplicación de la perspectiva de género en el caso concreto. Sin las primeras obligaciones y transformaciones no se pueden realizar los derechos individuales, por esta razón, los partidos políticos negacionistas pretenden abolir dichas obligaciones sistémicas, porque saben bien que así no se erradica la conducta en cuestión, porque se trata como un todo lo que es una parte del conflicto, al deja fuera a los poderes públicos a la sociedad como colectivo.

2. Entramado jurídico que da soporte al derecho humano y a sus garantías

Pasando ahora al objeto de estudio que interesa en esta investigación, vamos a observar someramente el entramado jurídico que da soporte a esta doble estructura de obligaciones de naturaleza sistémica y de tipo individual.

En España hemos tenido la ventaja de tener una Ley Integral de Medidas de Protección contra la Violencia de Género que obliga a trabajar día a día por prevenir y erradicar este tipo de violencia. La LO 1/2004 (LOVG) cumple ahora 20 años y su valor intrínseco fue su determinación por afectar la estructura patriarcal que hilvana nuestra sociedad y cultura, así como en cierta forma, afectar a nuestro modelo económico, con repercusiones importantísimas en toda la estructura legal y administrativa que, como sociedad, nos informa y rige día a día. Para ello, esta Ley abordó no solo cambios estructurales o sistémicos sino también, en segundo lugar, dotó a las mujeres de derechos concretos reivindicables a través del derecho a la tutela judicial efectiva, a su protección y su reparación. Se trata de dos niveles diferentes aceptados *a posteriori* por el Convenio de Estambul y recientemente la Directiva de Violencia Doméstica y de Género[3]. Así se deriva del art. 2 Tratado de la Unión Europea, arts. 21 y 23 de la Carta de Derechos Fundamentales de la Unión Europea, así como el resto de derechos individuales como la vida o la integridad física, la vida privada y familiar o el derecho a la libertad y seguridad, derecho a la protección de datos, la no discriminación (también desde la perspectiva sexual) o los derechos de los niños y niñas. En este *iter*, por supuesto, la jurisprudencia del Tribunal de Justicia de la Unión, así como el Tribunal Europeo de Derechos Humanos ha sido decisiva para fraguar cambios, especialmente, de naturaleza sistémica o estructural y exigibles al Estado con el fin de remover las causas que impiden la igualdad en el disfrute de estos dere-

---

3 Convenio del Consejo de Europa sobre prevención y lucha contra la violencia contra las mujeres y la violencia doméstica, Estambul, 11.V.2011, firmado por España el 1 de agosto de 2014 y la Directiva 2024/1385 del Parlamento Europeo y del Consejo, de 14 de mayo de 2024, sobre la lucha contra la violencia contra las mujeres y la violencia doméstica (DOUE 24 de mayo 2024).

chos de carácter nacional y de naturaleza europea CEDAW [4]. En el momento actual, la Propuesta de Directiva de víctimas[5] reconoce la responsabilidad del Estado en la reparación, no solo por los daños producidos por el maltratado que no repara (*solve et repete*), como por los daños producidos por una falta de diligencia debida de sus representantes públicos en todos los servicios prestados.

Centrándonos ahora en el Convenio de Estambul, del análisis de los artículos 4 y 5 podemos comprobar que se reconoce esta doble estructura para la prevención y erradicación de la violencia machista. No olvidemos que el derecho internacional de los derechos humanos forma parte del sistema de fuentes a aplicar por nuestra jurisprudencia, así como por el poder ejecutivo y legislativo a la hora de generar leyes y políticas públicas.

---

4 Se establece un doble sistema de responsabilidad, porque el daño lo puede producir tanto un particular o empresa -por sus acciones- como el propio Estado – por sus omisiones o por no cumplir con sus funciones de protección y prevención de las víctimas con la debida diligencia, según se estableció en la sentencia Caso González y otros vs. México "Campo Algodonero" de 16 de abril de 2009, dictada por la *Corte Interamericana de Derechos Humanos* o las sentencias de la *Corte Europea de Derechos Humanos* Casos Opuz vs. Turquía (2 de junio 2009), A. vs. Croacia (14 de octubre 2010), Rumor vs. Italia (27 de mayo 2014), M.G. vs. Turquía (22 de marzo 2016), y la condena al Estado español en el Caso Ángela González Carreño mediante el Dictamen de 16 de julio de 2014,-. Allí se estableció la responsabilidad del Estado por incumplimiento del deber de diligencia debida por falta de protección de las mujeres, reconociéndose que ello ahonda en una forma de *violencia estructural* presente en la sociedad sobre la base de un daño producido que atenta contra su libertad, integridad física o seguridad.

5 Informada ya por el Parlamento europeo https://www.europarl.europa.eu/doceo/document/A-9-2024-0157_ES.html (Consulta el 24 de octubre de 2024)

Procedo a realizar el análisis de estos dos artículos del Convenio de Estambul que recogen esta triple relación Estado-Sociedad-Ciudadano.

El Artículo 4, bajo el enunciado DERECHOS HUMANOS, IGUALDAD Y NO DISCRIMINACION se establecen las *Obligaciones de hacer* de naturaleza "legislativa", o "de cualquier otro tipo", llegando a "de prohibir e, incluso, sancionar" o "de derogar leyes y prácticas", "que impidan vivir a mujer a salvo de la violencia en el ámbito público y privado".

Por su lado, el Artículo 5 párrafo 1, bajo el titulo OBLIGACIONES DEL ESTADO Y DILIGENCIA DEBIDA, regula la *Obligación de abstenerse de hacer* por poderes públicos "Cualquier acto de violencia por autoridades, agentes e instituciones estatales, así como demás actores en nombre del Estado". Con ello, se limita la libertad de los poderes públicos, onde un "hacer" que viole los derechos de las mujeres, constituiría una transgresión de este derecho humano, una violación de carácter institucional por parte de los poderes públicos. De esta forma, no solo debemos pensar en, por ejemplo, un daño físico o sexual a una mujer por parte de un agente de policía, sino que estaríamos ante un plano más institucional y de incumplimiento de garantías objetivas, cuando las administraciones públicas dan un mal servicio, no derogan prácticas discriminatorias, no forman a los aplicadores de las normas con perspectiva de género, etc.

Por último, este mismo Artículo 5 párrafo 2, establece un nuevo mandato hacia los poderes públicos de los que se predica que "Actuarán con diligencia debida para prevenir, investigar, castigar e indemnizar por los actos de violencia, tanto los cometidos por agentes públicos como los realizados por actores no estatales". Extiende, por tanto, la obligación del Estado de ser diligente (y responsable) por los daños producidos -ahora sí- a sujetos (mujeres) concretos, cuando en el ejercicio de su derecho a la integridad física o de su familia, al restablecimiento de su derecho por la Judicatura, no se haya prevenido, investigado, castigado e indemnizado correctamente. Y esa hora donde surge un elemento trascendental, a saber, no solo por los actos de los poderes públicos que traen causa directa en su daño, sino por el daño que trae causa directa en la acción de sujetos no estatales.

Estos sujetos no estatales deben ser objeto de estudio; si bien al principio me planté la posibilidad de que la norma se refiriera a empresas que gestionan aspectos de la violencia de género por encomienda de las administraciones públicas (puntos de encuentro, hospitales privados, empresas que gestionan sistemas de protección…), he acabado concluyendo que en este apartado debe integrarse la responsabilidad por los daños y la falta de reparación de la persona maltratadora. A ello apunta también la nueva propuesta de Directiva de víctimas[6]. Este derecho humano llega al punto de hacer responsable a la administración por la falta de reparación a una víctima. Solve et repete.

Esto que decimos lo veremos al analizar el caso Ángela González Carreño.

[6] Propuesta de Directiva por la que se modifica la Directiva 2012/29/UE, por la que se establecen normas mínimas sobre los derechos, el apoyo y la protección de las víctimas de delitos, y por la que se sustituye la Decisión marco 2001/220/JAI del Consejo (COM(2023)0424 – C90303/2023 – 2023/0250(COD). *Vid.* Considerando 9.

III. LOS LÍMITES DE LA LIBERTAD Y LA DILIGENCIA DEBIDA COMO NUEVOS PARÁMETROS DE INTERPRETACIÓN DE LA IGUALDAD DE LA MUJER Y SU DERECHO A NO SUFRIR NINGÚN TIPO DE VIOLENCIA EN LA NUEVA DIRECTIVA

Propongo centrarme en revisar esos mínimos innegociables para los Estados parte de este entramada internacional y europeo. Hay una diligencia debida "reforzada" para los Estados para responder por la atención negligente de estas víctimas de violencia de género. Hay responsabilidad del Estado y de las Administraciones públicas por las violaciones directas, indirectas y por las omisiones indebidas.

Por hechos cometidos por el Estado, violaciones directas por parte de los órganos del estado, por sus agentes estatales. Ejemplo de ello es el Caso Velàsquez Rodríguez c. Honduras 1998 CIDH y caso Opuz c. Turquía (2009 STEDH), pronunciamientos a partir de los cuales el foco se pone en esta diligencia debida de los estados, en sus sistemas institucionales y judiciales. A partir de ahí se establece un deber reforzado para los Estados al tratar el tema de la violencia que sufre la mujer, de modo que la exigencia de perspectiva de género se deberá establecer a la hora de regular, prevenir, investigar, juzgar y ejecutar las decisiones en la materia (De Herrán Arrainz, 2021; Añón, 2021; Courtis, 2022).

1. La igualdad como nuevo límite de la libertad

Si observamos los derechos desarrollados por la nueva Directiva (también por la LOVG y Convenio de Estambul) hay una perspectiva pública que configura la dignidad de la mujer como límite al poder económico, social y cultural. Es decir, no solo se limita el poder del concreto hombre que pretende abusar o dominar a su pareja o ex pareja, niñas o niños, sino también se recogen restricciones dirigidas a las empresas (en materia de acoso laboral), al publicista o al medio de comunicación (en relación con la dignidad de la mujer en estos medios y la no minimización de los tipos de violencia), al personal de las diferentes administraciones públicas (les exige formarse para tratar con víctimas), al igual que se lo impone a los miembros del Poder judicial, Ministerio Fiscal o Abogacía, o a la propia potestad discrecional de la Administración, a quien le exige unos mínimos irrenunciables, so pena de incurrir en responsabilidad. A los Estados parte ya no les sirve cualquier "hacer", sino que se les exige una determinada forma de actuación, servicios, formación y sensibilización de sus profesionales, garantías, etc.

Como afirma Román, se ha creado una doble dimensión del deber de diligencia debida de los Estados en materia de igualdad de la mujer: *una dimensión objetiva o sistémica y una dimensión individual* (Román, 2016: 39-45): "La primera, más genérica, reclama una intervención estatal tendente a garantizar un modelo de regulación integral y sostenida de la violencia contra la mujer que, además, persiga una transformación global de la sociedad que supere la desigualdad de género estructural". Por su lado, la responsabilidad del Estado en su *dimensión individual*, exige que se deriven obligaciones para éste, destinadas a proporcionar a las víctimas concretas que sufren violencia, a través de la creación de medidas eficaces de protección, sanción y reparación, exigiendo ello un alto grado de acomodación y flexibilidad (Román, 2016: 33). No extraña, entonces, que el Convenio de Estambul en su artículo 5 bajo el epígrafe "Obligaciones del Estado y Diligencia debida"[7], haga

---

[7] En la citada sentencia "Campo Algodonero" se atribuye responsabilidad al Estado por actos de los particulares sobre la base de que éste tiene una posición de garante con relación a la acción de los particulares, por no adoptar medidas adecuadas de prevención, in-

responder al Estado por no remover los obstáculos que impiden la igualdad y alimentan la desigualdad. Ello se predica del Estado y desde las obligaciones de regular que se le imponen a éste, alcanzando a limitaciones para las empresas y también para la ciudadanía. Esta responsabilidad no está regulada expresamente por la nueva Directiva, pero se podrá deducir de la aplicación que cada Estado miembro lleve a cabo una vez transpuesta la norma.

2. *Contenidos concretos del deber de diligencia debida del Estado en materia de violencia contra las mujeres en la Directiva*

Recientemente el *Informe de la Relatora Especial de Naciones Unidas sobre la violencia contra las mujeres y las niñas, sus causas y consecuencias*[8] pormenoriza los "problemas sistémicos" que dan cobertura a esta realidad violenta y discriminatoria que, junto a la Directiva objeto de estudio, puede darnos mucha luz sobre cómo integrar este nivel de exigibilidad en los cuerpos legislativos de los Estados miembro y cuáles son las transformaciones internas eficientes para cumplir con los estándares de diligencia debida de la Unión (Doménech Pascual, 2022). Sobre estas bases, la nueva Directiva regula para los Estados miembro esta

---

vestigación y sanción ante acciones particulares ilícitas y abusivas de las que tenía conocimiento, a partir de la denominada *doctrina del riesgo previsible y evitable.*

8 A/HRC/53/36, donde explica el impacto de los estereotipos en la creación normativa así como en la función jurisdiccional y en servicios sociales en relación a la custodia y los menores. Así se citan varios apartados: a) La desigualdad de género en las leyes y ordenamientos jurídicos; b) el papel evaluador en los tribunales de familia y el negocio existente en los informes psicológicos en la materia; c) Conducta de la judicatura y de los profesionales del derecho; d) La falta de asistencia jurídica gratuita y costes de los litigios de derecho de familia (2021, 15-20).

misma doble estructura de la que venimos hablando: obligaciones de llevar a cabo cambios naturaleza sistémica con el fin de garantizar, en segundo término, los derechos individuales de las mujeres a prevenir, reparar y erradicar la violencia machista.

La Directiva dedica el grueso de su articulado y Exposición de Motivos a reconocer que nos encontramos ante un problema de modelo cultural, ante una estructura de sociedad y de administración pública, que debe cambiar con el fin de poder evitar daños a las mujeres. Al igual que la LOVG que dedica el Título Preliminar, I, II y III a transformar los elementos que en la sociedad contribuyen a perpetuar un sistema de subordinación sistémica; estos artículos lo que hacen es "contextualizar" todo aquello que parecía aparentemente neutro. Hay, por tanto, insistimos en que se percibe un *cambio de paradigma*. A tal fin la Directiva exige resultados y deja libertad en la forma y medios de conseguirlos (FJ 15). Esta idea es importante porque, si bien entra dentro de la potestad discrecional de la Administración el decidir *cómo* conseguir los objetivos de la Directiva, *con qué medios* y *plazos* temporales, queda fuera de su alcance negociar las *finalidades* a alcanzar según la Unión, tan claramente delimitadas por la Directiva

Procedemos a enumerar las condiciones estructurales que deben cambiarse en aras de remover los obstáculos que impiden la igualdad –objetivo de la directiva- y qué derechos se otorga a la ciudadanía en la Directiva para conseguir tal fin. Añadimos como parámetros de interpretación de las obligaciones del Estado el principio de progresividad y el de prohibición de regresividad (art.48 Directiva).

2.1. Normas con perspectiva de género

Se tiene el derecho a una *legislación civil, penal, administrativa y laboral que recoja las bases para la transformación de nuestra sociedad* (Doménech Pascual, 2006: 333-372; Ponce i Solé, 2019)

y eleve a la mujer a una protección digna y segura y que conlleve sanciones eficaces para el abusador (FJ 28 Directiva). La Directiva exige eficacia, perspectiva de género (*cit. supra*), excluyendo la aceptación de normas que no garanticen la transformación de la sociedad y una forma legal eficaz de abordar la violencia machista. Para la consecución de tal fin se exige formación incluso al propio legislador.

La Directiva, a tal fin, regula para todos los Estados las violencias más reprochables que sufren las mujeres en la Unión, según la Encuesta del Fundamental Rights Agency (2014), a saber, las ejercidas por sus parejas o ex parejas, por su entorno familiar, por terceros con carácter sexual, las ejercidas dentro del ámbito de los delitos de honor, y las que se usan las TIC para el sometimiento, todas ellas ejercidas por el simple hecho de ser mujer. También extiende este ámbito a otras personas pertenecientes a colectivos discriminados y a una perspectiva interseccional, que agrava cualquier violencia especialmente en su abordaje y tutela. Ejemplo de la obligación de legislar con dicha perspectiva son la regulación de delitos (arts.3-8), la limitación a su prescripción (art.13), las penas (ar.10) y agravantes (art.11), inducción complicidad y tentativa (art.9), la obligación de regular el delito de quebrantamiento de medida cautelar, etc.

Dentro de estas obligaciones de legislar, encontramos la cita expresa entorno a la creación "directrices" para asegurar la actuación de la policía y demás autoridades con dicha perspectiva de género (art. 21 Directiva), legislación que debe contar con una evaluación del impacto de género (art.45 Directiva), seguida de una comunicación o traslado de los datos resultantes de esta implementación al Instituto Europeo para la Igualdad de Género (EIGE). Para ello exige la creación de organismos de igualdad en cada país (art.22). Por último, el alcance normativo debe de llegar a regular la coordinación de todos los servicios, dado el carácter integral y transversal que exigen estas normas y sus resultados (FJ 83 y art. 25 y Capítulo IV Directiva).

2.2. Prevención, sensibilización frente a todas las formas de violencia contra la mujer

La Directiva parte de la idea relativa a la necesidad de desmontar un modelo cultural para entender y prevenir las violencias contra la mujer, de manera absoluta y de forma también interseccional.

Se tiene derecho a que esta legislación atienda a crear un modelo de *publicidad, comunicación, educación y sanidad* respetuoso con la especial situación de la mujer en nuestra sociedad, que transforma valores, estereotipos, prejuicios sobre la mujer (FJ 74, 75, 77 y art. 36 Directiva y art. 17 Convenio de Estambul). Es una obligación para los Estados la formación y sensibilización de profesionales que intervienen ante un caso de violencia machista con el fin de entender esta realidad tan específica (prevención secundaria). La formación obligatoria de las personas profesionales, en especial "la judicatura y otros profesionales del sistema judicial en materia de sesgo de género, la dinámica de la violencia doméstica, las denuncias del maltrato y la alienación parental, etc., debiéndose asegurar que la ciudadanía tiene acceso a materiales y un teléfono de información (FJ 75 y 77 y art.29 y 36 Directiva)[9].

La Directiva recoge *programas de atención* temprana a niños y jóvenes para evitar que sean maltratadores (art. 34 Directiva), medidas específicas para prevenir la cultura de la violación (art. 35 Directiva) o la mutilación genital o los ciberdelitos se-

9 Ejemplo de lo que decimos viene desarrollado por el Informe de la Relatora Especial sobre la violencia contra las mujeres y las niñas, cuando se "prohíbe" la invocación de los conceptos como alienación parental o pseudoconceptos parecidos en litigios de derecho de familia, porque violan la norma del interés superior del menor, poniendo de manifiesto que el marco normativo de todavía muchos Estados ahonda en desigualdad, cuando regula estas normas en estos casos (Conclusión 74 Relatora A/HRC/56/36).

xuales (art.34 Directiva), incluso en los colegios (art.35 Directiva). Los estados miembros adoptarán las medidas necesarias para tener programas de intervención que evite la comisión de estos delitos y la reincidencia (art.37 Directiva).

2.3. Protección social

La atención social preventiva es básica tal y como asume la Directiva en su articulado al reconocer la prevención primaria, secundaria y terciaria (FJ 73). Allí se habla del derecho a servicios de apoyo a las víctimas (art.18 y 25 Directiva) y a su recuperación, con especial incidencia en los casos de violencia sexual (art.26) y para los casos de mutilación genital femenina (art.27) y acoso sexual en el trabajo (art.28); derecho al servicio de salud (art.25 Directiva), existencia de líneas telefónicas de ayuda a las víctimas accesibles y garantizadoras de una comunicación efectiva (art.29), prestaciones de apoyo específicas a las necesidades interseccionales de víctimas y grupos de riesgo (art.33). En general, se diseña todo un entramado de normas que apuntan en la dirección de unos servicios sociales óptimos para prevenir y reparar daños, con la exigencia de coordinación efectiva (arts.39 y 40 Directiva). Nada se dice sobre el derecho a la autonomía económica de la víctima en dicha Directiva, quedará a decisión de cada Estado, lo que se presenta como una debilidad de esta directiva.

2.4. Protección y acción judicial

Procedemos a enumerar las garantías necesarias para garantizar a las mujeres y niñas, así como otras víctimas, el derecho a la tutela judicial efectiva en este concreto derecho humano:

1. Se tiene derecho a la *asistencia jurídica y defensa* para que el sistema de justicia sea económicamente accesible para las

víctimas, tanto en la fase de asesoramiento, representación y defensa procesal (Art. 32 de la Directiva y arts. 19, 22 y 57 Convenio de Estambul). El art. 14 asegura el derecho a realizar denuncias telemáticas y que permita cargar el material prueba del delito (pantallazos, etc.).

2. Se tiene derecho a la *regulación de programas de apoyo legal y social* a las víctimas (Art. 25 y 26 Directiva y arts. 16, 20, 56 Convenio de Estambul), tanto para las mujeres como para los niños y niñas víctimas con especial incidencia en la seguridad en materia de derecho de custodia y visitas (Art. 70 Directiva y art. 31 Convenio de Estambul), incluso llegando a la pérdida de la patria potestad (art. 45 de Convenio de Estambul) y obligando por que sea financiado este apoyo a cargo del Estado (vid. también la Conclusión 74 Relatora A/HRC/56/36), así como para las mujeres extranjeras. Aquí podemos integrar entre otros muchos, a la existencia de casas de acogidas (Art. 33 Directiva y 23 Convenio de Estambul).

3. Se tiene derecho a la *tutela judicial efectiva* frente a la violencia de género a través de la correcta *investigación y obtención y aseguramiento de fuentes de prueba, así como la protección, reparación y especialización del juzgador* en su fase investigadora como de enjuiciamiento, garantizando el derecho al *recurso civil y penal adecuado* (arts. 20, 30 y 34 Directiva y arts. 29, 44 y 54 Convenio de Estambul). En el ámbito de la prueba la Directiva reconoce que los reconocimientos médicos y análisis forenses *deben de ser financiados por el Estado*, asegurando que las personas que los realicen sean verdaderamente expertas (art.26 Directiva y Conclusión 74 Relatora A/HRC/56/36). En violencia sexual, tanto la prueba tecnológica como el uso de las imágenes deben ser garantizado y custodiado sin victimización secundaria (art.15 Directiva).

Es decir, se tiene el derecho a *un juicio justo y sin dilaciones indebidas* no solo para saber qué ocurrió, sino para averiguar las *circunstancias o "contexto"* en el que ocurrió. Averiguar este contexto es *profundizar en los elementos fácticos reales que explican los comportamientos de víctima y agresor* y, por tanto, dejar a un lado la aparente neutralidad de la norma. Esto requiere una alta formación de los y las operadores jurídicos que realmente aseguren los diversos contenidos del derecho al proceso justo y el acceso a la justicia de la mujer víctima (FJ 77 y ss. y art.36 Directiva y arts. 8, 11, 15 Convenio de Estambul). La motivación de la sentencia constituye garantía de *la valoración de la prueba y la convicción judicial* en relación a dicho "*contexto particular en el que ha ocurrido el hecho*" que permitan explicar racionalmente lo ocurrido, no pudiendo derivarse prejuicios o valoraciones (FJ 48 Directiva) (Clérico, 2018; Lorente Acosta, 2018).

Se tiene derecho a ser evaluada en *el riesgo* existente de forma individualizada y eficaz por profesionales formados y sin sesgos (art.16). Ello deberá dar lugar a una resolución judicial adecuada que puede incluir, a tenor de la Directiva, las órdenes de alejamiento, de prohibición o de protección (art.19) para evitar el peligro inmediato y posible reiteración delictiva, sin que dependan del hecho de que la víctima denuncie, pudiendo ser dictadas de oficio o a instancia de parte, alcanzando la obligación de las autoridades a informar a la víctima sobre ellas tanto en el ámbito nacional como transfronterizo (art.19). Y, por último, reconoce el *delito de quebrantamiento de medida cautelar* y, si se da, existe el derecho a que se revise la resolución que legitimaba la medida sobre la base de un riesgo y la obligación de revisarlo periódicamente (art.19).

5. Se tiene derecho a que haya una *coordinación integral* eficaz (Cap VI y art. 25 de la Directiva) y que, ante un *fallo del sistema,* deba estudiarse lo ocurrido y la posible responsabilidad del Estado por no regular el marco legal de protección policial y jurisdiccional eficaz (art.21 Directiva). El derecho a una reparación o indemnización de la víctima está regulado solo a cargo del abusador, algo que debe simultanearse con nuestra aspiración de cambiar estructuralmente las necesida

des de estas personas en la sociedad (FJ 56 y 57 Directiva, art. 30 Convenio de Estambul y Conclusión 74 Relatora A/HRC/56/36).

6. Es importante recordar que ninguna víctima de este tipo de violencia puede ser sometida obligatoriamente a un *modo alternativo de resolución de conflictos* (Art. 48 Convenio de Estambul). La Directiva guarda silencio, pero la complementación con la Directiva de víctimas (2012/29, de 25 de octubre) deja la puerta abierta bajo determinadas circunstancias y siempre que no esté prohibido. Así ocurre en la legislación española, pero este silencio puede dejar espacio a estas opciones en países más reactivos a los presentes cambios, por ejemplo.

7. Derecho a que se observe exigencias legales que *eviten la victimización secundaria de la mujer y de los niños y niñas ante la Administración de Justicia* (Art. 21, 25 y 36 Directiva y la Conclusión 74 Relatora A/HRC/56/36).

8. Se tiene derecho a que el Estado tenga *refugios* o centros de acogida (FJ 67 y ss, art.30 de la Directiva y Conclusión 74 Relatora A/HRC/56/36) para víctimas nacionales o extranjeras, dejando la puerta abierta esta directiva a una suerte de copago, lo cual entorpece la salida del domicilio como medida policial o judicial preventiva.

9. Junto al *derecho a la reparación del daño* a cargo del agresor (FJ 50 y 56 y art. 24 Directiva y, en su defecto, a cargo del Estado (*solve et repete*) ex art.5 Convenio de Estambul), se debe de regular *garantías de no repetición*, estas últimas tan importantes como las otras. A tal fin, debe considerarse la *preceptividad de la intervención en programas realistas de reeducación* del maltratador condenado (37 Directiva). También regula la Directiva el derecho a que se garantice el olvido (real y virtual) de las víctimas, como parte de la reparación (art.23 Directiva).

IV. RESPONSABILIDAD DEL ESTADO, LA GARANTÍA DE REPARACIÓN Y EL CASO ÁNGELA GONZÁLEZ CARREÑO

Procedemos a realizar un breve resumen sobre el conocido caso Ángela González Carreño, lamentablemente llamativo por los evidentes errores, desprecios de la Policía y Poder Judicial y ministerio de Justicia por la violencia vicaria sufrida por esta mujer y ejercida por su marido. Se trata de un caso donde mediaron 51 denuncias por su parte, con una duración del proceso de 11 años, existiendo 1 dictamen 47/2012 de CEDAW Naciones Unidas, 2 procesos C-A (el primero donde se reclama la responsabilidad Estado por anormal funcionamiento de la administración de justicia y, en segundo lugar, sobre la base de la existencia de violación CF) y, por último, 1 menor asesinado y una víctima maltratada no solo por el maltratador sino, a todas luces, por el sistema, sufriendo violencia institucional.

Ni Abogacía del Estado ni Ministerio Fiscal querían que se admitiera el recurso de casación que finalmente dio la razón a la Sra. Carreño, a través de la declaración de la violación de derechos fundamentales por denegación de responsabilidad del Estado, especialmente, reconociendo la existencia de un Dictamen ONU, que condenaba a España. El Tribunal Supremo en su STS 2747/2018 (TOL6.672.463) afirma que (a) se viola Art,10.2 y 96 CE y 23, 27 Convenio de Viena (por desconocimiento del derecho internacional de los derechos humanos y por inexistencia de procedimiento para ejecutar el Dictamen en España y (b) se viola el Art. 106 y 121 CE al no dar cauce de reparación a lo que dice ONU, por desconocer derecho nacional.

La sentencia reconoce la condena y reparación en dos niveles que son coincidentes con la estructura defendida en este trabajo.

a) Desde un plano de protección *individual* de la víctima de violencia machista y de la violencia institucional

i) Otorgar a la autora una reparación adecuada y una indemnización integral y proporcional a la gravedad de la conculcación de sus derechos; 600.000 eur.

ii) Llevar a cabo una investigación exhaustiva e imparcial con miras a determinar la existencia de fallos en las estructuras y prácticas estatales que hayan ocasionado una falta de protección de la autora y su hija, debiendo comunicárselo a ella como parte de la reparación.

b) Desde un plano general o *sistémico*

i) Tomar medidas adecuadas y efectivas para que los antecedentes de violencia doméstica sean tenidos en cuenta en el momento de estipular los derechos de custodia y visita relativos a los hijos, y los derechos de visita o custodia no ponga en peligro la seguridad de las víctimas de la violencia, incluidos los hijos. El interés superior del niño y el derecho del niño a ser escuchado deberán prevalecer en todas las decisiones que se tomen en la materia;

ii) Reforzar la aplicación del marco legal con miras a asegurar que las autoridades competentes ejerzan la debida diligencia para responder adecuadamente a situaciones de violencia doméstica;

iii) Proporcionar formación obligatoria a los jueces y personal administrativo y sobre los estereotipos de género, así como una formación apropiada con respecto a la Convención, su Protocolo Facultativo y las recomendaciones generales del Comité, en particular la recomendación general núm. 19.». Derecho Internacional de los Derechos humanos.

V. CONLUSIONES

Si antes afirmábamos que el derecho internacional de los derechos humanos forma parte del sistema de fuentes a aplicar por nuestra jurisprudencia, así como por el poder ejecutivo y legislativo a la hora de generar leyes y políticas públicas, corresponde ahora hacer ver a la persona lectora que es una obligación de los órganos jurisdiccionales aplicar dichas normas en el caso concreto y, a partir de ahí, señalar a los responsables que no cumplen las obligaciones de hacer y las obligaciones de abstención que dimanan de dicha interpretación integradora de nuestras leyes de conformidad con los acuerdos internacionales (art. 10.2 CE), máxime si ello ayuda a remover los obstáculos que impiden la igualdad.

Estas obligaciones sistémicas del Estado relatadas van a constituir grandes cambios para algunos países, mejoras en otros y consolidaciones en países como España, que cuenta con una experiencia valiente y determinante en esta trayectoria, aunque todavía lejos de conseguir los resultados necesarios para poder entender que esta violencia ya no tiene un alcance desproporcionado y que vivimos en tiempo de igualdad y derechos de la mujer en las mismas condiciones que los hombres. En definitiva, estos cambios son los que garantizan que, dañada una víctima por la violencia machista, pueda acceder a la tutela judicial efectiva y pretender de forma eficaz la protección, sanción y reparación de sus derechos individuales. Sin cambios sistémicos no puede haber derechos individuales, van de la mano.

El contrato social existente no da más de sí. El feminismo y las mujeres no vamos a parar esta ola de cambios que reivindicamos desde hace siglo solo para conseguir justicia e igualdad.

La diligencia debida debe de ser un parámetro de medición de la respuesta institucional ante violaciones de derechos humanos. Ya no hay alternativa para los Estados adscritos al tratado internacional o directiva en cuestión. La falta de acción estatal perpetúa la violencia individual, porque es violencia institucional hacia ellas por violentar sus derechos humanos, cuya encomienda de protección le corresponde al Estado.

BIBLIOGRAFÍA

Añón, M.J. (2021): "Obligaciones de los derechos humanos, también en tiempos de crisis", *The Age of Human Rights Journal,* 17.

Clérico, L. (2018): "Hacia un análisis integral de estereotipos: desafiando la garantía estándar de imparcialidad", *Revista Derecho del Estado* núm. 41.

Courtis, C. (2022): "La "debida diligencia" de la empresa como medio para el respeto de los derechos humanos. ¿herramienta útil o vía para postergar obligaciones legales?", *Revista de Derecho Laboral,* núm. 65.

De Herrán Arrainz, S. (2021): "Estudio comparado de la diligencia debida reforzada com parámetro de medición a la respuesta institucional a la violencia de género", Revista de Estudios Jurídicos y criminológicos, núm. 4.

Doménech Pascual, G. (2006): "Los derechos fundamentales a la protección penal", *Revista Española de Derecho Constitucional,* núm.78.

Doménech Pascual, G. (2022): "Repensar la responsabilidad patrimonial del Estado por normas contrarias a Derecho" *Indret,* núm. 4.

Fundamental Rights Agency (2014): *Violencia de genero contra las mujeres: Una encuesta a escala UE.* https://fra.europa.eu/sites/default/files/fra-2014-vaw-survey-at-a-glance-oct14_es.pdf

Lorente Acosta, M. (2018): "Justicia, Género y Esterotipos", *Análisis de la Administración de Justicia desde la perspectiva de género* (Ed. Martínez García, Elena.), Valencia: Tirant lo Blanch.

Lorente Acosta, M. (2023): *La refundación del machismo. Poskultura y guerra cultural,* Comares.

Magro Servet, V. (2024): "Proyección en nuestro ordenamiento jurídico de la Directiva (UE) 2024/1385 del Parlamento Europeo y del Consejo, de 14 de mayo de 2024, sobre la lucha contra la violencia contra las mujeres y la violencia doméstica", *Diario La Ley,* núm.10514.

Martínez García, E. (2024): "La diligencia debida de los Estados en materia medioambiental en el marco europeo de justicia global", *Revista de Derecho Europeo,* num.63.

Martínez García, E. (2024): *Juzgar en el siglo XXI,* Valencia: Tirant lo Blanch.

Ponce i Solé, J. (2019): "La Lucha por el buen gobierno y el derecho a una buena administración mediante el estándar Jurídico", *Cuadernos Democracia nº15.*

Román, L. (2016), *La protección jurisdiccional de las víctimas desde la perspectiva constitucional,* Tesis inédita defendida en la Universitat Rovira y Virgili.

Capítulo XVI.

La falta de reconocimiento de la violencia institucional como una forma de violencia contra las mujeres

NÚRIA TORRES ROSELL

Profesora Agregada Serra Húnter de Derecho Penal (Catedrática acreditada)

Universitat Rovira i Virgili

SUMARIO: I. INTRODUCCIÓN; II. RECONOCIMIENTO DE LA VIOLENCIA INSTITUCIONAL CONTRA LAS MUJERES EN EL CONTEXTO DEL DERECHO INTERNACIONAL Y DE LOS DERECHOS HUMANOS; III. EL CONTENIDO DE LA VIOLENCIA INSTITUCIONAL EN LA LEY CATALANA 5/2008; 1. Las acciones u omisiones del personal público que limiten el acceso a las políticas públicas y el ejercicio de los derechos; 2. La falta de diligencia debida en el abordaje de la violencia; 3. La producción legislativa y la interpretación y la aplicación del Derecho que tenga por objeto o provoque este mismo resultado. La utilización del síndrome de alienación parental es también violencia institucional; IV. CONCRECIÓN DE LA RESPONSABILIDAD EN CASOS DE VIOLENCIA INSTITUCIONAL EN LA LEY CATALANA 5/2008; V. VIOLENCIA INSTITUCIONAL Y RESPONSABILIDAD PENAL; VI. REFLEXIONES CONCLUSIVAS; BIBLIOGRAFÍA.

I. INTRODUCCIÓN

El objetivo de estas páginas es exponer el contenido y alcance de una de las formas de violencia que afectan a las mujeres y que en su día quedaron pendientes de abordar en la LO 1/2004, de 28 de diciembre, de medidas de protección integral contra la violencia de género (en adelante, LOVG): la violencia institucional. Cuando hace ya más veinte años, se aprobó la LOVG no se planteó la incorporación de la violencia institucional al articulado, puesto que en aquel momento el caballo de batalla era primordialmente otro: traer a la arena pública y, sobre todo, dotar de medios materiales y humanos al ámbito de la justicia y de la intervención para identificar y proteger a las mujeres víctimas de violencia en sus relaciones de pareja. Sin embargo, el año previo a la aprobación de la LOVG se había publicado ya un artículo doctrinal (Larrauri, 2003) en el que una cuestión formulada a partir de la observación de la realidad (*¿Por qué retiran las mujeres maltratadas las denuncias?*) analizaba los déficits, los estereotipos, la falta de recursos, la falta de formación del personal de la administración y otros factores, también legales, que redundaban en un sistema penal que "se torna en una institución que finalmente acaba amenazándola a ella, y en otras ocasiones la descalifica por querer lo que quiere", generando, en definitiva, violencia desde el propio sistema, desde las instituciones y la administración.

La violencia institucional en el ámbito de la violencia machista alude a la violencia que se ejerce contra las mujeres cuando, desde las instituciones, se consolidan y se perpetúan ideas y estructuras que mantienen conductas e interpretaciones que vulneran los derechos de las mujeres, pero también cuando en el propio funcionamiento de las administraciones y de su personal se llevan a cabo actuaciones o se omiten intervenciones que son generadoras de violencia (Añón y Merino, 2019; Bodelón, 2014; Giménez et al, 2022b). Lo que nos planteamos es, en este contexto, si el Estado puede generar violencia contra las mujeres y si debe, en consecuencia, responder de la vulneración de Derechos que aquellas experimentan. Avanzamos ya en este momento que la respuesta es afirmativa, y que efectivamente el Estado y sus autoridades y funcionarios pueden producir violencia por la acción o por la omisión de los poderes públicos que repercute en una vulneración de los derechos de las mujeres en situaciones de violencia machista.

Esta violencia puede generar una victimización primaria o una victimización secundaria, esto es, las instituciones pueden imprimir violencia de manera directa, pero también, en un segundo estadio, tras la violencia ya ejercida por otras personas particulares, cuando las víctimas entran en contacto con el sistema y las administraciones, lo que supone un maltrato adicional contra las mujeres y sus hijos e hijas que ya han pasado por una experiencia de violencia. Se trata de un maltrato consecuencia de los déficits en las intervenciones de los organismos responsables y también de actuaciones desacertadas o negligentes de los agentes implicados, básicamente por fallar en la obligación de investigar, de sancionar, de reparar y de dar garantías suficientes de erradicación de estas violencias. La contrapartida a la violencia institucional es el estándar de diligencia debida en la prevención y la reparación de las violencias. Este estándar contribuye a identificar las situaciones de violencia institucional, concretando, no solamente cuales son las obligaciones del estado, sino como han de ser cumplidas. Para ello es necesario disponer de un marco legislativo adecuado, con perspectiva interseccional, contra todas las violencias y para todas las mujeres.

La LOVG no dispuso ninguna referencia ni a la violencia institucional, ni a la responsabilidad de los poderes públicos derivada de los estándares de diligencia debida, ni tampoco a la noción de revictimización o victimización secundaria. Sin embargo, sí contiene un capítulo V dedicado al derecho a Reparación, en el que se contempla no solamente que la persona civil o penalmente responsable deba indemnizar a la víctima, sino que las administraciones públicas deben garantizar su completa recuperación física, psíquica y social a través de la red de recursos de atención integral.

Además, algunas normas aprobadas con posterioridad a 2004 han introducido conceptos vinculados a la violencia institucional, como la referencia a la victimización secundaria en la ley 4/2015, de 27 de abril, del Estatuto de la Víctima del delito, cuyo artículo 19, relativo a los derechos de las víctimas, establece que las autoridades y funcionarios encargados de la investigación, la persecución y el juicio de delitos deben adoptar las medidas necesarias para evitar el riesgo de victimización secundaria o reiterada. También, en esta línea, la amplia previsión a la reparación a las víctimas en la LO 10/2002, de Garantía Integral de la libertad sexual.

Por otro lado, puesto que la Ley de 2004 remitía en muchas ocasiones a las Comunidades Autónomas para que, en el ámbito de sus competencias, desarrollaran el contenido de la Ley, fueron los estatutos de autonomía de las comunidades los que, al ser reformados, asumieron la lucha contra la violencia de género como una de las competencias (Román, 2022), y es por este motivo que la referencia a la violencia institucional, sin estar prevista en la LOVG, sí la encontramos recogida en la legislación de algunas Comunidades (Ávila et al. 2022). Así, por ejemplo, en Navarra, la Ley Foral 14/2015, la prevé como principio rector e incluye elementos derivados de la violencia institucional en su artículo 6 donde recoge el principio de diligencia debida, el de no revictimización y el de responsabilidad de las instituciones públicas en el establecimiento de procesos de formación para garantizar que quienes tienen la responsabilidad de asegurar el ejercicio de los derechos de las mujeres actúan adecuadamente; en Castilla La Mancha, la ley 4/2018 de 8 de octubre *para una sociedad libre de violencia de género* incluye directamente la violencia institucional como una forma de violencia de género en su artículo 5; en el País Vasco, la Ley 1/2022 *de modificación de la Ley para la igualdad de mujeres y hombres*, regula en el art. 50 la diligencia debida e incluye en la definición de violencia machista la violencia institucional; también en La Rioja, la Ley 11/2022, de 20 de septiembre, *contra la Violencia de género* incluye la violencia institucional en su definición de la violencia de género.

Con todo, la primera regulación autonómica en recoger de forma minuciosa la violencia institucional fue la de Catalunya.

En concreto, la Ley 5/2008, de 24 de abril, *sobre el derecho de las mujeres a erradicar la violencia machista,* reformada mediante Ley 17/2020, de 22 de diciembre. Si bien en su versión de 2008, la ley no incluyó explícitamente la violencia institucional, aunque sí preveía algunos conceptos vinculados, como la referencia a la victimización secundaria o a los déficits cuantitativos y cualitativos de las intervenciones por parte de los organismos responsables y sus agentes, lo que podía interpretarse como cierta incorporación de la responsabilidad por violencia institucional (Bodelón, 2014; Román, 2022), la reforma operada en 2020 vino a reconocer nuevas formas y ámbitos de violencia e introdujo nuevas perspectivas de análisis y de intervención en las violencias machistas. Así, por ejemplo, la necesidad de un abordaje de la violencia desde una perspectiva de interseccionalidad, así como la atención a los estándares de derechos humanos, entre los cuales, los vinculados a la violencia institucional que se incorporaron de forma explícita en la Ley.

En efecto, tras la reforma de 2020, la ley se propuso hacer visibles todas las formas de violencia contra las mujeres de acuerdo con el Convenio de Estambul, y para ello amplió la descripción de las formas de violencia machista, incorporando la violencia obstétrica, la digital, la violencia de segundo orden (que es ejercida contra las personas que apoyan a las víctimas de violencia machista), así como también la violencia que se inflige contra hijos e hijas con la finalidad de provocar un mayor daño a la madre. Además, la ley incorporaba nuevos escenarios donde la violencia machista se puede reproducir, y en su artículo 5 aludió a los ámbitos digital, institucional, político y educativo. En concreto, respecto de la Violencia institucional, el apartado sexto del artículo 5 ofrece una definición de la violencia institucional y refiere diversas manifestaciones que reconoce expresamente como violencia institucional.

Fue precisamente el reconocimiento de la violencia institucional en la Ley catalana lo que motivó el encargo para la elaboración de un Informe sobre el concepto y alcance de tal violencia, al que se ha acudido también en la redacción de estas páginas. El informe, elaborado por un equipo interdisciplinar de investigadoras de la Facultad de Ciencias jurídicas de la Universidad Rovira y Virgili, fue presentado en 2022 (Giménez et al. 2022b) con el objetivo de identificar el marco de la violencia institucional por razón de género y evaluar si esta violencia se produce en el ámbito judicial en casos de violencia machista[1].

II. RECONOCIMIENTO DE LA VIOLENCIA INSTITUCIONAL CONTRA LAS MUJERES EN EL CONTEXTO DEL DERECHO INTERNACIONAL Y DE LOS DERECHOS HUMANOS

Antes de adentrarnos en las previsiones de la Ley 5/2008, es importante dejar patente que la previsión de la violencia institucional en esta regulación no surge espontáneamente sino que incorpora una serie de conceptos muy asentados en el ámbito del derecho internacional y de los derechos humanos, como es la concepción de la violencia contra las mujeres como una violencia basada en las propias estructuras sociales y en relaciones de poder históricamente desiguales y en el reconocimiento de que se trata de una violencia perpetrada o tolerada por el Estado (Bodelón, 2014; Román, 2022).

En este contexto es especialmente relevante el contenido de la Declaración de Naciones Unidas sobre la Eliminación de la violencia contra las mujeres en 1993, pero también los In-

1 El mismo año se publicó otro informe en el que participamos las autoras y relativo a los déficits en las "Medidas de protección a los y las menores víctimas de violencia machista" en el que se contienen también conceptos vinculados a la violencia institucional (Giménez et al., 2022a)

formes de la Relatora Especial de Naciones Unidas sobre la violencia contra las mujeres, donde se emplea el concepto de la diligencia debida de los Estados en relación con los compromisos asumidos internacionalmente. En concreto, la Relatora configura el principio de la Diligencia debida en la violencia contra las mujeres desde una doble perspectiva o dimensión: la sistémica y la individual.

Desde la dimensión sistémica, la relatora reclama una intervención estatal para garantizar un modelo de regulación que persiga una transformación global de la sociedad. Así, los Estados deben cumplir con su responsabilidad de proteger, prevenir y sancionar adoptando o modificando la legislación; desarrollando estrategias, planes de acción y campañas de sensibilización; prestando servicios; reforzando la capacidad y el poder de la policía, los fiscales y los jueces, y sancionando a quienes perpetran violaciones de los derechos humanos de las mujeres.

En su dimensión individual, la responsabilidad del Estado de actuar con la diligencia debida exige, según la relatora, respuestas concretas de las autoridades para proteger a la víctima. Esta dimensión alude a la obligación de los Estados de proporcionar a las víctimas, individualmente o en grupo, medidas eficaces de prevención, de protección y de reparación. Así, por ejemplo, proporcionar servicios como líneas telefónicas, asistencia sanitaria, centros de asesoramiento, asistencia jurídica, refugios, órdenes de alejamiento y ayuda financiera. En definitiva, el Estado queda obligado a ayudar a las víctimas a reconstruir sus vidas.

Además de la Relatora, el Comité CEDAW que es el órgano que nace con la CEDAW en 1979 para recibir denuncias por violación de los derechos reconocidos en la Convención y para supervisar la labor de los Estados en la implementación de las recomendaciones, establece que los Estados adquieren el compromiso de abstenerse de agredir o violentar a las mujeres, pero además asumen la función de salvaguardar su indemnidad y de investigar, castigar y reparar las violencias. Esta reparación debe consistir, como señala la Recomendación General nº35 de 2017, en entre otros, en la indemnización monetaria, la prestación de servicios jurídicos, sociales y de salud, la garantía de no repetición y el establecimiento de fondos específicos para reparaciones.

En el ámbito del Consejo de Europa, el Convenio de Estambul de 2011 delimita también un conjunto de obligaciones positivas para los Estados que deben ser atendidas diligentemente a riesgo de incurrir en responsabilidad en caso de incumplimiento. Aunque no hace referencia explícita a la violencia institucional, sí se ha reconocido en diversos artículos, entre los cuales, el artículo 5, que regula las obligaciones del Estado y la diligencia debida e impone a las partes la obligación de asegurar que las autoridades, los funcionarios y las instituciones se abstengan de cualquier acto de violencia contra las mujeres. Además, el artículo 29 prevé acciones civiles para reclamar a las autoridades estatales el incumplimiento de su deber de diligencia debida. El artículo 30 establece el derecho de indemnización a las víctimas. Y el artículo 50 exige una respuesta inmediata de las fuerzas y cuerpos de seguridad ante cualquier forma de violencia y la adopción de medidas de prevención y protección.

Finalmente, tampoco queda al margen de la violencia institucional la Directiva (UE) 2024/1385 del Parlamento Europeo y del Consejo, de 14 de mayo de 2024, sobre la lucha contra la violencia contra las mujeres y la violencia doméstica. La Directiva prevé en su artículo 21 que los Estados elaboren directrices para los casos de violencia contra las mujeres o de violencia doméstica dirigidas a las autoridades policiales y las encargadas de la persecución del delito para, por ejemplo, garantizar que se detecte adecuadamente toda forma de violencia contra las mujeres y de violencia doméstica (apartado a); garantizar que las víctimas sean tratadas de forma respetuosa y que los procedimientos se desarrollen de manera tal que se evite la victimización secundaria o reiterada (apartado f) o detectar y evitar los estereotipos de género (apartado h).

III. EL CONTENIDO DE LA VIOLENCIA INSTITUCIONAL EN LA LEY CATALANA 5/2008

Como se ha señalado, en su redactado de 2008, la Ley 5/2008 no dispuso una referencia explícita a la violencia institucional, aunque sí incluía conceptos estrechamente vinculados, como el de victimización secundaria o la necesidad de indemnizar a las mujeres víctimas de violencia machista. Tras la reforma operada en diciembre de 2020, la Ley 5/2008 incorporó algunos de los mandatos internacionales referenciados en el epígrafe anterior, lo que llevó a incluir en el art. 5 una definición de la violencia institucional junto al ya existente de victimización secundaria (Román, 2022). En el precepto, la victimización institucional se configura como un ámbito desde el que se ejerce violencia machista y se alude a algunas de sus diversas manifestaciones, entre las cuales el precepto se refiere a las siguientes:

- Las acciones y omisiones de las autoridades, el personal público y los agentes de cualquier organismo o institución pública que tengan por finalidad retrasar, obstaculizar o impedir el acceso a las políticas públicas y al ejercicio de los derechos que reconoce la presente ley para asegurar una vida libre de violencia machista, de acuerdo con los supuestos incluidos en la legislación sectorial aplicable
- La falta de diligencia debida, cuantitativa y cualitativa, en el abordaje de la violencia machista, si es conocida o promovida por las administraciones o deviene un patrón de discriminación reiterado y estructural, constituye una manifestación de violencia institucional. Esta violencia puede provenir de un solo acto o práctica grave, de la

reiteración de actos o prácticas de menor alcance que generan un efecto acumulado, de la omisión de actuar cuando se conozca la existencia de un peligro real o inminente, y de las prácticas u omisiones revictimizadoras.

- La violencia institucional incluye la producción legislativa y la interpretación y aplicación del derecho que tenga por objeto o provoque este mismo resultado. La utilización del síndrome de alienación parental también es violencia institucional

1. Las acciones u omisiones del personal público que limiten el acceso a las políticas públicas y el ejercicio de los derechos

La ley vincula en primer lugar la violencia institucional a la actuación o falta de actuación del personal de los organismos e instituciones públicas que se oriente a retrasar, obstaculizar o impedir el acceso a las políticas públicas y al ejercicio de los derechos reconocidos en la legislación sectorial. Cada uno de los derechos reconocidos legalmente a las mujeres víctimas comporta obligaciones para las administraciones públicas para garantizar que efectivamente se hace realidad este derecho y hacerlo con la diligencia debida. El respeto al cumplimiento de las obligaciones compromete la responsabilidad institucional y patrimonial de los poderes públicos y la disciplinaria y profesional del personal de las administraciones públicas.

El Protocolo Marco para una intervención con diligencia debida aprobado en el año 2022 en Catalunya por mandato de la propia Ley, concreta los derechos que derivan de derechos fundamentales y que pueden dar lugar a la apreciación de violencia institucional. A modo de ejemplo, en el caso del derecho a la protección y a la activación de todas las medidas necesarias para garantizar la vida, integridad, libertad, seguridad y dignidad de las mujeres y de las niñas, niños y adolescentes, podría considerarse vulnerado este derecho por parte de las instituciones cuando no se otorga una medida de protección a la víctima de violencia de género que lo ha solicitado reiteradamente. Asimismo, en relación con el derecho a recibir atención integral, inmediata y especializada, cabe exigir que las intervenciones se den en espacios adaptados, por equipos profesionales especializados y con un enfoque interseccional que reconozca el impacto de la violencia cuando esta concurre con otros ejes de discriminación como el origen, el color de la piel, la precariedad económica, la diversidad funcional, las adicciones, etc. También la realidad de un retraso de meses en la atención a la mujer por una falta de recursos en la administración o, incluso, la de la falta de disposición de espacios adaptados para evitar el contacto de la mujer con el agresor en sede judicial, en ocasiones justo antes de prestar declaración ante el juez, constituirían manifestaciones de una violencia institucional (Giménez et al., 2022b).

Especialmente relevante en este contexto es el reconocimiento a la mujer víctima de violencia machista del Derecho a la justicia que debe analizar el caso y resolver sin recurrir a estereotipos y prejuicios de género e interseccional, respetando los tiempos de las mujeres y su autonomía en la toma de decisiones. La persistencia de estereotipos sobre las mujeres víctimas de violencia repercute en las decisiones que se adoptan en el ámbito judicial y mantiene subsistente la violencia institucional (Bodelón, 2014). Entre los estereotipos frecuentes (Giménez et al., 2022b) se alude a una supuesta superación del machismo y a la inexistencia de una desigualdad de género; a determinadas percepciones específicas sobre las mujeres y sus agresores según su país o comunidad de origen; al hecho que la violencia se perpetra en entornos con pocos recursos; a una conducta agresiva del hombre que no es sino la respuesta a una previa provocación de la mujer o a peleas o a conflictos familiares normales; al cese de la violencia con la separación de la pareja; a la falsedad de la denuncia o la intención espuria o vengativa de la mujer; a la irracionalidad de las mujeres que denuncian y luego retiran tal denuncia o no quieren declarar contra el agresor o no rompen la relación con este.

La violencia institucional ejercida por el personal de las administraciones puede afectar también al ejercicio de los derechos de las niñas, niños y adolescentes que viven situaciones de violencia machista (Giménez et al, 2022a). En este caso, por ejemplo, el Protocolo reconoce que el derecho a la atención y asistencia psicológica como elemento clave para su reparación integral, ha de facilitarse de forma ágil, y no puede impedirse o retrasarse por la negativa del agresor.

2. La falta de diligencia debida en el abordaje de la violencia

La Ley 5/2008 reconoce como manifestación de la violencia institucional la falta de diligencia debida, cuantitativa y cualitativa, en el abordaje de la violencia si es conocida o promovida por las administraciones o si deviene un patrón de discriminación reiterado y estructural (Merino-Sancho, 2024). En este sentido el art. 3.h) de la Ley define la diligencia debida como la obligación de los poderes públicos de adoptar medidas para actuar con agilidad y eficiencia para prevenir, investigar, perseguir, castigar y reparar adecuadamente los actos de violencia machista y proteger a las víctimas.

Como señala Serra (2022) "la incorporación de las violencias institucionales solo puede desplegar su potencial generador de derechos si antes se han concretado las obligaciones de cada sector de la Administración, de forma que las mujeres puedan conocer estas obligaciones y exigirlas. La base conceptual sobre la que se ha de construir el marco de obligaciones positivas y el marco de evaluación de la actuación de las administraciones públicas en el abordaje de las violencias machistas es el estándar de diligencia debida". Este estándar obliga a las instituciones a preguntarse por los errores, las omisiones, las malas prácticas, la insuficiencia en la organización de la prevención, la detección, la protección o la reparación, así como la obligación de identificar los cambios y transformaciones necesarias en la intervención. No actuar con la diligencia debida en cada caso concreto en el que se halle una víctima de violencia de género puede comprometer la responsabilidad de la administración hasta hacerla responder de actos de particulares.

La ley establece que la violencia institucional por falta de diligencia debida puede provenir de un solo acto o práctica grave, de la reiteración de actos o prácticas de menor alcance que generen un efecto acumulado, de la omisión de actuar cuando se conozca la existencia de un peligro real o inminente y de las prácticas u omisiones revictimizadoras.

La falta de información a la víctima sobre los avatares del procedimiento o una información prestada de forma rápida, mediante la mera entrega de un folleto o su lectura rápida, sin atender a las dificultades de comprensión que puede tener la víctima, por el propio estado emocional, pero también por razón de edad, escasa comprensión del idioma o de la terminología jurídica, etc., pueden dar lugar a situaciones en las que ésta, lejos de sentirse reconocida y acompañada, experimente el contacto con los profesionales y agentes de la administración como una nueva victimización (Vall, 2018).

Otra de las manifestaciones de la falta de diligencia debida es la falta de coordinación entre profesionales y servicios en el ámbito judicial que atienden en a mujeres víctimas con hijas e hijos que se han visto expuestos a este contexto de violencia machista. La falta de acceso de los juzgados mixtos de familia a la información y las decisiones adoptadas en el juzgado de violencia de género ha llevado, en ocasiones, a adoptar decisiones incoherentes que, en los supuestos más graves, pueden haber desembocado en consecuencias devastadoras[2].

---

2 Sobre el caso del parricidio de Sueca, véase el comentario en el blog Hay Derecho de la magistrada Velilla Antolín, disponible en

3. La producción legislativa y la interpretación y la aplicación del Derecho que tenga por objeto o provoque este mismo resultado. La utilización del síndrome de alienación parental es también violencia institucional

La nueva regulación de la Ley 5/2008 recoge expresamente la interpretación y la aplicación del derecho que genere violencia contra la mujer como un caso de violencia institucional y alude expresamente al síndrome de alienación parental (en adelante, SAP) como expresión de esta.

Como es sabido, la aplicación del SAP comporta reconocer la existencia de una interferencia adulta en la declaración de la niña o el niño en procesos judiciales por custodia y que invalida su declaración cuando expresan rechazo hacia un progenitor. Esto conlleva que algunas autoridades judiciales no tengan en cuenta la declaración de las niñas y niños, lo que comporta su desprotección si están en entornos de violencia de género o incluso de abusos sexuales, y también la impunidad para los autores de estas violencias (Ávila et al, 2022).

La particularidad de la regulación catalana es el reconocimiento expreso del SAP como Violencia institucional. A nivel español no se ha definido como tal aunque, ciertamente, las Guías de criterios de actuación judicial del Consejo General del Poder Judicial recomiendan no emplearlo ya desde 2008. Además, el Pacto de Estado de 2017 se posicionó en contra del SAP en la medida 129, instando a realizar todas las actuaciones necesarias para evitar que pudiera ser tomado en consideración por los órganos judiciales. Tras la aprobación de la LO 8/2021, de 4 de junio, de protección integral a la infancia y la adolescencia frente a la violencia, el empleo del SAP queda prohibido en la toma de decisiones judiciales, pues el artículo

---

https://www.hayderecho.com/2023/12/11/el-sistema-fallo-en-el-parricidio-de-sueca/#comments (último acceso 07/01/2025)

11.3 de la Ley prohíbe que "los poderes públicos tomen en consideración planteamientos teóricos o criterios sin aval científico que presumen la interferencia o la manipulación adulta, como es el caso de la SAP en la toma de sus decisiones".

A nivel internacional, el empleo del SAP en las decisiones judiciales ha merecido también la atención de la propia Relatora Especial sobre Violencia contra las mujeres y las niñas, sus causas y consecuencias. En su informe de 2023 (Reem Alsalem, 2023), la Relatora expresaba su preocupación por la tendencia que observaba en todas las jurisdicciones a ignorar la violencia de pareja contra la mujer al dictaminar sobre los litigios por la custodia de los hijos, incluso penalizando a las madres que denunciaban violencia de su pareja. Así, en varios países, los tribunales de familia habrían tendido a considerar tales denuncias como un intento deliberado de la madre de manipular a sus hijos y separarlos del padre. Al respecto la Relatora apuntaba a una tendencia en los tribunales a subestimar las acusaciones de violencia doméstica y sus consecuencias en los niños y niñas, priorizando el contacto de los menores con el padre e incumpliendo así el deber de proteger a los niños de cualquier daño, concediendo un acceso no supervisado a sus hijos, incluso en casos en que se había demostrado violencia física o sexual. La madre se presentaría como obstructiva o malintencionada y, en caso de insistir en presentar pruebas respecto de la violencia doméstica o el maltrato infantil ello podría interpretarse como una artimaña para alienar a los hijos del padre, lo que podría hacerles perder la custodia como cuidadora principal o el contacto con sus hijos. Sin embargo, como indica la relatora, en el contexto de la violencia doméstica, los tribunales tienen la obligación de escuchar la versión de los hijos sobre esta violencia, garantizando con ello resoluciones mejor informadas y destinadas a promover la seguridad y el bienestar de los niños.

En España es ampliamente conocido el caso de Ángela González Carreño y el dictamen estimatorio emitido en julio de 2014 a la demanda presentada ante el Comité CEDAW por la que se condenó a España por falta de aplicación del principio de diligencia debida en la toma de decisiones que hubieran debido proteger a madre e hija de los riesgos derivados de la situación de violencia continuada y que, en abril de 2003, llevaron al asesinato por parte del exmarido de la hija común de siete años. Ni las numerosas denuncias presentadas contra el agresor por malos tratos y amenazas, ni las reiteradas solicitudes de órdenes de protección, ni la constancia por parte de los servicios sociales de que la menor no quería pasar más tiempo con el padre, fueron suficientes para dictaminar que las visitas entre padre e hija debían ser supervisadas. Por ello, tras hallarse los cuerpos de padre e hija sin vida la misma tarde en que, tras una audiencia judicial, el agresor le anunciara a la madre que le quitaría aquello que más le importaba, y después que la Sra. González acudiera a los servicios sociales con su hija para una visita con el padre, la madre inició un procedimiento de reclamación al Estado[3].

La Sra. González reclamó responsabilidad patrimonial al Estado por el anormal funcionamiento de la Administración de Justicia, alegando negligencia en el cumplimiento de la obligación de proteger la vida de su hija, tras haberse informado en múltiples ocasiones a policía y juzgados del peligro existente. Esta responsabilidad fue denegada, así como también fue desestimado el recurso contencioso administrativo y el recurso de amparo al Tribunal constitucional, rechazado por no presentar el asunto relevancia constitucional.

---

3 Sobre el caso y los avatares del procedimiento, véase la entrevista realizada por Cristina Fallarás a la abogada al frente de la dirección legal de Women's Link, Gema Fernández, en la publicación La Marea, 21 de julio de 2018, disponible en https://www.lamarea.com/2018/07/21/el-caso-de-angela-gonzalez-muestra-que-la-violencia-de-genero-puede-imputarse-a-la-responsabilidad-del-estado/ (último acceso 12/01/2025)

Se presentó entonces denuncia ante el Comité CEDAW en 2012 y dos años más tarde el Comité concluyó que España había violado los derechos de la madre y recomendó indemnizar a la madre. El Comité valoró no solamente que el Estado no había actuado con la diligencia debida para prevenir, investigar, juzgar y castigar la violencia que venían sufriendo madre e hija por parte del victimario, sino que después de la muerte de la hija, el Estado no proporcionó una respuesta judicial efectiva ni una reparación adecuada a los daños sufridos dado que no se realizó una investigación suficiente para aclarar las responsabilidades derivadas de la negligencia administrativa y judicial que llevaron a la muerte de la menor y la madre no recibió ningún tipo de compensación. Finalmente, el Tribunal Supremo, tras un largo periplo judicial, aceptó el dictamen del Comité y obligó al Estado a indemnizar por los daños morales sufridos. Se sentó, de esta forma, un precedente jurídico muy relevante en España. En este caso, el Estado no actuó con la diligencia debida para impedir la violencia, al establecer un régimen de visitas no vigilado en un contexto de violencia, pero además incumplió la obligación de investigar los fallos y negligencias de los poderes públicos, así como reparar el daño ocasionado por esta decisión.

El impacto del caso Gonzalez Carreño fue grande y generó una reflexión en la necesidad de cambios en la atención institucional a las mujeres víctimas y a sus hijos e hijas (Ávila et al., 2022). Algunos frutos de tal reflexión han empezado a plasmarse ya en el ámbito judicial. En este sentido, la Sentencia de la Sala Segunda del Tribunal Constitucional, STC 115/2024, de 23 de septiembre, estimó el recurso de amparo y declaró la nulidad de las resoluciones dictadas en relación con el cumplimiento del régimen de visitas establecido respecto de la hija común de la recurrente y su exmarido, apoyando su fundamentación jurídica en el contenido de resoluciones y convenios internacionales y en la propia legalidad española -cuestión, por otra parte, discutida de forma interesante en el voto particular concurrente que comparte, con todo, el fallo de la sentencia. En el caso examinado, el amparo constitucional se otorga frente a las resoluciones judiciales que apercibían a la recurrente para que se ejecutase la sentencia de divorcio en materia de visitas del padre a la menor, aun constar tanto el contexto de violencia de género, como el rechazo de la niña a las visitas y la suspensión de las mismas por parte del propio Punto de Encuentro Familiar. En este caso, las visitas se habían venido llevando a cabo sin la participación de la madre, pues al existir una denuncia contra el padre por violencia de género, era la abuela materna quien llevaba a la menor al Punto de Encuentro.

En su fundamento jurídico tercero, relativo a la motivación reforzada en contextos de violencia de género, el Tribunal Constitucional reconocía que los jueces deben ser muy conscientes de las dinámicas de sometimiento inherentes a la violencia de género que impactan negativamente en las mujeres víctimas, y que no es asumible que el interés superior del menor sea equivalente siempre a mantener relaciones con ambos progenitores. En este sentido, la sentencia indicaba que las resoluciones recurridas motivaban el incumplimiento del régimen de visitas establecido en la sentencia de divorcio porque la madre ni había motivado a su hija para encontrarse con su padre, ni había elegido a la persona adecuada para que lo hiciera por ella. Sin embargo, advertía también que en tales resoluciones no se tuvo en consideración ni el contexto de violencia de género, ni tampoco los informes médicos presentados por la recurrente sobre su salud y los de su hija. Por ello, en la estimación del recurso, el Tribunal Constitucional consideró que la resolución que exigía una actitud proactiva de la mujer víctima en relación con el cumplimiento del régimen de visitas y estancias en favor de su presunto agresor, desconociendo las vulneraciones de derechos que lleva aparejada la violencia de género, conculcaba el deber de motivación reforzada derivado del art. 24.1. de la Constitución, otorgando, en consecuencia, el amparo a la recurrente.

IV. CONCRECIÓN DE LA RESPONSABILIDAD EN CASOS DE VIOLENCIA INSTITUCIONAL EN LA LEY CATALANA 5/2008

El incumplimiento de las obligaciones y responsabilidades que corresponden a los poderes públicos y que se identifican como violencia institucional puede dar lugar a una responsabilidad de tipo político, así como a una responsabilidad por actuación de la administración. En cuanto a la responsabilidad política esta se concreta, según establece el art. 76 ter de la Ley 5/2008, tras su introducción por Ley 17/2020, en la obligación impuesta a todas las administraciones e instituciones políticas de disponer de unos estándares de conducta con prohibición de violencias machistas y previsión del correspondiente régimen disciplinario. Asimismo, las administraciones deben disponer de un protocolo para la prevención, detección y actuación ante las situaciones de violencia machista y deben ofrecer formación a su personal.

Por otro lado, la posibilidad de acudir a la responsabilidad por actuación de la administración pública se concreta, tras la reforma de 2020, en el art. 76 bis de la Ley 5/2008, por el que se regula la responsabilidad de las administraciones derivada de la revictimización y de las violencias institucionales por las actuaciones de las Administraciones competentes. El precepto establece que tal responsabilidad comprende, además de su responsabilidad patrimonial, la responsabilidad disciplinaria del personal actuante, ya sea funcionarial o laboral, de acuerdo con lo establecido por la Ley del Estado 40/2015, de 1 de octubre, de régimen jurídico del sector público, y la Ley 26/2010, de 3 de agosto, de régimen jurídico y de procedimiento de las administraciones públicas de Cataluña. El mismo precepto establece unos baremos para graduar la responsabilidad de las Administraciones que hace depender de la intensidad de la actuación de la Administración y del impacto negativo y los riesgos que provoque en los derechos fundamentales de las mujeres.

En cuanto a los sujetos que pueden exigir responsabilidad a la Administración, debe acudirse, en primer lugar, al art. 2 de la ley, que reconoce como sujetos pasivos de las violencias tanto a las mujeres que se hallan en situación de violencia, como también a sus hijas e hijos dependientes. Además, el apartado dos del artículo 1 incluye también a niñas y adolescentes, así como a mujeres, niñas y adolescentes transgénero. Sin embargo, más allá de estas personas directamente afectadas, el art. 76bis reconoce como parte interesada para iniciar un procedimiento por violencia institucional a las entidades, asociaciones y organizaciones legalmente constituidas que tengan entre sus fines la defensa y promoción de los derechos de las mujeres, así como los sindicatos y las asociaciones profesionales. Este reconocimiento, que ha merecido una valoración positiva de algunos sectores (Ávila et al. 2022), queda sujeto al consentimiento de las mujeres afectadas y, respecto de las asociaciones, se prevén dos requisitos: que estén legalmente constituidas y que entre sus fines esté la defensa de los derechos de las mujeres.

Uno de los mandatos relevantes del precepto examinado es el contenido en el apartado 4 del precepto, donde se establece el deber de las administraciones públicas de Cataluña de ofrecer apoyo a las mujeres que deciden iniciar un procedimiento de reclamación de responsabilidad a la Administración. Esta previsión, que envía un mandato directo a las Administraciones para colaborar en el proceso de reclamación por violencia institucional, requeriría, no obstante, de una mayor concreción en relación con alcance y contenido del apoyo, colaboración o ayuda que deba prestarse.

Asimismo, la ley obliga en su apartado 5 a la elaboración de un modelo de atención a las mujeres que garantice que no se genera victimización secundaria. Para ello, la ley requiere la elaboración de un Protocolo y con el que se pretende crear un marco general de las acciones para erradicar la violencia institucional (Román, 2022). Dicho Protocolo, que fue aprobado en el año 2022[4], destaca por el reconocimiento de los derechos y necesidades de las mujeres, infancia y adolescencia y la colocación de estos derechos y necesidades en el centro de toda intervención, así como, por otro lado, por concretar el estándar de la diligencia debida en las intervenciones de la administración con las mujeres.

Finalmente, el art. 76 bis.5 in fine establece que la reparación por actos de violencia institucional comprende también la anulación del acto, siempre que sea posible y no revictimice a la mujer, y la revisión de la práctica que dio lugar a violencia institucional.

V. VIOLENCIA INSTITUCIONAL Y RESPONSABILIDAD PENAL

Además de la responsabilidad de la Administración por deficiencias en su funcionamiento o de la responsabilidad disciplinaria de los concretos agentes implicados, en el caso de los funcionarios de la administración de Justicia, incluidos lo agentes del ámbito policial y penitenciario, es posible que la violencia ejercida pueda llegar a implicar responsabilidad penal. Aunque la respuesta a la violencia institucional ha de venir prioritariamente dada por los mecanismos establecidos en el ámbito de la responsabilidad de la administración, en casos graves las actuaciones vinculadas a la violencia institucional pueden dar lugar a responsabilidad penal.

---

[4] Protocol Marc per a una intervención amb diligència deguda en situacions de violències masclistes. El texto del Protocolo Marco está disponible en https://igualtat.gencat.cat/web/.content/Ambits/violencies-masclistes/coordinacio-treball-xarxa/protocol/Protocol-Marc-2022.pdf (último acceso 08/01/2025)

El Código Penal prevé diversos tipos penales que podrían entrar en juego en contextos de violencia machista perpetrada por funcionarios, sin perjuicio que la condición de funcionario público del sujeto activo pueda apreciarse como circunstancia agravante genérica en delitos comunes cuando concurriera un prevalimiento del carácter público del sujeto activo (art. 22.7 CP).

La violencia institucional por violencia machista puede dar lugar a responsabilidad penal en dos supuestos diversos. Por un lado, cuando la mujer que ha sido víctima de violencia machista se ve sometida a una actuación o falta de actuación de la administración de Justicia que redunda en victimización secundaria. Por otro lado, cuando la mujer de la que no consta que haya sido víctima de violencia de género, sufre alguna forma de victimización primaria por motivos machistas al entrar en contacto con el sistema judicial o penitenciario.

En la primera dimensión propuesta podría encuadrarse la conducta del funcionario que, teniendo conocimiento de hechos constitutivos de delito de violencia de género y faltando a su obligación, no los persigue o deniega el auxilio a la mujer víctima o a sus hijos (arts. 407, 408 y 412.3 CP). También el funcionario que, abusando de su cargo, oculta, altera o inutiliza pruebas de un delito relativo a la violencia de género para evitar su descubrimiento (art. 415.2.b CP). En similar sentido, operarían los delitos de prevaricación, administrativa o judicial, en caso de denegación injusta y arbitraria de una orden de protección o en las decisiones sobre las relaciones paterno- filiales. Así, por ejemplo, la STS 571/2012, de 29 de junio, que condenó por prevaricación a un juez de familia que modificó el régimen de visitas en favor del padre sin tener en cuenta la decisión previamente tomada por el juez de violencia doméstica, y sin tomar en consideración ni su falta de competencia para adoptar dicha modificación, ni el deber de dar audiencia a las partes o a sus representantes, ni el deber de justificar la urgencia de la resolución, que respondía al deseo del menor de participar en una procesión de semana santa con su familia paterna. En este caso en que la madre ya estaba en un procedimiento por violencia de género, por haber sufrido violencia por parte de su expareja, la actuación de la Administración de justicia provocó una nueva experiencia victimizante. Aun cuando esta sentencia fue finalmente anulada por el Tribunal Constitucional por motivos formales, se mantuvo la condena del TSJ de Andalucía por un delito de prevaricacion judicial imprudente.

En la segunda dimensión nos referimos a los supuestos en que son las instituciones y los funcionarios quienes generan violencia machista, independientemente de que la mujer hubiera vivido o no antes una experiencia de violencia de género. Estamos ya fuera de los confines de la LOVG, por cuanto se trata de formas de violencia machista ejercidas por funcionarios y personal de la Administración en el ejercicio de sus funciones, por la tanto sin que concurra la relación de pareja o expareja prevista en la LO 1/2004, y sin que la mujer hubiera sido antes necesariamente víctima de violencia de género. Ejemplo de ello, puede ser el trato degradante o humillante en el caso de cacheos a mujeres por parte de funcionarios varones (arts. 174 a 177 CP). En esta línea se pronuncia la STC 13/2022, de 7 de febrero, que dio amparo a una mujer detenida por desobediencia y sometida a un cacheo en dependencias policiales, en el marco del cual le exigieron que se desnudara de forma integral antes de ser conducida al calabozo. El Tribunal Constitucional instó a continuar con la instrucción del caso para determinar la existencia de un posible delito del artículo 175 CP atribuible a los funcionarios que practicaron el cacheo a la mujer.

Asimismo, la implicación de funcionarios en delitos como el tráfico de personas (177 bis CP), los delitos relativos a la prostitución, explotación sexual y corrupción de menores (187.2.b) y 188.2 CP) o incluso la solicitud de favores de carácter sexual a cambio de resolver o informar favorablemente respecto de la mujer o de personas con quien esté relacionada (arts. 443 y 444 CP) constituyen supuestos de violencia institucional. La STS 35/2014, de 28 de enero, condenó a un funcionario de carrera de Instituciones Penitenciarias que, aprovechando su condición, se dirigió a diferentes internas para solicitarles favores de naturaleza sexual a cambio de mejorar su situación penitenciaria y llegando a amenazar a una de las mujeres con perjudicarla o hacer daño a su hermano recluso en el mismo centro. Precisamente en el ámbito penitenciario, debe tenerse en cuenta que muchas de las internas tienen una historia de victimización previa por violencia machista que, además, en no pocas ocasiones condiciona y determina la comisión del delito que las conduce al encarcelamiento. Desde víctimas de trata de seres humanos captadas por el método del *loverboy*, a víctimas forzadas o explotadas en la comisión de actividades delictivas, etc., en tales circunstancias, cualquier ataque machista que las internas sufran en el entorno penitenciario, ya sea perpetrado por otros internos o por parte de funcionarios, comporta una revictimización que debería abordarse desde la perspectiva de la violencia institucional.

VI. REFLEXIONES CONCLUSIVAS

Aun cuando la responsabilidad de la administración por violencia machista y por violencia institucional se impregna de conceptos que han sido ya ampliamente abordados desde instancias internacionales, lo cierto es que se trata de una materia todavía muy nueva en el contexto español, lo que supone que queda todavía mucho por explorar y concretar. De hecho, no se ha abordado legalmente más que en algunas Comunidades autónomas, habiéndose puesto el foco en este capítulo en el contenido de la ley catalana.

Con todo, se ha puesto de manifiesto una idea importante y es que el estado tiene la obligación de perseguir y castigar, en primer lugar, a los agresores inmediatos en casos de violencia machista pero, también fuera del marco estrecho de una relación de pareja o expareja que impuso la LOVG, esta obligación de investigación, persecución y reparación se extiende a los responsables de incumplir las obligaciones establecidas para prevenir o hacer cesar la violencia, para perseguir a los autores de esta violencia y sobre todo para ofrecer medidas de protección efectivas, y de reparación integral a las víctimas de violencia machista.

Para ello es importante reconocer y detectar los supuestos de violencia institucional y, desde las propias instituciones, poner los mecanismos al alcance de las víctimas para que puedan identificarse a sí mismas como tales y disponer de los recursos y de la ayuda para iniciar los procedimientos que requieran depurar estas responsabilidades institucionales.

Si embargo, esto es especialmente complejo. Le estamos pidiendo a la Administración que ponga los medios para que las mujeres, niñas y niños que han sido víctimas de Violencia machista, puedan además reclamar por la violencia adicional que han generado las instituciones, la administración y su personal cuando no han actuado adecuadamente y no han ofrecido el apoyo jurídico, social, económico y personal para poder hacer frente y recuperarse de la victimización. Como señala Serra (2024) la aplicación práctica de cualquier reclamación por violencia institucional resulta muy compleja. Según la abogada, plantear una queja por mala praxis profesional requiere un esfuerzo notable para redactar y adaptar cada queja y dirigirla al organismo adecuado, todo ello, a riesgo de que tales quejas acaben perjudicando a la reclamante. Si lo que se plantea es una demanda de reclamación de responsabilidad patrimonial al Estado, ello implica que, tras el procedimiento judicial por violencia de género, deba iniciarse un nuevo proceso de largo recorrido contra la Administración, lo que puede resultar muy desincentivador para las víctimas

El reconocimiento de la violencia institucional en la Ley catalana 5/2008 es un paso importante en la medida en que trae consigo estándares de derechos humanos como la diligencia debida y las garantías de no repetición y no revictimización que deben ser garantizadas. La previsión en la Ley de los deberes que incumben a la Administración a efectos de garantizar los derechos reconocidos a las víctimas de violencia machista, pero también a efectos responsabilidad en caso de incumplimiento y del deber de colaboración si se inicia un procedimiento por violencia institucional suponen, sin duda, un paso muy importante para garantizar la protección y la reparación a las víctimas.

Por lo tanto, es importante que se incorpore un reconocimiento expreso a la violencia institucional contra las mujeres, niñas y niños en el marco legal español, que se reconozca el compromiso del Estado y de las Administraciones en la intervención diligente para prevenir cualquier forma de violencia machista y para reparar a las mujeres y niños que han sido víctimas de esta violencia por una intervención no diligente en el reconocimiento y la garantía de sus derechos. La Ley catalana puede servir como punto de partida, manteniendo algunas previsiones interesantes como por ejemplo la posibilidad que entidades participen en el proceso de reclamación, pero también en la medida de lo posible, mejorando una redacción que es densa y que incorpora conceptos jurídicos indeterminados que pueden dificultar su aplicación. Pero además es importante tener en cuenta que, tal y como afirma el texto del Protocolo Marco catalán de 2022, los cambios son importantes, pero requieren de un recorrido temporal y del adecuado acompañamiento institucional para ponerlos en marcha

Un primer paso fundamental pasa por garantizar la formación adecuada, de carácter técnico-jurídico, pero necesariamente también victimológico, a todo el personal de las administraciones -en especial, al del ámbito de la justicia- que interviene con las mujeres, niñas y niños en situación de violencia machista (Giménez et al. 2022a). Es importante desterrar los prejuicios de género que conducen a situaciones de discriminación y riesgo para las mujeres y sus hijos y garantizar una intervención con el necesario reconocimiento de la mirada interseccional sobre todos los casos. Además de la formación es necesario también tomar en cuenta una idea que aparece en el Protocolo catalán de 2022 y que es la del cuidado a las y los profesionales que trabajan con las víctimas de violencia, por ser este un ámbito en el que se ha constatado un desgaste profesional importante que, de no ser debidamente atendido, puede desembocar en una prestación deficiente de servicios y en la consecuente revictimización de las víctimas. La Administración debe proporcionar una formación integral a las profesionales y un entorno de trabajo en red y en colaboración interdepartamental que garantice la adecuada atención a las víctimas, que evite exploraciones reiteradas y que fomente el apoyo entre los profesionales.

BIBLIOGRAFÍA

Alsalem, R. (2023): "Informe de la Relatora Especial sobre la violencia contra la mujer, sus causas y consecuencias: A/HRC/53/36. 13 de Abril de 2023", Asamblea General de las Naciones Unidas. https://www.ohchr.org/en/documents/thematic-reports/ahrc5336-custody-violence-against-women-and-violence-against-children

Añón, M.J., Merino-Sancho, V. (2019): "El concepto de violencia de género en el ordenamiento jurídico español: balance crítico y propuestas de un concepto holista e integral", *Ars Iuris Salamanticensis*, Estudios, vol. 7: 67-95.

Ávila, D., Franzé, A., Peñaranda, M.C., Pérez, M., González, P. (2022): *Violencia institucional contra las madres y la infancia. Aplicación del falso síndrome de alienación parental en España*, Delegación del Gobierno contra la Violencia de Género, Ministerio de Igualdad.

Bodelón, E. (2014): "Violencia institucional y violencia de género", *Anales de la Cátedra Grancisco Suárez*, 48: 131-155.

Fallarás, C. (2018): "El caso de Ángela González muestra que la violencia de género puede imputarse a la responsabilidad del Estado", *La Marea*, https://www.lamarea.com/2018/07/21/el-caso-de-angela-gonzalez-muestra-que-la-violencia-de-genero-puede-imputarse-a-la-responsabilidad-del-estado/

Giménez, A., Cerrato, E., Cruz, A., Gallo, B., Merino, V., Oliveras, N., Román, L., Torres, N., Villó, C., Zafra, E. (2022a): "Mesures de protección dels i les menors víctimes de violencia masclista: una reforma pendent en l'atenció a la víctima", Centre d'Estudis Jurídics i Formació Epsecialitzada, Generalitat de Catalunya, https://cejfe.gencat.cat/ca/recerca/cataleg/crono/2022/proteccio-menors/index.html

Giménez, A., Cerrato, E., Cruz, A., De la Varga, A., Gallo, B., Merino, V., Oliveras, N., Román, L., Torres, N., Villó, C., Zafra, E. (2022b): "Obligacions derivades de la violencia institucional a l'àmbit jurídic", Centre d'Estudis Jurídics i Formació Especialitzada.

Larrauri, E. (2003): "Por qué retiran las mujeres maltratadas las denuncias?, *Revista de Derecho Penal y Criminología*, n.12: 271-307.

Merino-Sancho, V. (2024). "Violencia institucional y violencia de género, un debate pendiente", *Debates actuales en la filosofía del Derecho y en la sociología jurídica. Libro homenaje al profesor Manuel Calvo García*, Valencia.

Román Martín, L. (2022): "La Llei 5/2009, del dret de les dones a eradicar la violència masclista: reflexions a propòsit de la seva reforma per la Llei 17/2020", *Revista d'Estudis Autonòmics i Federals REAF-JSG*, n. 36: 65-104.

Serra Perelló, L. (2022): "El reconeixement de les violències institucionals: una nova eina per exigir els drets de les dones", Idees. Revista de temes contemporanis, 59.

Serra Perelló, L. (2024): "Herramientas contra las violencias institucionales", Pikara Magazine, https://www.pikaramagazine.com/2024/03/herramientas-contra-las-violencias-institucionales/

Vall, C. (coord.) (2018): *Violència institucional i revictimització en el sistema judicial i de denúncia de violències sexuals. La violència després de la violència*, Barcelona: Iridia, https://iridia.cat/wp-content/uploads/2019/01/Violencia-despres-de-la-violencia_WEB_Mod21-01-2019-2.pdf (último acceso 12/01/2025)

Velilla Antolín, N. (2023): "El sistema falló en el parricidio de Sueca?, *Hay Derecho*, https://www.hayderecho.com/2023/12/11/el-sistema-fallo-en-el-parricidio-de-sueca/#comments

Capítulo XVII.

La violencia de honor: aproximación jurídica e institucional en España[1]

CAROLINA VILLACAMPA ESTIARTE
Catedrática de Derecho Penal
Universitat de Lleida

I. BREVE DESCRIPCIÓN DEL FENÓMENO: CONCEPTO Y CARACTERÍSTICAS

La violencia por causa de honor o los crímenes de honor -fenómeno que se conoce en inglés como *honour-based violence*- constituye una forma de violencia ejercida con motivo del

1 Este trabajo ha sido realizado en el marco del proyecto PID2022-136879NB-I00 (Los crímenes de honor como violencia de género: delineamiento de un estatuto jurídico-asistencial protector en España, HONGEN) financiado por el Ministerio de Ciencia e Innovación.

honor. Ante la ausencia de caracterización normativa de esta realidad, se la ha conceptuado académicamente. La literatura especializada considera que consiste en la violencia (de tipo físico, social o psicológico) que se ejerce sobre un individuo, generalmente una mujer (joven), normalmente por parte de sus parientes hombres -en ocasiones también mujeres- porque ha traído vergüenza a la familia o la comunidad debido a la realización de una conducta que comporta deshonor a dicho colectivo (Begikhani, Gill y Hague, 2015; Cooney, 2014; Dorjee, Baig y Ting-Toomey, 2013; Eisner y Ghuneim, 2013; Gill, 2011, 2014; Villacampa, 2023). La integran un conjunto de prácticas utilizadas predominantemente para controlar el comportamiento de las mujeres y las niñas dentro de las familias u otros grupos sociales con el fin de proteger supuestas creencias culturales y religiosas, valores y normas sociales en nombre del "honor" (Her Majesty's Inspectorate of Constabulary, HMIC, 2015).

La *Developing Legislation on Violence against Women and Girls* impulsada por la División de Mujeres de Naciones Unidas ofrece una definición sobre violencia por honor que la vincula con la concurrencia de los siguientes elementos (Thomas et al., 2011): 1. Control o deseo de ejercer control sobre una mujer; 2. Sentimiento de vergüenza de un hombre relacionado con su pérdida de control, efectiva o percibida, sobre la conducta de dicha mujer; 3. Implicación familiar o comunitaria en el aumento o tratamiento de dicha vergüenza. En similar sentido, se identifica con cualquier conducta violenta que comparta estos tres elementos (Oberwittler y Kasselt, 2014): 1. La mayoría de víctimas, si bien no todas, son mujeres y niñas que experimentan violencia a manos de sus familiares hombres; 2. La finalidad del delito es el restablecimiento del honor colectivo de la familia o de la comunidad; 3. La familia extensa de quien perpetra el acto violento o la comunidad a la que pertenece el ofensor considera que la conducta constituye una reacción necesaria al quebrantamiento del código de conducta impuesto sobre todo a las mujeres, fundamentalmente en relación con su conducta sexual, que ha propiciado el comportamiento de la víctima. También en parecidos términos, en opinión de Payton (2014), los crímenes de honor comparten tres elementos: 1. Agnación, dado que quienes emplean este tipo de violencia suelen ser integrantes de la familia paterna, aun cuando los maridos y sus respectivas familias puedan también en algunas ocasiones actuar como perpetradores; 2. Colectividad, en el sentido de participación activa o pasiva de distintos miembros de la familia en el recurso a la violencia; 3. Discurso sobre el honor.

Estas conductas hallan fundamento en creencias de tipo social, comunitario, religioso o cultural arraigadas relativas a que los miembros de la familia, sobre todo los varones, tienen la función de controlar la sexualidad y salvaguardar la reputación de las mujeres de su respectivo grupo. Se considera que es en el comportamiento de las mujeres precisamente donde radica el honor familiar (Ashokkumar y Swann, 2023; Bates, 2021; Gorar, 2021; Rigoni, 2023), aunque eventualmente los hombres tampoco escapen a esta práctica (Idriss, 2022). De manera que cuando una mujer transgrede dichas reglas de conducta y, con ese comportamiento, pone en peligro o directamente mancilla el honor familiar, debe castigársela para restaurarlo (Bhanbhro et al., 2016; Ertürk, 2009; Payton, 2014). La forma de hacerlo es mediante el uso de la violencia contra la misma.

En definitiva, en virtud de lo que cabe deducir de la literatura, las características de este tipo de conductas pueden identificarse con las enumeradas a continuación (Bhanbhro et al., 2016):

- Generalmente se producen para preservar normas o tradiciones sociales, culturales o religiosas (HMIC, 2015; Idriss, 2020).
- Reciben apoyo normativo de la respectiva comunidad o grupo (Eisner y Ghuneim, 2013).
- Suelen consistir en conductas cometidas deliberadamente, colectivamente y que resultan condonadas por la co-

munidad (Ashokkumar y Swann, 2022; Bates, 2021; Ertürk, 2009; Payton, 2014; Salter, 2014).

- Acostumbran a implicar a múltiples perpetradores (Bates, 2021; HMIC, 2015; Salter, 2014).
- Normalmente las llevan a cabo los varones de la familia, aunque las mujeres pueden estar involucradas indirecta o activamente, según los casos (Bhanbhro et al., 2016; Eisner y Ghuneim, 2013).
- Se cometen sobre todo contra mujeres y niñas, de manera unidireccional de hombre a mujer. Sin embargo, en algunos casos las víctimas pueden ser varones, sobre todo aquellos que no tienen un comportamiento fiel a las expectativas heteronormativas de comportamiento atribuido a los hombres, aun cuando las dinámicas de mujer ofensora contra hombre víctima no suelen producirse (Alizadeh et al., 2011; Idriss, 2022).

Pese a que conceptualmente se ha avanzado en la descripción de este fenómeno, los datos acerca de la prevalencia de la violencia por causa de honor son bastante escasos incluso en el entorno internacional y comparado. Su práctica ausencia puede tener su origen en diversas causas. Entre ellas, no todos los países tienen legislación específica ni datos policiales que tengan en consideración la comisión de delitos por concurrir motivaciones específicas relacionadas con el honor (Payton, 2014; Rigoni, 2023), pese a que países como el Reino Unido hayan implementado un sistema de señalización de casos de violencia por causa de honor en bases de datos policiales (Aplin, 2022; Bates, 2021; Gill, Cox y Weir, 2018). Junto a esto, en determinados países, cuando alguna de estas conductas violentas llega a conocimiento de la policía, puede que no sea investigada, siendo habitualmente abordada como una cuestión privada, a lo que se suma la habitual reducción de responsabilidad a los perpetradores, que pueden incluso gozar del apoyo de la opinión pública en caso de llegar a ser perseguidos por el recurso a este tipo de violencia (Rigoni, 2023). Además, las víctimas pueden ser reacias a denunciar estos hechos, por miedo a las represalias o por no querer denunciar a sus familiares, lo que se suma a la ausencia de detección policial propiciada por la ausencia de formación de los agentes (HMIC, 2015). Finalmente, que algunos de estos sucesos puedan aparecer enmascarados bajo la apariencia de suicidios o accidentes (Bhanbhro et al., 2016) puede constituir otra razón más para explicar la cifra negra.

Pese a esto, el Fondo de Población Mundial de las Naciones Unidas estimó en 2000 que más de 5.000 mujeres son asesinadas al año en nombre del honor a nivel global, sobre todo en el Medio-Este, el sur de Asia y el norte de África. De ahí que los crímenes de honor estén considerados una de las formas más graves de violencia contra las mujeres basadas en prácticas tradicionales perjudiciales que vulneran gravemente los derechos humanos. Mujeres y profesionales que trabajan en este campo consideran que la cifra puede estar subestimada, afirmando que la real puede ser incluso cuatro veces superior (Bhanbhro et al., 2016), lo que se suma a que una de las razones a que se atribuye el afloramiento de más casos de homicidio por causa de honor entre los años 1989 y 2009 es precisamente su posible incremento (Gregory et al., 2020).

Que el afloramiento de estas conductas va incrementándose con el tiempo, sin que se evidencie que esto responda a un efectivo aumento de su prevalencia, lo ponen de manifiesto las estadísticas que periódicamente publica el Home Office británico sobre crímenes de honor registrados por la policía en Inglaterra y Gales. En la última de estas estadísticas publicadas por el Home Office (2023) se indica que en el año finalizado en marzo de 2023 se han detectado 2.905 casos, lo que supone un incremento el 1% en relación con los detectados en 2022, que fueron 2.871, lo que a su vez supuso un incremento de alrededor del 8% respecto de los detectados en 2021 (2.642), que habían comportado ya un aumento del 18% respecto de los del año anterior. De los 2095 casos detectados en este último informe, 84 se corresponden con mutilaciones genitales femeninas y 172 con matrimonios forados. La mayor parte de ellos, por orden porcentual decreciente, consisten en comportamiento controlador y coercitivo (19%), agresión con y sin lesiones (16% y 12% respectivamente), amenazas de muerte (9%), secuestro (8%), comunicaciones maliciosas, violación a menores de 16 años y stalking (con un 6% de los casos en cada una de las tres conductas), acoso (4%), crueldad contra menores y jóvenes (2%) y temor, alarma o perturbación públicos (1%).

II. EXPRESIONES DE LA VIOLENCIA POR CAUSA DE HONOR

El recurso a la violencia fundamentalmente contra las mujeres por haber quebrantado el código de conducta que pone en entredicho o que directamente atenta contra el honor familiar puede alcanzar diversas intensidades (Cooney, 2014). Las manifestaciones de este tipo de violencia pueden ir desde las más graves -incluyendo comportamientos como los homicidios o asesinatos por honor, las inducciones al suicidio, los ataques con ácido, las mutilaciones genitales o los matrimonios forzados-, hasta manifestaciones más sutiles, que contribuyen también menos llamativamente a encauzar el comportamiento de las mujeres, a limitar sus opciones vitales, como el maltrato continuado u ocasional en el ámbito familiar o el acecho.

Las formas más graves son aquellas a las que se ha prestado más atención académica e institucional. Incluyen atentados contra la vida de las mujeres, como homicidios, asesinatos y suicidios por honor (Begikhani, Gill y Hague, 2015; Beller, Kröger y Hosser, 2021; Dayan, 2021; Gorar, 2022; Reddy, 2014; Villacampa, 2023). Consisten en causar la muerte de una mujer o joven que se percibe que ha traído el deshonor a la familia a causa de su comportamiento inmoral. Generalmente, el asesinato es premeditado y organizado, pudiendo ser el resultado de una decisión colectivamente tomada por parte del consejo familiar, en que además se decide cómo se producirá la muerte. No siempre es una persona externa quien causa la muerte de la mujer que ha deshonrado a la familia, sino que a veces, precisamente para evitar que se responsabilice a terceros de la ejecución material de la muerte, se empuja directamente a la víctima a que sea ella misma quien se quite la vida, hasta el punto de forzarla en algunos casos, dando lugar a lo que se conoce como suicidios por honor (Gorar, 2022).

En otros casos, las conductas violentas más graves atentan contra la vida de los hijos no nacidos de estas mujeres. Así sucede cuando se quiere evitar que nazcan niñas, al considerarse más valiosos los varones, lo que puede dar lugar a abortos selectivos según el sexo del feto, provocando abortos forzados, e incluso al infanticidio de niñas (Rigoni, 2023). Estos abortos forzados pueden también practicarse sobre mujeres que han infringido el código moral establecido porque, por ejemplo, han mantenido relaciones sexuales pre-maritales.

Aunque es la más severa, la producción de la muerte de la víctima no es la forma más habitual de violencia por causa de honor, dado que se objetiva la existencia de otros mecanismos que sirven para prevenir el deshonor y para reaccionar contra la vergüenza causada a la familia o a la comunidad. Entre las formas de prevención, se encuentran todas las intervenciones físicas que pueden comportar una disminución de la lívido de la mujer, lo mismo que las orientadas a enmascarar u ocultar sus atributos físicos para evitar que puedan actuar como reclamo sexual. Las mutilaciones genitales femeninas, en sus diversos grados de acuerdo con la Organización Mundial de la Salud (World Health Organisation, 2022), constituyen una forma drástica de reducir e incluso de hacer desaparecer la lívido de las niñas a quienes se practican (Gorar, 2021). Además de estas, el planchado de pecho (*breast ironing*) conforma una de las herramientas empleadas por ciertas comunidades para hacer desaparecer del cuerpo de las mujeres atributos que pueden actuar como reclamo sexual, pues consisten en golpear repetidamente durante meses los pechos de las muchachas con objetos calientes (piedras, martillos o espátulas) para evitar su normal crecimiento, en ocasiones destruyendo permanentemente el desarrollo natural de los mismos (Gorar, 2021).

Junto a las hasta ahora mencionadas, quizá las manifestaciones más habituales de la violencia por causa de honor que están orientadas tanto a prevenir la ruptura del código de conducta moral que debe ser observado sobre todo por las mujeres como a sancionar las conductas quebrantadoras del mismo, son el comportamiento controlador y los matrimonios forzados. El comportamiento controlador o abusivo, también identificado con la opresión por honor, consiste en la vigilancia estrecha de adolescentes y mujeres jóvenes, evitando que salgan de casa salvo para lo estrictamente necesario (Gorar, 2021; Rigoni, 2023). Los contactos de las mujeres sometidos a este tipo de violencia más sutil con personas ajenas a la familia pueden estar prohibidos, de manera que las chicas pueden fácilmente ser escoltadas a la escuela o al trabajo por padres o hermanos. La ruptura de estas reglas de control estricto puede dar lugar a violencia doméstica -de carácter físico, psicológico, sexual o económico- para forzar el retorno a la conducta decorosa (Rigoni, 2023). Conforme las hijas van haciéndose mayores, la presión de la familia para casarlas con el hombre adecuado -en ocasiones como canal a través del cual se expresa la presión de la comunidad- se va acrecentando. Tal proceso puede dar lugar a los matrimonios forzados, que acostumbran a obedecer más a la dinámica comisiva del precipitado familiar que de la venta directa de hijas (Villacampa y Torres, 2019b), y que son una de las formas de violencia por causa de honor que más protagonismo académico ha ganado en los últimos años, particularmente en el Reino Unido (Chantler, Gangoli y Hester, 2009; Chantler and McCarry, 2020; Gangoli and Chantler, 2009; Gill y Anitha, 2011; Yurdakul y Korteweg, 2013; Villacampa, 2023).

III. FUNDAMENTO Y APROXIMACIÓN TEÓRICA A ESTA FORMA DE VIOLENCIA

Desde un punto de vista teórico, este tipo de violencia, mucho más analizado tanto teórica como empíricamente en el mundo anglosajón y en países del centro y norte europeos -sobre todo Reino Unido, Holanda y Alemania-, se ha abordado de dos formas contrapuestas: la denominada culturalista y la que lo considera una manifestación de la violencia de género. La aproximación culturalista vincula esta violencia con culturas minoritarias en el mundo occidental (Strid, Baianstovu y Enelo, 2021), con prácticas culturales barbáricas que colocan a las mujeres de determinadas culturas minoritarias en posición de ser victimizadas por varones que perpetúan los valores de sociedades patriarcales atribuidos a quienes profesan determinadas religiones y que, por ello, necesitan ser civilizadas y controladas al tiempo de que se rescata a sus víctimas (Bredal, 2014; Gruber, 2011; Korteweg y Yurdakul, 2010; Meetoo y Mirza, 2007; Sedem y Ferrer-Wreder, 2015; Wikström y Ghazinour, 2010). Constituyen discursos aproximativos a la violencia por causa de honor que se han sostenido más en la arena política y en algunos medios de comunicación social que en la academia. Sin embargo, no resultan del todo ajenos a algunas voces del feminismo radical, y en menor medida del feminismo liberal, que han argüido que los delitos de honor constituyen un fenómeno cultural integrado en la sociedad patriarcal propia de grupos de inmigrantes fundamentalistas que difiere de las formas de violencia de género y doméstica producida en Occidente (Chesler, 2009; Lasson, 2008).

Tales visiones, además de ser eurocéntricas, orientalistas y estigmatizadoras de determinadas culturas (Abu-Lughod, 2010; Gill, 2014), han centrado la atención en la respuesta jurídica a la violencia de honor no en las víctimas, sino en la cultura. Precisamente de focalizar la respuesta en la cultura surge el concepto de delitos culturalmente motivados (Cisneros, 2018; Foblets y Renteln, 2009; Laurenzo y Durán, 2014; Ramírez, 2010; Sanz, 2018; Soprano, 2022; Van Broeck, 2001). De manera que la gestión de este tipo de conductas en clave punitivista puede dar lugar a la creación de delitos simbólicos y culpabilizadores de determinadas minorías culturales. Por el contrario, desde posiciones más respetuosas con la diversidad cultural, o multiculturalistas, comporta la propuesta de soluciones jurídicas tendentes a reducir o excluir la responsabilidad penal de quienes cometen este tipo de ofensas, sin tener en cuenta el carácter principalmente atentatorio contra los derechos humanos de los delitos de honor.

Precisamente la voluntad de focalizar la atención prestada a la violencia de honor en su condición de atentado a los derechos de las mujeres explica que el discurso académico mayoritario haya basculado hacia la aproximación a esta realidad como una manifestación de la violencia de género (Begikhani, Gill y Hague, 2015). Desde esta perspectiva, se entiende que debe evitarse estigmatizar a las mujeres migrantes que sufren violencia de honor como víctimas indefensas, tildando a sus familias y a sus comunidades de intrínsecamente violentas y opresivas. Así se defiende en las obras de las más reputadas especialistas en los países donde se ha ahondado en el estudio de esta realidad: sobre todo en el Reino Unido (Begikhani, Gill y Hague, 2015; Chantler y McCarry, 2020; Gill y Anitha, 2011; Gill, 2014; Gorar, 2021; Idriss, 2017), pero también en Alemania (Rigoni, 2023; Yurdakul y Korteweg, 2013, 2020), Holanda (Sanberg y Janssen, 2018; Yurdakul y Korteweg, 2013, 2020) o Suecia (Carbin, 2014; Strid, Baianstovu y Enelo, 2021), además de en Norteamérica (Gill, 2022; Mucina y Jamal, 2021; Olwan, 2021).

Se insiste desde estas posiciones, próximas al feminismo postcolonial, en la conveniencia de superar la mera aproximación patriarcal, para adoptar una perspectiva interseccional. La interseccionalidad (Crenshaw, 1989) tiene en cuenta otras variables que van más allá del binomio sexo-género, como la clase social o la raza, para explicar todas las formas de violencia contra las mujeres, también la de honor, y la forma en que deben afrontarse institucionalmente (Abu Lughod, 2002; Mohanty, 1988; Spivak, 1994). Se indica que las respuestas a esta realidad deben ganar en complejidad, atendiendo a la necesidad de actuar en el ámbito preventivo, además de en el de la protección a las víctimas, evitando recurrir a las políticas de arresto obligatorio, atendiendo a las singularidades culturales que pueden verse reflejadas en ciertas manifestaciones de esta violencia (Merry, 2006; Mir-Hosseini, 2011; Tizro, 2012). De ahí que, partiendo de la consideración de esta violencia como una manifestación de la de género, no se renuncie a incluir al componente cultural en la ecuación. Esto porque se entiende que las especialidades culturales del grupo al que la víctima pertenece deben ser tomadas en consideración, aunque no para estigmatizarla a ella o al propio grupo, sino como una forma de *meaning-making process* (Abji y Korteweg, 2021), atendiendo a esta componente cultural como facilitadora de una comprensión culturalmente sensible y apropiada de esta forma de violencia y de las respuestas para afrontarla.

IV. ABORDAJE NORMATIVO INTERNACIONAL DE LA VIOLENCIA POR CAUSA DE HONOR

La aproximación a la violencia de honor como manifestación de la violencia de género explica que los más recientes instrumentos internacionales que la han abordado, que han contribuido a dar visibilidad a este tipo de violencia, hayan sido los orientados a disciplinar cuestiones relacionadas con la violencia contra las mujeres. El Comité para la Eliminación de la Discriminación contra las Mujeres de Naciones Unidas ha adoptado diversas recomendaciones y ha emprendido iniciativas políticas para impulsar a los estados a luchar contra esta forma de violencia contra las mujeres, comenzando por la

Recomendación n. 19 de la Convención para la Eliminación de todas las Formas de Discriminación de la Mujer (CEDAW) de 1992. La Convención obliga a los estados que la han ratificado a modificar los patrones sociales y culturales que resulten discriminatorios para las mujeres, demandando que se introduzca legislación en los países parte que remueva la defensa por razón de honor en relación con el ataque o la causación de muerte de una miembro de la familia mujer, al considerar que los delitos de honor permanecen sin sancionar en muchos países. Posteriormente, a partir de inicios de los años 2000, Naciones Unidas ha ido emitiendo resoluciones periódicas que, bajo la denominación conjunta "Hacia la eliminación de los delitos de honor cometidos contra las mujeres", tienen como objetivo específico la eliminación de este tipo de delitos. Entre ellas, las resoluciones de la Asamblea General de Naciones Unidas A/RES/55/66, de enero de 2001, A/RES/51/179, de enero de 2003 o A/RES/59/165, de febrero de 2005.

Sin embargo, el organismo supranacional más activo en el reconocimiento de la violencia por causa de honor y regulación ha sido el Consejo de Europa, sobre todo a partir de la aprobación del Convenio del Consejo de Europa sobre prevención y lucha contra la mujer y la violencia doméstica de 2011 (Convenio de Estambul). El mismo adopta una aproximación victimocéntrica frente a la violencia contra las mujeres, la de honor entre ellas, que pretende no solo la persecución de estas conductas, sino sobre todo su prevención y la protección procesal y extraprocesal de las víctimas (Villacampa, 2018a, 2018b). Con todo, en refuerzo de la obligación de incriminar este tipo de conductas contenida en instrumentos *soft law* aprobados por el Consejo durante la primera década del S. XXI -Resoluciones de la Asamblea Parlamentaria 1247 (2001), 1327 (2003), 1681 (2009) y Recomendación 1881 (2009)-, veta la posibilidad de aplicar las defensas culturales que eventualmente puedan introducirse en los derechos penales nacionales a los delitos de honor (arts. 12, pfo. 5, y 42) (Council of Europe, 2011).

En efecto, el art. 12, pfo. 5 del Convenio de Estambul, cuando impone las obligaciones de los Estados parte, aclara que deben asegurarse de que las legislaciones nacionales no contienen provisiones que puedan ser interpretadas como una justificación de la violencia contra las mujeres cometida en nombre de la cultura, costumbre, religión, tradición o del llamado "honor". En el art. 42 enfatiza el deber de los Estados de asegurar que su Derecho penal sustantivo o procesal no contemple justificaciones para los perpetradores que han cometido un acto de violencia orientado a "sancionar a la víctima por haber transgredido normas o costumbres de conducta adecuada culturales, religiosas, sociales o tradiciones". Añade a dicha prohibición que las convicciones personales o las creencias individuales de los actores judiciales no pueden llevar a interpretaciones de la ley que conduzcan a una justificación por ninguna de las razones indicadas. Además, el párrafo segundo del art. 42 dispone que "las partes adoptarán las medidas legislativas o de otro tipo necesarias para que la incitación hecha por cualquier persona a un menor para que cometa cualquiera de los actos mencionados en el apartado 1 no disminuya la responsabilidad penal de dicha persona en relación con los actos cometidos". Con tales disposiciones, el Convenio veta la posibilidad de aplicar defensas culturales que eventualmente puedan introducirse en los Derechos penales nacionales, tal como se ha defendido desde el multiculturalismo, a este tipo de manifestaciones del comportamiento violento. Dicha consecuencia se deduce claramente del *explanatory report* de la Convención (Council of Europe, 2011), que refiere la prohibición a las declaraciones oficiales, informes o proclamaciones que condonen la violencia sobre la base de la cultura, la costumbre, la tradición o el honor y que aclara que nadie puede invocar la supuesta defensa de derechos culturales o religiosos para burlar las prohibiciones contenidas en la Convención

Va incluso más allá que el Convenio de Estambul la ulterior Resolución 2395 (2021) (Villacampa, 2023), que demanda ya directamente incluir el honor como una circunstancia agravante de cualquier tipo de violencia. Con todo, esta norma no renuncia a la aproximación victimocéntrica frente a toda manifestación de la violencia contra las mujeres adoptada por el Convenio de Estambul, expresada a través de los cuatro pilares en los que se asienta, en que la implementación de políticas coordinadas debe garantizar sobre todo la protección de las víctimas, además de la prevención de estas conductas y su persecución. De ahí que, junto a la necesidad de agravación de la responsabilidad penal del ofensor en estos casos, contemple toda una batería de medidas que deben adoptarse para afrontar este tipo de conductas, algunas de las cuales claramente orientadas a la prevención y, sobre todo, a la protección de las víctimas.

En esta misma senda ha incidido la más reciente Directiva (UE) 2024/1385 del Parlamento Europeo y del Consejo, de 14 de mayo de 2024, sobre la lucha contra la violencia contra las mujeres y la violencia doméstica. La misma, adoptando también un enfoque victimocéntrico u holístico para afrontar las diversas expresiones de las violencias contra las mujeres, a imagen y semblanza del adoptado por el Consejo de Europa, insiste ya desde su preámbulo en la necesidad de proteger especialmente a las mujeres que sufren discriminación interseccional, entre las que incluye, entre otras, a mujeres con estatuto o permiso de residencia como persona a cargo, migrantes indocumentadas, solicitantes de protección internacional o mujeres de origen racial o étnico minoritario. Además de incluir en sus arts. 3 y 4 la obligación de incriminar la mutilación genital femenina y el matrimonio forzoso, respectivamente, por parte de los Estados miembros, contempla la obligación de agravar los crímenes de honor. En concreto, en su art. 11.o) se contempla que debe preverse como circunstancia agravante, en relación con los delitos pertinentes a que se refieren los arts. 3 a 8 de la Directiva salvo que sea inherente a dichos delitos, que la intención del delito fuera preservar el llamado "honor" de una persona, una familia, una comunidad u otro colectivo similar. A esta circunstancia agravante se suma la contemplada en el art. 11.p, cuando la intención del delito fuera castigar a la víctima por "su orientación sexual, género, color, religión, origen social o convicciones políticas", que podría servir asimismo para agravar conductas violentas producidas para castigar a la víctima que con su conducta ha mancillado el honor como modo de restablecer dicho honor, no así de preservarlo.

V. AFRONTAMIENTO DE LA VIOLENCIA POR CAUSA DE HONOR EN ESPAÑA

Fruto de estas disposiciones referidas en el anterior epígrafe, sobre todo las procedentes del Consejo de Europa, y de una clara concienciación sobre la existencia de esta realidad en sus fronteras gracias al análisis académico de algunas de sus manifestaciones, países del norte europeo, como el Reino Unido o los Países Bajos, han adoptado un marco jurídico completo para abordar este tipo de violencia (European Parliament, 2015; Haguemann-White, 2014). Otros países del área, como Suecia, Dinamarca, Bélgica o Alemania, han abordado institucionalmente la violencia de honor, incluyéndola entre sus prioridades políticas (European Parliament, 2015; Fresko-Rolfo, 2021).

No ha sido este el caso de España, así como el de otros países del sur de Europa, en que la atención prestada a este tipo de violencia contra las mujeres es claramente menor. Tanto es así que el GREVIO, en la primera evaluación que efectuó en 2020 sobre la implementación del Convenio de Estambul en España, urgió a las autoridades españolas a diseñar y aplicar políticas integrales y holísticas para hacer frente a la violencia contra las mujeres en todas sus formas y manifestaciones, entre ellas, específicamente, los crímenes cometidos con motivo del denominado honor (GREVIO, 2020). Posteriormente, en su segundo informe -primer informe temático- (GREVIO, 2024), indica que las autoridades españolas deben adoptar medidas para que las víctimas de todas las formas de violencia contra las mujeres cubiertas por el Convenio de Estambul, incluyendo la mutilación genital femenina y el matrimonio forzado, tengan acceso efectivo a servicios de atención especializados. Veamos seguidamente dónde estamos y qué queda por hacer en España para afrontar holísticamente esta forma de violencia tanto institucional como normativamente, en cumplimiento de lo demandado sobre todo por la normativa regional europea.

1. Aproximación institucional a la violencia por causa de honor

La violencia de honor no ha sido institucionalmente afrontada en España hasta el momento. No ha sido abordada como categoría en las estrategias nacionales contra la violencia contra las mujeres aprobadas en los últimos años.

La Estrategia Nacional para la erradicación de la violencia contra las mujeres 2013-2016, en aplicación hasta la aprobación de la Estrategia Estatal para combatir las violencias machistas de 22 de noviembre de 2022, no incluyó a la violencia de honor como realidad. Pese a considerarse un instrumento programático comprensivo, que renunciaba a centrarse en la violencia de género dentro de la pareja, no mencionaba a la violencia de honor. Se refería sucintamente a dos concretas manifestaciones de la misma que han despertado algo más de interés en España, los matrimonios forzados y la mutilación genital femenina, junto a la trata para explotación sexual y la violencia sexual, como fenómenos frente a los que debía actuarse.

Un segundo instrumento programático relevante lo constituye el Pacto de Estado contra la violencia de género. Su consecución supuso la aprobación por parte de Congreso y Senado de un paquete de 290 medidas, entre las que se incluían sobre todo medidas de carácter institucional con las que abordar de manera holística todas las violencias contra las mujeres, junto a medidas normativas que no pasaban por la derogación de la Ley Orgánica 1/2004, de 28 de diciembre, de medidas de protección integral contra la violencia de género, sino por su adaptación (Villacampa, 2018a, 2018b), junto a la aprobación de otras normas que protegen sectorialmente a víctimas de determinadas manifestaciones de la violencia de género. La violencia de honor no entraba en el imaginario del legislador español al diseñar el Pacto de Estado, puesto que ninguna de las medidas que prevé, tampoco las de contenido institucional, se refiere específicamente a ella. Es más, las medidas contempladas en el eje 8 del Pacto, referido a la visibilización y atención a otras formas de violencia de género, se orientan a hacer más visibles las violencias sexuales y la trata de mujeres y niñas con fines de explotación sexual, sin efectuar mención alguna a la forma de violencia que aquí nos ocupa.

Un tercer documento relevante para determinar la aproximación institucional a la violencia contra las mujeres en España lo constituye la mencionada la Estrategia Estatal para combatir las violencias machistas 2022-2025. Se trata de un instrumento programático que pretende cumplir las recomendaciones contenidas en el primer informe del GREVIO sobre la implementación del Convenio de Estambul en España. Constituye el instrumento que refleja la estrategia relativa a la planificación y ordenación de las actuaciones integradas en las políticas públicas orientadas a prevenir y combatir todas las violencias contra las mujeres. Que en la Estrategia se indique que se contendrán medidas sobre las diferentes formas de violencia machista, no solo la que tiene lugar sobre la pareja o expareja, e incluso que se declare específicamente que se parte del concepto de violencia contra las mujeres que contempla el art. 3.a) del Convenio de Estambul (Delegación del Gobierno contra la Violencia de Género, 2022), lleva en un primer momento a pensar que puede acabar atendiendo a la necesidad de prever medidas contra la violencia de honor en su conjunto. Sin embargo, una lectura más detenida del documento desvela que desconoce la categoría de los delitos de honor, denominación que tan solo emplea cuando reproduce la designación de instrumentos normativos adoptados por el particular por el Consejo de Europa, pero acerca de la que ni siquiera reflexiona. Ni en la enumeración y descripción que efectúa de la tipología de las violencias machistas se incluye una referencia explícita a este tipo de violencia como conjunto (Delegación del Gobierno contra la Violencia de Género, 2022), ni es atendida como categoría en las medidas de actuación que incorpora. Destacan únicamente de entre las formas de violencia de honor mencionadas los matrimonios forzados y la mutilación genital femenina, añadiendo una breve referencia a los feminicidios por honor que se incluyen únicamente como subespecie del feminicidio familiar, pero no del feminicidio en la pareja o expareja ni del sexual. Salvando las distancias temporales y los avances normativos producidos, las manifestaciones de la violencia machista más allá de la producida en la pareja o expareja a las que este instrumento programático presta particular atención se asemejan a aquellas a las que se circunscribió la Estrategia Nacional 2013-2016 y, posteriormente, el Pacto de Estado. Confiere, así, protagonismo a la violencia sexual y la trata de personas para explotación sexual, a las que suma la violencia digital.

La aprobación de la referida Estrategia Nacional se ha producido una vez que el GREVIO, en su informe sobre la implementación del Convenio de Estambul en España, recordase a las autoridades de este país la necesidad de adoptar una visión más holística de la violencia contra las mujeres y de cumplir con las demandas del Convenio. Sin embargo, en la misma nuevamente parece que la violencia sexual es la protagonista, quedando en un claro segundo plano algunas concretas manifestaciones de la violencia de honor. Con estas salvedades, desde la aprobación del Pacto de Estado ha sido la trata sexual de las mujeres, políticamente muy identificada con la prostitución, la que ha constituido el objetivo institucional prioritario en lo que a la lucha contra la violencia contra las mujeres más allá de la producida en la pareja se refiere.

La nula atención institucional prestada a la violencia de honor contra las mujeres tiene su traslación también en la ausencia de datos sobre esta manifestación de la conducta violenta en España. Ninguno de los organismos que periódicamente recoge datos sobre violencia contra las mujeres se ha ocupado hasta el momento de contabilizar o de describir la violencia de honor, con lo que se desconoce oficialmente la prevalencia y fenomenología de este tipo de conductas. Ni en los boletines estadísticos mensuales y anuales de la Delegación del Gobierno contra la Violencia de Género, que recogen datos de victimización oficial, ni en las macroencuestas de violencia sobre la mujer conducidas por este organismo, siquiera en la última de 2019, que analiza formas de violencia producidas fuera de la pareja, se han incluido datos sobre ninguna de las manifestaciones de violencia de honor mencionadas. Tampoco en los informes estadísticos trimestrales del Observatorio contra la Violencia Doméstica y de Género del CGPJ se incluye referencia alguna a los crímenes de honor. Con todo, en la macroencuesta de 2019 se constata que las mujeres inmigrantes sufren más violencia que las nacidas en España, pues junto a padecer más violencia doméstica, han sido más a menudo víctimas de violencia sexual tanto fuera de la pareja (9,8% vs. 6%) como procedente de familiares hombres que (37,5% vs. 17,6%) que las españolas (Delegación del Gobierno contra la Violencia de Género, 2020).

Los únicos datos con que se cuenta sobre este tipo de violencia proceden de la academia. Pese a que en España, a diferencia de lo sucedido en países como Gran Bretaña, Holanda o los escandinavos, no se ha realizado una aproximación teórica conjunta a este fenómeno criminal como una manifestación de la violencia de género, sino a lo sumo una referencia tangencial a algunas de sus expresiones en el contexto de análisis sobre delincuencia culturalmente motivada tendentes a reducir la responsabilidad penal de sus autores, algunas concretas manifestaciones de la violencia de honor sí han comenzado a ser objeto de atención. Los estudios existentes se han centrado en el análisis de los tipos delictivos incorporados al Código penal español (en adelante, CP), sobre todo la mutilación genital femenina y los matrimonios forzados y ha sido precisamente en estos ámbitos donde se han recabado datos empíricos. Respecto de la mutilación genital femenina, pese a que no existe un estudio sobre victimización propiamente dicho, se ha analizado la incidencia demográfica en España de comunidades donde la misma se practica (Fernández, Portal y Serrano, 2018). El matrimonio forzado se ha estudiado sobre todo tras su incriminación: junto a los datos recopilados por la policía regional catalana, los únicos oficiales con que se cuenta son los que ofrece el CITCO respecto de víctimas de trata de seres humanos para matrimonio forzado, habiendo identificado solo 23 víctimas entre 2016 y 2023, por lo que la información fenomenológica que se tiene procede sobre todo de la academia. La misma ha analizado cuantitativamente la incidencia de esta forma de victimización, los perfiles victimales, la dinámica de comisión y la respuesta institucional (Villacampa, 2019a; Villacampa y Torres, 2019a). Además, se han complementado esos datos cuantitativos con análisis cualitativos conducidos con profesionales concernidos (Villacampa y Torrres, 2019b) y con supervivientes de esta experiencia (Villacampa, 2019a, 2019b)

2. Respuesta jurídica a la violencia por causa de honor

2.1. Respuesta jurídico-penal

En el ordenamiento jurídico español no se ha definido qué se entiende por crímenes de honor ni se han adoptado medidas normativas orientadas a afrontarlos como categoría. Eso no quita que en el Código Penal español no se hayan incriminado en los últimos años algunas conductas delictivas que se han considerado manifestaciones concretas de la violencia de honor, configurando lo que podría identificarse con una respuesta preferentemente penal e incompleta a este fenómeno. Tal es el caso de la inclusión en 2003 de la mutilación genital como lesión cualificada en el art. 149.2 CP o en 2015 del delito de matrimonios forzados en el art. 172 bis CP, entre los delitos contra la libertad de obrar. Ambos tipos delictivos fueron incluidos siguiendo impulsos claramente orientalistas que no han redundado en una mayor y mejor protección jurídico-penal de las víctimas de los crímenes de honor.

La mutilación genital fue específicamente incriminada por la Ley Orgánica 11/2003, de medidas concretas en materia de seguridad ciudadana, violencia doméstica e integración social de los extranjeros, en cuya exposición de motivos se argumenta la necesidad de introducir el precepto para luchar contra determinadas prácticas aberrantes que se vinculan con determinadas culturas. La incorporación de este delito se ha considerado desde la academia como innecesaria, estigmatizadora de determinadas culturas y puramente simbólica (Cisneros, 2021; García, 2017; Sanz, 2018; Torres, 2008). Además, se advierte que la conducta típica está desenfocada, porque no se orienta solo a la mutilación genital femenina, sino a la mutilación que afecte a cualquier sujeto pasivo y con independencia de la gravedad de la lesión producida (García, 2017; Torres, 2008).

Un semejante efecto simbólico, otrizador y culpabilizador de determinadas culturas se ha querido ver también en la incriminación del delito de matrimonio forzado como una forma específica de coacción en el art. 172 bis CP por obra de la Ley Orgánica 1/2015 (Igareda, 2015; De la Cuesta, 2015; Maqueda, 2016; Trapero, 2016; Villacampa, 2018a). En este caso, la innecesariedad del delito se hace todavía más evidente cuando se observa su efecto privilegiante en relación con la posible subsunción de estas conductas en preexistentes crímenes, como el de maltrato habitual en el ámbito familiar, lesiones, o delitos contra la libertad sexual, entre otros (Igareda, 2015; De la Cuesta, 2015; Maqueda, 2016; Trapero, 2016; Torres, 2015; Villacampa, 2018a, 2018b).

Más allá de la previsión específica, más o menos afortunada en términos de adecuación técnica, de estas dos conductas delictivas, no se incluyen especificidades en otras tipologías delictivas incluidas en el CP alusivas a la violencia de honor. Eso no quita que no cupiera aplicar a otras manifestaciones de la conducta violenta por esta causa la circunstancia agravante prevista en el art. 22.4ª CP cuando el delito se haya cometido por razones de discriminación referentes al sexo, orientación o identidad sexual o relativas al género de la víctima. Sin embargo, no se ha constatado que la jurisprudencia haya aplicado esta agravación en tales casos. Más bien lo contrario, pues cabe la tentación de plantear la atenuación de la responsabilidad penal a los autores de estas conductas con base en la circunstancia atenuante de obrar por causas o estímulos tan poderosos que hayan producido arrebato, obcecación u otro estado pasional de entidad semejante (art. 21.3ª CP). Esto sobre todo en atención a que la tendencia mayoritaria de la academia española cuando se ha ocupado de los delitos culturalmente motivados ha consistido precisamente en la búsqueda de mecanismos que permitan excluir o atenuar la responsabilidad de aquellos cuyo comportamiento podría caer en el ámbito de la denominada defensa cultural (Cisneros, 2018; Olaizola, 2018; Soprano, 2022). Es decir, doctrinalmente apenas se ha singularizado el tratamiento normativo a ofrecer a la violencia de honor respecto del que se considera adecuado para la delincuencia culturalmente motivada en general. Esto precisamente porque en España la gestión normativa de la violencia de honor se ha abordado más desde la perspectiva culturalista que desde la de la violencia de género o desde una vertiente siquiera mixta (Laurenzo y Durán, 2014).

2.2. Ausencia de identificación jurídica de la violencia por causa de honor como categoría

En atención a la aproximación victimocéntrica que debe adoptarse para afrontar esta forma de violencia, según el Convenio de Estambul, poco más se ha hecho en el ordenamiento jurídico español al margen del diseño de la incompleta respuesta penal que se ofrece a algunas de sus manifestaciones. En concreto, en relación con la protección de sus víctimas, aspecto sobre el que debe pivotar este tipo de aproximación, la respuesta que ofrece el ordenamiento jurídico español resulta incompleta y asistemática, como se expone a continuación.

2.2.1. Sucesión de normas protectoras

Normativamente, los crímenes de honor no se incluyen como una manifestación específica de la violencia de género en el concepto que de la misma incluye la Ley Orgánica 1/2004. Esta norma adoptó un concepto de violencia de género de contenido muy restringido, que fue pronto criticado por excesivamente limitado por la doctrina (Laurenzo, 2005; Maqueda, 2006) y que la circunscribió a la producida en el ámbito familiar, y ni siquiera a todas sus manifestaciones. Dicha estrechez en el concepto se hizo evidente no solo tras la aprobación del Convenio de Estambul, sino atendiendo a la propia Declaración de Naciones Unidas sobre la eliminación de la violencia contra la mujer de 1993 o a la Recomendación Rec (2002) 5 del Comité de Ministros del Consejo de Europa de protección de las mujeres contra la violencia, que consideraban que la violencia contra la mujer incluía la física, psicológica, sexual o la amenaza de las mismas producida en cualquier contexto, no solo el doméstico, a las que el Convenio de Estambul añadió la violencia económica (Villacampa, 2018a, 2018b).

Debido a la insuficiencia de la Ley Orgánica 1/2004 para afrontar todas las manifestaciones de la violencia de género, se adoptó el Pacto de Estado contra la violencia de género. Esta norma fue modificada en cumplimento de lo dispuesto en el Pacto de Estado ya en 2020 para favorecer la asistencia letrada y la personación de las víctimas en procesos penales por violencia de género, para ampliar los títulos que permiten acreditar la condición de víctima, para hacer compatibles las ayudas que prevé la norma con otro tipo de indemnizaciones y para garantizar la asistencia psicológica a los menores aunque no consientan ambos progenitores si uno de ellos está incurso en un proceso penal por violencia de género, entre otras medidas. Fue nuevamente modificada tras la aprobación de la Ley Orgánica 10/2022, de 6 de septiembre, de garantía integral de la libertad sexual, para acompasar sus disposiciones a las de esta nueva norma protectora sectorial sobre todo en relación con el reconocimiento de los derechos a la asistencia y reparación a las víctimas. Sin embargo, ninguna de ambas reformas ha incorporado a la Ley Orgánica 1/2004 modificación alguna que se refiera específicamente a la violencia de honor, por lo que la protección de sus víctimas conforme a ella se produce en la medida en que la conducta violenta padecida quepa dentro del estrecho concepto de violencia de género que contempla su art. 1. Tampoco existe especificidad alguna en la atención a las mujeres inmigrantes según la Ley Orgánica 1/2004, al margen de la indicación contenida en su art. 18 de que debe garantizarse el derecho a la información también de las mujeres que no entienden el castellano.

Es decir, únicamente las víctimas de violencia de honor que hayan sido victimizadas por sus parejas o exparejas, hayan o no convivido con ellas, gozarán de los derechos reconocidos en el estatuto jurídico de protección reforzado que contempla para las víctimas violencia de género el Título II de la Ley Orgánica 1/2004. Las mujeres que hayan padecido violencia de honor a manos de otros miembros de su familia de origen -padres o hermanos- o de su familia política no gozarán de los derechos que prevé dicho estatuto protector reforzado, que además apenas contempla especificidades para víctimas que puedan tener dificultades de comprensión o acceso a servicios institucionales de protección por razones culturales o lingüísticas. En los demás casos, a salvo de que quepa aplicarles el estatuto protector reforzado de las víctimas de violencias sexuales, estas víctimas gozarán de la protección reconocida a las víctimas de todo delito en la Ley 4/2015, del estatuto de la víctima del delito, además de corresponderles los derechos indemnizatorios contemplados para toda víctima de delito violento en la Ley 35/1995, de ayudas y asistencia a las víctimas de delitos violentos y contra la libertad sexual. Por tanto, la Ley Orgánica 1/2004 confiere protección solo a determinadas víctimas de violencia de honor.

Algo semejante sucede con la ya mencionada Ley Orgánica 10/2022, de garantía integral de la libertad sexual. Constituye una norma con una estructura muy similar a la de la Ley Orgánica 1/2004 que, persiguiendo establecer un estatuto integral protector de las víctimas de violencias sexuales, contempla medidas de prevención, protección y asistencia y persecución de estas conductas, además de la formación y capacitación profesional y otras medidas institucionales. Fue aprobada en ejecución de los compromisos adoptados al aprobarse el Pacto de Estado contra la violencia de género, pero, sobre todo, como reacción normativa al discutido fallo del conocido caso de la Manada por parte de la Audiencia Provincial de Navarra en 2018. Tratándose de una norma más contemporánea que la Ley Orgánica 1/2004, desarrolla mucho más que la misma los derechos de las víctimas integrados en el estatuto protector reforzado que contempla para las que lo han sido de violencias sexuales, en particular los derechos a la asistencia -al que se dedica el Título IV- y a la reparación -al que se dedica el Título VII de la norma-. Sin embargo, en ninguno de estos títulos se atiende a las singularidades de las víctimas que han padecido violencias sexuales relacionadas con la violencia de honor. Más allá de que se garantice el goce de los derechos que la norma contempla a las víctimas en situación administrativa irregular (art. 36) o que se indique la necesidad de hacer accesible la asistencia integral, cuando se precise, mediante servicios de traducción e interpretación (art. 33.1.g), lo mismo que la información (art. 34) entre los servicios de asistencia especializada que contempla el art. 35, no se hace mención a la especialidad de las víctimas de violencia de honor. El precepto prevé centros de crisis 24 horas y servicios de recuperación integral, además de referirse específicamente a servicios especializados de atención a víctimas de trata y explotación sexual y a menores, sin contemplar tampoco aquí especificidad alguna que permita entrever sensibilidad respecto de las posibles diferencias culturales.

Llama la atención la ausencia de consideración explícita a la violencia de honor en una norma mucho más contemporánea que la Ley Orgánica 1/2004, que parece aprobada precisamente para actualizar el estatuto protector de las víctimas de violencia sexual tomando el testigo de la mencionada norma de 2004, y que ha sido aprobada una vez a la violencia de honor se le ha conferido clara visibilidad en el entorno internacional y regional europeo. No solo resulta llamativo su silencio respecto de este fenómeno como categoría, sino que además debe subrayarse que tampoco protege a todas las víctimas de violencia de honor. Al determinar su ámbito de aplicación, el art. 3 Ley Orgánica 10/2022 se refiere a las violencias sexuales, entendidas como cualquier acto de naturaleza sexual no consentido o que condicione el libre desarrollo de la vida sexual en cualquier ámbito público o privado, incluyendo el ámbito digital. Entre dichas violencias incluye el feminicidio sexual, la mutilación genital femenina, los matrimonios forzados y el acoso con connotación sexual. Nuevamente, aun cuando quepa que algunas manifestaciones de la violencia de honor puedan entenderse comprendidas dentro de las violencias sexuales -homicidios o asesinatos por honor solo si caben dentro del concepto de feminicidio por razones sexuales, matrimonio forzado, mutilación genital femenina, acoso por razones de honor-, en cuyo caso dichas víctimas podrían beneficiarse del estatuto jurídico que prevé esta norma, otros casos de violencia de honor caen fuera de los dominios de la misma, de manera que sus víctimas no resultan protegidas por la Ley Orgánica 10/2022. Caen fuera del ámbito aplicativo de esta ley, al menos, los suicidios por honor, los abortos forzados por la misma causa, intervenciones físicas para enmascarar atributos sexuales -como el planchado de pecho-, el comportamiento controlador u opresión por honor, salvo cuando algunas de estas conductas puedan considerarse acoso con connotación sexual, el enclaustramiento y la violencia doméstica. Así pues, tampoco todas las víctimas de violencia de honor pueden gozar de los derechos que integran el estatuto jurídico reforzado contemplado por la Ley Orgánica 10/2022.

2.2.2. Sectorialización normativa en la protección de las víctimas de violencia de honor

En definitiva, la violencia de honor contra las mujeres carece de reconocimiento legislativo en España. En un contexto normativo como el actual, en que parece caminamos hacia la sectorialización del reconocimiento de estatutos jurídicos victimales, dichas mujeres podrán beneficiarse de los estatutos jurídicos específicos y reforzados que contemplan las Leyes Orgánicas 1/2004 y 10/2022 siempre que la conducta violenta padecida pueda ser considerada como violencia de género o como violencia sexual, respectivamente. En otro caso, salvo que sean menores a los que pueda aplicarse un tercer estatuto de protección reforzado de las víctimas – el propio de la Ley Orgánica 8/2021, de protección integral de la infancia y la adolescencia frente a la violencia-, les serán aplicables solo las medidas comunes de protección contempladas para todas las víctimas del delito en la Ley 4/2015, del estatuto de la víctima, o la Ley 35/1995, de ayudas y asistencia a las víctimas de delitos violentos y contra la libertad sexual.

El panorama normativo descrito lleva a concluir, en lo que al abordaje normativo de la violencia de honor en España se refiere, que aspectos que precisan normarse para la asunción de un paradigma victimocéntrico en relación con esta realidad, sobre todo el de la protección de las víctimas, tampoco han sido adecuadamente abordados. No existe un tratamiento normativo unitario del estatuto protector de las víctimas de delitos que eventualmente pudiera reforzarse en función de las necesidades de protección de determinadas víctimas. Lo que tenemos es un abordaje legislativo sectorializado en función de las características de las víctimas o del tipo de delito padecido que delinea estatutos reforzados de protección -para víctimas de violencia de género, sexual y menores- ninguno de los cuales es enteramente aplicable a las víctimas de violencia de honor, con la consiguiente ausencia de homogeneidad en su estatuto protector. De esto se sigue que a las víctimas de violencia de honor pueden aplicárseles al menos los tres siguientes distintos estatutos jurídicos, que deben necesariamente cohonestarse con lo dispuesto en la Ley Orgánica 8/2021 cuando las víctimas son menores de edad: 1) el básico reconocido a toda víctima del delito en la Ley 4/2015, del estatuto de la víctima del delito, -considerándola eventualmente víctima con necesidades especiales de protección- y la ley 35/95, de indemnización y asistencia a víctimas de delitos violentos y contra la libertad sexual; 2) el reforzado que contempla la Ley Orgánica 1/2004 en caso de poder ser considerada víctima de violencia de género conforme a esta norma; y 3) el todavía más reforzado de la Ley Orgánica 10/2022, en caso de ser considerada víctima de violencia sexual.

Tal sectorialización normativa provoca la existencia de un umbral protector desigual para las víctimas de violencia de honor que no siempre se corresponde con la gravedad en términos del grado de afectación a sus derechos fundamentales de las conductas a las que son sometidas. Así, por ejemplo, a una víctima de acoso con connotación de género por causa de honor pueden reconocérsele los derechos incluidos en la Ley Orgánica 10/2022, entre ellos un derecho a la reparación reforzado que puede llegar hasta el punto de que se le reconozcan plurales fuentes de indemnización pública, incluyendo la posibilidad de acceder a un fondo dotado con cargo a bienes decomisados a personas condenadas, lo mismo que se reconocería a la víctima de un homicidio/asesinato por causa de honor o de un matrimonio forzado. Por el contrario, la víctima mayor de edad de un aborto forzado por causa de honor que ha sido obligada a someterse al mismo por parte de sus padres -por ejemplo, para evitar que se conozca en la comunidad que ha mantenido relaciones sexuales prematrimoniales- solamente podría gozar de los derechos incluidos en el estatuto básico de protección victimal, tanto en la Ley 4/2015 como en la Ley 35/1995. Esto supone, en términos indemnizatorios, que sólo puede percibir indemnización vía responsabilidad civil derivada del delito, a no ser que la práctica del aborto le haya causado lesiones que hayan comportado los grados de incapacidad temporal o definitiva que contempla la Ley 35/1995. Si, por el contrario, el aborto forzado es impuesto a una mujer casada por su esposo para ocultar el adulterio de esta, estaremos frente a un supuesto de violencia de género. En este caso, a la víctima se le reconocerán los derechos de contenido económico que contempla la Ley Orgánica 1/2004, entre ellos la posibilidad de multiplicidades indemnizatorias con cargo a fondos públicos, aun cuando sin acceso al fondo de bienes decomisados, que se reserva a las víctimas de violencias sexuales.

No solo en cuestión indemnizatoria se observan estas diferencias. También en aspectos como las posibilidades de obtener residencia legal en España por razones humanitarias es relevante que a las víctimas pueda aplicárseles uno u otro estatuto protector. Así, tanto a la víctima de acoso con connotación sexual por razón de honor como a la de aborto forzado impuesto por el esposo se les reconocería el régimen más benigno de obtención de permiso de residencia y trabajo por circunstancias excepcionales que contempla el art. 31 bis Ley Orgánica 4/2000, de protección de los derechos y libertades de los extranjeros en España. No así a la mujer obligada a abortar por sus progenitores, que no tendría más remedio que acudir al régimen general de obtención de permiso de residencia y trabajo para regularizar su situación residencial en España.

Además, la aprobación de estos estatutos protectores reforzados relativos a la violencia contra la mujer ha comportado la discutible prohibición del recurso a la mediación en cualquier supuesto de violencia de género -art. 44 Ley Orgánica 1/2004- y de violencia sexual -Disposición final duocédima de la Ley Orgánica 10/2022-. Esto implica que en los supuestos de violencia de honor a los que se apliquen tales estatutos no cabrá el recurso a mecanismos de justicia restaurativa, que sí podrán ensayarse en los demás casos. No podrá acudirse, pues, a la mediación o a otros mecanismos de justicia restaurativa en el caso del acoso con connotación de género por honor ni en el del aborto forzado impuesto por el esposo, pero sí en el aborto forzado impuesto por los progenitores.

Tales diferencias en el estatuto jurídico protector de las víctimas de delitos de honor derivadas de la ausencia de tratamiento jurídico unitario de esta realidad no se justifican en atención a la entidad del atentado producido a los derechos fundamentales de las víctimas. Tampoco resultan acordes con una respuesta jurídica a la violencia de honor como la propuesta desde la perspectiva de la violencia de género que atienda a la cultura como *meaning-making process.*

VI. REFLEXIONES CONCLUSIVAS

La violencia por causa de honor constituye una de las manifestaciones de la violencia contra las mujeres acerca de la que todavía se conocen pocos datos y que puede adoptar distintas expresiones. Como cualquier forma de violencia contra las mujeres, de acuerdo con el Convenio de Estambul, y la posterior Directiva (UE) 2024/1385, los Estados parte deben afrontarla holísticamente, no solo persiguiendo estas conductas, sino sobre todo protegiendo a sus víctimas y previniendo su producción mediante la actuación de políticas coordinadas. Precisamente en atención a la necesidad de adoptar un enfoque integral para luchar contra la violencia de honor, la aproximación a esta realidad que tenga en cuenta las especificidades culturales de las víctimas debería ser asumida no para culpabilizar y estigmatizar a determinadas culturas, como puede haberse preconizado partiendo de fundamentos netamente culturalistas, sino para buscar respuestas jurídicas a este fenómeno que puedan aspirar a adquirir verdadero significado en las comunidades a que se aplican. Debería conducir a ofrecer respuestas institucionales que, siendo capaces de proteger a las víctimas, no acaben siendo consideradas como una imposición de Occidente.

La toma de consciencia sobre la existencia de manifestaciones de la violencia de honor producida en países del primer mundo y su reflejo en instrumentos normativos internacionales ha conducido a algunos países de Europa central y del norte a adoptar aproximaciones normativas e institucionales focalizadas en este tipo de violencia. No ha sido este el caso de España, donde la violencia de honor como manifestación de la violencia contra las mujeres constituye una realidad a la que se ha prestado todavía escasa atención normativa, institucional y académica, como sucede en otros países del sur de Europa.

En nuestro país, si bien normativamente se han incriminado algunas manifestaciones de la violencia de honor -la mutilación genital y los matrimonios forzados-, la perspectiva adoptada es claramente culturalista. Esto, de un lado, se traduce en la previsión de tipos delictivos simbólicos, estigmatizadores de determinadas culturas y en ocasiones incluso privilegiantes. De otro lado, comporta que se haya analizado la razón cultural únicamente en términos de exclusión o reducción de la responsabilidad penal, no como motivo de agravación, como resultaría lógico partiendo de una aproximación a estas conductas desde la perspectiva de género. Normativamente, tampoco la prevención de estas conductas ni la protección de sus víctimas se abordan como categoría unitaria, debiendo acudirse a distintos estatutos jurídicos -los correspondientes a las víctimas de delitos en general, a las de la violencia de género o a las de las violencias sexuales- en función de la concreta manifestación de la violencia de honor padecida para desentrañar las medidas preventivas y protectoras aplicables.

Institucionalmente, más allá de la adopción del Protocolo común para la actuación sanitaria ante la mutilación genital femenina de 2015, ni el Pacto de Estado contra la violencia de género de 2017 ni la Estrategia Estatal para combatir las violencias machistas 2022-2025 sientan las bases de una aproximación conjunta a estas conductas, pese al toque de atención del GREVIO en su primer informe sobre España en el año 2020 y las referencias a la necesidad de proveer acceso efectivo a atención especializada a estas víctimas en el informe temático de 2024. Dicha falta de atención se constata también en la ausencia de datos oficiales sobre esta forma de violencia, al margen de algunos aportados por la academia.

Con todo, las escasas evidencias académicas demuestran que este tipo de conductas tienen también lugar en España y que pueden estar produciéndose igualmente en otros países de la Europa mediterránea. Esto pone de manifiesto la necesidad del estudio fenomenológico global de la violencia de honor, no solo de sus formas más graves, como una manifestación de la violencia de género y muestra que se precisa el análisis sistemático de las respuestas jurídicas e institucionales más adecuadas para abordarla desde una perspectiva victimocéntrica.

BIBLIOGRAFÍA

Abji, S. y Korteweg, A. (2021): "Honour"-Based Violence and the Politics of Culture in Canada: Advancing a Cultural Analysis of Multiscalar Violence, *International Journal of Child, Youth and Family Studies,* n. 12 (1), pp. 73-92.

Abu-Lughod, L. (2011): "Seductions of the Honor Crime", *Difference,* n. 104 (1): 17-63.

Alizadeh, V., Hylander, I., Kocturk, T. y Törnkvist, L. (2011): "Counselling Teenage Girls on Problems Related to the "protection of family honour" from the Perspective of School Nurses and Counsellors", *Health and Social Care in the Community,* Vol. 19, pp. 476-484.

Aplin, R. (2022): "Evaluating the value of the police Independent Advisory Group (IAG): Honour Based Abuse Crime (HBA), Forced Marriage (FM) and Female Genital Mutilation (FGM)", *Women's Studies International Forum,* Vol. 90, pp. 1-10.

Ashokkumar, A. y Swann, W.B. (2023): "Restoring Honor by Slapping or Disowning the Daughter", *Personality and Social Psychology Bulletin,* n. 49 (6), pp. 823-836.

Bates, L. (2021): "Honor-Based Abuse in England and Wales: Who does What to Whom?", *Violence Against Women* 27 (10): 1774-1795.

Begikhani, N., Gill, A.K. y Hague, G. (2015): *Honour-Based Violence. Experiences and Counter-Strategies in Iraqi Kurdistan and the UK Kurdish Diaspora,* Farnham: Ashgate.

Beller, J., Kröger, C. y Hosser, D. (2021): "Disentangling Honor-Based Violence and Religion: The Differential Influence of Individual and Social Religious Practices and Fundamentalism on Support Honor Killings in a Cross-National Sample of Muslims", *Journal of Interpersonal Violence,* n. 36 (19-20), pp. 9770-9789.

Bhanbhro, S., Lusambili, A. y Cronin de Chavez, A. (2016): "Honour based violence as public health problem: a critical review of literature", *International Journal of Human Rights in Healthcare,* pp. 198-215.

Bredal, A. (2014): "Ordinary v. Other Violence? Conceptualising Honour-Based Violence in Scandinavian Public Policies", en Gill, A.K, Strange, C. y Roberts, K. (eds.), *'Honour' Killing and Violence. Theory, Policy and Practice,* London: Palgrave Macmillan, pp. 135-155.

Carbin, M. (2014): "The requirement to speak: Victim stories in Swedish policies against honour-related violence", *Women's Studies International Forum,* n. 46, pp. 107-114.

Chantler, K., y McCarry, M. (2020): "Forced Marriage, Coercive Control, and Conducive Contexts: The Experiences of Women in Scotland", *Violence Against Women*, n. 26 (1), pp. 89-109.

Chantler, K., Gangoli, G. y Hester, M. (2009): "Forced marriage in the UK: Religious, cultural, economic or state violence?", *Critical Social Policy*, n. 29 (4), pp. 587-612.

Chesler, P. (2009): "Are Honour Killings Simply Domestic Violence?", *Middle East Quarterly*, pp. 61-69.

Cisneros, F. (2018): *Derecho Penal y diversidad cultural,*Valencia: Tirant lo Blanch.

Cisneros, F. (2021): "Cuando la cultura se torna violencia: el Derecho penal ante las mutilaciones genitales femeninas", *Revista Electrónica de Estudios Penales y de la Seguridad*, n.7, pp. 1-18.

Cooney, M. (2014): Death by family: Honour violence as punishment, *Punishment and Society*, n. 16 (4), pp. 406-427.

Council of Europe (2011): *Explanatory Report to the Council of Europe Convention on preventing and combating violence against women and domestic violence. Council of Europe Treaties Series*, n. 210. Accesible en: https://rm.coe.int/1680a48903.

Crenshaw, K. (1989): "Demarginalizing the Intersection of Race and Sex: A Black Feminist Critique of the Antidiscrimination Doctrine, Feminist Theory and Antiracist Politics", *The University of Chicago Legal Forum*, n. 1989 (1), pp. 139-167.

Dayan, H. (2021): "Female Honor Killing: The Role of Low Socio-Economic Status and Rapid Modernization", *Journal of Interpersonal Violence*, n. 36 (19-20), pp. 10393-10410.

De la Cuesta, P.M. (2015): "El delito de matrimonio forzado", en Quintero Olivares, G. (dir), *Comentario a la Reforma Penal de* 2015, Cizur Menor: Aranzadi, pp. 365-378.

Delegación del Gobierno contra la Violencia de Género (2020): *Resumen ejecutivo de la Macroencuesta de Violencia contra la Mujer 2019.* Accesible en: https://violenciagenero.igualdad.gob.es/violenciaEnCifras/macroencuesta2015/Macroencuesta2019/home.htm.

Delegación del Gobierno contra la Violencia de Género (2022): *Estrategia Estatal para combatir las violencias machistas 2022-2025.* Accesible en: https://violenciagenero.igualdad.gob.es/planActuacion/estrategiasEstatales/combatirViolenciaMachista/docs/EEVM_22-25.pdf.

Dorjee, T., Baig, N. y Ting-Toomey, S. (2013): "A social ecological perspective on understanding "Honour Killing": An intercultural moral dilemma", *Journal of Intercultural Communication Research*, n. 42 (1), pp. 1-21.

Eisner, M., y Ghuneim, L. (2013): "Honour killing attitudes amongst adolescents in Amman, Jordan", *Aggressive Behaviour*, n. 39 (5), pp. 405-417.

Ertürk, Y. (2009): "Towards a Post-Patriarchal Gender Order: Confronting the Universality and the Particularity of Violence Against Women", *Sociologisk Forskning*, n. 46 (4), pp. 61-70.

European Parliament (2015): *Combating "Honour" Crimes in the EU, Briefing*, December. Accesible en: https://www.europarl.europa.eu/RegData/etudes/BRIE/2015/573877/EPRS_BRI(2015)573877_EN.pdf.

Fernández, P., Portal, E. y Serrano, J.M. (2018): *La mutilación genital femenina en España: contexto, protección e intervención para su eliminación*, Madrid: Dykinson.

Foblets, M. C. y Renteln, A.D. (eds) (2009): *Multicultural Jurisprudence: Comparative Perspectives on the Cultural Defense*, Oxford: Hart Publishing.

Fresko-Rolfo, B. (2021): *Strengthening the fight against so-called "honour" crimes. Doc. 15347, Parlamentary Assembly, Council of Europe.* Accesible en: https://pace.coe.int/en/files/29225.

Gangoli, G. y Chantler, K. (2009): "Protecting Victims of Forced Marriage: Is Age a Protective Factor?", *Feminist Legal Studies*, n. 17, pp. 267-288.

García, T. (2017): "El delito de mutilación genital femenina", *La Ley penal: revista de Derecho penal, procesal y penitenciario*, n. 125, pp. 1-7.

Gill, A. K. (2011): "Reconfiguring "honour"-based violence as a form of gendered violence", en Idriss, M.M. y Abbas, T. (eds.), *Honour, Violence, Women and Islam*, Oxon, New York: Routledge, pp. 218-231.

Gill, A. K. (2014): "Introduction: 'Honour' and 'Honour'-Based Violence: Challenging Common Assumptions", en Gill, A.K, Strange, C. y Roberts, K (eds.), *'Honour' Killing and Violence. Theory, Policy and Practice*, London: Palgrave Macmillan, pp. 1-23.

Gill, A. K., y Anitha, S. (eds) (2011): *Forced Marriage: Introducing a Social Justice and Human Rights Perspective*, London: Zed Books.

Gill, A. K., Cox, P. y Weir, R. (2018): "Shaping Priority Services for UK Victims of Honour-Based Violence/Abuse, Forced Marriage, and Female Genital Mutilation", *The Howard Journal of Crime and Justice*, Vol. 57, No. 4, pp. 576-595.

Gill, J. K. (2022): "Problematizing "Honour Crimes" within the Canadian Context: A Postcolonial Feminist Analysis of Popular Media and Political Discourses", *Societies*, n. 12 (2), pp. 62-84.

Gorar, M. (2021): *Honour Based Crimes and the Law. Defining the Limits of Honour Based Violence and Abuse*, London, New York: Routledge.

Gorar, M. (2022): Honour Suicide and Forced Suicide in the UK, *The Journal of Criminal Law*, n. 85 (5), pp. 308-326.

Gregory, G.A., Fox, J. y Howard, B. K. (2020): "Honour-based violence: awareness and recognition", *Pediatrics and Child Health*, Vol. 30, No. 11, pp. 365-370.

GREVIO. (2020): *Baseline Evaluation Report. Spain.* Council of Europe. Accesible en: https://rm.coe.int/grevio-s-report-on-spain/1680a08a9f.

GREVIO (2024): *First thematic evaluation report. Building trust by delivering support, protection and justice. Spain.* Strasbourg: Council of Europe. Accesible en: https://www.coe.int/en/web/istanbul-convention/-/grevio-publishes-its-first-thematic-report-on-spain.

Gruber, S. (2011): "In the Name of Action Against "Honour-Related" Violence", *Nordic Journal of Migration Research*, n. 1 (3), pp. 126-136.

Haguemann-White, C. (2014): *Analytical Study of the Results of the Fourth Round of Monitoring the Implementation of Recommendation Rec(2002)5 on the Protection of Women against Violence in Council of Europe member states.* Gender Equality Commission, Council of Europe. Accessible en: https://rm.coe.int/CoERMPublicCommonSearchServices/DisplayDCTMContent?documentId=09000016805915e9.

Her Majesty's Inspectorate of Constabulary (HMIC) (2015): *The depths of dishonour: hidden voices and shameful crimes. An inspection of the police response to honour-based violence, forced marriage and female genital mutilation.* Accesible en: https://www.justiceinspectorates.gov.uk/hmicfrs/wp-content/uploads/the-depths-of-dishonour.pdf.

Home Office (2023): *Statistics on so called 'honour-based' abuse offences, England and Wales, 2022 to 2023*, Published 19 October 2023. Accesible en: https://www.gov.uk/government/statistics/so-called-honour-based-abuse-offences-2022-to-2023/5117ed88-dd93-4f1c-a7b9-ce3e26006846.

Idriss, M.M. (2020): ""The Mosques Are the Biggest Problem We've Got Right Now": Key Agent and Survivor Accounts of Engaging Mosques With Domestic and Honour-Based Violence in the United Kingdom", *Journal of Interpersonal Violence*, Vol. 35, No. 13-14, pp. 2464-2491.

Idriss, M. M. (2017). "Not domestic violence or cultural tradition: Is honour-based violence distinct from domestic violence?", *Journal of Social Welfare & Family Law*, n. 39, pp. 3-21.

Idriss, M. M. (2022): "Abused by the Patriarchy: Male Victims, Masculinity, "Honor"- Based Abuse and Forced Marriages", *Journal of Interpersonal Violence*, n. 37 (13-14), pp. 1-28.

Igareda, N. (2015): "Matrimonios forzados: ¿otra oportunidad para el derecho penal simbólico?", *InDret*, n. 1 (2015), pp. 1-19.

Korteweg, A. C., y Yurdakul, G. (2010): *Religion, culture and the politization of honour-based violence. A Critical Analysis of Media and Policy Debates in Western Europe and North America.* Gender and Development, Program paper number 12, United Nations Research Institute for Social Development. Accesible en: https://www.files.ethz.ch/isn/124186/2010_No12_KortewegYurdaku.pdf.

Lasson, K. (2008): "Bloodstains on a Code of Honour: The Murderous Marginalization of Women in the Islamic World", *Women's Rights Law Reporter*, Vol. 30, pp. 407-441.

Laurenzo, P. y Durán, R. (eds) (2014): *Diversidad cultural, género y derecho,* Valencia: Tirant lo Blanch.

Laurenzo, P. (2005): "La violencia de género en la Ley integral. Valoración político-criminal", *Revista Electrónica de Ciencia Penal y Criminología*, n. 07-08, pp. 1-23.

Maqueda, M. L. (2016): "El hábito de legislar sin ton ni son. Una lectura feminista de la reforma penal de 2015", *Cuadernos de Política Criminal*, n. 118, pp. 5- 42.

Maqueda, M. L. (2006): "La violencia de género. Entre el concepto jurídico y la realidad social", *Revista Electrónica de Ciencia Penal y Criminología*, n. 08-02, pp. 1-13.

Meetoo, V. y Mirza, H.S. (2007): "There is Nothing 'Honourable' About Honour Killings": Gender, Violence And The Limits of Multiculturalism", *Women's Studies International Forum*, n. 30 (3), pp. 187- 200.

Merry, S. E. (2006): "Human Rights and Transnational Culture: Regulating Gender Violence Through Global Law", *Osgoode Hall Law Journal*, n. 44, pp. 53-76.

Mir-Hosseini, Z. (2011): "Criminalising Sexuality: Zina Laws as Violence Against Women in Muslim Contexts", *Sur-International Journal on Human Rights*, n. 8 (15), pp. 1-41.

Mohanty, C. T. (1988): "Under Western Eyes. Feminist scholarship and colonial discourse", *Feminist Review*, n. 30, pp. 61-88.

Mucina, M. K. y Jamal, A. (2021): "Introduction to Special Issue: Assimilation, Interrupted: Transforming Discourses of Culture- and Honour-Based Violence in Canada", *International Journal of Child, Youth and Family Studies*, n. 12 (1), pp. 1-12.

Oberwittler, D. y Kasselt, J. (2014): "Honour Killings", en Gartner, R. y McCarthy, B. (eds.), *The Oxford Handbook of Gender, Sex and Crime*, Oxford: Oxford University Press, pp. 652-660.

Olaizola, I. (2018): "La relevancia de la motivación cultural en el Código Penal", *Revista Electrónica de Ciencia Penal y Criminología*, n. 20-03, pp. 1-30.

Olwan, D. M. (2021): *Gender Violence and the Transnational Politics of the Honor Crime*, Columbus: The Ohio State University Press.

Payton, J. (2014): ""Honour", Collectivity and Agnation: Emerging Risk Factors in "Honour"-based Violence", *Journal of Interpersonal Violence*, n. 29 (16), pp. 2863-2883.

Ramírez, L. F. (2010): *Cultural Issues in Criminal Defence*, New York: Juris Publishing.

Reddy, R. (2014): "Domestic Violence or Cultural Tradition? Approaches to Honour Killings as Species and Subespecies in English Legal Practice", en Gill, A.K., Strange, C.y Roberts, K. (eds.), *'Honour' Killing and Violence. Theory, Policy and Practice*, London: Palgrave Macmillan, pp. 27-45.

Rigoni, C. (2023): *Honour-Based Violence and Forced Marriages. Community and Restorative Practices in Europe*, London, New York: Routledge.

Salter, M. (2014): "Multi-perpetrator domestic violence", *Trauma, Violence and Abuse*, Vol. 15, No. 2, pp. 102-112.

Sanberg, R. y Janssen, J. (2018): "The spectacle of the feminine Other: Reading migrant women's autobiographies about honour-based violence", *Women's Studies International Forum*, n. 68, pp. 55-64.

Sanz, N. (2018): *Delitos culturalmente motivados*, Valencia: Tirant lo Blanch.

Sedem, M. y Ferrer-Wreder, L.N. (2015): "Fear of the Loss of Honor: Implications of Honor-Based Violence for the Development of Youth and Their Families", *Child Youth Care Forum*, n. 44 (2), pp. 225-237.

Soprano, M. M. (2022): *Delitos culturalmente motivados. La incertidumbre del Derecho penal ante la multiculturalidad*, Montevideo, Buenos Aires: B de F.

Spivak, G. C. (1994): "Can the subaltern speak?", en Williams, P. y Chrisman, L. (eds.), *Colonial discourse and post-colonial theory: A reader*, New York: Columbia University Press, pp. 66-111.

Strid, S., Baianstovu, R. í., y Enelo, J. M. (2021): "Inequalities, isolation, and intersectionality: A quantitative study of honour-based violence among girls and boys in metropolitan Sweden", *Women's Studies International Forum*, n. 88, pp. 1-9.

Tizro, Z. (2012): *Domestic Violence in Iran. Women, marriage and Islam*, London, New York: Routledge.

Thomas, C., Park, R., Ellingen, M., Ellison, M.C., Menanteau, B. y Young., L. (2011): *Developing Legislation on Violence against Women and Girls*, UNIFEM y The Advocates for Human Rights, 2011. Accesible en: https://endvawnow.org/en/articles/731-defining-honourcrimes-and-honour-killings.html.

Torres, M. E. (2008): "La mutilación genital femenina: un delito culturalmente condicionado", *Cuadernos Electrónicos de Filosofía del Derecho*, n. 17, pp. 1-21.

Torres, N. (2015): "Matrimonio forzado: aproximación fenomenológica y análisis de los procesos de incriminación", *Estudios Penales y Criminológicos*, n. 35, pp. 831-917.

Trapero, M. A. (2016): *Matrimonios ilegales y Derecho penal*, Valencia: Tirant lo Blanch.

Van Broeck, J. (2001): Cultural Defence and Culturally Motivated Crimes (Cultural Offences), *European Journal of Crime, Criminal Law and Criminal Justice*, n. 9 (1), pp. 1-32.

Villacampa, C. (2018a): *Política criminal española en materia de violencia de género. Valoración crítica*, Valencia: Tirant lo Blanch.

Villacampa, C. (2018b): "Pacto de Estado en materia de violencia de género: ¿más de lo mismo?", *Revista Electrónica de Ciencia Penal y Criminología*, n. 20-04, pp. 1-38.

Villacampa, C. (Coord.) (2019a): *Matrimonios forzados. Análisis jurídico y empírico en clave victimológica*, Valencia: Tirant lo Blanch.

Villacampa, C. (2019b): "Aproximación al matrimonio forzado desde la óptica de las víctimas", *e-Eguzkilore: Revista Electrónica de Ciencias Criminológicas*, n. 4, pp. 1-38.

Villacampa, C. (2023): "La violencia contra las mujeres por honor y su tratamiento jurídico en España", *Estudios Penales y Criminológicos*, n. 43, pp. 138-181.

Villacampa, C. y Torres, N. (2019a): "El matrimonio forzado en España. Una aproximación empírica", *Revista Española de Investigación Criminológica: REIC*, n. 17, pp. 1-32.

Villacampa, C. y Torres, N. (2019b): "Matrimonio forzado y su tratamiento institucional: visión profesional y victimal", *Revista General de Derecho Penal*, n. 32, pp. 1-63.

Wikström, E. y Ghazinour, M. (2010): "Swedish experience of sheltered housing and conflicting theories in use with special regards to honour related violence (HRV)", *European Journal of Social Work* , n. 13 (2), pp. 245-259.

World Health Organisation (2022): "Female Genital Mutilation", *Fact Sheet*, No. 241. Accesible en: https://www.who.int/news-room/fact-sheets/detail/female-genital-mutilation.

Yurdakul, G. y Korteweg, A.C. (2013). "Gender equality and immigrant integration: Honor killing and forced marriage debates in the Netherlands, Germany, and Britain", *Women's Studies International Forum*, n. 41, pp. 204-214.

Yurdakul, G. y Korteweg, A. C. (2020): "State Responsibility and Differential Inclusion: Addressing Honor-Based Violence in the Netherlands and Germany", *Social Politics*, n. 27 (2), pp. 187-211.

Capítulo XVIII.

Apuntes sobre la protección procesal de las víctimas de delitos de honor[*]

ANDREA PLANCHADELL-GARGALLO
Catedrática de Derecho Procesal
Universitat Jaume I

I. PRESENTACIÓN

En las Jornadas en que se encuadra esta publicación, celebradas con motivo de los 20 años de la aprobación de la Ley Orgánica 1/2004, de 28 de diciembre, de Medidas de Protección Integral contra la Violencia de Género, se ha evidenciado que no son pocas las manifestaciones de esta lacra que quedan por abordar. De hecho, el pasado mes de mayo se aprobó la Directiva (UE) 2024/1385 del Parlamento Europeo y del Con-

* Trabajo publicado en el marco del Proyecto titulado "Los crímenes de honor como violencia de género: delineamiento de un estatuto jurídico-asistencial protector en España (HONGEN)", Ministerio de Ciencia e Innovación (PID2022-136879NB-I00).

sejo, de 14 de mayo de 2024, sobre la lucha contra la violencia contra las mujeres y la violencia doméstica. Pues bien, una de las manifestaciones de esa violencia de género que requiere de especial atención, pues no la ha tenido hasta ahora, es la referida a los crímenes de honor o delitos por honor.

Si hacemos una sencilla búsqueda en cualquier buscador del término "honour crimes", nos encontramos con más de 100 resultados concretos en que se narra, principalmente, asesinatos de mujeres y niñas a manos de familiares o personas próximas a su círculo familiar por motivos relacionados con el deshonor o vergüenza que el comportamiento de las víctimas les ha ocasionado. Aunque estas noticias nos dejan la impresión de que estamos ante una triste realidad que sólo ocurre en determinados países de Oriente Medio o África, no debería sorprendernos que una búsqueda algo más concreta nos presente una realidad más global, a la que los países del entorno europeo no son ajenos[1]; por ejemplo, *The Guardian* indica en un artículo de abril de 2023 que los delitos de honor han sufrido en general un aumento del 60% en dos años[2].

También la falsa ficción se ha ocupado del tema como nos muestra el documental "Honour" de Netflix sobre el asesinato de

---

1 Así lo advertía ya la Asamblea General del Consejo de Europa en un informe de 2009 "En los países occidentales, solía tenderse a pensar que los llamados "crímenes de honor" ocurrían exclusivamente en algunos países de Asia como Pakistán, Afganistán o Bangladesh, algunos países africanos y en Oriente Me- dio. Sin embargo, en los últimos veinte años no se puede negar que los llamados "crímenes de honor" se han generalizado en Europa y más concretamente en Francia, Suecia, Países Bajos, Alemania, Reino Unido y Turquía

2 https://www.theguardian.com/society/2024/apr/07/honour-based-abuse-in-england-increases-60-in-two-years (último acceso, día 19 de julio de 2024).

Banaz Mahmud, musulmana británica, por encargo de su padre, su tío y tres primos al no acatar su matrimonio concertado[3].

Nuestro país tampoco es ajeno a esta triste realidad[4]. Pensemos únicamente en el caso de las hermanas de Terrasa, Arooj y Aneesa, asesinadas por seis familiares en Pakistán por negarse a traer a sus maridos a España, previo matrimonio forzado y petición por ellas de divorcio, y con implicación del padre de las jóvenes[5]. Otro ejemplo lo encontramos en el asesinato de la joven Mumai en Portugalete por salir con un joven que no era musulmán[6].

Todos estos delitos tienen en común, además de su lógica tipificación como asesinato – de estar estas conductas tipificadas en cada uno de los países-, el considerarlos una clara manifestación de la violencia de género tanto un número importante de documentos internacionales, a los que seguidamente nos referimos, como por la doctrina, poco atenta en general a esta realidad, tal vez salvo en Reino Unido (Phyllis, 2009: 68;

---

3 Destaca también el premiado documental de HBO "A girl in the river" o la novela de la italiana de Viola Ardone que, bajo el título "La decisión", nos narra la verdadera historia de la joven siciliana, Franca Viola, que supuso un antes y después en la legislación italiana. Si bien, como ficción, podríamos también citar la tantas veces adaptada Bodas de Sangre de Federico García Lorca, basada en el crimen de Níjar en 1928.

4 Así se refleja en el artículo publicado en Madrid Diario bajo el título "¿Se comenten crímenes de honor en España? (https://www.madridiario.es/noticia/208133/sucesos/se-cometen-crimenes-de-honor-en-espana.html, último acceso, 19 de julio de 2024).

5 https://www.elperiodico.com/es/sociedad/20230222/detenido-padre-jovenes-hermanas-asesinadas-pakistan-terrassa-83426843 (último acceso, 19 de julio de 2024).

6 https://www.elcorreo.com/vizcaya/20090729/pvasco-espana/asesta-cuchilladas-hija-descubrir-20090729.html (último acceso, 19 de julio de 2024).

Villacampa Estiarte, 2023). En estas páginas, y tras una obligada aproximación a su determinación como realidad, nos centramos en desentrañar, desde una perspectiva general, la normativa procesal aplicable para proteger a las víctimas de estos delitos.

II. UNA BREVE Y OBLIGADA DELIMITACIÓN SUSTANTIVA: ¿DE QUÉ HABLAMOS CUANDO HABLAMOS DE CRÍMENES DE HONOR (HONOURED-CRIME VIOLENCE)?

¿Qué son delitos de honor o qué es violencia por honor? (tal vez más conocidos con su denominación inglesa, honour-based o honoured-related violence). Nos enfrentamos, para responder a esta cuestión, con el primer problema: la dificultad de establecer un concepto al respecto (Mukkades, 2021: 1; Welchamn y Hossain, 2005: 4; Rigoni, 2023: 7), pese a que no es una realidad "moderna". Ya la Biblia, en el Levítico 20:10, establecía la pena de muerte como castigo para quien cometía adulterio ("Si un hombre cometiere adulterio con la mujer su prójimo, el adúltero y la adúltera indefectiblemente serán muertos") y el Código de Hammurabi consideraba que la virginidad de la mujer era propiedad de la familia o el marido.

Volviendo al presente, el Informe de 2001 de *Human Rights Watch* ya definía los crímenes de honor como "actos de violencia, normalmente asesinatos, cometidos por miembros masculinos de la familia contra miembros femeninos que se considera que han deshonrado a la familia. Una mujer puede ser atacada por su familia por diversos motivos, como negarse a contraer un matrimonio concertado, ser víctima de una agresión sexual, pedir el divorcio -incluso de un marido maltratador- o cometer adulterio. La mera percepción de que una mujer ha actuado de manera que ha traído «deshonra» a la familia es suficiente para desencadenar un ataque" (la traducción es nuestra) [7]. Para hacernos una idea de la magnitud del problema, el Fondo de Población de Naciones Unidas (UNFPA) apunta la cifra de 5.000 mujeres asesinadas anualmente por crímenes de honor, siendo conscientes de que estos números no son todo precisos que podrían ser[8]. Y la Red Internacional *Honour Based Violence Awareness Network* (HBVA) calcula que cada año se cometen, por ejemplo, mil asesinatos por honor en India o Pakistán, habiendo cifrado 12 en el caso de Reino Unido; ascendiendo la cifra global a 5.000[9].

También Naciones Unidas lo refleja como una forma de violencia contra la mujer derivada de prácticas culturales y religiosas basadas en el "supuesto" honor de la familia, de ahí la intervención de familiares en el hecho delictivo como una de sus notas distintivas a las que posteriormente haremos referencia (Saldaña Díaz, 2017:7).

En la doctrina, destacamos la definición de Aisha Gill, quien considera que "Los crímenes de honor son actos de violencia, normalmente asesinatos, cometidos por miembros masculinos

---

7 "Honor crimes are acts of violence, usually murder, committed by male family members against female family members who are perceived to have brought dishonor upon the family. A woman can be targeted by her family for a variety of reasons including, refusing to enter into an arranged marriage, being the victim of a sexual assault, seeking a divorce — even from an abusive husband — or committing adultery. The mere perception that a woman has acted in a manner to bring "dishonor" to the family is sufficient to trigger an attack", *HRW World Report* 2001: Women`s Right, Item 12 Integration of the human rights of women and the gender perspective: Violence Against Women and "Honor" Crimes Human Rights Watch Oral Intervention at the 57th Session of the UN Commission on Human Rights.

8 https://www.unfpa.org/es

9 http://hbv-awareness.com/statistics-data/

de la familia contra miembros femeninos que se considera que han deshonrado a la familia…" (Gill, 2009: 2) [10].

Atendiendo a estas definiciones, ejemplificativas, se detecta claramente que bajo el "paraguas" de los delitos de honor se cobijan no pocos comportamientos, en su mayoría, delictivos. Así, podemos encontrarnos con los matrimonios forzosos, la mutilación genital o el asesinato, como casos especialmente gravosos; pero también otros – igualmente deleznables–como la flagelación, la lapidación, las lesiones faciales o corporales causadas con ácido, la incitación al suicidio o el planchado de pecho. Acciones más sutiles, pero igualmente rechazables, podrían ser la limitación o privación de opciones vitales en ejercicio de la libertad individual (por ejemplo, no permitir estudiar, asistir a una academia de idiomas o de baile, etc.) o acecho y acoso de distinta intensidad (Saldaña Díaz, 2017: 7; Mukkades, 2021: 22 y 60; Villacampa Estiarte: 2023: 8).

Por tanto, y partiendo de la dificultad de dar una definición de delitos de honor, lo suficientemente precisa y ajustada que permitiera, en su caso, definir la política criminal de los estados en la materia, sí se reconoce en este tipo de delitos unas notas o elementos comunes que pueden tomarse en consideración para afrontar este fenómeno. Así, podemos hacer referencia a (Arnold, 2001: 1343; Saldaña Díaz, 2017: 7; Szygendowska,

---

10 "…Any form of violence perpetrated against females within the framework of patriarchal family structures, communities, and/or societies, where the main justification for the perpetration of violence is the protection of a social construction of 'honour' as a value-system, norm, or tradition…", quien además indica claramente que la referida definición de las Naciones Unidas es, pese a reconocer "alguna de las complejidades de la cuestión", insuficiente pues "no cubre adecuadamente el espectro de comportamientos que implican poder, control, dominación e intimidación, que se dirigen a individuos vulnerables y más indefensos, normalmente mujeres y niños".

2017a: 54; Szygendowska 2017b: 161; Mukkades, 2021: 38; Rigoni, 2023: 7; Villacampa Estiarte, 2023: 1y 2).

a) Nos encontramos ante conductas o comportamientos que tienen como finalidad castigar a quién no se ajusta al papel estereotipado que, por su género, religión, grupo social, familiar, etc., le viene asignado o le es exigible. Precisamente, esta relación directa con la percepción de qué puede afectar al honor es lo que hace difícil categorizar estos delitos en los textos penales como una categoría única.

b) Directamente relacionado con ello, surge la necesidad y deseo de controlar el comportamiento de esas personas. La realidad nos ha demostrado que dichas personas son en un muy alto porcentaje mujeres, niñas y otros sujetos en situación de vulnerabilidad.

c) La imposibilidad de controlar dicho comportamiento, con mucha frecuencia relacionado con la conducta sexual de mujeres y niñas, hace surgir un sentimiento de vergüenza en maridos, padres, hermanos, familiares o la sociedad en general que ven claramente afectado su honor. Es su relación directa con la percepción de qué puede afectar al honor lo que hace difícil encuadrar estos delitos en los textos penales como una categoría única.

d) Como consecuencia, la finalidad de estas actuaciones es restaurar el honor mancillado; surge así la figura conocida como "guardianes del honor" a quienes se les atribuye la facultad de poner en marcha los correctivos necesarios para ello.

e) Nota altamente preocupante, pero consecuencia de lo dicho en las letras previas, es que, dentro del ámbito familiar, doméstico o de la propia comunidad, se produce una justificación de dicho comportamiento claramente atentatorio a la dignidad de la persona que lo padece. Ello lleva, penal y procesalmente hablando, a la inacción y falta de persecución de esos guardianes.

f) Si bien se observan casos en que no es así, en la mayoría de estas situaciones, como ya hemos indicado, se detecta que la mayoría de las víctimas que padecen estos comportamientos son mujeres y niñas, de ahí que mayoritariamente, y siendo conscientes de sus excepciones, se esté tratando como una manifestación de violencia contra la mujer (Szygendowska, 2017b: 160; Kirti, Parteek y Rachana, 2011: 345).

A falta de un concepto legal, o descripción típica de estas conductas, parece haber un consenso en que estamos ante "conductas como la violencia (de tipo físico, social o psicológico) que se ejerce sobre un individuo, generalmente una mujer (joven), normalmente por parte de parientes hombres -en ocasiones, también mujeres- porque ha traído vergüenza a la familia o a la comunidad debido a la realización de una conducta que comporta deshonor"[11].

Estamos ante conductas acostumbran a encontrar fundamento en creencias de tipo social, comunitario, religioso o cultural arraigadas relativas a que los miembros de la familia[12], funda-

---

[11] El Her Majesty's Inspectorate of Constabulary (HMIC) británico ha definido a la violencia de honor como el término utilizado para referirse a un conjunto de prácticas utilizadas predominantemente para controlar el comportamiento de las mujeres y las niñas dentro de las familias u otros grupos sociales con el fin de proteger supuestas creencias culturales y religiosas, valores y normas sociales en nombre del "honor", The depths of dishonour: hidden voices and shameful crimes. An inspection of the police response to honour-based violence, forced marriage and female genital mutilation, Her Majesty's Inspectorate of Constabulary, London, 2015. Accesible en https://www.justiceinspectorates.gov.uk/hmicfrs/wp-content/uploads/the-depths-ofdishonour.pdf.

[12] Ejemplo tenemos en la Sentencia de la AN (Sala de lo contencioso-administrativo), de 5 de diciembre de 2019 (JUR 2020/33950), recurso contencioso núm. 424/2019, en que se reconoce que la condición de madre soltera de una mujer argelina le hace objetivo especial de este tipo de delitos, en tanto que se proscribe mantener

mentalmente los varones y mayores – hombres o mujeres-, tienen la función de controlar la sexualidad y salvaguardar la reputación de las mujeres de la misma, al entender que es en el comportamiento de las mujeres precisamente donde radica el honor familiar. Así, cuando una mujer transgrede dichas reglas de conducta y, con este comportamiento, pone en peligro o directamente mancilla el honor familiar, debe castigársela para restaurarlo. La forma de hacerlo es emplear violencia contra ella, que puede alcanzar distintas intensidades. De ahí que para comprender en qué consisten estos comportamientos violentos no pueda prescindirse de efectuar una referencia al concepto de honor, y de su contrapuesto, la vergüenza. El binomio honor-vergüenza es clave en estos delitos (Villacampa Estiarte, 2023: 12).

Desde una perspectiva de la cultura del honor, el estatus de una familia o de una comunidad depende de que las conductas de los miembros de la misma, principalmente mujeres, respeten unos códigos morales y sexuales aceptados, aparentemente, por todo el grupo (castidad, etc.)[13], lo que implica que el honor de la familia e, incluso, de la comunidad dependa de la observancia de unas conductas concretas, siendo la misma familia, el grupo, la comunidad, etc., los que deben velar porque así sea, aplicando el control correspondiente. Cuando

---

relaciones sexuales fuera del matrimonio. V., también, la S AN (Sala de lo contencioso-administrativo) de 19 de octubre de 2017 (JUR 2017/288995)

13 Así se reconoce por la S AN (Sala de lo contencioso-administrativo) de 19 de octubre de 2017 (JUR 2017/288995), en que expresamente se afirma que estos crímenes son “consentidos y alentados por la comunidad que, o bien cuentan con el consentimiento tácito de autoridades o bien se castigan con penas muy bajas”. V., también S AN (Sala de lo contencioso-administrativo) de 29 de junio de 2017 (JUR 2017/208789).

las mujeres no adecúan su comportamiento a estos códigos[14], nace la vergüenza, a la que debe ponerse remedio para poder mantener el estatus en dicha comunidad; el honor debe restablecerse a través de la actuación de los guardianes del honor, generalmente los hombres de la familia o comunidad, aunque no exclusivamente pues también aquí la mujer como guardiana juega un papel relevante. Son estos guardianes los que van a usar la violencia contra quien ha deshonrado. En este contexto, esta violencia ejercida contra la transgresora se considera, en el marco de la familia o la comunidad, una forma de retribución, una reacción justificada y que puede ser gradual contra la conducta desviada, que puede graduarse; pero no un delito. Pero para nosotros, obviamente, sí es un delito, si bien el hecho de que la comunidad las "perdone" o las considere necesarias plantea un problema difícil de resolver.

Pero ¿qué delito se comente, si es que se comente alguno? Nuestro ordenamiento jurídico no contiene un tipo de estas características (Villacampa Estiarte, 2023), por lo que no existe más solución que acudir a las distintas conductas que pueden suponer la corrección de la moral o del honor a que acabamos de hacer referencia. Conductas que presentan distinta gravedad, en tanto que pueden ir desde el homicidio o asesinato por honor, inducciones al suicidio, ataques con ácido, mutilaciones genitales o matrimonios forzados; hasta manifestaciones más sutiles, como maltrato en el ámbito familiar, acecho, limitación de opciones vitales, entre otras. Obvio es que las más llamativas y a las que se ha prestado más atención son las primeras; no obstante, parece que estas formas extremas, si bien son las

14 Por ejemplo, cuando mantienen una relación con una persona de otra religión, cuando se niegan a casarse con quien la familia ha concertado matrimonio, la homosexualidad, el embarazo, las relaciones extramaritales, el divorcio; incluso, querer estudiar una carrera universitaria o querer trabajar o vestir de una determinada manera, etc.

más llamativas, no son las más frecuentes. Podemos citar así, el planchado del pecho (breast ironing), como actuaciones para ocultar sus atributos físicos y otras actuaciones para "disminuir la lívido" de la mujer (siendo la más grave y atroz la mutilación genital). Los más frecuentes, de hecho, son los comportamientos controladores (opresión por honor[15]) y los matrimonios forzados (Villacampa Estiarte, 2023: 20).

III. ¿DÓNDE ESTÁN SUS VÍCTIMAS? ¿QUÉ NORMAS LAS PROTEGEN?

Al igual que doctrinal y socialmente, no estamos ante una figura desconocida, los delitos de honor también han sido objeto de atención por parte de la legislación, tanto en el ámbito internacional como el más específico europeo (Pérez Vaquero, 2013: 158; Saldaña Díaz, 2016, 93; Villacampa Estiarte, 2013: 12). Adelantamos, que, pese a los últimos avances y el asentamiento paulatino de la necesidad de hacer frente a esta realidad, seguimos ante un marco jurídico que puede ser calificado de débil (Szygendowska, 2017: 63).

Como ocurre frecuentemente con estos textos internacionales, en no pocos casos no dejan de ser manifestaciones de buenas intenciones, por bienvenidas y necesarias que sean, pero que exigen una política y actuación clara por parte de los estados.

---

15 Consiste en la vigilancia estrecha de las adolescentes y mujeres jóvenes, evitando que salgan de casa salvo para lo estrictamente necesario. Los contactos de las mujeres con personas ajenas a la familia pueden estar prohibidos y las chicas pueden ser escoltadas a la escuela o al trabajo por el padre o por hermanos. La ruptura de estas reglas de control estricto puede dar lugar a violencia doméstica (de tipo físico, psicológico, sexual o económico) para forzar el retorno al enclaustramiento.

1. Contexto internacional

Sin ánimo de ser exhaustivos, en este ámbito destaca la Resolución 55/66 “Hacia la eliminación de los delitos de honor cometidos contra la mujer”, aprobada por la Asamblea General de las Naciones Unidas de 31 de enero de 2001, en la que, como reza su título, se hace mención expresa a esta forma de violencia, más allá de las posibles proclamaciones genéricas que encontramos en la Declaración sobre la eliminación de la violencia contra la Mujer, Resolución 48/104, de 20 de diciembre de 1993 o la Declaración de Beijing, IV Conferencia Mundial de la Mujer de 1995. Igualmente, son de interés la Resolución 57/179 “Hacia la erradicación de os delitos de honor cometidos contra la mujer”, de 2003 o la Resolución 59/165 “Hacia la erradicación de os delitos de honor cometidos contra la mujer y la niña” de 2005.

La citada Resolución reconoce expresamente que los delitos de honor son “una cuestión de derechos humanos” y, por ello, impone a los Estados la obligación y diligencia debida para “impedir esos delitos, investigarlos, castigar a los autores y dar protección a las víctimas”, considerando que – como hemos indicado – no hacerlo constituye una vulneración de los derechos humanos. Así, concretamente en el punto 4, b) insta a los Estados a que “Intensifiquen su labor para prevenir y eliminar los delitos de honor cometidos contra la mujer, que revisten muchas formas diferentes, recurriendo a medidas legislativas, educacionales, de política social y de otra índole, incluida la difusión de información, y hagan participar en las campañas de toma de conciencia, entre otros, a quienes forman la opinión pública, educadores, autoridades religiosas, jefes, líderes tradicionales y los medios de difusión”[16]. Las Resoluciones 57/179 y

[16] En este mismo punto, se incide también en que se “d) Establezcan, refuercen o faciliten siempre que sea posible servicios de apo-

59/165, en línea muy similar, instan a los Estados a introducir medidas para eliminar esta forma de violencia, insistiendo en la necesidad de investigar y documentar los casos, procurar el enjuiciamiento de los mismos, insistiendo en la concienciación de la sociedad frente a esta forma de violencia, con un papel importante de los medios de comunicación.

Finalmente, el Compromiso general núm. 28, sobre "Igualdad de derechos entre hombres y mujeres" reconoce expresamente los crímenes de honor como una grave violación de los derechos civiles y políticos.

2. *Contexto europeo*

En Europa estacan las iniciativas del Consejo de Europa, siempre desde la perspectiva indicada de su conceptualización como una manifestación de la violencia de género. Así, desde el año 2002 podemos encontrarnos prácticamente con recomendaciones anuales en que, dentro de dicha violencia[17], se hace

---

yo para atender a las necesidades de quienes hayan sido o puedan ser víctimas de estos delitos y, a esos efectos, entre otras cosas, les brinden protección, refugio seguro y servicios de apoyo psicológico, asesoramiento jurídico, rehabilitación y reinserción en la sociedad; e) Establezcan, refuercen o faciliten mecanismos institucionales para que las víctimas u otras personas puedan denunciar esos delitos en condiciones de seguridad y confidencialidad y alienta a los Estados a reunir y difundir información estadística sobre la perpetración de esos delitos"

17 Podemos citar, entre otras, la Resolución 1327 de la Asamblea Parlamentaria del Consejo de Europa sobre los crímenes de honor, de 2003, con especial énfasis en la legislación de inmigración; la Recomendación 1881, "Necesidad urgente de combatir los denominados crímenes de honor", de 2009, en que se insta al Comité de Ministros a diseñar una estrategia integral para poner fin a estos delitos; la Resolución 1681, con el mismo título, de 2009.

referencia a los delitos de honor[18], hasta llegar al texto moderno más importante que es el Convenio de Estambul. Igualmente, es de cita obligada la Resolución 1327 (2003), de 4 de abril, que pone su acento en la necesidad de defender el honor de la familia o del grupo como elemento definitorio de estos delitos (Gill, 2009, 475; Gill, Strange y Roberts: 2014)[19]; la Resolución 1681 (2009) y la Recomendación 1881 (2009) relativa a la "Necesidad urgente de combatir los llamados crímenes de honor".

La Resolución 1327 (2003), de 4 de abril, sobre "Los llamados crímenes de honor", pone de manifiesto la preocupación europea por esta realidad, relacionándola no sólo con la violencia de género, sino con la vulneración de los derechos humanos "sobre la base de culturas y tradiciones" y exige a los Estados adoptar acciones concretas al respecto. La Resolución 1681 y la Recomendación 1881 (2009), que añaden la necesi-

---

Más generales, encontramos la Recomendación 1450, "Violencia contra las mujeres en Europa", del año 2000; o la Recomendación 1582, de 2002, "Violencia doméstica contra las mujeres", que insisten en el tratamiento de los crímenes de honor como una modalidad de violencia contra la mujer.

18 Podemos citar las Recomendaciones (2002) 5 sobre "Protección de las mujeres contra la violencia; (2007) 17 "Normas y mecanismos de igualdad"; (2008), 1847; (2009), 1662; (2009) 1891; (2010) 1765; (2012) 1887.

19 Puede también citarse la Recomendación 1450 (2000), de 3 de abril, sobre la "Violencia contra las mujeres en Europa"; la Resolución 1247 /2001, de 22 de mayo, sobre la "Mutilación genital femenina"; la Recomendación (2002) 5 sobre la "Protección de las mujeres contra la violencia", de 30 de abril de 2002; Recomendación (2007) 17, sobre "Las normas y los mecanismos de igualdad entre mujeres y hombres", de 21 de noviembre; la Recomendación 1847(2009) "Combatir la violencia contra las mujeres: Hacia una convención del Consejo de Europa", de 3 de octubre o la Resolución 1662 (2009), de 28 de abril, "Acción para combatir violaciones de los derechos humanos con base en el género, incluido el secuestro de mujeres y niñas".

dad de coordinación entre los Estados, son muy claras al afirmar que "los llamados "crímenes de honor" comprenden muchos tipos de delitos, pues cualquier forma de violencia contra las mujeres y las niñas en nombre de los códigos tradicionales de "honor" es considerada un "crimen de honor", de ahí que lo que distingue a esta forma de violencia de otras formas de violencia contra la mujer radica en el hecho de que la violencia se ejerce en nombre de los códigos tradicionales de "honor", de manera que cuando el "honor" de la familia está en juego y la mujer sufre las consecuencias, es apropiado hablar de un "crimen de honor". Se insiste así, en la idea que la subjetividad de lo que es honor o lo que puede avergonzar.

Más allá de las referencias a la finalidad u objetivo con el que se cometen estos delitos y su relación con la violencia de género, estos textos reflejan la evolución de las exigencias a los Estados respecto a los mismos. De esta forma, se pasa – en los primeros documentos – del reconocimiento de esta realidad delictiva y la llamada de atención sobre los mismos, a exigir a los estados un compromiso real para su erradicación. De esta forma, tras la concienciación de la existencia de esta realidad en nuestros países, es importante establecer las pautas para hacer frente a esta forma de delincuencia.

Y, consecuencia de todo ello, ¿cuáles son las medidas que los Estados están obligados a adoptar?:

a) Reconocimiento en los textos penales. Como ya hemos indicado su relación con la afección al honor y qué comportamientos de la víctima pueden suponer una afección al mismo hace difícil la introducción en los textos penales de estos delitos como categoría "única" o tipo penal propio (Villacampa Estiarte, 2023)[20]. Desde esta perspectiva normativa, encontramos

---

20 En este sentido, destacan los esfuerzos realizados, junto con Reino Unido, por los Países Bajos, que junto con Bélgica, Suecia y Alemania están otorgando dicha sustantividad al tipo.

dos decisiones claves: la necesidad de eliminar de los códigos penales toda referencia al honor o la honra como circunstancia que exime o atenua la responsabilidad penal, justificando dichos comportamientos. En segundo lugar, y ante la ausencia de un tipo propio, la consideración de estas actuaciones como una agravante específica.

b) La importancia de establecer planes institucionales que permitan contar con datos estadísticos para detectar la magnitud del problema y poder tomar decisiones de forma coherente en materia de prevención e incriminación de estos comportamientos.

c) Se incide también en la necesidad de formación y especialización de los operadores tanto jurídicos, principalmente fuerzas y cuerpos de seguridad y órganos jurisdiccionales, como no jurídicos en esta materia, especialmente para su detección e identificación de sus víctimas.

d) Revisar la legislación de asilo e inmigración para asegurar que las víctimas de estos delitos, claramente en peligro, puedan acceder a permisos de residencia o el derecho de asilo.

e) Establecer medidas no sólo destinadas a la persecución de los comportamientos, sino también a su prevención, con especial papel de los medios de comunicación y los centros educativos, religiosos y culturales.

f) Y todo ello, debería repercutir en una adecuada protección de las víctimas de estos delitos, procurando una asistencia integral a las mismas.

Sin perjuicio de la trascendencia de esas primeras Recomendaciones del Consejo de Europa, mención expresa merecen, como ya hemos indicado, dos textos: El Convenio de Estambul y la reciente Directiva de violencia contra las mujeres, reflejando ambos la magnitud de esta realidad. Lo importante de estos textos es que claramente abandonan el enfoque cultural del fenómeno, para centrarse en su consideración, principalmente, como un ataque a la dignidad de la mujer y la necesidad de afrontarlo desde la perspectiva de los derechos humanos (Gill, 2009: 6; Kirti, Parteek y Rachan, 2011: 347; Villacampa Estiarte, 2023: 10).

Centrándonos exclusivamente en los delitos de honor, por tanto, el Convenio de Estambul contiene una mención expresa a estos delitos a lo largo del Preámbulo, reconociéndolo como una forma de violencia contra la mujer atentatoria a la dignidad de la misma y de los derechos humanos. Además, en su artículo 12.5, al regular las obligaciones generales de los Estados, se indica que "velarán por que no se considere que la cultura, las costumbres, la religión, la tradición o el supuesto "honor" justifican actos de violencia incluidos en el ámbito de aplicación del presente Convenio". Con todo, lo destacable es que le dedica un artículo completo, el 42, bajo el título "Justificación inaceptable de los delitos penales, incluidos los delitos supuestamente cometidos en nombre del honor", cuyo aparatodo 1° insta a los Estados a adoptar medidas legislativas o de otro tipo necesarias para garantizar que en los procesos penales no se considere "la cultura, la costumbre, la religión, la tradición el supuesto honor como justificación" del delito, añadiendo que «Ello abarca, en especial, las alegaciones según las cuales la víctima habría transgredido las normas o costumbres culturales, religiosas, sociales o tradicionales relativas a un comportamiento apropiado".

A su vez, la reciente Directiva 2024/1385, de 14 de mayo, sobre la lucha contra la violencia contra las mujeres y la violencia doméstica, contiene también referencias expresas a los crímenes de honor. El Considerando 75 lo hace con relación a los estereotipos de género con el siguiente tenor "erradicar la idea de la inferioridad de las mujeres o los roles estereotipados de mujeres y hombres. Esto podría incluir también medidas encaminadas a garantizar que la cultura, las costumbres, la religión, las tradiciones o el honor no se perciban como una justificación para cometer delitos de violencia contra las mujeres o de violencia doméstica, o para tratar esos delitos con más indulgencia". Y, en el articulado del texto, su art. 11. o) considera como una agravante "que la intención del delito fuera preservar o restaurar el llamado «honor» de una persona, una familia, una comunidad u otro colectivo similar". Junto a estas referencias expresas, al regular los delitos relacionados con la explotación sexual de mujeres y menores y con la delincuencia informática hace referencia expresa a dos manifestaciones de estos delitos: La mutilación genital femenina (art. 3)[21] y los matrimonios forzados (art.4).

Pese a estas insistentes declaraciones, lo cierto es que únicamente Bélgica, Países Bajos, Suecia y Alemania, junto con Reino Unido contemplan planes de acción contra esta crimi-

---

21 En ella se prevé el apoyo eficaz y adecuado según la edad y fácilmente accesible a las víctimas de mutilación genital femenina, en concreto prestando atención ginecológica, sexológica, psicológica y postraumática y asesoramiento personalizado teniendo en cuenta las necesidades especiales de estas víctimas, después de que se haya cometido el delito y durante todo el tiempo que sea necesario a partir de entonces. Dicho apoyo incluirá también el suministro de información sobre las unidades de los hospitales públicos en las que se realice cirugía reconstructiva genital y del clítoris. Podrán prestar el apoyo mencionado en el párrafo primero los centros de referencia a que se refiere el artículo 26 o cualquier otro centro sanitario especializado.
En la prestación de dicho apoyo es de aplicación lo previsto en los apartados 3 (recursos humanos y económicos y financiación si son ONGs o similares) y 7 (mantener los servicios en tiempos de crisis sanitarias o estados de emergencia) del artículo 25 (apoyo especializado a la víctima) y apartado 3 del art. 26 (gratuidad de los centros especializados).
2. El artículo 25, apartados 3 y 7, y el artículo 26, apartado 3, se aplicarán a la prestación de apoyo a las víctimas de mutilación genital femenina con arreglo al presente artículo.

nalidad de forma individualizada[22]. De estos estados, podemos considerar que sólo el Reino Unido, ya fuera de Europa, y Países Bajos[23] contemplan un plan integral al respecto, incluyendo no sólo la persecución sino también la prevención.

3. ¿Y en España, ¿qué?

Lo cierto es que el interés en nuestro país por estos delitos ha sido escaso (Villacampa Estiarte, 2023: 19), por lo que también el GREVIO ha realizado recomendaciones a nuestro país[24]. No tenemos en España ninguna referencia ni definición de qué se entiende por crímenes de honor, ni se ha adoptado ninguna medida normativa para afrontarlos. Ello no supone que en el Código Penal no tengamos manifestaciones concretas de esta violencia; es decir, desde esta perspectiva, España ha adoptado una postura preferentemente penal, pero fragmentada (Villacampa Estiarte, 2023: 21). Así, encontramos

---

22 Se pueden encontrar datos concretos, si bien no actualizados, en https://mundocooperante.org/documentos/informesurgir.pdf (último acceso, 23 de julio). Por el contrario, el GREVIO ha llamado la atención sobre el hecho de que determinados países se contemplen reducciones de condenas apelando a estos motivos, señalando a Albania, Turquía, Portugal o Italia.

23 Rijksoverheid, http://www.rijksoverheid.nl/onderwerpen/agressie-en-geweld/eergerelateerd-geweld/aanpak-eergerelateerd-geweld y Landeliik Expertise Centrum, http://www.huiselijkgeweld.nl/doc/huwelijksdwang/checklis_eergerelateerd_geweld_v32_haaglanden.doc

24 En la evaluación que efectuó en 2020 sobre la implementación del Convenio de Estambul en nuestro país, urgió a las autoridades españolas a diseñar y aplicar políticas integrales y holísticas para hacer frente a la violencia contra las mujeres en todas sus formas y manifestaciones, entre ellas, específicamente, los crímenes cometidos con motivo del denominado honor, https://violenciagenero.igualdad.gob.es/wp-content/uploads/InformeGrevioEspana.pdf.

no ajenos a críticas, por ejemplo, la mutilación genital femenina como lesión cualificada del art. 149.2 CP, el castigo de los matrimonios forzados en el art. 172 bis CP. En este momento, sin concretar en delitos concretos, únicamente tendríamos la posible agravante genérica del art. 22.4ª CP (razones de discriminación referentes al sexo, orientación o identidad sexual o relativas al género de la víctima).

Pues bien, si, conforme lo que acabamos de indicar, la *P* de persecución está defectuosamente cubierta por nuestro ordenamiento, las *P*s de prevención y de protección lo son todavía más. Entre otros motivos, porque no se ha tipificado como una categoría propia, como acabamos de ver. Obviamente, no hay referencia en la LO 1/2004, pero tampoco pensó en ella el legislador cuando se firmó el Pacto de Estado contra la violencia de género en 2017, pues ninguna medida se refiere a ella expresamente, ni las recientes Leyes Orgánicas 8/2021, de 4 de junio, de protección integral de la infancia y la adolescencia ni 10/2022, de 6 de septiembre, de garantía integral de la libertad sexual. Otra cosa es a lo que ahora nos obligue la Directiva 138 y cómo lo hagamos.

IV. ¿CÓMO PROTEGER A LAS VÍCTIMAS DE ESTOS DELITOS?

Si bien procesalmente no son pocos los problemas a que enfrentarse para el adecuado tratamiento de estos delitos (por ejemplo, los referidos a la incoación del proceso penal, es decir, quién va a denunciar o cómo se va adquirir la *notitia criminis*?; la extensión de la jurisdicción española, atendiendo a la extraterritorialidad de algunas de las conductas encuadrarles bajo esta categoría o dificultades para obtener la declaración de testigos y de la propia víctima), en las siguientes páginas vamos a centrarnos en esbozar, de forma breve, el "panorama" procesal existente actualmente para la protección de estas víctimas. Para ello, debemos partir, como ya se ha indicado, de la consideración de las conductas encuadrables bajo la categoría de delitos de honor como una manifestación de la violencia de género, si bien entendida en sentido amplio siguiendo lo previsto en el Convenio de Estambul y apartándonos de la conceptualización más restrictiva de nuestra Ley Orgánica1/2004.

Es importante ubicar a estas víctimas, pues el Convenio de Estambul nos obliga a aproximarnos a esta realidad desde un enfoque holístico y victimocéntrico y del que tenemos elementos de referencia pues ya se ha hecho con otros fenómenos como la trata de seres humanos, la explotación de menores, etc…

En cuanto a su consideración como víctima vulnerable, debemos tomar en consideración que no tenemos en nuestro ordenamiento una definición de víctima vulnerable. La Ley 4/2015, de 27 de abril, del Estatuto de la víctima del delito, que se presenta como norma general de reconocimiento de derechos y medidas de protección a favor de las víctimas de cualquier delito, no contiene un concepto de víctimas vulnerables o con necesidades especiales de protección. Este concepto sí lo encontramos en distintos textos internacionales que nos pueden servir de referencia, como la Directiva 2012/29/UE del Parlamento Europeo y del Consejo, de 25 de octubre de 2012, por la que se establecen normas mínimas sobre los derechos, el apoyo y la protección de las víctimas de delitos, y por la que se sustituye la Decisión marco 2001/220/JAI del Consejo, regulando tanto qué tipo de víctimas entran dentro de dicha condición, cómo su reconocimiento (Gómez Colomer, 2015: 216; Planchadell Gargallo, 2012: 1445).

Partiendo de dichos documentos internacionales, podemos considerar víctimas vulnerables a aquéllas que, en atención a circunstancias concurrentes en ellas (edad, razones sociales o culturales, situación de minusvalía o incapacidad), por la gravedad y naturaleza del delito del que hayan sido objeto (por ejemplo, su especial naturaleza violenta), son susceptibles de sufrir de forma más severa los efectos de victimización, lo que exige que deban ser objeto de un estudio, valoración y tratamiento específico (menores, personas con capacidad modificada judicialmente, mujeres, víctimas de ciertos delitos, etc.) . Esta calificación dependerá de la evaluación individual que de la misma se haga atendiendo – en el caso español–a lo establecido en el art. 23 del Estatuto, particularmente a la situación personal de la víctima y a la naturaleza del delito y la gravedad de los efectos y perjuicios del mismo sobre la persona (Planchadell Gargallo, 2012: 1445). Atendiendo a esta definición, conscientemente amplia, creemos que las víctimas de violencia por honor pueden ubicarse sin dudas dentro de esta condición.

Pues bien, y adelantando nuestra conclusión al respecto, consideramos que el gran obstáculo que vamos a encontrar es que la falta de categorización autónoma de este delito y confusa determinación de sus víctimas nos obliga a tener que marcar diferencias en cuanto a esta protección, con el peligro que ello entraña en tanto que puede llevar a entender que hay víctimas de primera y de segunda, provocando una agravación en la victimización que ello supone. Esta diferencia, únicamente puede ser paliada, en parte, si consideramos que estas víctimas entran, y nos parece evidente, en la categoría de víctimas vulnerables. Ahora bien, no podemos ser muy optimistas, pues en la Estrategia estatal para combatir las violencias machistas 2022-2025, de la Delegación del Gobierno contra la Mujer, no se encuentra ninguna referencia a estos delitos ni a estas víctimas, ni siquiera como una concreción de la referencia genérica a las distintas formas de violencia machista.

Con este punto de partida, cuál sería la normativa aplicable a las víctimas de delitos de honor en este momento en nuestro ordenamiento:

1) La Ley Orgánica 1/2004, de medidas de protección integral contra la violencia de género. Nos encontramos aquí la primera limitación importante, pues como es sabido, y atendiendo al ámbito subjetivo de la norma, únicamente las víctimas de honor, generalmente mujeres, que hayan sido victimizadas por sus parejas o exparejas masculinas, hayan convivido con ellas o mantengan una relación de noviazgo o similar gozarán de la protección reforzada que esta norma contempla.

2) La Ley Orgánica 10/2022, de 6 de septiembre, de garantía integral de la libertad sexual. Esta norma, más allá de que se garantice el goce de los derechos que la norma contempla a las víctimas en situación administrativa irregular (art. 36) o que se indique la necesidad de hacer accesible la asistencia integral, cuando se precise, mediante servicios de traducción e interpretación (art. 33.1.g), e información (art. 34), entre los servicios de asistencia especializada que contempla el art. 35, no se hace mención de la especialidad de las víctimas de violencia de honor. Si bien esta norma dentro de su ámbito de aplicación sí contempla alguna de las manifestaciones de la violencia de honor, por ejemplo, el feminicidio sexual, la mutilación genital femenina o los matrimonios forzados; deja fuera, no obstante todo un conjunto de conductas en que la "connotación sexual" que fundamenta la norma no concurre o es difícil de detectar. Debemos añadir que el conjunto de medidas previstas en esta norma se completa con la previsión de aplicación a las mismas de lo previsto en el artículo 26 del Estatuto de la víctima del delito, que precisamente se modifica para ello.

3) Si la víctima es menor de edad, podrá acogerse al régimen previsto en la LO 8/2021, de protección integral de la infancia y la adolescencia frente a la violencia. De especial importancia para nosotros es la previsión de preconstitución de la prueba de su declaración, desarrollada en el art. 449 ter de la Lecrim, para el caso de los menores de catorce años (o de la persona con discapacidad necesitada de especial protección) cuando son víctimas de determinados delitos, concretamente los delitos de homicidio, lesiones, contra la libertad, contra la integridad moral, trata de seres humanos, contra la libertad e indemnidad sexuales, contra la intimidad, contra las relaciones familiares, relativos al ejercicio de derechos fundamentales y libertades públicas, de organizaciones y grupos criminales y terroristas y de terrorismo. Esta previsión, que obliga —como regla general— a preconstituir la prueba en estos supuestos, es de especial relevancia práctica para el cumplimiento de los fines de protección y reparación integral pretendidos por estas normas de carácter integral. La práctica de esta prueba se desarrollará conforme a lo prevenido en el art. 449 bis LECRIM.

En estos supuestos, además, el art. 449 ter Lecrim, prevé que la audiencia se practique expresamente a través de equipos psicosociales para apoyar al Tribunal de manera interdisciplinar e interinstitucional, recogiendo el trabajo de los profesionales que hayan intervenido anteriormente y atendiendo a las circunstancias concretas de las mismas. Así, las preguntas de las partes, o aclaraciones sobre las respuestas a las mismas, se trasladarán —previa admisión por el tribunal— a través de los expertos.

4) Sin duda alguna, y pese al carácter "integral" de las normas indicadas previamente, la norma que está llamada a tener una mayor importancia es, sin perjuicio de la Lecrim, la Ley 4/2015, de 27 de abril, del Estatuto de la víctima del delito, y ello por dos motivos: En primer lugar, porque esta norma nace con vocación de constituir un estatuto general de protección de toda víctima de todo delito, por lo que la protección en ella prevista es aplicable a cualquier víctima. En segundo lugar, porque en esta norma vamos a encontrar un conjunto de medidas de protección especialmente previstas para las víctimas que tengan la consideración de vulnerables, ampliando, en este sentido, el marco general que la misma configura.

Así, partiendo de que hemos considerado que las víctimas de honor deben ser consideradas víctimas vulnerables, a las mismas se les reconoce un conjunto de medidas de protección y derechos que comparten con las víctimas de todo delito (derecho a la protección, información, apoyo, asistencia, atención y reparación, así como a la participación activa en el proceso penal y a recibir un trato respetuoso, profesional, individualizado y no discriminatorio desde su primer contacto con las autoridades o funcionarios, durante la actuación de los servicios de asistencia y apoyo a las víctimas y, en su caso, de justicia restaurativa). Ahora bien, en tanto que víctima vulnerable, son también merecedoras de un especial estatus de protección, reconociéndosele un conjunto de medidas y derechos concretos, precisamente para tratar de paliar los efectos que la celebración y participación en el proceso puede generarle por su vulnerabilidad. Se reconoce, por tanto, a estas víctimas un amplio catálogo de derechos y medidas tuitivas, cuya puesta en práctica real exige su correcta identificación.

Dentro de este conjunto de medidas (Planchadell Gargallo, 2021;1445), el Estatuto de la Víctima del delito distingue entre medidas aplicables a cualquier víctima vulnerable (art. 25) y las medidas aplicables exclusivamente a menores de edad y discapacitados (art. 26), siendo todas ellas compatibles con cualquiera de las medidas previstas en la Lecrim u otras normas, como las indicadas.

De forma resumida, pues hemos tenido ocasión de tratarlas extensamente en otros trabajos (Planchadell Gargallo, 2012: 1445), en el Estatuto se distingue entre medidas que pueden adoptarse en fase de investigación y en fase de enjuiciamiento. Así, en la fase de investigación pueden adoptarse las siguientes medidas:

a) Respecto a la declaración de la víctima, se prevé que la misma se le tome cuando resulte necesario y sin dilaciones indebidas, el menor número de veces posibles, reiterándose únicamente cuando resulte necesario para los fines de la investigación penal. Complementariamente, en estas declaraciones las víctimas podrán estar acompañadas por su representante procesal, representante legal (en su caso) y por una persona de su confianza y elección. Igual acompañamiento se puede dar en cualquier otra diligencia en que deba intervenir, salvo que motivadamente se resuelva lo contrario por el funcionario o autoridad encargado de su práctica.

Además, se prevé que se le reciba declaración en dependencias especialmente concebidas y adaptadas a tal fin (por ejemplo, mediante cámara de Gesell) y que las mismas se tomen por profesionales con formación especial para reducir o limitar los perjuicios a la víctima, así como en perspectiva de género, o que la declaración se tome por la autoridad competente, pero con ayuda de estos profesionales. Igualmente, se establece que cuando deba tomarse declaración en diversas ocasiones a una misma víctima dentro de un procedimiento, estas sean realizadas por la misma persona, salvo que pueda perjudicar el desarrollo del proceso o tomarse declaración por el Fiscal o Juez.

Siempre respecto de la toma de declaraciones, cuando se trate de alguna de las víctimas a que se refieren los apartados 3º y 4º de la letra b del apartado 2 del art. 23, se llevarán a cabo por una persona del mismo sexo que la víctima cuando ésta así lo solicite, salvo – nuevamente–que pueda perjudicar de forma relevante el desarrollo del proceso o deba tomarse la declaración por el Fiscal o el Juez.

b) En cuanto a la posible realización del reconocimiento médico, éste debe llevarse a cabo cuando resulte imprescindible para los fines del proceso, reduciéndose los mismos al menor número posible.

c) Igualmente, y como ya se indicaba en el punto 107 del Pacto de Estado contra la violencia de género, se recalca la importancia de evitar la confrontación entre víctima y victimario o victimarios.

Junto con estas medidas, el art. 26 reconoce un conjunto de medidas de protección que son aplicables, de manera exclusiva, a menores y personas con discapacidad necesitadas de especial protección y a víctimas de violencias sexuales. Se trata de unas medidas cuya finalidad es, en general, evitar o limitar que el desarrollo de la investigación, pero también la celebración del juicio, genere perjuicios añadidos a la víctima y, como ya hemos indicado, evitar la victimización secundaria. Si bien el Estatuto hace referencia a cualquier medida que permita cumplir dicha finalidad, enumera, en particular, las siguientes:

a) Grabación de las declaraciones emitidas durante la fase de investigación, para – en su caso – reproducirse en el juicio oral (arts. 714 y 730 Lecrim), lo que debemos poner en relación con las previsiones del art.449 ter Lecrim para el caso de menores de 14 años y personas con discapacidad necesitada de especial protección.

b) Representación en el proceso de la víctima por un defensor judicial (no sólo durante la investigación, sino también en el juicio) en supuestos en que se considera que concurre o puede concurrir un conflicto de intereses entre la víctima y sus representantes legales, no necesariamente derivado del hecho delictivo; con uno de los progenitores, no encontrándose el otro en condiciones de ejercer adecuadamente sus funciones de representación y asistencia; o cuando la víctima no esté acompañada o se encuentre separada de quienes ejerzan la patria potestad o cargos tutelares.

Complementariamente, durante el enjuiciamiento del delito, se prevén también unas medidas especiales de protección. Así, podemos referirnos a

a) Evitar el contacto visual entre la víctima y el agresor, medida que, por su trascendencia, se reitera en ambas fases procesales.

b) Garantizar que la víctima pueda ser oída sin estar presente en la sala de vistas, haciendo uso a tal fin de los avances tecnológicos disponibles, lo que llevará a exigir su previsión cuando no existan.

c) Medidas para evitar que se formulen preguntas relativas a la vida privada de la víctima salvo que el Juez o Tribunal dispongan lo contrario, también aplicables a la fase de investigación. Tanto esta medida como la siguiente, tienen especial importancia para proteger la intimidad de la víctima (Planchadell Gargallo, 2018: 150).

d) Celebrar de la vista oral sin presencia de público, aunque puedan estar presentes personas que acrediten un especial interés en la causa.

e) Se reitera la posibilidad de que cuando la víctima deba declarar como testigo, pueda hacerlo acompañada de su representante legal y por una persona de su elección, que podría ser su abogado, salvo que el juez decrete motivadamente lo contrario. Recordar aquí lo que acabamos de indicar para menores de edad y personas con discapacidad del art. art. 433, IV Lecrim.

5) No podemos cerrar este apartado de referencias normativas sin mencionar la Lecrim, respecto, en la que podemos encontrar referencias dispersas, en gran parte consecuencia de su modificación por las leyes que acabamos de referir. Así, respecto a la protección física, el art. 282 prevé que las autoridades y funcionarios encargados de la investigación, persecución y enjuiciamiento de los hechos delictivos están obligados a adoptar las medidas necesarias para garantizar a la víctima y sus familiares el respecto a su propia vida, su integridad física y psíquica, su libertad, seguridad, libertad e indemnidad sexuales, su intimidad y dignidad; con especial atención a los casos en que la víctima, directa o indirecta, debe testificar en juicio. Medida que, si ya de por sí es trascendente, más aún lo es en el caso de las víctimas vulnerables, que por sus especiales circunstancias exigen un plus de protección.

En cuanto a las actuaciones concretas que se pueden llevar a cabo para cumplir con esta finalidad tuitiva, tendría aquí cabida la adopción de medidas como la orden de alejamiento o la orden de protección (arts. 544 bis y 544 ter Lecrim, respecto de las que la Ley Orgánica 10/2022 incide en la utilización de dispositivos telemáticos para controlar su cumplimiento).

6) Por último, y sin ánimo de exhaustividad, les serán también aplicables las medidas previstas en la obsoleta Ley Orgánica 19/1994, de 23 de diciembre, de protección a testigos y peritos en causas criminales cuando concurran las condiciones para ello; o le corresponderán los derechos indemnizatorios contemplados para toda víctima de delito violento en la Ley 35/1995, de ayudas y asistencia a las víctimas de delitos violentos y contra la libertad sexual.

V. CONSIDERACIÓN FINAL

Tras este repaso respecto a la normativa que puede ser aplicable para la protección y asistencia a las víctimas, podemos considerar o cuestionarnos:

1°. Si la fragmentación normativa tanto en lo que se refiere a normas generales de aplicación a toda víctima de un delito o a las víctimas vulnerables en general, como las expresamente previstas, con un enfoque más o menos integral, para las víctimas de determinados delitos que por su gravedad o por las propias características de las víctimas llevan a una mayor victimización no puede convertirse en un obstáculo para la pretendida adecuada protección.

2°. Si esta fragmentación que lleva a reconocimiento de distintos derechos en función de la tipología de víctima, no puede llevar a una "categorización" o clasificación de las mismas en víctimas de primera, segunda, de *n*…., que no nos podemos permitir si queremos desde el sistema proteger a las víctimas.

Y estas consecuencias son, creemos peores, cuando nos enfrentamos a delitos, como los delitos de honor, en que su falta de definición normativa y problemas de tipificación, lo hace aún más evidente.

BIBLIOGRAFÍA

Arnold, K., (2001): "Are the Perpetrators of Honor Killings Getting Away With Murder? Article 340 of the Jordanian Penal Code Analyzed Under the Convention on the Elimination of All Forms of Discrimination Against Women" *American University International Law Review* 16, núm. 5.

Gill, A. (2009): "Honoured killings and the wuest for justice in black andminority ethnic communities in the United Kingdom", *Criminal Justice Policy Review*, vol. 20, issue 4.

Gill, A.; Strange, K. y Roberts, S (2014):, *Honour killing and violence. Theory, policy and Practice*, Pallgrave Macmillan, London.

Gill, A. (2009): "Honour killings and the quest for justice in black and minority ethnic communities in the UK And moving toward a "multiculturalism without culture": constructing a victim-friendly human rights approach to forced marriage in the UK", *United Nations Division for the Advancement of Women United Nations Economic Commission for Africa, Expert Group Meeting on good practices in legislation to address harmful practices against women*, United Nations Conference Centre (Addis Ababa, Ethiopia 25 to 28 May 2009, https://www.un.org/womenwatch/daw/egm/vaw_legislation_2009/Expert%20Paper%20EGMGPLHP%20_Aisha%20Gill%20revised_.pdf).

Gómez Colomer, J.L. (2015), *Estatuto jurídico de la víctima del delito*, Aranzadi.

Greff, S. (2010): "No justice in Justification: Violence against women in the name of culture, religion and tradition", *Violence is not our culture. The global campaign to stop killing and stonning women*, March.

Kirti, A; Parteek, K; Rachana, Y. (2011): "The face of honour based crimes: Global concerns and solutions", *International Journal of Criminal Justice* 2011.

Mukkades, G., (2021): *Honour based crimes and the law. Defining the limits of honoured violence and abuse,* Routledge, Oxon.

Pérez Vaquero, C. (2013): "No hay honor en los llamados crímenes de honor: Europa y la ancestral autoridad para matar", *Revista de Estudios Europeos* 2013, núm. 61.

Phyllis, C. (2009): "Are honor killings simply domestic violence?", *Middle East Quaterly* XVI, 2.

Planchadell Gargallo, A. (2018): "Publicidad del proceso e intimidad de la víctima: Una aproximación desde el Estatuto de la Víctima del delito", en *Teoría & Derecho. Revista de pensamiento jurídico,* núm. 24, especial sobre garantías constitucionales, prensa y proceso penal.

Planchadell Gargallo, A. (2021): "Una aproximación a la protección de las víctimas vulnerables a la luz del Estatuto de la Víctima del delito", en Moreno Catena y Romero Pradas, *Nuevos postulados de la cooperación judicial en la Unión Europea. Libro Homenaje a la Prof[a] Isabel González Cano,* Tirant lo Blanch.

Rigoni, C. (2023): *Honour-based violence and forced marriages. Community and restaurative practices in Europe,* Ruthledge, London.

Saldaña Díaz, M.N. (2016): "Violencia contra la mujer en crímenes de honor y prácticas culturales y religiosas perjudiciales. Estándares internacionales de derechos humanos adoptados por las Naciones Unidas", *Feminismos* 2016, núm. 28.

Szygendowska, M. (2017): "Los crímenes de honor como prácticas culturales perjudiciales", *Opinión Jurídica,* vol. 16, núm. 32, julio-diciembre, 63.

Szygendowska, M. (2017) "Los ataques con ácido como una de las formas de los crímenes de honor", en Dinaldo Barbosa da Silva Júnior (dir.), Elena Martínez-Zaporta Aréchaga (dir.), Diego Moura de Araújo (dir.), *Human Rights and Universal Legal: Volume II* , Autografía, Barcelona.

Villacampa Estiarte, C. (2023): "La violencia contra las mujeres por honor y su tratamiento jurídico en España", *Estudios Penales y Criminológicos* (43).

Welchman, L. y Hossain, S. (2005): *Honour crimes, paradigms, and violence against women,* Zed Books, London.

Capítulo XIX.

Investigación sobre las violencias machistas y el uso de la inteligencia artificial (IA)

ROSA MARIA GIL IRANZO
Profesora de la Escuela Politécnica Superior
Universitat de Lleida

IOLANDA TORTAJADA GIMÉNEZ
Profesora de los Estudios de Comunicación
Universitat Rovira i Virgili

I. DESCRIPCIÓN DEL PROYECTO

El 20 de diciembre de 2019, el Pleno del Ayuntamiento de Lleida aprueba la Moción de los Grupos Municipales de ERC-AM, PSC, JxCat Lleida y Comú de Lleida, para declarar Lleida Municipio Feminista y se compromete a aplicar el decálogo que acompaña esta declaración que concreta las diez medidas a llevar a cabo por efectiva la transformación feminista de la ciudad.

Desde entonces, el decálogo se ha ido implementando con el despliegue de diferentes actuaciones en los ámbitos de la educación, el urbanismo, la participación, el trabajo, los servicios de atención, entre otros. Con el inicio del nuevo mandato (2023-2027) se impulsa una de las acciones del decálogo con mayor impacto comunitario: el Pacto Local Contra las Violencias Machistas.

Con fecha 13 de octubre de 2023, el Departamento de Igualdad y Feminismos de la Generalidad de Cataluña abre la convocatoria de subvenciones de concurrencia competitiva para Entes locales para financiar los gastos derivados de acciones para la prevención de las violencias machistas por en los ejercicios 2023 y 2024 (RESOLUCIÓN IFE/3431/2023, de 10 de octubre). El Ayuntamiento de Lleida ve la oportunidad de concurrir presentando un proyecto con el título "Pacto Local Contra las Violencias Machistas en Lleida", un proyecto ambicioso con una gran diversidad de actuaciones, incluida la acción que se describe a continuación, que da título a esta publicación ya las otras dos actividades que la complementan: Inteligencia Artificial y violencias machistas. Retos y Oportunidades.

1. Inteligencia artificial y feminismo

La IA forma parte de nuestras vidas profesionales y personales. Nuestra cotidianidad está rodeada de aplicaciones digitales que nos conectan a internet para revisar un texto, para saber la previsión meteorológica o decirle a Alexa o Siri que nos pongan una música apropiada para el momento.

Las tecnologías están al servicio de las personas y las comunidades y, como el feminismo y la ciencia feminista han puesto en evidencia de forma reiterada, nada es neutro en cuanto al impacto diferencial que éstas puedan tener sobre los hombres y las mujeres.

El Instituto de las Mujeres publicó el pasado año (en 2023) el informe realizado por Lorena Jaume-Palasí con el título Informe preliminar con perspectiva interseccional sobre sesgos de género en la Inteligencia Artificial. La autora pone de manifiesto los riesgos de los llamados sistemas automatizados de generación de conocimiento, lo que popularmente llamamos como IA, así como la necesidad de trabajar por poner estos sistemas al servicio de la igualdad de género y de la transformación feminista.

La celeridad con la que la IA se esparce como una mancha de aceite entrando en los diferentes ámbitos de la vida personal, laboral y comunitaria, pide un debate repuesto para pensar en qué dirección debe caminar la sima tecnológica. Un debate que eluda la mirada neutra que invisibiliza a las mujeres y también a los hombres y mujeres de los colectivos minoritarios (en lo real o en lo simbólico) y que ponga en evidencia las huellas androcéntricas de los contenidos de la red y de los algoritmos que los estructuran en forma de respuesta.

Es necesario un debate sereno, promovido desde las instituciones públicas, para no dejar sólo en las manos privadas de las grandes empresas tecnológicas multinacionales y de los intereses del mercado, unas tecnologías decisivas para la vida de las personas y de las sociedades, a escala global, en el momento actual y en el futuro más inmediato.

1.1. Violencias machistas y IA

Las violencias machistas tienen dos territorios interconectados: el real y el virtual. El impacto de la violencia que sufren las mujeres en todos los ámbitos de la vida personal, familiar y comunitaria se expande en las redes sociales, generando violencias que se prolongan en el tiempo y en el espacio. Estas violencias desquician la vida diaria individual y colectiva y son, al mismo tiempo, el hecho de que muestra la persistencia de las discriminaciones de género hacia las mujeres y el principal obstáculo para el avance en la igualdad de trato y oportunidades.

Las aplicaciones que nos ofrecen las tecnologías de la información y la comunicación con la IA abren nuevas oportunidades para hacer prevención de las violencias machistas, para informar y atender a las personas que las padecen y también para establecer vínculos entre servicios y organizaciones. Poner al servicio de la lucha contra las violencias machistas estas tecnologías es una oportunidad y una necesidad para explorar.

1.2. IA y violencias machistas. Retos y oportunidades. Diseño e implementación de este proyecto

En octubre de 2023 se hace un primer esbozo de la idea del proyecto con este mismo título y se incorpora como una de las actividades que integran el proyecto Pacto Local contra las Violencias Machistas en Lleida, con el objetivo de que pudiera contar con financiación externa para su ejecución. El diseño inicial preveía realizar tres actividades: a) una investigación piloto sobre las violencias digitales utilizando la IA, contextualizada en el municipio de Lleida; b) crear un espacio de debate desde una visión poliédrica sobre los retos y oportunidades de la IA en relación con las violencias machistas y elaborar un documento para compartir las reflexiones y c) elaborar una recopilación de soluciones tecnológicas con IA a problemas sociales relacionados con las violencias machistas.

El punto de partida fue poner en relación con gente experta del mundo tecnológico y del ámbito social, con la intención de crear sinergias y acercar colectivos profesionales, académicos y sociales que suelen trabajar en ámbitos separados, así como para integrar la mirada de las mujeres del territorio y de las personas con responsabilidad política y técnica municipal en estos debates.

Una vez confirmada la financiación del proyecto por parte de la Generalidad de Cataluña, se creó el grupo de trabajo motor integrado por Rosa Mª Gil, profesora de la Escuela Superior Politécnica y coordinadora del Grado de Diseño Digital y Tecnologías Creativas de la Universidad de Lleida, Mª Ángeles Calero, catedrática de lengua de la Facultad de Letras de la Universidad de Lleida y Rosa Prats, profesora de enseñanza secundaria de la Generalidad de Cataluña y miembro del equipo directivo de la Entidad Espiral. La coordinación del grupo motor y de la ejecución del proyecto ha corrido a cargo de Sílvia Puertas, jefa de la unidad técnica de la Concejalía de Políticas Feministas del Ayuntamiento de Lleida.

La metodología utilizada para definir la realización de las tres actividades (investigación, debate, recogida) fue mediante un seminario con la participación de personas expertas del ámbito tecnológico y social, personal técnico y político municipal y consejeras integrantes del Consejo Municipal de las Mujeres. La participación fue cerrada, por invitación expresa, con un número máximo de 30 personas.

El seminario se llevó a cabo el día 15 de julio de 2024 en Lleida, en el Parador Nacional El Roser, de las 9:30 a las 14:30h, en formato presencial y con la participación online de tres personas expertas que se encontraban en Argentina y Canadá.

II. VISUALIZACIÓN DE DATOS PRELIMINAR

Finalmente, y tras el formato presencial, se priorizó la necesidad de realizar una investigación centrada en Lleida pero que fuese con una mirada global. De forma, que dicha investigación pudiese ser replicada en cualquier otro lugar, con el objetivo de ver qué diferencias hay entre las diferentes aplicaciones y poder extraer un mayor conocimiento.

1. Introducción

1.1. Objetivos

En un principio se pensaron los siguientes objetivos para tratar a las violencias machistas y la utilización de la Inteligencia Artificial (IA).

En primer lugar, por la Identificación y Análisis de Patrones, es decir, utilizar la inteligencia artificial para identificar patrones y tendencias en los casos de violencia machista Y, por tanto, analizar datos para comprender mejor las circunstancias y factores que contribuyen. a estos incidentes. Otro aspecto clave fue la Prevención e Intervención. Es decir, desarrollar herramientas basadas en IA para predecir y prevenir incidentes de violencia machista o incluso, sin embargo, crear sistemas de alerta temprana que puedan ayudar a las autoridades y las organizaciones a intervenir antes de que se produzcan incidentes graves.

La Mejora de los Recursos y Apoyo, es decir utilizar IA para optimizar los recursos disponibles para las víctimas, tales como líneas de ayuda, refugios y servicios de apoyo también es clave, como proporcionar recomendaciones personalizadas para las víctimas basadas en sus necesidades específicas.

Sin olvidar la Sensibilización y Educación cómo desarrollar campañas de sensibilización más efectivas utilizando datos y análisis proporcionados por la IA. Sin embargo, educar a la población sobre los signos de violencia machista y cómo buscar ayuda ha sido tratado en diferentes trabajos (Mendelsohn, D., 2014, Smith, S. L., et al., 2013, Geena Davis Institute on Gender in Media., 2014, Hickey, W., 2014).

1.2. Desarrollo de la herramienta de visualización

Gracias al asesoramiento del abogado Ramon Arnó, que llama la atención sobre la base de datos del CENDOJ (Consejo General del Poder Judicial), se prototipa una visualización para explotar estos datos. Esta visualización carga los datos generados a partir de la web del CENDOJ y muestra por cada uno de los temas (Civil, Penal, Autos, Sentencias, Audiencia y quebrantamiento de condena de orden de alejamiento) cuántos casos existen en la provincia de Lleida, comparando año a año en forma de circulos. La visualización se puede consultar en internet en https://public.flourish.studio/visualisation/18865143/

Las herramientas de IA han sido dos, Copilot y Midjourney. Copilot es un LLM generado por Microsoft, es decir, como el ChatGPT de OpenAI, mientras que Midjourney es un generador de imágenes.

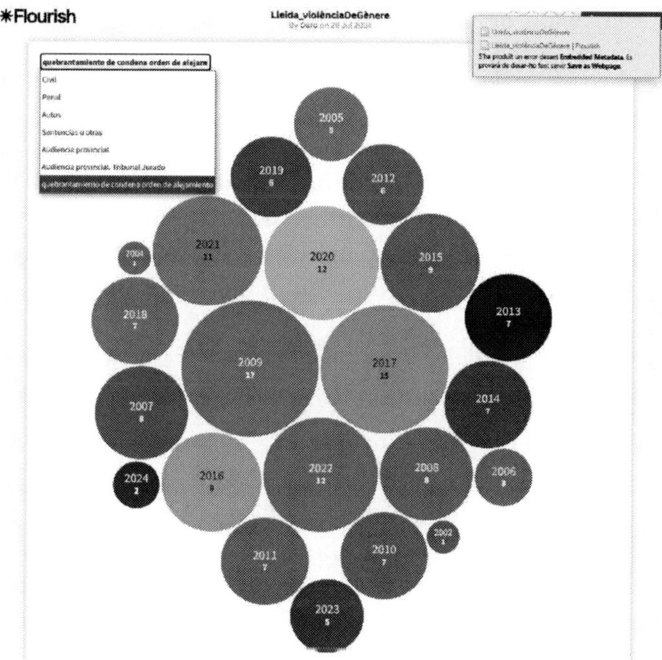

III. CREACIÓN DE LA PRUEBA SOBRE VIOLENCIAS MACHISTAS EN LA FICCIÓN

1. Test

Con el objetivo de poner la IA generativa al servicio de la prevención de las violencias machistas, se ha desarrollado también una herramienta de autorreflexión sobre los consumos mediáticos propios: un cuestionario en línea que permite conocer de manera ágil y directa qué tipo de violencias machistas contienen los productos de cultura popular que nos gustan. El propósito del cuestionario es visibilizar, sin juzgar, aquello que forma parte del relato y que a menudo normalizamos como parte de lo que nos entretiene.

1.1. Descripción de las personas participantes

Antes de realizar la prueba, y como primera pregunta del cuestionario, se pidió a los y las participantes que hicieran una autodefinición. A partir de sus escritos, que tradujimos al inglés, con la IA de Midjourney (versión 6.1) se creó una representación para estudiar las estilizaciones, los patrones y los sesgos de las imágenes producidas. Las ilustraciones resultantes son idealizaciones de la feminidad y de la masculinidad, proyecciones de lo que socialmente consideramos como causar una buena impresión y ofrecer una imagen que el resto de las personas puede leer con facilidad para ubicarnos como alguien atractivo.

Una muestra de ello es la normatividad de los cuerpos femeninos retratados en los que destaca la delgadez y la longitud de la melena, así como las exhibiciones de la feminidad centradas en la sensualidad, la dulzura y la predisposición hacia el espectador. Por otra parte, las imágenes generadas son literales, si alguien afirma que le gusta la música aparece con auriculares, si dice ser creativa, se pinta a ella misma.

Los atributos de masculinidad son, principalmente, la barba y el pelo corto. En las siguientes tiras vemos nuevos ejemplos de cómo la IA de Midjourney imagina a jóvenes universitarios. Las gafas, el estilo urbano y los cuerpos atractivos predominan en todas las imágenes producidas.

El atractivo y la sexualización de las imágenes generadas están generalizados. En el caso de ellos, la masculinidad más cercana a la definición de lo hegemónico se produce en un caso en el que el participante se autodefine como alguien a quien le gusta el deporte. En el caso de ellas, para una participante que comenta su amor por la naturaleza. Aparecen entonces unas de las ilustraciones más sexualizadas de toda la muestra en las que ella expresa el género a través de estereotipos en la forma de posar como el contacto con el suelo, la forma de tocar los objetos o la mirada. Ellas, más que ellos, están en el suelo, o en la cama, arrodilladas, inclinando la cabeza o sonriendo de forma más abierta (este último punto no se confirma en la muestra).

El otro ejemplo de sesgo de género en la sexualización de las imágenes se produce al definirse como apasionados de los videojuegos. Ellos aparecen sentados, apoyados en mesas y tranquilos, mientras que las ilustraciones que se hacen de ellas responden a lo descrito con anterioridad: cuerpo normativo heterosexy, problematización de la afición y ofrecimiento.

Finalmente, otro resultado destacable es que, entre las 116 fotografías, sólo en una de ellas se muestra una persona racializada, y muy probablemente se debe a que, en su descripción, comentó que le importaba la inclusividad. Como ya se ha mostrado en muchos otros contextos, las herramientas de IA promueven un universo blanco.

Como puede apreciarse, la representación que hace la IA tiene sesgos, como el hecho de que las representaciones de los chicos están en un gran número con cabellos cortos, oscuros y de raza caucásica y delgados. Por su parte, las chicas son delgadas, guapas, de pelo largo y de raza caucásica también.

1.2. Creación de la prueba

Se tomó como punto de partida la conocida prueba *de Bechdel* (Bechdel-Wallace) ya que, desde su publicación en 1985, se ha popularizado y se usa habitualmente para hacer un análisis crítico sobre la presencia de mujeres en la pantalla.

La prueba de *Bechdel* consiste en responder tres cuestiones:

- ¿Hay por lo menos dos personajes femeninos con nombre?
- ¿Estas mujeres hablan entre sí?
- ¿Su conversación trata sobre algo que no sea un hombre?

Aunque los criterios son relativamente sencillos, muchas películas populares no los superan, lo que pone de manifiesto un sesgo sistemático en la representación de las mujeres.

La prueba *de Bechdel* ha inspirado nuevas versiones en las que se pone de manifiesto la falta de representación de otros colectivos. En esta fase del proyecto, se revisaron los siguientes pruebas: *reverse Bechdel, Mako Mori, Sexy Lamp, Sphinx, Johanson analysis, Vito Russo, Deggans, Shukla, Riz, DuVernay, Nadia Latif and Leila Latif questions, Kent, Aila, Finkbeiner.* Además, para el proyecto, se tuvieron en cuenta algunas de las dimensiones del iceberg de las violencias (sutiles y explícitas) contra las mujeres como el papel del humor, el uso del lenguaje sexista, el desprecio y la presencia de control, amenazas y violencia directa/física. También un par de categoría con relación a la representación atractiva del agresor y a la justificación o minimización de la violencia.

2. Desarrollo de la prueba del proyecto

Para ampliar la prueba y realizar un estudio de violencia machista se pidió a la IA Copilot, que diseñara uno y que recomendara producción audiovisual que presentara una buena representación y visibilización. Un primer resultado fue que la IA desarrolló una prueba muy parecida al que diseñaron las investigadoras a partir de todos los test que exploraron y las dimensiones de la violencia descritas con anterioridad. En este sentido, la IA Copilot se muestra como una herramienta que, con una conducción previa, puede generar buenos cuestionarios.

En cuanto a las producciones audiovisuales, la IA Copilot recomendó "*The HandMaid's Tale*" y "*Euphoria*", dirigida al público más joven. Se escogió la última como ejemplo del tipo de respuesta que se iba a pedir a quienes participaron en el piloto.

Esta ampliación se realizó con los siguientes ítems:

- Ausencia de violencia
- Motivos de la violencia
- Lenguaje y humor
- Atractivo del agresor

Las preguntas de la prueba finalmente fueron las siguientes:

"Ante todo: queremos conocerte, descríbete con el máximo de detalle.

Ej: "Me defino como una mujer a la que le gusta aprender desde que era pequeña. Soy física, doctora en informática y trabajo en proyectos de arte y diseño. Me interesan todas las cosas, creo que no hay nada que no pueda enseñarnos algo valioso. Soy muy positiva y busco tener un impacto positivo no sólo en el medio ambiente sino también en las personas que me rodean" "Elige una serie/videojuego o película y ve respondiendo a cada pregunta

¿Cuál has escogido?»

"1) ¿La obra incluye al menos dos personajes femeninos con nombre? Sí. "Euphoria" cuenta con un gran reparto de personajes femeninos, muchos de los cuales tienen nombre y son centrales en la historia.

Di ahora cuál es tu respuesta en tu caso."

"2) ¿Estos personajes hablan entre ellos? Sí. Los personajes femeninos de "Euphoria" suelen conversaciones entre ellos

Di ahora cuál es tu respuesta en tu caso."

"3) ¿Hablan entre ellos de otra cosa que no sea un hombre? Sí. Aunque las relaciones e intereses románticos son un tema importante, los personajes discuten una amplia gama de temas como la amistad, la salud mental, las drogas, los problemas sociales y los objetivos personales

Di ahora cuál es tu respuesta en tu caso."

"4) ¿La obra retrata con precisión las experiencias de las supervivientes de la violencia machista? Sí y no. "Euforia" retrata con precisión las luchas y retos a los que se enfrentan las supervivientes de la violencia de género, como el trauma, el TEPT y la dificultad para formar relaciones saludables. Sin embargo, algunos críticos argumentan que el programa también puede *"glamuorizar" o "romantizar"* ciertos aspectos de la violencia

Di ahora cuál es tu respuesta en tu caso."

"5) ¿El trabajo evita perpetuar estereotipos o tropas nocivos sobre las supervivientes de la violencia machista? Hasta cierto punto. Aunque el programa evita perpetuar estereotipos nocivos sobre los supervivientes, ha sido criticado por su representación de determinados personajes, especialmente aquellos que son marginados o vulnerables

Di ahora cuál es tu respuesta en tu caso."

"6) ¿El trabajo ofrece apoyo o recursos para supervivientes de violencia machista? Limitadamente. Aunque el programa no ofrece explícitamente soporte ni recursos para los supervivientes, sí aumenta la conciencia del problema y proporciona a los espectadores información sobre recursos de salud mental y adicción

Di ahora cuál es tu respuesta en tu caso."

"7) ¿El trabajo desafía las normas y actitudes sociales perjudiciales hacia la violencia de género? Sí. La "euforia" desafía las normas y actitudes sociales nocivas hacia la violencia de género, el consumo de drogas y la salud mental. Ofrece un retrato matizado de personajes complejos que a menudo son marginados o incomprendidos

Di ahora cuál es tu respuesta en tu caso."

"8) ¿La obra ofrece representaciones positivas de personajes femeninos supervivientes de la violencia machista? Sí. El espectáculo cuenta con varios personajes femeninos que son supervivientes de la violencia machista y que son retratados de forma positiva, a pesar de sus luchas

Di ahora cuál es tu respuesta en tu caso."

9) ¿La obra evita representaciones gratuitas o explotadoras de la violencia? No. "Euforia" incluye contenido gráfico y potencialmente activador, especialmente relacionado con la violencia, las drogas y la agresión sexual. Algunos espectadores pueden encontrar este contenido gratuito o explotador.

IV. ANALÍSIS Y RESULTADOS DE LA PRUEBA DEL PROYECTO

Curiosamente, los 29 alumnos del grado en Diseño Digital y Tecnologías Creatives optaron por producciones diferentes para responder la prueba, excepto en un caso. No sólo se consideraron películas o series de televisión, sino que, incluso, se escogió un videojuego (ej: *Star Wars Jedi: Fallen Order*) o una serie manga (ej: *One Piece*). Encontramos, entre otras, series poco normativas como Fleabag, de prisiones como *Vis a Vis o Prison Break,* pasando por comedias como *Friends* (años '90) o Cómo conocí a vuestra madre o románticas como Titanic o Mujercitas. Así, el test se puso a prueba con muchos tipos de relato.

1. Análisis con la IA Copilot

Pedimos a la IA, en este caso a la herramienta Copilot, que hiciera una clasificación temática de estas producciones, idioma y expresara su opinión respecto a si existía una representación en las violencias machistas.

Suministró el código en lenguaje R, para realizar los gráficos. Por defecto, lo genera en Python.

Mayoritariamente, los contenidos multimedia que consumen son en inglés, como podemos ver:

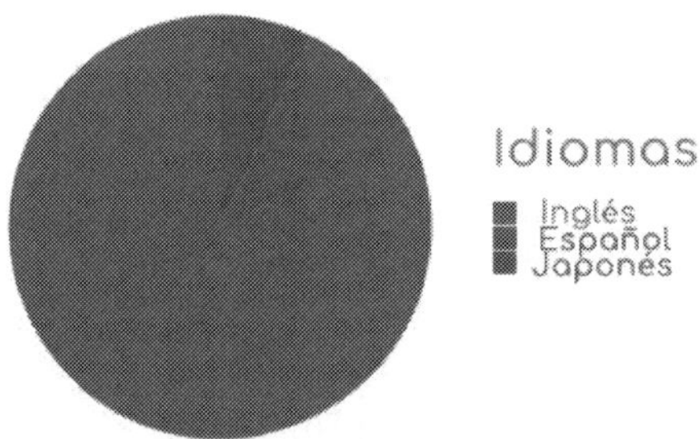

Se compararon las respuestas de los cuestionarios elaborados por participantes con las de Copilot, encontrando una coincidencia del 78% en el análisis realizado por las personas y por la herramienta, con formas narrativas y razonamientos muy similares. Esto nos hace pensar que sería posible no sólo lanzar el cuestionario sino automatizarlo para que la propia herramienta generara algún tipo de retorno reflexivo, siempre acompañado por un trabajo de investigación riguroso. Para esta triangulación se requiere todavía de mucho trabajo, además de ampliar el piloto a muchos otros colectivos.

En un 12,64% de los casos se produjo un análisis más profundo o una detección de patrones más ajustada por parte de la persona, y en menos ocasiones, por parte de la herramienta. Por ejemplo:

PER Pues no creo que tengan intención ni de perpetuar ningún estereotipo ni de dejar de perpetuarlo
IA Sí. La película evita perpetuar estereotipos nocivos y presenta personajes femeninos inteligentes, capaces y complejos.

PER Dentro del juego se ve como la mayoría de mujeres son las que se ocupan de la casa o son 'sirvientas' de sus hombres. Por lo tanto no evita perpetuar estereotipos
IA No. El juego no trata específicamente este tema.

Se detectó que la IA funciona con respuestas fórmula que, en el caso del cuestionario, aplicó a los 28 productos culturales que se analizaron. Si bien la IA identificó en la mayor parte de las ocasiones las violencias machistas que contienen dichos productos, no siempre ofreció matices, ya que la IA usó descripciones similares para contestar las preguntas.

Para conocer la autoconciencia que genera el cuestionario, habría que añadir una pregunta final.

V. CONCLUSIONES Y TRABAJO FUTURO

Curiosamente a lo que en principio podríamos pensar, las diferentes IAs todavía tienen muchos elementos que mejorar. La supervisión humana es necesaria para asegurar que los contenidos o no están muy sesgados, o bien están correctamente deducidos.

Hemos visto diferentes ejemplos de eso, como por ejemplo en los sesgos en la creación de las imágenes de los estudiantes, basadas en patrones o estereotipos. Tampoco escapan las respuestas de la IA a las preguntas de la prueba, que, aunque más desarrolladas y reflexivas, parecen responder a una plantilla.

Los datos que hay detrás de estas IAs marcan las tendencias y los sesgos del material generado a partir de ellas. Regularizar y promover la transparencia de estas, para saber qué tipo de datos se utilizan para alimentarlas y proporcionar diversidad e inclusividad es vital en el contexto en que vivimos.

Respecto a los contenidos que consumen, se puede observar, que mayoritariamente es material audiovisual en inglés. Además, es muy variado, de forma que no hay dos estudiantes que hayan escogido el mismo contenido multimedia. Para responder a esa diversidad de consumos, un cuestionario de preguntas abiertas que genere autoconciencia sobre las violencias machistas que pone en circulación la ficción puede contribuir a prevenirlas.

BIBLIOGRAFÍA

Geena Davis Institute on Gender in Media (2014): *Gender Bias Without Borders: An Investigation of Female Characters in Popular Films Across 11 Countries.*

Hickey, W. (2014, April 1): *The dollar-and-cents case against Hollywood's exclusion of women.* FiveThirtyEight. Retrieved from https://fivethirtyeight.com/features/the-dollar-and-cents-case-against-hollywoods-exclusion-of-women/

Mendelsohn, D. (2014, April 18): *The women of 'Mad Men': A feminist critique. The New Yorker.* Retrieved from https://www.newyorker.com/culture/cultural-comment/the-women-of-mad-men-a-feminist-critique

Smith, S. L., Choueiti, M., Prescott, A., & Pieper, K. (2013): *Gender inequality in 500 popular films: Examining on-screen portrayals and behind-the-scenes employment patterns in motion pictures released between 2007-2012.* USC Annenberg School for Communication and Journalism.

Capítulo XX.

La realidad de las mujeres en situación de sin hogar y las victimizaciones sufridas

EVA MARÍA PICADO VALVERDE
Profesora Permanente en Trabajo Social y Servicios Sociales
Universidad de Salamanca

RAQUEL GUZMÁN ORDAZ
Profesora Permanente en Sociología
Universidad de Salamanca

AMAIA YURREBASO MACHO
Profesora Permanente en Psicología Social
Universidad de Salamanca

ESTHER GARCÍA VALVERDE
Profesora Ayudante Doctora en Trabajo Social y Servicios Sociales
Universidad de Salamanca

I. RADIOGRAFÍA DE LA FEMINIZACIÓN DEL SINHOGARISMO

Según Duffy (1995) la exclusión social va más allá de la simple falta de recursos materiales, involucrando también la incapacidad de integrarse plenamente en los ámbitos económico, social, político y cultural, e incluso puede conllevar alienación y alejamiento del núcleo principal de la sociedad.

Es importante señalar que las experiencias de las mujeres en situación de sinhogarismo no se circunscriben exclusivamente a la vida en la calle, sino que también están asociadas a condiciones de pobreza extrema. Estas circunstancias incluyen la vivienda precaria, la infravivienda, las carencias económicas y los ingresos recurrentes en recursos sociales. Es común la alternancia entre diferentes alojamientos en períodos breves y en contextos informales, abarcando opciones como vivir en la vivienda de la pareja, amigos o familiares, así como la ocupación ilegal, entre otras formas (Cabrera, 2000).

De acuerdo con la encuesta del INE (2023), se identifican los principales lugares donde las personas sin hogar suelen pernoctar, específicamente en respuesta a la pregunta sobre dónde pasaron la noche anterior. Los resultados muestran que el 41.7% de las mujeres sin hogar pasó la noche en albergues, residencias o centros de acogida. La segunda opción más frecuente son los pisos proporcionados por las administraciones públicas (28.8%), seguidos por los pisos ocupados (14.3%). En un 6.4% de los casos, ONGs asumen temporalmente el costo de una pensión para evitar que estas mujeres duerman en la calle. Aun así, un 7.6% pasa la noche en espacios públicos (4.9%) o en alojamientos de fortuna como portales o cuevas (2.7%). Los centros de acogida para víctimas de violencia de género (0.7%) y los destinados a refugiados (0.5%) son las alternativas menos utilizadas.

Estos datos, obtenidos de recursos de atención a la exclusión en el ámbito nacional, no contemplan a mujeres que recurren a otros recursos, ya sean formales o informales, lo que evidencia la falta de un diagnóstico integral sobre la feminización del sinhogarismo. Según la Encuesta sobre Personas Sin Hogar (EPSH, 2022), las mujeres representan el 23.3% de la población sin hogar en España. Aunque son minoría respecto a los hombres, enfrentan una mayor invisibilidad, violencia y exclusión social. Además, presentan una media de edad ligeramente superior a la de los hombres (44.4 años frente a 43), y casi la mitad (46.7%) se encuentra entre los 35 y 55 años, un período crucial de actividad laboral y social.

En cuanto al origen, el 47.2% de estas mujeres nació en España, mientras que el 26% proviene de América y el 15.5% de África. Muchas enfrentan barreras adicionales como la falta de documentación o redes de apoyo. Aunque el 40% tiene educación secundaria y un 12% universitaria, el 4.6% carece de alfabetización básica. Además, para las migrantes, la educación superior no siempre garantiza empleo debido a discriminación y al limitado reconocimiento de sus credenciales.

La discapacidad también es una problemática significativa: el 20.5% de las mujeres sin hogar tiene una discapacidad reconocida, siendo mayoritariamente física (63.6%), seguida de sensorial (8.1%) y mental (3.2%). Esto incrementa su vulnerabilidad, dificultando su acceso a recursos y su independencia económica. Las mujeres racializadas enfrentan barreras agravadas por el racismo estructural, con tasas más altas de desempleo y exclusión habitacional, especialmente entre africanas y asiáticas.

La salud también es un desafío crítico: un 25% percibe su salud como mala o muy mala, especialmente en las mujeres de mayor edad. Las enfermedades crónicas afectan al 30.3%, con una notable incidencia de problemas mentales debido al estrés y el trauma. El consumo de drogas y alcohol afecta al 30% de estas mujeres, destacándose el consumo de marihuana (10.9%) y cocaína (4.4%), lo cual refuerza su exclusión social y dificulta su acceso a servicios y empleo.

En términos familiares, aunque el 72.25% de estas mujeres tiene hijos, solo el 31.8% convive con ellos. Muchas priorizan el bienestar de sus hijos, buscando alojamientos que los incluyan, pero la escasez de recursos las obliga a menudo a separarse de ellos, incrementando su vulnerabilidad emocional. Respecto al estado civil, el 47.9% son solteras y el 26.2% están separadas o divorciadas. Las relaciones abusivas, frecuentes en este colectivo, no solo son una causa de su situación, sino que también perpetúan su exclusión al cortar sus redes de apoyo.

El desempleo afecta al 64.1% de estas mujeres, quienes enfrentan grandes barreras para acceder al mercado laboral. Las migrantes se ven afectadas por restricciones legales y prejuicios, mientras que las españolas mayores encuentran limitaciones debido a su edad. Entre las que trabajan, predominan empleos precarios en sectores como limpieza y restauración, con un 82.2% trabajando a tiempo parcial, lo que dificulta el acceso a una vivienda estable.

Las mujeres sin hogar alternan entre albergues, pisos ocupados y la calle. Aunque el 41.7% utiliza albergues, muchas enfrentan restricciones horarias y falta de privacidad. Los alojamientos informales, como espacios públicos o viviendas de personas con algún lazo afectivo, son comunes, pero altamente inestables. La inseguridad habitacional y los desalojos son una constante en sus vidas, dificultando su capacidad para establecer una base estable y reconstruir sus proyectos personales.

II. LOS FACTORES DE RIESGO PRESENTES EN LAS MUJERES EN SITUACIÓN DE SIN HOGAR

El fenómeno del sinhogarismo está experimentando un creciente proceso de feminización en nuestro país, caracterizado por su naturaleza multidimensional y compleja. Analizar este fenómeno requiere abordar diferentes perspectivas y dimensiones para implementar soluciones efectivas e inclusivas, por esta razón reducir el fenómeno de sinhogarismo en mujeres exclusivamente desde las carencias económicas o de vivienda demostraría una carencia en el abordaje de las realidades encontradas en la investigación empírica.

El Centro de Investigación en Derechos Humanos y Políticas Públicas[1] de la Universidad de Salamanca tiene experiencia en el abordaje de la exclusión desde una perspectiva interdisciplinar, lo que obliga a trabajar desde tres marcos de actuación, un modelo teórico que recoja la influencia de los diferentes niveles y entornos sociales en ellas, una perspectiva interseccional que pueda identificarse las diferentes vulnerabilidades y opresiones que influyen en la vida de estas mujeres y una mirada abierta al fenómeno de sinhogarismo teniendo en cuenta las categorías establecidas por la Federación Europea de Asociaciones Nacionales que Trabajan con Personas sin Hogar (FEANTSA).

1. Fotografía fija desde el modelo ecológico en las mujeres en situación de sin hogar

La identificación de factores de riesgo presentes en estas mujeres se aborda desde el modelo ecológico de Bronfenbrenner (1987) permitiendo un marco comprensivo para comprender las múltiples capas de influencia que afectan a las mujeres en situación de sin hogar. Esta teoría se organiza en varios ni-

[1] Este trabajo ha sido realizado en el marco de los proyectos de investigación titulados Protocolo de detención, atención e intervención para mujeres en situación de riesgo de exclusión social y sinhogarismo desde una perspectiva integral e interseccional. Ref. 44-9-id23 (2023-2024), Ministerio de Igualdad. Instituto de las Mujeres. IP: Eva María Picado Valverde y Agenda 2030 y acceso igualitario a la justicia de personas vulnerables desde una perspectiva de género (PIC-2022-06) financiado por la Universidad de Salamanca. IP: Adán Carrizo González-Castell.

veles, que incluyen el microsistema, mesosistema, exosistema, macrosistema y cronosistema, cada uno de los cuales interactúa de manera compleja para influir en el desarrollo y bienestar de las mujeres en esta situación.

En el microsistema, que abarca las interacciones más inmediatas y directas, se encuentran las relaciones familiares y sociales. Las mujeres sin hogar a menudo enfrentan un entorno familiar disfuncional, caracterizado por el abuso de sustancias y la violencia, lo que puede agravar su situación de vulnerabilidad (Slesnick et al., 2012; Vázquez et al., 2019). El estudio de Vázquez et al. (2019) resalta que la falta de apoyo social y familiar puede limitar el acceso a cuidados esenciales, lo que perpetúa el ciclo de la falta de vivienda.

El mesosistema se refiere a las interacciones entre los diferentes microsistemas. Para las mujeres sin hogar, esto puede incluir la relación entre sus experiencias en el hogar y su interacción con servicios sociales o refugios. La investigación indica que las mujeres que han experimentado violencia en el hogar o problemas de salud mental pueden tener dificultades para acceder a servicios de apoyo, lo que a su vez afecta su capacidad para encontrar vivienda estable (Rodriguez-Moreno et al., 2020; Price y Glorney, 2022). El estudio de Wenzel et al. (2009) muestra que el contexto social de las mujeres sin hogar influye en su uso de sustancias, sugiriendo que las redes sociales pueden ser, tanto un recurso, como un riesgo. La investigación de Matulic-Domandzic et al. (2019) subraya que la desvinculación de las instituciones sociales y la falta de recursos disponibles perpetúan esta exclusión, profundizando la situación de desamparo de muchas mujeres. Este fenómeno no solo afecta su bienestar personal, sino que también incrementa su dependencia de redes de apoyo informales que, en muchas ocasiones, resultan insuficientes para garantizar su reintegración social. De este modo, las dinámicas de exclusión se consolidan como un círculo vicioso difícil de romper sin intervenciones adecuadas.

El exosistema incluye factores que no afectan directamente a las mujeres, pero que influyen en su entorno, como políticas públicas en nuestro caso de gran relevancia la política criminal y los servicios comunitarios. La falta de políticas adecuadas que aborden las necesidades específicas de las mujeres sin hogar puede provocar una falta de recursos y apoyo, exacerbando su situación (Toro et al., 1991) o lo relacionado con la criminalización de la pobreza (Sanz-Mulas, 2025).

El macrosistema abarca las influencias culturales y sociales más amplias, como las normas de género y las actitudes hacia la pobreza. Las mujeres sin hogar a menudo enfrentan estigmas sociales que pueden limitar sus oportunidades de empleo y acceso a servicios, lo que perpetúa su situación de vulnerabilidad (Vázquez et al., 2019; Rodríguez-Moreno et al., 2020). Destacándose cómo los eventos estresantes de la vida, como la violencia de género, interactúan con factores sociales y culturales para afectar desproporcionadamente a las mujeres (Rodriguez-Moreno et al., 2020).

Finalmente, el cronosistema se refiere a la dimensión temporal, considerando cómo las experiencias a lo largo del tiempo afectan a las mujeres. Las trayectorias de vida de las mujeres sin hogar a menudo están marcadas por eventos adversos acumulativos, como la violencia, la pobreza y la falta de apoyo social, que pueden llevar a la falta de vivienda en diferentes etapas de sus vidas enfatizando como es necesario intervenciones que aborden estas experiencias a lo largo del tiempo y en múltiples niveles (Kilmer et al., 2012).

2. La aplicación del modelo interseccional en el sinhogarismo femenino

El incremento de mujeres que viven en situación de pobreza se ha convertido en un fenómeno significativo, revelando las desigualdades estructurales en el acceso a recursos y oportunidades. Estas desigualdades no solo agravan la vulnerabilidad económica de las mujeres, sino que también imponen barreras sociales y culturales que limitan su calidad de vida y restringen sus posibilidades de desarrollo, perpetuando su exclusión.

La intersección entre pobreza, violencia de género y sinhogarismo pone de manifiesto la necesidad de abordar esta problemática desde un enfoque integral e interseccional, como el aplicado en este estudio, dado que la violencia de género no solo actúa como un factor de exclusión social, sino que también intersecan con otras condiciones de vulnerabilidad, como la pobreza y el sinhogarismo, agravando la situación de las mujeres afectadas. Para enfrentar esta problemática, resulta imprescindible el diseño de estrategias integrales que reconozcan y respondan a las múltiples dimensiones de exclusión que enfrentan las mujeres víctimas de violencia de género en estos casos. Las investigaciones revisadas refuerzan la necesidad de fortalecer el apoyo institucional, ampliar los recursos disponibles y promover la implementación de enfoques interseccionales que permitan avanzar hacia una mayor equidad y justicia social. La intersección de categorías como el género, la etnicidad y la situación económica contribuye a un riesgo elevado de victimización múltiple para estas mujeres. Cobb-Clark et al. (2016) y Johnson et al. (2017) destacan que el género influye significativamente en la experiencia del sinhogarismo y sus consecuencias. Vázquez et al. (2022) concluyen que las mujeres en situación de sinhogarismo están expuestas a múltiples capas de discriminación que se entrelazan, incluyendo el género, la clase social y, en algunos casos, la etnicidad. Esta intersección de factores crea un contexto en el que las mujeres no solo son más propensas a experimentar pobreza y exclusión social, sino que también son más susceptibles a la violencia y la explotación. La situación se complica aún más para las mujeres sin hogar, quienes enfrentan un doble estigma: por su condición de sinhogarismo y por su género.

Por esta razón, es necesario incluir en el análisis y estudio del sinhogarismo femenino la perspectiva interseccional. Este enfoque destaca que las mujeres en esta situación no se enfrentan a una única forma de exclusión o discriminación, sino que su vulnerabilidad surge de la interacción de diversos factores, como el género, la raza, la identidad sexual, la edad o la condición migratoria. Por ejemplo, las mujeres migrantes en situación de sinhogarismo no solo padecen precariedad económica y carencia de vivienda, sino que también enfrentan barreras lingüísticas, estigmatización y riesgos de explotación laboral o sexual. O en el caso de las mujeres que viven en la calle, no sólo se puede tener en cuenta su precariedad económica, sino también su origen, su adicción y/o enfermedad mental.

Abordar esta problemática desde una perspectiva interseccional, enmarcada en el modelo ecológico, permite analizar cómo estos factores interactúan en los diferentes niveles del entorno, lo cual facilita la identificación de las áreas de mayor vulnerabilidad y la elaboración de intervenciones más específicas y efectivas, adaptadas a las necesidades particulares de cada grupo. Este enfoque analítico facilita la identificación de necesidades tan específicas que favorece la puesta en marcha de soluciones concretas. El enfoque interseccional reconoce múltiples formas de discriminación y vulnerabilidades de manera muy particular en el caso de las mujeres, no reconocer este planteamiento supondrá reproducir e incrementar desigualdades existentes.

3. Ampliamos miradas en el fenómeno

Según Rodríguez-Flores (2021) esta problemática engloba diversas situaciones de exclusión habitacional que dificultan la integración social de las personas afectadas. Coincidiendo esta afirmación con las categorías ETHOS, la clasificación desarrollada por la Federación Europea de Organizaciones Nacionales que Trabajan con Personas Sin Hogar (FEANTSA), proporciona un marco conceptual valioso para comprender las múltiples formas de exclusión residencial. Este enfoque permite analizar de manera más precisa las realidades enfrentadas por quienes experimentan la pérdida o ausencia de un hogar. Dentro de este marco, se identifican cuatro dimensiones principales del sinhogarismo: literal, oculto, inminente e institucional, cada una con características y desafíos específicos.

El sinhogarismo literal (sin techo) abarca a las mujeres que viven en la calle, a la intemperie, en espacios públicos o que recurren a albergues de emergencia como única opción habitacional (Rodríguez-Flores, 2021). Este grupo representa niveles extremos de exclusión y marginalidad, agravados por problemas de salud mental, adicciones y enfermedades crónicas, que limitan significativamente sus posibilidades de salir de esta situación (Álvarez et al., 2021; Gallén-Granell, 2024). Un momento complicado para estas mujeres fue durante la pandemia de COVID-19 ya que, se intensificaron las dificultades para el acceso a la vivienda, aumentando su vulnerabilidad social y económica (Rodilla-Navarro et al., 2023).

El sinhogarismo institucional (sin vivienda) incluye a quienes residen en albergues y centros para personas sin hogar, o en instituciones como hospitales psiquiátricos, centros penitenciarios o residencias de mayores. Estas personas, al abandonar dichas instituciones, carecen de una vivienda propia (Rodríguez-Flores, 2021), además de enfrentarse a desafíos adicionales, como discapacidades, adicciones, trastornos de salud mental o mayor desvinculación social por haber pasado tiempo en estas instituciones, como por el ejemplo, en el caso de las mujeres que se encuentran en prisión, dificultando su integración social y el acceso a una solución habitacional estable (Panadero y Pérez- Lozano Gallego, 2014). La falta de estrategias de transición y seguimiento incrementa el riesgo de caer en formas más graves de exclusión habitacional, como el sinhogarismo literal.

Por su parte, el sinhogarismo oculto (vivienda insegura) se refiere a quienes viven en condiciones de hacinamiento, alojamientos temporales o precarios, o dependen de la acogida de familiares y amigos para tener un lugar donde residir (Amore et al., 2011; Deleu et al., 2021; Rodríguez-Flores, 2021). Según Panadero et al. (2013), estas personas presentan una fragilidad habitacional que compromete su estabilidad y bienestar a largo plazo. La naturaleza transitoria y dependiente de estas soluciones intensifica su precariedad, dificultando el acceso a una vivienda digna y permanente.

Un ejemplo muy extremo es el apoyo que se prestan las mujeres migrantes, que configuran un apoyo de red informal para cubrir necesidades básicas en la gran mayoría de los casos de una manera poco digna, desde el pago clandestino por utilizar unas horas de cama, disponer de un trabajo no asegurado o un empadronamiento para intentar, en pocas ocasiones con fortuna, acceder a los servicios públicos comunitarios. Villa-Rodríguez et. al. (2023) considera que las mujeres migrantes en situación irregular recurren a estrategias de supervivencia menos visibles, pero igualmente precarias, como residir con amigos o familiares en condiciones de dependencia. Aunque menos evidente que el sinhogarismo literal, estas situaciones representan graves formas de exclusión residencial. Según Villa-Rodríguez, et.al. (2023) el sinhogarismo femenino migrante se desarrolla en contextos menos evidentes que los asociados tradicionalmente al sinhogarismo masculino, lo que resalta la necesidad de ampliar la conceptualización de este fenómeno. Asimismo, Penya y Maranillo (2022) destacan que las mujeres migrantes desarrollan estrategias de supervivencia clave para su resiliencia en contextos de vulnerabilidad.

El sinhogarismo inminente (vivienda inadecuada) describe a las personas en riesgo de perder su vivienda en un futuro cercano, ya sea por desahucios, ejecuciones hipotecarias o la incapacidad de pagar el alquiler (Rodríguez-Flores, 2021). Este tipo de vulnerabilidad habitacional ha sido especialmente agravado por los efectos socioeconómicos de la pandemia (Fenoy-Garriga et al., 2021). Muchas de estas personas carecen de redes de apoyo o recursos económicos suficientes para evitar la pérdida de su hogar, aumentando el riesgo de caer en formas más severas de sinhogarismo. La intervención comunitaria desde las políticas sociales en materia de vivienda es un área deficitaria donde predominan actuaciones puntuales y asistencialistas que carecen de continuidad e impacto real sobre las raíces del problema (Morán y Rodriguez, 2021).

La clasificación de estas dimensiones permite una comprensión más profunda y diferenciada del sinhogarismo, destacando la diversidad de experiencias habitacionales. Este enfoque subraya que el sinhogarismo no se limita a la ausencia total de vivienda o una cuestión exclusiva de carencia económica, sino que abarca un amplio espectro de situaciones de precariedad y vulnerabilidad. Reconocer estas diferencias resulta esencial para diseñar políticas públicas efectivas que aborden las causas estructurales del sinhogarismo y promuevan la inclusión social de las personas afectadas (Rodríguez-Flores, 2021; de la Fuente-Roldán, 2023; Bachiller, 2024).

III. LA VIOLENCIA DE GÉNERO Y OTRAS VICTIMIZACIONES EN LAS MUJERES EN SITUACIÓN DE SIN HOGAR

Es fundamental identificar los factores de riesgo que inciden o han incidido en cada trayectoria de vida de estas mujeres, ya que, las desigualdades sociales demuestran que el género impacta de manera especialmente adversa en el caso de las mujeres. Estas desigualdades se reflejan en diversos aspectos, como la vulnerabilidad económica, originada por discriminación o migración, y las victimizaciones asociadas a diferentes formas de violencia, entre ellas la violencia de género, la violencia institucional y la aporofobia. Estas mujeres se exponen a mayores niveles de exclusión social debido a la ausencia de redes de apoyo sólidas, tanto formales como informales. Esta situación puede desembocar en situaciones extremas como el sinhogarismo femenino, donde la exclusión residencial extrema se agrava por su condición de género, exponiéndolas a experiencias de violencia y victimizaciones diferenciadas (Cabrera, 2000; Giménez, 2004; Sánchez, 2017).

El estudio realizado por el equipo de investigación del Centro de Derechos Humanos y Políticas Públicas "Diversitas" de la Universidad de Salamanca ha identificado situaciones de violencia de género en el 57.8% de las mujeres atendidas en la red de atención a la exclusión social en el ámbito nacional, observándose que, independientemente de sus características, todas las mujeres atendidas se encuentran en situación de vulnerabilidad de sufrir violencias.

La violencia de género constituye un factor crítico que impacta profundamente en las mujeres sin hogar, según Calvo et al. (2021), las mujeres en situación de sinhogarismo son especialmente vulnerables a diversas formas de violencia. Las investigaciones de Calvo et al. (2020) revelan que las agresiones más comunes provienen tanto de personas conocidas (48.4%) como desconocidas (34.1%). Este grupo vulnerable se enfrenta a situaciones específicas de violencia, acoso y discriminación, las cuales se agravan por la ausencia de redes de apoyo social y familiar, lo que limita significativamente sus opciones de protección y escape. de la Fuente-Roldán y Moreno (2023) destacan que las personas sin hogar son frecuentemente víctimas de acoso y violencia, lo que refuerza su exclusión social extrema. En el caso de las mujeres, la propensión a sufrir agresiones sexuales y violencia física es mayor, siendo estos actos cometidos no solo por particulares, sino también, en ocasiones, por agentes del orden, quienes, en lugar de ofrecer apoyo, pueden criminalizar su situación.

Además, la maternidad intensifica esta problemática. Gálan-Lapuente et al. (2020) subrayan que las mujeres sin hogar que son madres suelen quedar atrapadas en un ciclo de violencia y precariedad que afecta, tanto a ellas, como a sus hijos, dificultando aún más su capacidad para denunciar. La desconfianza hacia las instituciones también contribuye a perpetuar este ciclo de victimización. Según Villa-Rodríguez (2023), muchas mujeres evitan denunciar debido al temor a que su condición de sinhogarismo sea utilizada en su contra. Esta desconfianza alimentada por experiencias previas de discriminación y violencia refuerza su reticencia a buscar ayuda, a esto se añade el hecho de que, como señala Lapuente et al. (2020), la maternidad lleva a muchas mujeres a priorizar la seguridad de sus hijos, lo que a menudo implica tomar decisiones difíciles, como no formalizar denuncias.

Un dato preocupante es la baja proporción de denuncias de agresiones entre las personas sin hogar y muy especialmente en el caso de las mujeres. De acuerdo con el Observatorio HATENTO (2015), el 63% de las personas encuestadas no reportan los incidentes, y el 43% considera que denunciar "no serviría de nada". Además, un 19.4% manifiesta desconfianza hacia los sistemas públicos, pese a que un 57% de las víctimas había recibido atención por parte de servicios sanitarios o policiales. Estas cifras evidencian la necesidad imperiosa de proporcionar a los profesionales que trabajan con estas poblaciones herramientas y estrategias eficaces para identificar y abordar los casos de aporofobia, pero además la identificación de las agresiones sexuales en el caso de las mujeres que viven en la calle o centros residenciales temporales.

Respecto a la formalización de denuncias por violencia, el 71% de las mujeres en situación de sinhogarismo nunca reportan las agresiones sufridas, mientras que el 29% lo hace de manera ocasional. Además, 6 de cada 10 mujeres han experimentado violencia sexual y 8 de cada 10, violencia física. Cuando los agresores son desconocidos, las diferencias en la incidencia entre hombres y mujeres se reducen, mostrando un patrón de violencia de naturaleza más neutra. Sin embargo, en el caso de las mujeres, estas agresiones se ven intensificadas por factores asociados a su género o identidad sexual (Bani-Fatemi et al., 2020).

Galán-Sanantonio et al. (2022) enfatizan la necesidad de implementar políticas que aborden el sinhogarismo, no solo desde una perspectiva económica, sino también desde un enfoque que contemple las necesidades específicas de las mujeres, incluyendo la violencia de género y el acceso a servicios de apoyo. Crear espacios seguros y de confianza es crucial para que las mujeres puedan denunciar sin temor a represalias, facilitando así la ruptura del ciclo de violencia y exclusión.

1. *Especial atención a los antecedentes traumáticos y victimizaciones en la infancia y adolescencia*

Tras realizar entrevistas en profundidad a un número importante de mujeres que se encuentran viviendo en diferentes contextos relacionados con la categoría sin techo y sin vivienda, se ha comprobado que un elemento común en todas ellas son las situaciones traumáticas vividas en la edad adulta, pero especialmente durante la infancia y adolescencia. Diversos estudios han encontrado que las mujeres sin hogar presentan niveles mucho más altos de abuso emocional, físico y sexual en la infancia, en comparación con la población general Vries et al. (2019), lo que las vuelve más vulnerables a la revictimización sexual en la edad adulta (Edalati y Nicholls, 2017; Edalati et al., 2016). El estudio de Green et al. (2012) comprobó que el 78% de las mujeres sin hogar en recursos de pernocta temporal habían sufrido abuso de diferente tipo en la infancia, y de éstas, el 55% admitió haber sufrido abuso sexual. Los estudios que analizan el impacto de los antecedentes de victimización en edades tempranas demuestran que estas experimentaron traumas en etapas iniciales de su vida antes de encontrarse en situación de sinhogarismo, lo que sugiere que estos eventos constituyen un importante factor de vulnerabilidad que puede contribuir a dicha condición (Wong et al., 2016; Vázquez et al., 2019; Guillén et al., 2020; Vázquez et al., 2020; Rodríguez-Moreno, 2020; Rodríguez-Moreno, 2021; Vázquez et al., 2021; Lenta et al., 2023).

Además, el abuso infantil se ha asociado con mayores tasas de trastorno de estrés postraumático y trastorno límite de la personalidad en las mujeres sin hogar (Houston et al., 2012; Ports et al., 2016). Esto genera un ciclo de victimización y problemas de salud mental que dificulta su salida de la situación de sin hogar (Slesnick et al., 2010; Rivero et al., 2021). En este caso, las conclusiones de nuestro estudio reclaman analizar con profundidad la utilización de la patologización y los diagnósticos clínicos de estas mujeres en las acciones desarrolladas por las políticas públicas ya que, puede conllevar el riesgo de revictimar o dificultar el proceso de desvictimización esperado. La violencia familiar en la infancia se ha asociado con un mayor riesgo de revictimización y violencia de pareja en la edad adulta (Edalati et al., 2016; Edalati y Nicholls, 2017). Esto evidencia cómo los patrones de violencia pueden repetirse a lo largo de la vida de las personas que han sido expuestas a ellos desde temprana edad.

La violencia familiar es también una constante presente en los casos analizados. En este tipo de violencia sufrida en el ámbito familiar destaca la violencia física, psicológica y sexual presente en la infancia de las mujeres por parte de sus progenitores, pero también como testigos de diferentes violencias por parte de su padre hacia su madre, además de conflictos familiares siempre resueltos con diferentes manifestaciones de violencia.

Sin duda, la exposición de los menores a la violencia de género en el ámbito familiar tiene graves consecuencias en su desarrollo psicosocial. Diversos estudios han encontrado que los menores que presencian o sufren violencia de género en el hogar, ya sea de forma directa o indirecta, presentan problemas de comportamiento internalizados y externalizados, así como problemas de autoestima, habilidades sociales y salud mental (Espinosa ,2023; Sepúlveda, 2006). Esto se debe a que la exposición a la violencia de género genera un impacto negativo en el desarrollo psicológico y emocional de los niños y niñas, además de demostrarse que en algunos casos la violencia de género en el ámbito familiar se ha asociado con un mayor riesgo de que los menores reproduzcan patrones de violencia en sus propias relaciones en el futuro (Espinoza et al., 2019) teniendo consecuencias en la funcionalidad y dinámica familiar, afectando la cohesión, comunicación y apoyo entre los miembros del hogar (Alvarado et al., 2023) repercutiendo en el bienestar general de los menores.

Problemas económicos en el entorno familiar y/o relaciones de baja calidad que generan desvinculación y desapego han podido influir en el desarrollo madurativo y evolutivo de estas mujeres, pero además puede existir una tendencia a la repetición intergeneracional de patrones de violencia familiar (González, 2014). Estudios describen los entornos familiares de las mujeres sin hogar durante su infancia y adolescencia como marcados por desestructuración, caracterizada por graves conflictos, dificultades económicas y la presencia de padres con problemas de salud mental, alcoholismo o drogadicción (Cote et al., 2022; Gültekin et al., 2014; Vázquez et al., 2019). Sentimientos de culpa, vergüenza y aislamiento, junto con la ausencia de reconocimiento y apoyo familiar tras experiencias traumáticas, llevaron a estas mujeres a mantenerse en silencio, dejando huellas imborrables en sus vidas (Cote et al., 2022; McGrath et al., 2023). Estos eventos traumáticos se asociaron además con el abuso de sustancias y un deterioro en su salud mental (Guillén et al., 2020), así como con una mayor prevalencia de intentos de suicidio por parte de ellas (Vázquez et al., 2019).

Otras de las narrativas presentes en algunas mujeres ha sido la institucionalización en su infancia y adolescencia como respuesta del sistema de servicios sociales ante la violencia o conflicto familiar mostrándose como vivencias traumáticas para ellas. En este momento, hay una mayor tendencia desde los operadores jurídicos y el propio sistema de servicios sociales a evitar la institucionalización de los menores que se encuentran inmersos en situaciones de menor gravedad, pero si nos suscribimos a la tendencia en los años de infancia de estas mujeres, la tendencia era otra. En la actualidad, evitar la institucionalización no significa no proteger al menor, sino prestar los apoyos necesarios formales para no provocar rupturas que generen situaciones traumáticas ya que no podemos olvidar que la comprensión de la situación del menor no es la misma que la mirada del adulto.

Hay autores como Frías (2020) que vinculan la institucionalización de los menores a un impacto negativo en su salud mental, generando problemas como estrés, ansiedad y depresión. La institucionalización debe ser una elección última teniendo en cuenta los riesgos presentes en el entorno del menor y siempre valorándose y primando el interés de éste ya que, un inadecuado abordaje dificulta aún más su proceso de recuperación y reintegración familiar.

2. *¿Cómo opera la violencia de género en las mujeres en situación de sin hogar?*

Las experiencias de violencia de género con sus parejas representaron un punto de inflexión que impulsó a éstas a abandonar sus hogares, marcando el inicio de una etapa de inestabilidad habitacional (Gültekin et al., 2014; Long, 2015; Matulic et al., 2020). Esta inestabilidad, en numerosos casos, también ha estado acompañada de situaciones recurrentes e intensas de acoso, cosificación sexual o la exigencia de favores sexuales a cambio de ayuda (Cameron et al., 2014; Lewinson et al., 2014; Fynn et al., 2018; Arnoso et al., 2023). Según Mateo (2016), las mujeres víctimas de violencia machista están expuestas a un riesgo elevado de exclusión social, especialmente cuando carecen de apoyo institucional o de redes informales de respaldo. Esta exclusión se agrava en contextos de precariedad económica, donde las mujeres con responsabilidades familiares adicionales enfrentan mayores dificultades para superar su situación de vulnerabilidad. De este modo, se observa que la exclusión social no actúa de manera aislada, sino que está determinada por la interacción de múltiples factores que operan de forma compleja.

Tras explorar el tipo de relaciones de pareja que establecen las mujeres entrevistadas hemos podido corroborar diferentes manifestaciones de violencia en el seno de sus relaciones íntimas siendo éstas explicadas desde la teoría de Johnson (2008) distinguiéndose en:

2.1. Violencia situacional de pareja

Hace referencia a la violencia que surge de conflictos y discusiones entre la pareja. La violencia descrita es de carácter multicausal, ya que, en ella convergen factores psicológicos, psicosociales, económicos, culturales, ambientales, familiares, personales, entre otros (Ocampo y Amar, 2011). Esta forma de violencia no está asociada a dinámicas de control total sobre la otra persona, sino que emerge de conflictos de pareja que pueden escalar hasta desembocar en agresión. Se caracteriza por ser simétrica y bidireccional y tiende a ser temporal, aunque su frecuencia y severidad puede cronificarse, convirtiéndola en una estrategia recurrente para resolver conflictos, con posibles desenlaces letales. Diversos factores, como el consumo de sustancias, el alcoholismo y otros riesgos asociados a la violencia, pueden influir en su letalidad. En las relaciones de pareja, se observan diferentes estrategias para resolver conflictos. Cuando la víctima emplea un estilo de afrontamiento pasivo, como la evitación o la acomodación, se puede identificar violencia recibida. Por otro lado, cuando el estilo de afrontamiento es activo, caracterizado por el afecto y la reflexión, se puede inferir la coexistencia de violencia ejercida y recibida (Moral de la Rubia y López, 2012).

2.2. Terrorismo íntimo

Implica un patrón de control y dominio de uno de los miembros de la pareja sobre el otro, siendo más habitual la ejercida por el hombre hacia la mujer. Se considera que las manifestaciones de violencia son múltiples incluyendo violencia física, sexual, psicológica, económica y social. En esta tipología de violencia existe asimetría de poder y unidireccional, donde el agresor busca mantener el control y el poder sobre su pareja a través de diversos mecanismos de abuso y dominación, generando en la víctima miedo, aislamiento y dependencia.

2.3. Resistencia violenta

Este tipo de violencia se presenta con mayor frecuencia en mujeres y surge como una reacción frente a agresiones recibidas en un contexto de control coercitivo violento. Se produce cuando el agresor lleva a cabo conductas que pueden poner en riesgo la vida de la víctima, sus hijos o sus cuidadores. La resistencia violenta, también conocida como violencia en autodefensa, se manifiesta a través de diversas estrategias empleadas por las mujeres en situaciones de violencia, tal como: represalias, pasividad o silencio; estrategias para calmar al agresor mediante el razonamiento, la súplica o el llanto; búsqueda de apoyo social o institucional, ya sea formal o informal; consumo de alcohol u otras sustancias; huida del lugar donde se encuentra el agresor, por ejemplo, refugiándose en otra habitación; la oposición activa frente a las agresiones, que puede incluir acciones violentas como morder, pelear, arañar, amenazar con un arma, gritar, insultar y/o amenazar con la intervención de la policía (Santana, 2021).

Es importante destacar que estas manifestaciones de violencia de pareja no son excluyentes, y en muchos casos pueden coexistir o evolucionar de diferentes formas a lo largo de la relación, esto último hay que tenerlo en cuenta porque en algunos casos la víctima relata episodios de violencia que no siempre son los más graves, sino que suelen ser los que más impacto subjetivo le ha generado, pudiendo interpretar el profesional como una manifestación de violencia no especifica de la violencia de género, lo cual influye en sus decisiones en relación a la puesta en marcha de recursos asistenciales y de protección.

En el seno de la investigación se pudo comprobar que las mujeres consideran que el tratamiento hacia ellas por parte de los diferentes sistemas institucionales es insuficiente. Por una parte, porque consideran que la atención se encuentra muy condicionada a la demanda del momento, es decir la sectorización de los recursos influye en la satisfacción de su atención. Si la mujer es migrante se ponen en marcha recursos específicos sin investigar otros posibles problemas como es la trata, la explotación o la violencia de pareja. Si es una mujer con problemas de adicción se movilizan los recursos específicos de la red de atención a las drogodependencias sin tener en cuenta otras circunstancias vitales y así de manera concreta con la demanda actual que presenta la mujer.

Por otra parte, estas mujeres verbalizan una desprotección por parte del sistema ya que, no se las percibe como víctimas de violencia de género en comparación con otras mujeres que no se encuentran en exclusión social, además manifiestan desconfianza y miedo por las consecuencias que puedan tener como, por ejemplo, la retirada de tutelas de sus hijos.

3. La polivictimización en las mujeres en situación de sin hogar

Sin duda, las mujeres que se encuentran en la calle viven en condiciones muy adversas y narran que se tienen que construir sus propios espacios *pseudoseguros* para poder sobrevivir. Son muchas las amenazas presentes en la calle, pero una de las que perciben más grave son las agresiones sexuales. De hecho, consideran que convivir con sus maltratadores es una manera de evitar las múltiples agresiones sexuales de terceros.

Diversos estudios han identificado que las mujeres sin hogar presentan tasas mucho más altas de victimización sexual en comparación con la población general (Matulic-Domandzic et al., 2019; Lapuente et al., 2020). Esto se debe a que se encuentran en una situación de mayor vulnerabilidad y desprotección al carecer de un hogar seguro.

Muy relacionado con el sinhogarismo femenino, que no es tan frecuente en el masculino, es la relación con el ejercicio de la prostitución. La prostitución también puede ser un factor que contribuye al sinhogarismo, especialmente en el caso de las mujeres que la ejercen de manera forzada o bajo condiciones de explotación (Meneses y Guindeo, 2015).

La polivictimización está muy presente en estas mujeres y se refiere a la experiencia acumulativa de diversas formas de violencia y victimización que sufren a lo largo de sus vidas, lo cual tiene graves consecuencias en su bienestar y dificulta su proceso de recuperación. Las condiciones del sinhogarismo femenino no solo implican una ausencia de vivienda, sino también una exposición constante a nuevas formas de violencia y explotación. En estas circunstancias no solo se consideran la violencia de género y las victimizaciones en la infancia y adolescencia, sino también la relacionada con la violencia institucional.

Es una realidad que la visión social que se tiene de estas mujeres es más de potenciales delincuentes o responsables de su situación que, de víctimas, lo cual provoca que en su trayecto vital sufran situaciones de victimización desde muchos espacios, y que incluso ellas mismas se perciben como responsables de esta situación. La estigmatización y el miedo a la criminalización refuerzan este aislamiento. Eissmann (2023) señala que las mujeres sin hogar son frecuentemente percibidas como problemáticas, lo que genera desconfianza hacia las instituciones y dificulta la denuncia de los abusos. Según Villa-Rodríguez (2023) muchas mujeres sienten desconfianza hacia las instituciones, temiendo que su condición de sinhogarismo pueda ser utilizada en su contra, por lo que las lleva a abstenerse de presentar denuncias. Por otro lado, Lapuente et al. (2020) señalan que la maternidad puede agravar aún más esta problemática, ya que, muchas mujeres priorizan la protección y seguridad de sus hijos, lo que las obliga a tomar decisiones difíciles, como optar por no denunciar su situación. Villa-Rodríguez (2019) señala que el 45% de las mujeres analizadas carece de apoyo social fuera del ámbito familiar, lo que contribuye a su aislamiento y complica la posibilidad de presentar denuncias. Asimismo, la estigmatización y la percepción de falta de respaldo agravan esta problemática. En este contexto, la aporofobia, entendida como el rechazo hacia las personas en situación de pobreza, se convierte en una forma adicional de victimización que afecta de manera particular a quienes se encuentran sin hogar.

Estas mujeres enfrentan una alta vulnerabilidad frente a la violencia institucional, manifestada en la desconfianza hacia sus testimonios, obstáculos burocráticos, carencia de información judicial y dificultades para acceder a ayudas económicas (Bodelón, 2014). La sensación de desprotección se intensifica debido a un trato desigual en los sistemas públicos, como evidencian los estudios de Aulette y Aulette (1987) sobre el acoso policial desproporcionado, complementados por las investigaciones de DeLisi (2000).

Rodilla-Navarro et al. (2023) señalan que el sinhogarismo está vinculado a diversos problemas de salud mental y adicciones que, a menudo, se emplean como argumentos para justificar el acoso policial. No obstante, este enfoque pasa por alto las causas estructurales que conducen a las personas a vivir en la calle, como la carencia de acceso a vivienda asequible y a servicios de salud adecuados. La criminalización de la pobreza, junto con la falta de empatía hacia las circunstancias que enfrentan estas personas, perpetúa un entorno donde el acoso policial se ha normalizado.

Bautista et al. (2017) resaltan que las personas sin hogar son objeto de agresiones que abarcan desde el acoso verbal hasta la violencia física, perpetuando un entorno hostil que profundiza su exclusión social. Estas agresiones no solo son cometidas por individuos, sino que también tienen un componente institucional, evidenciando la falta de empatía hacia la vulnerabilidad que enfrentan. Rodríguez-Flores (2021) enfatiza que estas agresiones despojan a las personas sin hogar de su dignidad y humanidad, convirtiéndolas en blancos fáciles de maltrato y violencia.

El equipo de investigación de este proyecto consideramos la necesidad de ampliar la mirada de la violencia institucional ya que, como considera Expósito (2016), se debe considerar este tipo de discriminación o violencia de forma sutil y explícita, profundizando sobre las diferentes manifestaciones del tipo sutil como, por ejemplo, el tratamiento asistencialista y paternalista desde los servicios públicos, el diseño de infraestructuras que tiene como objetivo albergar el mayor número de personas sin considerar los espacios privados como imprescindibles para el trato digno de las personas, o desde el mercado laboral cuando se ven obligadas a aceptar cualquier empleo sin tener en cuenta las condiciones de trabajo que cualquier otra persona no aceptaría y además con el discurso social de que es una oportunidad para acceder a ingresos económicos.

Fenoy-Garriga et al. (2021) indican que las condiciones estructurales asociadas a vivir en la calle limitan la participación social de las personas sin hogar, afectando negativamente su bienestar físico y mental. La discriminación y exclusión a las que se enfrentan diariamente contribuyen al incremento de problemas como la depresión y la ansiedad. Asimismo, Rodilla-Navarro et al. (2023) destacan que las patologías de salud mental y las adicciones comunes entre este grupo aumentan su vulnerabilidad frente a las agresiones, generando un círculo vicioso en el que la victimización agrava el deterioro de su salud.

IV. ¿QUÉ DICE NUESTRO MARCO INSTITUCIONAL EN RELACIÓN A LA VIOLENCIA DE GÉNERO QUE SUFREN ESTAS MUJERES?

El marco institucional en la lucha contra la violencia de género ha evolucionado considerablemente en las últimas décadas, reflejándose en la aprobación de leyes, estrategias y políticas públicas que abordan esta problemática desde perspectivas cada vez más integrales. Sin embargo, esta evolución no ha sido uniforme ni inclusiva para todos los grupos de mujeres en situación de vulnerabilidad. Aunque las mujeres rurales, migrantes o de etnia gitana han sido reconocidas y contempladas en las estrategias de lucha contra la violencia de género, las mujeres en situación de sinhogarismo permanecen ampliamente excluidas de los planes y políticas específicas, lo que perpetúa su invisibilidad.

La aprobación de la Estrategia Nacional para Luchar contra el Sinhogarismo 2023-2030 es un avance necesario ya que, introduce un cambio importante al incluir un enfoque de género transversal. Este enfoque reconoce que las mujeres sin hogar se enfrentan vulnerabilidades y riesgos específicos, particularmente en relación con la violencia de género y la explotación sexual. La estrategia nacional y algunas autonómicas vinculadas a la intervención en la exclusión social propone medidas específicas para abordar estas cuestiones, tales como la prevención y atención a la violencia de género. Esta estrategia busca implementar programas de prevención que identifiquen y mitiguen los riesgos de violencia a los que están expuestas las mujeres sin hogar. Asimismo, plantea la provisión de recursos especializados para su atención, tales como los recursos de pernocta adaptados que ofrezcan espacios seguros y servicios específicos para esta población. La estrategia reconoce las barreras estructurales que enfrentan estas mujeres, como la falta de documentación, la estigmatización social y el desconocimiento de sus derechos, que dificultan su acceso a servicios de protección y apoyo. Además de la formación y sensibilización ya que se establece la necesidad de capacitar a los profesionales que trabajan en redes de atención para que puedan identificar y responder de manera adecuada a las necesidades de las mujeres en situación de sinhogarismo, especialmente en casos de violencia de género.

Sin embargo, a pesar de estos avances, las estrategias no tienen carácter vinculante, lo que significa que su implementación depende de la voluntad política, la coordinación interinstitucional y la asignación de recursos adecuados.

Las Comunidades Autónomas han comenzado a desempeñar un papel crucial en la ampliación del marco legal para abordar cuestiones relacionadas con la violencia de género y la exclusión social, aunque no lo hacen de manera explícita, con el riesgo de que no se haga con la profundidad que el fenómeno y la problemática requiere. Algunas regiones han incorporado en sus normativas específicas de violencia de género conceptos ya planteados en nuestro estudio como es la violencia institucional, reconociendo las fallas sistémicas y los obstáculos burocráticos que perpetúan la exclusión y la falta de acceso a derechos fundamentales para mujeres vulnerables, incluidas las mujeres sin hogar. La explotación sexual y laboral con los objetivos de identificar, atender y prevenir estas formas de abuso, especialmente en mujeres en situación de vulnerabilidad extrema.

Además de intervenir desde las políticas sociales la trata de niñas y mujeres, remarcando un enfoque prioritario en las normativas que afecta desproporcionadamente a mujeres migrantes y en situación de exclusión social.

Estas leyes autonómicas establecen planes específicos para la atención de mujeres vulnerables y compromisos intersectoriales que incluyen, no solo los servicios sociales, sino también áreas como la salud, el empleo y la educación. Aunque no siempre hacen referencia explícita a las mujeres sin hogar, la inclusión de colectivos vulnerables podría beneficiarlas si se implementan de manera inclusiva.

Las normativas autonómicas también destacan dos ejes fundamentales como es la detección precoz y lo esencial que resulta capacitar a los profesionales de todos los ámbitos de atención (salud, justicia, servicios sociales, etc.) para identificar casos de violencia de género en mujeres en situación de sinhogarismo, migrantes, drogodependientes y otras situaciones de exclusión. Esto requiere no solo formación técnica, sino también la implementación de protocolos claros y recursos suficientes para garantizar una respuesta adecuada.

Otro aspecto reclamado por las mujeres es la adaptación de los recursos ya que, tienen necesidades específicas que muchas veces no son consideradas en los servicios de atención a las víctimas de violencia de género, como son las casas de acogida o centros de emergencias e incluso los nuevos centros de crisis vinculada a Ley Orgánica 10/2022, de 6 de septiembre, de garantía integral de la libertad sexual.

Las normativas autonómicas aprobadas recientemente consideran elemental el acceso a la información, pero es necesario que se garantice esta información de manera clara y comprensible sobre sus derechos como víctimas de violencia de género, incluyendo cómo acceder a la protección regulada y a los recursos prestacionales que tiene derecho. Además, se deben crear entornos seguros y de confianza que alienten a las mujeres a denunciar situaciones de violencia sin temor a represalias o estigmatización.

Aunque las medidas y estrategias cuyo objetivo es la eliminación de la violencia de género mencionadas representan un avance significativo, todavía enfrentan desafíos importantes relacionado con esa falta de obligatoriedad en su implementación de las medidas incluidas en estas estrategias nacionales y autonómicas puede limitar su eficacia ya que, puede no cumplirse en su totalidad, siendo necesario establecer mecanismos de seguimiento y evaluación para garantizar su cumplimiento. Mejorar la coordinación interinstitucional ante la requerida atención integral a mujeres sin hogar por lo que es necesaria una coordinación efectiva entre diferentes sectores y niveles institucionales, lo que sigue siendo un reto. Es necesario que las políticas de lucha contra la violencia de género se integren con las estrategias de inclusión social para abordar las causas estructurales de la exclusión y la violencia que sufren estas mujeres, además de continuar visibilizando la realidad de las mujeres sin hogar en los debates públicos y políticos, promoviendo su inclusión en todos los planes y políticas de género.

Aunque el marco institucional está avanzando hacia una mayor inclusión y sensibilidad hacia las mujeres en situación de sinhogarismo, aún queda mucho por hacer para garantizar su plena protección y acceso a derechos. La implementación efectiva de las medidas propuestas, junto con la asignación de recursos adecuados, es clave para lograr una verdadera transformación en sus condiciones de vida y protección frente a la violencia de estas mujeres.

V. CONCLUSIONES

El sinhogarismo es un fenómeno complejo que afecta de manera especialmente severa a las mujeres, quienes enfrentan una doble vulnerabilidad derivada de la intersección entre la exclusión social y la violencia de género. Por ello, es crucial abordar este problema desde una perspectiva integral que contemple estrategias de prevención, atención e inserción, permitiendo una intervención eficaz que priorice su bienestar y autonomía.

Las mujeres en situación de sinhogarismo se enfrentan a múltiples formas de discriminación que requieren una respuesta interseccional. La combinación de la falta de soluciones habitacionales con la persistencia de dinámicas de violencia de género evidencia la necesidad de políticas públicas diseñadas para abordar, tanto las dimensiones económicas, como sociales y de género. Este enfoque permite no solo reconocer las diversas capas de vulnerabilidad que afectan a las mujeres, sino también diseñar estrategias específicas para cada contexto.

Por ejemplo, las políticas de vivienda no deben limitarse a proporcionar un techo, sino que deben estar acompañadas de servicios integrales que incluyan atención psicológica, formación profesional y medidas que aseguren la protección frente a la violencia. De igual manera, los programas de inserción laboral deben contemplar horarios y condiciones adaptadas a las necesidades de mujeres con hijos o dependientes a su cargo y las intervenciones en violencia de género deben asegurar que estas mujeres se sientan protegidas.

La creación de espacios seguros es un elemento esencial para que las mujeres puedan romper con el ciclo de violencia y exclusión social. Estos espacios deben ser lugares donde las mujeres se sientan protegidas y respaldadas, lo que les permitirá denunciar situaciones de abuso sin temor a represalias. Además, el apoyo para la construcción de redes de apoyo desempeña un papel crucial al ofrecer acompañamiento emocional, acceso a recursos y la oportunidad de reconstruir relaciones basadas en la confianza y la solidaridad.

La creación de recursos especializados para mujeres víctimas de violencia de género y sinhogarismo deben diseñarse para responder a sus necesidades particulares, lo que conlleva, no solo garantizar un entorno físico seguro, sino también proporcionar un acompañamiento integral que fomente su recuperación emocional y social.

El sinhogarismo de las mujeres es un problema que va más allá de la falta de vivienda, refleja las desigualdades estructurales y las dinámicas de violencia que atraviesan sus vidas, por lo que abordarlo requiere un enfoque integral e interseccional que combine la prevención, atención y rehabilitación con políticas públicas sensibles a sus necesidades específicas. Garantizar su seguridad, autonomía y acceso a oportunidades reales no solo es una cuestión de justicia social, sino también una inversión en una sociedad más inclusiva y equitativa.

BIBLIOGRAFÍA

Amore, K., Baker, M., & Howden-Chapman, P. (2011): The ETHOS definition and classification of homelessness: an analysis. *European Journal of Homelessness, 5*(2).

Alvarado, L., Concepción, A., Jiménez, A., y Martínez González, J. (2023): "Relación entre la Violencia Familiar, el Apoyo Percibido y Funcionamiento Familiar en Comunidades con Altos Niveles de Violencia", *Revista Caribeña de Psicología,* v.7, n.1.

Aulette, J., Y Aulette, A. (1987): "Police harassment of the homeless: The political purpose of the criminalization of homelessness". *Humanity & Society, 11*(2), 244-256.

Bani-Fatemi, A., Malta, M., Noble, A., Wang, W., Rajakulendran, T., Kahan, D., & Stergiopoulos, V. (2020): "Supporting female survivors of gender-based violence experiencing homelessness: Outcomes of a health promotion psychoeducation group intervention". *Frontiers in psychiatry, 11,* 601540.

Bronfenbrenner, U. (1987): *La ecología del desarrollo humano.* Barcelona: Paidós.

Bronfenbrenner, U. (1992): "Ecological systems theory". En R. Vasta (Ed.), *Six theories of child development: revised formulations and current issues.* (pp. 187-249). Bristol: Jessica Kingsley Publisher.

Cabrera, P. J. C. (2000): *La acción social con personas sin hogar en España* (Vol. 5). Cáritas Española.

Calvo, F., Turró Garriga, O., Solench-Arco, X., y Lorenzo-Aparicio, A. (2020): "¿Qué pasó con las personas en situación de sinhogarismo durante el confinamiento? Estudio sobre la percepción de profesionales sobre las medidas tomadas ante el estado de alarma por el COVID-19". *RES: Revista de Educación Social,* 31: 373-403. https://n9.cl/qpxmu

De la Fuente-Roldán, I. N., & Sánchez-Moreno, E. (2023): Discriminación, violencia y exclusión social. Una aproximación a la realidad de las personas en situación de sinhogarismo y exclusión residencial: Itinerarios De Trabajo Social, (3), 14–22. https://doi.org/10.1344/its.i3.40360.

De la Fuente Roldán, I. N., y Moreno, E. S. (2023). "Exclusión social y pandemia: la experiencia de las personas en situación de sinhogarismo". *Empiria: Revista de metodología de ciencias sociales,* 58, 123-153. https://doi.org/10.5944/empiria.58.2023.37383

Duffy, K. (1995): *Social Exclusion and Human Dignity in Europe: Background Report for the Proposed Initiative by the Council of Europe: Activity II 1b on Human Dignity and Social Exclusion,* Strasbourg, Council of Europe.

Edalati, H., Krausz, M., y Schütz, C. (2016): "Childhood maltreatment and revictimization in a homeless population", *Journal of Interpersonal Violence,* v. 31, n.14, 2492-2512.

Edalati, H., y Nicholls, T. (2017): "Childhood maltreatment and the risk for criminal justice involvement and victimization among homeless individuals: a systematic review", *Trauma, Violence, & Amp; Abuse,* n.3, 315-330.

Eissmann, I. (2023): "Miradas y estrategias para el abordaje de la situación de calle: aprendizajes desde la experiencia de Corporación Moviliza (1999-2021)". *aprendizajes internacionales, experiencias locales y desafíos éticos,* 61.

Espinosa, P. (2023): "Desarrollo psicosocial de niñas y niños de 0 hasta 10 años en un ambiente de violencia familiar", *Revista Tecnopedagogía e Innovación,* v.2, n.1: 33-44.

Espinoza, S., Vivanco, R., Veliz, A., y Vargas, A. (2019): "Violencia en la familia y en la relación de pareja en universitarios de Osorno, Chile", *Polis (Santiago),* v.18, n.52: 122-139.

Fenoy-Garriga, J., Zango-Martín, I., y Silva, C. R. (2021): "Participación ocupacional de las personas sin hogar: una cuestión de justicia y derc chos humanos". *Cadernos Brasileiros de Terapia Ocupacional, 29*, e2113. https://doi.org/10.1590/2526-8910.ctoAO2113

Frías, S. (2020): "Desdibujados en la pandemia. los niños/as y adolescentes en la pandemia del covid-19", *Notas de Coyuntura del CRIM*, n.8: 1-6.

Galán Sanantonio A., Botija Yagüe M. y Gallén Granell E. (2022): "Necesidades y propuestas en la intervención social con mujeres sin hogar". *Cuadernos de Trabajo Social,* 35(2): 149-159. https://doi.org/10.5209/cuts.79315.

Guillén, A.I., Marín, C., Panadero, S. y Vázquez, J.J. (2020): Substance use, stressful life events and mental health: a longitudinal study among homeless women in Madrid (Spain). *Addict Behav* 103:106246. https://doi.org/10.1016/j.addbeh.2019.106246

Gonçalves, N., Carvalho, L., da Costa, F., Maria, A., de Oliveira, T., y Gomes-Sponholz, F. (2023): "Sexual assault and vulnerability to sexually transmitted infections among homeless brazilian women: a cross sectional qualitative study", *BMC Women's Health,* v.23, n.1.

González, A. (2014): "Terapia sistémica y violencia familiar: una experiencia de investigación e intervención", *Quaderns de Psicologia,* v.16, n.2: 43-55.

Green, H., Tucker, J., Wenzel, S., Golinelli, D., Kennedy, D., Ryan, G., y Zhou, A. (2012): "Association of childhood abuse with homeless women's social networks", *Child Abuse &Amp; Neglect,* v.36, n. 1: 21-31.

Houston, E., Sandfort, T., Watson, K., y Caton, C. (2012): "Psychological pathways from childhood sexual and physical abuse to hiv/sexually transmitted infection outcomes among homeless women: the role of posttraumatic stress disorder and borderline personality disorder symptoms", *Journal of Health Psychology,* v.18, n.10: 1330-1340.

Johnson, G., Ribar, D. y Zhu, A. (2017): Women's homelessness: international evidence on causes, consequences, coping and policies. SSRN Electron J. https://doi.org/10.2139/ssrn.2927811

Kilmer, R., Cook, J., Crusto, C., Strater, K., y Haber, M. (2012): "Understanding the ecology and development of children and families experiencing homelessness: implications for practice, supportive services, and policy", *American Journal of Orthopsychiatry,* v.82, n.3, 389-401.

Lapuente, S. P., Herrero, S. P., y Cabrera, J. J. V. (2020): "Maternidad y situación sin hogar: Diferencias entre mujeres madres y no madres en situación sin hogar". *Investigaciones feministas, 11*(1), 113-124.

Matulic-Domandzic, M. V., De Vicente-Zueras, I., Boixadós-Porquet, A., & Caïs-Fontanella, J. (2019): Las mujeres sin hogar: realidades ocultas de la exclusión residencial. *Trabajo Social Global-Global Social Work, 9*(16), 49–68. https://doi.org/10.30827/tsg-gsw.v9i16.8198

Meneses, C., y Guindeo, L. (2015): "¿Cómo afecta la crisis económica al contexto de la prostitución de calle?", *Alternativas. Cuadernos De Trabajo Social,* n.22: 155-170.

Moral de la Rubia, J. M., y López, F. (2012): Modelo recursivo de reacción violenta en parejas válido para ambos sexos. *Boletín de Psicología, 105*: 61-74.

Morán, L. y Rodríguez, J. (2021): "Trabajo Social Comunitario en materia de vivienda: redefinición y desafíos a partir de un estudio de caso", *Cuadernos de Trabajo Social,* v.34, n.1: 211-221.

Ocampo Otálvaro, L. E., y Amar Amar, J. J. (2011): Violencia en la pareja, las caras del fenómeno. *Revista Salud Uninorte, 27*(1): 108-123.

Panadero, S., Vázquez, J. J., Guillén, A. I., Martín, R. M., y Cabrera, H. (2013): Diferencias en felicidad general entre las personas sin hogar en Madrid (España). *Revista de Psicología, 22*(2): 53-63.

Panadero, S. y Pérez-Lozao Gallego, M. (2014): "Personas sin hogar y discapacidad" Revista española de discapacidad (2014) doi:10.5569/2340-5104.02.02.01

Penya i Guilarte, M., & Maranillo-Castillo, L. (2022): Invisibles, vulnerables, pero resilientes: Mujeres migrantes en situación de sinhogarismo y estrategias de supervivencia femeninas. *Feminismo/s,* (40): 305–335. https://doi.org/10.14198/fem.2022.40.13

Ports, K., Ford, D., y Merrick, M. (2016): "Adverse childhood experiences and sexual victimization in adulthood", *Child Abuse &Amp; Neglect,* n.51: 313-322.

Price, H., y Glorney, E. (2022): "The challenge to survive: trauma, violence and identity in the lived experience of homeless women", *The Journal of Forensic Practice,* v.24, n.4: 436-452.

Rivero, E., Panadero, S., y Vázquez, J. (2021): "Intimate partner sexual violence and violent victimisation among women living homeless in Madrid (Spain)", *Journal of Community Psychology,* v.49, n.7: 2493-2505.

Rodilla Navarro, J. M., Puchol Ros, G., & Botija Yagüe, M. (2023): Sinhogarismo y fuente de ingresos: estudio longitudinal sobre la influencia del apoyo formal y la renta del trabajo en la reducción del sinhogarismo. *Revista OBETS,* 18(1): 173–188. https://doi.org/10.14198/obets.22619

Rodriguez-Moreno, S., Panadero, S., y Vázquez, J. (2020): "The role of stressful life events among women experiencing homelessness: an intragroup analysis", *American Journal of Community Psychology*, v.67, n.3-4: 380-391.

Sepúlveda, A. (2006): "La violencia de género como causa de maltrato infantil", *Cuaderno de Medicina Forense*, n.12: 43-44.

Slesnick, N., Erdem, G., Collins, J., Patton, R., y Buettner, C. (2010): "Prevalence of intimate partner violence reported by homeless youth in Columbus, Ohio", *Journal of Interpersonal Violence*, v.25, n.9: 1579-1593.

Slesnick, N., Glassman, M., Katafiasz, H., y Collins, J. C. (2012): "Experiences associated with intervening with homeless, substance-abusing mothers: the importance of success", *Social Work*, v.57, n.4: 343-352.

Toro, P., Trickett, E., Wall, D., y Salem, D. (1991): "Homelessness in the united states: an ecological perspective", *American Psychologist*, v.46, n.11: 1208-1218.

Vázquez, J. J., Panadero, S., y Pascual, I. (2019): "The particularly vulnerable situation of women living homeless in Madrid (Spain)", *The Spanish Journal of Psychology*, n.22: 1-9.

Villa-Rodríguez, K. G., de la Fuente-Roldán, I. N., y Sánchez-Moreno, E. (2023): Una aproximación a la exclusión residencial que afecta a las mujeres migrantes: El sinhogarismo oculto. *OBETS. Revista de Ciencias Sociales, 18*(2): 397-418.

Vries, S., Juhnke, G., y Keene, C. (2019): "Ptsd, complex ptsd, and childhood abuse: gender differences among a homeless sample", *Journal for Social Action in Counseling and Psychology*, v.10, n.2: 2-15.

Wenzel, S., Green, H., Tucker, J., Golinelli, D., Kennedy, D., Ryan, G., y Zhou, A. (2009): "The social context of homeless women's alcohol and drug use", *Drug and Alcohol Dependence*, v.105, n.1-2: 16-23.